宗教
与现代社会

Religion and Modern Society

印 顺 李大华◎主编

人民出版社

责任编辑：李之美

图书在版编目（CIP）数据

宗教与现代社会 / 印顺，李大华 主编 . – 北京：人民出版社，2014.8
ISBN 978 – 7 – 01 – 013528 – 1

I. ①宗…　II. ①印…　②李…　III. ①宗教社会学　IV. ① B920

中国版本图书馆 CIP 数据核字（2014）第 095507 号

宗教与现代社会
ZONGJIAO YU XIANDAI SHEHUI

印 顺　李大华 主编

人民出版社 出版发行
（100706　北京市东城区隆福寺街 99 号）

北京汇林印务有限公司印刷　新华书店经销

2014 年 8 月第 1 版　2014 年 8 月北京第 1 次印刷
开本：710 毫米 ×1000 毫米 1/16　印张：34.75
字数：550 千字

ISBN 978 – 7 – 01 – 013528 – 1　定价：82.00 元

邮购地址 100706　北京市东城区隆福寺街 99 号
人民东方图书销售中心　电话（010）65250042　65289539

目　录

道教论域

基督教与其他宗教论域

科学与宗教论域

序

从2011年1月第一次“宗教的现代社会角色”会议，到今天出版第二本文集，已经三年过去了。我们的第二次会议是在2013年3月举行的，间隔的时间正好符合我们原定的两年开一次会议的设想。在这中间世上发生了许多事情，但与我们每个与会者最为相关的有两件：一是德高望重的本焕长老的圆寂，二是我们的朋友张宪的离世。所以，在第二次会议的开幕式上，我们集体静默1分钟，以表达我们的敬仰和缅怀。记得在第一次会议期间，我们集体前往弘法寺拜谒本焕长老，他老人家以104岁的高龄，步出长老室，在广场上与我们见面，并发表了二十多分钟的讲话，之后还与我们大家合了影。然而，这“德音”竟成了永久的绝响。虽然老人家曾说过，他要留下来，谁也拦不了；他要走的话，谁也挡不住。可当他真的走了，人们还是很惊异。这可能是因为连同他本人的身体也一起成为了精神财富的原因，人们生怕他走了，也带走了所有的精神财富。可是，他什么也没有带走，他来到世间，就是想给世人创造并留下那些财富的。张宪教授是在会后的第二年生了病，在住院期间，我去看望他时，虽然刚做了手术，但看起来很乐观，不像是有生死忧虑的人，而且，除了简单的问候之外，他谈论的还多是学术，或者别人的事情，总是对他人有着关心，好像除了关心学术，就是喜欢关心别人，并不是很乐意关心自己一样。然而，走得很突然，不打招呼就走了。或许，这就是宗教赋予人的精神气质吧。

如果说人来到世间，只是客居在这个地球上的话，那么所有的人也都是过客了。然则我们需要面对的却是一些永恒的对象，诸如我们虽然是过客，可是人的存在及人类社会的存在是永恒的，我们在生所要面对的问题也是后人所要面对的，所以，我们不仅要努力使自己的生活过得快乐幸福和有意义，还应当使我们的后代过得比我们更好；我们在人与自然环境的关系上，不能只顾在生这一世，要考虑后世子孙；我们在国际关系、社会关系的和解与和谐上所做的努力，除了惠及这一代人，也惠及后世；我们在人文与科学关系上的合理态度，本身即是人类的价值；同样，我们在生命和生死问题上的关怀，也远远超出了我们自身。宗教，无论何种宗教，都是以上述所有问题为关怀的，也都是试图以自己的方式来解决问题的。在这个意义上，当今的宗教也有两个关涉自身方面的问题：一是宗教如何深入社会生活，二是宗教之间如何和谐相处。我们举办的两次宗教会议，都是围绕上述问题展开的。

关于宗教与社会生活，这在当今中国是一个突出的问题。一方面，我们有着除犹太教之外的所有门类的宗教，另一方面，我们遭遇信仰危机。我们知道，物质主义的观念可以产生社会发展的动力，但“好日子”并不能解决内心世界的问题，不能解决信仰，而没有信仰也就没有善恶、是非的明确判断，也就没有坚守。在一个飞速发展的社会面前，坚守某些价值和信念，是何其重要！而在中国的宗教，虽然不缺少庙宇、官观和教堂，但并没有充分发挥其劝善惩恶、化解危害之能事，有些“束之高阁”，这就需要宗教放下身段，走进社会生活。在一个逐渐步出熟人社会、日趋多元化的中国社会，需要宗教这根“纽带”，在追求美好、向往高尚的大前提下，将人们联系起来，和谐而愉悦地生活，和平而友善地相处。这次出版的文集《宗教与现代社会》，就是以此为主题的。

至于宗教之间关系，我们没有企望宗教之间“一团和气”，各种宗教都有属于自己的观念、价值和立场，都有自己的坚守，也就是宗教应有的多样性。我们只是希望宗教之间应该寻求一种合乎理性的态度和相处办法，以至于彼此在发挥社会功能的过程中，甚至在相互的批判中，也能尊重对方，没有哪一个宗教能够包揽中国人的社会和精神生活的所有方面，需要多元并存，各显身手。而为了实现这一点，对话是必须的。此前的几次世界宗教大会所形成的“没有宗教的和平，就没有人类的和平”的观念，就是寻求宗教间和平相处的一种努力，而且，这样的努力多少也是见了成效的。通过这次出版的文集，可以看到各种宗教学者，乃至宗教与科学学者之间，在持续地进行对话，自然，有时候不免各说各的，但聆听就是寻求理解，理解了才能尊重对方。相信我们这种各宗教学者同聚一堂的对话，也会产生积极的影响。

李大华

2014 年 7 月 23 日

佛教论域一

从道安精神看中国佛教的人间化

印　顺

2012年是我国东晋时期著名的佛教大师道安法师诞生1700年的纪念年，湖北襄阳举行了纪念道安的学术研讨会。我本人祖籍襄阳，又从小在那里长大，虽然已经离开多年，但是家乡的山水人情始终萦怀不能挥之而去。由于诸事缠身，我未能前往与会，只撰写小文一篇，请人代读，心意虽了，情意未安，我对道安法师所怀有的那种崇敬与感恩的情结，感到始终有话要说，犹鲠于喉，不得不吐，今借深圳大学召开会议之际，直笔抒出，了却心愿，并贡献于方家同道！

我在那篇纪念道安的小文里面曾经写道，“道安法师是中国佛教史上的杰出人物，也是值得我们永远尊敬、纪念的一位高僧。1700年前，正当中国佛教的早期，佛教经典的译介尚不完备，教理教义的理解也不够充分，佛教仪轨还处在探索之中，佛教界需要睿智大德出来引领佛教的发展。道安大师高瞻远瞩，勇担重任，他根据中国社会的现实条件，创立以释为姓，整理经论，广开法门，接引信众，为佛教在中国的发展开辟出新的道路，并为后来中国佛教的发展奠定了基础。可以说，道安法师是最早推动佛教‘中国化’的杰出人物”。为什么说道安法师是佛教“中国化”的杰出人物或佛教“中国化”的第一人？就是因为他在佛教传入中国之后，对推动佛教与中国社会相结合方面起到过巨大的作用。他根据中国传统文化思想，将外来的印度佛教的理论给予了较好的诠释，又依据当时僧团的状况，制订了戒律仪轨，还将弟子派往各地，传播佛法，中国佛教的理论与戒律在他的促进下，进入了新的阶段，佛教也在他和弟子们的努力下，影响大增。所以道安是印度佛教“中国化”第一人的冠名应是当之无愧的，后来的中国佛教历史发展事实，也证明他的实践是一条正确的道路。

什么是“道安精神”？我自己的理解就是佛教始终要走与现实社会相结合的道路，这就是道安精神。这几天有一位企业家来看望我，他是专门经营旅游景区的老板，当时他向我提出一个问题，怎么能够把景区做得既能有经济效益，还能够让人们的心灵得到提升？我告诉他四个字：寓乐于教。传统的中国教育思想强调的是“寓教于乐”四个字，我现在将它略作调整，改“乐”为先，我的理由是：因为这位老板是做旅游的，旅游的目的在于让人在游玩的时候让身心得到快乐，同时也能体味到自然之美的心灵感受与道德的教化，所以将“乐”放在“教”的前面，这是根据旅游的实际情况而作出的不二之选。

改“教”为“乐”的一字之变，是一个根本性的变化，其深刻地反映了旅游性质的特点，说明了旅游一定要符合游客的需要，才会有足够的生命力。将这个道理用在佛教上也是如此，佛教之所以能够在中国社会产生影响，进入中国文化的层面，成为中国文化的组成部分，其最重要的原因就在于外来的佛教文化一定要适应当地的传统文化，否则就不能在当地扎根，更遑论发展。道安法师被称为佛教“中国化”的第一人，就在于他审时度势，自觉地遵循与利用了这一规律。他根据当时印度佛教理论初传，中国人不能正确了解的实际情况，于是采用了格义和会本方式，会通经典，比较中国传统哲学概念，推动了印度佛教理论与中国传统思想相融合的进程。这一做法的结果是促使人们对外来的学说进行更多的思考，佛教的思想也走进了社会，特别是佛教的理论受到了士大夫的重视，大家一起来研习四大皆空的思想，对中国哲学的思辨是有很大的促进作用的，印度佛教在思维上的不二方法论的特殊证明，其所使用的因明逻辑推进方法，对中国思想界来说都是一股清风，打开了士大夫的眼界，促使佛教的思想理念开始传播开来。当然佛教的传播也与其理论上所具有对人生深刻的洞察与理论的提炼有重要的关系，在当时战争连绵、生灵涂炭的情形下，佛教诠释人生是苦，主张心灵解脱，无疑能够给人生带来慰藉，因此才能够深入朝野上下。

道安对中国佛教所做的一切，在今天看来，就是我们现在所说的佛教人间化的过程。道理很简单，佛教是为人预设的宗教，目的就是要解决人生的问题，其所发挥的功能都是围绕人而作出的，而且最后的境界也是因人而设的。佛陀注意到佛教的人间性，特别是修行在人间的重要性。他鼓励弟子修行，“在家勤六业，善修勿失时。如是修业者，则家无损减”。“耕田商贸，择地而置牧”并不妨碍修行。修习梵行的人，佐助他人，“亦教人为”，所以修行的人是不能离开人世的。释迦牟尼生前曾经到处说法，到过很多国家，住过很多城市。他的成功是因为得到了民众的普遍支持。摩羯陀国频婆娑罗王（Bimbi-dara）为释迦牟尼佛建造了竹林精舍，供养佛陀及其弟子，这是佛教最初的外护者。释迦牟尼在竹林精舍居住，频婆娑罗王每日三时率诸官属，往诣佛所，礼觐世尊。当频婆娑罗王年纪渐大，年老体衰的他无法前去礼拜佛陀，就索要佛的指、发，用香花明灯礼拜供养在后宫塔寺。频婆娑罗王的儿子阿阇世王（Ajatasatru）登上王位后，皈依佛陀，成为佛教教团的大护法。波斯匿王的太子只陀（Jeta）捐赠舍卫城外的祇洹精舍给佛陀居住。佛陀所收的弟子，很多的人都是一些文化程度较高的婆罗门，他的护法有相当一部分人是来自在生活在城市的刹帝利种姓的政治家与商人，没有这些人的支持，佛教很难有一个很大的发展。所有这些表明，如果离开了人间与社会，释迦牟尼所开创的佛法就会失去生存的基础，更谈不上未来的发展。

佛教来自人间，没有人间就谈不上佛教，这是一条规则，也是佛教事业做大的基础。佛陀说：“比丘当知，三十三天著于五欲，彼以人间为善趣，于如来得出家为善利而得三达。所以然者，诸佛世尊皆出人间，非由天而得也。”这是佛陀在强调佛教在人间的重要性，出世是佛教的解脱主张，但是出世首先要入世，然后才能是出世，没有入世的生活，谈不上出世的解脱。佛弟子住在寺院里过着“六和”的生活，但是他们的事业仍然在人间，他们的修行在世间，佛弟子的衣食住行离不开人间，其所取得的成就还在于人间。特别是大乘佛教教义提出的“一切众生，悉有佛性”的思想，对佛教的人间化产生了重要的影响。众生来自于人间，佛性只有在人间得到，成佛做祖是要在人间的完成之后，才能进入到最高境界，没有众生的护持与人间的修行，就没有成佛做祖佛性实现，故《华严经·十行品》就提出：“佛法不异世间法，世间法不异佛法，佛法世间无有杂乱，亦无差别。”从佛教的观点来看，世间与出世间是无分别的，因为出世间是相较于世间而言的，没有世间就不能有出世间，出世间的所有一切，包括对它的认识，都建立在世间的基础之上，故《中论·观涅槃品》亦认为："涅槃与世间，无有少分别，世间与涅槃，亦无少分别。涅槃之实际，及与世间际，如是二际者，无毫厘差别。"又从"不二法门"的角度来看，世间就等于出世间，世间法就是佛法，它们之间没有根本的区别，追求出世间法，就是在世间里得道，出世间法亦因世间法而相映照。对世间法的认识是诸法性空，达到了这种认识无疑就体会到了出世间法。所以《大智度论》卷十九说："涅槃不异世间，世间不异涅槃。涅槃际世间际，一际无有异故。菩萨摩诃萨得是实相故，不厌世间，不乐涅槃。"一些佛教理论家进一步指出，"若深识世间法，即是佛法"。学习佛教的最终目的还是在"不舍一切世间事，成就出世间道"活动中彻底完成。

道安法师开辟的佛教人间化的道路，被后来的中国佛教历代子孙继承光大，成为中国佛教制胜的法宝，也是中国佛教发展的唯一的道路。唐宋元明清是中国禅宗走向独门做大的时代，六祖慧能则是推动禅宗发展的重要人士。慧能是道安法师思想的忠实发挥者，他从平民的角度，诠释了佛教要与社会相结合的真理："佛法在世间，不离世间觉，离世觅菩提，恰如求兔角。正见名出世，邪见名世间。邪正尽打却，菩提性宛然。"这一慧能的名言，成为中国佛教自唐以来禅宗制胜的依据，也是禅宗一宗事业做大的最好说明。到了太虚大师，人间佛教被提到了中国佛教发展的日程，从此成为当代中国佛教发展的方向，人间佛教其实就是佛教人间化的另一种表述，也可以说是道安法师千余年来的思想实践。今天我们在这里讨论宗教与社会的关系，佛教人间化思想作为一个重要的内容而参与其中，我作为佛教人士深感荣幸，愿把自己的一孔心得贡献于诸位学者，并以此纪念中国佛教的先驱道安大师！

作者单位：中国佛教协会副会长、海南佛教协会会长、深圳佛教协会会长

当代中国宗教的社会责任

杨曾文

当代中国宗教有佛教、道教、伊斯兰教、天主教、基督教五大宗教，此外还有各种尚未作为宗教正式登记的民间信仰形态。本文所说的当代中国宗教，仅指国家承认的五大宗教。

佛教、道教和伊斯兰教在中国拥有悠久的传播历史，早已成为中国民族宗教和文化的组成部分，在新中国成立后成功地进行了适应社会主义制度的民主改革，焕发了顺应新时代进步的活力。至于天主教、基督教，虽然是近现代伴随西方帝国主义的入侵而大举传入的，然而在新中国成立后也完成适应社会的变革，走上独立、自主、自办教会的道路。众所周知，在1957年之后特别是在“文化大革命”中，中国宗教曾走过一段十分坎坷曲折的道路，普遍遭受过严重打击、挫折乃至破坏。然而在中国进入改革开放的新时期以后，经过全面落实宗教政策和协调工作，各个宗教迅速恢复组织和开展正常活动，在教务、组织建设、文教、社会公益活动等方面，都作出了显著成绩，并且积极响应党和政府的号召，在参加社会主义各项建设事业中作出了应有的贡献。

根据《中华人民共和国宪法》和其他法律规定，国家保障各个宗教拥有平等的权利，既强调保护信教自由，也强调保护不信教的自由；公民所享有的宗教信仰自由权利与承担相应的义务是一致的。因此，当代中国各个宗教和各教广大信众，能够与国家和人民的根本利益保持一致，积极投入社会主义的各项建设中来。

当前，中国继续坚持社会主义的和平发展道路，不断加强民主和法制建设，调动广大人民群众的积极性，推进经济建设、政治建设、文化建设、社会建设和生态文明建设相协调的发展，为实现工业、农业、国防和科学技术的现代化而努力奋斗。相信中国各个宗教团体、广大信众将一如既往，承担起自己的社会责任，在继续做好教务活动的同时，与全国其他民众一道，为早日建成小康社会，推进实现中华民族伟大的复兴而奉献自己的才智和力量。

关于当代中国宗教的社会责任，这里仅将自己设想的四点提出供诸位考虑。

一、适应时代和民众需要确定指导思想，做好弘法事业

佛教界有个说法："弘法是家务，利生是事业。"其实其他各教何尝不是如此。当代五大宗教的经典、教理、戒规、历史和弘法方式各不相同，只有各自展开日常弘法、修行等宗教活动，并且在教务、组织、社会活动等各方面做到有机配合，才表示自己宗教在社会的存在和发挥作用。回顾历史，应当说各个宗教都是与时俱进的，虽然各教的基本经典、教理相对不变，但是传法的内容、侧重点与形式总是适应时代和社会发展，有所变化的。

那么，我们如何正确理解和看待当代中国的形势呢？让我们看看党中央最新的论断。2012 年 11 月党的十八大报告深刻阐明了中国特色社会主义的一系列重大理论问题，鲜明提出了坚定中国特色社会主义的道路自信、理论自信、制度自信。对此，习近平总书记在十八届中共中央政治局第一次集体学习时又作了新的发挥，指出：我们要全面建成小康社会、加快推进社会主义现代化、实现中华民族伟大复兴，必须始终高举中国特色社会主义伟大旗帜，坚定不移坚持和发展中国特色社会主义。

党的十八大阐明了中国特色社会主义道路、中国特色社会主义理论体系、中国特色社会主义制度的科学内涵及其相互联系，强调：中国特色社会主义道路是实现途径，中国特色社会主义理论体系是行动指南，中国特色社会主义制度是根本保障，三者统一于中国特色社会主义伟大实践。这是中国特色社会主义的最鲜明特色。

诚然，宗教不是政党，不是政治团体，也不是其他任何的学术或教育

的组织，自然无须遵照中国共产党的方针、政纲、理论来规划自己的传教计划和日常教务、文教活动。然而宗教既然在中国这样一个社会环境传播和开展各种活动，就必须适应中国社会环境和民众的要求，而通过对执政的中国共产党施政方针和指导思想的了解，通过对国家政策、法律制度的了解，便可清楚地了解国情民情，能够清醒地把握时代的脉搏，了解社会的发展形势和民众的愿望、需求，从而能够将本教的弘法传教计划和日常安排，更加适应时代，贴近民众的需要。通过上述引证的党的十八大报告的内容，便可以准确地了解中国将永远高举中国特色社会主义伟大旗帜，坚持走中国特色社会主义道路，以中国特色社会主义理论体系为行动指南，不断深入地发展中国特色社会主义的伟大实践，争取早日实现小康社会，总任务是实现社会主义现代化和中华民族的伟大复兴。这样，各教在接触社会各阶层民众中，便有了更多彼此交流的共同语言；在弘法中，便可结合形势动员信众积极参加实现国家现代化和文化的建设，并引导信众以模范行为参加净化人心的社会道德建设；在诠释本教经典教义的过程中，能够借鉴当代思潮和丰富的事例对教典、教义和伦理作出时代诠释，受到信众的欢迎。

中国佛教在进入改革开放新时期以后，以中国佛教协会前会长赵朴初为代表的佛教界的领袖一直在探索佛教在当代社会主义社会如何存在下去、发展下去。1983 年在中国佛教协会成立三十周年之际，赵朴初居士发表《中国佛教协会三十周年》的报告，向佛教界郑重提出：

> 当代社会主义中国的佛教徒，对于自己信奉的佛教，应当提倡一种思想，发扬三个传统。
>
> 中国佛教已有近两千年的悠久历史。在当今的时代，中国佛教向何处去？什么是需要我们发扬的中国佛教的优良传统？这是我们要认真思考和正确解决的两个重大问题。

对第一个问题，赵朴初提出中国佛教应当提倡人间佛教思想；对第二个问题，提出发扬中国佛教的农禅并重、注重学术研究、重视国际友好交流的三个优良传统。中国佛教界对此热烈响应，在多年实践中对适应现实的人间佛教思想有很大发展，主要内容可归纳为以下六个要点：

（一）爱国爱教，团结进步，走与社会主义社会相适应的道路；

（二）将佛教劝善止恶的戒规和伦理规范——五戒、十善及大乘菩萨四摄、六度等进行现代诠释，使之与社会公德、公民道德建设和思想教育相会通，在社会主义精神文明建设和公民道德建设中发挥积极作用；

（三）佛教必须关心和贴近现实社会，以建设“人间净土”为己任，致力造福社会，利益人群，为社会主义现代化建设这一崇高的事业而积极奉献；

（四）继承和发扬中国佛教的“农禅并重”、“注重学术研究”和“国际友好交流”等优良传统；

（五）佛教必须“续佛慧命”，传承正信正法，维护佛法的神圣性和组织的纯洁性，严格修学戒定慧三学，为此必须加强自身信仰、道风、人才、教制、组织的五大建设，并且不断发展佛教的文化和教育事业；

（六）维护法律尊严、人民利益、民族团结、社会和谐，维护祖国统一。①

这样，中国佛教顺利地走上了一条与社会主义社会相协调的康庄大道，焕发了适应时代、与日俱进的青春活力。在今天举国推进小康社会建设、发展民族文化的大潮下，能够带动各级组织和广大信众积极投入社会主义经济、政治、文化、社会和生态文明五大建设，为早日圆成中华民族伟大复兴的梦而奉献力量。

相信各教也同样可以在新形势下，将自己的弘法利生活动做好，同样为祖国的建设作出无愧于时代的贡献。

二、动员和组织信众为经济发展作出贡献

2007年10月胡锦涛同志在党的十七大发表题为《高举中国特色社会

① 详见赵朴初《中国佛教协会三十年》（1983年）、《中国佛教协会四十年》（1993年）、《中国佛教协会章程》（2010年佛协八届会议修订）等文件，参考拙著《赵朴初人间佛教思想试论》、《新世纪中国佛教的使命和社会关怀》、《人间佛教和城市文明建设》等，皆载拙著：《当代佛教与社会》，宗教文化出版社2009年版。

主义伟大旗帜，为夺取全面建设小康社会新胜利而奋斗》的报告，在第六部分“坚定不移发展社会主义民主政治”中以十分简要精确的语言概述了党对宗教工作的方针和政策：“全面贯彻党的宗教工作基本方针，发挥宗教界人士和信教群众在促进经济社会发展中的积极作用。”

对此，应如何理解呢？是要各个宗教办企业、经商或其他诸如金融、物流等经济事业？笔者认为绝不是这个意思。首先是肯定宗教能够在发展社会经济中发挥积极作用；其次是希望各个宗教组织、宗教界人士能通过自己传教、弘法的本分工作，并通过发展文教事业、在从事的各项社会活动中，带领和影响广大信众为国家现代化建设、为经济社会发展发挥推动作用，而不是置身其外，更不是起阻碍作用。

例如，可以遵循各教的传统和特点，通过对教义的诠释和道德提倡来动员信众积极投身于社会主义经济建设事业，努力作出奉献；在条件允许和力所能及的情况下，也可以组织工农业生产活动；利用来自社会捐献的剩余钱财，委托专门人才并依法经营非营利性的经济事业，还可以配合人文旅游部门发展观光事业等等。实际上，宗教界人士和信教群众能够促成社会安定、社会和谐的本身，就是促进经济社会发展的一个重要的方面。

三、诠释教义、道德中有关部分，为建立和谐社会做贡献

在2006年10月中共中央十六届六中全会通过的《中共中央关于构建社会主义和谐社会若干重大问题的决定》中，明确提出：全面贯彻党的宗教信仰自由政策，依法管理宗教事务，坚持独立自主自办的原则，积极引导宗教与社会主义社会相适应，加强信教群众同不信教群众、信仰不同宗教群众的团结，发挥宗教在促进社会和谐方面的积极作用。①

重申党对宗教的基本方针和政策，提出“发挥宗教在促进社会和谐方面的积极作用”。这是立足于对宗教问题的深入科学的认识，基于对宗教蕴含积极因素和社会功能的认识而提出来的论断，是具有极大的现实意义和深远的历史意义的。现在流行于社会的五大宗教的经典、教义和伦

① 《十六大以来重要文献选编》下，中央文献出版社2008年版，第667页。

理、戒规中，皆蕴含丰富的关于和谐、和平、友爱、诚信等的部分，如果结合时代进行诠释，对净化人心，道德建设，建立和谐社会可以发挥积极作用。

党的十八大对今后全国的理想信念教育提出新的要求，要求“大力弘扬民族精神和时代精神，深入开展爱国主义、集体主义、社会主义教育，丰富人民精神世界，增强人民精神力量。倡导富强、民主、文明、和谐，倡导自由、平等、公正、法治，倡导爱国、敬业、诚信、友善，积极培育和践行社会主义核心价值观”。① 在这里，向全国乃至全世界展示了当代中国提倡的社会主义核心价值观：国家要实现富强、民主、文明、和谐；社会要实现自由、平等、公正、法治；公民要做到爱国、敬业、诚信、友善。这种表达鲜明准确而内涵深刻的思想，可以说是对民族传统道德作出了新的诠释和发挥，也为广大人民今后的道德建设指明了方向。

应当说，这也为中国各宗教在今后弘法，进行道德说教提供了崭新的参考系数。本来在各教经典、教义和伦理、戒规中已经蕴含大量与当代道德、行为规范比较接近，能够会通的内容，如果再结合上述总结自广大民众实践的价值观和价值理念，肯定会将各教传统的道德理念、规范诠释得更富有时代气息，赢得民众的欢迎，从而为当代深入推进的社会公德、职业道德、家庭美德、个人品德建设，建立社会主义和谐社会作出更大贡献。

四、为推进民族文化大发展大繁荣努力奉献

2011 年 11 月中共中央十七届六中全会通过的《关于深化文化体制改革推动社会主义文化大发展大繁荣若干重大问题的决定》，号召全党全国人民积极投入推动社会主义文化大发展大繁荣的实践，为文化强国战略部署作出积极贡献。此后，胡锦涛同志在党的十八大报告中再次强调推进社会主义文化强国建设，提出全面建成小康社会，实现中华民族伟大复兴，

① 胡锦涛：《坚定不移沿着中国特色社会主义道路前进，为全面建成小康社会而奋斗》，人民出版社 2012 年版，第 31—32 页。

必须推动社会主义文化大发展大繁荣，兴起社会主义文化建设新高潮，提高国家文化软实力，发挥文化引领风尚、教育人民、服务社会、推动发展的作用。全国各族人民对此积极响应，用实际行动为推动社会主义文化大发展大繁荣而努力奉献。

在这当中，宗教界也不落后，结合自己的传统、教义和在中华传统文化、道德文化、宗教文化领域占据的某些优势，为充实和发展当代社会主义文化而作出贡献。

2012 年 12 月 7 日，笔者应邀出席第十一届“觉群文化周暨当代佛教与文化繁荣研讨会”，发表题为《当代佛教在推动文化大发展大繁荣中大有作为》的论文，认为佛教界在以下方面可以为当代文化发展作出贡献：（一）加强自身建设，增强参与社会文化建设的机制和活力；（二）适应社会形势和弘法需求，拓宽文教事业的领域；（三）根据资金条件，资助和参与公共文化服务设施的建设；（四）完善寺院景观建设，保护佛教文化遗迹和历史文物，做好非物质文化遗产保护传承，为国家和地方发展人文旅游作出贡献；（五）对农村群众文化设施建设、农民群众性文化活动予以支援；（六）联合学界举办佛教学术研究和交流活动，出版刊物和图书；（七）办好佛教网站，也是当代文化建设的一个重要方面；（八）发挥佛教的传统优势，积极参加生态文明建设。这些虽是针对佛教界提出的，然而相信对其他宗教也有借鉴意义，应当说不仅佛教在当前推动文化大发展大繁荣中大有作为，其他宗教也是大有作为的。

作者单位：中国社会科学院世界宗教研究所

法舫法师与当代中国佛教

黄夏年

近代中国，是一个风云变幻的时代。转型期的社会，必然会带来从观念到组织上的变化，思想理论的冲击，将给整个社会与人生造成颠覆性的影响。中国佛教就是处在这样这一个巨大变化的时代背景之下，衰微的佛教在革命思潮的冲击下，发出深沉呐喊，新的观念与勇敢作为充斥了整个佛教界。在出类拔萃的僧伽里面，我们可以数出一大批优秀的人物，太虚、圆瑛、法尊、印光、弘一、虚云等等，而在这些高僧里面，法舫法师无疑也是出类拔萃的僧人之一。

法舫法师（1904—1951），俗姓王，河北井陉人。我国近代杰出高僧之一，精通中、英、梵、巴四种语言及大小乘佛学，先后任教于武昌佛学院、柏林教理院、汉藏教理院，三度主编《海潮音》杂志，并主持世界佛学苑图书馆，襄佐太虚大师设立世界佛学苑研究部，成果斐然。著有《唯识史观及其哲学》、《佛学对于人生之看法》、《一个学佛者的程序》、《真理之光》、《金刚经演讲词》、《印度之文化人》等著作，并译有《阿毗达摩摄义论》、《吉祥经》等。

一、法舫法师与人间佛教

百年中国佛教，最著名的当推太虚大师。当时的佛教非常衰弱，法舫就指出当时的现实情况是："现在全国近百万的僧尼（据内部调查有七十万，尚有四川、湖南等四省未调查），……单就知识说，我们这百万僧尼中，恐怕九十万是'文盲'——不识字，九十九万是'佛法盲'——

不了解佛教。(这些数字，是我和几位熟悉丛林僧众的朋友从事实上推比出来的，不见得怎样差池)。呜呼今日之僧众！呜呼今日之佛教！何能立足于现代社会?!”① 太虚大师作为中国佛教的领袖，心系佛教的前途，致力于佛教革命与佛教教育，希望从佛教制度和人才培养两个方面，将千余年来的佛教彻底整顿，最终把中国佛教推向世界，为人类作出新的贡献。

法舫法师是太虚大师的爱徒，终身追随大师从事佛教改革的活动，教书育人，兴办文化的事业，终生无悔，直到生命最后一刻。法舫不是太虚的得法弟子，他与太虚的结缘相识也是某种巧合，在他生病的时候，听别人说起太虚的名字，知道这位和尚会写书写文章，这个印象决定他“拒绝我师父送我赴高旻寺参禅的提议，而自愿去武昌佛学院亲近大师的因缘之一”。② 从此与太虚结下了不解之缘。

太虚对法舫的影响，早就超越了引他进入佛门的剃度师。法舫对太虚大师的尊敬，不仅表现在写的文章里，而且浸入日常的交往与活动中。法舫称赞太虚是一个学问家，高度评价太虚的佛学成就。他说:“太虚大师是四十年来复兴中国佛教的领袖，他平等提倡八大宗学，对整个佛学有其特见。他不是特别提倡一宗一派的人，对八宗都随缘弘扬，齐为发挥。他对每一宗的学说，都有著述讲说，而他对于整个佛学整理融贯，如三乘共法、五乘共法、大乘不共法之分，印度佛教之三时三系及三宗之融判，都是发前人之所未发的思想，所以没有把他放在某一宗派之下。太虚大师倡兜率净土与人间净土，多有发扬。”③ 法舫到处介绍太虚大师的佛学成就，认为太虚是千余年来在佛学方面有创新的人，特别是太虚大师的“人生佛教”与“人间佛教”思想，是当时佛教最契机的理念，“因为佛说法，大都是以人类为对象，由人乘扩张至菩萨位的，虽然有五乘三乘及无量乘，而其重心还在人乘方面。所以太虚大师二十余年来弘法运动，虽有其系佛法之见解，而对这现世界人类宣传，无非是‘佛教人间化’，渐次实现‘人间佛教化’的主义。”④

---

① 《法舫文集》第五卷，《统一建国与振兴佛教》，金城出版社 2011 年版。

② 《法舫文集》第三卷，《第十七卷第五号 · 编辑后记》，金城出版社 2011 年版。

③ 《法舫文集》第二卷，《今日研究佛学之现状》，金城出版社 2011 年版。

④ 《法舫文集》第三卷，《做人与学菩萨》，金城出版社 2011 年版。

法舫接受了太虚的人间佛教的理念，认为“为发扬真正的佛教救世精神，我们向来是呐喊‘人间佛教’！本刊（引者案《海潮音》）为特别扩大‘人海思潮中的觉音’，故今年出了一期‘人间佛教号’。意思就是要将释尊原来救人救世的精神，和盘托出，不加什么玄妙秘密的幕罩，使现今处在水深火热的中国人民和世界人类，都获得佛陀的恩光，自已去创造新的人生善的环境，就现前而觉悟现前，即此世而救渡此世，不要离开现前世界另想什么别的天国别的极乐，也不要离开自己的力量，单是靠着佛和菩萨。一切的佛法事业，都是靠自已的，所以佛教我们精进到彼岸，这是人间佛教提倡的一个意思：这里应该知道佛教的广大精深，不仅限于人间佛教，的确非其他宗教可及。”① 法舫主张自度自救，人间佛教就是要用自己的力量，亦即是佛教界的力量来创造和普及，所以人间佛教就是在人间推广。因为“人间佛教是指导我们人类本身的痛苦要从自已本身改造起，起心动念，不作一切损人利已的事，作一切利人而利已的事。所以有‘唯心净土自性弥陀’的说法。有‘佛法在世间，不离世间觉，离世求菩提，犹如觅兔角’的说法。世间一切都是进化的，一切的真美善，都从人类自心上觉悟过来，去创造现前的真美善净土，去改造自身的罪恶（烦恼业）不离现世间，而救渡现世间的人类。所以佛教中又说‘此身不向今生度，更向何生度此身’？总之，空间的说法，因为世界无量，苦乐不一，人命相续，随业受生，所以救离此苦的世界到乐的世界去。时间的说法，即此世此身而积极改恶向善，就可以即此苦世界、苦人生而救渡成乐世界、乐人生了。”②

他高度赞赏太虚大师的人间佛教的理念，指出：“太虚大师一生说法，其重点完全是在建立人生佛教，是体达佛意，躬行佛事，要把佛法从现实的人生社会上活用起来，使人人知道佛法的真义，佛法的精神，乃至在佛法修学上得到真实受用。而其方法，则提倡从‘菩萨学处’做起，唯有从这‘菩萨学处’做起，使每个学佛的人都发菩提心，学菩萨行，表现菩萨

---

① 《法舫文集》第五卷，《天津基督教青年会宗教特刊——答徐宝谦君》，金城出版社 2011 年版。

② 《法舫文集》第五卷，《天津基督教青年会宗教特刊——答徐宝谦君》，金城出版社 2011 年版。

利人济世的精神在实践的行为上，把全部佛法活用于现实的人生社会。那么人生的佛教，就可建立起来，那种错谬的误会的‘人死佛教’的陋劣观念，自然可以汰除了。”[①] 佛教入华两千年，到明清时候，已经一蹶不振，寺院更多的是为死人服务，从事驱鬼超度的法事，这就是“人死佛教”，太虚大师反对这样的佛教，认为佛教应该是为现实中的人服务的，佛教是“人生佛教”。因为佛教是教人解脱的宗教，这个解脱是境界的提升，要人最后与佛等齐，所以“在佛教如太虚大师所说：‘人成即佛成’，这意思是说若做人做得人格道德圆满不缺，当体即成了佛，因佛是人格圆满，福智具足的大觉悟者，故人能人格圆满，智德具足，也即等于佛了”。[②] 法舫勉励后学，要学习太虚的精神，生起正信，“希望各位同学，于每个法师，上至为我们大善知识为我们最高领袖的太虚大师，其次凡上课说法的各位法师，皆应生起极虔诚的信仰，不生一点轻视观念。……有些精神依止师父，各位的学问自会日日增长，佛法也可以常住世界”！[③]

二、法舫法师与佛教改革

近代中国佛教，改革是最大的亮点，太虚大师终生都是在围绕这个目的而进行的。法舫法师秉承乃师的志向，为宣传佛教改革不遗余力，这不仅在他的演讲上，而且还在他所主办的《海潮音》中体现出来。

法舫法师多次介绍太虚大师的佛教改革思想，坚持主张要把改革佛教的活动进行下去。他认为，“差不多三十年来，从少数的先知者，就提示到这样振兴中国佛教的意旨了。后起的人，也都明白这个枢机，这个伟大的命运之机。一直到了民初，这个复兴中国佛教，振救中国僧伽的呼声，喊叫起来了。二十年来，由太虚大师的雄伟地、勇敢地努力，大张着整理僧伽制度，复兴中国佛教旗帜之后，中国佛教的复兴，就更明朗化了；同时，有培养僧材的学堂，有宣传佛化的杂志，于是中国有‘佛教革命’的口号，僧伽众中，有‘新僧’的称呼。受着时代的国家的社会的各

① 《法舫文集》第三卷，《一个修学佛法的程序》，金城出版社 2011 年版。
② 《法舫文集》第三卷，《一个修学佛法的程序》，金城出版社 2011 年版。
③ 《法舫文集》第三卷，《怎样复兴中国佛教》，金城出版社 2011 年版。

方面之影响，不避艰辛的向前迈进。从过去的努力得到收获，这事实告诉我们：‘功不唐捐’，同时更给了我们以向前迈进的无畏地雄心大志！不久的将来，一定可以振兴中国佛教，改造中国僧尼，而期符我们佛陀底遗念”。①“佛教革命”就是太虚大师提出的佛教要进行“教制革命、教理革命、教产革命”之三大革命的主张，“新僧”就是指的拥护太虚大师佛教改革的一些有知识的年轻僧人，其目的就在自觉化他，革除旧染，同登觉路。民国佛教一直存在着新派与旧派之间的矛盾，新派之新僧要求佛教革命，因为他们没有掌握到寺院的领导权，总是处在边缘化，时常与掌握了寺院大权的旧派发生矛盾，充满紧张，然而新派在佛教教育与宣传方面取得非常大的成就，法舫法师作为新派代表人物之一，且又掌握了一定话语权，故他对佛教改革事业的推动是显著的。

他直言佛教改革离不开太虚的重要领导与作用，强调“中国佛教必须要改革，这是三岁的儿童和八十的老翁都能不讳言的事情呀！但而这事情太大，人才缺乏，所以不容易成功。这种运动有二十多年的历史，这种运动以太虚大师为唯一的领袖。大师因时代的需要和环境的迫切，奋勇无畏，应生当世，以佛教在这二十世纪的时候，必为救世之用，僧伽必为人天之师，然而是必想要改造不适用的旧的佛教状态，而造成适用的当机的新的佛教状态。新运动复兴佛教，有两种计划：一为建设中国现代僧制，二为建设世界佛学。这两种计划都在谋积极进行。建设现代中国僧制，大师著有《整理僧伽制度论》、《僧制今论》、《建设现代中国僧制大纲》等书。对于全国僧寺和在家信徒，以及全国佛教的整个建设都有很详细的论列和规定。这是确定改良中国佛教的一个基本计划”。②他直呼佛教改革刻不容缓，最重要的是僧制的改革，“人能宏道，非道宏人，僧为三宝之一，有住持佛法之使命与责任，是佛法之兴隆与败灭，全视僧众之质格健全与否，及视可宝之僧量多寡为标准也。审如是，对于传流及今之腐败僧寺，若不加以最严厉之改革，而欲佛法之重兴，不能也”！③

法舫法师主张“我们要改革旧式的佛教，变为适应新社会新环境的佛

① 《法舫文集》第三卷，《一九三〇年代中国佛教的现状》，金城出版社 2011 年版。
② 《法舫文集》第三卷，《一九三〇年代中国佛教的现状》，金城出版社 2011 年版。
③ 《法舫文集》第三卷，《十五年来本刊之贡献》，金城出版社 2011 年版。

教，那末，佛教才可以继续下去，不然，是会被淘汰的”。于是他提出了几个很有意义的佛教改革理念，这就是：一、“今后，要想佛教继续在将来的新社会中存在，就得从向来忽略的根本问题上改革，必须改变为生活第一生死第二。今后佛教才有新的发展。”二、“入世才是光明的活路。又要知道根本无世可出！如佛云：若说三界外，别有一众生界（人类）即是外道说法。又祖师云：能入世方能出世。佛法中绝对没有唯有出世这一法呀！故今后新佛教的生起，必须有此观念：入世为先，出世次之，而决无逃世！然后才能在这社会中建立有利益人类社会的事业，佛教才能在社会中人心中活起来！”三、“因大乘特别要利益众生，我们不仅有大乘名称，更要有大乘的精神。故今后中国的新佛教要为人第一，为己第二。否则佛法将不会存在于世间了。”四、“吾人信佛，不能盲信，更不能迷信！所以讲认识第一，尤其是必须自己将佛教教义研究清楚，明白佛法真理，然后才能有正确的信心，佛是为了说明人生真理，为了解救人生痛苦，才说各种不同方式的佛理和教法的。”五、“若就新佛教来说，必须在家信徒多，才能兴办佛教利人事业，才能供养出家人，使其安心修学，专心宣教。向来人们以逃世、出世、成佛、作祖的观念而学佛，故所以大家一讲佛、但联想到入寺庙，出家、作和尚、成圣人、作祖师。决不想念学佛法是自身改造行为心理学的方便，更不想到学佛是人人生活的需要。故不重视在众的推广，这是极大的错误！今后应以推广在家信众为第一，出家为第二，然后才能佛化社会佛化世界。”六、“今日各地造寺变为僧伽香火之所在，出钱者只为盲目求福，而不知福德从何而来？殊为可叹。一般不明佛教的社会人看来是迷信之所，对佛法前途障碍很大！同人不可不注意，不可不急起而改造之。今后新佛教应将建庙之钱财，去建造福利社会的佛教事业，则佛教不宏而自兴。”①

以上六个观念，非常典型，甚至具有颠覆性意义。例如佛教的目的就是解脱生死，了生脱死是佛教徒修习的最大的目标，但是法舫却将这一追求的目标变成了在生活之后的地位。传统佛教出家人视建庙为功德第一，

① 《法舫文集》第三卷，《改革佛教的几个基本观念——法舫法师在槟城佛教团体联合欢迎会讲演》，金城出版社 2011 年版。

但是法舫却反对修寺建庙。又佛教讲佛法僧三宝，僧宝代佛说法，是为第一。法舫却把在家人列为第一。佛教在历史上一直被看作是出世的宗教，法舫又把入世作为第一。大乘佛教讲度人度自己，地狱不空，誓不成佛，法舫却把自己成佛作为第一。佛教讲信为道德功德母，要以信为首，法舫则讲信为第二。这些观念对传统而言是一个最大的反叛，作为出家人对佛教的情况不满，要求改革的心情是可以理解的，因为当时佛教正处在迷信泛滥，僧人素质低下的情况，他提出的这几个反传统的观念是从另一个角度来试图进行纠偏，这也是他的佛教改革思想最出彩之处。但是佛教恰恰就是依靠这些传统的观念才流传下来，这已被历史所证明，现在要将这些传统全部推翻，如果一但实行，对传统佛教来说可能会是一个最大的伤害，因为传统一但被全部改变，则佛教的特色也不复再存，其后果应当是严峻的。

1931 年，由于中国佛教会的领导没有在佛教改革方面有所作为，引起新派人士的不满，太虚大师在中国佛教会第三届全国代表大会上当选为理事长，但是受到旧派人士阻挠，太虚被迫辞职。新旧两派的矛盾开始白热化，佛教界发生混乱。1935 年，国民党政府对佛教界的混乱状况不满，出面进行整顿。1936 年，国民党政府派民训部民众组织指导处张廷灏处长前往上海，分别与圆瑛和太虚两人交流意见，筹商改革中国佛教会的事宜。张廷灏要求他们“以共努力，开诚合作，真改进会务相劝勉”。①同时将经过民训部修改的《中国佛教会章程草案》与解释草案的“要点”说明交给中国佛教会，并请佛教会“令即印发各理监事及各省佛教徒，限于短期间内公开切实研究，如有应加修改补充之处，可在不违反党义及佛教教义范围以内，根据事实法理，提出充分理由，尽量发表意见，俾收集思广益之效，而期万妥万适。尽美尽善，以巩固佛教会未来之基础，杜绝一切流弊。”张廷灏最后强调：“在本章程草案经全国佛教徒代表大会通过，是由中央核准公布以后，深望中国佛教会，不再有纷争症结发生，组织得日臻健全完整，而能确尽佛教会应尽之任务，达佛教会之真正目的，并本佛教慈悲平等救世利他之精神，效忠党国，福益社会，为民众团体之

① 南京特约通讯：《中央民训部修订佛教会章程草案》，《海潮音》第 17 卷第 6 期。

模范。”这件事情对太虚一派来说是一件好事，本来太虚已经退出了中国佛教会，不再参与会务，现在由国民党政府出面进行调解，等于是承认太虚的地位。但是国民党政府实行了各打五十大板的政策，认为中国佛教新旧两派分裂太虚与圆瑛都有责任，这种用心可以理解，其目的是在于促进两派和解。太虚一派的弟子对国民党政府的做法万难承认，法舫法师撰文认为：“张处长把过去中国佛教会会务之所以不能顺利推行，完全归咎到太虚大师和圆瑛，这点我们不能不有所申明。查太虚大师于中佛会自民国二十年登报宣布退出后，迄未过问该会事务，虽被选为理事或监事，亦未实际负责，这是事实。以故中佛会近年迭起纠纷，都是直接负责者措施之不当，其咎在彼，于虚大师何与？虚大师虽间尝对中佛会事发表意见，实为整个佛教前途计，不是对某个私人怀成见，更不是贪什么名位。虚大师如此，门弟子亦如此，故所争者不是新旧派别，而是为振兴佛教，简言之，乃对事而非对人。该会果能善负其责，把佛教振兴，我们自然没有话说，中央更不必修订其章程。故曰会务之不能推行，其咎在彼，于虚大师何与？”① 法舫法师为了维护太虚大师的地位，容不得他人对太虚大师的任何攻击与批评，并且作了不遗余力的解释。但他也“希望全国僧尼，有知识而明白佛教的大德和英年学僧们，应该了解我们这现状的中国佛教。现状下的中国佛教，最大的缺点，是我们没有健全的有组织力的统制机关，所以对于全国百万的僧尼是无从自动整理；因为不能整理僧尼，就再不能说什么扩大佛教力量，普及佛化事业。百万大德僧，竟无一人雄力荷担中国佛教？这是最痛心的事！也可以说是佛教的奇耻大辱。因此，全国各省市有知识的有志气的发心护持佛法的振兴中国佛教的大德们，是必须建立一个真能负责振兴中国佛教，整理全国僧寺的强大而有力的团体，在中央指导之下，建国政策之下，本菩萨僧维护正法之大雄大力，建设合乎现代的中国民族所渴求的中国佛教。否则，中国佛教僧寺必归灭亡！全国僧尼应速醒觉！应速奋起改造中国佛教会！振兴中国佛教！这是我们全国僧尼，在统一建国下应有的责任。”②

① 《法舫文集》第四卷，《我们的立场》，金城出版社 2011 年版。

② 《法舫文集》第五卷，《统一建国与振兴佛教》，金城出版社 2011 年版。

太虚大师圆寂后，法舫对太虚的成就作了四点总结，认为“去年此日，大师示寂，法轮不转，如日沉晦，故中国及世界佛教信徒，无不悲痛，追悼！兹值涅槃纪念日，吾人应发大悲愿心，努力弘扬佛法，以继大师未竟之志，此其一。大师之志行，曰整理僧伽制度，曰建立菩萨学处。盖僧伽为出家专门住持佛法之人，即为代表佛法之表相，佛门七众，皆以比丘律仪为规范，为依止，由此可见比丘僧之地位之重要，然佛法流入中国千百年来，时兴时衰，时至今日僧制窳败，不可讳言，若不立即改革，中国僧伽，将不能生存于大时代。大师虽倡改革，作《整理僧伽制度论》，全国寺僧数十年来，未尝依教奉行，故僧众前途之危机，仍然存在。吾人今日应如何集合出家在家之智慧与意志，来提倡改善僧制，此其二。菩萨学处，为大师最后之说法，详载《海潮音》月刊中。依大师之经验，以为中国佛教应以大乘菩萨学为基本，从人生佛教乃至佛果，皆以发菩提心，修菩萨行为，本受三皈法，乃至受比丘学处，是为七众别解脱戒，戒相不同，位次亦异，不可强同。然菩萨学处，七众可学，平等无二，中国佛徒，爱好大乘，故应建立菩萨学处，以补救时弊，创立新制。吾人欲宏化世界，南方之小乘戒法与学说，决不可当时代之需要，能契合今日时代之需要者，惟有大乘佛法，然大乘佛法向无统一贯通制度，大师积数十年之经验，于圆寂前三月说此菩萨学处，并盼各地佛弟子试行之。吾人今后，亟应提倡试行，此其三。大师对佛学上之成就，我是不能赞一词，因为大师的智慧，我是不能窥其万一的。大师在佛学上成为一划时代之人物。今略举二点：第一，大师融贯大乘八宗，使其平等发扬。第二，以三种文系之佛学而会通世界现行之佛学，为其创建世界佛学苑之根本基础。中国过去无人提倡大乘八宗平等发扬，且多执门户之见，惟我大师，慧眼独具。今日世界佛学大乘小乘之争，显教密教之争，南派北派之争，意见纷纭，莫衷一是，惟虚大师，首倡世界三系佛学之研究，即巴利文系之南方小乘佛学，二中国文系之大乘佛学，三西藏文系之密宗佛学。南方偏具小乘，西藏蒙古重在瑜伽宗师，惟中国文系佛教具备大小显密一切教法，故应依中国文系佛学为根本而谋建立世界佛学，况欧洲新兴佛学，颇趋向中国之禅宗，故依大师之遗教，此其四”。①

---

① 《法舫文集》第六卷，《致潘慧安居士书》（二），金城出版社 2011 年版。

法舫对太虚大师一生的四点总结，实事求是，全面地概括出太虚一生对中国佛教作出的贡献。太虚为了佛教慧命，注重在整理僧伽制度和建立菩萨学处这两点用功，这是太虚佛教改革思想的最着力之处，法舫法师充分了解这一点，特地强调在太虚圆寂以后，改革佛教的活动依然不能停止，僧众的前途仍然充满了危机，改善僧制依然要继续下去，后来发生的事实证明，他所说的不幸被言中。

三、法舫法师与佛教教育

中国佛教改革的重点，除了僧制以外，另一个就是发展佛教教育，培养人才，“只有创办僧教育，培养僧青年，除此路之外，那就只有死路一条”①。太虚大师一生就在致力于办佛教教育，先后创办了多所佛学院，培养了数百名弟子，这些弟子后来都成为法门龙象，为后来的佛教再次复兴作出了重要贡献。

法舫法师作为太虚大师的弟子，最信任的人之一，他始终追随大师，为中国佛教教育作出了应有的贡献。他进入佛教教育领域，就对佛教教育有了认识，他说：“民国二十年，余在北平柏林寺教理院任课育教授，深感中国僧教育之弛废，曾编印学僧之路，贡献青年学僧。”② 他觉得：“做别的职业，‘文盲’还可以，做出家人，是‘人天师表’，要‘博通三藏’，要‘明心见性’，‘文盲’的人，是绝对不可能的！”③ 法舫强调出家人的素质非常重要，没有好的出家人，就不可能有佛教的振兴。因为“一国家有一国家之文化教育，一民族有一民族之文化教育，语云：‘天时不如地利，地利不如人和’，故文化教育，必用家珍，不可全用外货。夫环顾近代世界各国之教育，均以物利为原则，吾国固有之教育，则以道德为原则。世界各国之文化，皆为物质文明，吾国固有之文化，则偏于精神文明。以物利为原则之教育，势必养成唯‘我’无人的人民，出生惨酷的不平等的现象。以道德为原则之教育，势必养成大公无我的人民，出生慈祥的平等现

① 《法舫文集》第五卷，《学僧今后之路》，金城出版社 2011 年版。

② 《法舫文集》第五卷，《学僧今后之路》，金城出版社 2011 年版。

③ 《法舫文集》第五卷，《统一建国与振兴佛教》，金城出版社 2011 年版。

象。佛教之于文化教育，适合于后者，而感化其前者，释尊为一大文化家，亦一大教育家也”。[①] 所以他强调“民族的复兴要靠着国民教育的普及，佛教的复兴当然也是靠着僧伽教育的普及，因为没有教育，根本就不会有人才，没有人才，那里会有事业，纵然有事业也是一塌糊涂地败坏佛教！所以目前培养僧伽青年人才振兴佛教，这是任何人都不能否认的事业”。[②] 由于国民基础教育是人生教育的根本，是国家复兴之本，也是佛教教育之前提，没有受过教育的人，是不能够担当出家为僧的，没有文化，就不能够接受佛教的僧教育，故他提出要将国民教育与僧教育结合起来，僧教育的基础还是来自于国民教育，“僧教育要想实施，依国民观点上看来，最低限度是应该依着国家的公民教育为基础。在国家的一般公民教育上建立僧教育，则僧教育自然会发展。僧教育有了这样——国民教育——基础，僧格自然完美，佛教自然发达。因此，可以肯定地说，今后的僧众要想真正的做出家佛弟子，尽其出家之责，不识之无的乡愚，是不能入僧数，更不能受所谓僧教育了！非受过国家的公民教育，对于一般的社会常识，国民常识，世界常识，宗教常识，有相当的认识，足以自立自治，而本身完成其为纯洁端正之国民，决定自己的宗教信仰，确定不易，这样的国民，对佛教发生热情的信仰，同时对于佛教的大概真相，也有相当的认识，如是之人，走进佛门，度为僧数，才能接受佛教之僧教育咧”。[③]

这只是法舫法师的一厢情愿的想法，佛教离不开国家，国家需要利用佛教来教化百姓。教育在当时不仅是佛教的困境，对国家来说，也同样存在普及教育的任务，也正因为这一点，佛教的寺产一直被社会一些人关注，认为佛教能够对国家的教育事业作出贡献，故几次在社会上掀起了“庙产兴学”的运动，佛教寺院被没收作为学校，迫使佛教要进行自我改革，兴办僧教育。法舫点出了佛教与国家利益之间确实无法磨合或者说存在着差距：“说到佛教，中国的佛教，就现状来说，是须要积极的整理了。佛教在国家社会上，有着很大的势力。这种势力，与民族复兴国家建设，有很大的关系。现在全国的寺院僧众，是佛教的代表者，他们的现状

① 《法舫文集》第三卷，《今后本刊的生命和使命》，金城出版社 2011 年版。
② 《法舫文集》第五卷，《闽南佛学院之前途》，金城出版社 2011 年版。
③ 《法舫文集》第五卷，《闽南佛学院之前途》，金城出版社 2011 年版。

和组织生活职业，各方面却和现代社会国家所要求的宗教，恰成一反比。就是：现在国家社会所渴求的佛法，所需要的僧尼人才，现在僧众寺院中没有；现在的僧尼人才和寺院所有的佛法，却是现社会国家所不需要的‘东西’，而且在这建立现代国家的时候，这些‘东西’，是有相当障碍力的，非扫除净尽不可。又因为佛教与民族文化等各方面，毕竟是有悠久深厚的历史关系，国民对佛教的信仰关系，以及佛教本身在世界宗教上的地位的关系，却又不能铲除干净。那么，就必须在统一建国政策下，求其合于现代国家民族生活生存条件，而加以整理改造。这种整理和改造，是内政上的重要工作。再就佛教僧尼的本身来说吧。今日我们想做一个名副其实的出家人，做一个现代的僧伽，本身应该具备一种怎样的资质？”① 事实上当时中国的出家人的素质是很低的，号称上百万的出家人里，真正念过书，会写字的人很少，太虚曾经感叹偌大一个金山寺，连一个识字的出家人都没有，佛教正是因为文化没有上去，没有人才，理论不出，沦落为只能依靠做经忏法事来存活，这样的佛教肯定是没有出路的。法舫看到了这一点，他强调：“可怜！实在可怜！中国佛教僧教育在那里啊！还谈得上普及吗？差不多上百万的中国本部僧尼里面，有几个和尚受过国民教育？又有几个和尚受过僧教育？更有几个和尚明白佛教？出家为大丈夫事，出家是人天导师，百万的僧伽里面几人是大丈夫？几人是人天导师？可怜得很！百分之九十九的和尚到处遭人白眼，大多数国民是没有把和尚当作‘人’看待！（有知识的如胡适之等）我们可怜的僧伽！今日不想出路，还待何时?!”② 佛教要重新振兴，要与国家的利益相合拍，并在社会上发挥影响，只能先提高先自己的素质，太虚创办佛学院，招收出家人，培养佛教的人才，法舫在乃师主张的基础上，更进一步提出“为救济这个缺点——佛教的危机，第一普及僧教育，开办佛教补习学校，第二不许剃度‘文盲’出家，出家最低要具初中程度”。③ 法舫法师较太虚大师更进一步，试图从源头上把劣质僧堵在佛门外面，这是很好的想法，但是也是做不到的，因为当时佛教界里90%的僧人都是文盲，中国的寺院众多，几乎每

① 《法舫文集》第五卷，《统一建国与振兴佛教》，金城出版社2011年版。

② 《法舫文集》第五卷，《闽南佛学院之前途》，金城出版社2011年版。

③ 《法舫文集》第五卷，《统一建国与振兴佛教》，金城出版社2011年版。

个乡村都能见到，如果要按照法舫法师的想法来整顿佛教，那么中国佛教就几乎没有僧众了，佛教将不复存在了。

法舫法师热爱僧教育，关心佛教界人才培养，他的眼界始终在关注这方面的情况。抗日战争爆发后，太虚大师到重庆继续办汉藏教理院，但是在敌占区因为受到战争的影响，许多佛学院都停办或学僧大量减少。法舫法师感慨僧教育萧条，专门撰写了《非常时期的僧教育》，建议学僧在寺里自学，“精进不退，温故知新。随遇知识，多方请问，学所未学，非必上讲堂，才谓之求学也。所学原为所用，如到丛林中，可实习管理寺务，如回小庙，可随方服务”。① 教师方便授教，“人数不论多少，教室不论何处（大殿禅堂斋堂都可以做讲堂）”。② 鼓励僧人们不能放弃学习，“越在苦难中，越能培养出非常的高僧”，③ 为抗战取得胜利后佛教复兴而培养人才。

总之，“推广僧教育，培养僧青年，他们是中国佛教的主人翁。将来佛教的存亡，就是看现在培养僧青年没有”。④ 法舫法师对僧教育的关注，虽然有些不合实际的想法，但是他的一片苦心是可以理解的，他为了中国佛教的复兴强调僧教育的重要性，这是抓住了中国佛教发展的主题，继承了太虚大师的思想。

四、法舫法师与佛教文化

民国是中国佛教办文化事业最兴盛的一个时期，当时佛教界为了佛化社会，普及佛教，致力于办刊出版的文化事业，先后创办了各种佛教刊物三百种，有力地宣传了佛教文化。法舫法师作为民国期间著名的佛教界学者，他在宣传佛教和办刊出版方面成绩显著，还对佛教图书馆的建设作出了贡献。

《海潮音》是太虚大师于 1920 年元月在上海创刊的最重要的佛教刊

---

① 《法舫文集》第五卷，《非常时期的僧教育》，金城出版社 2011 年版。
② 《法舫文集》第五卷，《非常时期的僧教育》，金城出版社 2011 年版。
③ 《法舫文集》第五卷，《非常时期的僧教育》，金城出版社 2011 年版。
④ 《法舫文集》第三卷，《今年的新希望》，金城出版社 2011 年版。

物。[①] 以“海潮音非他，就是人海思潮中的觉音”[②] 而得名。其宗旨是“发扬大乘佛法真义，应导现代人心正思”。[③] 其主要功能是：“一、建言：是建立主义的。二、平议：是批评客义的。三、商论：是主客公开的商榷讨论机关，凡反对佛法、怀疑佛法、批评佛法、研究佛法、信解佛法、修证佛法所发生的问答辩驳，皆得发表于此，供世界智者的考虑。四、杂记：此如四缘中的增上缘，凡不入前三门的，皆收入此门。约言之，有笔记、小说、史志、译著、神教、哲学等类。如大乘用大能生世出世间善因果的量，凡世出世间的善法无不容纳之。”[④] 该刊“鼓吹太虚大师复兴中国佛教运动”[⑤]，后来成为太虚创办的中国佛学会会刊。作为学术性刊物《海潮音》，刊出过不少有影响的教内外学者的文章，并且组织过多个问题的专栏讨论与专号，在当时影响很大，是中国佛教界第一号刊物，发行量甚广。

太虚是《海潮音》的灵魂与主编，由于种种原因，太虚没有精力与时间来过多的主持这份刊物工作，于是在《海潮音》的历史上曾经有过多人来负责这份刊物的编辑，像太虚的弟子善因、史一如居士、唐大圆居士、张化声居士、陈秉良居士、唐大定居士、楞伽山民（悦安）、钱诚善、满智、芝峰、大醒、尘空等人都做过编辑或主编。法舫法师也是众多的编辑之一。法舫自述：“‘九一八’之后，我从北京回到武昌佛学院，从事筹办世界佛学苑图书馆事。大师命我接编本刊，即本刊第十三卷。后来我又主编过第十六、十七、十八的三卷，及在重庆的第二十一卷。这是我和本刊

① 太虚云：“十月初、亦即如期出版。时奘老已将归源庵代为交卸，而大慈等赴金山受戒出堂，大觉、大勇暂留金山禅堂参学，大慈其时已宣布通过家族，妻儿等皆返宜昌家中去住，大慈仍由家中供给资用，以玉皇介绍接杭州西湖南山石屋洞相近之净梵院，筹备闭关，由玉皇管理院务。其第二子恭佐——即恒演——随侍护关，议定我亦去净梵院住，结束上海觉社，每季的丛刊，自庚申年改《海潮音》月刊。我于杭州编辑，每期编成，邮上海仍托中华书局印刷发行。十一月间，我遂收拾所有书物等，皆运杭州定住下来，在阿弥陀佛诞辰为大慈封了关。”参见《十五年来海潮音之总检阅》，《海潮音》第 16 卷第 1 期。

② 印顺：《太虚大师年谱》，中华书局 2011 年版，第 111 页。

③ 印顺：《太虚大师年谱》，中华书局 2011 年版，第 111 页。

④ 《海潮音》第 1 卷第 1 期。

⑤ 印顺：《平凡的一生》（增订本），正闻出版社 1994 年版，第 48 页。

的因缘。”[①] 法舫对《海潮音》的出版与发行作出了重要贡献。

正如法舫偶然知道太虚大师的名字一样，他了解《海潮音》也是经过别人介绍之后，才知道有这么一份杂志，十年以后“居然作了它的保姆之一”[②]。

法舫主编三个时期，这份刊物透露了鲜活的生命力和战斗力。法舫在接手《海潮音》之前，专门刊载了《法舫启事》言：“本刊撰稿诸大德祈以历年来爱护本刊之精神，按照本刊新定编例时以大作见惠为盼。”[③] 说明这时他已经有了自己的想法。他编的刊物就是要“鼎新迈进，超过去历年之精神”。他继承了《海潮音》创办伊始就定下的“发扬大乘佛法真义，应导现代人心正思”的宗旨，同时“在新定编例上分新潮之音与藏海之音”，这是与创始之宗旨做最大之表现。按他的说法，“所谓新潮之音即是‘应导现代人心正思’的佛教，使大乘佛法要现代化，社会化，就是从现代人类思潮上开发它本身的觉音。在现代思潮上为现代人类作明灯慈航。藏海之音即是发扬大乘佛法真义，对于各宗大乘佛法之体相用，作修证的整理的应用的各种工作，使大乘佛法之真实义境，微妙理趣，广大事用，完全活跃于现代的人海思潮中，使人海思潮中，使人海中的人们同沾法乳，齐聆福音”。法舫接手《海潮音》，正是世界形势发生巨变的时候，社会主义事业取得胜利，产生了深远影响，世界大战将要发生，人类和平受到威胁，在这个背景下，佛教要参与为保卫和平而发出呼声，大乘佛教要适应社会的要求而发生变化，《海潮音》要跟上形势的发展，所以“其所含之质量已世界化矣”。由此可见，法舫法师要主编的《海潮音》是一个具有现代化和世界化思考的一份中国佛教界刊物，其今后的使命是：“其一为救正现代思想，依据现代世界人类的思想和要求，而发展其大小乘化的人乘佛学，亦曰人生佛学。由人乘而达到出世三乘的佛学，以拯救此二十世纪人类之厄运，促进世界之和平，提高人类之福运。其二为研究过去的教典，即整理佛陀之圣言量。使其各宗各派皆一有系统、有组织、有力量的学说。各宗学说又能各别适应现代人类的要求，而使一般人类易用于了解

---

① 《法舫文集》第三卷，《今后本刊的生命和使命》，金城出版社 2011 年版。

② 《法舫文集》第三卷，《今后本刊的生命和使命》，金城出版社 2011 年版。

③ 法舫：《法舫启事二》，《海潮音》第 13 卷第 3 期。

佛陀的伟大主义。总此二端，前者注重空间的，为横的发展，后的注重时间的，为竖的发展。横的发展是广大的，现世的，无量的宣扬，竖的发展是高深的，三世的，无穷的发挥。”①

《海潮音》在法舫主编思想的指导下，出现更多变化，太虚大师的人生佛教与人间佛教在这里得到了更好的宣传与弘扬，“新潮之音”栏目里，佛教与现代思潮结合更加紧密，就在他刚接手的第十三卷，就刊出了太虚的《新旧思潮之变迁与佛学之关系》，尘空的《现代佛教教育的问题》等文，从世界化的角度，可以看到墨禅的《巴利圣典的研究》、法舫的《〈瑜伽师地论〉记者人名考》等紧追国际佛学界研究题材的文章，令人耳目一新，开拓了眼界。法舫法师不仅秉承太虚大师的编辑思想，而且发展了太虚大师的思想，在工作上他认真负责，凡他负责的卷期里，末后都要撰写介绍本期的内容提要，有的甚至就是他所作的评语。《海潮音》创刊二十年和三十年纪念日，他都撰写专文，对该刊做一个全面评价，强调“‘应导现代人心正思’，是本刊出版的指南针，也是本刊生命的灯塔。如三十年来，不能‘应导现代人心正思’，那能有今天？故今后的生命存在、增长，也必须依了这些指针。‘现代人心正思’，是什么？是社会革命，是民主主义。今后佛教的思想、理论，必须能应导这个现代的思潮。佛教的思想和哲理，能不能应导这人‘现代人心’？当然是能够的。但是，本刊该以佛教学理来‘应导’这个时代，然后本刊的生命才有自由发展的机会”。②

法舫法师在佛教图书馆建设方面也作出了贡献。1932 年，法舫法师奉太虚大师指示，管理世界佛学苑图书馆，他在负责管理期间，对佛教图书馆的建设付出了心血。他认为图书馆是资料库，非常重要，为图书馆制订了发展的方向，规定了其任务是：“本馆为世界佛学苑之图书馆，顾名思义，应知此图书馆之伟大与使命之重要。世界佛学苑总苑为整理现在世界佛学和研究现在世界佛学之最大道场的学府，部分和组织不能不求精详和完善，使现在和将来的全世界人类对佛学有一种认识的标准。同时使流行在各国民族间的佛学，都集中汇聚，一方面使人研究世界佛典得不费大

① 以上引文皆见法舫：《第十三年之本刊》，《海潮音》第 13 卷第 3 期。

② 《法舫文集》第三卷，《十五年来本刊之贡献》，金城出版社 2011 年版。

力，一方面使各种佛学在世界上都可以发扬光大，不必拘于一国一民族间，或执取一时代一地方之特点。务必使此在一国一民族一地方一时代的殊胜的佛学，发展成为世界的佛学。在这种意义之下，我们想把现在世界上的佛典统摄起来，作整个的研究，施全般的开展。”①

世界佛学苑的成立，目的是把佛教弘扬到全世界，图书馆的设立就是为这个目的服务的。所以图书馆要起到整理现在流行的释尊遗教，“当然我们要把现在流行在全世界各民族间的不同文字的佛教圣典——自释迦世尊以至现在的佛弟子的一切佛学圣典和作品，都要搜集一处，作我们研究世界佛学的资料”。②其次要建立世界佛学，拓宽眼界，“我们今后的佛学研究，是不能固步自封，或泥守陈规，堕于偏小的封建思想。过去的佛学，多是局部的发展，各别的研究；或偏执于一宗一派的研究，一经一论的发展。在平等总系之佛法上，虽说有异峰独树，蔚为壮观之势；然仍只能显扬佛学之一部分，不能作整个之阐扬。今后之研究，应除掉此种弊病，一切佛法悉归平等，不拘于一宗一派，或小或大，或显或密，打破一切固执，无时间之封，无空间之拘，任何民族文字所传承之佛法，皆总聚为世界佛学，作适应今后全世界人类要求的世界佛学。以求佛法之真精神全体彰显，应用人间，救济人间，由人间而达超人间之不共的出世三乘圣法”。③

在太虚大师与世界佛教苑诸位董事的支持和法舫法师的努力下，图书馆的藏书达到“总计有二万二千四百二十八种，二万四千二百三十册，十一万一千余卷”，④已经初具规模。法舫法师对图书馆的建设与管理上有自己的系统想法，他是要把图书馆建设成收藏、阅览、研究、教育为一体的多功能佛教文化基地。法舫法师对图书的编目作了研究，将刚出版的日本《大正藏》的编目与传统的佛教经目作了比较，提出了自己的看法和编目标准。他说：“但我对于历代佛教目录学之观察觉是随时代进化的，而且是科学的。及至现在，日本《大正新修藏》之编目，与过去之佛教目录学比较观之，全然不同，其《大正藏》之编目方法似偏于历史的实质的科

① 《法舫文集》第四卷，《世界佛学苑图书馆二年来之馆务概况》，金城出版社2011年版。
② 《法舫文集》第四卷，《世界佛学苑图书馆二年来之馆务概况》，金城出版社2011年版。
③ 《法舫文集》第四卷，《世界佛学苑图书馆二年来之馆务概况》，金城出版社2011年版。
④ 《法舫文集》第四卷，《世界佛学苑图书馆二年来之馆务概况》，金城出版社2011年版。

学化，与古代之偏于教义之编目不同，依此编纂专门佛教目录，固属完全；然对于兼藏一切普通学科书籍之佛教图书馆之编目，则编目之范围更应博大，应分为二大类：(一) 佛典，(二) 普通典。佛典可采取古今各家之长以编治之，普通学科书目可仿照现代图书编目法编治之。此项工作，颇不易为，吾佛教中尤缺乏此项专门人才，诚为遗憾！本馆现在对于图书之编目，将依着上列之二类，编辑所贮藏之图书目录……”① 法舫法师提出的图书馆的两大类，实际上就是佛教史上的内典与外典之二类。如何将此二类融通再分类，一直是历史上目录学没有解决的问题。日本《大正藏》虽然在当时是最先进的科学分类，但是在法舫看来仍然还有需要完善的地方，因此他按照“随时代进化的，而且是科学的”两类分法来建立佛教图书馆的目录，这对我们现在编目仍然是有借鉴意义的。

除了照顾到佛教图书馆的图书收藏外，法舫法师还把图书的研究纳入了图书馆的工作范围，他指出：“本馆建立之目的，对于供给大众之阅览，与普通图书馆无异。但因专门为佛教立场之故，为发扬真正佛教精神之故，为开显佛教对于世界文化贡献之故，为熔铸将来世界新文化之故，故本馆有专门研究员之住馆研究，对于世界各国各民族之佛教，作整个之研究。其研究工作分为‘考校’与‘编译’二部：考校，即整理原有之圣典，(各种文字之圣典) 如整理国故然。编译，即将各种文字佛典互相翻译编治，依现代科学之方法编辑各种佛书，俾适用于现代人间。”②

图书馆收藏与研究并用，是各个图书馆的通用做法，但是对佛教图书馆来讲还有一个重要的内容，这就是图书馆也是佛教正信的一个道场，研究人员必须是有信仰，而且还要有一定的修持，故规定研究人员一定要受普通僧教育四年以上者，因为“本馆既为佛教之道场，馆员均为修学佛法之佛弟子，故不同于普通学术机关专门研究学问，对于智慧提高与增进，故使遍研究三藏；而对于福德之培植与修持，不能离开真正——佛教——之立场与信仰，故对于各研究员之修持，特别注意分配随其个人之性情及其素来行持之宗尚，设立专门自修坛室，以俾个人每日规定时间入室修

① 《法舫文集》第四卷，《世界佛学苑图书馆二年来之馆务概况》，金城出版社 2011 年版。
② 《法舫文集》第四卷，《世界佛学苑图书馆二年来之馆务概况》，金城出版社 2011 年版。

持”。[①] 法舫法师之所以要强调研究人员要有佛教信仰，就是因为在教内外一些学者因为没有信仰，对出家人有看法，例如“乃有支那内学院欧阳渐居士者，本其蔑视僧宝之一贯宗旨，诵出家僧‘居必兰若，行必头陀’之言，并历举偏面断义之经论文句，致书党政要人，发诸报端，油印，力言出家僧尼不应参加国选。不依正当史料与教理，更不衡以佛教僧尼对国家之真正关系，尤可怪者，忽视佛教之现实主义，即不随国家民族以安立出家僧之地位与立场。非特此也，探其用义，直欲根本灭绝僧尼，夺僧尼之公民权，侮辱僧尼之人格，使僧尼成为非国家公民。诸同学试思：依欧阳渐暧昧之意，吾等出家为僧，直与胡适之辈之所谓‘和尚不是人’矣”。[②] 所以图书馆的研究人员必须要有信仰与修持，只有这样才能起到真正续佛慧命的作用。

法舫法师的本意是好的，但是他提出的这个要求太高，在当时能够达到这个要求的人不多，他想要的是具有专业水平的出家人学者，像聘请的大醒、印顺、尘空、慈舫、苇舫等著名的佛教僧人具备这样的条件，如果要在社会上找到这样的人，则是凤毛麟角，法舫法师承认，“但此种人才，在现代僧伽中颇不易得”。其原因就是“处在这种僧教育之状态下，选择符合本馆研究员之资格者委实不可多得”，“故本馆额定之二十名研究员，从来即未满额。去秋暑期曾向各学院各佛教研究机关招考研究员，结果因限于资格之规定，仅有三五人之报名，考试又均未及格”。为了改变人才难觅的情况，法舫法师提出由图书馆自己培养人才，设“研究预习班”，“其资格只限于文理清通，曾在各佛学院受二年以上之佛教教育者，来馆补习专门基本佛学，每日规定二小时之讲授，俾其深造而为升入研究部之资粮准备”。[③]

此外，法舫法师还计划了图书馆的三种“附业”，这就是（一）平民小学校，（二）佛经流通处，（三）通俗讲演所。此三种“附业”针对的一般普通大众，用来教化百姓之用，并且付诸实践，取得了一定的成效。

两年来管理图书馆的实践，让法舫法师更加了解到办佛教文化事业的

---

① 《法舫文集》第四卷，《世界佛学苑图书馆二年来之馆务概况》，金城出版社 2011 年版。
② 《法舫文集》第四卷，《告全国学僧》，金城出版社 2011 年版。
③ 《法舫文集》第四卷，《世界佛学苑图书馆二年来之馆务概况》，金城出版社 2011 年版。

难度，“而真正之佛教事业——佛教文化事业，更不易做”。① 为了能够做好这项工作，他只能“应振作无畏之精神，披着忍辱铠甲，努力弘扬佛教，使全世界人类同沾法乳之味，共臻幸福之国”。② 同时还要有与时俱进的眼光和恰当的工作方法，“对佛教之本身及应时处世之方便，尤不能不善为随机设定”，“故在工作之时处，尤其在人间，不能不求平易切实。故凡一切事业，理想越高大，事实必愈平低，以求其渐次实现也”。③ 法舫法师对佛教图书馆建设的系统想法，是根据当时的佛教研究的水平与佛教文化发展的形势下所作出的，涵盖了高低两个不同文化层次的需求，有一定合理性，也是当时在图书馆（包括社会图书馆）系统中具有先行的开拓性做法，对现在佛教界如何办图书馆和文化事业也有很好的借鉴。

五、法舫法师与世界佛教

太虚大师是一位具有世界眼光的人物，他的理想除了要对佛教进行改革之外，还想把中国大乘佛教推向世界，让世界了解中国文化。1929 年，“大师周游世界归来，本院（武昌佛学院——引者按）也随着他的思想转变是更伟大了，以研究世界佛学为对象。分世界佛学为三时三系，又是发前人之所未发。于是组织世界佛学苑积极提倡，除在南京设总苑及本院图书馆外，分别设立汉藏教理院、闽南佛学院，拟设世苑华日文学院、巴利三藏院、北平教理院，组织锡南留学团，重建牯岭大林寺辟为世苑净土林，拟改沩山和雪窦寺为世苑禅修院，以期养成弘法世界的各部人才。因为这种计划范围太广大，所需要的经济、人才、时间都太浩大，而实际上又太缺乏，故不能完全实现。（只有汉藏教理院的建设达到相当的成功）可是大师已经拟定了研究世界佛学的轮廓和进行的方针。这是革命以后，大师的第二期思想，发扬世界佛学”。④ 太虚认为，佛教徒首先成立佛教的国际组织，僧伽应当修养成职志一致之僧格（即“僧格之养成”），统率

① 《法舫文集》第四卷，《世界佛学苑图书馆二年来之馆务概况》，金城出版社 2011 年版。
② 《法舫文集》第四卷，《世界佛学苑图书馆二年来之馆务概况》，金城出版社 2011 年版。
③ 《法舫文集》第四卷，《世界佛学苑图书馆二年来之馆务概况》，金城出版社 2011 年版。
④ 《法舫文集》第三卷，《从武昌佛学院到世界佛学苑》，金城出版社 2011 年版。

信徒组成有秩序之国际团体尽力于弘法利人。唯中国能振兴大乘佛教救世界，“乃欲先着手于世界运动，格化西人，庶乎国人因西人之信仰佛法而信佛”。[①]1929年太虚于庐山大林寺，发起世界佛教联合会，并决定召开第一次世界佛教联合会大会，同时又成立了专门用于培养世界弘法人才的世界佛学苑。

“太虚大师在世时，对中国佛教的前途，在国内是寄托给大醒、芝峰等法师的，对国外则寄希望于法舫法师的，期望他能肩负起沟通中外佛教文化的责任。”[②]法舫法师对太虚大师的想法是非常了解的，他在汉藏教理院向佛学院学僧说：“虚大师首先认为中国佛教现存之不够，有大量接受世界各国的佛教之必要，使各种不同的文字的外来佛教融成为中国的佛教，所以大师所办的学校都有世界性的，如北平的巴利文系，厦门的华日文系，武昌的中英文系，四川的汉藏文系等，同时也指导不少的佛教青年到西藏、日本、暹罗、锡兰等地去留学，他个人自己更能了解现代东西洋的科哲诸学，对于古时的诸子百家，莫不一以贯通，他的融贯力很强，能以科学的方法来分析佛学，他要使佛教深入民间，成普遍化，虽在民国不安定中，还能够履行他的志愿到处去宣扬佛学，可说是为建设佛教而煞费苦心了。今日世界现存的佛教，可分为三大系就是上面所讲的巴利、中国、西藏三系，这三种文系的佛教，是世界现存佛教的中心，特别要以汉文系的佛教为本位，能把这两种的佛教融成为中国的佛教，这必须靠大师的领导和诸位法师及同学的努力，将来才能开一朵好像隋唐时代佛教的灿烂之花。”[③]

法舫法师没有辜负太虚大师的一片苦心，为了实现乃师的理想，他穿梭于亚洲各地，不断地与各国佛教界联络，又管理世界佛学苑，培养人才，宣传中国文化。他对外国佛教研究的情况谙熟，实事求是地指出“然而外国人独且自觉其物质破产，文明转暗，渐趋向于东方文化者。如英美德俄等国，皆有佛学会、研究会等，而学者亦众矣。其派遣大多数之学者，留学日本佛校者，美国政府首之。请吾国大德之太虚法师，讲佛学

---

① 印顺：《太虚大师年谱》，中华书局2011年版，第201页。

② 《法舫文集》第五卷，《旧刊新抄前言》，金城出版社2011年版。

③ 《法舫文集》第三卷，《复兴中国佛教的史的印证——法舫法师在汉藏教理院讲》，金城出版社2011年版。

者，德国政府首之。刊行佛藏之巴利文梵藏文及大购吾国之藏经者，英国首之。科学院之设佛学会者，共产政府之俄国首之。至珍藏吾国之佛学精神及书籍等者，日本最早且盛，尤于佛学之哲理，为日新月异之探讨，成世界一等文明之国矣”。① 通过对外国佛教研究的了解，相比之下“我们应该了解现在研究佛法和弘扬佛法单是以中国为对象是不够的，因为我们要救中国，需要先救世界，整个的世界和平了，人类安乐，中国才能得救。所以现在研究佛法，应该以世界的佛学为对象；弘扬佛法，应该以全世界人类为对象”。② 不过从当时佛教界与国内外的佛教比较，他觉得从国内现在的情况来看，“依太虚大师的指示，从现存中国三藏及寺僧本身上看，中国佛教徒，现在还没有谈世界佛教的本领！只保存了一些世界佛教的资料而已！如此说来，中国三藏确具有世界性的佛教资料，但还不够，是必须把南方正统派上座部的三藏和注述，藏文所传印度后期之大乘，作个别的翻译和综合的研究，再加上介绍近代欧西学者所发展的佛教研究，然后才可说中国执世界佛教的牛耳。中国佛教徒，假定能在战后十年到二十年之间，作完这三方面的工作，中国佛教就有可观了”。③ 从国外所见而言，“余奉命来南海近十年，历游缅印锡诸佛国，与各国之佛教学者信士相接触，且常与欧美人相谈论，彼等对过去晋隋唐宋中国佛学，有极高之景仰，但于今日之中国佛学界，除知太虚大师外，似乎今日中国佛教界于世界佛学并无若何贡献！每一谈论中国佛学，则恨无英译中国佛书，可资研寻。（虽有二三种，但不足列学士之林）不得已则举告日人英译之中国佛书。故今日国内有大心之士提倡英译佛书，实为应时急务”。④

法舫法师的国际视野和肩负的重大使命，让他深知这个担子沉重，特别是能够真正地把全世界佛教徒都团结起来，让佛日照耀全世界，这不是一件易事。佛教的思想能够对世界和平作出应有的贡献，这是中国大乘佛教与世界佛教相接轨的基础，他希望：“我们看看这整个的具体的世界佛化事业，还是初步的育婴时期，正像这残冬将尽新春降临一样。如果全世

① 《法舫文集》第一卷，《世界文化之大贡献》，金城出版社 2011 年版。

② 《法舫文集》第三卷，《从武昌佛学院到世界佛学苑》，金城出版社 2011 年版。

③ 《法舫文集》第六卷，《南海读〈海潮音〉杂感》，金城出版社 2011 年版。

④ 《法舫文集》第六卷，《国内佛教短评三则》，金城出版社 2011 年版。

界佛教同仁，都向这条路上去创业，我想这如胚胎育婴的世界佛教，像冬尽春来的世界佛化气象，一定会有最大的收获吧！佛陀的光明会照破了这人世的黑暗，佛陀的仁慈会感化了这世界的残暴，佛陀的和爱会转变了这世界的大战，佛陀的快乐会消灭了这人类的痛苦，佛陀无量寿底生命，这人类也有无量寿底生命，现在的一切杀人利器，希望都变成庄严世界的宝贝。”① 虽然将中国大乘佛教弘扬到世界，有一定难度，但是法舫法师坚信一定会成功，关键是要怎样去做，因为“现在中国、亚洲，正在面对着一种所谓新的思潮之动荡。佛教不但是中国佛教，就是全亚洲的佛教，今后的生命是否能继续生存发扬，那就要看亚洲佛教徒能否以佛教的真理去引导这个所谓新的洪潮”。② 他努力去实践佛法弘通世界的愿意，给外国友人书曰：“近二十年来太虚和尚发扬佛教，普及全世界，以佛法来挽救人类，对于中国佛教的旧恶习惯加以改革，作了我们的佛教新运领袖。虽屡有封建思想的佛徒反对，但其势力微薄，不足以畏。……但是我们仍然努力做去，尤其是以佛教救国的工作，我们是特别注意。”③ 正是由于他的积极工作，努力践行，中国佛教在东南亚诸国有了更大影响，特别是在华侨中间，中国大陆佛教起到联络感情，心向祖国的作用，法舫法师也在各国赢得广大佛教徒的尊敬，被印度国际大学和锡兰大学礼聘为教授。他圆寂以后，马来西亚华侨专门为他编了一本纪念集。

虽然法舫法师力挺要将中国佛教传到世界，实现乃师太虚的愿望，但是他并不是唯洋是崇，反而觉得西方的东西也要看情况，如他指出：“西人治天竺学近二百年，初期译品，错误甚多。正如中国古代之初期译经，故多不可依据。”④ 他也不是随便放弃原则，而是在坚持中华本位的前提下，正确地看待国外的佛教，特别是西方的佛学。他说：“我国自五四运动以后，一般学者趋向于西洋的舶来品，无论什么政治学术主义宗教军事，都是西洋的好，说中国的是老朽枯燥应该废除，这种是错误的，我并不是反对接受西洋文化的人，我的意思是‘借人之长，补我之

---

① 《法舫文集》第三卷，《今年的新希望》，金城出版社 2011 年版。
② 《法舫文集》第六卷，《复伦敦佛教杂志函》，金城出版社 2011 年版。
③ 《法舫文集》第六卷，《复伦敦佛教杂志函》，金城出版社 2011 年版。
④ 《法舫文集》第一卷，《附：关于〈吉祥经〉之翻译》，金城出版社 2011 年版。

短'，不能将本国四五千年来的文化一概抛弃，若是将中国的文明废除，那末请问拿甚么东方文化发扬到西洋去呢？我想文化的消沉灭亡，对民族的生存，比任何损失都可怕？"①一个国家没有民族文化，就没有自己的魂了，民族也不存在了。西方因科技进步，物质发达，因而发动战争，掠夺东方。虽然西方科技文明发达，但是缺少人情，东方文化的特点是"大慈忠信，真诚和平"，在法舫看来，"真正足以代表东方文化，唯儒佛堪当之，佛教以慈悲救世普度众生为本怀，以无我无畏为精神，足以补西洋科学文明之弊"。②

六、法舫法师与佛教义学

法舫法师虽然出家于佛教重镇南岳，但是他的佛教教育是在当时佛教界最高学府武昌佛学院完成的。他跟随太虚等一大批著名的佛教高僧和学者学习，使他的佛学得以前后贯通和诸宗皆得；他又到国外住过，懂多种文字，跟外国的高僧与学者交往，故南北两传都能讲说。此外，他作为著名的佛学刊物——《海潮音》的主编，对国内外的佛学研究现状都掌握，了解学术的情况，站在了制高点，把诸多的佛学内容掌握在自己的手中，运用自如，融通古今，成为一位佛学大家。

民国佛学百花呈放，研究佛教主要由出家的僧人和居士组成，许多人都是学有专长的学者，太虚则是融通的大家。我们现在所能了解的民国佛学研究情况，法舫作了比较详细的介绍，例如他指出当代中国佛教的研究是与中国整个社会转变、文化思想，有连带关系的。"在清末民初时，民族革命论士，如章太炎；变法运动者，如康有为、梁启超、谭嗣同等，对于佛教都有深刻的研究和提倡。同时留学日本的学生和亡命在日本的志士们，亦都作佛学之研究，这对于新近中国佛学的发展，不能说不是一个主因。又因为当时的社会在变，在革命，佛教界里也含蓄着应变和革命生

① 《法舫文集》第三卷，《实现东方文化——法舫法师在世界佛学苑图书馆讲》，金城出版社 2011 年版。

② 《法舫文集》第三卷，《实现东方文化——法舫法师在世界佛学苑图书馆讲》，金城出版社 2011 年版。

机。因此，就有了近四十年来佛学新运动。”[①] 中国佛教的十宗都有人在做研究，“总观十宗在今日，禅、律、成实三宗是极衰微，原因是研究的人很少了。俱舍、三论、台、贤四宗是半衰微的，研究台、贤的虽多，但方法是陈旧的。净土、密、唯识三宗，可说是最兴盛的宗派了”。而研究的趋势，经“中国佛学界之努力，已趋向于世界佛学之研究”。[②] 法舫法师基本如实介绍当时的佛教研究的情况，但是也有遗漏，这就是他对当时游离于佛教界之外的一些学者没有进行介绍，像当时在治这方面的学者如汤用彤、陈恒、胡适等人也是学有成就，影响显著的大家，但是法舫并没有谈到，究其原因，很可能是因为法舫接触的学者有关，也与他的信仰有关，在他看来，研究佛教没有信仰是不行的，他曾经说过：“今日学佛者，忘记了这一点。佛教是一种宗教，一种理智的宗教。宗教是启发人类的信仰，开发人生的智慧，解决人生问题的。所以佛教是不离人生的。古云：‘佛法在世间，不离世间觉，离世求菩提，犹如觅兔角。’离开人生讲佛法根本就无用，甚至于不是究竟佛法而是相似佛法。”[③] 所以，信仰决定了他的评判标准，使之有所遗漏。

大乘佛教的基本理论主要来自两大派，一派是以般若经为系统的空宗；另一派是以唯识经典为系统的有宗，这两派的理论与经典历代学习讲说之人不辍。作为出家的僧人，法舫法师也涉入了这两大宗派，他先后讲过空宗的根本经典——《金刚经》，又讲过《唯识论谈》。法舫法师讲经的特点不同于传统的讲经，“在讲解的时候，为了初学者易于了解起见，故对专门术语，在不违反原意之下，多用现代术语说明。”[④] 在他的讲经与演讲中穿插了大量的历史知识，具有学者的风范，同时又有信仰的成分，关怀现代，直接与信徒的生活挂钩，爱憎分明，所以他的讲经与演讲一直受到欢迎，国内外都请他前往。法舫法师讲《金刚经》，讲到“我相、人相、

① 《法舫文集》第一卷，《唯识论谈·第一编·第一章今日研究佛学之现状》，金城出版社2011年版。

② 《法舫文集》第一卷，《唯识论谈·第一编·第一章今日研究佛学之现状》，金城出版社2011年版。

③ 《法舫文集》第三卷，《佛教对人生的看法——在长沙佛教四众欢迎会讲》，金城出版社2011年版。

④ 《法舫文集》第一卷，《唯识论谈·原序》，金城出版社2011年版。

众生相、寿者相、无法相、亦无非法相”，除了解释名相之外，还特意指此四相“一有我就是颠倒，就有彼此、是非、分别，种种知见，不能觅取真理，不能规范自己的思想行为，造业受生，轮回生死，痛苦无穷。如是就失去学佛的本意了。因此，不应取著一切法相，固步自封；不应取著一切非法相，颠倒臆猜”。① 这就把佛教空观里不著相引入到众生的生活与信仰之中，揭示了学佛的本怀与意义。他讲唯识学，除了联系印度佛教史和中国佛教史的知识，还专门论述了科学与唯识学的关系，“大谈中国和印度过去的佛法大势，以及现代思潮和佛学的关系。这样讲法也可以说是新玄谈——好像那古今大法师讲经，高登法座，先来一回谈玄说妙一样。起初恐听讲者不感兴趣，因为我自己听经是最不喜欢听谈玄说妙的。不过，这两次讲演，因为有点历史性和学术比较研究性，所以听众还不感到疲厌”。② 由此反映了他的博学多闻的知识和摄受力。

法舫大师在当代中国佛学里面最突出的一点还是在于他对南传佛教的研究。南传佛教是流行在南亚斯里兰卡与东南亚缅甸、泰国、柬埔寨等国家的另一支，与北传中国大乘佛教相对。由于种种原因，南传佛教与中国佛教界联系很少，太虚的世界佛教思想推广后，中国佛教与南传佛教的国家往来增多，法舫法师作为太虚派往世界佛教界的代表之一，与南传佛教国家的僧人与学者有了密切的来往，于是对这些国家的佛教形态和现状，乃至佛教传统有了更深刻的认识，并把这些学习与研究所得都写成文章，介绍给国内读者。例如他翻译了南传佛教理论的纲要书《阿毗达摩摄义论》（也有人译为《摄阿毗达摩义论》），在前面的序里整体介绍了南传佛教的历史与三藏的情况，并且将南传佛教的一百二十一心体系与中国汉译经典的九心轮作了粗略的比较，他对南传佛教的介绍与研究，是中国佛教里最早介绍这方面的作者之一，有的研究至今还没有人超越，他对沟通中国北传与南传诸国的佛教之间的联系，功不可没。

---

① 《法舫文集》第一卷，《金刚般若波罗蜜经讲话》，金城出版社 2011 年版。

② 《法舫文集》第一卷，《唯识论谈 · 原序》，金城出版社 2011 年版。

七、结语

近代中国，风云变幻。佛教多舛，令人担忧。法舫法师作为当代中国佛教中的一员，勇敢地承担了如来的家业，用他的一生为中国佛教振兴作出了应有的贡献。佛法在世间，人成即佛成，在充满挑战，面对时代的要求，勇敢地站出来，直陈要害，应是每个出家大丈夫的责任，法舫法师为出家人作出了榜样。

佛教讲报恩，法舫法师是报恩思想的实践者。在国难当头，国家危亡的时刻，振臂呼吁，直指日本侵略者，用自己的行动来报恩祖国，充分表达对国家与民族的热爱，胜过了许多有名的僧人，至今我们读起他用热血撰写的文章，仍然能够感受到他的一片爱国热忱，佛教提倡的爱国、爱教传统在他的身上鲜明地表现出来。

法舫法师是太虚的爱徒，最信任的弟子，他一生忠诚老师，报祖师恩。太虚英年早逝，他忧伤过度，"呜呼！大师之逝，人天眼没，正法幢摧，中国佛教，失去保育之慈母；世界佛教，失去领导之导师！法舫等于接到凶信之后，悲伤痛哭！不能自已。自念二十余年，随师弘法，爱吾若慈母，教我如严父！此恩此德，虽经大劫，未能报其万一，每思及此，伤心惶愧不知所以！大师命终，以远在异国，不能一瞻遗容，于中敬礼，更为终身之恨！法舫于接电之次日，即十九日，整日静默，以念师恩，又寄奉印币一百盾以为治丧之助，力薄数微，略尽弟子之心而已"。①

法舫法师是与时俱进者，代表了中国佛教发展的方向。他意识到中国佛教要发展，必须跟上时代的潮流，必须与世界接轨，否则就无法在多变复杂的形势中生存下来。作为出家人，我们可以理解他提出的"民国初立，败象益现，有识之士乃曰'振兴民族必振兴佛法'"②之想法，但是我们也要看到他所说的"一方注意复兴固有文化，一方力谋振兴佛教，提高佛法价值，为国民谋文化上之复兴建设，不令此国家之生命——佛教文化——因时代而消灭"之担忧，为他能够呼吁"僧寺如欲生存于今日之社会，倘

---

① 《法舫文集》第六卷，《致慈航法师函》，金城出版社 2011 年版。

② 《法舫文集》第三卷，《十五年来本刊之贡献》，金城出版社 2011 年版。

不去其恶，而养其真，以健全之僧格僧纲，敌其所敌，则终必为时代所淘汰也。由此观之，僧制之整理与改变，乃振兴佛教，救亡僧伽，急不可缓之事”[①]而庆幸。

法舫法师生活的年代，整个国家处在了挨打受辱的时代，佛教在这个背景下也无法真正全面复兴。太虚生前没有看到中国佛教真正复兴，“法舫决依照大师在世时之指导，努力完成所学。将来回国，仗师加持，继续建树世界佛学苑，以求完成大师此生之大愿也”。[②]但也最终没有实现，反而更早地离开了人世。这是整个时代的悲哀。但是他们的努力没有白费，国家强大了，佛教就有力量了，经过佛弟子持续不断地努力，他们的愿望终于在后人手中得以实现，中国的佛教已开始走向世界，并且取得了话语权。

法舫大师作为一代人物，他对佛教的贡献是无与伦比的，他把自己全身心投入到佛教的事业里，给我们树立了一个丰碑。法舫法师用他的智慧，用手中的笔，给我们留下了两百余万字的宝贵精神财富。这是中国当代佛教历史发展的最好见证，是我们研究当代中国佛教不可缺少的基本资料，值得我们去加以重视，并加以研究。

在法舫大师圆寂六十周年的纪念日里，我们怀念大师的丰功伟绩！

附：感谢法舫家乡的梁建楼先生，是他将散落在各个佛教刊物上的法舫法师的文章搜集起来，然后汇总，重新标点和录入校对，最后出版了六卷本的《法舫文集》，功德大焉。此书出版后，佛教界和学术界均予以了重视，对法舫法师的研究也开始展开，台湾的繁体字版也将出版。随着对法舫法师研究的深入，法舫法师对佛教的贡献将会被愈来愈多的人所关注。

作者单位：中国社会科学院世界宗教研究所

① 《法舫文集》第三卷，《十五年来本刊之贡献》，金城出版社 2011 年版。

② 《法舫文集》第六卷，《致慈航法师函》，金城出版社 2011 年版。

当代佛教人间化与人间佛教化的双重转向论题探析

黄连忠

一、前言

近百年来，“人间佛教”思潮从孕育萌芽到实践发展，真正主导了中国佛教的实际走向。笔者以为百年来人间佛教发展可以概分为三期：第一期是从1913年至1949年；第二期是从1949年至1978年；第三期是从1979年至2012年。第一期是“人间佛教”理论形成期，第二期为“人间佛教”理论台湾地区实践期，第三期为中国大陆改革开放以后，赵朴初会长倡导人间佛教，进而形成两岸人间佛教共荣期。

太虚法师（1890—1947）于1913年2月参加八指头陀（寄禅法师）追悼会时，曾经提出“教理、教制、教产”的改革主张，正式吹响了近百年来佛教改革运动的号角。① 太虚法师后于1928年4月在《对于中国佛教革命僧的训词》一文中说：“佛教亦当依此而连接以大乘十信位的菩萨行，而建设由人而菩萨而佛的人生佛教”②，从而正式提出了“人生佛教”的主张。进而太虚法师于1934年10月在汉口市商会讲的《怎样来建设人

① 印顺法师在《太虚大师年谱》中于“民国二年”条有“大师参加八指头陀（寄禅法师）追悼会于上海静安寺，演说三种革命以抒悲愤”的记载，民国二年时为1913年2月，距2013年恰满百年。参见印顺法师：《太虚大师年谱》，《妙云集》中编之六，正闻出版社2000年版，第57—58页。

② 太虚大师：《对于中国佛教革命僧的训词》，载《太虚大师全书·第9编·制议》，善导寺佛经流通处1980年版，第597页。

间佛教》，也是以“人生佛教”的立场，统摄成就于“人间佛教”的立论。后来，印顺法师（1906—2005）继承了太虚法师的总体路线，积极弘扬与诠释了“人间佛教”的思想。台湾地区继承太虚或印顺法师的志业，以“人间佛教”实践为导向的三位代表性法师，分别是重视文教弘法的佛光山星云法师，提倡慈善救济的慈济证严法师，还有强调心灵环保与生活禅修的圣严法师。虽然三大道场皆是以奉行“人间佛教”为指导理论，但是偏向与特色仍是具有相当大的区别。

本文除了回溯“人生佛教”与“人间佛教”的发展史要，更重要的是反省近百年在“人间佛教”运动下的佛教人间化与人间佛教化的双重论证主题，探讨人间佛教如何适应数字化时代的脉动，分析人间佛教如何架构生活化修持的次第，评论人间佛教如何防止形式化庸俗的弊端，以及说明人间佛教如何开展菩萨道庄严的净土。

二、从“人生佛教”到“人间佛教”的佛教改革背景论佛教人间化

清末光绪二十四年（1898）三月，张之洞（1837—1909）上呈德宗一篇重要的文章《劝学篇》，提出了“庙产兴学”的主张，影响极为深远，也是近百年佛教改革运动中始发因素，文中提道：“或曰：天下之学堂以万教，国家安能如此之财力以给之。曰：先以书院改为之。……曰：可以佛道寺观改为之。今天下寺观何止数万，都会百余区，大县数十，小县十余，皆有田产，其物皆由布施而来，若改作学堂，则屋宇田产悉具，此亦权宜而简易之策也。”[①] 张之洞此文引起后续许多波澜，也引发了当时佛教界极大的震撼与恐慌，[②] 此亦为太虚法师萌发佛教改革的重要时代背景因素。除此之外，太虚法师的人生佛教理念也受到清末康有为、梁启超、谭嗣同与章太炎等人的维新思想及其对佛教改革的启发。后来，太虚法师在

① 张之洞：《劝学篇·外篇设学第三》，载《张文襄公全集》卷203，文海出版社1963年版，第819页。

② 参见黄运喜：《清末民初庙产兴学运动对近代佛教的影响》，《国际佛学研究》1991年创刊号。

《我的佛教革命失败史》中说："偶然的关系，我与许多种的革命人物思想接近了，遂于佛教燃起了革命热情，在辛亥革命的侠情朝气中，提出了教理（那时叫学理）革命，僧制（那时叫组织）革命，寺产（那时叫财产）革命的口号——这三句口号。"① 其中提出的"教理、教制、教产"改革主张，主要还是在着眼在"现实人生"的关键点上，太虚法师说："我认为今后佛教应多注意现生的问题，不应专向死后的问题上探讨。"② 笔者以为，这是人间佛教对于"现实人生"直接的响应，虽然明清以来佛教衰微，或有鬼神化与边缘化的趋势，但是传统佛教以寺院为中心，以出家人戒律为引导，探讨主题或有偏向于修证解脱的价值取向。然而，中国禅宗从六祖惠能（638—713）以来，重视"佛法在世间，不离世间觉"的生活禅修，本来就是以禅宗为主流的中国佛教的主流思想，为何须要太虚法师又特别强调"现生"的问题呢？那是因为明清以来禅宗的衰弱，丛林化与诉求个人解脱的佛教形态主导着佛教的思维与价值。因此，在清末民初民主思潮的推波助澜下，太虚法师等人也反省佛教如何进入人间的现实生活，如何可以回归到人间的正道来。

太虚法师在《人生佛学的说明》一文中提到"人生佛教"的三层意义："佛法虽普为一切有情类，而以适应现代之文化故，当以人类为中心而施设契时机之佛学；佛法虽无间生死存亡，而以适应现代之现实的人生化故；当以求人类生存发达为中心而施设契时机之佛学，是为人生佛学之第一义。佛法虽亦容无我的个人解脱之小乘佛学，今以适应现代人生之组织的群众化故，当以大悲大智普为群众之大乘法为中心而施设契时机之佛学，是为人生佛学之第二义。大乘佛法，虽为令一切有情普皆成佛之究竟圆满法，

---

① 太虚大师：《我的佛教革命失败史》，载《太虚大师全书·第19编·文丛》，善导寺佛经流通处1980年版，第61页。

② 太虚法师在《我的佛教改进运动略史》一文中说："有一次演说，曾对佛教提出了三种革命：一、教理的革命；二、教制的革命；三、教产的革命。第一，关于教理的革命。当时的佛学丛报曾加反对：我认为今后佛教应多注意现生的问题，不应专向死后的问题上探讨。过去佛教曾被帝王以鬼神祸福作愚民的工具，今后则应该用为研究宇宙人生真相以指导世界人类向上发达而进步。总之，佛教的教理，是应该有适合现阶段的思潮底新形态，不能执死方以医变症。"见太虚法师：《我的佛教改进运动略史——二十九年七月在汉藏教理院暑期训练班讲》，载黄夏年主编：《太虚集》，中国社会科学出版社1995年版，第412页。

然大乘法有圆渐、圆顿之别，今以适应重征验、重秩序、重证据之现代科学化故，当以圆渐的大乘法为中心而施设契时机之佛学，是为人生佛学之第三义。”[①] 太虚法师以为“适应现代之文化”这是佛法中所说的“应机”，这个“机”字，原是指学佛的机缘或根机的意思，但也有时机或机缘的双重含义。所以，太虚法师说“当以人类为中心而施设契（合）时机之佛学”，契合时机是弘扬佛法的重要因素，也是“应机说法”的佛法原则。太虚法师又点出“求人类生存发达为中心而施设契时机之佛学，是为人生佛学之第一义”，其中预设了“求人类生存发达为中心”，笔者以为这是承认现实人生的价值，在良善的生活中更能彰显佛法存在于世的特殊意义。太虚法师继而说明“以大悲大智普为群众之大乘法为中心”，这是以大乘菩萨道的佛法精神作为普度众生的中心思想。并且大胆的以为“今以适应重征验、重秩序、重证据之现代科学化故，当以圆渐的大乘法为中心”，所谓的“圆渐”，就是“圆顿的心法，渐进的次第”，既能符合禅宗顿悟与大乘佛法的要旨，也能适应现代科学的“重征验、重秩序、重证据”之要求。可见太虚法师是主张佛教也应该适应科学时代的来临，对于科学也应该尊崇其客观的效验。简单地说，太虚法师立论的缘起是“响应现实的人生”，立论的根基是“大乘菩萨道的佛法精神”，立论的目标是“适应科学时代的来临”。笔者以为，这是“佛教人间化”的一个重要进程，值得深入探究。

除此之外，太虚法师在《我的佛教改进运动略史——二十九年七月在汉藏教理院暑期训练班讲》一文中说：“我改进佛教的经过，可以分作四个时期来讲，在〈第一期、甲、思想的来源〉中说：我改进佛教的第一个时期。是从十九岁至二十六岁的七年间——光绪三十四年至民国三年。在民国十六年曾作有告徒众书，内中曾提到我这个时期思想来源的概论：余在民国纪元前四年起。受康有为《大同书》，谭嗣同《仁学》，严复《天演论》、《群学肄言》，孙中山、章太炎《民报》，及章之《告佛子书》、《告白衣书》，梁启超《新民丛报》《佛教与群治关系》，又吴稚晖、张继等在巴黎所出《新世纪》上托尔斯泰、克鲁泡特金之学说等各种影响，及本其得

① 太虚大师：《人生佛学的说明》，载《太虚大师全书·第2编·五乘共学》，善导寺佛经流通处1980年版，第208—209页。

于禅与般若、天台之佛学，尝有一期作激昂之佛教革新运动。”[①] 太虚法师处在清末民初动荡纷扰的时代，其主要的奋斗目标与悲愿是“根据佛教的真理，适应现代的国家和社会，使衰颓的佛教复兴起来”，[②] 此以挽救与复兴佛教为己任，期待能够以“佛教真理”适应现代化的国家和社会，足见其识见与胸怀，让佛教真正走入人间。

在太虚法师明确提出“人生佛教”的论题之后，逐渐受到当时佛教界的回响，在 1934 年时《海潮音》以“人间佛教”为主题出过专刊讨论，后来慈航法师在新加坡亦创办了刊名为《人间佛教》的刊物。此外，法舫法师于泰国发表“人间佛教”的主题演说。虽然如此，设若以“人间佛教”名称实际的提出，则是太虚法师于 1934 年 10 月“在汉口市商会讲”的《怎样来建设人间佛教》一文中说：“人间佛教，是表明并非教人离开人类去做神做鬼，或皆出家到寺院山林里去做和尚的佛教，乃是以佛教的道理来改良社会，使人类进步，把世界改善的佛教。……将题目分三大段：一、从一般思想中来建设人间佛教；二、从国难救济中来建设人间佛教；三、从世运转变中来建设人间佛教。”[③] 太虚法师主要是以时势变迁中体察佛教也应该因应时代的脉动而与时俱进，并且透过大乘菩萨道的入世精神，彰显佛教存在于世间的最高意义。因此，讨论到“最新的科学与佛学”与“佛教

---

① 太虚法师：《我的佛教改进运动略史——二十九年七月在汉藏教理院暑期训练班讲》，载黄夏年主编：《太虚集》，中国社会科学院出版社 1995 年版，第 407 页。有关于太虚法师改革佛教的运动中，他将自己的思想与过程分做四期说明，在《我的佛教改进运动略史》一文中说：“至于我改进佛教的经过，可以分作四个时期来讲：第一期，甲、思想的来源，乙、进行的前奏，丙、运动的实施；第二期，甲、理论的集成，乙、运动的复活，丙、学院的创建；第三期，甲、世苑的创设，乙、教会的演变，丙、僧制的新议；第四期，甲、旧会的整理，乙、大学的改进，丙、新制的开建。”见太虚法师：《我的佛教改进运动略史——二十九年七月在汉藏教理院暑期训练班讲》，载黄夏年主编：《太虚集》，中国社会科学院出版社 1995 年版，第 406—436 页。

② 太虚法师在《我的佛教改进运动略史——二十九年七月在汉藏教理院暑期训练班讲》一文中说：“在那个时候，我对于佛教改进的思想，就是要怎样根据佛教的真理，适应现代的国家和社会，使衰颓的佛教复兴起来。”见太虚法师：《我的佛教改进运动略史——二十九年七月在汉藏教理院暑期训练班讲》，载黄夏年主编：《太虚集》，中国社会科学院出版社 1995 年版，第 410 页。

③ 太虚大师：《对于中国佛教革命僧的训词》，载《太虚大师全书 · 第 14 编 · 支论》，善导寺佛经流通处 1980 年版，第 431—456 页。

教人的报恩伦理”等诸多论题，都是提示“从一般思想中来建设人间佛教”；再者，“从国难救济中来建设人间佛教”的论题中，说明“安分尽职为救国基础”与“生产教育先要有生产计划”等议题，此以经济为主要探讨内容；另外，“从世运转变中来建设人间佛教”的论题中，说明“佛教的原则与人类新道德”与“菩萨是改良社会的道德家”，从菩萨的慈悲与觉悟的精神，推动“改良社会的道德”。以上都是以大乘佛教菩萨道的精神，重视现实的人生与生活，将佛法的入世精神推进到社会之中，借以达到净化社会，乃至于出世解脱圆满的境界。大虚大师从“人生佛教”到“人间佛教”的思想形成与发展，也是百年来中国佛教脱胎换骨再创新生的一个重要里程碑。

印顺法师是继承与发扬太虚法师人生佛教与人间佛教的思想界巨擘，虽然两者之间，颇多相异之处，但整体思想的脉络，仍是共同着眼于“人生与人间”。太虚法师可以说是百年来人间佛教真正的领航者，印顺法师则是人间佛教理论的完成者。印顺法师曾以“人类的特胜”为题，[①] 借《增壹阿含经》中的说法“诸佛世尊皆出人间，非由天而得也”以诠释人间是学佛最好的道场。[②] 印顺法师在《游心法海六十年》一文中，说明其在佛法判摄上是“以性空为主”，而有别于太虚法师的以如来藏系为主的区别。[③]

---

① 印顺法师在其著作《佛法概论》中说“人类的特胜”的特质为：“五趣中，平常以为天上最好，地狱最苦，这是一般宗教的传统见识。怕堕地狱，求生天国，是他们共同的要求。佛法独到的见地，却以为人间最好。这因为一切有情中，地狱有寒热苦，几乎有苦无乐；畜生有残杀苦，饿鬼有饥渴苦，也是苦多于乐。天上的享受，虽比人类好，但只是庸俗的，自私的；那种物质欲乐，精神定乐的陶醉，结果是堕落。所以人间最好，经中常说‘人身难得’的名言。《增含·等见品》说：某‘天’五衰相现——将死时，有‘天’劝他说：你应求生善趣的人间。人间有什么值得诸天崇仰呢？经上接着说：‘诸佛世尊皆出人间，非由天而得也’。这即是说：诸佛皆在人间成佛，所以人为天的善趣，值得天神的仰慕。”见印顺法师：《佛法概论》，《妙云集》中编之一，正闻出版社 2000 年版，第 52—53 页。

② 《增壹阿含经》中原文说：“佛世尊皆出人间，非由天而得也。”参见《增壹阿含经》卷 26，《大正新修大藏经》第 2 册，第 694 页。《增壹阿含经》的原文与印顺法师引用的“诸佛世尊皆出人间，非由天而得也”，有一字之差。

③ 印顺法师另在《中观今论》中，说明其判摄大乘佛学的三系是不用于太虚法师：“太虚大师分大乘学为三：（一）法相唯识学，（二）法性空慧学，（三）法界圆觉学。我在《印度之佛教》里，称之为虚妄唯识系，性空唯名系，真常唯心系。此大乘三系，可从有空的关系上去分别。”见印顺法师：《中观今论》，《妙云集》中编之二，正闻出版社 2000 年版，第 189 页。另在江灿腾的《现代中国佛教思想论集 1》中也专章讨论了两者“关于大乘三系思想的争辩问题”，见江灿腾：《现代中国佛教思想论集 1》，新文丰出版公司 1990 年版，第 128—131 页。

同时，也提到他的“人间佛教”与太虚法师的“人生佛教”两者不同的原因，其原文为：“大乘佛法，我以性空为主，兼摄唯识与真常。在精神上、行为上，倡导青年佛教与人间佛教。……虚大师说‘人生佛教’，是针对重鬼重死的中国佛教。我以印度佛教的天（神）化，情势异常严重，也严重影响到中国佛教，所以我不说‘人生’而说‘人间’。希望中国佛教，能脱落神化，回到现实的人间。我讲‘人间佛教’，现存‘人间佛教绪言’，‘从依机设教来说明人间佛教’，‘人性’，‘人间佛教要略’。”① 然而，整体而言印顺法师的“人间佛教”是植基于太虚法师的“人生佛教”的沃壤之上，逐渐发展理论，使其更加完备而成为一套思想系统。

若从“依机设教”的立场而言，当代的人间佛教已经从百年前清末民初到第二次世界大战结束的“战乱时代”，再跨越过1949年至1978年两岸分立的“过渡时代”，再超越了1979年至2000年以后至今的两岸渐进融和的“经济时代”等三个阶段。当代的人类社会，已经步入21世纪的“数字时代”。当代“数字化”digitalization信息网络已经充分渗透与无限扩张到全世界地球人类生活中的一切领域与影响到一切层面。② 时至2013年，人类社会已经全然进入数字化的时代。③ 因此，无论是当代的任何学科或是生活中接触到的一切事物，“数字化”的要求、标准与思考的形态，已经充分成为主导人类价值观与生命存续发展的一种关键主宰因素。然而，佛教又是如何响应或适应数字化时代的脉动呢？

笔者以为，人间佛教就是佛教展现于人间最大的价值与特胜之处，但

---

① 印顺法师：《游心法海六十年》，载《华雨集》第五册，正闻出版社1993年版，第18—19页。

② “digitalization”在台湾的中文译名为“数位化”，在中国大陆的译名为“数字化”，所谓的“数字化”，如蔡曙山《论数字化》中指出：“在目前的计算器（计算机）系统中，信息的加工、传输和存储都是以二进制数的方式进行的，即用二进制的两个数0和1来表示。我们把二进制数的一个位称为一个比特（bit）。计算器中所有信息对象如数字和运算、字符、声音、颜色、图形、图像，连同计算器指令，都用比特来表示，这一关键技术被称为‘数字化’（digitalization）。”见蔡曙山：《论数字化》，《中国社会科学》2001年第4期。

③ 笔者以为，“数位”与“数字”的中文译名，实际上都偏离或创新了中文语词的原始意义，“数位”原来是指数字的所在位置，如右起第一位为个位数；“数字”原是指“若干字”、“数目的文字”（如中文的大小写数字）、“数目的符号”（如阿拉伯数字）、“数量”等。但是“数字化”是指将许多复杂多变的讯息、图像、影音转变为可以度量的数字或数据，并且可以透过这些数据还原成原始讯息，这也是“数字化”最主要的意义。

其本质仍是佛教。所谓的“数字化”也并非全然的“物质化”，所谓的“客观化”也不等同于“摒弃主体或主观”。两者之间，未必是截然对立的两种形态。但是随着人类科技文明的进程，从太虚法师的“人生佛教”到印顺法师的“人间佛教”，笔者以为佛教已经逐步走向“佛教人间数字生活化”与“人间佛教数位科学化”的时代。所谓“佛教人间数字生活化”，也是佛教走向人间生活中适应数位时代的来临，如古代陶渊明《归园田居》的“方宅十余亩，草屋八九间”，如今数字时代则必须以带有小数点后两位数来表示多少平方米，至于位置则是以GPS卫星定位的数字来标明，因此人间佛教也必须走向更为精确、客观与科学性的方式，才能展现“人间佛教”适应时代脉动的价值。笔者以为，这也是在强调佛教的价值本体之中，必须注意外在的形式与内容的应用。因此，人间佛教如何架构生活化修持的次第，正是佛教因应时势的变迁，必须努力的方向。

所以，笔者所谓的“佛教人间化”，就是忧心于佛教向人间世俗倾斜。人间本有善恶，人间亦有正行与恶行，佛教可依八正道与五戒十善架构人间佛教的基础，亦可在人间展现大乘菩萨道的胸襟气魄与行持风范。但是，相对的若以人间重视物质表象与外在形式，竞逐奢侈华丽与表面形式，就像是广建露天超大铜佛为得到信徒顶礼膜拜而获取众多供养的思维，都是侵蚀佛教根基的流俗病症。同时，佛教因应时代变迁，总应有“不变随缘”的立场及原则，不变的是佛教秉于大乘菩萨道的人间正行与专业素养，必须有所坚持；相对的可以随缘的是因应经济社会中或数字时代里，如何透过现代科技、文化教育、商业经济、艺术人文与数字化的优势而展现佛教存在于世间最大的价值。因此，人间佛教不仅保有佛教真诚淳朴的一面，也能积极深入社会净化人心，以成就人间为佛国净土的理想，这才是笔者所谓的“人间佛教化”的意义所在。

三、从人生佛教到人间佛教的修道次第论人间佛教化

太虚法师于1928年10月的《在法京巴黎东方博物院讲稿》一文中说：“吾从事于佛学二十余年矣。以二十余年的修学、体验，得佛陀妙觉的心境，照彻了大小乘各派的佛学，及一切宗教、哲学、科学的学说。……但

在现今世界文化大交通的趋势上，却应将此超脱一切方土时代人种民族等拘碍而又能融会贯通东西各民族文化的佛学，明明白白宣扬出来，使之普及群众，以作人类思想行为的指南。……于现代交通的互助的人类底共存共荣关系上，于东西各民族的人生哲学基础上，以大乘初步的十善行佛学，先完成人生应有的善行，开展为有组织有纪律的大乘社会生活。再渐从十住、十行、十回向、十地的佛学，发达人性中潜有的德能。重重进化，以至于圆满福慧的无上正觉。”① 以上皆说明太虚法师“从人乘行果进趣大乘行”的修道次第理论核心，在其另一篇写成于 1938 年 2 月的《即人成佛的真现实论》中说：“堕世年复年，忽满四十八，众苦方沸腾，遍救怀明达，仰止唯佛陀，完就在人格，人圆佛即成，是名真现实。”② 所谓“仰止唯佛陀，完就在人格，人圆佛即成，是名真现实”，即是重视“人”的终极完成，也经由肯定人格的圆满成就，也就是成佛的具体实现。其中，值得注意的是，太虚法师以为禅宗是：“惟亦嫌侧重唯心，而绌于利物治生耳！”③ 甚至建议：“故应易（禅宗）‘直指人心见性成佛’为‘直依人生增进成佛’，或‘发达人生进化成佛’，是名即人成佛的真现实论。”④ 然而，笔者以为禅宗的“直指人心见性成佛”，这是历史上的禅宗思想精髓，透过“直指”的教学方法，让学人澈见本心悟见本性当下体证佛性以成佛，这并非玄妙难解或是晦暗难明，而是说明禅宗的思想本体、境界与教学方法。这一点与太虚法师的“直依人生增进成佛”或“发达人生进化成佛”，显然是不同范畴的两个主张，同时笔者以为禅宗的“直指人心见性成佛”是就一个理想进路独立的特点而言，说明禅宗的教学进路与方法，至于“直依人生增进成佛”，必须说明“人生”所有的缘起与四谛因果，再说明如何“直依”。同时在“发达人生进化成佛”的主张中，也必须思

① 太虚大师：《佛学源流及其新运动》，载《太虚大师全书·第 1 编·佛法总学》，善导寺佛经流通处 1980 年版，第 933—935 页。

② 太虚大师：《佛学源流及其新运动》，载《太虚大师全书·第 14 编·支论》，善导寺佛经流通处 1980 年版，第 457 页。

③ 太虚大师：《佛学源流及其新运动》，载《太虚大师全书·第 14 编·支论》，善导寺佛经流通处 1980 年版，第 460 页。

④ 太虚大师：《佛学源流及其新运动》，载《太虚大师全书·第 14 编·支论》，善导寺佛经流通处 1980 年版，第 460 页。

考除了“人间正行”之外，“发达”后的“人生”如何是可以等同于“成佛”？如果“发达人生”即等于“成佛”，又如何消解人间无常与非正行的种种现象及行为？

以上正是笔者长期思考“人间佛教化人间为净土”与“佛教人间化佛教为人间”的双重转向问题，到底是人间佛教的理论“化导实现”人间为诸佛境土呢？还是佛教思想“趋附流俗”人间而成为一种形式上的佛教？如果是前者，人间佛教则负有“净化社会人心”的使命，那么人间佛教作为佛教思想的一种特殊理论，主要就是针对“净化社会人心”或“直依人生增进成佛”或“发达人生进化成佛”而立论，成立此学科理论的范畴、体系与实践方法又究竟为何？相对的，如果是佛教思想“趋附流俗”于人间善恶交杂的现实，则“人间佛教”就不应被称为是佛教思想的一种特殊理论，所有的佛教的宗派理论，乃至于修证体系，或者是对现实社会的思想启发，都只是成为生活现实中的“世俗佛教”，如此就真正失去了佛教的精神与灵魂。因此，笔者以为“人间佛教”是一种佛教思想相应于百年来社会的革新运动，但是基本的本质仍是佛教思想，不能超离“佛教”而谈“人间佛教”，但相对的却是在百年来社会中却适合从“人间佛教”来论证“佛教”成立于世间的意义与价值。

相对的，百年来人类从“模拟式”走向于“数字式”的生活，将模拟（analogy）的物质讯号转化为数字化信息（digitalized information），这是时代发展的一种重要历程。[①] 若以数字化带给现代人类的种种生活冲击与便利，实在是难以评估其巨大的效应，如谢清俊曾指出：“文物数字化的主要理由是利于长久保存。其次是数字化以后的资源几乎可以取之不尽、用之不竭，比方说我们让别人接触到佛法、研习佛教理论，做种种利用，或是做佛学研究等都方便多了。再其次是可以大量汇集知识，汇集的结果，可以看到以前看不见的事情，产生相辅相成（synergy）的效果。”[②] 虽说如此，但数字化仅是对客观的物质做数字的处理较为精确，相对的面对

① 笔者所谓的“模拟”，若以中文的原意是指一种推理的方法，就是依据两种不同的事物在某些外在特征上的相类似点，因此作出两者形式上相似的推论或结论，此为模拟的原意。

② 谢清俊：《佛教数据电子化的意义》，《佛教图书馆馆讯》1999 年第 18 期。

主体内在的精神，显然数字化不能涵盖所有非物质的层面，这也使得当代的佛教在过去主张“人间佛教”在面对数位时代的冲击下，逐渐走向“客观外在形式化”的佛教。因此，人间佛教如何防止形式化庸俗的弊端，此点正是当代人间佛教发展中最大的困局与挑战。

前文述及，人间佛教基本的本质仍是佛教思想，不能超离“佛教”而谈“人间佛教”。相对的，数位时代的人间佛教，也不能超离“佛教”而谈“数位时代的人间佛教”。因此，如何在数字化时代的脉动中发展人间佛教，除了透过严谨的生活化修持次第之外，如何防止形式化庸俗的弊端，才能谈到如何在人间开展菩萨道庄严的净土。尤其是在当代社会，人间佛教被赋予净化社会人心的功能，这是“人间佛教净土化”的一种思维，将现实的人间依据佛教的思想与理想，彻底改造成佛教净土思想中的完美净土。然而，完美的净土必然是置于思想精神的本体（佛性）、庄严的境界（报身）与美妙的现象与应用（化身）三者的结合。如果佛教只是存在着庄严壮丽的佛殿，占地形势广袤的寺院楼阁，或者是法会节庆时数十万信众的海会围绕，却独独缺少了最重要的精神与灵魂，那么所谓的人间佛教就只是空洞的躯壳罢了。因此，人间佛教在弘传的过程中，如何兼具丰富思想的内在精神与美丽形式的菩萨境界，将是数字时代人间佛教发展过程中最大的考验。

有关于数字时代人间佛教的发展方向，笔者提出四项建议，分别是：

第一，从媒体传播的社会新闻分类研究中，探讨人间佛教的因果法则，架构五戒十善八正道的修持次第。当代人类虽然受到科技文明与经济社会的影响，普遍得到富足安乐的生活，但是相对于安乐的同时，人间仍然充满许多不够完美良善的一面，特别是在媒体传播的社会新闻中，看到各种因为人类的贪婪、诈欺、自私、欲望与残暴而引发负面结果的现象。笔者以为当代人间佛教应该深入研究这些社会现象，从其中的研究归纳出人间因果的运行法则，依此安立五戒十善八正道的修持次第。

第二，从文化教育辅导的学习中，借由教育辅导、咨商心理学与文化艺术领域等相关理论，架构当代佛教学的教育系统。当代人类已经发展出极为复杂深刻的教育理论，同时在心理学与辅导理论方面有极大的进展。相对的，人间佛教的教育理论却一直未见全面展开与当代教育融和的发展，特别是综合文化艺术等各项领域的精华，尤其是值得吾人深入的探究。

第三，从工作家庭社会的人际沟通中，借由当代科学研究与数字科技的研究成果，架构慈善救济与环保禅修的生活禅修持体系。当代人类在日常生活中，真正接触最为频繁的就是工作家庭与社会的人际互动，当代的社会科学领域与环保意识，正好可以与佛教慈善救济的精神相结合，以精确的研究与菩萨道的精神相结合，发展出具有佛教慈悲性格的慈善体系。同时，在提倡简约质朴的环保生活中，不仅净化吾人身心，又基于现代数字科学的研究成果，更为精确的研究出佛教修持的优点与改善生活质量的成果，更基于佛教戒定慧三学的架构，开展具有当代人间佛教特色的生活禅修持体系。

第四，从佛教学术的专业研究中，借由佛教学内部各领域与当代科学以科际整合的形式，架构数字时代人间佛教的理论诠释体系。佛教内部的专业佛教学研究固然十分广泛，近数十年来相关的研究也有极大的发展，但是略为缺乏佛教学与其他学科的科际整合的研究。例如，佛教学与当代心理学的整合研究，或是佛教学与当代经济学的整合探究，都是值得深入研讨的主题。更重要的是，透过这些整合研究，不仅能够沟通与缩短人间佛教与现代科学的差距，同时更能借此汲取现代数字科技的研究成果之养分，让人间佛教的理论诠释体系，得到更为扎实的基础。

四、结论

经过本文的初步讨论，笔者试从太虚法师的“人生佛教”与印顺法师的“人间佛教”思考当代的人间佛教发展，尤其是面临数字时代的考验，避免佛教产生世间庸俗化的倾向与弊端，并且积极架构当代人间佛教的修行次第，最后期待能够开展大乘菩萨道庄严的净土于人间。除此之外，本文亦得到以下四项初步的结论：

其一，笔者将百年来人间佛教发展概分为三期，主要是着眼于当代数字时代人间佛教的发展，必须基于时代的脉动与考虑社会发展的现况。同时在太虚法师的“人生佛教”与印顺法师的“人间佛教”的思想中，思考人间佛教迈向第四期的宏观视野与积极因应的策略。

其二，从太虚法师“人生佛教”的佛教改革运动思想中以及在印顺法师的“人间佛教”的理论里，当代的人间佛教发展，必须把握佛教的根本原则与内在精神，避免佛教向人间世俗的庸俗形式倾斜，而成为“佛教人间化”。相对的，在重视物质表象与外在形式的同时，更重要的是依据八正道五戒十善以架构人间佛教的基础，并在人间展现大乘菩萨道的气魄胸襟与行持轨范。

其三，太虚法师是主张佛教也应该适应科学时代的来临，对于科学也应该尊崇其客观的效验。关于此点，笔者以为数字时代的来临，人间佛教应该吸取当代数字科技的研究成果与便利，并且在数字化时代的脉动中发展人间佛教，同时透过严谨的生活化修持次第，展现人间佛教净化社会与开展人间净土的理想及其实践。

其四，人间佛教在基于现代数字科学的研究与科际整合成果之上，应该发展出具有当代特色的人间佛教修持体系，基于佛教戒定慧三学与六度波罗蜜的架构，不仅实践五戒十善等人间正行，更要与现代各种学科理论相结合，让人间佛教的理论诠释体系与当代科学的发展无缝接轨，真正进入人间佛教以实践人间净土为导向的第四期阶段。

作者单位：台湾高苑科技大学

应然与实然

——借鉴韦伯学说衡评佛教社会角色转换

邓子美　周菲菲

“以儒治世，以道治身，以佛治心”就是佛教在传统宗法社会中的角色定位。这既是佛教不得不适应中国传统宗法社会的要求，与儒、道长期磨合的结果；也是儒家作为主流文化与官方意识形态，通过三武一宗灭佛及历代儒家代表人物的反佛，在这一特定意义上强加给佛教的根本社会角色。通观宗教在现代市民社会中承担的角色，反思佛教在古代中国曾经扮演的社会角色，我们也许可以认识到在宗法社会瓦解后，作为中国的最大宗教佛教，随着无法阻挡的市场经济的终将走向成熟而成长的市民社会中应当承担何种角色，这就是本文所谓“应然”。同时以此为参照，回顾百年中国社会转型过程中，佛教的社会角色已实现了哪些转换。

一、佛教在中国传统宗法社会充当的主要角色及其体现

“以儒治世，以道治身，以佛治心”是佛教至宋代才确定下的被宗法社会各方公认的根本定位。具体说来，佛教通过大约七方面社会角色体现出这一根本。

1. 为失意者及对社会不满人群提供心理抚慰与消极退出机制。这是传统宗法社会之所以需要佛教“治心”的关键。

其一，儒家的修养虽然也能提供部分心理抚慰，但无论是“光宗耀祖”还是“青史留名”，都很难给人终极关怀，或者说这些理想正因其可以验证，在残酷的现实面前终究会或很易破灭。佛教的成佛虽也难，及通俗的

为来世“修”等说法，但都因其超验所以不会破灭。道教的修炼也有部分心理抚慰功能与超验性，但从秦始皇到明神宗通过“外丹”途径“升仙”的实践最终失败证明了其终极内涵缺失。其鬼神系统既受儒家怀疑排斥，也受更为高明的佛教挤压，于是只有能够强身健体的“内丹”及“外丹”中的医药内涵存留下来并为人信服。

其二，儒家积极入世，凡过于积极者都有“舍我其谁”的独尊倾向。佛教中国化无疑受到儒家积极入世的影响，所以中国化佛教的“人间性”有所加强，但却为“独尊”所不容。道家道教的“隐士”传统受社会尊重，也为失意者提供了消极退出机制，但“隐士”毕竟属于“士”即古代知识分子，不是普通民众随便就可仿效的，于是古代大量对社会不满人群就“遁入空门”，特别是在改朝换代的当口。当然在道观中也有些这样的人群，只是有本来就不多的道教名山的地域限制，不如“普度众生”的佛教普及。

其三，社会存在着消极退出机制对维持社会秩序很重要，否则容易引起大规模社会动乱，所以尽管儒家“独尊”，但也需佛、道互补。所以宋代之后，因人生挫折而“看破红尘”者日多，而且不少人成为佛教精英。

2. 被社会排斥者与弱势群体的收容所。被社会排斥者与弱势群体跟失意者及对社会不满人群有区别，这些人缺乏反抗意识，更没有反抗力量，对社会秩序构不成威胁，但也需安置，主要是心灵上的安顿，如鲁迅对祥林嫂心理入木三分的刻画，如果没有来世的一丝希望，他们就陷入了精神崩溃，其实他们物质生活上倒希冀无多，相反他们的劳动对社会的贡献远比我们想象的大。因此，任何健全的社会都需要有他们的收容所，宋代以后生活无着的家庭送子女出家的现象越来越多，只是“小尼姑”的地位还远比不上“阿Q”。收容所也是传统佛、道及民间信仰小庙承担的社会角色。

3. 儒家伦理的后援。中国宗法社会的“礼治”是依血缘(如父、子、夫、妻及“五服”①)、依政治（如君、臣及官、吏)、依职业（如士、农、工、商）的区分，然后逐个定下“名分”，通过不同的名分履行不同的伦理义

① 本指五种丧服，即斩衰、齐衰、大功、小功、缌麻，特指血亲辈分间的亲疏等级关系。

务来实现。所以礼治实质上是等级伦理之治，与西方依财产划分的阶级，印度依世袭职业与民族划分的种姓都有所不同。佛教要在中国宗法社会生存，不得不收敛“众生平等”的反等级伦理锋芒，而与宗法伦理调和，这表现为接纳儒家性善论、孝亲观①，强调高僧的人格楷模与人格感化，并把佛教的五戒与儒家的五常相比附：“仁者，不杀之禁也；义者，不盗之禁也；礼者，不邪（淫）之禁也；智者，不酒之禁也；信者，不妄之禁也。”②就佛教伦理与儒家伦理的行为规范功能而言，倒也有相同之处，即维护家庭和睦，社会稳定。此为佛教角色的功能性体现，也一定程度确实辅助了儒家伦理。

此外，佛教伦理的特殊性还补充了儒家伦理的不足。一是节省社会资源。不论东西方，中世纪宗教普遍宣扬伦理禁欲主义，中国儒道佛也不例外。中国宗法社会崇尚多子多福是其周期性动乱的原因之一，而出家节制了人口膨胀。佛教宣扬的因果报应波及社会，浪费就是“作孽”成了中国老幼皆知的口头禅。这对节省社会资源也功用巨大。自百丈倡导农禅合一，禅僧依靠农业生产与造林自养。这相对于印度传统的“化缘”，也是整个社会经济资源的节省。概言之，佛教禁欲主义伦理的社会角色不可低估。儒家攻击寺院经济减少了政府税源等等，但如果修寺造像有所节制的话，那么对社会而言，这不过是资源转移而非资源浪费。二是佛教的业报论与儒、道的不同在于，在严格的意义上，个人业力决定着自己的命运。佛教并不完全否认儒、道在宗法社会生活中看来很有现实性的“子孙报”，即父辈所作的无论善业或恶业如果现世未报的话，将由子孙承担。但在佛教看来，这只是“依报”，并非“正报”。佛教业报论强调主体对自己的行为（业）负有完全的道德责任，含有动机与效果统一的因素，即理性地根据效果调整自己的行为以达目的，并非如韦伯所想当然地认为属于完全神秘主义的伦理学说。由于儒、道与佛教共同提倡的业报论被社会普遍信奉，这表现在社会经济方面便是出一份力拿一份合理报酬，表现在社会关系上便是多做好事，“行得春风有夏雨”，对古代社会经济与人际关系改善

---

① 参见王月清：《中国佛教伦理研究》，南京大学出版社 1999 年版。

② 颜之推：《颜氏家训·归心篇》，上海古籍出版社 1999 年译注本。

都有促进作用。三是对大乘佛教徒提出的伦理要求：四摄（布施、爱语、利行、同事）六度（布施、持戒、忍辱、精进、禅定、智慧）。如每个佛教徒都能实践这些积极的伦理要求，当然更有利于社会。但实际上这些伦理要求除“布施”、“忍辱”外，在中国整个社会中的影响却十分有限。四是普及全社会的慈悲。与儒家的“仁”的实践范围限于家族、宗族之内有异，“慈悲”是了知印度当时各种伦理学说及其由来，了知人类弱点与优长的智者的悲悯胸怀；也出于洞悉死亡终将来临，勘破世俗名利的长者对后来人的无限慈爱的流露。其实践主要体现在下文所列的各种慈善活动中，但宗法社会的一盘散沙也导致了佛教慈善活动分散之局限。

4. 补充官府与宗族之供给不足的社会救济。以儒学为官方意识形态的政府虽然为维护社会稳定，有时也设“常平仓”等机构试图承担救济贫病的社会功能，但由于官僚体制的本性导致不是亏损，就是只做官样文章。在中国，社会学意义上的补充官府与宗族之供给不足的普遍慈善行为，应当说与大乘佛教这一普世宗教的传入及其影响分不开。历来官府对佛教承担的这一社会角色也较重视，如早在北魏，“僧祇粟”之设就有“俭岁，赈给饥民”的意图。① 当时朝廷已明智地意识到通过鼓励宗教组织办理慈善事业比自身直接经办更有实效。此后，寺院建“义仓”、“悲田坊”、“安乐坊”、“养病坊”、“安济坊”，甚至专收社会不愿问津的麻风病人的“疠人坊”、“福田院”等便史不绝书。另外宋代朝廷令僧人掌办“漏泽园”，即埋葬无主尸首的坟场也值得一提。自佛教在中国生根后，凡跨越家族、宗族的社会化的民间公益事业，如修桥铺路、开挖沟渠，植树造林、放生护生等，往往借助寺院发起或有僧人参与、主持。在灾荒或战乱年代，各寺院也普遍施粥、施衣、施药、施棺，也是举目无亲的人们的避难所。②

5. 为承担生活中的风险给予希望，提供心理支撑。传统小农社会追求着风调雨顺、子嗣兴旺、长寿健康、官运亨通等现实目标，而根本上这些都是不可把握的。相反，灾害性天气、无子或早夭、疫病、宦海无常等风险随时可能降临。佛教与道教、民间信仰的神灵系统共同担当着为人们承

① 《魏书·释老志》，上海古籍出版社、上海书店 1986 年版。

② 参见邓子美：《吴地佛教文化》，中央编译出版社 1996 年版，第 7 页。

担生活中的风险给予希望，提供心理支撑的角色。此即所谓保佑，祈求平安正是风险不测的正面表述。同时，商业风险也需要宗教的精神支撑，所以商人历来是佛教的大施主。

6. 部分寺院与道观、民间信仰庙宇一起构成乡镇文化教育游乐中心网点，以及附带的集贸中心。以宗教之文化教育功能而言，自汉至唐，中国原有教育系统主要由两大系统构成，一是宗法制国家所办的官学系统，一是家族与宗族所办的私塾系统。官学系统僵化呆板，名额也极有限，不能满足社会需求。私塾系统则社会化程度（在中国主要指不问亲疏）相当低下。佛教传入中国后，寺院的师徒制教育在社会化方面补充了其不足。寺院的清静氛围也很适宜知识分子自学或温习应试，因此吸引了很多士人，当然来到寺院就难免受到佛教文化的熏染。迨宋，儒家士大夫在某些方面借鉴寺院而私办的书院大规模兴起，佛寺的社会文化教育功能因而趋于萎缩，但与道观、民间信仰庙宇一起构成的乡镇文化游乐中心的功能因佛教向下层的普及，反而得到加强。文化游乐活动总会吸引商贩，因此，许多佛寺前的广场形成了定期的庙会，即附带的集贸中心。

7. 提供对外文化交流的民间通道。以宗教之文化交流功能而言，如果说儒学在古代具有国教性质，其对外交往代表着汉民族国家的话；那么，佛教更具超民族、超国家性质，佛教文化交流间或有朝廷授权，但大部分属于民间性质。佛教在东方，与基督教在西方的地位类似。古代第一次中外文化大交流之范围涉及印度、西域、中国、日本、朝鲜及东南亚等地，其主角便是佛教，在宗教学上可称为佛教东传史。尤其是中国本土文化向西域的传播如敦煌学所证明，与中国化佛教反馈西域分不开。第一次中外文化大交流之深度依文化学，可分四大层面，在观念文化与心态文化层面即精神领域，佛教也为主体之一；在器物文化与制度文化层面，佛教补充了儒学之不及。①

以上仅列举了佛教在传统宗法社会中扮演角色之大略，当还存漏失。

① 参见高观如：《中外佛教关系史略》，载《中国佛教》（一），知识出版社 1980 年版。

二、人间化仅是佛教在现代社会承担的社会角色中的应然层面之一

生产方式的改变本身不足以决定宗教意识的改变，14、15世纪以来的全球生活方式的改变才是传统宗教实现现代转型的决定性环节。如对过去深圳一个佃农而言，依附于旧式地主（通常是本宗族有势力者）与依附于大队（村级）并没多大差别，仅是权力中心由个人转为集体，劳动方式的集体化有时还不如单干，由于收入仍决定于气候，因而自给自足的农民本质上仍是自然力崇拜者。但改革开放后仅仅数年，与大自然紧密连接的乡村转为大城市一部分，许多小农成了作为市民①一部分的房东，由靠天吃饭变为靠房产租赁市场吃饭，每天衣食起居的生活方式大变样，适应市民生活方式的现代宗教在深圳大行其道与此有直接关联。当然，由于变化太快，体现自然力崇拜的小庙也有重建，虽小庙对上文列举的传统宗教社会角色有所承接，但更多体现了对过去的缅怀。深圳的现代化、城市化是全球数百年生活方式变革的一个缩影，宗教改革正由生活方式变革直接推动。那么，与成熟的市场经济、发达的市民社会相应的现代宗教应该承担何种社会角色？又有何依据？佛教成功的现代转型的应然层面包括哪些要点？

1. 人间化仅是其中一个层面，当然是很重要的一层面。在西方，人们把大体赞同马丁·路德主张宗教改革的基督教形形色色教派总称为“新教”；但在中国，虽然太虚弟子与学生早就在内部相称为“新佛教”，社会上也早把太虚一派称为“新派佛教”，但海峡两岸公认的汉传佛教改革派却被称为“人间佛教”，这也可说是约定俗成的名称。但人间佛教并不等于人间化的佛教。如日本创价学会的创始人也早就提出佛教的“人间革命”，显然也认同人间化趋向，但该派佛教并不自认为是人间佛教。其实，所谓人间化一是指原始佛教以来佛教本有的入世化倾向，这已由太虚、印顺、赵朴初、星云反复强调，且与佛教本有的出世追求即宗教特有的超越

---

① 本文中的现代市民指所有主要生活来源依赖市场需要，而不再仰助于气候的群体，包括生产方式与过去没很大差异，但产品不再自给自足，而是供给市场的农民、牧民。

性相反相成。二指社会化，就是既反对过去佛教避入山林，与社会隔离的倾向，也反对佛教徒脱离社会，独修自了的倾向；太虚、印顺还反对以往佛教被传统宗法社会化即“俗化”倾向。对现代而言，佛教应与市民社会融合，适应市民社会的宗教需求，这也是人间佛教与国际上正在兴起的“参与佛教”的共同点。三指与基督新教的人文主义类似的倾向。其中含两层蕴涵：第一层如早期新教的上帝观强调上帝爱人，已经由神本论转向人本论，由天主教的唯天国是求转向此世与天国“两全其美”。① 而太虚提倡的人生佛教实质上也是以人生为本，拨正了佛教徒唯来世是求的偏颇，强调创造人间净土。第二层为西方的宗教改革与文艺复兴中的人文主义思潮相呼应，人文主义学者对宗教改革思想家有很大影响。在现代所不同的是，西方的人文主义也反对科学主义。20 世纪以来，海峡两岸大多数佛教学者对人间佛教的支持则起着双重作用。

2. 非政治化，摆脱对官方的依附。中国传统的佛、道教既受官方的控制也依附于官方，而在现代社会，由于宗教信仰自由原则与政教分离两大原则的确立，对宗教而言，首先应当非政治化，政教合一与由政府管控宗教都是违背这两大原则的。理论上，应由法律保护宗教信仰享有充分的自由权利，包括宗教界产权、结社权、出版权，等等。除宗教信徒以公民身份间接地影响政治之外，宗教组织不参与政治，但也不依赖于政府，换言之，宗教在社会中承担的角色是完整的独立的。对政府而言，应依法管理宗教，所依法律应通过正当立法程序制定颁行，而不能仅依政府自行制定颁行的行政法规。

3. 伦理化。现代宗教的伦理化既与传统宗教的神秘化相对，越来越偏重伦理也是其演化的最重要的走向。传统宗教靠神秘化吸引信徒，即所谓“和尚不怪，居士不拜”。现代宗教则主要靠内部真正地守戒或诫（新教为使戒律真正得以遵守而实施的改革也值得佛教界有选择地借鉴）而凝聚，外部通过宗教教职人员的伦理道德教化对社会发挥“公民美德的孵化器”作用而赢得社会敬重。② 这一走向表现在西方，首先是作为市场经济

① 马克斯·韦伯：《新教伦理与资本主义精神》，伦敦对照出版社 1985 年版，第 176—177 页。

② 美国政治学者肯尼思·沃尔德所言。（参见刘澎：《当代美国宗教》，中国社会科学文献出版社 2001 年版，第 314 页）

运行基础的普遍诚信由宗教确立。正如韦伯所说“新教信任一切人，只要他们是‘共信仰’者”。不分熟人与陌生人，一视同仁。[①]中世纪天主教教会上层也曾因腐败而失去社会信任，但其后在新教的冲击下也被迫进行了改革，从而使天主教徒的道德也被社会公认。所以一般地说，业界只需了解对方是否是虔诚的基督徒，如是，就可放心签约做生意，因而极大降低了市场运行成本。由于“法不罚众”，这也在实际上奠定了“法治”的基石。其次，新教的节欲伦理主张，应该为了未来（为了积累资本用于投资扩大再生产）而推迟眼前的享乐和直接的幸福。如此节俭加投资，是近代新教流行地区的经济发达程度远超建立在以当时西班牙作为代表的掠夺式的“横暴资本主义”的真正秘密。掠夺不是生产，只是财富的转移。“基于长期投资、自由劳动力、各种功能合理性的专业化和联合化，在资本主义企业的基础上的生产功能的配置，一切系于市场经济”，[②]才是能被社会所接受的“合理资本主义”。此外，致富、贸易和利润不仅是个人职业成功的证据，而且是对个人德行的证实。“在现代经济制度下能挣钱——只要挣得合法——就是长于、精于某种天职的结果与表现，”而这种美德和精通本行来源于新教的“天职观”。[③]敬业精神是市场经济健康发展的引导力量，东方宗教中也不乏这一精神，只是还须经历与宗教改革类似的现代转换。佛教历来强调以伦理教化与高僧大德的表率化导社会，当然超越生死是佛教终极关怀所在，但可能只有精英做得到，而对大众而言，主要靠伦理教化，人间佛教主张的净化社会就是普及佛教道德使之成为社会秩序的基石之一。

4. 文化交流传播、教育、慈善公益事业的规模化、集约化。传统的宗教文化交流传播、教育、慈善活动以分散的寺观或“邑社”为基点，由于宗法社会的长期以来对汉传佛教的形塑与改造，使寺院与小农的一盘散沙的结构完全相应，即有一两个高僧，凭单个寺院的力量也难以成就较大规模的佛教事业。产生了资源配置错位，无序竞争，重复无效劳动、无谓的资源消耗等弊端。现代宗教或通过教堂、寺院的整合，或通过大型教团组织的重建，形成了宗教文化交流传播、教育、慈善公益事业的规模化、集

① 参见本迪克斯：《马克斯·韦伯思想肖像》，上海人民出版社2002年版，第141页。

② 马克斯·韦伯：《经济与社会》上册，商务印书馆1997年版，第165—166页。

③ 马克斯·韦伯：《新教伦理与资本主义精神》，三联书店1987年版，第38页。

约化，大大提高了效率与实际效果。这在基督教、天主教以及部分地区的佛教中都已明显地体现，而政府部门一般不直接来做慈善公益事业，反而是通过项目补助或减税、拨放经费等方式支持宗教界兴办。

5. 市民的社区文化中心。传统的修道院或面壁苦修的寺院在大部分地区已消失，现代有活力的教堂、寺院在举行宗教活动的同时，还组织聚会、聚餐、歌咏等“分享”联谊活动，不管人们在世俗社会中拥有何种身份，在这里都可卸下原有社会角色的面具，进行平等交往。这些教堂寺院还组织退休教师和专业技术人员任教，举办才艺、外语、计算机等各种补习班、少儿课外教育、夏令营等，组织义工为社区公益尽力。信徒被以多种形式组织起来，构成活动骨干。事实上，这些教堂寺院已成为社区文化中心。

6. 满足个性化与多样化需求。这与现代社会的尊重个性与多元化趋向一致。人的个性气质本来就千差万别，其宗教需求自然也各不相同。在古代这些不同需求被强大的社会力量控制着，被普遍的贫困，被交通、交往不便等因素压抑着，在现代社会则有了更多的满足可能。通过教会搭建的平台、组织的纽带和教堂寺院提供的场所，在理论上都可以满足，同时这也使志趣相投的同道能够有缘会聚，构建他们共同的精神家园。在组织形式上，还可依据职业、地位、志向、爱好等等不同分别编组、聚会，这就给个人提供更多样的选择，其中集体的灵修、参禅、念佛等等既给个人以心理抚慰、精神支撑与激励，又避免了长期独修容易带来的与社会隔离的负面现象。在现代社会，个性化需求与构建共同精神家园需求可以相容，并将日益增强。个性化需求也包括对传统宗教仍存在着的需求。

7. 心灵提升与激励。宗教之所以被人们需要，归根到底在于其超越性，主要包括对个人局限的超越向上与对社会的超世脱俗指引两方面。现代宗教除了以满足市民的超越性需求为基础之外，还在于不但要满足信徒普遍的心灵“安顿”需求，更看重信仰到达一定层次后向更高层提升的要求、境界不断向上的要求；在于不但有心理安抚功能，更有精神激励功能。例如韦伯所谓当年“有着上帝赐福恩誉意识的资产阶级生意人”，[①] 把

① 马克斯·韦伯：《新教伦理与资本主义精神》，伦敦对照出版社 1985 年版，第 176—177 页。

事业上的成就归功于上帝恩赐，把个人生命存在的意义归于荣耀上帝。其实，这一谦卑而进取的非狭隘功利的人生态度在事业上更易取得成功，成功又验证了“恩赐”，起到了极强的精神激励作用。

8. 风险化解与救助。人的认知有限，风险将永远存在，市场风险更变化莫测，因此对各种神灵的祷告、祈求也会存在。但现代宗教组织通过互助动员，化解了单独的个人或家庭难以承受的许多风险；也通过呼吁与实际行动，成功实施了无数次急难救助及其后续项目。

9. 推动制度变革。这包括宗教自身制度变革与社会制度变革两方面。现代宗教自身制度变革是多元化的，其中针对明显已暴露出弊端的传统制度，由有威望的宗教领导人推行的变革比较有效。由于宗教理想与社会现实之间存在着深刻的紧张，在世界近代史上，宗教领袖曾在美国废除种族歧视制度与在印度废除英国殖民制度中起着决定性的作用。传统宗教曾经把自身封闭成一个社会小圈子，对社会制度的不公充耳不闻。至少在理论上，现代宗教对此不应置身事外。

三、佛教社会角色转换实然进程

上述虽不无经验依据，但由于现代社会的高度复杂与高度分化，仍以“理想类型”与应然的理论预设因素为多。理论预设之所以必要，乃非此难以提供实然进程的参照坐标，难以把握宗教演化的方向。若以此衡评，佛教百年社会角色转换究竟有了多大进展就可较清晰呈现。

1. 教理革新——人间佛教理论的提出与深化。从太虚提出人间佛教理论到印顺深化、强固这一理论，特别是从他们早年的未免过激到晚年的成熟来看，从包括赵朴初在内的众多人间佛教提倡者的共识来看，两岸佛教人间化的理论发育已比较充分，问题在理解不同而已，总的来说没有必要再有新提法。当然各寺院、教团的提倡与实践各有侧重，因而各有新阐解甚至新提法都是他们自己的事，也没必要统一。在共识下协调、联合（这是协会、联合会的本意），其余各行其是、不强求统一正是现代宗教的特征。

2. 制度改革。在佛教内部的寺院、教会、教团制度改革方面，两岸佛教大部分寺院的制度与百年前已大不一样。依对传统的继承关系多寡排列，著名的改革有释印光在苏州灵岩山寺，释虚云在云南鸡足山祝圣寺、广东云门大觉寺、福建鼓山涌泉寺、江西云居山真如寺等，释倓虚在东北、山东多所寺院，释太虚在浙江、湖南多所寺院，释印顺在台北慧日讲堂、释净慧在河北柏林寺、释圣严对台湾及全球的法鼓山系统寺院、释星云对台湾及全球的佛光山系统、释证严在台湾花莲慈济本部等，佛教会制度更是前所未有，新的大型教团制度如国际佛光会制度、慈济基金会制度也已创立。但在农村、山区，许多寺院原有制度改变很少，在推动社会改革方面，佛教界乏善可陈，仅印顺门下的释昭慧等有些成效。

3. 教产改革。最有效的教产制度创新是中国台湾的财团法人制度被移用于佛教，佛教产权因而获得了民法保障。佛教徒创建的新团体因此合法化，如雨后春笋般涌现，打破了寺院被台湾当局管控局面。然而在大部分地区，传统的个人私有制（由个人供养所归依的法师）与寺院财产共有制并存，产权界限不清晰。由此造成了穷庙富和尚现象，也造成了寺院虽有钱但资源浪费极大现象。大陆佛教教育、慈善事业至今仍然难上规模，其原因还在办这些事业所需的大量资金仰赖于分散的单个寺院。大小寺院功能配制重复，如中级佛学院各自都在办，有限资源不能集中使用，水准自然不可能高。不过在大陆，以公众捐资兴办规模化、集约化的佛教文化交流传播、教育、慈善公益事业已开始起步，台湾在这方面走在前面，尤其慈济办的慈善救助事业。

4. 僧人的角色转换。大部分僧人与信徒的关系仍然停留在师徒层面，僧人负有指导其皈依弟子过宗教生活，解答其生活中的困惑等责任，弟子则有供养的义务。此尚不脱其传统角色。但主要在东南沿海大城市的寺院，僧人已开始有所转变，承担起从正法观念启蒙、信众的组织与指导、社会互助平台的搭建等角色，由此建构了一部分针对广大市民的社区文化中心。

5. 自利利他的关系转换。中华佛教属于大乘佛教，因而主张“普度众生”，但传统的实质还是未能自度，何以度人？因而把个人的修证即“自利”放在最优先的地位。这似乎也不错，许多人向往佛教的动机都在此，但如此往往把“普度”即利他架空。因为在古代通过禅修得到较彻底解脱的个人已很“稀有难得”，大乘佛教的兴起也有“大众”因获阿罗汉证验太难而失望的背景。故而多数人其实是很难自度的，既然如此，度人就根本谈不上。而人间佛教提倡者的共识是“菩萨行”，就是在利他的同时自利，在帮助别人的同时自己也获得一定解脱，这是大众都不难实践并有体会的，哪怕做一点小事也好。存着这份心，在生活中随时都是修行。在海峡两岸，菩萨行者都越来越多。这与基督教的“大爱”相通又不一样，不同处在于佛教的“慈悲”还是以“般若智慧”为根基的，又称“悲智双修”。

6. 非政治化在形式上已实现。在伦理化层面，西方传统文化主流就是基督教，新教其实就是传统文化的创造性转换。而在过去中国社会，儒家伦理是主流，并深刻影响及于现代家庭伦理，佛教伦理只是其补充，虽然成熟市场经济与发达市民社会所要求的伦理要素在佛教中无不具备，佛教伦理传统的创造性转换潜力也最大，但中国佛教要担当类似西方基督教的角色相当困难。在满足市民的个性化与多样化需求方面，发扬佛教各派宗风，各具特色的寺院与组织形式也越来越多，但面目雷同、弘法方式老套的寺院也还不少。在心灵提升与激励层面，其实“人生佛教”就是以人格提升为起点，以成佛即觉悟为目标，但其激励机制尚有待开发。在风险化解与救助方面，佛教的“菩萨行”与“悲智双修”之超越性足与世界任何宗教媲美，唯大部分佛教团体的组织性与有组织的力量还需大为加强。

四、余论：韦伯“祛魅”命题的局限——现代社会的“复魅”

韦伯悲观地也正确地预见到工具理性主宰下的现代社会中“专家没有灵魂”，现代价值观对个人喜好追求的肯定带来的“纵欲者没有心肝”等现象，[①] 强调包括宗教价值观在内的价值理性的矫正作用。但他继承康德理性主义路向，认为现代化就是理性化，对理性在现代社会生活中所起的作用显然过于乐观。例如，他曾强调指出，在新教加尔文宗的看似不合理

---

① 参见马克斯·韦伯：《新教伦理与资本主义精神》，三联书店 1987 年版，第 143 页。

的教义中，隐含着一个重大的理性主义的突破：由于它消灭了一切使人获得拯救的巫术性的办法，信徒“无法指望以其他时候的善良意愿来赎回片刻的信仰上的虚弱或疏忽……在加尔文教中不存在天主教中那种非人性的循环——犯罪、忏悔、赎罪、赦免、然后是犯新罪，等等。……普通人的道德行为的无目的性和不系统性因此而被清除，让位于以一种持续的方式指导整个的行动。……只有在始终一贯的思想指导下的全部生活才能达到克服自然状态的目标。……正是这种理性化赋予宗教改革的信念以特别的苦行主义的倾向”。[①] 然而，恰恰在当代加尔文宗中，某些“巫术性的办法”已死灰复燃，有些该宗信徒也对加尔文的“预定论”教义不认同。这已足以证明韦伯所谓祛魅命题，即巫术与宗教中“巫术性的办法”与相应的神秘主义倾向逐渐祛去的推断不成立。在事实上，与全球后现代思潮同步，宗教界“复魅”正方兴未艾，尤其表现在新兴宗教运动中，加尔文宗自不例外，佛教界也有呼应，基督教的神秘主义倾向还充分表现在新教福音派教义中，其上帝中心论与天主教相比有过之而无不及，虽然借此转换了个人中心论，也有纠正在现代愈演愈烈的这一倾向的积极作用，但与从宗教改革初期到自由资本主义全盛时期的基督教人文主义相比，应属倒退。而如前文所指出，佛教的人间化则与基督教人文主义同步。

笔者认为，不但个人认识有限，整个人类在特定阶段的认识也有限，理性控制、引导本能、情感的能力更有限，大多数人的理性能力其实都薄弱。巫术与神秘主义在认识论上同源，但靠巫术满足的是人的物质欲望与体能欲望，因而随着科学、医学发展与城镇化，总的来说巫术会被逐渐祛解，当然也不排除它会花样翻新。但宗教神秘主义不同，它满足的是人的几乎无限的精神欲望，因而会伴随人类而一直存在，它可以在人类自信心高涨的特定时代减弱，但随后就会反弹，何况它对同样给社会带来极大危害的唯理主义还有反拨作用。祛魅与复魅就如此相生相克。当然，也应防止宗教神秘主义、包括佛教神秘主义引起的狂热对社会的危害。

哪怕是成熟的市场经济与发达的市民社会也有很多负面现象，随着现代社会不可避免存在的弊病暴露，“复魅”似乎也在赢得“市场”。然而与

---

① 马克斯·韦伯：《新教伦理与资本主义精神》，三联书店 1987 年版，第 117—118 页。

欧美不同，整个中国的现代化还处在“进行时”中。尽管在广袤的中华大地上，自西向东，经济与社会发展水平差距极大，佛教因此呈现出不同面貌，但无疑的是，与人们的生活方式转变、市民社会的发育程度息息相关的佛教社会角色转换确确实实在“进行”中。

作者单位：邓子美，江南大学宗教社会学研究所
周菲菲，江南大学宗教社会学研究所

虚云大师晚年开示及其典范意义

王兴国

佛教的思想、特别是“第一义谛”，本来是超越语言的，所以佛教的妙境义谛不落言诠。但是，佛门绝不是高不可攀的。对于欲入佛门，或求佛学道者来说，问题的关键是必须有道可循。因此，历代祖师不废言说，各出手眼，接引后学，数千公案任运纵横，令自悟入，欢喜无限量。

虚云和尚（1840—1959 年，俗姓萧，字古岩，又名演彻、性彻，法号德清）是近代以来我国汉传佛教史上最具有传奇色彩和神秘性的影响至巨和住世时间最长的高僧之一，实为佛门之龙象、精神领袖、一代大禅师。虚云大师心秉诸佛本怀，身继五宗法统，兴丛林、传戒法、护僧团、度群品，超凡入圣，特别是大师借传戒法，以一人之力扭转了鸡足山佛法的衰败，修复鸡山祝圣寺、昆明云栖寺，重新振兴云南佛教，为世所共稔，并成为大师所成就的伟大佛教业绩之一，永远载入佛教史册。虚云大师 1858 年（咸丰八年）于福州鼓山涌泉寺出家，1959 年农历九月十三日于江西云居山真如寺坐化，春秋一百二十岁，一生行履，信解行证，均与佛教的精神相应，只为开启晚来，指示津要，随感而应，当机说法，留下了许多开示录，已然成为佛门宝典。尤其是 20 世纪 50 年代，大师百十六岁卓锡江西云居山的方便开示，在佛法急剧衰微，僧尼大减，风波不止的时代，剖肝露胆，作狮子吼，苦心悲切，抱定“不入名利场，不当王国差”，“死心崇奉佛的教戒”的志旨，揭举“坚固心”、“长远心”的至关重要意义，指示行门法要，用功途径，尤为精详切要，深入浅出，实为宝贵难得，在大师一生的开示中占有一特殊的地位。其重要意义自不待言。本文略举几点加以论说，以见大师晚年佛教信念思想的一鳞半爪及其典范意义，祈大德方家教正。

一、入道

虚云大师18岁出家，一生践履佛法，对于佛教精神有相应而精微的体证与提扬，于扬州高旻寺打禅七而悟道，有偈云：

杯子扑落地，响声明历历。
虚空粉碎也，狂心当下息。

又作偈曰：

烫着手，
打碎杯，
家破人亡语难开。
春到花香处处秀，
山河大地是如来。

大师勇猛精进，恪守戒律，数十年如一日，对于入道有深刻透辟的领悟与十分真切的体会。大师以身说法，开示来者入道法门以双机，即：从思想或理论上讲，入道的首要条件是明因识果；在修持或践履上说，入道者必须断除妄想。大师精通经律论，修习与护持佛法累积了丰富的经验并形成自己的见解。大师以因果二字高度总结与概括佛法，并结合世间与出世间的因果报应加以阐释，简明扼要，通俗易懂。重在强调明因识果，则能安然顺受。大师说：

释迦如来说法四十九年，谈经三百余会，归摄在三藏十二部中。三藏者，经藏律藏论藏是也。三藏所诠，不外戒定慧三学。经诠定学，律诠戒学，论诠慧学。再约而言之，则因果二字，全把佛所说法包括无余了。因果二字，是一切圣凡、世间出世间，

> 都逃不了的。因，是因缘，果，是果报。譬如种谷，以一粒谷子为因，以日光风雨为缘，结识收获为果。若无因缘，觉无果报。一切圣贤之所以为圣贤者，其要在于明因识果。菩萨畏因，凡夫只怕恶果，不知恶果起于恶因，平常任意胡为，以图一时快乐，不知乐是苦因。菩萨则不然，平常一举一动，谨身护持，戒慎于初，即无因恶，何来恶果？纵有恶果，都是久远前因。既属前因种下，则后果难逃，故感果之时，安然顺受，毫无畏缩。这就叫明因识果[①]。
>
> 若明此义，则日常生活逢顺逢逆，苦乐悲欢，一切境界，都有前因，不再境上妄生憎爱，自然能放得下，一心在道，什么无明贡高习气毛病，都无障碍，自易如道了。[②]

由此可知，明因识果是断除妄想、克服习气的根本前提与思想基础。这是入道的大关键。不明因果之理，就不可能进入佛门，就不可能从根本上彻底干净地斩断一切妄念和执着，一生修行，劳而无功，修行就不会有最终的善果。

接下来要断除妄想。古人说："若论成道本来易，欲除妄想真个难。"思想上知道是一回事，实际上做到是另一回事。知道的不是一定可以做到的。所谓"说得一丈，不如行得一尺；说得一尺，不如行得一寸"。因此，古圣贤早已发出"知易行难"的感慨。善知识明因识果似乎容易，但是断除妄想俗念就不是那么易于如意了。为此，大师专门加以开示。大师说：

> 总而言之，不论轻妄粗妄，皆是吾人现前一念。而十法界都是这一念造成的，所谓一切唯心造也。若就本份来讲，吾人本地风光，原属一丝不挂纤尘不染的。粗妄固不必说言，即或稍有轻妄，亦是生死命根未断。现在既说除妄想，就要借重一句话头或一声佛号，作为敲门瓦子，以轻妄制伏粗妄，以毒攻毒。先将粗

① 《虚云和尚方便开示》，福建莆田光化寺印行，第 3—4 页。

② 《虚云和尚方便开示》，福建莆田光化寺印行，第 5 页。

> 妄降伏，仅余轻妄，亦能与道相应。[①]

大师在这里首先指出，所谓妄想有粗妄与轻妄之分，根据佛法，一切法像皆唯心所造；因此，无论是粗妄与轻妄，也都是我人的现前之念。只要一念不息，不管粗妄或轻妄，就会引（毒）火烧身，就表示人的生死命根未断。那么，何时能见生命的“本地风光”（本真无染的洁净状态，即所谓“本来空”的如如之相）呢？因此，大师特示我人以一种简便易行的办法。那就是借重一句话头或一声佛号，作为敲门瓦子，以轻妄制伏粗妄，以毒攻毒。最终，彻底地制伏轻妄。即使余下些许轻妄，亦无大碍，就能与道相应了。

大师明示，断除妄想的根本关键在于修行者“须向自性中求，要自己发心”，而不是仅仅口头上念一句话头或一声佛号。空口念话头或佛号只是貌似修行，而不是真修行。这样的修行等于不修，永远不会达到生死了脱的不可思议之境，也永远不会真正明白生命的真实意义。大师指示：

> 今须向自性中求，要自己发心；如自己不发心，就是释迦如来再出世，恐怕也不奈你何。在二六时中，莫分行住坐卧动静，一相本自如如，妄想不生，何患生死不了。若不知此，总是忙忙碌碌，从朝至暮，从生到死，空过光阴。虽说修行一世，终是劳而无功，腊月三十到来，临渴掘井，措手不及，悔之晚矣。[②]

如果通晓此理，能够自己发心，向自性中求证，则自助者天助之释迦如来亦助之，自然能在二六时中，不分行住坐卧动静，一相本自如如，不起妄念，不生妄想。如此用功，何患生死不了焉！

大师于众山之顶，以百十六岁之身，开示入道之门，循循善诱，层层点拨，解行相应，知行合一，接引众生，尤为切要与可行。

---

① 《虚云和尚方便开示》，福建莆田光化寺印行，第 7 页。
② 《虚云和尚方便开示》，福建莆田光化寺印行，第 9 页。

二、参学

虚云大师论究参学，字字珠玑，完全自心中涌现，玉口吐出，乃是其一生学佛履佛在其生命中的积淀与结晶。大致说来，主要是两个方面：一方面是讲参学必备的条件；另一方面是讲读经与受用，对人最具有启发性。大师明示：

> 但凡参学，要有三样好：第一，要有一对好眼睛；第二，要有一双好耳朵；第三，要有一对好肚皮。好眼睛是金刚正眼，凡见一切事物，能分是非、辨邪正、识好歹、别圣凡；好耳朵就是顺风耳，什么话一听到，都知道它里面说的什么名堂；好肚皮就是和弥勒菩萨的布袋一样，一切好好丑丑所见所闻的，全都装进布袋里，遇缘应化，化生办事，就把所见所闻的从布袋里拿出来，作比较研究，择其善者而从之，其不善者而改之，就有所根据了。你我要大肚能容，撑不破。大布袋装满东西，不是准备拿来作吹牛皮用的，不要不会装会，猖狂胡说。①

这“三样好”：“好眼睛”、“好耳朵”、“好肚皮”，把参学的必备条件全盘托出，比喻自然贴切，既形象生动，又通俗易懂，令人印象深刻。不仅如此，大师还阐明了它们的妙用之法，“好眼睛”要在能辨别，“好耳朵”要在能听出奥妙，“好肚皮”要在容得下一切而撑不破。这里值得注意的是有关于“好肚皮”的问题。首先，要容得下一切好丑，而又不能撑破肚皮，就必须达到桶底脱落的境界，才能做得到。这需要在漫长的工夫中磨炼与陶养。其次，把一切都装进肚皮里，东西是很多了，但是如何使用它们呢？这就是问题的关键所在。大师告诉我们，“大布袋装满东西，不是准备拿来作吹牛皮用的”，要紧的是“作比较研究，择其善者而从之，其不善者而改之，就有所根据了”。这就是说，肚皮里的东西只是材料和根据，要加以利用，必须做过一番“比较研究”的工夫才行。不然，就没有什么

① 《虚云和尚方便开示》，福建莆田光化寺印行，第 19 页。标点符号有改动。

意义了。经过比较研究而使用这些丰富的材料和根据，目的是使人择善而从。最后，要利用好“好肚皮”，就必须配合“好眼睛”与“好耳朵”。无论“好肚皮”、“好眼睛”、“好耳朵”都不是孤立地使用，而是配合好综合地使用，才能起到最佳的作用与效果。

此外，必须指出一点，大师虽然似乎只讲了“三样好”，其实是说了“四样好”。因为在他所讲的“三样好”中还包含了第四样好。尽管大师没有直接说出这第四样好，但是他讲出了“三样好”，实际上，就已经是把第四样好贯穿在“三样好”之中了。只要我们稍加留意，便不难发见大师所讲的“三样好”之后的第四样好就是必须有一个好头脑，或曰好心。道理非常简单，“三样好”要利用得好，最大的关键是必须有一个好头脑或好心来协调与配合。说到好头脑或好心，问题就变得复杂起来。因为依佛教的观点，好头脑或好心并不是常识意义上说的“聪明的”头脑或心智，而是一种具有遍周智慧的头脑或心。培养这种大智大慧的头脑或心灵，正是佛教的目标与无量功德之一，同时也是成佛的至关重要的必备条件。这当然不是一个简单的问题。这或许是大师隐而不宣的原由吧。不过，大师同时谈到读藏经的问题。显然，好头脑和好心是与修习经论联系在一起的。换句话说，修习经律论，是培养遍周智慧的头脑或心的一种不可或缺的重要途径。因此，佛教向来注重三藏的修习。在佛教史上，凡有伟大成就的佛门弟子，皆能精通三藏。虚云大师正就是一个典范。大师在开示中，强调读藏经的重要性与对生命的意义，并讲了解读方法。大师说：

> 本来一法通时法法通，不在乎多看经典的。看藏经，三年可以看完全藏，就种下了善根佛种。这样看藏经，是走马观花的看。若要有真实受用，就要读到烂熟，读到过背。以我的愚见，最好能专读一部《楞严经》，只要熟读正文，不必看注解，读到能背，便能以前文解后文，以后文解前文。此经由凡夫直到成佛，有无情到有情，山河大地，四圣六凡，修正迷悟，理事因果戒律，都详详细细地说尽了。所以熟读《楞严经》很有利益。①

---

① 《虚云和尚方便开示》，福建莆田光化寺印行，第18—19页。

昨夜举沩山老人的话："出言须涉于典章，谈论乃旁于稽古。"所以，典章不可不看。看典章会有受用的。[①]

从大师的开示来看，阅读藏经、典章是必要的，不仅对佛教来说意义重大，即使对个人来说，是会有受用的。大师所言并非只是他个人的体会，而是诸多高僧大德的体会，千百年以来早已成为被证实被公认的不争之论。大师提倡阅读三藏经典不在求多，重要的是要求精。何以为精？一是读到烂熟，能够背诵；二是能有相应的理解和解释；三是对个人的生命有真实的受用。具备这三点，可以算是"精"了。其中，做到第二点不易，因为对一部经典要有相应的理解与解释，不仅要熟悉该部经典，而且通达多部相关的经典，同时还需要具备一定的知识背景；做到第三点最难而可贵，因为这需要生命的亲证，需要在人生的修行实践中去运用、体会、感受和表现。对于一部佛教经典的受用才真正地体现出修习佛教经典的真实意义。如果熟读一部经典能够对个人的生命产生真实的受用，那么说明它对人的生命的确产生了影响，特别是对于开启人的智慧与精神价值具有无可替代与估量的效用。一切佛教经典对于个人生命的受用最终都体现在对于人生的生死的了脱上，这是对生命的最高觉悟与解放。因此，理解与解释一部佛教经典必须要能关照到个人生命的真实受用才算到家，而不能仅仅满足于以经解经，或者仅仅是佛教的一般理论上的阐释而已。就此而言，大师无疑是一个当之无愧的表率和典范。仅就大师晚年的开示来说，大师引经论典，句句落实，全部发自己心，不离自家的工夫体贴与受用体悟，并以自己的通俗平易的语言自然地贴切地表达出来。这是感人至深、发人深省的地方！大师所面对的听众，绝大多数不是佛学院的学生，其中可能还有不识字的人，但是其中也可能不乏佛学造诣与修行精深的高僧，无论听众文化水平的高低或佛教知识的多少，大师的开示皆能使人领会，甚至常常打动人心，给人带来莫大的益处。这是真了不起！不知胜过多少高头讲章。这不是在学校里或书斋中读读经或注注经就可以做到的。这靠的是真工夫真受用。这是大师最令人钦佩的地方，也是最值得我们今人学

① 《虚云和尚方便开示》，福建莆田光化寺印行，第19—20页。

习并可学的地方。由此可知，大师提倡读经，但不是死读或读死，而是活读与读活。如果只是为读经而读经，就是死读；如果只是读而不能受用，把人读废了，那就是读死。与其如此，不如以不读为善。大师读经，不仅仅是停留在一般的知解上，而是能够在一生的修行践履中、在人生的随缘应物与接引和度化众生中，将经典中的智慧融化在自己的生命之中，这就是活读经典而读活了生命。大师就是一个活读与读活经典的典范。

大师示人以读经之法，要在能专读一部，并特别推荐读《愣严经》。因为《愣严经》的内容从凡夫讲到成佛，从有无情讲到有情，山河大地，四圣六凡，修正迷误，理事因果戒律，讲的都很详尽了，所以最适合学佛的人精读。大师指示，读此经只熟读正文，不看注释。只要读到烂熟，出口就能背诵，那么自然能以前文解后文，以后文解前文。这样，便可以通晓整部经义。这是我国传统的读经方法，也是大师的读经方法。其中，饱含了大师一生读经的宝贵经验。实际上，这是我国千百年读经方法在大师身上的积淀与承传的表现。大师所说的“以前文解后文，以后文解前文”，涉及当代诠释学的重要内容。从诠释学说，“以前文解后文，以后文解前文”所强调和注重的是从经典文本的语境和脉络对经典文本的理解与诠释。它的前提与合理性仍然是建立在以经解经的“诠释学循环”的基础上的。乍看之下，似乎与西方诠释学所讲并无不同，甚至毫无新意。但是，细细想想，却并不尽然。我们对于大师所倡导的这一中国传统的读经方法，不能仅仅从一般的诠释学常识的观点来理解。事实上，这一读经方法关涉心理学与诠释学，而且是一种心理存在与诠释活动的完美结合。

首先，由于熟读一部经书，一部经书已经烂熟于读者的胸中，这恰恰相当于格式塔心理学或完形心理学所讲的“格式塔”或“完形”。这部经书的“格式塔”或“完形”是预先存在的，决定着对这部经书的所有理解与诠释。但是，这部经书的“格式塔”或“完形”并不是封闭的静止的死的或一成不变的，而是对读者开放的，是在读者的理解与诠释中呈现或展示出来的。

其次，由于读者的心里有一部经书的“格式塔”或“完形”，他对全经业已滚瓜烂熟，这是他理解与诠释该经书的前提与基础，因此他能得到或把握全经的语境和脉络，能够毫不费力地“以前文解后文，以后文解前文”，使前后文的理解或解释之间互相贯通，最终将全经的“格式塔”或“完形”剥离出来，达到了对全经的相应的理解与解释。

这两点与上文所提示的读经要精之义的前两点是一致的。不过，至此只是在知解的意义上做到和完成了对于一部经典的理解和解释。要有生命上的受用或生命上相应的印证与诠释，那就是更高的要求了。

透过大师对于读佛经或读佛教典章之法的教示，可以看出，我国传统的读经方法并不是一个过时的方法，而是一个经得起时间考验的法宝，在今天的教育（无论是佛教教育或一般的普通教育）和诠释学中，仍然具有虽旧如新的重要意义。

三、转物而不被物转

虚云大师一生学佛履佛，最注重工夫二字。以什么标准来讲工夫或衡量工夫呢？大师提出“转物”或“不被物转”。因此，大师的开示特别强调“转物”或“不被物转”的重要。对于大师来说，从一个人是否能“转物”或“不被物转”，就可以看出一个佛家弟子的修行工夫怎么样了。这一标准不仅对佛家的工夫成立，而且对儒家或道家、道教的工夫亦成立。因此，具有较普遍的意义。必须引起我们的高度重视。大师假借解释《愣严经》的“转物”论说明了其在佛教修行工夫中的重要地位。大师说：

> 《愣严经》云：“若能转物，即同如来。”谓一切圣贤，能转万物，不被万物所转，随心自在，处处真如。①

大师从圣贤与佛的境界解释《愣严经》的“转物”观，说明了“能转万物”而“不被万物所转”可以有“随心自在，处处真如”的方便和自由，这是近乎佛或成佛的极高境界。大师又援引白云禅师对“转物”的颂、《金刚经》的相关内容和儒家的“不被物转”的观点和工夫对于“转物”或“不被物转”作了进一步的阐述，并指点如何去做工夫而达到“转物”或“不

① 《虚云和尚方便开示》，福建莆田光化寺印行，第9页。

被物转”的境地。大师明示：

> 白云禅师有颂曰：“若能转物即如来，春暖山花处处开；自有一双穷相手，不曾容易舞三台。”又《金刚经》云：“应如是降伏其心。”儒家亦有“心不在焉，视而不见，听而不闻，食而不知其味”的说法。儒家发愤，尚能如此不被物转，我们佛子，怎好不痛念生死，如救头燃？应须放下身心，精进求道，于动中磨炼考验自己，渐至此心不随物转，则工夫就有把握了。①
>
> 做工夫不一定在静中，能在动中不动，才是真实工夫。②
>
> 动用中修行，比静中修行还易得力。③

由此可以看出，“能转物”而“不被物转”既是一种极深的工夫，也是一种极高的境界，复是一种极大的神圣力量。一个人“能转物”或“能转万物”当然是一种极大的超凡的力量，而“不被物转”或“不被万物所转”则是一种超常的极大定力；一个人“能转物”或“能转万物”的同时又能“不被物所转”或“不被万物所转”就是一种收放自如而神乎其神的伟大神圣力量了。但是，“能转万物”而“不被万物所转”并不是神秘而不可培养的力量或境界，它是来自人的实实在在的修行工夫，而且它本身就是工夫。只要得法用力去做工夫修行，水到渠成，自然会出现“春暖山花处处开”的美好境界。无论是对于佛家或儒家来说，都是如此。虽然儒佛两家的工夫或修行法门有异，但亦是可以相通的，而最终却是殊途同归。尤其是大师提出孔子的“心不在焉，视而不见，听而不闻，食而不知其味”的修行方法作为一种点示，又特别肯定儒家的发愤用功与“不被物转”的精神作为佛门弟子的示范，一方面是对于佛家弟子和世人皆有警醒的作用；另一方面则表明“转物”而“不被物转”乃是儒佛之共法。在儒家，孔子对于“转物”而“不被物转”的美妙的表述是“心不在焉”，而孟子则有“不动心”之说（当然还有“养气”说）；孟子的“不动心”正相当于孔子的“心

① 《虚云和尚方便开示》，福建莆田光化寺印行，第9—10页。

② 《虚云和尚方便开示》，福建莆田光化寺印行，第10页。

③ 《虚云和尚方便开示》，福建莆田光化寺印行，第12页。

不在”，二者难分伯仲，但是都说明了同一种最高最美的境界。这种境界亦正是佛家所向往与追求的境界。大师会通儒佛而论“转物”而“不被物转”之理，融儒佛为一体，见解超拔，启人良多。

大师论如何用工夫修行亦值得重视。在一般意义上说，佛教的工夫修行以静为主，如坐禅、念佛、闭关之类，但是大师特别强调与讲求在“动用”中修行用功。在“动用”中修行用功即是时时刻刻在佛教的一切行动中修行用功。大师认为，“放下身心”，“动用中修行，比静中修行还易得力”，“能在动中不动，才是真实工夫。”显然，这与大师一生处于“动用”中的人生经历密切相关，因此是大师一生修行工夫的最为深刻的体会、总结与高度概括。大师所力倡的这一修行工夫亦通于儒家的修身成德的工夫，不仅有利于佛门弟子或居家的居士，而且对于非佛教中人的广大众生来说，也仍然适用，并可有益而增慧。这是需要大家去宣讲和推广的。

四、信解行证相应

上文指出，“能转物”而“不被物转”既是一种极深的工夫，也是一种极高的境界，复是一种极大的神圣力量。无论就工夫或境界或力量来说，佛教的“能转物”而“不被物转”都必须具体地体现为行持。行持的根据是信解行证。因此，如果没有信解行证，那么讲行持是假的；如果信解行证不相应，那么行持也是不相应的。虚云大师由说“转物”与“不被物转”而进一步开示信解行证，就表示“转物”而“不被物转”要通过信解行证具体地落实到个人的行持当中去。大师首先说明了行持与信解行证的关系；接着对信解行证作出了浅显谛当的解释，指出信解行证必须相应，断除我法二执，万善细行，行持才能相应，才能心口行如一。大师说：

> 佛法教典所说，凡讲行持，离不了信解行证四字。经云：“信为道源功德母。”信者，信心也。《华严经》上菩萨位次，由初信到十信。信个什么呢？信如来妙法，一句半句都是直指人心，见性成佛的言语，千真万确，不能改易。修行人但从心上用

> 功，不向心外驰求。信自心是佛，信圣教语言，不妄改变。解者，举止动念，二谛圆融，自己会变化说法，尽自己心中流出，放大光明，照见一切。这就是解。虽然明白了，不行也不成功。所以要口诵、心惟、心口相应，不想违背。不要口上说得锦上添花，满肚子贪嗔痴慢。这种空谈，绝无利益。心惟是什么呢？凡有言语，依圣教量，举止动念，不越雷池一步。说得行得，才是言行无亏。若说得天花乱坠，所做男盗女娼，不如不说。行，有内行外行，要内外相应。内行是断我法二执，外行是万善细行。证者，证实真常，有信，有解，没有行，就不能证。这叫发狂。世上说法的人，多如牛毛，但行佛法的，不知是哪个？禅师法师，什么人都有一些典章注解，如《心经》、《金刚经》、《八识规矩颂》，乃至《楞严经》等。其中有些人只是耍鼻孔，虽然注了什么经，而行持反不如一个俗人，说食不饱。①
>
> 谁都会说的话，说出来有何用处？佛祖经论，你注我注，注到不要注了；讲经说法，天天登报，但看他一眼，是一身的狐臊气，令人退心、招堕。②

从大师的解释可知，信为解的基础，解为行的依据，行为证的根本。信解行证一致，才能相应。说到信，当然是要信如来妙法，但是关键在于在自心或自性清净心上用功，信自心是佛，而不是向心外驰求。确立了这样的信，就能将圣教内化于己心，内化于自己的生命，对于佛教的解释才能够相应，才能贯彻在举止动念之间，达到二谛圆融，才能自心中流出，放大光明，遍照一切。因此，大师特别强调“要口诵、心惟、心口相应，不想违背”。这样，行才有依据、轨范和尺度，从心所欲而不逾矩。有信解，就必须有行证。有信必解，有解必行，有行必证。大师指示：“说得行得，才是言行无亏。”空谈绝无益处。如果有信有解而没有行，就不能证（实）真常。大师称只会空谈，而无行证的人为“发狂”，称那些以注

---

① 《虚云和尚方便开示》，福建莆田光化寺印行，第21—22页。标点符号有改动。

② 《虚云和尚方便开示》，福建莆田光化寺印行，第24—25页。

解佛经典章盗取虚名，而行持不如一个俗家人的“禅师”“法师”们“只是要鼻孔”，还有的是“一身的狐臊气”。大师一生最鄙视那些仅尚空谈，只说不做的人，尤其憎恶那些口上说得锦上添花，满肚子贪嗔痴慢；口上说得天花乱坠，所做男盗女娼之人、特别是身披袈裟的伪佛门弟子；更有甚者，好话说尽、坏事做绝的大恶棍或罪恶党派集团，大师就更要诅咒了。因为这些人的所作所为不仅扰乱世道人心，流为社会的罪恶，造成人天的种种劫难与不幸，而且是从根本上败坏和毁灭佛教的精神。当是时也，大师挺身而出，发扬佛教的批判精神，揭穿虚伪，力斥罪恶，甚至不惜清理门户，以维护圣教的庄严和独立。百十六岁的老人，居然不得不拔剑而起，挺身而斗，作狮子吼，振聋发聩，诚然暴露出佛教至当朝的衰败景象，而大师的苦心与精神，真可昭明日月与佛祖矣！

大师对行的强调与标示，掷地有声，实在值得我们重视与反复玩味。除了以上所引以外，大师又说：

> 动作行为，有内行外行之分。内行要定慧圆融，外行在四威仪中严守戒法，丝毫无犯。这样对自己有受用，并且以身作则，可以教化人。教化人不在于多谈。行为好，可以感动人心。如《怡山文》所说：“若能见我相，乃至闻我名，皆发菩提心，永出轮回苦。”你行为好，就是教化他。不要令人看到你的行为不好，而生退悔心。这会招堕，无益。①

在这里，大师指出虽然行有内外之分，但是行必须内外相应。内行的目的在于断除我执和法执，达到定慧圆融；外行的目的则要在四威仪中严守戒法，丝毫无犯，万善细行。这样，就能内外相应，以身作则，不仅自己受用，而且可以教化人。大师特别强调身教重于言教，认为行为好可以感动人，行为好本身就是对人的教化；相反，行为不好或行为丑恶，则对人起到相反的作用，令人不以丑恶为丑恶、高尚为高尚，反以丑恶为美好、高尚为卑鄙，面对美好或高尚的行为，则产生畏缩而退避的心理，做了好事

① 《虚云和尚方便开示》，福建莆田光化寺印行，第22—23页。标点符号有改动。

不以为荣，却反而产生懊恼悔恨的心理。这不正是我们今日世态的一个面相吗？大师阅历丰富无比，深知人不是神仙，总会犯错误的道理，特别是人在初步求道修行的过程中，出现错误是难免的；至于身居闹市，穿梭于灯红酒绿、纸醉金迷的花花世界中的芸芸众生，就更不用提了。因此，大师网开一面，指出要教化人，就不要让人看到你行为不好的一面。既知如此，就必须要在内行外行中加以克服。孰料，大师半个世纪以前的点示，却竟然将今日的世态揭露的淋漓尽致。大师的宏声，犹如暮鼓晨钟，像是针对今天的时弊而发；大师的教诲，有如圣医降世，是为今世人开的一剂良药。

大师认为，在工夫修行上，今人不如古人。所以，今人应该以古人为镜鉴。破除“著心迷境，心外见法”，回归自己的本心，于行上用功，亲证真常，才能如明镜照万象，不迎不拒，与道相应，而真有行持。对于有真行持的人来说，十字街头，酒肆淫坊，无处不是办道的处所。唯有如此，才能真正做到以身作则，说法利人。大师说：

> 佛法不可思议境界，天人散花无路，鬼神寻迹无门。有，则生死未了，但无，又不是。枯木岩前睡觉，一不如法，工夫便白费了。我们就不如古人，想天人送供，天人不管你，因为我们没有行持。真有行持的人，十字街头，酒肆淫坊，都是办道处所。但情不附物，物岂碍人。如明镜照万象（像），不迎不拒，就与道相应。著心迷境，心外见法，就不对。我自己也惭愧，还是摩（摸）头不得尾。……所以说法利人，要以身作则嘛。我也惭愧！①

从以上的引文以及开示全文，均可看出，大师不仅具有很强的批判精神，而且同时不乏自我批判与自我反省的精神。大师在开示中经常以自己为靶子，自剖肝胆，自我批判，自己检讨自己，自己反省自己，对自己的一生都有澄清，对历史与未来，对佛祖与晚生以及未来的求道者，皆有清

---

① 《虚云和尚方便开示》，福建莆田光化寺印行，第24—25页。

清楚楚地交代，对于一个住世无多的几近百二十岁的大德高僧来说，实在可以说是一个异数，犹如凤毛麟角，难得一见，无比地珍贵难得！众所周知，在我国这样一个具有悠久的君主专制历史的社会中，君王无过错的传统由来已久，根深蒂固，古往今来，早已是三代遗风了。因此，君临天下，惟我独尊，党同伐异，攻乎异端，“只许州官放火，不许百姓点灯”，英明领袖一言堂的事一点也不鲜见和稀奇了。然而，一个出家人竟然如此地不同。在批判别人过错的同时，容忍别人批判自己不算，还要自己批判自己，自己清算自己，自己反省自己，以保持自己的自性清净心的常转不息，以证般若实相。这不就是大师所说的真行持吗?！无论就教内或教外而论，大师的彻底的佛教理性批判精神，都树立起一座不朽的丰碑，堪称典范。

五、一心办道，朝夕如斯

大师的一生可谓朝如斯，夕如斯，一心办道的一生。大师自发愿出家以来，游方参学，从南到北，从北到南，走遍了山山水水，由普陀山开始，一步一拜，朝礼五台山，感文殊菩萨化现；只身深入藏地，远涉缅甸、印度、锡兰等国，经历难以想象的艰险和苦行，九死一生，惊天地，泣鬼神，为千载之下所仅见。大师一生过的是云水生涯，卓锡大小寺庙无以数计，先后修复云南鸡足山祝圣寺、昆明云栖寺，福建鼓山涌泉寺，广东韶关南华寺、乳源云门大觉禅寺等道场，又先后在上海、杭州和苏州办和平法会；大师一生行持不二，定慧双修，精进不懈，把佛家的工夫、智慧、力量和境界打成一片，有相而无相，为弘法济众而殚精竭虑，为扭转汉传佛教的衰败而鞠躬尽瘁，起到了伟大的表率和典范的作用。

大师最终所重视的是佛门中人的一个“心”字。这个“心”就是他常讲的“长远心、坚固心、勇猛心、惭愧心”。我们从大师的身上真实地看到了这个“心”的活脱脱地呈现。只因为有了这样的心，才可以应对一切境遇或物事的时迁巨变，而寂然无动，真正地做到不为境转或不被物转，我自依旧，自心是佛，自性为空，转物转境，得大自在。因此，当王宫恩典、高位厚禄、美名荣誉降临时，大师丝毫不为所动，甘居山林，保持了沙门不敬王者的独立精神。新中国成立后，大师出头辅助佛教和平会，发起中国佛教协会。大师本来在庐山避暑，却夜梦上梁修造。此前亦曾多次梦见自己上梁树柱。尔后闻说云居山将划为林场，大师坐卧不安，不忍祖庭废灭，于是最终卓锡云居山，率众僧保卫和修复了云居山真如寺而圆寂于此。我们从大师看到了一个伟大的佛教的典范，同时也看到了一个伟大的在世上做人的典范。大师离开尘世以前为我们留下了一段具有警示意义的话：

> 人既知自心与佛相同，就应该发长远心、坚固心、勇猛心、惭愧心，二六时中，如切如磋，如琢如磨，朝如斯，夕如斯，努力办道，不要错过时光。①

温习大师的教诲是永远受益的。让我们教内外的有缘人都以大师的教导共勉吧！

作者单位：深圳大学宗教研究所

---

① 《虚云和尚方便开示》，福建莆田光代寺印行，第6页。

经典互读与宗教和谐

韩焕忠

一、前言

中国思想界的基本状况是，中国化的马克思主义居于意识形态的主流地位，对国家的大政方针起着主导作用；儒家思想作为传统文化的主要组成部分，在社会生活各个方面发挥着广泛而深刻的影响；佛教、道教、伊斯兰教、天主教、基督教等各大宗教普遍奉行爱国爱教的基本立场，主动与建设有中国特色的社会主义相适应，团结广大信教群众，积极投入到构建和谐社会、全面实现小康的建设之中。可以说，与那些不同宗教与文化之间经常冲突不断的国家和地区相比，中国虽然存在多种宗教思想和文化传统，但相互之间的关系还是非常和谐的。这种和谐得以形成的原因是多方面的。就现实而言，党和政府的领导与协调、社会理想的共同性与根本利益的一致性等，为中国的宗教和谐奠定了坚实的基础；从历史上看，中国各宗教在长期的共处之中形成了一种相互理解、相互尊重和相互宽容的传统，无形中为中国的宗教和谐建立了一个稳定有效的协调机制。

笔者认为，不同宗教之间的经典互读，是形成中国各宗教能够相互理解、相互尊重和相互宽容的思想基础。经，本义是指将纬线贯穿起来织成布匹的纵线，引申为主导和制约着人们言行的思维方式、价值取向、审美情趣和思想观念；典，从册从几，意为供奉在几案上的书册。经典二字连用，就是指那些集中体现特定群体思维方式、价值取向、审美情趣和思想观念的伟大作品，深得这一特定群体的尊崇，并成为这一特定群体处理和解决重大问题的基本依据。由于人类生活在诸多方面都具有一致性，因此，不同群体的经典都从各自的观察点上展现了人类生活的某种真实性，内在地具有成为人类共同文化财产和精神财富的潜质。所谓经典互读，就是某一群体的精英人物，即通常意义上的知识分子，除了精通本群体的经典之外，还能够以“客观的态度”对经常与本群体相接触的另一群体的经典进行“同情的了解”。举例来说，佛道二教在历史和现实中都经常发生非常密切的接触，因此有一些高僧对道教奉为圣典的《道德经》和《南华经》进行过非常深入的研究，而一些高道对佛教的《金刚经》、《法华经》、《华严经》等也有很独到的体会等。这种经典互读对于促成佛道二教之间的和谐相处无疑具有十分重要的意义和作用。

经典互读有利于宗教和谐，主要不是一个理论问题，而是对中国思想和宗教发展的历史作出的总结。古人云，托诸空言，不如见之行事之为深切著明。因此，本文将着重点放在对历史的考察上，从各宗教对儒家经典中主张和观点的附和、各宗教之间经典的相互研读以及儒学对各宗教经典中思想和义理的资取三个方面对这一问题展开论述。由于笔者学养的限制，本文的论述可能较集中于儒佛、儒道和佛道等几种经典的互读上，而对于伊斯兰教、天主教、基督教相互之间及其与儒、道、佛之间的经典互读，因事涉专门之学，笔者目前只能作出一些非常笼统的概括，甚乃不得不付诸阙如。

二、各宗教对儒家经典的附和

虽然儒家思想为士大夫的安身立命和道德修持提供了广阔的精神空间和坚实的思想基础，但笔者并不认可儒家是一种宗教的说法。不过，由于历代王朝均将儒家奉为政令教化的根本，将儒家的经典悬为国家的功令和科举取士的依据，因此，对儒家经典的研读就成为中国各宗教精英人物所无法回避的一个重大课题。

高僧大德对儒家经典的比附和诠释促成了佛教的中国化。远在佛教传入中国之前，儒家经典就已立于学官（朝廷设五经博士，并为其置弟子员），成为官方意识形态，并通过国家功令的形式普及于社会生活的各个方面，因此佛教在东传伊始，将自家的典籍(梵语“修多罗”）译称为“经”，在译经时强化和突出与儒家忠孝仁义相一致的思想观念等，就是佛教主动附会儒家经典的具体表现。三国时期行化于吴国的高僧康僧会就曾引儒家经典对吴主孙权演说佛法，将《周易》所谓“积善之家必有余庆；积不善之家必有余殃”说成是对佛教因果法则的表达。南北朝时期，许多高僧大德都曾经指出，不杀生即仁，不偷盗即义，不邪淫即礼，不妄语即信，不饮酒即智，将佛教的五戒比附为儒家的五常成为当时佛教界的共识。隋唐时期的祖师们在判教时一般都将儒家经典判为人天教法，对儒家经典在人道教化及国家治理方面的作用给予充分的肯定。宋元以降，许多高僧都对儒家经典进行了深入的研究和创造性的诠释，如天台宗山外派的孤山智圆禅师就以高僧而自号中庸子，著《中庸子传》，以佛教的中道思想解释儒家的中庸观念；云门文偃的五世法孙明教契嵩禅师不仅对《论语》、《孟子》、《礼记》等深有研究，还依仿《孝经》著《孝论》，将儒家的核心观念纳入到佛教的教法之中；明末高僧憨山德清著有《中庸直指》、《春秋左氏心法》、《大学纲目决疑》，蕅益智旭著有《四书禅解》、《周易禅解》，这些著作都堪称以佛解儒、借儒阐佛的杰作，既协调了佛教与儒学的思想差异，又博得了一大批儒家士大夫对佛教的同情和好感。在某种意义上我们甚至可以说，对儒家经典的比附和诠释，是佛教之所以能经受住“三武一宗”的法难并最终转化为中国传统文化重要组成部分的奥妙所在。

道教经典对儒家道德观念的吸收完善了自家的宗教功能。道教实际成立于东汉末年，作为一种本土宗教，其从儒家经典中吸收和资取了大量有关父慈、子孝、兄友、弟恭、夫义妻顺的道德观念。如《太平经》宣称：“上君子乃与天地相似，故天乃好生不伤也，故称君称父也；地以好养万物，故称良臣称母也；人者当用心仁，而爱育似于天地，故称仁也。”以天地喻圣贤君子，以人释仁，可以说是儒家自古以来的传统观念。《太平经》所追求的，就是“令人父慈、母爱、子孝、妻顺、兄良、弟恭，邻里悉思乐为善，无复阴贼奸窃相灾害”，这实际上也是儒家的社会理想。《老子想尔注》中也有不少以儒释老的地方，如说“道用时臣忠子孝”、“家家慈孝”，“道不用”则“人不慈孝，六亲不和”。葛洪在《抱朴子·外篇·自序》中说：“其内篇言神仙方药、鬼怪变化、养生延年、禳邪却祸之事，属道家；其外篇言人间得失、世事臧否，属儒家。”在《抱朴子·内篇·对俗》中说："欲求仙者，要当以忠孝和顺仁信为本。若德行不修而但务方术，皆不得长生也。"唐代以后，《老子》和《庄子》被尊为《道德真经》、《南华真经》，其在道教经典中的地位得到了极大的提升，于是在道教内部涌现了大量的注释老庄的著作。这些著作有一个共同的特点，就是大都有意无意地忽视了老子和庄子对仁义礼智的抨击，尽可能的弥平与儒家观念的思想差距，甚至有以儒释道、援儒入道的思想倾向。金元之际创立的全真道将儒家的《孝经》作为基本的经典，对儒家忠孝仁义观念的宣扬更是不遗余力。这些都表明道教就是以各种道术为基础同时接纳儒家道德观念而形成的一种宗教，道教化世导俗功能的获得和完善主要就来自对儒家道德观念的吸收和资取。

伊斯兰教、天主教、基督教传入中国的历史背景虽然与佛教有别，但儒家在中国文化结构中的主体地位并没有改变，这些宗教为了适应中国的社会状况，以便使其教义教理在中国得到有效的传播和奉行，都曾经不同程度地与儒家经典相附和，由此产生了这些宗教的中国化，如伊斯兰教的刘智、天主教的利玛窦以及基督教的赵紫宸等人，都是援引儒家经典弘扬自家宗教的先贤，对该宗教的中国化或者说本土化作出了不可磨灭的贡献。

三、各种宗教之间的经典互读

中国各宗教的精英们除了认真研读儒家经典，还对其他宗教的经典进行了深入的研究和诠释。这一点在佛道二教中表现得尤为明显，由此在中国各宗教之间形成了一种独特的相互关系。

佛教东传伊始就非常重视对道教经典的研读和吸收。在宗教仪式上，为了立足中土，佛教不得不依附当时流行的方仙道，采用人们熟悉的黄老祠祀的形式；在经典翻译上，佛教不得不大量运用道教经典的词汇来翻译佛教的名相，如将"菩提"译为"道"，将"涅槃"译为"无为"、将"禅那"译为"守意"等；在讲经说法的时候，更是以《老子》和《庄子》中的名词和概念，去拟配、比附佛教经典中的各种名相，以方便听众对佛教经典的理解和信受，由此形成了两晋时期的"格义"佛学，东晋时期六家七宗的般若学说及慧远、僧肇的佛学论著，都大量运用了《老子》和《庄子》的词汇和玄学的思维方式。在某种意义上我们甚至可以说，熟悉老庄等道家经典是那个时代的高僧必须具备的知识结构。到了隋唐时期，一些中国化的佛教宗派相继创立，佛教虽然摆脱了对道家经典的依赖和借重，但为了能在各种场合中经常举行的佛道论衡中稳操胜券，许多高僧大德依旧保持着对道教经典，特别是《老子》和《庄子》的浓厚的阅读兴趣。不仅如此，有些高僧还运用自己的学识，对道教经典进行创作性的诠释。如东晋名僧支道林因不满郭象对《庄子·逍遥游》“以适性为逍遥”的注释，遂著《逍遥论》，深得当时名士的称赏，被誉为“拔理于向郭之外”。明末高僧憨山德清著有《观老庄影响论》、《道德经注》、《庄子内篇注》等，金陵大报恩寺的释性通著有《南华发覆》，金陵大天界寺的觉浪道盛著有《庄子提正》，方以智出家为僧后以药地禅师为号，著有《药地炮庄》等，这些著作都是高僧诠释老庄等道教经典的传世之作，不仅具有借助老庄演说佛教义理的意味，而且还极大地丰富和发展了老庄诠释学，成功促成了佛道二教的视界融合。

道教也从佛教经典中汲取了丰富的养分。道教虽然是土生土长的中国宗教，但与佛教相比，汉魏时期的道教经典不多，义理也缺乏形而上的思辨意义，戒律和仪轨都非常简陋。随着佛教的传入与发展，道教也相应地水涨船高起来，其宗教形态与宗教功能都得到了充实和完善。正如一些学者所指出的那样，道教在道经的撰写、典籍的整理、戒律的制订、修持仪轨的创立等许多方面，都明显地受到了佛教的影响。在笔者看来，这也是寇谦之、陆修静、陶弘景等道教精英深入研读佛教经典，汲取佛教经典中的宗教养分，对道教进行改造和发展的结果。到了唐代，著名的道教学者成玄英、李荣等人深受佛教般若学，尤其是《中论》空有俱遣思维方式的影响，以有无俱遣诠释道教经典中的“玄之又玄”，将道教发展为“重玄学”，极大地提升了道教思想的思辨性。隋唐之后，在司马承祯、张伯端、白玉蟾、王重阳、丘处机等人的著作中，都运用了大量的佛教词汇和思想。而一些注释《道德经》、《南华经》等道教经典的名作，如成玄英《南华真经疏》、林希夷的《老子口义》、《庄子口义》以及陆西星的《南华真经副墨》等，都堪称援佛入道、以佛释道的佳作，也反映出这些道教精英们对佛教经典的娴熟运用和深入了解。其中陆西星还曾对佛教的重要经典，如《圆觉经》、《楞严经》等，进行过非常详细的注释和疏解。这些高道在借助佛教经典大力充实和发展道教的同时，也站在道教的立场上促成了佛道二家的融会和贯通。

近代以来，科学昌明，人文社会科学也随之发展起来，宗教学遂得以建立，在宗教学研究的名义下，人们不再将其他宗教视为“异端”，甚至出现了“只懂一种宗教的人是不懂宗教的人”的说法。因此，对其他宗教的经典进行阅读和研究就成为对人类文化盛宴的一种分享，人们的思想观念也开始突破自己所信仰的宗教传统的束缚，必须宽容他人的思想、上帝的名称有很多个、真理有多种表达方式、应建立一种普世伦理等，这些新思想、新观念的形成和提出，无不包含着对自己所信仰宗教之外宗教经典的阅读和研究。人类思想发展的历史表明，不同宗教和文化传统之间的经典互读，极大地促进了人类思想的发展和进步。

四、儒学对各宗教经典的资取

在任何一个历史时期，都有大批的儒家士大夫尊崇佛家或信奉道教。这些士大夫对佛道经典抱有浓厚的兴趣，他们不仅参与了对这些经典的翻译或编撰、书写、刊刻以及流通，而且还对之进行了有创造性的研读和阐发，为之作注撰疏。可以说，佛道二教之所以能在中国存在并发展成为传统文化的重要组成部分，实得益于数量极其庞大的儒家士大夫的支持和赞助。而儒学也从佛道二教的经典中汲取了丰富的思想资源，促成了自身的发展和演变。这在宋明理学的形成及现代新儒家的诞生上体现得尤为突出。

宋明时期的儒家学说在佛道思想的滋养之下实现了一次飞跃性的大发展。在儒佛二家的思想竞争之中，宋明理学的先驱，如韩愈，作为儒家的代表，由于自身缺乏对佛教经典的深入研究和正确理解，对待佛教只能提出“人其人，火其书，庐其居”这样的近乎粗野的处理措施。他的好友柳宗元虽然也不喜欢削发出家，但意识到佛教经典往往与《周易》、《论语》相契合之处，佛教僧人的不爱钱、不好做官尤其令他肃然起敬，因此他提出了“统合儒释”的主张。欧阳修主盟宋代文坛，继承了韩愈排斥佛老的思想，但与韩愈主张在物质上消灭佛教有所不同，欧阳修对佛教经典有所了解，因此提出了“修其本而胜之”的主张，将思想斗争的重心放在了对儒学品格的提升上。周敦颐、张载、程颢、程颐、朱熹、陆象山、王阳明等人，都有着比较漫长的出入佛老的人生经历，表面上他们虽然高举着排斥佛老的大旗，但实际上他们却将柳宗元“统合儒释”的观点作为“修其本而胜之”的方法。理学家们对儒家的经典体系进行了调整，大量汲取佛道二教的思维方式，努力挖掘儒家心性论和修养论的思想资源，增强了儒学的理性思辨，提升了儒学的精神境界，为士大夫们开辟了一个广阔的安身立命的思想空间。与此同时，仍然有相当一大批士大夫，如张商英、王安石、眉山三苏、公安二袁等，依旧公开宣称对佛教的信仰和皈依，并希望通过以佛释儒的方式调和儒佛的矛盾，使宋明儒学呈现出多形态并存、多向度共同发展的特征来。

如果说宋明理学对佛道二教经典的研读还有“犹抱琵琶半遮面”意味的话，那么现代新儒家在这方面不仅公开进行，而且积极提倡。第一代现代新儒家的代表人物无不与佛教具有甚深的渊源。马一浮早年曾组织过般若学会，对华严与天台二宗的义学很是推崇，对禅宗的顿悟也有非常深刻的体会，他以六艺统摄古今中外一切学术，即有取于佛教的判教，他经常援引佛教的义理和公案以诠释儒家的经典和要义，在深入抉发儒家大义的同时，也使儒学成为既具玄妙的意味又有平易的色彩。梁漱溟始终宣称自己是一个佛教徒，他早年在北京大学教授佛学，曾经问学于南京支那内学院的欧阳竟无，精于唯识学，在他的文化三路向中，佛教被置于最高的地位。也就是说，在梁漱溟看来，以出世和解脱为价值取向的佛教乃是人类文化发展的归宿和极致。与梁漱溟一样，熊十力亦曾问学于南京支那内学院，得入欧阳竟无之室，因精通唯识而执掌北京大学的佛学教席，后来虽归心儒家生生不已之大易，但对佛教龙树学之空义，对禅宗之顿悟，数度称赏，而且在讲说儒家要义时，亦时引佛教义理，其于佛学的造诣，论精纯或不及马一浮，论精深或有以过之。在方东美的眼中，华严宗对六相圆融、十玄无碍的阐发就是中国诗性哲学的极致，并于弥留之际成为高僧广洽法师的皈依弟子。第二代新儒家的代表人物与佛教的渊源更为深厚。唐君毅重视华严，其心通九境的判教思想实是对华严五教十宗判教的借鉴和发展。牟宗三推尊天台，将智者大师的“一念三千”视为一种“无执的存有论”，并试图运用《大乘起信论》的“一心开二门”沟通在康德那儿截然相分的“现象”与“物自身”。可以说，对佛道经典与西方学术的深入借鉴和灵活运用，是这些传统文化的守护者们成为现代新儒家的重要原因。

对佛道经典的研读和借鉴，对佛道义理的容纳和接受，不仅使儒家实现了自身形态的发展和演变，也使儒家的心胸变得开阔和宽广，儒家对佛道的排斥渐渐成为远去的历史。时至今日，中国传统的三种文化形态最终携起手来，共同为国人构建起精神栖息的家园，为国人开拓出心灵翱翔的空间。

五、结语

各种文化与宗教影响及于广土众民，能够历数千年而传承不绝，这本身就足以表明其在人类精神生活中具有不可替代的价值。这些文化和宗教之间的经典互读，也显示出这些经典对人们具有一种普遍超越宗教和文化限制的普遍的吸引力。

由于各种文化和宗教在传统文化结构中所处的地位有很大的差别，在社会生活中所起的作用不尽相同，因此它们对其他文化和宗教的经典进行阅读和研究的意义也就不尽相同。具体说来，佛道二教虽然也是中国传统文化的重要组成部分，但始终居于次要的地位，在文化结构中起着补充的作用，因此，佛道二教的精英们阅读和研究儒家经典，具有主动与主流意识形态相适应、自觉在社会文化结构中发挥补充作用的意味。佛道二教的经典互读，除了经典自身的吸引力之外，还具有将对方经典纳入自家教法之中以扩大本宗教摄受能力的目的。而在中国传统文化中居于主流地位的儒家阅读和研究佛道二教的经典，则具有积极引导各种宗教与主流意识相适应的意义。经典互读也是不同文化和宗教之间的一种思想磨合，最终都非常有利于形成三教并立共存这样一种和谐的文化结构。

中国宗教史上这种独特现象对我们今天的启发就是，佛教、道教、伊斯兰教、天主教、基督教等应加强对中国化马克思主义的了解，主动与之相适应；各宗教之间也应从经典互读中积累共同话语，加深相互之间的理解和支持；执政党也应对各种文化和宗教的经典有所研究，这不仅可以为自身的思想创新提供丰富的思想资源，还可以加深党群之间的感情，有利于促进社会的和谐。

作者单位：苏州大学哲学系

论憨山德清的庄子学

李大华

憨山德清为明末四大名僧之一，处儒释道合流的时代，他对于儒家和道家的态度，自有其学术潮流的影响，但他并不只是表明态度，他有自己独立的理解和分析，而其精微与确当，有一种三家关系“本当如此”之感。

一、孔、老、庄与佛

德清解庄之作，主要为《观老庄影响论》和《庄子内篇注》。前者作于前，后者作于后。关于《观老庄影响论》，德清在“跋”语中说道：“创意于十年之前，而克成于十年之后，作之于东海之东，而行之于南海之南，岂机缘偶会而然耶？”说明作者为此书之牵系及其运思之久。

德清说道：

> 西域诸祖，造论以破外道之执，须善自他宗。此方从古经论诸师，未有不善自他宗者。且吾宗末学，安于孤陋，昧于同体，视为异物，不能融通教观，难于利俗。……余居海上，枯坐之余，因阅楞严、法华次，有请益老庄之旨者。遂蔓衍及此以自决，非敢求知于真人，以为必当之论也。①

这段话表明了德清对于儒家和道家的基本态度，只不过，他不是从世

① 《观老庄影响论·叙意》，北京图书馆藏明万历刻本。

俗的方面说，而是从佛法本身的起兴与转借来说，皆须“善自他宗”。既然西域诸祖皆如此，佛法传到中土何尝不该如此呢？如是，他请益老庄之旨。从用语之谦，已见他对老庄的敬仰。德清称孔子为“人乘之圣”，“奉天以治人”；老子为“天乘之圣”，“清净无欲离人而入天”；佛则是“超圣凡之圣”，“能圣能凡，在天而天，在人而人，乃至异类分形，无往而不入”。① 作为僧人，德清之所以对孔子与老子有如此的赞同，在于他从世间法和出世间法的观点看待三教，并试图把儒家和道家都并入佛教的体系内，孔子是世间的，老子是出世间的，佛则是能世间、能出世间的。孔子教人脱离夷狄禽兽，老子教人大患莫若有身，佛教人出脱生死窠窟，所以他说：“不知春秋，不能涉世；不知老庄，不能忘世；不参禅，不能出世。”② 在德清看来，人道与佛法从来就是一而不二的，“舍人道无以立佛法，非佛法无以尽一心，是则佛法以人道为镃基，人道以佛法为究竟。”③ 如此，佛法也是不舍孝道的，为佛弟子当处人间世，而知人伦之事。他的结论是：

> 孔助于戒以其严于治身，老助于定以其精于忘我，二圣之学，与佛相须为用，启徒然哉？④

“相须”，意谓两者不相同，却也不相离。然而，《观老庄影响论》的重点还是在谈论老庄，尤其是庄子的影响。对此，他有一个判断，认为庄子是老子学说最合理的继承者，说老子之有庄子，犹孔子之有孟子。他甚或以孔子称老子犹龙一事类推，如孟子要是见了庄子，“岂不北面耶”。故而，他对庄子推崇备至，说：

> 间尝私谓，中国去圣人即上下千古，负超世之见者，去老唯庄一人而已，载道之言广大自在，除佛经，即诸子百氏，而究天

① 《观老庄影响论·论教乘》，北京图书馆藏明万历刻本。

② 《观老庄影响论·论学问》，北京图书馆藏明万历刻本。

③ 《观老庄影响论·论行本》，北京图书馆藏明万历刻本。

④ 《观老庄影响论·论宗趣》，北京图书馆藏明万历刻本。

> 人之学者，唯庄一书而已。藉令中国无此人，万事之下不知有真人；中国无此书，万世之下不知有妙论。①

在此，德清把庄学视为除佛经之外最值得景仰的学说，这甚或已经度越孔老了。笔者以为，他的这番评议，与其说是他对庄子“道”的景仰，不如说他对庄子的哲学智慧的景仰。因为在宗教的“道”的立场上，他只能把庄子装进佛学的那个体量无限的体系中去；而在学说及其智慧的意义上，他可以不受限制地称赞庄子，这就是智慧的魅力。既然如此称赞庄子，那么德清也要为庄子孟浪之言、乃至诽薄之言进行辩护。他认为，庄子只是因为世俗的“固执之深，故言之也切”。至于诋毁先圣，他说：

> 至于诽尧舜，薄汤武，非大言也，绝圣弃智之谓也。……诋訾孔子，非诋孔子，诋学孔子之迹者也。且非实言，乃破执之言也。故曰寓言十九，重言十七，诃教劝离，堕形泯智，意使离人入天，去贪欲之累故耳。②

这样的辩护与同样喜爱庄子的儒学者不同，他们多没有从庄子的言语及其表达方式去理解与维护庄子，而是设法从诋訾孔子的那些篇章中找出纰漏，然后说这不是庄子作品。德清则恰恰从庄子的表达去理解和辩护，显然，这样的辩护更有力。对此，德清再次肯定说：

> 庄语纯究天人之际，非孟浪之谈也。③

德清对于庄子有如此的理解，有其特殊的缘由。禅学宗流也是以“诃佛骂祖”著称的，既然佛徒可以容许诃骂佛祖，何不容许庄子诋訾尧舜汤武与孔子呢？如此，德清甚至拿出世尊诃斥二乘的事情来，“若闻世尊诃斥二乘以为焦牙败种，悲重菩萨以为佛法阐提，又将何如耶？然而，佛诃

① 《观老庄影响论·叙意》，北京图书馆藏明万历刻本。

② 《观老庄影响论·论教乘》，北京图书馆藏明万历刻本。

③ 《观老庄影响论·论工夫》，北京图书馆藏明万历刻本。

二乘，非诃二乘，诃执二乘之迹者，欲其舍小趣大也”。[①] 在《观老庄影响论》一书的最后，德清提出了一个耐人寻味的结论：

> 吾意老庄之大言，非佛法不足以证响之。信乎游戏之谈，虽老师宿学不能自解免耳。今以唯心识观，皆不出乎影响矣。[②]

这段话隐括了三重内涵。第一，德清把老庄看成了预言家，意谓老庄的许多话的微言大义不是人们可以理解的，只有佛教才可以证明、彰显这些话的意义。在书中，德清举出两例，一是老子“西涉流沙”的历史传说，他认为，这个传说并非无谓之谈，“大段此识深隐难测”。我们知道佛道教交往史上《老子化胡经》所引致的麻烦，德清没有采取过去佛教把老子西去流沙作为谎言的做法，而是认为这个传说有其深意，只不过，他以为老子或许只是一个“神通者”，谒见佛而“不一言而悟”，也即老子可能因佛得了开悟。二是《齐物论》中有言“万世之后而一遇大圣知其解者，是旦暮遇之也”。庄子所说的这个万世一遇的“大圣”正是佛，所谓“然彼所求之大圣非佛而又其谁耶”？[③] 第二，庄子的特殊表述方式，使人有庄子皆“游戏之谈”的感觉，其实这正是不懂庄子。德清也认为，了解庄子也确乎难。在《庄子内篇注》的开篇，德清如此说：“以其人宏才博辩，其言洸洋自恣，故观者如捕风捉影耳。直是见彻他立言主意，便不被他瞒矣。”[④] 第三，“今以唯心识观，皆不出乎影响矣”，这句话最有深义。它点出了禅宗与老庄关系。禅学进入中土，有印度禅与中国禅的讲求。就六祖慧能所传曹溪禅来说，经历菏泽、洪州、石头诸宗的分头并弘与相互浸润，又融汇牛头禅“道本虚空”和“无心合道”的修习理念，“将‘即心’

---

① 《观老庄影响论 · 论宗趣》，北京图书馆藏明万历刻本。

② 《观老庄影响论 · 论宗趣》，北京图书馆藏明万历刻本。

③ 《观老庄影响论 · 论教乘》，北京图书馆藏明万历刻本。在《庄子内篇注 · 齐物论》中，德清再次强调：“言必待万世之后，遇一大觉之圣人，知我此说，即我此说，即我与之为旦暮之遇也。意此老胸中早知有佛，后来必定印证其言。不然，而言大觉者，其谁也耶？”

④ 《庄子内篇注》，黄曙辉点校，华东师范大学出版社 2009 年版，第 1 页。

与‘无心’，更明确地统一起来”，[①] 成为完全意义上的中国禅。如果说“即心”是禅学的宗风，那么“无心”则是庄学的特操。

二、庄佛之深契

《庄子》三十三篇，德清只解注了内七篇，他没说外杂篇不可靠，只是说“只内七篇，已尽其意，其外篇皆蔓衍之说耳”。[②] 这里就他所解注的内容分为三个方面。

1. 逍遥与玄冥

对于庄子的“逍遥”之义，德清理解为“广大自在之意”：

> 逍遥者，广大自在之意，即如佛经无碍解脱。佛以断尽烦恼为解脱，庄子以超脱形骸、泯绝知巧、不以生人一身功名为累为解脱。盖指虚无自然为大道之乡，为逍遥之境，如下云“无何有之乡”“广漠之野”等语是也。意谓唯有真人，能游于此广大自在之场者，即下所谓“大宗师”，即其人也。(《逍遥游》篇题义)[③]

“广大自在”，也就是无限量的自由，这有别于郭象的适性的自由。由于德清并非在一个道家的立场解庄，他可以佛教境界的无限量来看待庄子的逍遥与自由，佛学与庄学的界限已经被他打掉了，如此，佛可以证庄子，庄子也可以证佛。如此，庄子所说的至人、神人与圣人，不仅被看作是同一类型，而且未尝不是指佛。他说：

---

① 印顺：《中国禅宗史》，江西人民出版社 1990 年版，第 347 页。该书还说：“代表南方传统的，以江东为中心的牛头禅，从八世纪初以来，对曹溪南宗就发生重大的影响。”(第 345 页)“洪州宗在‘即心是佛’的原则上，会通了‘无心’说，没有失却自家的立场。”(第 347 页)“在石头与弟子的问答中，表现出道化的特色，如《传灯录》卷一四（《大正藏》51 · 309 下）说：‘问：如何是禅？师曰：碌砖。又问：如何是道？师曰：木头。”(第 348 页) 而这已与《庄子 · 知北游》东郭子与庄子“道恶乎在”的问答庶几无别了。

② 《庄子内篇注》，黄曙辉点校，华东师范大学出版社 2009 年版，第 1 页。

③ 《庄子内篇注》，黄曙辉点校，华东师范大学出版社 2009 年版，第 1 页。

> 至人、神人、圣人，只是一个人，不必作三样看。此说能逍遥之圣人也。以圣人忘形绝待，超然生死，而出于万化之上，广大自在，以道自乐，故独得逍遥，非世之小知之人可知也。（卷之一，《逍遥游》第一）①

既然逍遥是“广大自在”，那么什么样的人可以享有这样的逍遥呢？在德清看来，只有圣人才可以享此逍遥。如此，他把《逍遥游》所说的北冥，看做是“玄冥处”，为“玄冥大道”，或谓“大道之乡”、“逍遥之境”、“广大自在之场”，或谓“非人之境”、“无为之境”、“不测之境”等，也就是道的境域。虽则德清把《逍遥游》里所说的“北海”称为“玄冥之境”，把它看作道的境地，但是，他并不把这个地方看作实有之地，在他看来，庄子不过是借此隐喻玄冥之境，因为天国不能够建立在现世基础上，所谓“以旷远非世人所见之地，以喻玄冥大道”。②

鲲鹏则被看作“大圣之胚胎”。在大道的境域里养成圣胎，又何以要海运而南徙呢？他认为，“圣人虽具全体，向沉于渊深静密之处，难发其用”，③故而要奋全体道力，舍静而趣动。当鲲鹏奋力出北冥，行九万高空，象征着“圣人乘大气运以出世间，非等闲也”。④如此，静表达了圣人之涵养，动表达了圣人之应运。不过，他在此并不想强调静的涵养，而是要强调动的应运，圣人应运出世，为圣帝明王，南面以莅天下。故而，他理解的“应帝王”，其实就是“徙南冥”。于此可见他与庄子之间的分别，庄子借鲲鹏之喻，表达逍遥与自由；德清则借以表达大圣的出世而救世。从这里已可见佛教入俗应世的一面。

然而，离世的这一面也不可不说。庄子既已说出“相待”（“化声之相待”——《齐物论》），又说出了“彼且恶乎待哉”（《逍遥游》），“绝待”一词呼之欲出，但终究没有说出来，却被佛教说了出来。在超越相待、趋于绝待上，庄子与佛教是完全相同的，但是，在庄子那里还有形体的逍遥

---

① 《庄子内篇注》，黄曙辉点校，华东师范大学出版社 2009 年版，第 10 页。

② 《庄子内篇注》，黄曙辉点校，华东师范大学出版社 2009 年版，第 3 页。

③ 《庄子内篇注》，黄曙辉点校，华东师范大学出版社 2009 年版，第 3 页。

④ 《庄子内篇注》，黄曙辉点校，华东师范大学出版社 2009 年版，第 3 页。

与自由的一面，而在佛教那里，则只有精神的逍遥与自由了。这从德清对庄子逍遥的理解可以看得出：

> 圣人之大虽大，亦落有形，尚有体段。而虚无大道无形，不可以名状，又何有于此哉？此即以圣人之所以逍遥者以道，不以形也。（“其视下也，亦若是则已矣”注）①
>
> 庄子立言本意，谓古今世人无一人得逍遥者，但被一个血肉之躯，为我所累，故汲汲求功求名，苦了一生，曾无一息之快活，且只执着形骸，此外更无别事，何曾知有大道哉？唯大而化之之圣人，忘我、忘功、忘名，超脱生死，而游大道之乡，故得广大逍遥自在，快乐无穷。此岂世之拘拘小知可能知哉？（“至人无己，神人无功，圣人无名”注）②

圣人也有形体，但圣人放得下形体，圣人的逍遥是精神的逍遥，而不是形体的逍遥。世人所以不得快活逍遥，因为放不下形体，形体是“窠窟”，限制了人们的精神自由。形体之所以不得追随精神而自由逍遥，又因为道是无形的，故逍遥自由也只能是无形的精神，而不是有形的形体，所谓“乘大道而游者也”。在庄子那里，世人不得自由，主要因是非、自我、乃至功名利等社会关系的束缚；在德清那里，则纯是形体的“窠窟”。于此亦可见其佛教的立场。在这里，德清对庄子“至人无己，神人无功，圣人无名”当中的“无”字作了一个新的解释：“忘”。虽然庄子有“忘”的表述，如忘年、忘义、忘己等，但此前少有人把“至人无己”的“无”解释成“忘”。而德清所谓的忘，也都是忘形体，忘生死，“以圣人忘形绝待，超然生死，而出于万化之上”。

2. 方内方外

“内圣外王”这句话虽出自《庄子·天下》，然而，庄子却饱受批评，如言庄子只顾个人自在，而不顾社会责任云云，《人间世》篇言及社会，

---

① 《庄子内篇注》，黄曙辉点校，华东师范大学出版社2009年版，第5页。
② 《庄子内篇注》，黄曙辉点校，华东师范大学出版社2009年版，第10页。

却又有人质疑是否为庄子所作。对此，德清在解注《庄子》时，却从佛教的视角彰显了庄子的社会关怀。在注《人间世》中，德清说道：

> 此篇盖言圣人处世之道也。然养生主乃不以世务伤生者，而其所以养生之功夫，又从经涉世故以体验之。（篇题义）①
>
> 《庄子》全书，皆以忠孝为要名誉、丧失天真之不可尚者，独《人间世》一篇则极尽其忠孝之实，一字不可易者，谁言其人不达世故，而恣肆其志耶？且借重孔子之言者，曷尝侮圣人哉？盖学有方内、方外之分。在方外，必以放旷为高，特要归大道也；若方内，则于君臣、父子之分，一毫不敢假借者，以世之大经、大法不可犯也。此所谓世出世间之道，无不包罗，无不尽理，岂可以一概目之哉？（"仲尼曰：天下有大戒二"段注）②

圣人处世之道，本来有方内与方外两面，方外要追求超越，追求大道，方内则要尽君臣父子之分，如一以君臣父子之分要求圣人，那不仅偏枯，也不尽理。德清非但不怀疑《人间世》为庄子所作，且认为这正好体现了庄子方内与方外的两面。与其他各篇不同，此篇采取了正面的表达，既无侮圣之嫌，亦无一毫的假借，故"一字不可易者"。即便《养生主》这一篇讲的是"不以世务伤生"，也饱含经涉世故的体验。只不过，德清也认为，庄子把处世也视为"游世"，带着些许游戏的心态来处世，但游世不等于不审慎。在《人间世》的总结语中，他强调，庄子以孔子为善于涉世之圣，却也借楚狂讥孔子虽圣而不知止（"凤兮凤兮，何如德之衰也"句），"乃此老（谓庄子——笔者注）披肝露胆，真情发现，真见处世之难如此"。于此足见他对庄子处世之道的认可。

在《德充符》的注里，德清提出"德充于内，必能游于形骸之外"的观点。他说的"德"也非儒家仁义礼智为内容的德，而是"忘形全性"之德，他说：

---

① 《庄子内篇注》，黄曙辉点校，华东师范大学出版社 2009 年版，第 71 页。

② 《庄子内篇注》，黄曙辉点校，华东师范大学出版社 2009 年版，第 82、83 页。

> 此章形容圣人之德，必须忘形全性，体用不二，内外一如，平等湛一，方为全功。故才全德不形，为圣人之极致。盖才全，则内外不二；德不形，则物我一如。此圣人之成功，所以德充之符也。（“鲁哀公问于仲尼曰”段注）①

他所理解的“才全”，就是“性德流行”，也就是性之全；他所理解的“德”，就是“性之德用”；他所理解的才全而德不形，就是守宗保始，做到“性静虚明”，就可以“鉴物为用”。可见他与庄子所说的“德”的含义大体相同。只是对于“游于形骸之外”，他都是从超脱生死的意义方面去理解，而这与庄子的意思不尽相同。

在《大宗师》注解里，他再次强调了方内与方外的一致性，而且，在方内与方外的衡量上，他倾向于庄子的看法。他说：

> 其篇分内外者，以其所学乃内圣外王之道，谓得此大道于心，则内为圣人；迫不得已而应世，则外为帝为王，乃有体有用之学，非空言也。（题篇义）②

“内圣”乃是其追求，“外王”乃是不得已而为之。既然可以为内圣，外王亦不在话下。所以，他认为，真人处世如寄世，以形骸为大患。然后，德清比较了《大宗师》所出现的两种情形：第一，庄子借重孔子之言“彼游方之外者也，而丘，游方之内者也”，“乃明方内夫子亦未尝不知有方外之学也”，③“孔子方内之圣人，亦能引进于方外之学”。④第二，庄子借孟孙才哭母，“苦泣无涕，中心不戚，居丧不哀”，却“以善丧盖鲁国”之事，这表明“方外之学，方内亦有能之者，第在世俗之中，常情所不识，必有真人，乃能知之”。⑤作完上述比较，他的结论是：“故借重颜回与圣人开

---

① 《庄子内篇注》，黄曙辉点校，华东师范大学出版社 2009 年版，第 104 页。
② 《庄子内篇注》，黄曙辉点校，华东师范大学出版社 2009 年版，第 109 页。
③ 《庄子内篇注》，黄曙辉点校，华东师范大学出版社 2009 年版，第 132 页。
④ 《庄子内篇注》，黄曙辉点校，华东师范大学出版社 2009 年版，第 133 页。
⑤ 《庄子内篇注》，黄曙辉点校，华东师范大学出版社 2009 年版，第 135 页。

觉之。此段最是惺悟（醒悟）世人真切处!”[①] 他的意思是，不必把方内、方外分得清澈，方内之圣人也懂方外的道理，方外之圣人、真人也理会方内之事。

在《应帝王》的题篇大义中，德清说：

> 庄子之学，以内圣外王为体用。[②]

这是说，庄子之学，其实就是以外王内圣为表里，内圣是“体”是“里”，外王是“用”是“表”。他同意庄子“道之真以治身，其绪余土苴以为天下国家”的观念，认为治天下者不可以有心，如果有心，就会恃知为好，以自居其功，若任无为，而百姓自化。这也就是像“明王之治”那样，“立乎不测，以无为而化”。最后，他认为，混沌的寓言，不独为《应帝王》，也是内七篇之总结，他说：

> 即古今宇宙两间之人，自尧、舜以来，未有一人而不是凿破混沌之人也。此特寓言，大地皆凡夫愚迷之人，概若此耳。以俗眼观之，似乎不经，其实所言，无一字不是救世愍迷之心也，岂可以文字视之哉？读者当见其心可也。（《应帝王》篇末注）[③]

这段对于总结的总结，可谓警世恒言了。

3. 真知与真人

在真知与真人的问题上，庄子的看法是有真人而后有真知，因为只有真人才能排除自私与偏颇，才能实现客观与公正，从而才能超越小知、成心，实现对于道的领悟，即达于真知。德清虽然很敬重庄子，但他还是提出了有别于庄子的观点。在《大宗师》的注解中，他说道：

> 古人所云：“知之一字，众妙之门；知之一字，众祸之门。”

① 《庄子内篇注》，黄曙辉点校，华东师范大学出版社 2009 年版，第 135 页。
② 《庄子内篇注》，黄曙辉点校，华东师范大学出版社 2009 年版，第 139 页。
③ 《庄子内篇注》，黄曙辉点校，华东师范大学出版社 2009 年版，第 149 页。

盖妙悟后，方是真知；有真知者，乃称真人，即可宗而师之也。（“知天之所为，知人之所为”段注）①

此篇首乃立知天知人，有真知方为真人，……（“藏舟于壑”段注）②

此一节，言真人所得，殊非妇人小子之所知，故子犁叱避，以形容其必有真知，然后为真人。（“俄而子来有疾”段注）③

有真知而后有真人，这个观点被德清反复申述，必定有他的理由。从佛教的立场来说，行者需要开悟，开悟了才算获得了真知（“妙悟后，方是真知”），获得了真知，才会发生由凡入真的身份转变，不能设想先有了身份，而后才有了开悟与真知。即便有利根之人，也要经由修习，开悟而成真。如果依循庄子的思路，就会颠覆佛教的基础，这就是德清要反复申述这个观点的缘由。

再来看德清所理解的真人和真知。在《大宗师》注中，他说：

真人游世，不但忘利害，而且忘死生。故虽身寄人世，心超物表。意非真知妙悟，未易至此，欲人知其所养也。（“古之真人，不知悦生，不知恶死”段注）④

此一节，形容真人虚心游世之状貌，如此之妙。言虽超世，而未尝越世；虽同人，而不群于人。此真知之实。（“古之真人，其状义而不朋”段注）⑤

若超然绝俗，则是以天胜人；若逐物亡性，则是以人胜天。今天人合德，两不相伤，故不相伤，必如此方是真人。（“天与人不相胜，是之谓真人”句注）⑥

---

① 《庄子内篇注》，黄曙辉点校，华东师范大学出版社 2009 年版，第 112 页。
② 《庄子内篇注》，黄曙辉点校，华东师范大学出版社 2009 年版，第 120 页。
③ 《庄子内篇注》，黄曙辉点校，华东师范大学出版社 2009 年版，第 130 页。
④ 《庄子内篇注》，黄曙辉点校，华东师范大学出版社 2009 年版，第 114 页。
⑤ 《庄子内篇注》，黄曙辉点校，华东师范大学出版社 2009 年版，第 116 页。
⑥ 《庄子内篇注》，黄曙辉点校，华东师范大学出版社 2009 年版，第 117 页。

忘利害，忘死生，身寄人世而心超物表，超世而不越世，同人而不群于人，天人合德而两不相伤，凡此诸种，皆为真人的品操，然而，之所以有如此之品操，却还来自“真知妙悟”。于此可得德清的逻辑：真人之为真人，因为他具有诸多的品操，而如此的品操，则源自真知妙悟。

“真知”又为何种之知？德清在《齐物论》注中说：

若悟此真宰，则外离人我，言本无言，又何是非坚执之有哉？此齐物论之下手工夫，直捷示人处，只在“自取，怒者其谁”一语，此便是禅门参究之功夫，必如此看破，方得此老之真实学问处，殆不可以文字解之，则全不得其指归矣。（“地籁则众窍是已”段注）①

盖未悟本有之真知，而执妄知为是，此等之人，虽圣人亦无奈之何哉。可惜现成真心，昧之而不悟，惜之甚矣。由不悟真心，故执己见为是，则以人为非，此是非之病根也。（“随其成心而师之”段注）②

“真宰”、“自取”、“真知”、“真心”，皆同一个东西，指的正是真知。真知不是别的东西，就是自我本有的东西。既是本有的东西，如何觉悟它，则是禅宗着力解决的问题。所谓觉悟它，也就是“看破”它。看破，也为“照破”，德清在解注庄子“莫若以明”时，就认为“明”就是“照破”，“此为齐物之工夫，谓照破即无对待”。③ 所以，德清所理解的真知，其实就是“自悟”，“欲人自悟，而忘其己是也”。（“今且有言于此，不知其与是类乎”注——《齐物论》）④ 在《大宗师》的注中，德清说：

言真人妙悟自性，是为真知者，故所养迥与世不同。（“何谓

① 《庄子内篇注》，黄曙辉点校，华东师范大学出版社 2009 年版，第 24 页。
② 《庄子内篇注》，黄曙辉点校，华东师范大学出版社 2009 年版，第 30 页。
③ 《庄子内篇注》，黄曙辉点校，华东师范大学出版社 2009 年版，第 34 页。
④ 《庄子内篇注》，黄曙辉点校，华东师范大学出版社 2009 年版，第 43 页。

真人”段注）[1]

至此，应该说，德清不仅要求人们“照破”，他也“说破”了。这个要妙，其实在《观老庄影响论》中就说破了，所谓“吾人不悟自心，不知圣人之心，不知圣人之心，而疑圣人之言者”。[2]也即真知就是自心，自心就是圣心，悟自心，便通了圣心。这的确是符合禅学的宗趣的，倒与庄子殊异了。至于德清强调“圣人之言”的作用，当与他跟真可禅师的密切交往有关，真可亦通老庄，两人在这个问题上都认同“文字”与“圣人之言”的作用，[3]而这又与曹溪“不立文字”的传统有别了。

作者单位：深圳大学宗教文研究所

---

① 《庄子内篇注》，黄曙辉点校，华东师范大学出版社2009年版，第113页。

② 《观老庄影响论·论教源》北京图书馆藏明万历刻本。

③ 真可在《法语》里说道：“释迦文佛以文设教，故文殊师利以文字三昧辅释迦文。……凡佛弟子，不通文字般若，即不得观照般若；不通观照般若，必不能契会实相般若。……且文字，佛语也；观照，佛心也。”（金陵刻经版《紫柏老人集》卷一）

佛教论域二

两难中抉择：关于当前中国佛教生存与发展的思考

刘元春

生存与发展问题，对于当今中国佛教而言，却变成了一个沉重的话题。何以成为一个难题？难就难在存在这样的矛盾：一方面，从表象上看，当今的佛教繁荣发达，寺院兴建的热潮此起彼伏，佛教景区的圈建争先恐后，名山大寺“上市”的呼声阵阵，开光升座的新闻连连，盛世佛兴；但另一方面，从佛教信仰的主体精神上看，佛教界却日益承受社会诟病的压力，借佛敛财现象猖獗，假冒僧侣恶俗盛行，正常的佛教事业障碍重重，造成了实实在在的生存与发展危机。对关注佛教兴亡者来讲，对住持佛教正法者来讲，不得不面临两难中的抉择。

当前，最要严肃对待和抉择的一个大问题，就是如何在社会商业化浪潮中坚守着佛教信仰的根本精神，遏制和防止佛教被商业化、佛教信仰活动庸俗化。也就是说，佛教界必须清醒的认识到，在积极主动的推动佛教为经济社会发展作出有益贡献的进程中，应当首先找准自己的社会定位，什么该做，什么不该做，该做的事情如何做，怎样做才能事半功倍而不是事倍功半或适得其反，不仅无助于社会，而且无益于自身。其根本在于，佛教界需要真正的理解“人间佛教”的本质内涵，不能徒有其表，而要戒除空谈与喧嚣，抗拒奢华与低俗，尽本分而彰精神。

本文根据笔者近年来社会调查和分析，从当前社会上“借佛敛财”现象谈起，探讨中国佛教生存与发展的有关问题。

一、当前中国佛教生存危机：从借佛敛财乱象谈起

翻阅佛教史，也难以找到当今这般的景象：各色人等，都能打着“文化”的大旗，抑或圈地造寺，抑或露天造像，借佛敛财，中饱私囊，而且还要号称是推动“文化产业”发展，为“经济社会”服务。于是，依靠攫取的社会公共资源，层层盘剥甚至欺诈的“旅游产业”煞是发达，唯独“文化”被奴役，“神圣”被亵渎，在被竭泽而渔、肆意践踏之后，逐渐地丧失着“尊严”！

“借佛敛财”现象经历了不断蔓延的过程。大致看来，起始于20世纪90年代中期，泛滥于21世纪初期这十余年。虽然敛财的手段各异，但是，突出的表现是从声称“落实宗教政策”而乱建佛道教寺观，到借口“发展旅游业”而圈建、创建“宗教景区”，再到利用“推动文化产业”而将宗教场所“出租承包”、“打包上市”，尤其是后者最为恶劣，已经到了“理直气壮”、肆无忌惮“绑架宗教”的地步！

“文化大革命”之后，随着宗教政策的拨乱反正，全国各地一些极具历史文化价值的寺院陆续恢复和重建，成为佛教信仰活动场所。当时，经过严格审核批准重建的寺院，多是在“文化大革命”动乱中被毁坏的古寺，即使新建的寺院，也多是为了满足当地佛教信仰活动需要的，具有合法性、正当性、必要性。之后，随着旅游经济的“开放搞活”，特别自20世纪90年代开始，以佛道教为主题的露天宗教造像在各地人造景观中纷纷涌现，可谓第一波狂潮。不过，当时各级主管部门干预和处罚力度也不断加大，比较有效地阻止了这种现象的蔓延。针对这一乱象，时任中国佛教协会会长赵朴初也多次提出批评并制止。1994年12月24日，赵朴初在无锡灵山大佛工程签约仪式上提出：“北方有云冈大佛，中原有龙门大佛，西方有乐山大佛，南方有香港天坛大佛，如今，无锡的灵山就是东方大佛，这一下，五方五佛都齐整了，够了，以后露天大佛就不用再造了。”也就是说，五方五佛与四大名山四大菩萨相呼应，共同构成了中国佛教信仰的体系，彰显出中国佛教文化的精神，神圣而严整，协调而完美。

然而，时序进入21世纪，乱建之风骤起，再掀起第二波狂潮，一尊尊“世界之最”拔地而起，势不可当。就我们所调查了解的情况而言，这

一波狂潮出现如下现象：

第一，参与者众，成分复杂。如果说第一波狂潮中多以旅游单位为主导，那么，第二波狂潮中涉及各级地方政府、权势机构、利益集团、特权个人、宗教界自身，不仅有国内的，还有境外的，甚或说是涵盖了众多社会阶层，大有“全民参与”之貌。

第二，借口翻新，五花八门。第一次多是借口发展旅游经济，而这次狂潮中各有各的理由各有各的旗帜，除了所谓“为经济社会服务”、“发展文化产业”之外，还有诸如“弘扬传统文化”、“构筑软实力”、“打造文化品牌”、“突显地方特色”、“提升创意经济”等等，令人眩目。

第三，手段各异，方法多样。为了获得批准，建寺造像，有移花接木、暗度陈仓的（如借口纪念某地某一历史名人而改建成大佛的），有先斩后奏、借势要挟的（如擅自建造后上下运作便成为合法景点的），有迂回包抄、鹊巢鸠占的（如设卡扩建景点最终封堵强占寺院的），等等。

第四，机制复杂，利益均沾。这些新建的寺院景区、大佛景点因各方势力纠结加入，表面“现代管理模式”，实则内部利益分配机制多是暗箱操作，有名义属“公”而实则“私”，也有形式属“私”而实则“公”，最终都是假公济私，“众业所感”，形成一条黑色利益链条。

第五，承保转租，欺行霸市。这些乱建者们不是因为“信仰”，也不是为了“文化”，只是把“神圣”当作做商品，多采取纯粹“商业运行”手段，转嫁责任，轻松的榨取利益。同时，依仗自身的“背景”与“能量”，多是通过“统合”，围圈地盘，实现“规模效应”，以博取最大利益。

第六，利益冲突，矛盾不断。乱建者、参与者们熙熙攘攘皆为利往，谋利者必斗。近些年，在公开媒体上，可以不断地看到有关“大佛”脚下的利益集团群体争斗的乱象，他们粉墨登场，各执一词，扰乱视听，正严重地冲击着社会人群的心理底线！

为了遏制和纠正佛教、道教寺观“被承包”、“被上市”等乱象，2012年10月8日，国家宗教局联合中央统战部、国家发展和改革委员会、公安部、住房和城乡建设部、文化部、国家工商行政管理总局、国家旅游局、国家文物局、中国证券监督管理委员会等十部门共同发布的《关于处理涉及佛教寺庙、道教宫观管理有关问题的意见》（国宗发〔2012〕41号）

中指出，“一些地方受经济利益驱动，搞‘宗教搭台、经济唱戏’，出现了一些不正常的现象。主要表现为：一些地方、企业和个人以弘扬传统文化、促进地方经济发展为借口，投资新建或承包寺观，借教敛财；有的非宗教活动场所雇用假僧假道，非法从事宗教活动，违规设置功德箱，收取宗教性捐献，甚至威逼利诱信众和游客，骗取钱财，以教牟利；一些经依法登记的寺观尤其是处在风景名胜区的寺观，或被投资经营，或被作为企业资产上市，或存在强拉或诱导游客和信教群众花高价烧高香、从事抽签卜卦等现象。这些现象严重违反党的宗教政策和国家法律法规，扰乱正常宗教活动秩序，损害宗教界的权益与形象，伤害信教群众的感情，损害游客的合法权益，造成恶劣的社会影响，引起社会各方面的强烈关注”，“严禁党政部门参与或纵容、支持企业和个人投资经营或承包经营寺观，不得以任何方式将寺观搞‘股份制’、‘中外合资’、‘租赁承包’、‘分红提成’等。对参与、支持此类活动的党政干部要按党纪政纪严肃处理”。① 这点出了问题的实质。

更需要我们要高度警惕的，是绑架宗教肆意敛财的做法，将造成无法估量的社会破坏性后果。宗教及其活动场所，并不只是某一宗教信仰群体的心灵家园，同时也可成为其他社会群体的“情感转运站”或“精神后花园”，承担着文化的、心理的、道德的、慈善的等等诸多“特殊功能”，为人们的身心提供宣泄、舒缓、栖息、安顿，进而对社会起到矛盾转化、情感解毒、心灵抚慰等作用。在市场经济与社会转型的特殊时期，当今中国社会各种矛盾汇聚在一起，突出的问题如社会人群普遍存在的精神焦虑症、抑郁症等精神性疾病，容易产生消极、狂躁、盲动、对抗等非理性、不健康的行为，将会严重危害和谐社会建设。这些问题的产生固然有十分复杂的社会与个人因素，但是，“一切向钱看”的功利、短视、庸俗的人生价值诉求，导致个人信念的失落与心灵的扭曲，是最为根本的问题。作为曾经构筑中华民族传统文化核心价值理念的佛儒道文化，已经融入我们精神文化之血脉，其优秀的思想理念和道德准则，能够为我们提供净化心灵、重塑人格、安身立命最基本的精神支撑。可以说，佛道活动场所最本

① 国家宗教事务局网站“政策法规”专栏，2012 年 10 月 22 日发布。

质的功能就在于此，至于旅游经济效益是“次生的副产品”，不能喧宾夺主。如果本该超越世俗的清静之地，也被污染、改造、扭曲成“商场”、“陷阱”，让人乘兴而来却屡屡败兴而归，不仅让宗教逐步丧失其“法身慧命”、失却其“道德底线”，那么，最终导致有关人群对整个社会的失望与怨愤，使我们几十年来孜孜以求的社会建设与发展的成就与善愿，异化为事与愿违的结果。

凤凰网华人佛教栏目，曾作了“中国四大佛教名山摩拳擦掌准备上市或已经上市，您对此有何看法?”的网上调查，其中有267位网友参与，结果是:“1. 反对。名山上市就是借佛敛财绑架信仰。”占91.01%,243票;“2. 支持。名山上市可以更好地发展宗教文化。”占1.12%,3票;“3、观望。上不上市并不重要，我更关心门票问题。”占7.87%，21票。这就是社会民众的心声！①

那么，具体来讲，“借佛敛财”乱象，对当今中国佛教造成的生存危机，究竟如何评价呢？在这里，笔者总结出如下几条结论：

第一，以假乱真，假亦成真，真假难分，真假虽不一定同流，但难免合污——被污染、被诬陷，难以“清者自清，浊者自浊”。每次有关“借佛敛财”的社会新闻发布之后，如果看看网友留言，即使是在著名的佛教网站中，也会出现误解、谩骂佛教的言辞，甚至很多，让你百口莫辩。“铜臭气”、“骗人的”等等，已经成了佛教“被贴上”的标签了，“被污染”成如此恶劣的社会形象了。

第二，权力资本与利益集团联手，种种堂而皇之的借口，个人和集团私欲转换成“政策”、“制度”之后，佛教界的权益、权利可以被生杀予夺，生存空间在挤压下日益窘迫，而且变幻不定。河南某寺一位颇有品格和能力的住持，十几年里辛苦修缮和管理本来荒废的寺院，正在寺院弘法事业很有起色的时候，因为当地县级政府官员借口“引资”不力，而被迫离开，漂泊外地。甘肃敦煌某知名寺院原方丈德才兼备，就因为反对当地官员强力出租寺院，也被赶出挂单到外地。也就是说，佛教寺院的主持者们，如果不能迎合那种用宗教场所推升经济指标的“要求”，就连在寺院生存的

① 引自凤凰网华人佛教有关专题，可在网上调查栏目查知。

权利都有可能被剥夺！

第三，佛教寺院异化成纯粹的旅游景点，成为一个经济单位，僧众成为道具和职员，信仰活动成为吸引人的赚钱手段，那么，随着“宗教”、“信仰”本质属性和社会意义的淡化、丧失，“道德”、“良心”必然失去了一个强有力的支撑，根源于个人信仰缺失而造成的精神迷茫以及由此带来的某些社会混乱，就难以加以控制。尤其严重的，这种“信仰变异”实质上远比历史上的“法难”更可怕，佛教信仰的主体精神将难以自立与立世。

因此，我们有理由警醒，谈论当今中国佛教生存危机，绝非危言耸听，值得大家冷静的思考、认真的探索。

二、中国佛教的立世之本：人间化不是商业化

当然，任何现象的发生蔓延，都是内外“因缘和合”的结果，借佛敛财问题的产生也是如此。针对这一问题，宗教界与社会各界人士不少人也质疑，为什么主要发生在佛道教景区特别是佛教活动场所呢？

这除了与佛教“随顺因缘，与世无争”的信仰理念和处世特性有一定的关系外，恐怕也与当代“寺院经济”发展中存在的某些不足有关系。清华大学哲学院教授圣凯法师发表在《让寺院经济回归本位》的文章①，真知灼见，值得佛教界重视：“从佛教界自身来说，应该认识到现代寺院经济模式的不足：一是本质的背离，缺乏集体的决策制度和审计监督，从而容易背离其‘常住’的本质；二是来源的错位，现代寺院经济主要依靠门票和经营性活动，无形中隔离了寺院与信徒的联系；三是功能的错位，素菜馆、流通处等自养事业本来是为了方便信徒，而不应成为寺院发展的主业。”因此，“佛教界如果没有提前反思与应对，就会真正被‘商业化’，佛教必须有‘化商业’的勇气与智慧”。的确如此，在商业化泛滥的“时代因缘”中，佛教界在发展寺院经济的过程中，理应坚守纯正的信仰品格，凸显“人间佛教”化导世俗、服务社会的精神特质，要力争避免被误解、被绑架、被利用，旗帜鲜明，自立立世。

---

① 参见圣凯：《让寺院经济回归本位》，《中国民族报·宗教周刊》2012 年 10 月 30 日。

商业化，它指的是以生产某种产品为手段，以营利为主要目的的行为。商业化是市场经济的产物，主要表现出将一切成果商品化，通过进入商品交换市场，以榨取最大商业利益。概而言之，商业化的中心词连缀起来就是“商品”——“交换”——“营利”。从市场经济理论上讲，这是成立的，而且还只有这样才能够“做大”。但是，我们由此要产生这样的疑问，是不是所有的“产品”都可以如此这般的按照市场经济的规则，以谋取利益；作为精神产品的宗教是不是商品，可不可以交换，以实现营利吗？对此，这些年来，争论不少。著名佛教学者方立天教授曾经发出这样的叹息：我们现在需要买门票去信仰，买不起门票就没有这个权利信仰。①

其中，著名的济群法师在谈及这个问题，比较具有代表性：“佛教走向商业化，其实就是走向世俗化的表现。在发展经济的大气候下，很多寺院从发展旅游到发展各项服务行业，甚至连经忏佛事也演变为明码标价的贸易活动，带有强烈的商业色彩。长此以往，佛教主体的神圣性将越来越淡化，最后可能就和世俗没什么区别了。如何避免佛教的商业化和世俗化，是当今教界应该探讨的首要问题。”而且，针对这一问题的解决，他提出：“主要应从两个方面着手进行：首先是把握好开放的尺度，其次是加强僧众乃至整个僧团的自身建设。”②

凡是关注佛教未来命运的人，都会冷静的承认这样的事实，就是在指责某些社会人士和群体“借佛敛财”行径的同时，不能回避佛教界自身在发展“寺院经济”的规程中确实出现了类似的偏差，有的寺院尤其是有些大都市寺院问题还十分的严重。这些年来，甚为喧嚣的、颇为社会诟病的有两个突出现象：一是寺院信仰活动的商业化运作，二是部分寺院和僧众生活方式的过分奢华。对于前者，突出的表现就是将寺院传统的撞钟、烧头香等礼仪活动进行高价拍卖，动辄数万乃至数十万，而且铺天盖地的广告宣传。对于社会的批评，有关教内管理者往往用“弘法的方便法门”抑或是说“为了慈善募集资金”来辩白。这是没有说服力的。对此，笔者曾公开发表过文章表达了自己的看法：

① 参见丹珍旺姆：《佛教商业化引发围观网友惊呼红尘滚滚已涌到寺院山门》，“凤凰网华人佛教专题”，2011 年 2 月 21 日。

② 济群：《佛教走向商业化就是走向世俗化》，“凤凰网华人佛教专题”，2011 年 2 月 18 日。

切忌误解“方便”的本义，方便绝不是“随便”。已故圣严法师认为，“方便行”要能够“体证缘生空无我之义，忘我而为众生服役，严净国土。”这里的“缘生”、“忘我”等概念，就是要求我们不论采取“方便”之前，一定要考虑这样是否有助于淡化乃至进一步消除人们的功利心、执着心、分别心、虚荣心，一定要考虑是否有助于社会培养一种良好的价值判断，培养一种正确的信仰价值观念。佛教所谓的“化世导俗”，就在于此。因此，佛教提出在弘法度生的信仰活动中，要能够做到“随缘不变，不变随缘”，要有所为，也要有所不为。

基于此，我不赞成募捐拍卖的时候，随便进行诸如“烧头香”、“先撞钟”之类的拍卖。至少，我们不应当对此予以鼓励。也就是说，我不反对拍卖的形式，但是，反对把关系着佛教信仰与形式的“神圣性资源”拿来做“商品性拍卖”。

任何宗教乃至任何信仰，都具有神圣性，这是毋庸置疑的。信仰是出于人类本性的一种精神需求，它包含着丰富的内容，具有复杂的内在机制。信仰具有形而上学性、超越性和神圣性。神圣性是信仰之最本质的要素。当然，我们所理解的神圣性，并不就是“神性”，而是指信仰理念及其信仰仪式等的崇高性与庄严性，由此引发信仰者乃至参与者内外协调、心行合一的价值体验。如果说无常、无我等理念是佛教内在要素，那么，上香、撞钟等仪式就是佛教外在要素，它们共同构成了佛教的信仰体系。对于信仰者而言，在通过必要的仪式感受、体验佛法的真理，在庄严之中促进自己革除我执我慢等烦恼习气。从根本上讲，这些信仰形式是排拒功利心、虚荣心、差别心的。至少，它们与贫富贵贱没有关系，或者说不能以金钱多少、地位高低来决定谁是烧高香、撞头钟的。①

近年来，我们不断从网络上看到一些有关佛教僧尼个人生活奢华的负面报道，其中多数配有相关的图片，很是清晰。习惯性的，我们要打开网友评论留言，多数是同声讨伐，有的十分尖锐，甚至谩骂。不过，这些讨伐、批评、谩骂，基本不是针对相关当事者个人的，而是针对“佛教”与

---

① 参见刘元春：《佛教慈善可拍卖，但不是什么都可拍卖》，“佛教在线·视点栏目”，2009 年 2 月 12 日。

"信仰"的，这让人很是难过。尤其是，也许是善意的提醒，其中最让人惊怵的有大致这样的内容：佛教中这种奢侈奢华的风气下去，那就离"法难"不远了！

想想也是，不但是中国佛教历史上最著名的"三武一宗法难"，就是印度佛教历史上的有关法难，内因上分析也都是与佛教僧团内部存在的腐化堕落有关。圣严法师在《印度佛教史》中曾有精辟的观点，认为阿育王时代佛教经济膨胀会引发三种结果，第一就是"佛教因生活富裕而僧侣分子复杂堕落"。而中国佛教的历次法难的内外原因虽然复杂，但佛教内部僧徒生活问题往往是主要的借口。正如《唐武宗废佛敕》中所说："僧徒日广，佛寺日崇，劳人力于土木之功，夺人利于金宝之饰；……坏法害人，无逾此道！"（《旧唐书》卷十八上《武宗本纪》）细究起来，每次法难，基本上都处于社会矛盾加剧的时机，佛教界存在的问题成了社会矛盾转嫁的突破口，原本属于弱势群体的佛教僧徒成了某些社会群体发泄愤懑的对象。历史上，虽然每次法难时间延续的不算长，但是，其严重影响却是深远的，乃至使佛教逃不出兴兴衰衰的宿命。

分析起来，造成诸多问题的原因，有社会风气的也有个人素质的，有传统的影响也有现实的熏染，但是，从思想深层看，一个十分关键的因素，就在于对"人间佛教"的自觉不自觉的误解，由此产生世俗化、庸俗化、低俗化的价值取向。本性法师认为，"人间佛教，或者说，佛教的人间化，其本质含义在于以佛教度化人间，以佛教精神主动积极地教化人间，而非以人间度化佛教。如让佛教被动消极地屈从人间，为人间的缺陷所左右，从而失去佛教的核心价值，那么，佛教与其他的哲学有何差异。这样，佛教便缺失主体性，亦不为佛教了"。①

近现代以来，经由太虚大师的"人生佛教"、到印顺法师的"人间佛教"，人间佛教已经成为中国佛教信仰的精神旗帜，其真意绝非一些人所理解的那样"屈从人间"，并为"人间的缺陷所左右"。太虚大师在《怎样来建设人间佛教》一文中明确指出："人间佛教，是表明并非教人离开人类去做神做鬼，或皆出家到寺院山林里去做和尚的佛教，乃是以佛教

① 释本性：《内省与反思：从人间化滑向娱乐化》，"凤凰网华人佛教专题"，2013年2月8日。

的道理来改良社会，使人类进步，把世界改善的佛教。”人间佛教的特征可在他的一首诗中充分得到说明：“仰止唯佛陀，完成在人格，人圆佛即成，是名真现实。”人格的成就圆满就等同于成佛，而人格的完成实际也就是道德和智慧的完善。因此，他以“即人成佛”、“人圆佛即成”等口号来鼓励僧众和信徒从现实人生出发，成佛就在人的现实生活中，就在人的日常道德行为中，由自身当下做起，完善人格和僧格。他说：“末法期佛教之主潮，必在密切人间生活，而导善信男女向上增上，即人成佛之人生佛教。”“所谓学佛，先从做人起，学成了一个完善的好人，然后才谈得上学佛。若人都不能做好，怎么还能去学超凡入圣的佛陀?”① 印顺法师在《人间佛教·绪言》第一章“人间佛教的展开”中提出：“所以特提‘人间’二字来对治他：这不但对治了偏于死亡与鬼，同时也对治了偏于神与永生。真正的佛教，是人间的，唯有人间的佛教，才能表现出佛法的真义。所以，我们应继承‘人生佛教’的真义，来发扬人间的佛教。我们首先应记着：在无边佛法中，人间佛教是根本而最精要的，究竟彻底而又最适应现代机宜的。切勿误解为人乘法!”② 所谓“人间佛教”，星云大师用诗意般的语言，作了简要的概括：“佛说的、人要的、净化的、善美的；凡是有助于幸福人生之增进的教法，都是人间佛教。”③

根据“人间佛教”的这种思想内涵与信仰要求，笔者曾经提出，在当代中国佛教信仰实践中，尤其在都市佛教未来发展中，应当坚守“三本三要”，三本就是必须固守的根本，三要就是为了能够固守根本，起到应有的社会作用，必须处理好的三个重要问题。分别来讲，三本包括：终极关怀，信仰之本；人格高尚，修行之本；辅助弱势，化俗之本。所谓“三要”，就是要戒除媚俗与庸俗化问题、浮躁与贵族化问题、势利与冷漠化问题。④

---

① 太虚：《太虚大师全书》，《法藏》、第九编《制议》、第十四编《支论》，台北新文化彩色印书馆 1970 年版。

② 印顺：《妙云集》第 14 册，《佛在人间·绪言》，正闻出版社 1987 年版。

③ 转引自满义法师：《星云模式的人间佛教》，天下远见出版有限公司 2005 年版，第 4 页。

④ 参见刘元春：《化导与反思：佛教的入世之道》，中国社会科学出版社 2004 年版。

三、中国佛教的信仰实践：从菩萨学处到慈善社区

近现代以来，中国佛教界高僧大德们更是极力倡导服务社会服务人生，来落实“人生佛教”、“人间佛教”，呈现出“以人间为依止，以慈济为方便”的人间佛教发展模式。由此，我们也想起了太虚大师的“菩萨学处”以及有关构想。对于太虚大师一生心行志业，他的学生印顺导师认为太虚大师一生兢兢于僧制的革新与建立，最终还是落实在倡扬菩萨行上，而且是要实现人生佛教理念的：

> 大师的建僧运动，看作整兴佛教，发扬佛教来救世界的中心工作。最初是着重于整理僧伽制度，晚年则代以菩萨学处。菩萨学处，通常于僧俗，但佛教的主体，还是如法清净的菩萨僧。[①]

太虚大师认为，要真正的改进中国佛教，使之发挥出力量来，就应当建立模范佛教道场与落实佛教精神的事业机构。同时，虚心的学习南传佛教、藏传佛教等其他佛教语系佛教的优秀品格，真正显现中国大乘佛教的精神：

> 中国佛教所说的是大乘理论，但不曾把它实践，不能把大乘的精神表现在行为上；故中国所说的虽是大乘行，但所行的只是小乘行。锡兰虽是传的小乘教理，而他们都能化民成俗，使人民普学三皈五戒，人天善法，举国信行，佛教成为人民的宗教；并广作社会慈善、文化、教育等事业，以利益国家社会乃至人群，表现佛教慈悲博济的精神；所以他们所说虽是小乘教，但所修的却是大乘行。故我当日曾谈到要实行今菩萨行，而大小乘的判别，应该从行为表现区分，光是把“众生无边誓愿度”放在嘴巴

---

① 印顺：《太虚大师菩萨心行的认识》，载黄夏年主编：《印顺集》，中国社会科学出版社1995年版，第218页。

上，这不能表现大乘佛教的真精神！①

于是，太虚大师根据佛教戒律规定，建立了“结缘三皈”、“正信三皈”、“五戒信众”、“出家菩萨”等菩萨学处，对初入佛门尚未建立正信的普通人、在家修行者、出家修行者群体作了仔细的设定，引导大家最终实现菩萨行所要求的境界：

> 六度、四摄是一个纲领，从具体表现上来说，出家的可作文化、教育、慈善、布教等事业，在家的成为有组织的结缘三皈、正信三皈及至五戒居士在家菩萨，农、工、商、学、军、政……各部门，都是应该做的工作，领导社会作利益人群的事业；六度、四摄的精神，就在个人的行为，和为人类服务中表现出来。
>
> 在摄化大众的广泛事业上，在家菩萨什么工作都可以做，出家菩萨则做文化、教育、慈善。文化方面的，如图书馆、书报等，教育方面，如小、中、大各级学校，慈善方面，为医院、慈幼院、养老院等。资生方面，如工厂、农场、商店等，都可以佛教个人或团体名义去办，移转一般只谈佛教消极不办事的观念；即在个人行历中，亦处处现出信仰佛教。向来社会上做事的佛徒，大都不肯承认自己信仰佛教，所以社会人士，就说学了佛不再做人、做事。在家菩萨能够在每一事业上，都表现出佛教徒精神，社会人士自然对佛教生信仰，僧众的地位也因此提高，恭敬尚且来不及，那里还会来摧残佛教？真正的大乘佛教实行到民间去，使佛教成为国家民族、世界人类需要的精神养料，佛教当然就可以复兴。不过、这里所说的，最要紧是实行表现出来，不仅是空口说白话，或以笔墨写成的文字。②

---

① 太虚：《我的佛教改进运动略史》，《太虚大师全集》，台湾财团法人印顺文教基金会发行，第 117—118 页。

② 太虚：《我的佛教改进运动略史》，《太虚大师全集》，台湾财团法人印顺文教基金会发行，第 118—120 页。

可以看出，如果按照太虚大师的设想，中国佛教真正的落实到了“人间佛教”的真精神上，佛教的信仰实践与利世行动几乎遍及社会的各个层面与生命空间。当然，太虚大师的这一美好设想在当时代并未落实，只是为我们绘制了一个蓝图。真正转化为现实图景的，还是当今中国秉承大师人间佛教思想精神的后继者们。中国台湾地区佛教界走在了前面，星云大师开创的佛光山、证严法师带领的慈济、圣严法师创办的法鼓山、惟觉法师缔造的中台山等为代表的佛教团体，都是一步步的践行着“菩萨学处”的精神，而且构筑了一个个弘法社区，深入到了各种社会空间，形成了各具特色的佛教社区，推动慈悲利世的菩萨行，以达成“人—菩萨—佛”的人生历程。

正如星云大师所说的那样：“唯有人人经常立志发愿，才能为自己留下历史，为家庭留下贡献，为社会留下慈悲，为世界留下光明！因此，希望未来所有佛光人等，不分男女老幼，人人都能拥有悲智愿行，都能以菩提愿力来化世益人，则佛教普及社会，深入人心，自是指日可待。国际佛光会的成立，不但有助于提升信众信仰的层次，同时也是佛教史上革命性的创举。十五年来，在佛光会员们共同推动‘人间佛教’的努力下，已逐渐实现佛教的生活化、现代化、本土化、国际化。未来更期许每个会员，都能本着佛教慈悲、智慧的特质，人人自觉健全，同时以发心为动力，随众参与、护持佛教的弘法事业，更以菩提愿力为后盾，一起为佛法的弘传，为世界的净化，为人类的幸福与安乐而奉献心力。”① 基于“现代佛教徒应该以现实人生的需要，帮助社会解除苦难为自己的愿行”的理念，星云大师提出兴办众多的社区机构，切实的服务社会人群，突出了人间佛教的“人间性、生活性、时代性、利他性、喜乐性、普济性、平等性”，顺应了人们追求幸福快乐的愿望，给大家带来实实在在的帮助。既有物质层面的帮助，也有精神层面的安顿。星云大师这些设想，其实已经为我们构筑了一个公民社会相当完整的公益网络，几乎关照到了不同社会阶层的弱势群体，为他们的安身立命提供出全面的帮助。

① 星云大师：《化世与益人——二〇〇六年十月国际佛光会第十一次世界大会主题演说》，《普门学报》2006 年第 36 期。

回观大陆佛教事业，改革开放三十多年来，尤其是近年来也取得了很大的成就。特别是佛教界在社会慈善活动中，不断地探索和推进，正逐步走向社会化、专业化、现代化，备受大家关注，并对佛教慈善社会化发展给予了极大的热情，提出了更高的期待。长期以来，针对以寺院为主导的佛教慈善活动存在的项目比较零散、缺乏管理规范等问题，教内外都有不少的讨论。其实，造成这些问题的原因是复杂的，关键的因素在于有关管理部门对宗教界直接从事慈善活动的“担忧”与宗教界开展慈善活动缺乏有效的“途径”。前者最主要的在于思想观念的禁锢，比如担忧宗教界开展慈善活动是否会扩大宗教的社会影响，或者说宗教界人士的慈善活动只是基于宗教信仰的需要而造成消极的社会影响；后者最主要的在于自身缺乏明确的社会定位而缺少系统的社会慈善项目规划与有效的组织管理，比如开展慈善活动往往属于被动式的应时之作，多为临时性或习惯性的募捐。这些现象，如果基于历史背景与现实环境的特殊性来考量，是可以理解的。但是，从当今社会人群的真实需要，尤其是慈善社会化的发展方向来看，诸如此类的担忧已经事实上阻碍了宗教界社会慈善事业的健康发展，也不利于积极引导宗教界为经济社会发展作出更大的贡献。

正因为这样，国家宗教局等六部门于 2012 年 3 月 30 日联合发出的《关于鼓励和规范宗教界从事公益慈善活动的意见》非常明确地指出：“宗教界从事公益慈善活动，有深刻的信仰基础、悠久的历史传统、较高的社会公信度。鼓励和规范宗教界从事公益慈善活动，是新形势下贯彻党的宗教工作基本方针、引导宗教与社会主义社会相适应的必然要求，是发挥宗教界人士和信教群众积极作用的重要途径，也是促进我国公益慈善事业健康发展的有益补充。”，该意见第一次系统的阐释了鼓励和规范宗教界从事公益慈善活动的主要范围、基本原则、优惠政策等内容。其中，最值得关注的是在明确宗教界从事慈善公益活动的基本形式中，除了传统的捐款捐物外，鼓励并支持宗教界、宗教活动场所、宗教界人士设立“公益慈善项目”与“公益慈善组织”，可以依法成立专项基金管理机构、社会福利机构、非营利性医疗机构，并进行民办非企业机构登记，享受“与社会其他方面同等的优惠待遇”，而且享受诸多“扶持与优惠政策”。紧接着，国家宗教局号召并组织了宗教界开展了一系列的社会慈善活动，深得社会各阶层的广泛赞誉和支持。这将有力的推动中国宗教慈善事业健康有序的发展，也将有助于中国社会慈善事业打开新的局面。

因此，我们有理由相信，佛教慈善进入社区服务社会人群的善美场景，也许为时不远了。正如王雷泉先生所说的那样，"佛教出路在走入社会的广大人群，而不是圈在景区内"，佛教能够凭借着"中道智慧与高僧风范"，"冲决关山阻碍之后，毕竟东流入海，开演出中国佛教的主动流"。①

作者单位：上海社会科学院宗教所

① 王雷泉：《佛教复兴中的围墙困境》，"凤凰网华人佛教·佛教观察家"专栏，2013 年 2 月 27 日。

美国社会的僧团生活

李四龙

佛教在亚洲社会的古今之变，“传统”与“现代”的结合，能否彻底而顺利展开，取决于诸多的变数。在美国社会，亚洲佛教的“古今之争”失去了争论的语境，变成单纯的“东西之争”：东方佛教如何适应西方社会？这种简化了的语境，却能更好地折射出传统佛教在现代社会的生存样态。

众所周知，美国是当今世界的霸主，科技发达，生活富庶，国民普遍接受高等教育，被很多国家视为现代社会的样板。民主是美国社会的核心价值，这样的价值观，促使美国的佛教正在发生显著的变化，激活印度佛教传统的平等思想，努力尝试突破亚洲佛教僧团内部根深蒂固的等级观念。佛教民主化的直接结果：第一，女众地位的提升。女性占佛教徒人数的比例历来很高，在亚洲社会她们并没有主导权，但在美国，她们在僧团的独立性与影响力日趋显著，甚至拥有教团的领导权。尤其在 20 世纪 80 年代初，美国个别道场出现男师傅侵犯女弟子的性丑闻，迫使僧团重新审视传统戒律和现代伦理，是否还有必要强调女众依附于男众？第二，僧俗地位的变更。美国佛教的重心落在居士化的佛教实践，淡化出家剃度的意义，每个道场的常住人数相当有限，基本依赖居士群体的发心护持。特别是在互联网的信息化时代，网络弘法现象催生了所谓的“网络僧团”，僧俗关系被虚拟化，弘法模式更新换代。

此外是宗教对话的实践。美国民主的重要内涵之一，是保障公民的宗教自由，防止任何形式的宗教迫害。这在逻辑上要求各宗教间的平等，乃至宗教徒与非宗教徒的平等。但在以基督教为主的美国社会，佛教最初被视为“异教”或“偶像崇拜者”，在经历了漫长的等待与不懈的努力之后，今天能以平等的地位与基督教对话，宗教对话已是当前美国佛教的一种生活方式。

一、女众地位与女性主义

自古以来，女性佛教徒的人数众多，而女性出家众的比例偏低，她们在僧团里往往依附于比丘众。亚洲佛教这种传统的体制，现在遭受越来越多的质疑。前些年，大陆学者发现在台湾佛教界，比丘尼的作用举足轻重，为此常常惊叹不已。其实，女性在宗教团体里日趋重要，现已成了相当普遍的全球现象。

美国佛教亦有明显的女性化现象，不仅是妇女在佛教社团里越来越多，而且还有不少美国妇女取得了佛教社团的领导权。譬如，佛光山在美国的道场，像波士顿三佛中心、旧金山三宝寺等，住持多为比丘尼，通常是两三位比丘尼要去推动一个上千人的“佛光会”。而在欧裔美国人主持的佛教社团里，女性化的倾向愈加显著。这些美国的女弟子写了很多随笔，从 20 世纪 80 年代初开始，经常举办有关“妇女与佛教”的研讨会，自信是在创建一种“新佛教”。①

女众在僧团里的比重与地位，因此是我们考察美国佛教的重要维度之一。美国佛教的女性化现象，对于习惯了以男人为中心的亚洲传统佛教来说，确有认真研究的必要。关注女众，是民主时代佛教发展的重要内涵。

1. 女众在僧团的地位

在佛门内，比丘尼僧团依附于比丘僧团。当年释迦牟尼告诫阿难：“出家法中若有女人必坏正法，不得久住。……女人能行八敬法者听其出家，若不能者不听在道。”② 所谓“八敬法”，实际上是比丘尼承认比丘僧的领导权③：比丘尼即使百岁，若遇新受戒的比丘时，仍须礼拜；不得骂谤比丘；纵使比丘有过，比丘尼不得检举；比丘尼从大德比丘受具足戒；比丘尼有过，应于比丘众中忏悔；比丘尼当每月两次至大德比丘处，求教诫法；比丘

---

① 参见 Sandy Boucher, *Turning the Wheel: American Women Creating the New Buddhism*. Boston: Beacon Press, 1993，第 12—13 页。

② 《大正藏》第 24 册，《毗尼母经》卷一，第 803 页中。

③ 参见印顺：《原始佛教圣典之集成》第六章，电子文本。

尼结夏安居，应与比丘同处；比丘尼安居结束，应于比丘众中行自恣法。

但在美国，上述这种情况难以为继。有的美国妇女刚到道场不久，就会质问自己的男老师：“为什么卓越的比丘尼默默无名，历史没有留下她们的英名?”她们并不能满足于以男众为中心的修行生活。对此，很多在美国弘法的亚洲法师深有体会。譬如，有位纽约庄严寺的法师，在弘法时特别讲到美国佛教界的“女性问题”。他说：“美国传统是女性是至上的。如果我们告诉女士说你这一生好好练习佛法，将来可以转女成男，她们一定会非常反对，因为她们觉得女生已高于男生。所以我们要教导说：所谓转女成男，不是把女的身体变为男的身体，而是把女性里的一个成分转为男性大丈夫的成分。我们看到有些女性，虽然是女性也有大丈夫相，看到很多男性也有弱女子相。所以我们强调的是人格。”①

美国的许多道场，基本由妇女主持，这些女性对佛教的传播起了直接的推动作用。事实上，美国的汉传、藏传与南传佛教，都有一批著名的尼师或在家女弟子。属于汉传佛教系统的女禅师，人数较多，通常皈依日本禅师。佐佐木露丝是一名英国妇女，20 世纪 30 年代移居纽约以后，长期跟随佐佐木指月，成为“美国第一禅研究所”最重要的领导人之一。吉玉·肯尼特、莫宁·斯图亚特，是美国两位著名的女禅师，社会影响很大。肯尼特在西部住持著名的“霞斯塔寺”，领众弘法；斯图亚特曾在波士顿住持“剑桥佛教协会”，专门介绍她的《微妙音》一书，出版十五年很受欢迎。

藏传佛教始终没有建立真正的比丘尼制度，密宗的教义把女性作为修习密法不可或缺的条件，主张男女结合双修，认为“女是智慧，男是方便”，女性是帮助男性成道的巧妙方法。② 特别是宁玛派，上师允许有正常的家庭生活，常有西方人对宁玛派的大圆满法兴趣盎然。因此，美国活跃了一批女上师，有的还被称为“活佛”。拉莫活佛原名凯瑟琳，是在纽

---

① 智宏：《谈美国弘法方式》，《美佛慧讯》2007 年第 99 期。

② 参见郑金德：《现代西藏佛教》，第 155 页。不过，藏传佛教有自己的尼众传承制度，但其地位类似于沙弥尼。参见李玉珍：《佛学之女性研究——近二十年英文著作简介》，《新史学》1996 年第 4 期。近年来，海外常有要给藏传尼师受比丘尼戒的呼声。参见悟因：《藏传佛教重建比丘尼具足戒的时代使命》，2007 年 7 月发表于德国汉堡的一次国际会议，该会议主题是：“佛教女性在僧团的角色：关于比丘尼戒及其受戒传承”。皆见网络电子文本。

约长大的美国女性，婚后在家修持藏密，无意间接触宁玛派以后，被认定为 17 世纪一位大活佛“一世拉莫”的转世。

南传佛教的比丘尼传统，自 11 世纪就已中断。如何恢复这一传统，成为当代南传佛教的重要议题。美国的南传佛教，现已有了女性创办的道场。2005 年南卡罗莱纳州建成一座南传比丘尼道场，“卡罗莱纳佛教精舍”（Carolina Buddhist Vihara），由两位西方的比丘尼苏辛多（Sucinta）和苏达玛（Sudhamma）住持。[①] 当前的住持苏达玛，是一位美国“60 后”，1993 年初次接触当时造访旧金山的泰国僧人，翌年跟从斯里兰卡长老、美国巴伐拿学会的住持古那拉特那（Ven. Gunaratana）披剃出家，并于 2003 年在斯里兰卡受比丘尼具足戒。在洛杉矶、伊利诺斯和麻州等地，还有多处缅甸、泰国女性创办的佛教道场，常会邀请缅甸或泰国的师傅去给当地的侨民和西方人教授禅观方法。

上述这些情况，只是女众在美国佛教里的一个缩影。这批女弟子里不乏欧裔美国人、中产阶级，她们或许比男性白人更易接受佛教的思想。桑迪（Sandy Boucher）从 1985 年起访谈一百多位美国女性佛教徒，里面既有日本、韩国禅寺的女弟子，也有藏传、南传佛教道场里的皈依者，有名家也有一般的信众，最终结集出版。她把这些女众的想法与体验分成六类：“要求变革的呼声”、“尼姑（Nuns）、僧人（Monks）与‘尼僧’（Nunks）”、“光明之路：女性师傅与女性主导的中心与精舍”、“沉默的阴谋：男性师傅的问题”、“桥梁：佛教实践与政治活动的连接”、“吉祥共生：佛教实践与家庭生活、工作事业以及社团活动的结合”。这些访谈的文字，展示了美国不同层面女弟子的种种观念，以及她们在僧团里的实际生活。类似的著作还有《边缘的女佛教徒：当代西方的前沿观察》[②]，收录 30 篇文章，从不

① 参见泰恩：《南传佛教在西方：以美国、加拿大为中心》，2007 年 5 月 19 日，电子文本。

② Marianne Dresser ed. *Buddhist Women on the Edge: Contemporary Perspectives from the Western Frontier*. Berkeley: North Atlantic Books, 1996。其他还可参见：Karma Lekshe Tsomo ed. *Buddhism Through American Women's Eyes*. Ithaca: Snow Lion, 1995; Lenore Friedman, *Meetings with Remarkable Women: Buddhist Teachers in America*. Boston: Shambhala, 1987; Ellen S. Sidor ed. *A Gathering of Spirit: Women Teaching in American Buddhism*. Cumberland: Primary Point Press, 1987; Anne C. Klein, *Meeting the Great Bliss Queen: Buddhists, Feminists, and the Art of Self*. Boston: Beacon Press, 1995。

同侧面叙述美国女众的内心世界。其实，不仅是白人，美国黑人妇女皈依佛教以后，她们的表现往往也很活跃。据研究，美国黑人妇女保留着一种宗教独立和充当领袖的传统。①

面对美国女众的不凡表现，倾听她们的质疑之声，现代亚洲佛教僧团实际上已在悄然改革。最显著的情况，莫过于南传佛教正在积极尝试恢复比丘尼传统。像著名的佛教女性活动家，泰国的卡比辛加（Chartsuman Kabilsingh）、藏传佛教的勒希卓玛（Karma Lekshe Tsomo），常为这个问题而大声疾呼。由于南传佛教国家僧团内部的意见并不一致，这些国家的女弟子，有些就到中国台湾地区或韩国剃度出家。最先缓和态度的是斯里兰卡的比丘，1998年该国正式成立比丘尼僧团，当时有23位比丘尼剃度出家。据说，斯里兰卡现有两百余位比丘尼，泰国和缅甸的少量比丘尼也在斯里兰卡剃度。

东西方的女众，在20世纪80年代初倡议举办“国际释迦女大会”（Sakyaditha Conferences），首届会议1987年在印度菩提迦耶召开，会后成立“释迦女：国际佛教善女人会”，当时亚洲和西方各宗派的女众大多派出代表与会，最近一届是2011年6月在泰国曼谷举办第十二届大会。据这家组织宣称，全球现有3亿多佛教女弟子，包括13万多的尼众。这些数字未必可靠，却已昭示她们的心迹。

美国佛教的经验证明，凡是能正确处理女众地位的僧团，就容易在西方社会传播，容易得到大众的护持。日本佛教在美国，之所以能有比较多的西方信徒，原因之一是日本佛教对女性的态度相对开明。日本奈良佛教遵循女性有“五障”的传统，歧视女人，甚至禁止女人踏入寺院。但是，法然（1133—1212）、亲鸾（1173—1262）、日莲（1222—1282）和道元（1200—1253）等，都曾质疑、反驳此前日本佛教对女性的歧视。特别是日莲，他的生平活动，最引人注目的地方是他有很多的女弟子，在他保存下来的书信里，约有五分之一是写给女弟子。他一生都在宣扬“女人成佛论”，否定以往“女人不成佛”的传统观点。他从《法华经》寻找依据，援引《提婆达多品》所讲的“龙女成佛”的例子，说明所有女人都能直接

① 参见约翰逊：《非裔美国基督教》Paul E. Johnson, *African American Christianity*. Los Angeles: University of California Press, 1994，第86页。

成佛，不必转为男身。[1] 信奉日莲思想的国际创价学会，之所以能在美国吸引那么多的女弟子，确有教义思想方面的保障。

台湾的出家众以尼众居多，而在美国弘法的台湾佛教道场，大多也由尼众主持，在美国的弘法相当成功。这种现象在佛光山尤为明显，与星云对女众的重视密切相关。面对教团的女性化倾向，他采取顺应或协调的办法，使僧团的男众与女众平衡发展。所谓“顺应”，即去主动适应女性担当主角的信仰生活，考察女性弘法的优势与特点；所谓“协调”，就是尽力创造条件，鼓励男众要有更高的责任感与使命感。譬如，他主张“用新事业增广净财”，将信仰与事业结合，使信仰佛教的人口逐渐“年轻化”、“知识化”，从而改变了佛教徒以老人与妇女居多的局面。在他看来，男女平等、两性平权，这是时代的潮流；他明确主张，女性应有平等权，女性应有参与权，女性应有自主权，女性应有尊严权。[2]

2. 女性主义的佛教体验

美国佛教的女性化现象，本身需要构建一种新的佛教伦理学。佛教在美国取得突破性进展的20世纪六七十年代，恰好也是女性主义或女权运动在美国蓬勃兴起的时代。新来乍到的亚洲佛教，连同男尊女卑的等级制，同时展现在美国人面前。女性在亚洲佛教史上或美国佛教现实中的作用与地位，受到前所未有的重视，成为美国佛教学术界重要的研究视角。

女众的佛教经验，这在传统亚洲社会罕被提及，现在美国却因僧团内部男师傅的种种不端行为，特别是男师傅性侵害女弟子的事件被公众热议。佛教在美国经历了一段快速发展之后，在20世纪80年代初遭遇严重的挫折：日本佛教与藏传佛教的著名道场频现“性丑闻”，师傅们不能善待女弟子的事情，师傅们滥用权力、经济腐败等不端行为常被曝光，或在僧团内成为公开的秘密。

1983年是洛杉矶禅中心的动乱之年。这家中心的住持、著名的日本禅师前角博雄，公开承认自己酗酒，还与自己的女弟子有暧昧关系，并且导致当事人双方各自的家庭破裂。这使前角的形象大为受损，许多学员纷

① 参见栗原淑江：《佛教史中的女性问题——以日莲的女人成佛论为中心》，黄成皎译，载日本东洋哲学研究所编：《大乘佛教的挑战》，南开大学出版社2008年版。

② 参见星云：《比丘尼僧团的发展》，《普门学报》2002年第9期。

纷离开洛杉矶禅中心，该家禅中心一度濒临倒闭。类似的事件，在美国的日本道场里并不鲜见。在旧金山禅中心，贝克禅师亦因与女弟子的性关系而招致批评，被迫离开。另据托沃科夫的报道，斯图亚特 1977 年离开嶋野荣道的纽约道场，重要的原因是他不能善待自己的女弟子。嶋野禅师的纽约大菩萨禅堂，号称是全美第一间依照日本传统建筑而建的禅寺。这位禅师当时被认为和女学生发生性关系，并在僧团内排斥女弟子，这使斯图亚特无法与自己的老师继续相处，只好另立门户，成为美国著名的女禅师。在藏传佛教的著名道场“金刚界”，有着超一流经营能力的创始人、噶举派的曲嘉仲巴仁波切，当年就因婚姻问题而被迫离开英伦，在 20 世纪 80 年代初又被发现长年酗酒，并对妻子不忠，常有绯闻。而且，他的嗣法弟子奥萨丹增 1990 年死于艾滋病。以《西藏生死书》著名的索甲仁波切，1994 年也被指责存在不正当的性行为。[①]

如何看待男师傅与女弟子之间的性问题？除了源自伦理道德的猛烈批判之外，女性主义的思考浮出水面：一是注重提升女众在僧团里的地位，二是反思女性在佛教修行与佛法诠释方面的独特体验。斯图亚特曾经明确表态，“师生之间有关性的问题和道德标准无关”，每个人应该自己去发觉究竟何为“善法”。她并不愿意特别介入西方的妇女解放运动，除了要为受伤害的女弟子辩护以外，她更注重如何改善尼众的僧团形象，探索引导女众修行的特殊方法。她在修学日本禅时，常对禅师的严厉手段心有余悸。因此，在 1984 年第一次领导女众打“禅七”时，决心改变日本的“禅七”方法，要让女众在面对禅师时言行自在，彼此要有思想与情感的交流。

事实上，欧裔女性佛弟子的女权意识，与当时学术界的女性主义研究关系密切。譬如，桑迪当年在去那罗巴学院等著名的佛教道场访谈时，一路上就很自觉地阅读荷娜（I.B. Horner）的《原始佛教的妇女》[②]、迪安

---

① 参见格罗斯：《助铁鸟飞翔：90 年代后期西方佛教妇女和权威性》(Rita M. Gross, “*Helping the Iron Bird Fly: Western Buddhist Women and Issues of Authority in the Late 1990s*”)，载《美国佛教诸方面》（*The Faces of Buddhism in Amarica*, Berkeley: Umversity of California Press 1998）第 239—240 页。

② 参见 I.B. Horner, *Women under Primitive Buddhism: The Position of Laywomen and Alms-women in Early Buddhist Times*. London: G. Routledge, 1930。

娜（Diana Paul）的《佛教里的妇女》[①] 等书。后来美国学界在这方面的论文与专著越来越多，非常关注女性在佛教修行里的角色。萧尔（Miranda Shaw）发表《激情的觉悟》[②]，探讨妇女在密教成立过程中所起的核心作用。卡贝逊是美国研究藏传佛教的著名专家，他在 1992 年编辑出版《佛教与性、性别》[③]，从历史、文献与社会的角度考察佛教里的妇女与同性恋者的经验，地域上涵盖了印度、斯里兰卡、中国与日本，时间上包括佛教创立迄今的整个历史。

傅瑞是美国研究禅宗史的著名专家，他的研究带有明显的女性主义视野。他在 1998 年出版的《红线：佛教的性特征》[④]，考察佛教与性、性别的关系；2003 年出版《拒绝的权力：佛教、清净与性别》[⑤]，是继《红线：佛教的性特征》之后，再次尝试研究女性在佛教里的角色：佛教有没有给妇女一种“解脱”或“束缚”？《红线：佛教的性特征》的视角集中于寺院里的比丘，此书则直接关注佛教的女性观及其对性别的建构。在他看来，佛教既不是大男子主义也不是男女平等论，若以日本佛教为例，其中既有父权制下歧视女性的痕迹，但女性并非总是消极的被忽略者，她们有时是尼师、僧人的母亲或妻子，甚至是高级艺妓，对男性僧众的影响很大。缘此，他建议，恢复佛教里古老的男女平等论，颠覆现行的性别等级制。

以史为鉴，可以知兴替。面对僧团的现实问题，格罗斯（Rita Gross）提出“后父权制”的构想，希望澄清佛教因为世俗社会父权制而被扭曲的性别角色。[⑥] 女性较重现世的实践，她们拥有自己的宗教经验。美国佛教

---

① 参见 Diana Paul, *Women in Buddhism: Images of the Feminine in Mahāyāna Tradition*. Berkeley: Asian Humanities Press, 1979。

② 参见 Miranda Shaw, *Passionate Enlightenment*. Princeton: Princeton University Press, 1994。

③ 参见 Jose Ignacio Cabezon ed. *Buddhism, Sexuality, and Gender*. Albany: State University of New York Press, 1992。

④ 参见 Bernard Faure, *The Red Thread: Buddhist Approaches to Sexuality*. Princeton: Princeton University Press, 1998。

⑤ 参见 Bernard Faure, *The Power of Denial: Buddhism, Purity, and Gender*. Princeton: Princeton University Press, 2003。

⑥ 参见 Rita M. Gross, *Buddhism after Patriarchy: A Feminist History, Analysis, and Reconstruction of Buddhism*. Albany: SUNY Press, 1993。

里时或出现的性丑闻，并非是要一味地指责男性师傅，而是要从女性主义的视野，重建女性在佛教里的平等地位，鼓励男女平等的解脱，而非依附于男众的"转身成佛"的解脱论。

二、居士地位与网络僧团

观察美国的佛教，常会惊讶他们的道场经常只有很少几位出家众，每到周末或重大的佛教节日，却有很多居士前来帮忙，有的道场甚至全是在家众。因此，居士在美国佛教，占据举足轻重的地位。2009年11月6日，万佛城的恒实法师在北京大学发表讲演，谈到居士在美国佛教的角色，他脱口而出，说是在佛法僧三宝之外，美国还有"居士宝"。

1. 居士在僧团的地位

中国的佛教徒，主体部分是在家居士，甚至是还没有皈依的俗人。但在中国，僧俗之间的等级秩序清晰可见。美国佛教的民主化，使传统的僧俗体制逐渐淡化，居士、俗人的力量在美国占据主导地位。特别是在美国，佛教被希望参与世俗事务，所谓"参与佛教"，居士的身份更有助于实现这样的愿望。因此，学佛以后最终出家的例子，在美国并不很多。譬如在美国的上座部佛教，很少有信徒出家为僧。①

除去单纯的居士道场，美国佛教的僧俗关系主要有以下三类情况：

第一，出家众坚持独身的亚裔道场，以万佛城、西来寺为代表的美国华人佛教，僧俗的等级秩序并未改变，但有改革的举措。宣化上人到了美国，就说僧人要改去以前收居士红包的习惯；主张要经常给居士们讲经说法，哪怕只有一位听众也要用心去讲。星云大师倾力发展"国际佛光会"，在出家众的主导下，依托居士力量弘法，成效卓著。

上师坚持独身的藏传佛教道场，僧俗关系大体与此类似。严守戒律的仁波切，深孚众望，居士们顶礼膜拜，五体投地。美国的南传佛教保持严格的戒律，出家众很有威信。在这样的亚裔佛教社团里，僧宝的优越地位

---

① 参见努姆瑞什：《美国上座部佛教：僧团问题》，载《美国佛教诸方面》（*The Faces of Buddhism in America*, Berkelty: University of California Press, 1998），第147—162页。

仍还十分明显。

第二，出家众未能独身[①]的亚裔道场，僧俗关系基本维持以师傅为核心的传统体制，但是常会遭受质疑。美国人通常都对他们的日本老师奉若神明，尤其是在净土真宗的系统里，但是偶尔发生的禅师性侵害女弟子、酗酒，或者仅仅因为东方禅师接引弟子的方式，不能契合西方人的文化心理，出家众的权威间受质疑。而且，美国的居士普遍不会满足于供养僧宝，他们要有自己的独立性，就像新教徒想与上帝直接沟通，他们希望能对佛法有直接的了解与体悟，特别是想通过自身的禅修而能改善自己的身心状态或生活方式。

第三，新兴的或由欧裔全面接管的道场，权威的力量逐渐淡出，逐步形成民主的管理模式。在美国传法的欧裔大乘佛教徒，大多继承日本佛教的衣钵，有家有室，蓄妻生子。“独身”的观念，在美国的新教传统里并不被认为是宗教虔诚的标志。因此，美国的僧人，更像基督教堂里的牧师，是在寺庙或禅修中心“牧养”、“指导”他们的信徒，很难成为信徒们永远的老师。这种模式的僧俗关系，在以往的亚洲佛教里很少出现，但在美国逐渐成为一项寺院制度。

例如，20 世纪 80 年代初，旧金山禅中心由于住持贝克的婚外情，给当时的学员们当头一棒，让他们意识到“神秘的权威”也会犯错，以前误把老师的一切当作佛法，现在突然有了一种幻灭感。1983 年秋天，“禅中心”聘请专业人员指导学员们互相沟通，而不要把每个人的注意力放在住持身上。这些想法，其实符合“僧伽”的原意，但在东亚佛教的传统模式里，权威的力量无可替代。到了美国以后，僧团管理的民主模式成了大家必须关心的事情。旧金山禅中心由此逐步建立以“学生”为中心的管理机制，注重学员在修禅时的实际经验、日常生活的学佛体验，而不再集中在禅师或佛法本身[②]。

美国著名的女禅师斯图亚特持有类似的观点，主张要给学员更多的自

---

① 未能独身的佛教徒，还能否被称为“出家众”或“僧宝”，颇有争议。这里，因其依然住持寺庙，弘扬佛法，负有僧人的职责，故称“出家众”。

② 参见布特勒：《旧金山禅中心的危机处理》（Katy Butler, “Events are the Teacher: Working through the Crisis at San Francisco Zen Center,”），《共同进化》1983 年冬季号。

主空间，认为禅的训练要靠学生自己，而寺院的常住制度会使学生产生强烈的依赖心理。因此，她鼓励学生在日常生活里表现禅的修行，而不是躲在“禅中心”寻求心灵上的庇护，更不能演变成对老师的依赖或迷信。他们的这种教学模式，恰好反映了美国国民教育的教学理念。

2. 虚拟的网络僧团

在中国社会，居士首先要去僧人处三皈五戒，即使不去，亦需常去佛寺礼佛诵经。现在也有居士自行组织“念佛会”或“居士林”，虽不是僧人主持的道场，却依然是他们心目里的神圣空间。美国的居士团体，特别是华人的团体，大抵如此。

但是，高科技时代的美国，居士的存在方式开始发生显著的变化，出现所谓的“网络僧团”（cybersangha），并不需要实际的道场。该词还可译为“虚拟僧团”，是佛教界在网络时代新的弘法方式。信徒们坐在电脑前，可以在线加入“虚拟僧团”，向“网络僧人”（cybermonk）咨询佛法，或在他们的指导下修禅。

网络是一个虚拟的公共空间，其成员既可公开表达自己的观点或质疑，亦可隐藏自己的真实身份，保护自己的隐私。高度发达的大众传媒，越来越使现代人不敢贸然表达自己的观点，隐私的保护成为现代社会的难题。互联网不像传统的媒体，报纸、广播、电视等是一种单向的传播模式，它是一种能即时双向互动的新兴媒体。坐在电脑前，信徒可与自己心仪的师傅或有类似经历的同道进行直接的交流，能在瞬间与全世界的网友沟通。网络僧团是互联网时代新的弘法手段，在十多年前的美国，就有文章讨论“网络僧团”的可行性。1995 年夏，加利·瑞（Gary Ray）编辑电子期刊《网络僧团：替代性的佛教期刊》（*Cybersangha: The Buddhist Alternative Journal*），随后引起热议，有人甚至扬言，这是数字化时代的佛法破坏者。① 当时，我们国内的学术界基本是在讨论如何利用电子佛典的问题。现在，我们国内的佛教徒也在积极尝试这种技术手段。这种传教

① 参见海耶斯《互联网是美国佛教的窗口》（Richard P. Hayes, “The Internet as Window onto American Buddhism”），载《美国佛教：最近学术界的方法与收获》（*American Baddhism: Methods and Findings in Recent Scholorship*, Richmond Surroy: Curzon Press, 1998），第 168—179 页。

方式，能让佛教徒及时更新内容，针对不同群体的实际需求，对社会热点问题作出及时的回应，从而使当代佛教更具现实意义。

事实上，全世界的宗教，特别是新兴宗教，现在都在想办法利用这个交流平台，宣传自己的教义思想、发布宗教活动信息，借以延揽自己的信徒，扩大影响。这个虚拟世界能突破传统教会或僧团的活动形式与内容。但另一方面，网络世界亦在挑战教会或僧团的权威。有的专家声称，“网络是一个去中心化和权力弥散的空间”，“它脱胎于全球性的现代体系，但最终可能会成为瓦解现代体系的力量”。[①] 暴露在互联网上的佛寺或僧人，稍有任何不当或敏感的言论，就有可能会被迅速传播，特别有可能遭到其他不友善宗教徒的恶意炒作。同时，面对 BBS、MSN、博客和微博、推特、FACEBOOK 等各种聊天交友工具，僧人很可能会因频繁接触信徒而降低自己的神秘性，或者会因不善运用这些现代网络工具而减少自己的信徒资源。这是僧团在高科技时代的两难处境，善用网络，自净其意，还需要高超的佛法智慧。

网络对居士或一般的信徒而言，却远没有上述的挑战性。虚拟僧团，能让他们拥有自由、广阔的活动空间，不再局限于某个特定的物理空间，而可扩展到全世界的虚拟空间。这个空间，可以打破种族、国家的界限，还可忽略佛教内部不同宗派的分歧。这种广泛的覆盖性，容易帮助居士团体在短时间内迅速扩大自己的影响，从而削弱传统佛教组织的群众基础。佛教徒在互联网面前的信仰选择越来越个体化，传统佛教组织的影响力相形见绌。这种趋势，意味着美国的居士佛教力量还会发展，佛教内部的多元化同时也会加剧。

三、生活化的宗教对话

考察女众、居士在美国佛教里的地位与作用，这还只是僧团的内部事务。然而，佛教在美国社会，至今还是十分边缘的外来宗教，真正皈依佛门

---

① 谢洁：《互联网时代的宗教——兼论网络与市民社会》，载徐以骅主编：《宗教与美国社会：网络时代的宗教》（第 3 辑），时事出版社 2005 年版，第 34 页。

的欧裔美国人相当有限，远还没有形成气候。所以，美国的僧团必须要与周边的各种宗教团体积极交流，大部分属于以基督教—犹太教为主体的美国主流宗教。也就是说，宗教对话是美国佛教必需的一种生活方式，它和教义思想的调适、弘法模式的转型一样，都是佛教在美国生存和发展的必由之路。

佛教在美国的存在，直接得益于美国宗教的多元化格局，而这个格局又源自宽容与自由的宗教传统。在美弘法的东方佛教徒，有时会说，“很多美国人对他们传统宗教的严格、狭隘和执着很不满意。当他们接触佛教时，他们发现佛教很宽容、自由，并且能实际的解决生活上的问题。因为当初美国人建国时，他们不能忍受宗教被破坏和狭隘性，因此当他们看到（接触到）佛教是那么的宽容和自由时，他们就觉得很适合”。[①]这个说法，是想解释美国人皈依佛法的动机，将之归结到美国人的宽容精神。

欧洲的新教徒刚到美洲这块新大陆，他们的梦想是要建立属于自己的教会，然而不同教派间的冲突甚至迫害，并没有因此而减少。1776年，《独立宣言》宣布“天赋人权”，“人人生而平等，他们从他们的造物主那里被赋予了某些不可转让的权利，其中包括生命、自由和追求幸福的权利”。美国的国父们主张“政教分离”，提倡宽容，以此解决宗教之间的冲突。他们认为，虽然基督教是唯一正确的信仰，但是任何教派不能动用政治手段强迫他人改宗。1791年，美国宪法第一修正案明文规定：“国会不制定下列法律：确立宗教或禁止自由宗教活动，限制言论、出版、人民和平结社的自由，以及向政府请愿诉冤的自由。”其中，不得确立宗教，常被称为“确立条款”；不得禁止自由宗教活动，则被称为“自由条款”。这条修正案，使美国成为第一个在法律中明确保护宗教自由、提倡宗教宽容的现代国家。[②]依靠这样的法律保障，不同的新教教派、天主教、犹太教逐渐融入美国社会。1955年以后，美国基本形成了“新教—天主教—犹太教”三位一体的宗教主流[③]。在能保障宗教自由的多元化格局里，面对这么一

① 智宏：《谈美国弘法方式》，《美佛慧讯》2007年第99期。

② 参见吴飞：《从宗教冲突到宗教自由——美国宗教自由政策的诞生过程》，《北京大学学报》2006年第5期。

③ 参见董小川：《现代欧美国家宗教多元化的历史与现实》，上海三联出版社2008年版，第195—197页。

个强大的犹太教—基督教传统，佛教要想在美国取得持续的发展，只有积极参与宗教对话，努力化解与融合美国社会的主流价值，舍此无他。

1. 宗教多元化的历程

佛教徒在基督徒的眼里，最初就是“异教徒”，是不可信的野蛮人。佛教今天能在美国与基督教进行平等的对话与交流，成为美国社会的第四大宗教，事实上是一个漫长的故事，是美国宗教多元化的产物。

最初对佛教表示同情的美国人，主要是些浪漫主义者或神秘主义者，像在19世纪40年代的爱默生和梭罗。后来是些美国社会的边缘人群主动皈依佛门，譬如19世纪末20世纪初，最早在美国本土皈依佛教的是一位犹太商人，最早一批皈依日本佛教的是几位高加索人。但是，佛教要让美国人真正感到习以为常，是在20世纪50年代美国的多元化宗教格局形成之后。此时，美国社会形成了“主流宗教”与“边缘宗教”的共生格局。

在美国人的生活里，代表美国主流社会的中坚力量，是所谓的WASP，即：白人中信仰新教的盎格鲁—撒克逊人。换言之，代表美国主流宗教的是源自英国的新教。新教包括德国的路德教、瑞士的加尔文教、英国的国教（圣公会）、法国的胡格诺教和荷兰的归正派等。在美国的新教传统里，其主流则是源自英国的“清教徒”。但是，美国社会发展变化到今天，所谓WASP实际上已不复存在，取而代之的是美国宗教的多元化①。

1640年英国革命以后，许多国教徒要求废除国教内部的天主教势力，成为“不信奉国教者”（Dissentient），俗称“清教徒”（Puritan）。1688年“光荣革命”以后，国教成为英国绝大多数人的宗教信仰，而清教徒淡出人们的视野。从17世纪初期开始，主要由于宗教迫害等原因，以英国移民为主的大量欧洲新教徒迁移到英国北美殖民地，成为现代美国的欧裔移民始祖。在殖民地时代，新英格兰地区的定居者以清教徒为主，成为北美新教的代表；在弗吉尼亚等南方地区，则以国教徒为主；各地还有来自欧洲各国的新教徒，并有少量天主教徒和犹太教徒。

---

① 参见董小川：《现代欧美国家宗教多元化的历史与现实》，上海三联出版社2008年版，第252页。

在《独立宣言》发表时，信仰上帝的美国人80%是新教徒，天主教仅占总人口的0.8%，犹太教徒只占0.1%。在随后的历史里，新教徒比重逐渐降低，特别是到20世纪以后，天主教人口大幅上升：天主教徒在1776年仅有3.5万人，1880年有60万人，1987年则近5350万人；到1987年，各类新教徒占全美人口比例约为64%左右。20世纪五六十年代以来，美国的宗教主流是新教—天主教—犹太教的“三位一体”，谓之“三位一体的大熔炉”（Triple Melting Pot）。[①] 虽然在历史上，天主教、犹太教融入美国社会的历程并不顺利，但从那时起，它们都在寻求共同的信仰基础，对诸多社会问题表达相似乃至完全相同的意见。当然，新教与天主教组成的基督教属于绝对的主流。譬如，从1890年到1963年任职的12位总统，全都属于基督教阵营，只是所属的教派不同罢了。

因此，美国宗教的多元化历程，可被分为三个大的阶段：1955年以前，是基督新教占绝对主流地位，这是清教徒在美国新教里比重不断下降的过程；1955年以后，信仰上帝的宗教占统治地位；到20世纪80年代以后，宗教多元化取得了社会的共识[②]。20世纪50年代以后，佛教在美国的不断发展，顺应了美国宗教多元化的大趋势。

2. 佛教—基督教的对话实践

梵蒂冈20世纪60年代初“梵二会议”的召开，标志着保守的天主教阵营开始承认其他宗教的价值，主张进行“宗教对话”。此时，美国宗教已进入多样性和多元主义的时代。但在当时，这并不意味，佛教能在美国社会享有充分平等的地位。1965年美国联邦最高法院讨论美国的宗教问题，当时有人鼓吹美国是一个“基督教国家”。道格拉斯法官（Justice William Douglas）予以坚决的反驳，他说，美国不再仅是新教、天主教和犹太教的国家，它也是“佛教、儒教与道教的国家”[③]。

---

① 此系贺伯格的说法，参见威廉姆斯《美国宗教与文化读本》（Peter W. Williams, *Perspectives on American Religion and Culture*. Massachusetts: Blackwell Publisher, 1999），第44页。

② 参见董小川：《现代欧美国家宗教多元化的历史与现实》，上海三联出版社2008年版，第207页。

③ 托维德等编：《美国亚洲宗教资料选编》（*Asian Religions in America A Documentary History*. New York: Oxford University Press, 1999），第378—381页。

1965年美国通过“新移民法”，随后涌入的亚裔移民与难民，对美国佛教的发展发挥了决定性的作用，形成所谓的“移民佛教”或“族群佛教”。大批移民佛教徒的出现，从根本上决定了佛教将是美国社会不容忽视的社会力量。当时，美国境内还有风起云涌的民权运动、“反文化”潮流。所有这些，都为佛教与基督教的对话铺设了丰富多彩的社会背景。事实上，只有富有成效的对话实践，主动适应西方的主流价值，佛教这个外来宗教，才有可能有朝一日成为一个成熟的美国宗教。就像佛教能在中国立足，形成“儒释道”三教合流的宗教格局，其根本原因是中国佛教采取了主动对话的积极姿态。

美国境内的佛基对话，至少可以回溯到1893年的世界宗教大会。在这次大会上，达摩波罗发表演讲比较佛教与基督教的差异，赞美佛教对世界文明的贡献；当时在中国传教的英国人李提摩太，也到这次大会上发言，认为“所有的宗教都在教导人们，世界上有一个全能的、全知的、至高无上的神，他无所不在。所有的教派都教导人们，和这个至高无上的神联合，人类就能够达到他发展的顶点。所有的教派教导人们，善有善报，恶就像身体的疾病一样，会危害一切”①。在这次会议以后，卡洛斯、铃木大拙从不同的角度去沟通佛教与基督教的思想。卡洛斯以基督教的“福音”（Gospel）一词，译介佛陀的言教与思想；铃木大拙则以“神秘主义”建立禅宗与基督教灵修的关联，引发西方人对禅的广泛兴趣。

在20世纪上半叶，美国的佛教基本处于停滞不前的状态，佛教与基督教的对话并没有必需的社会土壤。当时在美国主动弘法的日本佛教，筚路蓝缕，努力以英语讲解佛法。20世纪50年代以后，铃木大拙、久松真一等京都学派的宗师，相继到美国访问讲演，与蒂利希、默顿等西方神学家对话，禅宗与基督教的交流趋于活跃。阿部正雄到了美国，更是以宗教对话为自己的使命。美国的禅宗热，始终处在这种对话的氛围里。即使是激烈摒弃原有宗教传统的披头士，在他们接受佛教以后，有时亦有信仰上的冲突。像克鲁亚格的天主教背景始终未变，而金斯宝的犹太教传统一直

---

① 苏慧廉：《李提摩太在中国》，关志远等译，广西师范大学出版社2007年版，第294页。

影响着他的创作[①]。

20 世纪 80 年代以后，美国的佛教与基督教对话，在学术界已是一项常规的活动，办杂志、开会议，在佛教界成为日常生活的重要组成部分。美国夏威夷大学，在过去的半个世纪里，对东西方的宗教交流起了重要的推动作用。1981 年起，该大学创办《佛教—基督教研究》年刊[②]，隶属于夏威夷大学的“东西方宗教计划”。1987 年美国成立“佛教—基督教研究会”(Society for Buddhist-Christian Studies)，举办旨在回应全球现实问题的学术年会。在学界组织的研讨会上，佛教被期待成为能增进美国社会和谐的纽带，能以积极的姿态去参与现实社会的建设。譬如，1987 年密歇根大学召开“世界佛教在北美”研讨会，会议发表四点呼吁：在佛教徒与非佛教徒间建立必要的宽容与理解；北美佛教徒之间要有对话，以期增进理解与相互合作；在求同存异的基础上加强“共同体”的感觉；不管能否分享彼此的信仰，都要以友善的姿态去建设佛法的世界[③]。

美国的佛教团体，以自己的实际行动呼应学者们的建议。像宣化领导的万佛城，1987 年举办“世界宗教联席会议”，邀请佛、儒、耶、回、道等各宗教代表，共商解决当前社会问题的宗教对策，为世界和平呼吁。笔者在美国的实地调研当中，经常感受到宗教对话远不是可有可无的学术探讨，而是一种实实在在的生存之道。像在旧金山的一些小道场，常要参加当地组织的宗教对话会议，一起商议社区内诸如赡养孤寡老人等具体事务。至于说在像“硅谷”这样的高新科技园区，佛教与基督教在科学问题的见解，是当地佛教团体必须面对的话题，在他们印行的内部刊物上常有这方面的文章。也就是说，似乎是学理层面的宗教对话，在美国开始变得相当的生活化。

因此，一方面，西方学者试图打开佛教的神秘内核，作为基督教信仰的参照系，佛教被当作西方社会的解毒剂，是诊疗西方现代社会危机的思想资源；另一方面，美国的佛教团体，已经深知与基督教对话的必要性，

---

① 参见陈元音：《禅与美国文学》，东大图书公司 1997 年版，第 192 页。

② *Buddhist-Christian Studies*, ed. by David W. Chappell, Hawaii University Press, since 1981.

③ 普莱比什、关大眠：《佛教导论》(Charles S. Prebish & Damien Keown, *Introducing Buddhism*. New York & London: Routledge, 2006)，第 204 页。

学习基督教对现实的关注，积极参与，努力构建普世适用的、面向世俗社会的宗教伦理。对美国佛教徒来说，宗教对话，在很多时候并不是为了说服他人皈依佛门，而是为了让别人了解自己。

四、小结

佛教作为一种出世的宗教，金钱、性和权力等这些难缠的世俗问题，历来就对僧团生活构成持久的挑战。进入以基督教、犹太教为主流宗教的美国社会，这些问题的挑战性有增无减。佛教想要融入崇尚民主的美国社会，僧团的传统秩序，诸如僧人与居士、男众与女众，以及佛教与外道（佛教以外的宗教）的关系，都有必要进行全新的思考。他们的实践经验，对当前中国佛教的发展会有一定的借鉴意义。

作者单位：北京大学

人间佛教在澳门

贾晋华　白照杰

澳门佛教的渊源，如果与佛教在广东香山县的传播相联系，可以追溯至唐代咸通（860—872）初，距今已有一千多年历史。澳门境内有史料可稽的寺院，则为始建于明代天启三年(1623）的普济禅院(俗称观音堂)。①经过近四百年的发展，佛教已成为澳门最重要及拥有最多信徒的宗教团体之一。目前正式于澳门政府注册的佛教组织有四十多个，②其中较为活跃者为澳门佛教总会、菩提禅院、国际佛光会澳门协会、澳门禅净中心、普济禅院、无量寿功德林、澳门佛教中心协会、国际联密佛教慈航会澳门分会（慈航寺)、澳门佛教青年中心等。

澳门佛教各寺院组织积极弘扬和实践人间佛教的精神，将佛法引向社会和人生。其弘法活动和组织管理与其他大中华地区的佛教团体有许多共同之处，但也有其独具特色的表现。本文以上述十个重要佛教组织为主，根据相关文献资料及实地调查的资料，③对当代澳门佛教的弘法活动（广义的弘法包括佛法宣传、文化事业、教育事业、慈善事业等）和管理模式

---

① 参见郑炜明、黄启臣：《澳门宗教》，澳门基金会 1994 年版，第 12—13 页；何建明：《澳门佛教：澳门与内地佛教文化关系史》，宗教文化出版社 1999 年版，第 17—19 页。

② 根据澳门印务局所公布的文件，见 http://cn.io.gov.mo/Priv/categories/11.aspx（2012 年 9 月 7 日）。

③ 文献数据根据各寺院保存碑文，《澳门佛教总会会刊》、《佛光世纪》、《慈航通讯》、《澳门佛教青年中心通讯》等佛教团体所办期刊及其他弘法资料，禅净中心、功德林、慈航会等网站，本地及大中华地区新闻报道，以及现代学者的研究著作等。实地调查资料根据白照杰于 2012 年 8 月至 9 月对菩提禅院、澳门佛光协会、禅净中心、普济禅院、功德林、慈航寺等进行的访谈。

作出描述和分析。

一、澳门佛教总会

澳门佛教总会由健钊法师和机修法师发起，于1996年成立，成员包括澳门各佛教寺院和组织，旨在团结澳门佛教界人士，宣扬佛教教义，举办重要弘法活动和慈善活动，并代表澳门佛教团体与澳门社会各界及其他国家地区进行各种合作交流活动。澳门佛教总会的理事机构设置在普提禅院，现任会长为泉慧法师，理事长为健钊法师。

澳门佛教总会成立以来举办了众多公众法会和慈善公益活动，较重大的事件包括：1999年12月20日澳门佛教界庆祝回归祖国活动；2006年6月通过澳门红十字会向印度尼西亚地震灾区捐献10万澳门元；2008年5月通过中联办向四川地震灾区捐献20万澳门元，2009年11月3日与中国佛教协会合办“庆祝国庆六十周年，澳门特区回归十周年感恩祈福法会”；2012年4月30日至5月4日与中国佛教协会、澳门中华宗教文化交流协会、澳门宗教文化交流协会共同主办“恭迎佛陀顶骨舍利莅澳供奉瞻礼祈福大会”，吸引了15万人次瞻礼。目前，澳门佛教总会正与澳门政府在菩提禅院合办一座澳门最大的安老院，建成后可接受四百多位老人，预计明年建成开业。澳门佛教总会经常组织代表团参加国际佛学论坛及到各地从事各种交流活动。

佛教总会编辑出版《澳门佛教总会会刊》，双月刊行，已经出版了92期。此外，佛教总会曾多次假菩提禅院举办一年一度为期七天的暑期菩提之旅静修营，为佛教徒创造一个听闻佛法和实践寺院生活的机会，学员大部分来自澳门和香港。

澳门佛教总会会员分为普通会员和基本会员两种。普通会员入会费20澳门元，入会一年后经两位基本会员介绍，可申请成为基本会员，须每年交纳会费。普通会员可享用或参与本会所提供之福利及活动，有权参加会员大会，有参与和发言权，没有选举、投票和被选举之权利。基本会员可享用或参与本会所提供之福利及活动，每年要缴交会费300澳门元，可参加会员大会，有选举、投票和被选举之权利。会员分四组：比丘、比丘尼、男居士、女居士。澳门佛教总会的组织机构由会员大会（任何会员皆可参加）、理事会和监事会（须由基本会员产生）所领导及管理组织而成。总会设有会长一名，副会长若干名，会员大会秘书长一名，副秘书长一名；理事会有理事长一名，副理事长若干名，秘书长一名，副秘书长一名，司库一名，副司库一名，理事若干名；监事会有监事长一名，副监事长一名，秘书长一名，监事若干名；另有名誉顾问若干名。司库和副司库负责财务管理，按时向理事会、监事会提交财务报告。《澳门佛教总会会刊》由信众捐款助印，每一期结尾都清楚地列出刊物用款的收支统计。

二、菩提禅院

菩提禅院位于澳门凼仔卢廉若马路。根据禅院所存卢逸岩撰于 1989 年的《菩提禅院碑铭》，智圆法师于 1960 年购入居士罗维宗拥有的菩提园，扩建为颇具规模的菩提禅院，成为传播净土信仰的道场，所谓“莲池嫡裔，衍脉濠江”。[①] 不过，与当代多数中国佛教寺院一样，菩提禅院现在的日常修行功课已经一般化，与净土理论和实践未有特定的直接关联。

由于澳门佛教总会设于菩提禅院，禅院负责刊行《澳门佛教总会会刊》，并负责接待一年一度的净修营。菩提禅院经常主持各种大型公众年节法会，例如，2012 年的公众法会活动为：供天祈福法会、观世音菩萨诞、梁皇法会、释迦牟尼佛诞、盂兰法会、重阳法会、金刚经酬恩法会等。菩提禅院还频繁举办各种讲经会、念佛会、敬老斋宴等，并积极从事慈善活动。2008 年 5 月 12 日四川大地震发生后，菩提禅院立即通过澳门红十字会捐献善款 20 万澳门元。2008 年 5 月，菩提禅院捐献善款 20 万元人民币于湖南省泸溪县建成智圆甘溪希望小学；2009 年 5 月，菩提禅院捐献善款 20 万元人民币于湖南官坝小学建成智圆楼，并赠送 120 份书包和文具用品；又捐献善款 20 万元人民币于湖南省凤凰县麻冲乡扭仁村建成智圆小学。禅院也应邀为私人做祈福、超度等法事。

菩提禅院现有三位常住尼僧，一位为住持健钊法师，一位为其徒弟，另一位为其徒孙（尼僧）。寺院独立管理，住持主管所有事物，徒弟负责

① 参见郑炜明、黄启臣：《澳门宗教》，澳门基金会 1994 年版，第 13—14 页。

具体劳作、接待客人等。住持是终身制，传承方式为师傅传弟子，一脉单传。如果有多位弟子，一般会将住持位置传给大弟子。禅院日常修行功课的规定为：三点起床，五点撞钟，其后早课，诵楞严咒、十小咒等；中午十一点上供，下午四点晚课，晚七点敲钟。早晚课所用书为《早晚课念诵仪轨》，有时请香港的法师来院说法讲经。菩提禅院的经济来源主要为捐赠及素菜馆的收入，资产用于维持寺院和公众法事及慈善活动。

三、国际佛光会澳门协会和澳门禅净中心

国际佛光会澳门协会隶属于台湾国际佛光会世纪总会，创立于1996年1月，现有松山、凼仔、路环及青年团四个分会。澳门禅净中心隶属于台湾佛光山，于1995年开始到澳门弘法，1996年1月正式建立。佛光协会和禅净中心位于澳门文第士街，为澳门最大的都市佛教道场，三层楼宇总面积达八千多平方英尺。硬件设施包括佛殿、多元化功能禅堂图书馆、教室阅览室、餐厅、客厅，均具有完善的视听设备，以发挥弘法度众的功能。另设有办公室、佛教文物流通处、厨房及数间客房等为信徒服务。

澳门佛光协会和禅净中心倡导人间佛教，建设人间净土，重视教育、文化、修行、服务。两个组织相辅相成而又各有分工，佛光协会主要负责对外的活动，禅净中心则主要负责修行和法事等活动。佛光协会和禅净中心除于各种佛诞年节举办公众法会外，还致力于弘扬佛学知识和推广各类文教慈善活动，开办都市佛学班、读书会、佛学初中级班、禅修初级班、学佛行仪、不定期之佛学讲座、参学朝圣团、医学讲座、各类才艺班、赠送书籍及敬老、探病、捐血等各类公益活动，成立15年来累计举行400多项活动，为人间佛教在澳门的推行作出了重要贡献。澳门佛光协会于2008年捐献善款100万元人民币，在四川省彭州市兴建安老院及维修寺院；另捐献善款27万元人民币在云南省南漳县无量乡和平村建成一座“澳门佛光希望小学”，于2009年落成使用，全校共有师生300多人。① 禅净中心设有网站，宣扬佛学

① 参见国际佛光会澳门协会编：《2011国际佛光会澳门协会成立十五周年会刊》，佛光缘文化出版公司2011年版，第19—20、79—91页。

知识及其他文化知识。禅净中心只帮助会员及其至亲做私人法事。

澳门佛光协会设有会长1人，副会长若干人，秘书1人，财务1人；理事会有理事长1人，理事若干人；有监事若干人。会长、理事、监事皆由选举产生，秘书和财务由会长指派。选举三年一期，可以连任一期，退位的会长一般成为督导。所有管理人员皆为义工，未从协会领取收入。佛光协会现任会长为陈志强先生，现有会员500多人，每年一次向佛光总会递交分会管理的相关报告，并在世界大会上汇报弘法成就。禅净中心由台湾佛光山派来的指导法师负责，现任指导法师、住持为觉仁法师。佛光协会和禅净中心的经济来源主要为会费（每人每年200澳币）和捐赠，也可向澳门基金会申请活动经费。资产用于维持协会和中心运转，及举办各种公众法会和文教慈善活动。

四、普济禅院（观音堂）

普济禅院位于美副将大马路，背倚望厦山。根据院内所存慧因法师撰于1936年的普同塔志，普济禅院于明代天启三年（1623）由循智法师开山创立，至明崇祯五年（1632）建普同塔。另据禅院后山所存济航法师所建石碑，以及院中所藏《西天东土历代祖师菩萨莲座》所录世系，可知普济禅院历代住持自称传承禅宗曹洞系。① 但是，与当代多数中国佛教寺院一样，普济禅院现在的日常修行功课已经一般化，与禅宗理论和实践未有特定的直接关联。

除了参与澳门各种重大佛教活动，普济禅院的主要弘法活动为印经和举办公众年节法会，最重要者为浴佛节、盂兰盆节、寒食节大悲三大法会。

普济禅院现有10位常住僧人，主要管理人员为住持、监院、知客。住持统筹管理，监院具体管理僧众事物，知客负责接待客人。现任住持为良悟法师。管理职位一般是师傅传给弟子，且为终身制，除非个人想转投他寺才将职责交接给其他人，但仍为去他寺挂单的僧人保留职位，如此僧

---

① 参见郑炜明、黄启臣：《澳门宗教》，澳门基金会1994年版，第12—13、16—17页。

人返回，则将此职位重新交给他。禅院的日常修习功课为：早起撞钟，五点做早课，诵《楞严咒》；下午三点半做晚课，诵《韦陀咒》。僧人的收入依照中国佛教协会规定的基本工资。经常有施主自愿来寺中帮忙打扫，担当义工。有些较年轻的僧人自愿出外就读佛学院。院中僧众流动性小，如想离寺进入其他寺院，首先需要向将要挂单的寺院住持讨单，对方允许后方可以安单。离寺僧人需要向住持申请并获得同意，将寺中常住物交接清楚，方可离去。

普济禅院的常住产业，除禅院本身，还有一些俗人赠予的房地产等，此为澳门老寺院的普遍现象。禅院自负盈亏，收入主要为捐赠和私人法事，资金投向公众法会和慈善活动，请杂工维修寺院，寺院日常生活的维持，及常住僧人的基本工资等。禅院设有财务会计，住持如需动用资金，也必须经过财务。作为澳门最早的和最具规模的佛教寺院，普济禅院存有较多重要的历史文物，皆归澳门政府文化局管理，但实际保护和管理者为寺内僧众，如有维修、损坏等情况，则需要向文化局报告。

五、无量寿功德林和澳门佛教中心协会

无量寿功德林位于澳门三巴仔街。根据功德林所存观健法师于 1926 年所撰碑文（木碑）及其他碑铭数据，其房宅原为香山居士张寿波兄弟所租赁，作为其母之念佛道场，其后随喜者众，逐步扩展，渐成规模；至 1923 年简济善堂兄弟斥资购置基址房产，正式向政府注册，成为女众专修的道场，定名为无量寿功德林，并在其中设立佛学院。① 张寿波后出家，号观本，曾任功德林住持。② 功德林从创建之初，既提倡净土法门，又以禅宗临济系为传承宗系。观本法师称临济第四十四世，现任住持戒晟法师则称为第四十五世。③ 然而，功德林目前的日常修习功课已经一般化，和

① 参见谭世宝、王晓冉、胡慧明：《澳门无量寿功德林创立之史迹新探》，《法音》2009 年，第 1 期。

② 参见郑子健：《观本法师事略》，《圆音月刊》1947 年第 5—6 合期。

③ 参见谭世宝、王晓冉、胡慧明：《澳门无量寿功德林创立之史迹新探》，《法音》2009 年第 1 期。

当代多数中国佛寺一样，与禅宗的理论和实践并无特定的直接关联。

在弘法活动方面，功德林积极参与澳门各种重要的佛教活动，并独力举办各种弘法活动，包括公众性佛教法会，印发佛教经典，每周一晚上举办佛学班，周五晚上由法师率众诵经，经常组织义工团队展开公益活动等。功德林建有自己的网站，借以宣传佛学常识和健康知识等。①

功德林是独立运行的机构，僧尼主要来自大陆，现共有僧人 2 位，尼僧 8 位。管理人员为住持、知客僧、行堂组长等。普通僧人皆有工资，但住持不从功德林收工资。居士参与寺院内的工作，充当义工，但不参与管理。院中的日常修习功课为：冬天，五点早课，下行三点半晚课，晚十点休息；夏天，五点半早课，下午四点晚课，晚十点休息；早晚念诵内容依照《念诵仪规》。另外经常请香港或内地僧人前来讲经。僧尼可自愿报名出外就读佛学院，随个人佛学级别选择学校和科级。功德林的常住产业为寺院，经济来源主要为私人法事收入。资产投向于慈善事业和维修寺院。院中设有财务会计，所有钱财使用都需要经过财会。院中还立有各种严格的规约：所有供养常住僧人的钱财、衣物、食物及任何物品都必须全部交到写字楼统一安排，个人不准接受，以达到普同供养，违反者遣单处理；另立有“殿堂规约”、“斋堂 / 行堂规约”等，详细规定常住僧人的各种日常行为和仪范准则。

澳门佛教中心协会成立于 2007 年，会址即设于功德林内。协会和功德林是相辅相成的组织，经常联合举办活动，有时也以各自名义分别活动。澳门佛教中心协会旨在促进佛学文化的交流、弘扬和研究，以及向公众提供一般专业技术教育、文化消遣及宗教活动、讲座及会议，促进及进行一切社会公益活动、宗教及布施工作。澳门佛教中心协会成立以来的主要活动有：2008 年 11 月举办庆澳门回归九周年的“千佛耀濠江”祈福大法会；2009 年 12 月与功德林、香港《文汇报》联合举办“万佛佑澳门”祈福大法会，庆祝澳门回归十周年，祈求人民安乐、世界和平，参与者包括来自世界各地的汉传、南传及藏传高僧代表；2010 年 7 月举行“澳门减碳环保素食节”；2012 年 5 月与功德林、澳门民政总署合办“庆祝佛顶骨

① 功德林的网址为：http://www.kongtaclam.org。

舍利莅澳·恭贺世尊诞传灯法会”等。兼任澳门佛教中心协会会长和功德林住持的戒晟法师为香港佛学会创办人、厦门华严寺住持，多年来致力于推广佛教慈善事业，先后在大陆资助重建 167 所学校、10 所医疗卫生室、13 所学校图书馆，并于多所高校中设立助学金。澳门功德林参与了这些慈善事业。

六、国际联密佛教慈航会澳门分会（慈航寺）

国际联密佛教慈航会澳门分会由陈果齐金刚上师创建于 1992 年，位于澳门筷子基白朗古佛军街。2003 年建成慈航寺，寺内按照金刚乘仪轨，供西藏密宗佛殿和历代传承祖师法坛，为藏传密宗道场。目前主要负责人为张仲贤先生。

慈航会每年举办众多弘法活动。首先是各种公众年节法会，包括新春祈福法会、农历四月佛祖贺诞法会、农历七月超幽法会、农历十月莲华生大士法会、火供诸天法会、水陆放生法会、求授皈依礼等。其次，慈航会积极参与社会公益事务，培训社会服务义工人才，探访和投入善终服务，组织义工至各社会服务团体协助各类活动，如探访老人院、儿童院、医院及设斋宴招待长者等。慈航会出版印发《慈航通讯》季刊及经书，并建有网站，介绍宣传佛学知识，联络信众和公众。慈航会还开办佛学课程和讲座，组织朝圣、旅行、兴趣小组、儿童暑期班及其他儿童活动、医学讲座和义诊等众多活动，并开办澳门童军第十八旅。

慈航会设有完备的组织架构，总监和副总监之下，分别设有弘法委员会、社会服务委员会、编辑及信息组、会籍组、康体组、总务组及专案统筹。各组织既分工又合作，使得众多弘法活动得以有条不紊地举行。所有组织职务皆由选举产生，每年一届，可以多次连任。会员有数百人，管理人员和会员皆为义务工作。慈航寺常年 10:00—19:00 开门接待访客。寺中日常修行为早晚功课，念诵经典及法咒，并经常延请高僧讲经。慈航寺常应邀为私人举办消灾、超度、祈福等法事。慈航会和慈航寺的主要经济来源为私人法事，资产投向于各种弘法活动和慈善事业，有严格的财务管理。

七、澳门佛教青年中心

澳门佛教青年中心于1991年11月正式注册成立。其宗旨为弘扬佛法，推广佛教，为需要地区和人士提供宗教上的援助，举办文化活动及推广佛陀慈悲，协助本会会员等。2002年开设办事处及青年中心，进一步开展日常服务，地址在澳门渡船街。

澳门佛教青年中心致力于推行台湾法鼓山佛学理念，并积极展开各种文化教育、社会服务和信息传播。青年中心设有香积厨、佛殿、办事处、自修室、藏书室、计算机室等。藏书室收有佛学、史哲、教育、亲子、消闲等书籍，供市民免费借阅。自修室为学生提供一个宁静及舒适的学习环境，并有导师为学生免费解答学习上的疑问。青年中心展开定期的念佛诵经、佛学讲座活动，并在澳门广播电视台设立佛教教学节目，邀请高僧名师讲解佛学。青年中心还经常组织义工团，定期聚会及参与社会服务。中心还频繁举办念佛会、生日会、敬老活动及各种才艺班。青年中心还积极从事慈善活动。2004年南亚海啸发生后，青年中心共捐献善款25万元港币于佛教慈济基金泰国分会、印度尼西亚分会、联合国儿童基金会香港分会、国际红十字会。2005年印巴地震后，青年中心捐献善款3万元于联合国儿童基金会。青年中心设有印经基金，出版佛学丛刊数种，并办有《澳门佛教青年中心通讯》，为澳门市民及中心会友提供最新活动信息及情况。

青年中心立有“澳门佛教青年中心规则”，对进入中心、使用中心设备、行为守则、会友义务、参加活动、参与户外活动等作出详细具体的规定。澳门佛教青年中心的机构包括会员大会、理事会及监事会，皆由会员大会选举产生，每两年一届。会员大会由理事长主持。理事会为行政管理机关，成员包括一名理事长，一名副理事长，两名秘书及一名司库 / 出纳员。司库 / 出纳员负责财务收支管理和报告。监事会负责监察理事会的活动及定期检查和监察财务账目，由一名监事长、一名副监事长及一名委员组成。所有管理人员皆义务工作，不收取任何薪酬和利润。中心经费主要由捐赠和遗产组成，资金投向为各种弘法慈善活动。

八、结论

综上所述，澳门佛教各寺院组织的弘法活动和管理模式各有特色，但也体现了一些共同的重要特征和成就。其一是努力弘扬和实践人间佛教的精神，将佛法引向社会和人生，以出世之心做入世事业，积极推广多种形态的文化、教育、公益、慈善等事业，以慈悲度世的菩萨精神输送温情，解救急难，建立人间净土。其二是积极普及和宣扬佛法，组织各种学佛、讲经、诵读、法会等活动，使普通信众了悟佛法智慧，净化心灵，放下自我，自愿参加义工服务及捐献财物，为他人和社会谋福利，而不是停留于烧香拜佛、祈求福佑。其三是僧俗融为一体，僧人和居士会众共同管理佛教组织，既有会员大会、理事会或各种委员会、部组分别负责组织各种弘法活动，又有监事会监督活动和财务，秩序井然。其四是坚持寺院建设和僧团的管理，设立较为严格的日常修行功课和行为仪范规定，以坚固佛教僧团的存续根基。其五是制订较为完善的财务管理制度，设有专职的财务人员，虽然各寺院组织的经济收入有捐赠、会费、法会收入等各种不同来源，但一般皆能加以较为严格的财务管理，有效地运用于各种弘法活动，慷慨地回馈社会，造福人间。其六是各佛教组织间或佛教组织与政府部门或社会各界组织合力协作频繁，很多大型弘法活动仅靠一个佛教组织的力量无法应对，因此由佛教总会或某一个协会主办，多个寺院组织协办，或与相关政府部门及其他社会界别组织协办，已成为常态；而此类协作除成功举办有重大社会影响的活动外，还能有效促进佛教团体内部及其与社会各界的和谐关系，从而在一定程度上促进澳门社会的和谐发展。

作者单位：澳门大学社会科学及人文学院

对当前宗教领域部分乱象的解析

徐文明

近年来，随着中国经济文化的不断发展和国家宗教信仰自由政策的逐步落实，包括佛教在内的中国宗教也在走向繁荣，为中国文化的大繁荣、大发展和综合国力的提升作出了很大的贡献。然而，在发展的主流中也产生了一些不和谐的音调，在举国上下努力建设和谐社会、打造美丽中国的今天，还存在着一些并不和谐的音符和阴暗丑陋的角落，甚至在神圣的宗教领域，同样出现了不少并不神圣的乱象，而这些乱象的出现有很多复杂的原因，其中多数可能与宗教界本身没有太多关系，而其后果则大多由宗教界承担，这显然是不大公平的，对于宗教正常健康地发展危害很大，需要得到重视和解决。

曾几何时，在“宗教搭台，经济唱戏”的大潮中，为了进一步拓展寺院的经济功能，很多地方悄然兴起了寺院承包的活动，由此也引发了很多问题，引起了社会各界的广泛关注。

被承包的寺院分为两类，一类是作为宗教活动场所、由僧人住持的寺院，这是真正意义上的寺院；另一类是由文物、旅游部门等管理的寺院，事实上只有寺院的形式，并非真正的寺院。作为宗教活动场所的寺院不能施行承包制，一是国家相关法规不允许，不符合《宗教事务管理条例》；二是不符合宗教本身的规律。承包制是在经济活动中施行的一种管理体制，其目的是取得利润的最大化，这与宗教获得解脱的要求相去甚远甚至背道而驰，在经济中适用的方法未必适用宗教，盲目借用肯定会失败。由于寺院产权归属不明，承包制在操作上也会存在很大的问题，谁有权力向外发包，又由谁来承包？政府部门肯定没有权力把作为宗教活动场所的寺院承包给他人，普通的公司也不具备承包寺院的能力和资格，假如是承包给法师或一个僧团，同样是不合理的，一则戒律上不允许，二则不符合国家政策法规。作为宗教活动的寺院必须是由法师住持，对于寺院内部的管理他人无权干预，更不可能主导。

对于非宗教活动场所的寺院，当然不适用宗教法规和管理条例，采取何种管理和经营方式也是产权单位的内部事务，这类寺院似乎不应是我们讨论的对象。然而事实不然，出现问题最多的还是这类寺院，而且和宗教分不清。其中原因也很简单，一则这类寺院虽然没有僧人住持，不是正规合法的宗教活动场所，但是其中也有佛像或者类似法物流通处之类的地方，给人一种有佛有法的假象，使得普通游客不知道是否是正规寺院；二则这类寺院有时或者经常有类似的宗教活动，更让人觉得与正规寺院没有差别。

对于这类非宗教场所的宗教活动如何规范，是一个需要关注的重要问题。第一种方式最简单，即完全禁止，如果严格执行现行法令，在非宗教场所是不能举行宗教活动的。按照这种处理方式，首先应当取消所有非宗教场所寺院的功德箱，这种现象非常常见，很多文物或旅游部门管理的寺院也会出现功德箱，诱使游客捐款，这类捐款肯定不会上缴给佛教团体，这肯定是不合法的，其次应当禁止在这类寺院烧香礼拜，因为这也属于宗教活动，再次不得出售带有明显宗教色彩的经书和佛像等。如果能够令行禁止，也能使这类寺院成为纯粹的文物保管和旅游景点，宗教只是作为一种历史遗迹供人凭吊和追忆，虽然显得有些冷清和空旷，但也能保证这里的清净和安宁。假如在所有此类寺院门口张榜明示，说明这是非宗教活动场所，不得进行烧香、捐款、请经、礼拜等宗教活动，违者罚款或者以违法论处，也不失为一种解决办法。

如果采取比较灵活的处理方式，对非宗教场所的类似宗教活动加强监管和规范，而不是完全禁止，也是可以考虑的一种解决方案。对这类活动要具体问题具体对待，对于属于个人信仰的问题，例如拜佛，应当宽容，事实上现在也没有人干预。然而对于这类寺院的管理方必须加强监管，禁止其进行宗教活动，因为他们没有进行此类活动的权利和资格，例如这类寺院的功德箱必须坚决取缔，另外禁止卖香烧香，以免引起污染和火灾。

如今引起最大问题的，是这类寺院虽然不是宗教场所，却把自己伪装成宗教场所，利用宗教大肆谋取非法利益，打着宗教的旗号进行诈骗等违法犯罪活动。例如，云南某村建寺院，在把寺院承包出去之后，承包公司为了赢利，雇用人员伪装成法师，进行算命等迷信活动，诈骗游客烧高香、捐钱消灾。诸如此类的活动根本不是宗教活动，是典型的打着宗教旗号所进行的违法犯罪，对此必须严厉禁止，并追究相关人员的法律责任。雇用社会闲散人员身披袈裟、冒充法师，这本身就属于欺骗，因为法师的袈裟是某种特殊身份的象征，和军服、警服一样，是不能随便穿的，否则就是假冒和欺骗。而冒充法师进行欺诈，更是严重的犯罪活动，也是败坏佛教形象的违法活动，是绝对不能允许的，必须绳之以法。

在这类违法活动中，寺院所有者、承包公司、假冒法师、旅游公司结成了一个利益集团，共同欺骗游客，并且造成游客出于自愿、双方愿打愿挨的假象。游客的信仰是虔诚的，而欺诈集团一则根本没有进行宗教活动的资格，二则完全出于谋取非法利益的目的，毫无信仰可言。因此此类活动与宗教信仰没有关系，国家保护宗教信仰自由，却不能保护利用宗教进行欺诈的违法犯罪活动，这类活动即便发生在正规寺院，也同样是不能允许的，佛教本身也禁止算命等迷信活动，以之为邪命外道，更不能以此牟利。

严格划分两类寺院，在非宗教活动场所门口张榜明示，并经常检查，是避免利用宗教进行诈骗的一个简单的办法。

如果这类寺院希望经常进行宗教活动，确实出于满足周围信众信仰的需要，那就上报有关部门，将其转为宗教活动场所，由法师负责管理。

此类乱象的背后，有着深层的原因。现代社会存在着很多颠倒，金钱崇拜、本能崇拜成为了新兴的“宗教”，钱和欲望成了万能的神灵，而代表真善美的神圣和道德良心被人踩在脚下。向前看成了“向钱看”，为人民服务变成了“为人民币服务”。很多地方滥建寺院和大佛，事实上是把发展佛教作为繁荣经济的一个手段，将寺院当成新的经济增长点，出发点和动因是错误的，其结果也肯定会有问题。寺院承包的背后体现了对发展经济的盲目追求，体现了对金钱的渴望，这与追求知足少欲、清净解脱的佛教精神完全背离，注定是要失败的。为了使所有寺院成为一方净土，就必须取消门票，禁止烧高香和算命等迷信欺诈活动，只有这样才能使寺院回归宗教圣地的本位，成为人们的精神家园和文化中心。

除了暗地里搞寺院承包之外，有些地方还出现了乱建寺院和争造大佛的现象，对此必须进行正确认识和规范引导。

什么是合理的建设，什么是乱建，必须有清楚的认识，不能一概而论。其一要看动机，如果是当地信教群众出于信仰的需要，迫切希望建设寺院以满足自己宗教生活的需求，这种建设就是合理的，不属于乱建。如果是出于非宗教的动机，试图通过建造寺院和大佛来达到开发旅游、带动经济的效果，只是通过佛教来达到赚钱的目的，出于这种动机当然是不纯粹的、甚至是不合理的，为此而造寺当然属于乱建。其二，要看有没有足够的经济实力，在出于宗教信仰的需要的前提下，如果当地足够富裕，确实有能力有条件建造寺院，就是合理的，如果根本没有条件，需要很困难地筹措资金，甚至还得向银行贷款，那就不必急于建寺了。假如明明没有钱，还非要建大寺、造大佛，盲目攀比，当然属于滥建。其三，在满足前两个条件的前提下，还要考虑环境保护，建寺造佛，肯定需要占地，有的还得开山造佛，这就需要考虑是否会造成环境破坏，如果为了造佛而占用耕地，甚至破坏山林，就应当慎重考虑。所谓深山藏古寺，寺院本来建在环境清幽的地方，只有这样才有利于修行。现在很多地方不惜重金要打造所谓“佛都”，要在高山上开出极宽的马路，这肯定会造成环境破坏，这么做的结果是毁掉佛教名山。其四，在满足前三条的前提下，还要看寺院建成后有没有合适的法师住持，如果根本没有合格的法师，寺院就只是一个空壳，建成之后也没有多大意义，无法作为宗教活动场所，不能满足信众的信仰需要。现在合格的僧才奇缺，造寺不如安僧，不如想办法让僧人的数量和质量都得到的有效的提升。最后一条，也是最为重要的，建寺造佛必须合法，必须依照相关法规政策报批，经过正式批准之后才能建设，绝对不能先建设，后报批，先斩后奏，否则就是乱建。

而今各地出现的乱建寺院和大佛的现象，绝大多数是前几个条件都不符合。首先是动机不纯，很多地方建寺造佛，都是政府或明或暗地推动，其主要目的显然不是发展佛教，而是希望借助佛教带动一方经济，虽然这种想法不能说是完全错误的，政府当然有发展经济、改善民生的责任，但怀着强烈的经济目的来发展宗教，“宗教搭台，经济唱戏”，把佛教作为“奶牛”，无论是从法律上还是实际效果上都会有很大问题，双赢很难，双输的可能性更大。当建寺造佛变成了一个投资活动和经济行为，和宗教几乎是背道而驰，因为投资是要追求回报的，而投资者希望的回报并非是未来佛国的通行证，而是现世的物质回报，是看得见的利润，这就出现一系列的矛盾。往往是先建寺院或和大佛，然后将其变成景区，再收门票、建商铺。这样的寺院或景区肯定不是出家人为主导，即使是请来几个真和尚，也只能充当打工者。出于快速收回成本的需要，投资方不需要认真修行、不计功利的真和尚，只需要积极配合他们赚钱的人，为此出现承包寺院，产生高价门票、烧高香，甚至算命、抽签、骗钱等行为就非常容易理解了。当佛教被扭曲时，真正的高僧就不存在了，寺院变成了旅游场所，成了游乐场，不再是道场了，对信徒也就没有吸引力了。当佛教被扭曲后，靠其神圣性赚钱的目的也无法达到了，其结果自然是双输。

寺院本来是道场，建寺造佛是为修行，是奉献而不是牟利，只有回归其宗教目的，这种行为才有意义。赵州和尚早就说过，金佛不度炉，泥佛不度水，木佛不度火，真佛内里坐。造那么多土木金石的佛，不如好好建设自己的心灵，转凡心为佛心。建造大寺大佛，费用极高，如果真正发心，就应当把这些资金用于救度正在受苦受难的众生，救人一命，胜造七级浮屠。众生皆佛，对这么多的“活佛”视而不见，眼睛只盯着木佛石佛，实是本末倒置。另外，经过这么多年的努力，已经建成的寺院足够用了，佛教建设最缺的不是硬件，而是软件，缺的不是大佛，而是高僧。如果将建造大佛的资金用于为佛教界培养人才，用于佛教教育和佛学研究，其成效要大得多。因此当前最为紧迫的任务是建设身中净土，把自身建设成道场，不是外求西方净土，更不是建设土木瓦石的道场，是把人心变成佛心，让人成为佛。这是一个长期的目标，不可能一蹴而就，不会立竿见影，十年树木，百年树人，千年树佛，当然这是真佛，不是用钱堆出来的木石偶像。只有经过长期不懈地努力，人心不断向善，中国的文化水平和道德水平才能达到很高的层次，中国佛教才能更好地发展。

作者单位：北京师范大学哲学与社会学学院

近现代都市佛教中的社会功能

——以潮州开元寺为中心

达　亮

一、前言

寺院是僧众修行的地方，是信徒心灵寄托的中心，也是社会大众寻幽览胜的最佳去处。寺院，就是相当于如今重视社会大众文化教育的学校，所以寺院是社区的精神文化重镇，是民族生活、习惯、风俗的凝聚处，也是现代信众信仰的中心。现如今，寺院除了满足宗教生活的需要之外，在更高层次文化里，寺院又具有多种教育的功效。因此，与现代人生活较为密切的，莫过于寺院。

古代寺院往往是客商、旅人、士子甚至官员可靠的寄宿处所。宋代佛教寺院是允许行人投宿的，“行人得以栖托焉”。① 南宋建炎（1127—1130）年间，潮州贡院废于火，赶考的郡士就居于潮州开元寺内。延至清初，潮州开元寺内尚有房舍出租供商旅住宿。

潮州开元寺建于唐玄宗开元二十六年（738），当时把潮州市区中甘露坊② 的荔峰寺改建为开元寺。乾隆《潮州府志·寺观》记载：“开元寺在城内甘露坊，创于隋唐，兴废不一。”③ 释慧原《潮州佛教志·潮州开元寺

① 《重修扬州府志》（全二册）卷二十九，《法堂寺》。

② 甘露坊为开元寺所在。盖取佛经杨枝甘露之义。光绪《潮州府志卷十五·寺观》：“开元寺在城甘露坊”。清末改为“仁贤坊”，见光绪《海阳县志卷三·舆地略二·都图·页五》。寺前曰开元街，民国辟路改称开元路。

③ 《潮州府志》卷十五“寺观”条。

志》记载：

> 据本寺耆耇相传，谓寺先名荔峰，因寺内原有小丘，名荔峰，系金山来脉所结，寺先建于此，故以为名。至唐开元间，始易今名。①

可知，开元寺于唐以前已开山立寺。唐开元年间令全国各州郡各建一佛寺，规定以纪年为名，故称开元寺。这是一座庞大的宫殿式四合院建筑群，明天启六年（1626）碑记云："（寺）左边约地三百间，右边地五十间，视左尺寸加半。"② 相传本寺地广百亩（现存约三分之一）。

潮州开元寺在漫长的历史嬗变中，发挥了多方面的社会功能，对促进社会的发展产生了一定的影响。

二、超社区的社会慈善、凝聚、教化功能

佛教对社会的慈善功能：第一，赈灾济贫。民国期间，开元寺尚有施粥之举。特别是在民国（1939—1944）日军侵占潮州期间，在兵燹旱魃、饥馑交侵之际，潮州开元寺僧释莲舟（1904—1996）法师，常协办汕头善堂小学，在潮州开元寺向贫民施粥、米、衣物。他"具悲慈悯人之旨，于三十二年（1943）六月，潮汕兵燹、旱魃、饥馑交侵之际，大发宏愿，出国募捐"，到港、泰、越、缅、柬、印尼，先后共募"白米、饭干、米粉共五百包合六万斤"，被世人称为"华侨米"或"和尚米"。他多次用船载至汕头，再由各善堂布施，拯救奄奄一息的灾民，被世人誉为"大峰再世"。③ 当时潮州分得550包，在开元寺天王殿分发。第二，助医义诊。民国二十二年（1933）秋，开元寺于"观音阁内设民众阅览室；义诊所，为群众免费诊病"。④2007年，潮州开元寺创办"开元寺慈善中医诊所"，

① 《潮州佛教志·潮州开元寺志》（上册），潮州开元寺，1992年，第74页。
② 《潮州佛教志·潮州开元寺志》（上册），潮州开元寺，1992年，第78页。
③ 参见《汕头市救济院纪念释莲舟法师募米碑记》，《法音》1987年第6期。
④ 《潮州市佛教志·潮州开元寺志》（上册），潮州开元寺，1992年，第88、256页。

其宗旨“扶贫济困，治病救人”，为潮州市湘桥行政区域内的低收入困难家庭人员、每月按规定到由居委会发放医疗卡为凭证、提供免费普通医疗服务，施医送药。

佛教对社会的教化功能：第一，终极关怀，佛化火葬习俗。佛教传统，僧人圆寂须火葬，即荼毗，因佛祖释迦牟尼涅槃后是采用火葬，故相沿成习。西湖山摩崖石刻《俞献卿葬妻记》中有“厥躯愿勿火化”句，该文镌于北宋真宗天禧四年（1020），[①] 说明至慢在宋初，潮州民间已经很盛行佛教的火葬方式，因土葬开销大，平民百姓无力操办敛埋费用，有的受佛教的影响，认为火化后能往生净土世界。中国人接受了佛教习俗包括火葬在内，虽然历史上有的统治阶级和一些儒家常千方百计抵制，严禁火葬，但佛教的火葬，毕竟深深地影响了汉文化。在潮州南门外前街村前建有开元寺僧人普同塔，它始建于清代乾隆丙寅（1746）年间（参见《重修普同塔碑记》)，距今（2013）已有 268 年历史。乾隆年间重修此塔时，其旁则有化身窑一座，供荼毗（即焚化尸体）之用，塔原来仅供奉开元寺僧人骨灰，后来改为贮藏佛教四众骨灰。每岁逢清明节（三月初三）及重阳节（九月九日），开元寺遣派僧人前往祭塔。1956 年夏，由开元寺住持纯信和尚倡仪扩建新塔，以贮藏佛教四众骨灰，翌年竣工。1956 年，“开元寺住持纯信及诸大师以南关外普同塔仅为开元寺所有，未能惠普十方六众，乃慨然议改为佛教公墓，兼以提倡火葬”，[②] 得到各界人士的赞成。第二，摄受民众，米商于寺内神农殿校验量器。潮俗以每年农历十月十五日为神农氏(俗称“五谷主”) 诞辰。“城中各米商，咸集祀于此开元寺神农殿，礼毕，遵例各出‘筒’、‘斗’量器，当众校准修正后，回公会聚宴。岁以为常，亦佳例也。”[③] 潮城米商每年一次的祀拜与校验量器，实是米行公会为防止行业商家短斤缺两的违规行为，旨在施行公平交易。这种在寺里借助佛祖的尊严及护法神的震慑，提倡公平贸易的商业道德，的确是潮州商业的一大传统及特色。

佛教对社会的济世功能：第一，参加抗洪抢险。“民国三十六年(1947)

---

① 参见黄挺、马明达:《潮汕金石文征》(宋元卷)，广东人民出版社 1999 年版，第 14 页。
② 《潮州市佛教志·潮州开元寺志》(上册)，潮州开元寺，1992 年，第 103 页。
③ 《潮州市佛教志·潮州开元寺志》(下册)，潮州开元寺，1992 年，第 979 页。

六月，南堤告急，本寺僧众主动驰赴救助救。……是月十七日傍晚，本城南堤告急，……时少壮寺僧二十余人，自告奋勇，携麻袋数十，张开元寺灯笼，星夜赴南堤助堵，……至拂晓，堤安僧众方返。是役幸抢救及时，南堤终告无恙。而开元寺僧奋勇救堤之事，亦腾载报章云。”① 第二，组织“僧尼救护队”，支持抗战。1924 年 5 月 4 日，潮州城学生在开元寺隆重集会，纪念五四运动五周年，会后游行。1937 年 7 月 7 日卢沟桥事变后，政府通令抗战。抗日初期，青年抗敌会设在潮州开元寺祖堂。1938 年春，本省第九区民众抗日自卫团统率委员会驻潮州开元寺祖堂、十方堂、藏经楼。② 太虚法师呈准政府同意僧侣改为特组训练，偏重于救护技能，俾合佛教宗旨。开元寺在通令下达后，时任“开元寺住持纯寂和尚，积极响应，组织‘僧尼救护队’，准备效力沙场，特请潮安县政府派员指导，凡适龄者皆踊跃应召来寺受训。”③1939 年 6 月 28 日日军陷潮城。

三、文化生产、传播、摄受功能

第一，弘法利生，兴学育才。释怡光（1862—1930），饶平黄冈人，俗姓陈，在南澳叠石岩出家。民国初期，他率属下僧人到潮州开元寺端正道风，登台讲经，开创了该寺新局面，成为潮汕一代著名法师。潮州居士、金中校长王弘愿向其赠联“是近世僧伽真宝，开我潮佛学曙光”④。目前，潮汕佛门修持的绝大多数是净土法门，也可以说他们是先禅后净。如潮州开元寺，于民国六年（1917），由开元寺释怡光法师在藏经楼下禅堂讲《金刚经》，并倡导僧俗念佛，自此改为净土宗念佛堂，影响遍潮汕。潮州自清末至民初，讲经事自此始。⑤ 至民国七年（1918）释怡光法师任开元寺监院，倡导念佛，潮州自清末至民初，念佛之风自此始。⑥

① 《潮州市佛教志 · 潮州开元寺志》（上册），潮州开元寺，1992 年，第 256—257 页。
② 参见《潮州市佛教志 · 潮州开元寺志》（上册），潮州开元寺，1992 年，第 89 页。
③ 《潮州市佛教志 · 潮州开元寺志》（上册），潮州开元寺，1992 年，第 256 页。
④ 南澳县地方志编纂委员会编：《南澳县志》，内部刊印，第 742 页。
⑤ 参见《潮州市佛教志 · 潮州开元寺志》（上册），潮州开元寺，1992 年，第 206 页。
⑥ 参见《潮州市佛教志 · 潮州开元寺志》（上册），潮州开元寺，1992 年，第 206—207 页。

民国初，“开元寺里方丈厅设图书馆、法师讲经、开佛化讲座”。民国二十二年（1933）秋，“开元寺在其天王殿内设民众茶园、素食处、佛学通俗讲座；又于观音阁设民众阅览室”。①

开元寺常作“村塾”或借为教学场所。仅开元寺在清末、民国初就有清光绪三十三年（1907）扶轮堂于方丈厅设“三育学堂”②。民国初，初祖堂“后为乙商学校”③。民国十七年（1928）春，“开元寺住持释智臻于寺内创办觉世小学，呈准每年免再纳城南小学经费”，他在“寺内药王殿、五观堂，办觉世小学校”，④潮安教育局长陈去非赠“乐育为怀”木刻横匾纪念。民国三十四年（1945）日本投降，“省立金山中学回城，因金山校舍于潮沦陷时被毁，乃暂设于开元寺内天王殿、观音阁、地藏阁、东西两廊、钟楼、诸天阁等处”，⑤照常开课。

第二，弘法出版，从出世到入世的转型。清代出版书籍，今尚存有《开元传灯录》《瑜伽焰口施食仪轨》（禅和板）等。1920 年 1 月，潮安青年图书社在开元寺内开设新刊贩卖部，销售来自京、沪的数十种书刊。潮州岭东佛学院出版有“《人海灯》半月刊、《海沤集》《南询集》《静贤全集》”。

第三，弘法利生，佛乐教化。开元寺有佛乐禅和板与香花板（又称本地板）两种，由于此二板的唱法及板眼，皆有其各自的旋律、风格，而且各具与民乐不同的特点。因此，在声艺丛中，能独树一帜，而成为特有佛乐。

禅和板传入潮州是在清乾隆初年，罗浮山曹洞宗华首派密因和尚住锡开元寺。此后，寺院一切规模法度悉依其规制，其佛乐特点体现了秀丽优美而不妖冶佚荡，平缓悠扬而非萎靡不振。在唱念中，从赞、偈、板、呈、诵五种结构形式看，具有独树一帜，迥异凡响的功能。香花板，又称本地板，是流传于潮汕各县市的佛乐。此板的音调旋律，类似闽南僧侣所唱，佛曲亦似闽南戏曲风格。由此可见闽潮两地佛教文化的亲缘关系。

---

① 《潮州市佛教志·潮州开元寺志》（上册），潮州开元寺，1992 年，第 256 页。
② 《潮州市佛教志·潮州开元寺志》（上册），潮州开元寺，1992 年，第 87 页。
③ 《潮州市佛教志·潮州开元寺志》（上册），潮州开元寺，1992 年，第 89 页。
④ 《潮州市佛教志·潮州开元寺志》（上册），潮州开元寺，1992 年，第 385 页。
⑤ 《潮州市佛教志·潮州开元寺志》（上册），潮州开元寺，1992 年，第 209 页。

“歌咏法言”的梵呗是佛教法事仪轨中不可或缺的重要组成部分。由此，“以音声为佛事”的梵呗应运而生。

春秋时期的潮汕，被称为南蛮和百粤，是古越族的住居地。那时这里已有青铜文化，说明中原文化已渗透到这里。直至秦始皇帝统一中国，发兵百粤，已有揭阳戍守区。后来还有将领史禄及其军众留寓揭阳。音乐文化随着南来的移民传入百粤之地，与土著音乐文化互相融合。这是潮州音乐的渊源。

潮州音乐流传于中国广东潮州、汕头地区传统器乐的统称。潮、汕古代属百越。自先秦开始，随着中央政权的军事戍边、中原居民的避乱南迁和高官仕宦贬谪，这里与中原文化之间经历了反复不断的交流。经过两千余年融合沉淀，潮、汕一带凝聚成一个丰富多样而又极具特色的区域文化圈。特别是传统音乐，从宫廷雅乐到文人词乐，从宗庙音乐到民间俗乐，这里一应俱全，被誉为传统音乐的“聚宝盆”，潮州佛乐亦在其列。

香花板和禅和板音乐，是潮州僧俗依据梵呗唱法，吸取当地民间音乐精华，经过历代不断地创新和完善，形成的独具一格的潮州民间音乐。在寺内的法会和俗家人做佛事中广泛运用。不仅如此，它还被民间音乐和戏曲（潮剧）的唱腔和伴奏所借鉴、吸收，为广大潮人所喜闻乐见，但却一直得不到应有的重视。新中国成立后，才引起国内音乐行家的注意，并由潮州开元寺僧人和民间音乐艺人逐步加以发掘和整理，其中一部分已被制成各种唱片和录音带出版，并在多种音乐会上演奏过，颇受欢迎。

潮州佛乐有两次大整理，第一次是1961年10月北京广播电台及中国唱片公司、广东音乐家协会来汕头作潮州音乐；第二次是20世纪80年代，以原开元寺主持慧原法师为主，陈天国、苏妙筝、陈传云等记谱，在汕头广东潮剧院演唱三个月，整理出现代的词曲谱30余首，1989年8月编入上海《中国音像大百科》29首；1995年由释慧原、陈天国、苏妙筝编著《潮州禅和板佛乐》[①] 一书，此书收录130首，这一次整理比较完善。慧原法师对潮州佛乐这次录制却持有一个观点，认为潮州“梵呗初无管弦伴奏之事，至清末始有以小唢呐和之者，既而渐益他器。至民国初年，器乐庞

① 释慧原、陈天国、苏妙筝：《潮州禅和板佛乐》，花城出版社1998年版。

杂，锐利雄烈，以至混蔽呗音，喧宾夺主，殊为不妥”，主张“采取器乐曲与赞呗分录之法，一为恢复古制，二为词意清晰”。此外，国内外不少有关单位及个人也陆续来潮汕采风，录制和研究潮州佛乐。潮州佛乐被专业作曲家和演奏家吸收后已搬上多种音乐会上演奏，从而焕发出新的艺术光辉。

值得一提的是，潮州佛乐一些曲式、曲调已被专业作曲家和演奏家吸收后加以艺术创造。如1983年潮州市民间音乐团创作和演出的器乐曲《祭鳄颂》，作者大胆吸收潮州庙堂音乐的旋律特点和节奏形式，并以庙堂音乐的打击乐器伴奏，取得很好的艺术效果。1993年中国音乐学院教师、潮州籍古筝演奏家杨秀明先生，在北京举办个人古筝演奏会，所演奏的乐曲有些也借鉴潮州庙堂音乐的旋律和节奏，在国内音乐界引起不同凡响。如潮州民间音乐团原团长杨先生，观看禅和板佛教音乐会后赞叹说：“禅和板佛教音乐确实独具一格，没有现代流行音乐的刺激性，它秀丽优美而不妖艳靡荡，平缓悠扬而非萎靡不振。可谓此曲只应天上有，值得大力发扬。”他还亲自到寺内找资料员，索取禅和板佛乐唱本，准备在由他组织的“庙堂音乐团”中排练演出。又如潮州音乐、佛教音乐的研究者陈天国教授，他的研究成果《潮州音乐概论》、《佛教音乐概论》等均属开拓性的。

禅和板佛教音乐是潮州开元寺特有的传统佛乐，庄严典雅、优美悠扬、整规有序，令听闻者心旷神怡，忘却识藏之中的恩怨和烦恼，产生真善美之感，今已名闻于海内外。新中国成立后，德国电台首来录音播出，中央人民广播电台也多次播出禅和板《南海赞》佛曲。2006年为举办一场有特色的音乐晚会，潮州开元寺为此还举办了禅和板佛乐培训班，培养中青年僧人和部分居士学习演唱外，特别与一直坚持用禅和板佛乐进行佛事活动的居士林商定，请他们组成佛教音乐团，排练出《大三宝》、《禅定》、《香赞》等十多个唱板，为开元寺举行的禅宗历史文化活动，举行了专场演出。为了使音乐会更丰富多彩，潮州开元寺还在明镜古寺举办了“禅宗历史文化长廊系列活动·九九重阳敬老联欢会”慰问演出，潮州佛乐团表演了佛乐。2006年2月17日，广东佛教音乐团在天河体育馆举行“粤海沐春风，梵音颂和谐”大型佛教音乐汇报演出；11月10日，广东省佛教协会、云浮市六祖文化研究会、新兴县六祖思想研究会、新兴县国恩寺联办，由上海音乐学院表演的“六祖惠能”大型音乐剧在广州中山纪念堂首次上演。2007 年 10 月 30 日，由广东省佛教协会、香港慈辉佛教基金会主办“佛乐颂和谐、爱洒新农村”——大型新佛乐慈善义演晚会在惠州体育馆举行，来自台湾、香港、国内各地 108 位法师出席晚会。省佛教协会和光孝寺举办的两场“粤海沐春风，梵音颂和谐”大型佛教梵呗音乐会和广州、深圳两地举办的“神州和乐—梵音交响诗大型音乐会”，演出圆满成功，其美妙的旋律不但令人赞叹，给人以“净化心灵”的感觉，而且还加深了人们对中国传统文化的了解。

潮州佛乐之所以能传至今天，是因为佛教宗派的封闭，东晋导唱制度的确立，兼于衣钵的传承并构成了代代相传、不容经改、渊源古远的潮州佛乐。其实，潮州佛乐在流传过程中，也受到各地民俗影响，如梅州客家常用的潮州佛乐是香花板和禅和板，流行于梅州、河源、韶关等各县市，但梅州客家用的是一些不成体系的山歌唱腔咏唱的。尽管如此，笔者深信，潮州佛乐将会成为传统民间艺苑中一朵奇葩，音乐史上珍贵的“活化石”，在新的气候土壤中争春吐艳，香飘四海，音传千古。

四、对外友好交流功能

唐时的大佛寺在国际担负着文化交流的作用。潮州开元寺当时也担负着此项任务。寺内有位“韩弟子任国祚”奉献的铜香炉，这说明当时潮州开元寺曾驻锡过朝鲜僧人。素有“百万人家福地，三千世界丛林”之美誉潮州开元寺，也是联结海内外佛教文化的纽带与圣地。古代有关潮州开元寺国际往来的文字极少，近代主要为中、日、泰文化交流较多。

1. 中日交往　东密复兴

（1）东密复兴王弘愿。唐中宗神龙元年（705），中天竺僧般剌密帝携梵文《楞严经》到广州，房融在光孝寺笔授翻译，为岭南有译本密宗经典之始。如果说《楞严经》是密宗经典，那么此时密宗已传入广州。唐大历十一年（776），代宗下令全国僧尼一月之内通诵《尊胜陀罗尼经》，日诵二十一遍，此时之密宗必然传入广东。开元七年（719），中国密宗创始人之一、南天竺僧金刚智携弟子不空来至广州，后经广州北上洛阳传播密宗。《宋高僧传》记载他“所住之刹，必建大曼拿罗灌顶道场，度于四众”。可推论其在广州曾密宗大曼陀罗道场。开元二十九年（741），不空率其弟子含光等 37 人来广州，在光孝寺开坛设场传教，受灌顶都数万人。此后，密宗在中国的流传渐次式微。宋代岭南未见有密宗流传的文字记载。至元末，始有喇嘛胆巴帝师（1230—1303）被贬潮州，在潮州城内建宝积寺，以密宗咒术弘化，颇受人信奉。及至民国初，广东潮州人王弘愿译日本密宗第四十八代祖权田雷斧《密教纲要》行世，并于民国十五年（1926）在日本获雷斧传为密宗四十九代祖，先后在潮州创“震旦密教重兴会”，在广州创“解行学社”，与其弟子冯达庵（宝瑛）等致力于密教在中国的重兴，受灌顶达数百人。

其实，潮州开元寺在中外文化交流方面也具有重要地位。在唐宋以前，岭南第一古刹光孝寺是中外佛教文化交流的门户。印度及东南亚各国高僧来东土弘法，经海路者大多由广州登陆，第一个驻锡地就是光孝寺，如昙摩耶舍、达摩、求那跋陀罗、不空等都曾在广州光孝寺弘法。在南方前往西天取经的中国高僧，也将光孝寺作为西行的始发港。近代以来，光孝寺被其他机关占用，其地位一落千丈。而潮州开元寺则得到较好的保护，在中外佛教文化交流中的地位越来越重要，潮州开元寺的僧人走出国门，前往日本学习东密，而东密的回传，潮州开元寺是广东乃至全国的主要弘传基地，可以说潮州开元寺的地位相当于唐宋时期的光孝寺，并不是毫无根据的。尤其是在民国佛教的复兴运动中，潮州开元寺的作用尤其突出，可称得上是广东佛教复兴运动的中心。

民国初期，潮州开元寺无疑处在中日佛教文化交流的前沿。在民国初期的中国佛教复兴运动中，东密的回传复兴是一个重要组成部分。而东密复兴，便与潮州开元寺有着极其密切的关系。

东密复兴的先驱人物，是与潮州开元寺关系密切、被称作“以居士为当代传承密教得阿阇黎位之最初第一人”[①]的潮州居士王弘愿，广东潮安县人，清末秀才，曾任金山中学校长。他原名师愈，号慕韩，皈依佛法后改名弘愿，号圆五居士。他曾在潮安金山中学堂任教 8 年，1912 年任校长。

① 《汕头密教重兴会导师王阿阇黎入寂后再志》，《佛教日报》1937 年 3 月 20 日。

不久辞职，又曾与谢安臣同主汕头《汉潮日报》笔政。40岁时因读《华严经》而始信佛，经常向潮州开元寺怡光法师请教教义，借阅经典。民国七年（1918）二月，潮汕地震，潮州开元寺殿宇受损，住持传实和尚倡修，王弘愿作募捐启示。民国十一年（1922），潮州开元寺殿宇被飓风吹损，王弘愿与怡光法师等共倡募修。民国十三年（1924）潮州开元寺内唐代石经幢修复，王弘愿为之题书《准提真言》梵文。

王弘愿于民国十四年（1925）在广东潮州密教重兴会创办《佛化》季刊，不过没有过多久便夭折了。民国十九年（1930）怡光法师圆寂，王弘愿为之撰传。翌年，倡募补修潮州开元寺收藏的明、清两代《大藏经》。

王弘愿博览西洋译籍，对日本的各类书籍也抱有浓厚的兴趣，还通过自修掌握了日文。民国七年（1918）他阅读了日本密宗丰山派权田雷斧大僧正所著《密教纲要》，书中宣传的"即身成佛"的教理引起了他的兴趣，并将它译成中文，由潮安刻经处刊刻。此书一经行世，即引起了国内僧俗两界的普遍关注。在佛教复兴运动的领袖太虚大师的支持下，王弘愿又翻译了权田雷斧所著的《曼荼罗通解》和《大日经疏续弦秘典》《兴教大师觉鍐传》《融通念佛圆门章》等密宗书籍，出资翻印了日本高僧空海在唐学习时所记录的笔记《金刚经义诀》。此外，还撰写《日本密教高祖弘法大师传》《慧果阿阇黎传》《圆五居士文集》《大方广佛华严经普贤行愿品疏序口义记》《送终大要》（潮安王弘愿、王福慧）和《密教的数息观》等一系列介绍日本东密宗的书籍和文章。王弘愿译介日本密宗典籍，在中国佛教界产生了广泛的影响，国内僧俗学密的热情高涨，使得密宗在20世纪二三十年代的中国再次得以复兴。王弘愿译介日本密宗典籍，促进了中日佛教文化的交流，引发了东渡日本学习东密的热潮。

潮州开元寺还是弘传东密的重要场所。粤东地区掀起的密宗热，同时吸引了日本密宗高僧前来潮州弘法。民国十三年（1924）6月，日本密教传灯大阿阇黎、79岁高龄的权田雷斧大僧正偕小林正盛、小野冢场与澄等共12人莅潮弘传密法，传法的主要场所就是潮州开元寺。从6月8日至14日，权田雷斧在开元寺藏经楼下禅堂，共举行了5次灌顶法会。当时，前来受法的远近缁素不计其数，"地方军政显要，如潮梅护军使洪兆麟、潮安县长吴少荃等，多来受法，执弟子礼"；还有"四川省知名居士程宅安亦不惮跋涉，来潮礼受灌顶"。入坛接受灌顶者近百人，而王弘愿接受正传灌顶，独得金刚界、胎藏界两部传法灌顶，得遍照金刚密号。后随其赴日本学法授职，为第四十九世阿阇黎。同年归国后，在潮州创办"震旦密教重兴会"，并刊行密宗经籍数十种。民国二十年（1931）以后，有胡毅生、梁智广、赵十觐等建"解行学社"于广州六榕寺千佛塔侧，请潮州王弘愿弘扬密教。当王弘愿在广州"解行精舍"传授密教之时，广州的佛教徒又请浙江蒙藏委员会、西康诺那呼图克图来粤传授西藏密教。至此，广东才有西藏密教流传。

王弘愿曾到中山大学文学院讲授佛法，后因病重，传法于惠阳冯宝英等四弟子。民国二十三年（1934），汕头密教重兴会创立，王弘愿受聘为中山大学文学院讲师，主修广东通志宗教志。可以说，粤东地区是近代中国密教重兴运动的重镇，而潮州开元寺则又是这个重镇的中心。

《佛光大辞典》是这样记述王弘愿的：

> （王弘愿）潮安人。为近代中国佛教弘阐东密之先驱。民国七年（1918），曾将日僧权田雷斧之《密宗纲要》译为中文。十三年，从雷斧习密，且受其传法灌顶。后遂于广州六榕寺为人灌顶，主张居士身可作阿阇黎，受比丘顶礼，备受太虚、曼殊揭谛等之非议，开僧俗、显密诤论之端。晚年事迹不详。①

王弘愿可谓是由儒入释最典型的人物，他早年也是排佛的，从早年的名号"师愈""慕韩"可以看出，后来他专注于佛教密宗之建设，可谓一大奇迹人物。因此，在中日佛教界掀起一场轩然大波。

（2）东密第一僧纯密和尚。纯密（1901—1970），职位阿阇梨，潮州黄檗宗僧人，法名一印，号纯密，接法后名森印；俗姓陈，广东潮州人，清光绪二十七年生于潮州府城家伙巷。

释纯密家父从商，家境宽裕，与王弘愿居士有戚谊。王弘愿居士于民国七年（1918）译出日僧权田雷斧的《密宗纲要》一书。释纯密少时在府

① 慈怡法师主编：《佛光大辞典》，北京图书馆出版社 2004 年版，第 1509 页。

城就学，深受王弘愿居士及其所译《密宗纲要》一书影响。在东渡日本学习密宗的热潮中，潮州开元寺僧人充当了先驱。民国十年（1921），释纯密在王弘愿居士的鼓励下，东渡日本求法，在高野山学习东密（日本密宗），是全国近代第一个东渡日本学习东密的僧人。民国十五年（1926），释纯密迁居苏悉地园任住持。

民国十六年（1927）春，释纯密法师应邀赴暹罗（今泰国）弘法；民国十八年（1929）春，又应邀赴新加坡弘法。所到之处，颇受欢迎。潮汕僧人应邀出国弘法，这在当时的潮汕佛教界，实属罕见。民国二十三年（1934），释纯密再次东渡日本，前往东京购请真言宗金刚界、胎藏界两部经像法器置于“苏悉地园”。[①]“苏悉地园”至今是广东省唯一的密宗道场。

民国三十一年（1942），释纯密法师代理开元寺住持。潮州开元寺自清乾隆元年（1736）从临济宗易为曹洞宗后，住持开元寺之僧人须接曹洞宗法卷方可为本寺执职，阿阇梨接法后名森印，故能在此年任潮州开元寺住持。

佛化之行于中国，盖自汉唐宋代之后，日渐微薄，前清以来，密宗更少传授：

> 密教重兴会王弘关（愿）居士前年由广州返潮州后，即患半身不遂症，缠绵经年，医治无效，已于本年（1937）1月间逝世，同时，香港真言宗居士林黎乙真居士亦以喉疾逝世，中国密教复兴以来，此两居士得权田雷斧之传，公然为人开坛灌顶，因此曾引起国内佛教徒之激烈辩诤，华南佛教近数年来以诺那上师及赵公壁等之提倡，密教最为兴盛，今诺那超（赵）公壁等相继逝世，而曼殊揭谛又飞锡杭州西湖，硕果仅存之阿阇黎，只潮州纯密大师而已，华南密教恐将渐次消沉矣。[②]

由此，释纯密是我国近代最先东渡日本学密僧人，也是广东省僧侣自

① 参见《潮州市佛教志·潮州开元寺志》（上册），潮州开元寺，1992年，第262页。
② 《一月佛教·潮州》，《人海灯》（第四卷）第四期，第1696页。

清代至今东渡扶桑求法仅有之一人，且又最早在国内设置真言宗坛场“苏悉地园”，是自宋代密宗于汉地失传后，为东密在我国近代佛教界兴起的滥觞，促进了中日佛教文化的交流。

从唐代岭南有密宗译本经典之始，到民初潮州王弘愿、释纯密等大力提倡和推动复兴中国密宗，特别是东密在潮州开元寺的弘传，为近现代中国东密文化的复兴作出了不可替代的历史性贡献，也将近代中国东密文化复兴运动推向高潮。

民国二十四年(1935) 十一月三十日，“欧洲拉脱维亚国僧人帝释(师)呜阿阇黎率徒庆喜（德国人），来开元寺瞻礼。住持福来和尚具素筵接待，并赴西湖游览。即日返汕头”。①

2. 中泰联谊　缘结佛殿

潮州开元寺泰佛殿位于韩江大桥东侧笔架山南麓，该佛殿仿泰国越盂乍玛匹寺（俗称云石寺）模式构建，为国内汉地佛教寺院中第一座泰国式佛殿，是潮州开元寺一处独立殿阁。为我国汉寺佛教第一座独具亚热带风情、规模恢宏、建筑优美的园林泰国式佛殿。

早在 1982 年的改革开放初期，海外潮人开始与家乡恢复密切联系，许多潮人纷纷回家乡兴办公益事业，支持家乡建设。此时，泰国侨领陈森卫先生在陈振泰先生的牵引之下，拟捐款在开元寺“崇行堂”旧址兴建泰佛殿。

1984 年春，时任潮州统战部副部长刘佐催、宗教局副局长张得海，及陈逢磷（陈振泰之叔父）三人前往泰国与陈森卫先生商议具体方案，但事不凑巧，陈森卫先生得病，不能再议此事，因此建泰佛殿一事暂时搁下。此是开元寺建泰佛殿之前的一段因缘。现设在原方丈厅高 2.45 米的佛像，座下前面刻有数行泰文，并配套佛前全套泰式铜制供器，就是这段因缘的见证。

1991 年，定然法师继任开元寺住持，时任市委书记林锡荣同志的牵头引见下，谢慧如先生发心捐资赠建潮州开元寺泰佛殿。

1992 年 9 月 6 日，由泰国御封华宗大尊长仁得大师、华宗副尊长仁

① 《潮州市佛教志・潮州开元寺志》(上册)，潮州开元寺，1992 年，第 262 页。

晁大师率领的“泰僧团”，由泰国侨领谢慧如先生为团长、张荣炳先生为副团长、泰国空军总司令干·披曼贴上将、泰国国立法政大学前校长陈贞煜博士、陈有汉博士、胡玉麟博士为名誉团长的“泰华各界举行潮州开元镇国禅寺泰佛殿解夏布施团”一行247人，到泰佛殿前来举行呈献迦絺那衣仪礼，盛况空前。

1997年6月，泰国诗琳通公主应邀访问中国，6月27日专程到泰佛殿礼拜，签名留念。受到潮州开元寺时任住持弘澈法师暨两序热烈欢迎。这一象征中泰文化交流和友谊的活动，引起泰国电视台及新闻界的关注，均作宣传报道，轰动一时。

近代住持智诚、慧原、定持、定然、弘澈曾出访新加坡、马来西亚、泰国、斯里兰卡、法国等国，加强此国的交流。近数年来，潮州开元寺多次组团到泰国访问、弘法、传戒，进行佛教文化交流，联结东南亚各国华侨的乡梓之情，也成为联结中外佛教文化的纽带和圣地。

大悲殿在开元寺东侧，2003年竣工。该殿重檐歇山顶，经墙碧瓦。殿内供奉由旅泰侨胞蔡卓明居士供奉的84尊汉白玉观世音菩萨大悲应身圣像。匾额“大悲殿”为香港国际潮学大师饶宗颐教授所书。殿内供奉的84尊应身像是汉地佛寺之最，亦是国内第一座最多供奉84尊汉白玉观世音菩萨大悲应身像的殿阁，在全国开元寺当中只有潮州开元寺和岭东佛学院有配殿大悲殿。①

潮州开元寺泰佛殿为国内汉地佛教寺院中第一座泰国式佛殿，是潮州开元寺一处独立殿阁，为我国汉寺佛教第一座独具亚热带风情、规模恢宏、建筑优美的园林泰国式佛殿。

开元寺泰佛殿、大悲殿是中泰人民友谊的象征，亦是中泰文化交流的标志，通过佛教架起中外友好交流的桥梁。

五、结束语

综上所述，潮州开元寺具有以超社区的社会慈善凝聚教化、文化传

① 参见曾秋潼：《潮州开元寺大悲殿现象刍议》，《潮州》2007年第3期。

播、对外交流等社会功能，同时还是联结海内外佛教文化的纽带与圣地，亦可看出潮州开元寺在社会政治、经济生活中的地位和作用，对于社会的存在和发展起过一定的促进作用。

作者单位:《普陀学刊》编辑部

试论佛教与社会主义社会相适应

法　缘

佛教是一种以信仰为根本，解脱为目的，教育为中心，文化为纽带的宗教。佛教在中国有着悠久的历史、丰富的文化内涵、影响极为广泛。然而当历史的车轮驰入21世纪的今天，在新的世纪，作为世界性三大宗教之一的佛教，能否在社会主义国家长期存在并发挥其应有的功能和作用？能否与社会主义社会相适应？这不仅是一个为国内外宗教界人士所思考的问题，也是有关社会人士从不同角度予以关心的问题。对于这些问题近几年来在国内思想、学术界大体已有了共识。1990年中共中央《关于加强统一战线工作的通知》明确提出“要引导爱国宗教团体和人士把爱教与爱国结合起来，把宗教活动纳入宪法和法律的范围，同社会主义制度相适应”。①1993年江泽民同志提出处理宗教工作的“三句话”，强调积极引导宗教与社会主义社会相适应。在2001年的全国宗教工作会议上他又强调，“宗教工作，是党和国家工作中的重要组成部分，在党和国家事业发展的大局中有着重要的地位”，并阐明21世纪初宗教工作的基本任务是：“全面贯彻党的宗教信仰自由政策，依法管理宗教事务，积极引导宗教与社会主义社会相适应，坚持独立自主自办的原则，巩固和发展党同宗教界的爱国主义统一战线，维护稳定，增进团结，为推进社会主义现代化建设、实现祖国和平统一、维护世界和平与促进共同发展而努力奋斗。”② 以江泽民同志为代表的党中央、国务院所作的精辟论述和重要讲话，不仅表明了宗

---

① 《十三大以来重要文献选编》中，人民出版社1991年版，第1208页。

② 《江泽民文选》第三卷，人民出版社2006年版，第381、382页。

教包括佛教，在我国社会主义现代化建设中的重要地位和作用，而且为佛教今后的发展指明了方向。

一、佛教为什么要与社会主义社会相适应

任何一种社会文化形态都会随着时代、社会的发展而发生相应的变化，否则就会落伍、被淘汰。佛教是世界性的宗教之一，它在世界各个国家地区的弘化情形，也同样取决于它能否适应时代、社会在发展过程中所提出的要求，进行相应的变革，在教义思想、组织和传教方式等方面进行调整乃至重建。印度佛教从原始佛教到普及全国，以及部派佛教、大乘佛教到传入亚洲各国……都经历了适应时代、社会和地域环境的过程，佛教正是在这一过程中不断向前发展的。历史跨入了21世纪，人类文明前进的号角吹出了更为强劲的音符，科学昌明发达，技术突飞猛进，社会财富急剧增长，思想文化日趋自由。在这个发达的高科技时代，佛教只有与社会主义社会相适应，才能存在和发展。可以说佛教与社会主义社会相适应主要有如下几个原因。

1. 相适应是佛教自身的发展规律

佛教传入中国并渗入中国文化血脉历经两千多年。一部中国佛教史就是一部佛教与中国民族文化相适应的历史，也是一部与中国经济、政治、文化相容、依存、互动、融合的历史。佛教自成立到现在，是在不断地适应时代、不同国家和民族的地理历史环境中演变着、发展着，佛教是在适应中发展，在发展中适应，永无尽期。

让我们穿越时光隧道，回到两千五百多年前的印度。从最初的夜睹明星而悟道，到鹿野苑初转法轮度五比丘，佛陀创立了佛教。佛教在印度大体经历了部派佛教、大乘显教、大乘密教这三个时期。随着这三个时期佛教的对外传播在亚洲相应形成了巴利语、汉语、藏语之三大语系佛教。这三个时期佛教之间及三大语系佛教之间，既有着密切的联系，又有着很大的不同。无论是在遵奉的三藏经典、宗派的理论、修行的仪轨、方法等方面，还是在寺院的规制、供奉的佛像乃至饮食、衣饰的习惯等方面，都存在着显著的区别，而这正是佛教顺应时代的发展，适应各个国家、各个地

区、各种民族不同的社会风俗的结果，表明佛教能因地制宜，因机施教，具有随缘变化的能力，因此才具有丰富的内涵和顽强的生命力。从中国佛教来看，更能说明这一点。

佛教自两汉之际传入我国以后，与传统思想观念几经冲突和整合，最终在华夏大地扎下根来，并成为中国思想和文化的主干之一。佛教东传之初，当时的人们以其习常的具有道教色彩的观念看待和接受佛教，结果将其理解成神仙方术的一种。随着佛教的进一步传入和流布，佛经的汉译也日渐增多，佛教教义中的一些核心概念特别是般若学的思想通过与魏晋玄学的交汇融合，真正融入了当时的意识形态，得到了广泛的传播，进而成为我国主要的宗教形态之一。隋唐两代，佛教精制的教义在社会的上层人士中得到了广泛的认同，沿袭神道设教的传统，数百年间，佛教屡屡得到来自社会上层的支持，成为实现社会教化的一种重要手段。借助于统治阶层的大力倡导，佛教的教义完成了其知识话语的中国化过程，一些具有广泛深远影响的，具有鲜明中国思想特色的佛教宗派先后出现，如天台宗、华严宗、法相宗、净土宗等等，特别是融汇了佛教般若思想的禅宗，唐宋以降风靡九州，并传入日本、朝鲜等地，几乎成为中国佛教的代名词。

由以上可见佛教自身具备延续性、独立性和可变性，它能因地制宜，随缘而变化、适应当时的社会乃至政治、文化等，所以它能够从古至今延续下来。也正是因为如此，也给自己创造了与社会主义社会相适应的可能性。在现代，我国进入到了人类社会的一个较高阶段——社会主义社会，历史经验证明，佛教由于自身的发展规律一定能与社会主义社会相适应，适者生存，不适者淘汰，佛教只有与社会主义社会相适应才能稳步发展，以更好地服务社会，利国利民，庄严国土，利乐有情。

2. 相适应是时代的要求

在诸多宗教当中，佛教尤以具适应性、包容性著称。佛教常讲“应时契机，随缘变化”，佛陀教法的弘传也是讲究契理契机的。本着这两大原则，所以 21 世纪佛教应与时代相应，契合这个时代众生的根基。当今的 21 世纪是一个崭新的世纪，在 21 世纪现代科学技术迅猛发展的客观条件下，一方面给佛教带来了新的机遇，但同时也带来了严峻考验。

面对 21 世纪的机遇与挑战，佛教总不能以历史文物的面孔去应对日新月异的时代进步和波澜壮阔的社会变革，不能用隔世之音去与现代科技文明进行对话。因此把握机遇，挑战未来，这是我们这一代佛教徒的历史使命，也是历史发展的必然规律。机遇与挑战并存，在机遇面前，我们需要思索的是怎样迎接挑战，使佛教在与各种挑战的碰撞中充分发挥自己的功能和作用。历史的经验和教训告诉我们，继承传统，适应当代，是佛教流传至今而又经久不衰的制胜法宝，是当代佛教振兴和发展的必由之路。中国佛教必须也只能走与社会时代相应的道路，应时契机，调整改革，把握时代之机遇，负起时代给予的挑战，与时俱进，推动佛教在现时代的发展，才能充分发挥在精神文明建设中应有的作用，满足时代人心的精神需求，体现佛法的固有价值。

3. 走相适应的道路与佛教的基本教义不相矛盾

作为五大宗教之一的佛教传入中国两千年而不衰，其中一个重要的因素，就在于佛教能够不断契合时代的要求，适应和服务于当时的社会。佛陀的教法虽博大精深，佛教经、律、论三藏虽浩如烟海，但这八万四千法门无不是因众生之病而与之药，都是为了利益众生而施设的，没有离开过人群、芸芸众生。《华严经》里佛陀教导弟子对待一切众生的态度是："于诸病苦，为作良医；于失道者，示其正路；于暗夜中，为作光明；于贫穷者，令得伏藏。"可见佛法完全是以众生的幸福作为立足点的。佛法的修行也无非是在实现人生价值的过程中不断去关怀他人、服务他人、奉献社会的。所以佛教教义中，有一些核心思想，包含有许多积极因素，可以在社会主义精神文明建设中起积极作用，这是佛教与社会主义社会相适应的基本因素。1993 年 11 月 7 日江泽民同志在与全国统战工作会议代表座谈时提出："利用宗教教义、宗教教规和宗教道德中的某些积极因素为社会主义服务。"① 这一重要讲话，充分表明了党和政府对宗教的社会价值和作用的殷切期望，同时指明了宗教当中有很多基本的教义、思想与社会主义社会是完全可以相应的，而且也归还了宗教应有的社会位置。那么作为佛教能够与社会主义社会相适应的思想理论基础是非常丰厚的，在此首先论述较有代表性的四个方面，以资与教内外有识者探讨。

---

① 《十四大以来重要文献选编》上，人民出版社 1996 年版，第 518 页。

第一，人间佛教的思想。

“人间佛教”是即世而出世、以人为本、即人成佛的一种思想与修行体系，反映了佛陀的出世本怀，是原始佛教所固有的精神。人间佛教关注现实人生，强调人心的净化与人格完成，重视人间利益、提倡用佛法精神去净化人心，改善社会。人间佛教的思想，不仅是佛教传统的思想，而且是整个佛教思想的精髓。这一思想经过近高僧太虚大师明确提出后，又由其学生、当代佛学泰斗印顺法师详加论证、弘扬，以及大陆德高望重的赵朴初居士的大力提倡与推动，人间佛教思想因而逐步深入人心，成为海峡两岸佛教界的共识。人间佛教的思想也可以说是最适合于世界现代化潮流的一种佛教思想体系。已故中国佛教协会会长赵朴初居士在纪念中国佛教协会成立 30 周年的报告中明确指出人间佛教的基本内容，包括五戒、十善、四摄、六度等自利利他的广大行愿。提出倡导人间佛教思想，就是要奉行五戒、十善以净化自己，广修四摄、六度以利益人群。这种净化人心、改善社会的人间佛教思想，有利于社会的稳定和发展，是佛教与社会主义社会相适应的一个重要方面。

第二，自利利他的思想。

“自利、利他”是佛教的根本思想内涵和信仰的终极追求。佛教对利益的定义是：“言利益者，名为善行，乐为此故，名乐利益。”（《瑜伽师地论》卷八十三）这一定义向人们说明了，利益即是善行，善行在于利他，乐此善行才是人生应追求的真正利益。佛教认为个人利益和他人利益是辩证统一的关系，如“自利益者不名为实，利益他者乃名自利”（《优婆塞戒经》卷二）。佛教还以利他为信仰的追求，如“利他行最上，智者何不勉”（《菩提行经》卷二）。且以利他作为一切行为的准则，如“凡所作为事，要在于利他”（《菩提行经》卷二）。由此佛教提倡舍己利人，如“不念自利，常念利他”（《优婆塞戒经》卷二），“舍置自利，助成彼善”（《大毗卢遮那成佛神变加持经》卷一）。这种以利他为准则的思想对启发人作出正确的价值行为选择很有意义。明白了这一道理后，便以利他作为人生的最高价值追求。佛教这种自利利他的思想，能激发人们大公无私的奉献精神，以及关心他人、帮助他人等的美德，这些对于社会主义社会精神与物质文明的建设是有很大促进作用的。自利利他的思想，可以说也是对个人和社会共同利益的追求。因此，佛教还提出“同利等彼已，所有与人共”（《长阿含经》卷十一）的观念。佛教这种自利利他的思想通过在中国长期传播，不但已被现实社会极力推崇为正确的价值观，而且必然会成为世界一体化所应遵循的重要伦理准则之一。在今天改革开放、市场经济的条件下，我们要建设具有中国特色的社会主义，更需要有这种自利利他的高尚价值观。

第三，善恶的思想。

佛教的思想内涵是以善恶——伦理为主题的，释迦牟尼亲自将他的教义概括为“诸恶莫作，众善奉行，自净其意，是诸佛教”（《增一阿含经》卷一）。此说从教义上表明了佛教是道德信仰。佛教伦理道德是佛教思想和佛教教义的重要组成部分之一，是连接佛教与世俗世界的桥梁，也是佛教作为一种社会意识形态而对社会民众发生影响，实施教化的主要观念体系。佛教信徒以宗教道德中涉及人与人关系的世俗性道德约束自己的行为，与社会主义社会所提倡的道德原则对人们行为的要求并不冲突。这也是佛教能与我国社会主义社会相适应的一个重要方面。

佛教认为人内在意（意识）的善恶，支配外在身（肢体功能）、口（语言功能）作用于他人才会形成善恶。佛教对善恶的定义是：“如何成善恶？能与损、益为根本故。”（《阿毗达摩俱舍论》卷十六）“损、益”意指对他人或社会的损害与利益；善恶和损益完全是等同的。因此，善恶的产生完全取决于人的社会价值，既不是抽象的概念，也不是超自然力量的主宰。使人产生善恶的根本决定因素是“智、愚”，如经中说“人皆以智慧成其道德”（《那先比丘经》卷上）；反之，“若智慧灭时，一切善法而亦随灭”（《佛说佛母出生三藏般若波罗蜜经》卷二十一）。如何对待善恶是衡量人是否有智慧的根本标准，如“弃恶修善行，是则为智本”（《大哀经》）。“积功累德不以劳烦是为智慧”（《阿差末菩萨经》卷二）。智慧与道德只有相互依托才能尽显各自的意义，若偏于任何一方即难以发挥价值作用，因此提出“修善无足，多闻无厌”。关于善恶佛教还认为两者是不可共存的，唯有弃恶才能生善，如经中说“若人不离恶，能生善及能利益众生，无有是处”（《摄大乘论释》卷十一）。佛教要求人们应以永不满足的精神追求于善，如“于善法所不生知足，修行善时心无休息”。

佛教这种善恶观的思想即是正确的道德观，与现在所提倡的精神文明是高度一致的，只要发挥它应有的价值作用，一定能够有助于国民道德素质的提高，这对弘扬民族精神和时代精神，形成良好的社会道德风尚，促进物质文明、政治文明和精神文明协调发展，全面建设小康社会具有十分重要的意义。在今天有中国特色的社会主义社会中，如果人人都能做到“诸恶莫作，众善奉行”，那么，社会治安将更加良好，人民将更加和睦团结，更加幸福快乐。

第四，缘起性空的认识论。

在人类认识世界的历史上，佛教首先提示出了缘起性空的宇宙真理，佛教本身也要受这一真理支配。这既是释迦牟尼被称为大觉悟者（佛）的依据，也是佛教思想产生和发展的源泉。人只有立足于这一法则来认识事物，才会形成正确的世界观和产生出科学精神。关于缘起性空的思想理念是整个佛教哲学的基础与核心，佛教的全部理论都奠定在这一思想上，佛教其他各种理论都是围绕这一理论而展开的。这一思想是宇宙万法的基本规律。缘起性空理论告诉我们，世间万物大到世界，小到一花一草，乃至极微，都是由各种因缘条件和合而成的，缘聚则生，缘散则灭，如经中说“诸法因缘生，是法说因缘，是法因缘尽”（《大智度论》卷十一）。正是因为一切诸法都是因缘条件合和而生，所以缘起的诸法都是相依相待，没有独立自主真实的自性，所以称之为性空。因此一切万法从现相看是假有，从本质看是自性空，有不离开空，空不离开有，色空不二，空有不二，这就是中道，这空有不二的中道义也即是诸法实相。缘起性空就是展现了一切诸法实相之理。此缘起性空的法则是自然固有的，既非神的主宰亦非人的意志可以改变，佛教只是将其提示出来而已。佛教基于缘起性空的观念来认识事物和观察事物的方法，是非常科学的，也是非常合理的，从未阻碍过社会的进步，在今天与科学社会主义社会也决不会产生矛盾。它适应社会发展的需要，直到今天，仍然是我们认识事物的基本方法。

除了以上所举的佛教教义之外，在浩瀚的佛法中还有许多其他的思想理念如庄严国土、利乐有情的理想、人间净土、报四重恩、普度众生的愿力、慈悲喜舍、四摄六和的精神乃至互相尊重、平等的思想，还有其他不胜枚举的佛教理念，可以说都是人类文明的宝贵财富，它们有的与社会主义社会公民道德的基本要求和规范有相同之处，有的甚至与现时代社会发展的趋势，与我们所提倡的精神文明也是合拍的、基本相通的。佛教这些思想理念在各个不同时期的社会中，都在不同程度上起过一定的积极作用。在当今具有中国特色的社会主义社会中，尤其是在社会主义精神文明建设中，仍然具有旺盛的生命力和不可替代的积极作用。同时，还将会在今后的东方文明乃至世界文明的发展中放射出它的异彩。

由以上可知，走相适应的道路与佛教的根本教义并不相矛盾，佛教内本身就有很多义理是提倡与时代社会相适应，积极入世，以出世的精神做入世的事业，福利大众。佛教只有从适应社会走向利益于社会，才是与社会主义社会相适应的最佳途径。

二、佛教如何与社会主义社会相适应

我国是一个具有多种宗教的国家，宗教对我国各个民族以及社会的各个方面都有着广泛的影响。当前我国正在建设具有中国特色的社会主义，进行着振兴中华、统一祖国、促进世界和平的宏伟事业，需要团结一切可以团结的力量，调动一切可以调动的积极因素，为社会主义物质文明建设服务。宗教界作为一支重要的不可忽视的社会力量，理所当然地成为团结、引导，充分发挥其积极作用的对象。这其中就有一个宗教能不能与社会主义社会相适应，以及如何引导宗教与社会主义社会相适应的问题。由以上的分析可知佛教与社会主义社会相适应是完全可能的，下面将讨论佛教如何与社会主义社会相适应的问题。

1. 继承和发扬爱国爱教的优良传统，主动与社会主义社会相适应

爱国爱教是中国佛教的优良传统，理所当然地要为当代佛教所继承和发扬。在当前社会主义条件下，爱国爱教有其特定的内涵。爱国，就是要热爱社会主义祖国，要在政治上与党和政府、与人民站在一道。在具体的行动上，佛教界的一切活动必须以“维护法律尊严，维护人民利益，维护民族团结，维护国家统一”为宗旨，以“庄严国土，利乐有情”为出发点，服从和服务于社会主义文明建设和改革开放事业。唯其如此，佛教才能在爱国的基础上，求得自身事业的健康发展。而在当前形势下，广大佛教徒

只有坚持高举爱国爱教的旗帜，顺应潮流，自觉地将自己融入到社会大家庭中，与社会主义社会相适应，立志为祖国的繁荣昌盛、佛教的发展振兴贡献力量，中国佛教才能焕发出盎然生机和青春活力。

1993 年 11 月 7 日江泽民同志在全国统战工作会议上的讲话指出："宗教是一种历史现象，在社会主义社会中将长期存在，如果宗教与社会主义社会不相适应，就会发生冲突。这种适应，并不是要求宗教信徒放弃有神论的思想和宗教信仰，而是要求他们在政治上热爱祖国，拥护社会主义制度，拥护共产党的领导"。① 所以广大信教群众应坚决拥护中国共产党的领导、拥护社会主义制度。爱国爱教，坚定不移地跟共产党走社会主义道路，主动与社会主义社会相适应。一个真正的佛教徒，首先必须是一个爱国者，要以关心国家的兴旺、民族的强盛为己任，把国家的最高利益和民族的整体利益摆在首位。先辈们在这方面已为我们年轻一代作出了光辉的榜样。他们带领广大信徒坚决拥护共产党的领导，为人民的解放，社会的发展进步、国家的繁荣与稳定，贡献了自己的力量。在爱国的基础上，他们还有独立自主、自办教会组织以及为弘扬正教而贡献自己宝贵一生的崇高信仰情操。这些爱国、爱教的精神将永远值得我们去继承、去发扬光大。

2. 加强自身建设，是佛教与社会主义社会相适应的根本前提

佛教要与社会主义社会相适应，当务之急是切实加强佛教自身建设，与时俱进地与社会相适应，努力为我国改革发展稳定的大局服务。早在中国佛教协会第六届全国代表大会上，时任会长赵朴初居士就已明确指出："根据目前形势和我国佛教的实际情况，着眼佛教事业建设与发展的未来，各级佛教协会和全国佛教界都必须把注意力和工作重点转移到加强自身建设，提高四众弟子素质上来。"这一正确论断对我们佛教界当今乃至今后的工作都有重要的指导意义。

朴老所提出自身建设有五个方面：信仰建设、道风建设、教制建设、人才建设和组织建设。党的十一届三中全会之后，宗教信仰自由政策得到了更好的贯彻落实，党和政府尊重和保护公民宗教信仰自由的权利、保护

---

① 《十四大以来重要文献选编》上，人民出版社 1996 年版，第 518 页。

正常的宗教活动、保护宗教界的合法权益，在这一大好形势下，佛教必须加强自身建设，佛教自身建设的好坏是决定中国佛教兴衰存亡的根本内因。

朴老还曾说：“这五个方面，信仰建设是核心，道风建设是根本，人才建设是关键，教制建设是基础，组织建设是保证。”朴老这一段话可谓是高瞻远瞩，为佛教沿着健康有序的方向发展指明了方向，如不加强自身建设，整个佛教就不可能沿着健康、有序、光大的方向发展。

最后，在朴老所提出的五个建设当中，又以人才建设最为关键，人才建设也是佛教自身建设的关键所在。朴老指出：“大力培养合格僧才，加强人才建设，是关系中国佛教命运和走向的头等大事，是我国佛教事业建设与发展最紧迫、最重要的任务。”“人能弘道，非道弘人。”一个人才济济的时代，必然是佛法昌明的时代。因此，佛教求生存、求发展的重要条件首推就是人才建设。如果没有现代的佛教人才，就没有现代佛教。当前佛教人才严重匮乏已经成为制约佛教事业健康发展的首要问题。因此，加快人才培养是刻不容缓的第一大事。

总之，佛教要实现与社会主义社会相适应，就必须强化佛教界的自身建设，佛教要在新的世纪确保持续健康的发展，就必须努力将自身建设落到实处，这是佛教与社会主义社会相适应的根本前提。

3. 倡导人间佛教，发扬三大传统

“人间佛教”本是佛陀时代既有的根本思想，现在重提人间佛教，其宗旨在于正确认识和把握佛教发展的历史脉络，追寻纯正的佛教精神，以人为本，随应时代的要求，以更好的弘法利生。随着科技的发展、社会的进步，人类的自主意识和人文思想日益增强。相应地，人间佛教思想在佛教界也日益深入人心，业已成为我国佛教思想发展的主流。人间佛教是契理、契机的，它的提出有利于恢复释尊创教之初人间佛教的一些优秀品质，发扬佛教积极进取的精神，纠正不适应时代机宜的传统佛教中的一些偏弊，也有利于佛教与社会政治、经济、文化等领域的接轨，与社会各阶层人士的沟通，与各个宗教间的相互了解与合作。人间佛教的倡导还有利于佛教文化的继承与弘扬，使之为社会的进步、民族的团结、国家的统一和人民的幸福服务。

通过对佛教思想长期的领悟，结合中国社会的特点，朴老精辟地将人间佛教思想概括为“一种思想”和“三个传统”，从而将人间佛教理念确立为中国佛教发展的长期性的指导思想。所谓“一种思想”就是指人间佛教的思想，“三个传统”指农禅并重、注重学术研究、发展国际友好交流。

所谓农禅并重，指的是佛教徒在生产劳动和宗教学修两方面必须并重，不可偏废，这既是古代中国佛教的丛林风规，也是中国佛教的优良传统之一。朴老于1983年在中国佛教协会三十年的讲话中指出：“农禅并重”从广义上理解，“农”系指有益于社会的生产和服务性劳动，“禅”系指宗教学修，两者不可偏废。他号召全国佛教徒在进行宗教学修的同时，要以“一日不作，一日不食”的精神，积极参加生产劳动和其他为社会主义建设事业服务的实践。鼓励凡有条件的僧尼，都要依靠自己的劳动和工作实践，做到自食其力；凡有条件的寺庙，都要依靠生产、服务收入和其他收入，做到以庙养庙。他特别强调，进一步发扬光大农禅并重的优良传统，积极参加社会主义现代化建设，是每个佛教徒的光荣任务和应尽职责。寺庙农禅结合，僧尼劳动自养，在经济上独立自主，既减轻了政府和信众的负担，又提高了僧尼在社会生活中的人格价值，还可活跃旅游业，增加国家收入，这对社会主义建设和佛教两方面来说，无疑都大有好处。

注重学术研究，就是要求我们要大力整理和发掘佛教优良传统文化、自觉保护寺院的佛教文物。继承和发扬佛教积极向善的伦理道德与人文理念，对佛教的基本教义作出适合社会进步的理论阐释，为社会主义社会精神文明建设服务。佛陀为我们留下了浩瀚的三藏十二部，历代高僧也为我们留下了不朽的著作，这些都是我们极为宝贵的文化遗产，这些文化遗产中蕴含着博大精深的人文资源，是佛教取之不竭、用之不尽的智慧宝藏。佛教这优良的传统文化既是中国传统文化的重要组成部分，也是社会主义先进文化所不可或缺的内容之一，具有无限的潜力与广阔的前景。至今仍在哲学、文学艺术、伦理道德、自然科学乃至生命科学各个领域有着一定的影响。因此要继续加强佛教学术文化事业，对于佛教在哲学、文学、艺术、建筑、医药等方面的宝贵遗产及其对中国传统文化的影响，要加强收集、整理、发掘和研究，以丰富祖国的文化资源。让它在我们这个时代焕发青春，成为增进教外人士了解佛教、各国人民了解中国的一个窗口，让它为社会主义精神文明建设服务。为此在各级院校、寺庵、佛学院等文化单位应建立一些佛教研究机构，每年都要召开多次佛教文化思想研讨会，还要创办一些佛教学术研究刊物，兴起佛教学术研究之风。国际友好交流，也是中国佛教的优良传统，早在唐代，我国高僧的西行东渡，在中国佛教友好交流史上树立了丰碑。其中最为著名的是玄奘法师的西行印度求法和鉴真和尚东渡日本弘法。十一届三中全会以来，中国佛教的国际友好交流有了新的发展。中国佛教本着独立自主的和平外交政策，以“友好、合作、和平”为基本宗旨，继续加强与世界各国佛教界的友好联系；继续发展与韩国、日本的黄金纽带关系；继续加强同南亚、东南亚国家佛教界的传统友谊；继续开展同欧美等西方国家的佛教友好交流；建设和管理好尼泊尔中华寺；积极参与“世佛联”、“世宗和”、“亚宗和”等国际宗教和平组织的工作，与世界各国宗教界一起致力于维护世界和平；增进同世界各国佛教界的人才交流、学术交流和文化交流活动。继续开展同港澳同胞、台湾同胞和海外侨胞佛教界的友好联谊与交流，为促进祖国统一、维护世界和平作出了新的贡献，为国际友好交往谱写了新的篇章。

继承和发扬这三大优良传统，是推行人间佛教的重要内容，也是促进佛教与社会主义社会相适应的重要方面。对于人间佛教的倡导以及三大传统的弘扬，是新时代每一位佛子的神圣使命。

4. 保持寺院的清净庄严，发挥寺院宗教活动功能和道德教化功能

保持寺院的清净庄严，发挥寺院宗教活动功能和道德教化功能，是保持佛教与社会主义社会相适应的重要环节。寺院是僧人修学、住持、弘扬佛法的道场，是保存、发扬佛教文化的场所，是僧人从事服务社会、造福人群活动的基地，是佛教的基层组织，是联系、团结国内外佛教徒的纽带，具有多方面的职能。佛教的寺院，使得佛法得以久住，三宝得以延续，法脉得以传续，高僧得以辈出，曾经对文化交流、社会稳定、国际和平作出过重要贡献。因此作为寺院要认真学习贯彻国务院颁布的《宗教活动场所管理条例》和中国佛协第六届全国代表大会通过的《全国汉传佛教寺院管理办法》等文件，加强管理，充分发挥寺院多方面的积极作用。努力把寺院建设成为信仰活动中心、道德教化中心、慈善事业中心、民族文化中心、国际交流中心，起到维系道德、传承文化的社会作用，这对于促进民族团结、祖国统一、经济繁荣、国际友好将发挥不可替代的作用。寺院管理好了，就能教化一方，净化一方，造福一方，稳定一片。

5. 弘法利生，慈悲济世，扩展佛教的社会功能

中国是一个大乘思想盛行的国度，因而历代高僧大德无不以“弘法是家务，利生为事业”自勉，这既符合佛陀的出世本怀，也是广大佛教徒的神圣职责。由于近百年来我国传统文化受到极大的破坏，加上多年来极左思潮的影响，社会上对佛教充满了误解，即使在佛教内部，四众弟子的佛教知识也非常匮乏。当今的社会虽然是一个物质高度发达的社会，然而在物质生活水平日益提高繁荣的背后也隐藏着贫富悬殊、精神贫乏、社会动荡、地区冲突、军备竞赛等诸如此类的“时代综合症”。社会风气的混乱呼唤着有效的引导和治理，这是全社会的共同责任，佛教在这方面一直扮演着重要的角色，将来也不会例外。因为整个佛法所揭示的都是社会人心的种种境遇和弊端，以及为此所提供的对治之道，佛教本身就蕴含着一整套改善世道人心、净化社会风气的办法。因此在当前形势下，佛教有义务挺身而出，弘扬佛法。让广大的民众能够切实从中获得教益，由此使佛法真正起到社会风气净化剂和精神障碍疏导器的作用。

其次，佛教要遵照佛陀“众生平等”的教导和无缘大慈、同体大悲的情怀，实践慈悲济世，开展扶困济贫等慈善公益事业。大力兴办尊老爱老事业，以养老院、敬老院、慈济院等形式，帮助社会解决日益严重的“老龄化”问题；积极参与希望工程建设，对伤残贫困儿童进行必要的资助，以使他们接受到应有的文化教育和社会关怀；尽力资助贫困家庭的生活，帮助他们脱贫致富，精神上鼓励和引导他们树立信心，增强改变自身境遇的勇气。佛教界除了将自身有限的富余资金投入到社会慈善事业外，还要积极利用佛教特殊的社会影响力，为极大地改善社会弱势人群的境遇而筹措资金，从而集全社会之力，共同献出自己的一份爱心，让所有人都能感受到社会大家庭的温暖，从而增强群体的凝聚力，维护社会的安定团结和长治久安。广泛开展慈善公益事业，这既是学佛的一项重要内容，也是推动弘法工作的一种增上缘，是佛教界服务于现代化事业的一条重要途径，社会各界和民众对此充满了期待与信任。

除此之外，佛教界还要积极引导广大民众开展植树造林、保护环境、维持生态平衡等工作。从1989年起，全球性环境问题已连年列入“世界末日”的指标，环保已成为当今世界的热门话题。作为佛教徒可以通过大力弘扬佛教中一切有益于环境保护的思想，诸如：从缘起缘生的角度提醒人们，在开发环境、发展经济的同时，尽可能充分考虑到由此带来的负面影响；从慈悲济世、戒杀护生的角度，宣扬生态平衡的重大意义；从少欲知足的角度，劝导人们爱惜生灵、保护环境。不仅如此，佛教界还应主动地倡导一些健康向上的文明行为以扭转社会的不良习俗，诸如：栽花种草，植树造林；文明进香，鲜花供佛；勤俭节约，乐善好施；戒杀放生，推广素食；净化心灵，美化环境等。通过上述一系列宣传教育和身体力行措施的推行，佛教界可以尽己所能，带动全社会共建健康有序的文明世界。

总的来说，佛教要积极参与社会各种公益事业，还有诸如修桥补路、施医施药、抗洪救灾等福利事业，从多方位扩展佛教的社会功能，服务于社会、奉献于众生，为社会主义文明建设做贡献。

三、结语

综上所述，佛教是完全能够与社会主义社会相适应的。佛教如果离开了与社会主义社会相适应的这一基本点，就将如失去扎根的土壤，成为无根的浮萍，从而失去其生命力。所以21世纪的今天，我们更要高举爱国爱教的伟大旗帜，在加强自身建设的同时，努力倡导和践行人间佛教，发扬三大优良传统；保持寺院的清净庄严，发挥寺院宗教活动功能和道德教化功能；弘法利生，慈悲济世，扩展佛教的社会功能，积极为社会主义文明建设做贡献，这些也都是佛教与社会主义社会相适应的重要方面。佛教只有积极服务社会主义文明建设，坚持与社会主义社会相适应，才能在社会上发挥更大的作用。也只有这样，佛教才有顽强的生命力，才有生存、发展的广阔天地。党中央和政府所提出的“宗教要与社会主义社会相适应”

的要求，为中国佛教指明了方向与道路，中国佛教只有与社会主义社会相适应，才能上一个台阶，才能在广阔天地大有作为，这是历史的必然，也是其他传统宗教的必由之路。

作者单位：闽南佛学院

浅议信仰是和谐社会的核心价值

史　璞

近代以来，以微积分、量子力学、相对论、基因等研究成果为代表的自然科学突飞猛进，人类对于不论是从细微到 10^{-n} 米的微观世界，还是到数百亿光年的宏观宇宙的研究，都达到了未曾有过的高度。在取得了许许多多划时代性质的成就之后，如航海、航天、航空等领域的不断突破，横断截流甚至移山填海的各类浩大工程，模仿宇宙创世纪的核爆炸等如同《圣经》里上帝般的神迹后，地球上这群直立行走的灵长类精英们开始相信，自然界——包括人类自身的基本问题已经得到解决。因此导致的宗教信仰贬值，以功利主义与拜金主义为主导的价值观取向，确认人死永灭、有今生无来世的人越来越多。随之而来的是紧跟在科技飞速发展、财富急剧增长之后的物欲横流、道德退化、环境污染等等问题。

然而，诚如庄子所慨叹："吾生也有涯，而知也无涯"，只要冷静考察自然科学对人自身认识的程度，便无理由妄称人自身之谜已全被揭破，无理由对人死后续存与否的问题给出决断的答案。恩格斯在总结了当时自然科学关于生命现象的研究成果后说，生命最初怎样从无机物中产生的问题尚未解决；至于"死亡或者是有机体的解体，除了构成有机体实体的各种化学成分，什么东西也没有留下；或者还留下某种生命要素，成分或多或少和灵魂相同的东西，这种要素不仅比人，而且比一切活的有机体都活得更久"。①

① 《马克思恩格斯文集》第 9 卷，人民出版社 2009 年版，第 546 页。

一、人类信仰的起源和必然

根据马斯洛的需要理论，人的全部发展的一个最简单的原则就是满足多层次的需要。他将需要分成五大层次，其中最低层次的需要是生存的需要，这是人类最低级也是最重要的需要，是人类活动的原始动力。这一需要以获得食物和肉体的保存为基础。在原始社会，人类的生存环境极其险恶，生命常常受到饥饿和自然的威胁。于是，求生（避免死亡）的要求成为那时人类的优势需要，为了获得生存需要的满足，原始人把自己的全部情感、欲望和希求都赋予了自然神。他们将与之对立的威胁生命安全的自然界的一切可怖现象，以及有利于他们生存，为他们生命和种族的延续带来利益和方便的、好的自然现象，加以崇拜并人格化为神，从对它的恐惧转变为对它的依赖，对它加以顶礼膜拜，祈求它的保佑与庇护。

原始人类依靠了神的威力来减轻自然界巨大异己力量给人类带来的威胁，平衡了心理上的恐惧感，使自身的生存需要得到了一种虚幻的满足。他们借助神抵制了对死亡的畏惧，顽强地体现出对生命不可征服、不可毁灭的坚定信念。因此有学者认为，人类的原始信仰是我们人类文化中可以看到的最坚定、最有力的对生命的肯定。正是基于对人类信仰的力量的深刻理解，联合国的《世界人权宣言》中明确写道：人类有表达自由、信仰自由、免于匮乏的自由、免于恐惧的自由。

其实，即便我们抛开宗教的视角，近年来在人类学、社会学、心理学、精神分析学等领域的研究，也在不断印证信仰之于人类的必然性。

1. 人类的两难处境及信仰需要

人类学家厄内斯特·贝克在综合了精神分析学、心理学、人类学、社会学、哲学观点后，提出了了解人类行为的动机驱动的框架：所有人类行为，都是对人类生来就要面对的两难处境所作出的反应，即对生的欲望（desire for life）和死的必然（inevitability of death）这一对矛盾的反应。人类在对死亡不可避免的觉知下，在意识或潜意识的支配下，决策着自己的行为和动机。人类和所有的动物一样的是，都有着自我保护的直觉。但对于死亡的意识，是人类所独有的。这是人类依靠认知（例如：自我意识和抽象的思考）所具有的独特的能力。因为死亡的必然性和不确定性给人类带来了生存的恐惧，所以引发了人类去战胜这种恐惧，对潜在的死亡焦虑进行反抗——人类必须相信，当生物的身躯停止了运转之后，一些价值观、文学和艺术作品、象征性的事物等将会继续延伸，传播下去，得以永存。

该理论认为，与死亡相关的焦虑是个体焦虑的最根本的来源。人类为了生存繁衍，就必然面对如何管理“死亡的恐惧”所带来的焦虑的问题。考察在每一个古代文明的原始信仰，都可以在其中找到人类为了避免或控制死亡焦虑，而进行的关于信仰、文化、制度、组织形态等方面的设计。无论是崇拜的图腾还是象征性的事物，这种基于崇拜（或信仰文化）的焦虑缓冲包括两个层面：

第一层面首先要解决存在的意义问题。解决的途径是相信自己所持有的世界观的正确性，这一信念用于解释存在的意义，行为的合理性，超越肉体死亡的象征意义或生命的不朽和永恒。从这一途径人们可以获得意义感，因为世界观是对现实世界的抽象反映，只有“正确的”世界观才能赋予我们存在的意义。

第二层面要解决存在的价值问题。通过相信自己所遵守的价值和价值标准是文化世界观的一部分，相信自己能够面对或是超越所遵守的价值和价值标准。当个体的价值标准被文化世界观所支持时，便给自尊提供了存在的意义，缓解了焦虑。从这个途径人们可以获得价值感，因为对这种已经内化了的价值标准遵守程度的评价反映了个体价值和价值标准体系的关系。

直到 19 世纪，在自然科学对世界的探索尚未清晰之前，一个永生的精神的维度和概念是在所有文化中占主要地位的。例如，基督教的世界观是：人生的目的是服务于上帝（或者耶稣、圣灵），那些真正得到上帝恩宠的人将会得到永生。这些超脱死亡的形式，被世俗文化中象征性永生的模式所补充。而在现代社会，象征性的永生往往可以通过集体的认同来获得（例如群体自愿或非自愿对领袖人物的追忆），这些都超越了个体的死亡。它同样可以通过后代、遗产、记忆以及在艺术和科学领域的文化贡献来获得作为社会化过程的一个结果。世界各地的人们都是在文化上非常有秩序，而且有意义的地方安顿下来。在那里，他们通过永生的灵魂和 / 或对世界作出永久贡献努力的使得自己成为有资格获得超脱死亡的有意义的生命体。

2. 信仰的宗教化历程

在感到命运的无常（死亡的不可避免、未来的不可预知等）后，人们开始企求某种超越的力量作为命运的依托和精神归宿，于是人们将无限性的超凡魅力赋予一个可以感知的、与已具有特殊亲切感的外在实体（这一外在实体的本质是被赋予“超越了有限性束缚”的幻化自我的映射），通过与它的沟通、承受它的关爱，化解由于受到有限性（个体有限性和群体有限性、能力有限性和生命有限性）约束而产生的现实痛苦。

汤因比（Arnold Toynbee）在《一个历史学家的宗教观》说道：不同地区、不同社会、不同时代曾经产生过的宗教不可胜数。但是，被崇拜对象的多样性只是表面现象，它非常容易被归于人类崇拜的两个对象——“自然”与“绝对实在”。就这两个对象的共通性而言，都是源于人类对超越于“自我”的力量产生的崇拜，缘于人类对有限性的困惑和抗争。

对于信仰宗教化这一社会历史现象，从“积极”的角度来看，宗教通过将人类无法控制的“外部因素”划归于超越性的外部客体（如天、梵、上帝等），从而赋予了人类“专注于可预见和可控制的现实生活”的信息和勇气；从“消极”的角度来看，正是人类将自身无法控制的“外部因素”划归于超越性的外部客体，不仅内生出阻止无知僭越和欲望张扬的自我克制，也因此而内生出臣服于自我创造的外部实在以摆脱软弱无助的情感渴望。

通常认为，信仰宗教化的基础是道德——它存在的目的是用“超越理性”的方式证明各种道德法则的正当性、并赋予生命的存在以超越时空的“永恒”意义。历史上的统治者们往往醉心于通过与这种“正当性”和“永恒”建立某种形式上的联系，以向世人昭示其权力的权威性（例如：中世纪罗马教廷为国王的加冕仪式，以及中国古代有所成就的皇帝们在泰山顶上的“封禅”仪式等）。宗教之所以必需，不仅由于人类需要通过宗教为自我设定一个无法超越的“绝对实在”以遏制不断膨胀的欲望、并借助外在的“超越者”力量实现个体与外在之物的和谐，而且借助于宗教，实现将“永恒的存在”意义赋予具体化的个体、以求达到自我的内心和谐与精神安慰。宗教的存在为超越人类认知与推理能力的客观实在提供了人为设定的空间，并且使人类在这种“超越性实在”面前学会谦卑和节制。

因此有学者认为，究其实质而言，宗教是一种实体化、人格化的团体力量，它的功能不仅在于帮助人们感知社会实体的存在，更在于维系社会、促进其整合。就一般情形而言，任何一种宗教性思想都包括如下的核心：承认人类理性有限性和认知缺陷，承认存在着人类永远无法超越的外部性力量；通过节制人类欲望、而不是强化能力的提高，来缓解人类能力与欲望之间的落差。因此可以推测，宗教之消亡应当缘于人类对有限性的坦然与顺应。只要人类没有摆脱有限性的困扰，作为超越性化身的宗教思想（而不是某一宗教形式）就不会消亡。

3. 信仰的去宗教化

亚里士多德在《形而上学》一开篇就提出：“求知是人类的本性。”同样，马斯洛的需要理论也认为，认知需要是人类的高级需要。求知的欲望来源于人类天生的好奇心，在理论、抽象的基础上发展为理解、解释以及系统化的需要。这些需要使人类天然地有着探求宇宙奥秘，追求绝对真理的强烈渴望。但是，人类对理性延伸的这种无限欲求却总是要受到理性认识活动本身和历史发展的局限，每一个时代只能达到相对的高度，这就意味着人类认知与理性探索的需求永远也无法获得最终的满足。德国作家歌德认为，当人类理性认识的鸣镝在茫茫宇宙中穿行，却始终无法击中“无限”这块靶标时，人们“对应该可探究的事物进行探究，对不可探究的事物则默默地敬畏”。

科学史上并不缺乏这样的案例。牛顿这位自然科学史上的划时代的人物，对宇宙宗教也同样怀着深深的敬意。他认为有一个无限而永恒的神力与空间同在，它在一切方向上无限地伸展并永久延续。另一位伟大的物理学家爱因斯坦则对牛顿在构建宇宙图景方面的焚膏继晷式的研究表示赞叹，并肯定这位前辈正是基于其深挚的宇宙宗教情感，去寻找宇宙统一和谐的运行规律。爱因斯坦将此等宗教情怀称为“宇宙宗教情感”。

至于爱因斯坦本人，他在《思想和见解》一文中明确地写道：“固然科学结果是同宗教的或者道德的考虑完全无关的，但是那些我们认为在科学上有伟大创造成就的人全都浸染着真正的宗教信念，他们相信我们这个宇宙是完美的，并且是能够使追求知识的理性努力有所感受的。如果这种信念不是一种有强烈情感的信念，如果那些寻求知识的人未曾受过斯宾诺莎的对神的理智的爱的激励，那么他们就很难会有那种不屈不挠的献身精神，而只有这种精神才能使人达到他的最高的成就。”爱因斯坦的晚年致力于寻求“世界公式”，企图把自然界的各种力用“统一场论”的形式作一个统一的完整的描述。这种探求虽然未能得出预期的结果，但却强烈地表达了这位具有哲学探索精神的伟大科学家对“宇宙合理性、完美性”这一宗教信仰的坚定信念。同样，爱因斯坦认为佛家思想“具有人们所期望的未来宇宙宗教的特色：它超越个人化的神，无须教条主义和神学，它涵盖自然和精神两个方面，而它的基础，是建立在将所有的自然和精神世界作为一个有意义的整体来经历时所获得的那种宗教意识之上”。

就中国哲学而言，从本质上讲，道家思想和佛家思想都是鼓励个体自为的去宗教化信仰，它们都不需要借助于外在的“超越者”偶像而只需要信仰者内在的感悟，它们包含了后现代时期非宗教信仰所需要的基本因素——内省、自为、非神灵化、非地域性。无论道家思想或是佛家思想，就其本源而言是无神论的主张，同时它们不为特定文化、习俗、历史所限制，因而具有广泛的普适性。特别是非神灵化的原始佛家思想注重内心的修持、而非表面的实践。而上述这些思想特质，在以爱因斯坦为代表的自然科学家的内心深处，引起了强烈的共鸣。

二、信仰的价值评价属性及其体现

关于价值的本质，学界存在多种观点，如“本性说”、“情感说”、“抽象说”、“关系说”、“意义说”、“属性说”或“效用说”等等。通常认为，价值是人类对于自我发展的本质发现、创造与创新的要素本体，包括任意的物质形态。价值在很多领域有特定的形态，如社会价值、个人价值、经济学价值、法律价值等等。人本身是价值的根本对象，人即价值本体，人的行为即价值源泉，人的发展即为价值结果。

1. 价值的哲学解释及其主观本质

唯物主义者们在谈价值问题的时候，总是要从世界的物质本原谈起，以免唯心的嫌疑，但这样又落入了另外一种偏执之中。价值问题本来就只属于主体的评价和选择问题，任何人都是根据自己的生存境况，以及兴趣爱好对自身以外的对象进行主观评价和选择，所以，价值具有多样性和多元性；同时，人们面临的世界无限广阔且永恒变化，事物和现象纷繁复杂，多种多样，人们从自身的状况发出，既对不同种类的对象进行不同的评价和选择，也对同一类对象进行价值排序，这就形成了价值体系。这里需要避免的是一种倾向是：将哲学意义上的“价值”，通俗化为物质或商品的“使用价值”，片面强调其“功能”、“有用性”的方面，单纯侧重“满足需要”的体现。这种基于功利性的对“价值”的理解，不但片面，而且有害——当下许多社会问题的产生，都根源于此。

杜威把价值定义为“行为方式”，认为“这种行为方式有助于人们和独立于被评价的活动外而存在的事物保持存在的关系”。价值、价值观的研究，就是围绕着主观态度和评价，行为取舍以及期盼、信仰等情感进行，并探索它们之间的内在联系。

由此可见，价值是主体的纯主观活动。价值评价和选择固然关涉客体对象，但客体只是作为主体的对象而存在的，它之所以被作为价值对象，前提是主体选择了它，主体是确定价值的基本方面。就某个具体的主体而言，客体的价值只与主体的主观判断、喜好有关，是非常个性化的意识活动。俗话“萝卜青菜，各有所爱”说的就是这个道理。同时，价值评价是价值活动的起点和前提。评价有好也有不好，有喜欢也有不喜欢，选择，有选择也有不选择。评价好的、被确定为选择的对象，就称为正价值，反之，为负价值。信仰、信念是在评价和选择基础上形成的持久情感，也是价值观的升华和归宿。

2. 信仰是价值评价的最终归宿

价值指的是我们所期望的事情，表达人们所期望的状态或善，指出人们行为和发展的感情动力，解释人们行为的目标和目的。所谓价值的信仰归宿是指，信仰是价值的最后指向，是价值的最高表现形式，一个人可以不信宗教，但不可以没有信仰。

价值是个人在对社会生活的体验中形成的，价值体验通过主观与全部生活情境的关系，产生了不同的强度或等级排序。在一般的情况下，价值的大致排序是：经济、理论、审美、社会、政治、道德及信仰这一由低到高的等级顺序。经济价值最低，宗教价值最高。经济价值最低，是因为经济价值都是实用的价值，它们总是诉诸自己为之服务的另一种价值，它们本身的价值乃是它们为之服务的那种价值的反映。如果我们撇开宗教外在的仪则，就其质的方面来说，信仰价值之所以最高，是因为信仰的“意义在于道德的价值，在于灵魂的规范性，在于实现灵魂真正的价值命运”。同时，从道德的、信仰的价值本身的特点来看，它具有物质价值不可比拟的张力和思想空间。道德价值与信仰具有超越时空的优点。感官的、物质的有形价值虽然为人所不可或缺，但是比较容易满足，而精神的追求是永无止境的。

价值观以个人为载体，由于相同的风俗习惯、制度和文化的影响，使得个体价值具有相同之处，千千万万的相同个体的价值观汇积成社会的风气和时尚、时代精神并最终凝聚为信仰体系。就社会整体而言，哲学是时代精神的精华，一定时期的哲学集中或概括性地反映出该时期的价值观。而信仰体系，则反映该时代价值观的发展趋势，是价值观最深层次的体现。任何社会都有自己特定的信仰体系，区别只在于信仰标的物或对象的差别。信仰是一种持久的情感，它既是在社会风气和时尚的基础上，通过时代精神的升华而形成，同时，作为一种持久情感的信仰，一旦形成之后，便对社会风气和时尚，对时代精神产生强有力的引导作用。正是在此意义上，一个缺乏信仰的民族是没有希望的。

三、信仰对“和谐社会”的指南作用

“和谐”作为中国社会悠久而珍贵的思想文化传统和价值追求，包含了我们祖先关于自然、社会和人生的哲学智慧，是理想的社会发展目标。“和谐”的思想贯穿于中国思想发展史的各个时期以及各家各派之中，积淀为中国文化的一个重要内核，它不仅闪烁着东方的哲学智慧，显示出独特的价值取向，而且在维系社会稳定、促进社会进步、推动社会发展的历史进程中，发挥了不可或缺的重要作用。

“和”字左边是个“禾”，右边是个“口”。《说文解字》析“禾”为：“嘉谷也。二月始生，八月而熟，得时之中，故谓之禾。”表达了“禾”的两层意思：其一，“嘉谷”，指极好的稻谷，是谷类植物的统称。禾是粮食作物的代表，是上古社会各种利益的表现，亦是人类生活的基础。人要是没有了禾，就无法生存下去。其二，“二月始生，八月而熟，得时之中，故谓之禾”。禾一年一熟，生长时间于一年之中，在古代农业社会，当每年的这个时候，整体氛围较为平和，因为收成在即，人们不希望有纷争。而“和”的“口”字，指人吃饭与说话的重要工具。《礼记·中庸》说“和者，天下之达道也。”社会要达到“和”的境界，就是一要吃饭，二要说话；或者说一要生存，二要表达。

“谐”与“和”同义，指音乐的和谐协调。《说文解字》释“谐”曰：“詥也。从言，皆声。”可知这是指音乐或语言的调和。“言”与“皆”联合起来表示“大家同时开口说话”、“大家异口同声”、“大家一同发声”。

“和”、“谐”在先秦典籍中就已同时出现。《周礼》讲到礼的作用和功能时，就多次说到“以和邦国，以谐万民”。《左传·襄公十一年》：“八年之中，九合诸侯，如乐之和，无所不谐。”这些都是“和”、“谐”并用的例子。和谐的思想，包括一些带有“和”字的词汇如和睦、和顺、和气、和平、和合、亲和、泰和、仁和、中和、祥和等等，以及大量虽不出现“和”字却是表达和谐思想的内容，在古代典籍中成熟得极早，其含义也极其丰富、广博、深刻，体现在有关社会和人生的许多方面。

例如，道家的和谐思想源起于老子。老子的和谐思想是以道论为基础的，“道”的思想贯穿于老子的整个思想当中。道就是事物和谐统一的关系，道就是和谐，和谐是道的基本特征。老子指出，“万物负阴而抱阳，冲气以为和”。将阴阳、气蕴的和谐变化描述了出来。《道德经》第二十五章中说的，“人法地，地法天，天法道，道法自然”，就是人与自然的和谐的最典型的话语。儒家经典《中庸》中曾谓：“喜怒哀乐之未发，谓之中；发而皆中节，谓之和。中者也，天下之大本也；和也者，天下之达道也”，以及“万物并育而不相害，道并行而不相悖”等，主张“中”是一切情感的根本，“和”是对待一切事物的普遍原则。

如果说和谐作为一种思想，是中华民族传统文化的一种基本精神，是我们民族所追求的一种最高文化理念，那么“和谐社会”就是一种理想社会状态，是自然与社会的和谐，个体与群体之间的和谐，自我身心的和谐。中国文化非常讲求这种和谐，天人合一，神形兼备，道器不离，阴阳、奇偶、刚柔紧密结合，有无、动静、屈伸互相推移。这一和谐精神实质也就是“和而不同、求同存异”，是事物矛盾的协调、融合、同一，是对立面存在的相互渗透和统一。

而所谓“和谐社会”，就应当包含社会结构均衡、社会系统良性运行、相互协调，人与人之间相互友爱、相互帮助，社会成员各尽其能、各得其所，人与自然之间协调发展等多方面内容。综合来看，“和谐社会”至少要包括四个层次的和谐关系，即：人与自然的和谐、人与社会的和谐、人与人的和谐以及人与自身的和谐。

国家领导层之所以提出“和谐社会是社会主义的本质”这一重要论断，其针对性恰恰在于当前我国社会存在的不和谐现象。例如：收入分配失衡导致贫富差距扩大、劳资之间的利益冲突、城乡发展失衡导致的城乡之间冲突、物质文明与精神文明发展失衡导致的价值观扭曲，等等。其中，价值观扭曲是社会不和谐的根本原因，并因此导致了政府行为的失范，社会上群体事件、极端事件的多发，道德底线屡屡被突破等一系列后果。

为了解决这些问题，自 20 世纪 80 年代起，先后提出了“依法治国”、“以德治国”、“以人为本”和“科学发展观”等一系列治国理念，希望引导社会逐步走向“稳定”和“和谐”的社会状态。但现实情况却是：伴随着经济不断的飞速增长，社会矛盾也不断走向深入和尖锐，深层次的矛盾不断显现，进而导致为了“维持稳定与和谐”所付出的代价也愈来愈大。社会的发展似乎进入了一个经济越发展，矛盾就越尖锐，冲突就越激烈，社会稳定就越脆弱的怪圈。解决这一问题的答案到底在哪里呢？

法国历史学家古郎士在《希腊罗马古代社会研究》一书中说道：“自然必须有件事物，较实力为大，较利益为尊，较哲学学说为具体准确，较契约为固定，它即在人人心中，而对人人有威权——这便是宗教信仰。”我们对和谐社会的问题解决，必须从人类个体生命和社会生命、人的身和心这种根本关系之所在入手，方能寻到答案。

信仰通过将有限的人生赋予无限的意义使人类这样的弱者在超越现实的“永恒”中获得心理的补偿和慰藉，使其对现实社会的愤恨化解为对不平等的忍耐，从而促进了现实社会和谐的实现。而恩格斯的一个著名论断，“一切宗教都不过是支配着人们日常生活的外部力量在人们头脑中的幻想的反映，在这种反映中，人间的力量采取了超人间的力量的形式”①，也从一个侧面说明，建立和谐社会不能只通过满足人们对物质和感官的需求来保证，某种程度上的“超人间力量”是必不可少的。

信仰从本质上来讲是人类的一种自我超越，是指改造自身现实存在状态使之趋于理想的一种永恒的努力和冲动。信仰就是一种超越有限追求无限、超越匮乏追求完满、超越偶然追求确定、超越现实追求理想的精神活动。

德国哲学家康德曾经说过，世界上唯有两种东西震撼着我的心灵：一是头顶灿烂的星空；二是心中崇高的道德法则。这位用“三大批判”冷峻审视自然、社会和人类思维的大哲学家，为什么会对“夜晚的星空”和“心中的道德律”感到“由衷的敬畏”呢？细细推敲，“夜晚的星空”代表着广阔无垠的宇宙，即外在世界的无限。在这样“无限”的背景衬托下，人类的个体和生命都是如此的渺小。一个人如果不在浩瀚的宇宙面前低下他卑微的头颅，那不是狂妄，便是无知。而能够和宇宙的“神秘”与“无限”相媲美的，唯有人的心灵，唯有人类不断追求完美、探索“无限”的至高无上的道德律。在这两者面前，任何一个理性而善良的人，都应当保持一颗谦卑和敬畏之心。

作者单位：弘法寺佛学院

① 《马克思恩格斯文集》第9卷，人民出版社2009年版，第333页。

试论印光法师
“儒释一贯”之道的内涵意义

释昌莲

佛教与儒教是否相通？是否相抵？自佛教传入中国后，一直有所争论。争论的结果，历来有这么两种截然不同的态度：一种认为儒、释是一致的，可以互补，相得益彰；另一种是不加分析地认为两者相抵触的，应该取缔佛教。到了近代，这个问题还是众说纷纭，莫衷一是。为了排除这不必要的争辩，印光法师又重新提出了“儒释一贯”之道。他说“儒、释二教，其迹似异，其本原同”①，又说“儒、释无二道，生、佛无二心”②。二者之间的究竟目的完全一致，为了更进一步地说明二者之间的一贯，印光法师主要从如下五个方面加以说明。

一、儒之“明诚合一”与佛之“始本不二”是构建“儒释一贯”之道的理论依据

在印光法师看来，儒、释二教在修持理论与方法上的确存在着内在的一致性，这正是他融佛入儒、摄儒归佛的主要依据。他说：

> 儒、释无二道，生、佛无两心。以人同此心，心同此理；一切有情，皆禀真如佛性而得建立故。然复生、佛迥殊，凡、圣各

① 《佛川敦本学校序》，《增广·印光法师文钞》卷三，苏州灵岩山寺流通本，第 80 页。
② 《儒释一贯序》，《增广·印光法师文钞》卷三，苏州灵岩山寺流通本，第 70 页。

> 异者，以因地之迷、悟不同，修德之逆、顺各别也。由是儒、释圣人，各出于世，为之倡导。俾一切众生，返迷归悟，溯流穷源，以复其固有之本性而已。其发挥虽有权实浅深，方便究竟之不同，而其所宗之理体，所修之工夫，其大端固无二致也。①

从融佛入儒的立场出发，儒学名教之所以具有参赞化育的治世德能，其真正原因主要是发挥了“心、佛、众生，三无差别”之心的灵明洞彻、湛寂常恒的功用。换句话说，基于“人同此心，心同此理”的理论原则，儒家亦禀客观本有的真如佛性为施设建立理论的根本依据，此正可谓取佛法要义以发挥儒宗之奥也。从摄儒归佛的立场出发，儒学虽未究竟彻证真如佛性之本来面目，但在复本心性方面，其称性顺修、溯流穷源的修持方法，与佛教发明心地、返迷归悟的修证工夫，基本相同。只不过在义理发挥上有所不同：儒学较浅，属方便之权；佛法较深，属究竟之实。但其修持之方向与目标始终一致，犹“化城”与“宝所”一般。

就理论构建的本身而论，儒、释二教之间亦存在着极为相近的共同点。这主要体现在儒之“明、诚合一”与佛之“始、本不二”方面。略而言之：

> 佛以觉为体，而觉有本觉、始觉、不觉。本觉者，即生、佛同具之天真佛性，乃性德也；始觉者，依本觉理起真实修，对治烦恼习气令其消灭无余之妙智，乃修德也；不觉者，迷背本觉，随境生着，起贪嗔痴，造杀盗淫，认苦为乐，以迷为德，承佛性力造生死业，一切在迷众生与不修正觉错乱修习者皆是也。本觉，凡圣平等，无有高下。始觉，功夫浅深不一，悟证地位各别，由名字以至分证，历外凡以至等觉，皆在始觉范围之内。故《华严经》云：一切众生皆具如来智慧，但因妄想执着而不证得；若离妄想，则一切智、无碍智则得现前。所言一切众生皆具如来者，本觉理性也；因妄想执着而不证得者，逆本觉而起惑造业轮

① 《儒释一贯序》，《增广·印光法师文钞》卷三，苏州灵岩山寺流通本，第 70 页。

回六道也；离妄想则智慧现前者，顺本觉而修渐至圆成佛果也。了此性、修理致，则不肯自甘下愚，亦不敢以凡滥圣，而必以实修实悟，以期于实证而后已。儒者以诚、明为本，诚即明德，明即明明德之明。实则诚、明，即明明德也。明德乃吾人固有之真知，由有人欲之物遂锢蔽而不能显现，如云遮天日，了不见其光相。欲明其明德，必须主敬存诚、克己复礼，则人欲之物自无容身之地，而本有真知全体显露，如浮云去而天日昭彰矣。真知既显，则主权得而使者听命，故意之所念、心之所思皆归于真诚无妄、中正不偏矣……若与佛法互证对释，则诚也、明德也，乃本觉性德也；明也、明明德也，乃始觉修德也；物即妄想执着，格物即离妄想执着；离妄想执着则得如来智慧，格人欲之物则彻底显现吾心固有之良知与真知也，故曰：其发挥浅深虽有不同，其理体、工夫固无二致也。①

可见，儒、释二教的修持理论，都是建立在一种平等无差别的信仰基础上的，如佛以本觉性德为体，以其凡圣平等，无有高下之特性，说明一切众生皆具如来智慧德相，一切众生皆可成佛；儒以诚为体，以其为吾人固有之真知，说明愚夫愚妇与能与知，人人皆可以为尧舜。这生佛本具之觉性，凡圣固有之明德，的确说明了儒、释二教在本体上的一致性。又，儒、释二教皆以顺性起修、返本还原为其目标与方向，如佛以始觉修德为妙用，儒以明明德为妙用。体之与用，须臾不可离也。唯有于修德功用中方可证得性德，即于内修反省之工夫中体证本体觉性。所以，儒宗强调由明而致诚，佛教主张由始觉而证本觉。儒之“明、诚合一”与佛之“始、本不二”的修持原理与方法，实乃“由用证体”的工夫，可谓即凡而成圣，即生而作佛也。虽然儒释二教在理体与工夫上无有二致，但在发挥与所证上的确存在着差别，故云：

儒、佛之本体固无二致，儒、佛之工夫浅而论之亦颇相同，

① 《儒释一贯序》，《增广·印光法师文钞》卷三，苏州灵岩山寺流通本，第70页。

深而论之则天地悬殊。何以言之？……所谓学孔学佛理不外《大学》一章者，乃决定无疑之语，此浅而论之也。至于发挥其修证工夫浅深次第，则本虽同而所证所到大有不同也。儒者能明明德，为能如佛之三惑圆断、二严悉备乎？为如证法身菩萨之分破无明、分见佛性乎？为如声闻、缘觉之断尽见思二惑乎？三者唯声闻断见思最为卑下，然已得六通自在……儒教中学者且置，即以圣人言之。其圣人固多大权示现，则本且勿论。若据迹说，恐未能与见思净尽者比，况破无明证法性之四十一位法身大士乎？……世人闻同，即谓儒教全摄佛教；闻异，即谓佛教全非儒教。不知其同而不同、不同而同之所以然，故致纷纷争论，各护门庭，致失佛菩萨、圣人治世度人之本心也，可不哀哉！①

由此则知，印光法师认为儒、释在义理的发挥上虽有着权、实的区别，在修持工夫的所证所到处虽有着浅、深的不同，儒为治世之方便，佛为度人之究竟，但二者治世度人的终极目标与究竟方向，则完全一致。非但目标与方向一致，并且二者的修持原理与用功方法亦完全相同。

总而言之，在义理的发挥上，佛为究竟，儒为方便；在工夫的所证所到处，佛深儒浅。此是不同处。但二者在理论构建、修持标目与方向、用功原理与方法等方面，则完全一致。此是共同处。今就约不同处而论共同处，则说明儒、释二者之间有着由浅及深、由方便而到究竟的一贯脉络与思想。这充分体现了印光法师融佛入儒、摄儒归佛的良苦用心。

二、约佛之“离妄证真”互证对释儒之“格物致知”，意在“融佛入儒，由儒证佛”

儒、释二教在理论构建及实践方法等方面的一贯融通，其关键在于二者有着相同工夫修证的方便下手处。工夫修证下手处的相同，不但决定了二者理论特性的内在一致性，亦决定了二者实践方法的根本一致性，以至

① 《复汤昌宏书》，《增广·印光法师文钞》卷二，苏州灵岩山寺流通本，第 51 页。

终极目标与方向的一致性。印光法师曾约佛之“离妄证真”互证对释儒之“格物致知”曰：

> 若与佛法互证对释，则诚也、明德也，乃本觉性德也；明也、明明德也，乃始觉修德也；物即妄想执着，格物即离妄想执着；离妄想执着则得如来智慧，格人欲之物则彻底显现吾心固有之良知与真知也。①

这么说来，“格物致知”就是远离妄想执着，得证如来智慧德相的意思。“物”就是佛教所谓的妄想执着。而妄想执着则是由各人内心之贪、嗔、痴、慢、疑等引发的见思、尘沙、无明等烦惑。其实，儒教对“物”的概念范围并非如佛之深广。印光法师所以约佛法互证对释者，主要是为了说明唯有佛法方能发挥儒宗之奥妙，其目的在于融佛入儒。意谓若以佛法为先导而修学儒家，则儒法即是佛法，自可转人天乘而成佛乘。这样以儒学为佛法的修持根基，其“儒释一贯”之道则含有人间化的精神与意义。“是故聪明睿智之人，多皆学佛，因得佛之心法，而儒先圣人之心法，方得悉其底里。以儒者多主于事相，而不致力于明悟心性，若不得佛法之先导，则自己之心尚非所知，况圣人之心法乎？”② 正因为儒者多主于事相而不强调理性故，总是难以达到“全事即理”的地步，所以印光法师强调“儒、释无二道，生、佛无二心”之旨，融佛入儒，以佛导儒，使一一事相悉归理性。这么说来，印光法师则把儒学之“格物致知”提升到了佛法之“明悟心性”的理念上来，借佛法之精要发现儒宗之奥妙，并以此劝导儒者依佛法而尽性，依儒宗而尽心。本“人同此心，心同此理”的原则，凸显“儒释一贯”之道的必然趋势。

印光法师约佛法互证对释者，主要为令行人就“格物致知”之修证工夫而达到“明悟心性”的地步，这便将儒之下手方便处作为修证佛法的根本，亦说明欲学佛先须学儒的重要性。既约佛之心法阐述儒之“格物致

① 《儒释一贯序》，《增广·印光法师文钞》卷三，苏州灵岩山寺流通本，第 70—71 页。
② 《儒释一贯序》，《增广·印光法师文钞》卷三，苏州灵岩山寺流通本，第 70—71 页。

知”，所以印光法师极力驳斥宋儒对“格物致知”的误解，以还儒之庐山真面目。他说：

> 光近来作一“格物致知”确解，今为陈之。解曰：格除幻妄私欲物，致显中庸秉彝知。此物，即心中不合天理人情之私欲。一有私欲，则所知所见皆偏而不正。若格除此幻妄不实之私欲，则不偏不易，即心本具之正知自显。一举一动，悉合情理，了无偏僻。此圣人为天下后世所立修己治心之大法。修、齐、治、平在是，超凡入圣亦在是。于此用功最省力。而其所得之利益，随各人之工夫浅深，为贤为圣，乃至为佛，悉由是得。况其下焉者乎！惜后儒不察，以物为事物，以知为知识。则是以根本之根本，认为枝末之枝末；又以枝末之枝末，认为根本之根本。不但不得圣人之意，亦乱圣人之文。何以言之，以欲诚其意，先致其知，致知在格物。此极省力，极简便，举念即得之法。弃之不讲，令人推极吾之知识，穷尽天下事物之理，以期诚意正心者，则举世难得其人矣。由宋儒误认物为外物，故后儒只云诚正，而不提格致。此理极明显，以自命得圣人心传者错解之。致圣人教人修己治心之道，晦塞不彰。可不哀哉！若专主自治，则格物一法，便可足用。以私欲一去，则众恶悉除，众善悉生，故云足用。①

这里，印光法师明确指出了宋儒对“格物致知”的错解处：宋儒错在以“物”为“事物”，以“知”为“知识”，这样则本末倒置，弄巧成拙。印光法师正讹为：此“物”就是我人心中不合天理人情的私欲，亦是妄想执着的幻象而起，所以可以格除净尽；“知”则指我人即心自性本具的正知正见。宋儒犯了“心外求法”的错误，所以将根本之根本当作了枝末之枝末，将枝末之枝末当作了根本之根本，不但不得圣人之意，亦坏乱了圣人之文。印光法师约佛法而释，则将内心幻现之私欲为“物”，就是要令行人向内心深处取证菩提涅槃，莫向外求。宋儒的一味心外求法，

---

① 《复念佛居士书》，《印光法师文钞·三编》卷二，苏州灵岩山寺流通本，第429页。

导致了舍本逐末的后果，所以只讲诚意正心，而不言格物致知。并以推极吾人之知识，穷尽天下事物之理，为“格物致知”。这种错解，反易成难，唯有上根利智者独得其益，中、下之流难得其益。而印光法师的解释，从反省内证的角度出发，反难成易，并且三根普被，利钝全收，人人皆堪修持。

从实践的角度出发，印光法师认为宋明理学对“格物致知”的误解，从根本上错乱了早期儒学赖以修身的循环次第性与体系完整性，误认枝末为根本，以致后人对修身不但错认其根本方向，而且还埋没了儒学最极亲切简易的入手之法，最终导致了后来儒者的一味向外驰求而不内省修己的过咎，从而加速了儒学的衰亡和社会伦理的丧失。正如他所云：

> 切不可以《朱注》中推极吾之知识为致知、穷尽天下事物之理者为格物，若如此说，虽圣人也做不到。正心诚意之事，即一字不识之匹夫匹妇，但无偏私之欲心均做得到。格致诚正、修齐治平八事，从本上说乃格物一事。物既格，则知致、意诚、心正、身修矣。朱子以极亲切极简易之根本认做极疏远极难穷之枝末，埋没圣人治天下之道本，致后学学圣人不得下手最亲切之法则，遂完全务外而不内省。加之辟驳生死轮回、因果报应为无所有，遂致坏乱五伦八德、打破道德藩篱。一切生灵涂炭之罪恶皆由此发起，可不哀哉！①

除此之外，印光法师更进一步地指出程、朱倒置本末说：

> 若如程、朱，以推极吾之知识，穷尽天下事物之理，为格物者。乃致知为格物之本，而世之能格物者鲜矣。勿道平常人做不到，虽圣人也做不到。既无由格物，诚意正心从何而得？故程、朱平常只言正心诚意，不言致知格物。乃以根本为枝末，以枝末为根本。倒行逆施圣人治心、治身、治家、治国、平天下之法，

① 《复琳圃居士书》，《印光法师文钞·三编》卷二，苏州灵岩山寺流通本，第426页。

致世界之乱，无由解决。为国家者，果能心无不合理之私欲，则互相残杀之根已无。又何由互相残杀，了无止期也。[①]

印光法师在这里指出了本末倒置的结症所在处，若如程、朱那样阐释“格物致知”的话，则“格物”不是“致知”的前提与关键，恰恰相反，“致知”是“格物”的根本。这样的倒置本末，则违背了《大学》中所谓的“致知在格物”的先后次第，所以可以说程、朱破坏了儒教的修学次第原则。若以“致知”为“格物”之本的话，世上能格物者少而又少。圣人尚且难以做到，何况平常人乎！印老特地指出了程、朱的“倒行逆施圣人治心、治身、治家、治国、平天下之法”的过咎，实乃引发世界纷乱、尔虞我诈的祸根所在。这么说来，“格物致知”便是翻邪归正的意思，只需向内心深处体究，以发明心地，直契即心本具之正见良知也。正印光法师所云：

学佛者，务要去人我之见，须己立立人，自利利他，然后方可言入道。即如《大学》曰：古人欲明明德于天下者，先治其国。欲治其国者，先齐其家。欲齐其家者，先修其身。欲修其身者，先正其心。欲正其心者，先诚其意。欲诚其意者，先致其知。致知在格物。此所谓物，即是与天理人情不合之私欲。既有私欲，则知见偏邪不得其正矣。如爱妻爱子者，其妻子再坏，彼不见其坏，以溺爱之私欲，锢蔽本具之良知，以成偏邪不正之恶知。若将溺爱之念，格除净尽，则妻与子之是是非非，直下彻见矣。是知格物一事，所宜痛讲，切不可以穷尽天下事物之理为格物。格除自心私欲之物，乃是明明德之根本。穷尽天下事物之理，乃末之又末之事。以末之又末之事为本，宜乎天下之乱无可救药也。佛法之去贪、嗔、痴，即是格物。修戒、定、慧，即是致知。贪、嗔、痴之物，蕴之于心，亦若带著有色眼镜以视诸物，皆不

① 《复顾德谷居士书》，《印光法师文钞·三编》卷二，苏州灵岩山寺流通本，第496—497页。

能见其本色耳。物之祸害，可不畏哉！[①]

印光法师于十三经中，尤为重视《大学》，因其具有理论的完整性与修证次第的系统性。“窃谓十三经所发明之道，乃格、致、修、齐、治、平之道。阐发格、致、修、齐、治、平之要，唯《大学》则次第言之，而曲尽其致。《中庸》《论语》《孟子》，皆俱发挥此义，但不次第循序而说耳。是知四书者，乃《易》《书》《诗》《周礼》《仪礼》《礼记》之注疏，而俾其道大明。《孝经》，乃推其实行之效。《春秋》《三传》，乃示其遵违得失之证验也”。[②]印光法师之所以强调《大学》理论的完整性与系统性，就是为了不使“格物致知”与“诚意正心”完全脱节，以说明欲提升修养的境界、完成人格，须从“格物致知”下手做工夫。又，印光法师约佛之去贪、嗔、痴定义“格物”，以修戒、定、慧楷订“致知”，这主要是强调了佛法内证的重要性。并且将“格物致知”作为儒、释二道修证工夫的下手关键，其目的在融佛入儒，由儒证佛。换句话说，学儒须以佛法内证工夫为其根本与关键，以期明悟心性；修佛须以儒教“格物致知”为实践修证的下手方便，以免画饼充饥。佛为学儒之先导，儒为证佛之后盾。佛犹目，儒若足；唯有目、足并运，方可究竟到达如来宝所。这便是印光法师约佛法互证对释“格物致知”，以显“儒释一贯”之道的又一大特点。

三、因果报应乃落实“格物致知”的心理依据与实践保障，亦是儒、释二教入道的前导与证道的纲宗

印光法师虽以“格物致知”为儒、释二教真实修证的下手方便处，但又强调须以因果报应为格除物欲的心理依据与明其明德的实践保障。可是儒学自宋、明、元以来，却逐渐舍弃了这一内证修己的心理依据与实践保障，这完全归咎于宋明理学。印老深刻地认识到了程、朱等人“辟驳生死

① 《上海护国息灾法会法语》，《印光法师文钞·三编》卷四，苏州灵岩山寺流通本，第1101—1102页。

② 《十三经读本序》，《增广·印光法师文钞》卷三，苏州灵岩山寺流通本，第55页。

轮回、因果报应为无所有，遂致坏乱五伦八德、打破道德藩篱。一切生灵涂炭之罪恶皆由此发起”的严重后果，所以他十分重视因果报应与六道轮回的宣扬。

印光法师认为程、朱因认错了“格”与“物”，所以才辟佛，破因果报应，六道轮回。他曾开示周法利居士说：“汝不知朱子认错了‘物’与‘格’，故辟佛，破因果轮回。又剽窃禅宗参究之法以自雄，故曰：而一旦豁然而贯通焉！汝若以彼所说之格物为是，汝一生也格不到穷尽处，说什么豁然贯通。”① 原以朱子认错了“物”为心外之事物，所以才将“格”错解为“推极”“穷尽”之义，终日向外驰骋，永无休止之时。为了维护自己的高唱，则不得不辟佛，破因果报应，六道轮回。虽说剽窃禅宗参究之法，但终因心外取法故，导致了内在矛盾的重重，其“而一旦豁然而贯通焉”的说法，纯属妄想空谈。正因如此，印光法师再三强调，若欲人人悉皆“格物致知”，则非提倡因果报应而为去私欲的心理依据，以显正知的实践保障不可。明悟心性，畏因惧果，实为“儒释一贯”之道的大旨。所以说：

> 若欲令举世之人悉去私欲而显正知，非提倡因果报应不可。以凡欲自利者，固不暇计及人之利与否。若知善恶因果如影随形、如响应声，声和则响顺、形直则影端。了此，则不期格物而自肯格物矣。②

印光法师一生特别注重因果，尝云：“因果报应者，世、出世间圣人平治天下，度脱众生之大权也。”不但佛教讲因果，儒家亦明因果之道，故云“夫因果报应，实儒教圣人治天下之大权。但其言约略，遂致儒者习矣不察，漠然置之”③。又说“《书》曰：惠迪吉，从逆凶，惟影响。因果报应，亦儒教之圣谟。但未深明其致，故人多暗昧不了耳”④。印光法师为了

① 《复周法利书三之一》，《印光法师文钞·续编》卷上，苏州灵岩山寺流通版，第252页。

② 《复念佛居士书》，《印光法师文钞·三编》卷二，苏州灵岩山寺流通本，第429页。

③ 《定海监狱参观记跋》，《增广·印光法师文钞》卷三，苏州灵岩山寺流通本，第4页。

④ 《潮阳佛教分会演说一》，《增广·印光法师文钞》，卷四，苏州灵岩山寺流通本，第2页。

将“格物致知”落实于百姓日用中，以令行人于自己的起心动念处自然而然地格物致知，所以他极力强调格物致知须以因果相辅，否则难以达到预期的效果。他说：

> 人皆可以为尧舜，人皆可以作佛。以一切人民，各具明德；一切众生，皆有佛性。其不能为尧舜，不能作佛者，皆由私欲锢蔽，不奋克念之功，遂致从劫至劫，随私欲转，轮回六道，了无出期，可不哀哉！然专以格致为训，不以因果相辅而导者，或难奋发大心，励志修持也。①

又，印光法师鉴于“宋儒谓：佛说三世因果，六道轮回，乃为骗愚夫愚妇奉彼教之据，实无其事”②的妄说，则广引《经》《史》之言而辩驳曰：

> 夫因果报应之言论事实，见于《经》《史》者甚多。在《书》则曰：惠迪吉，从逆凶，惟影响。作善降之百祥，作不善降之百殃。此犹可谓只论现世，及子孙耳。至《洪范》之“五福六极”，若不推其前生之因，专归于王政，则成无稽之谈，是岂禹与箕子所以教万世之心哉？且“五福”之寿、康宁、攸好德、考终命，“六极”之凶短折、疾、忧、恶、弱，岂王者能操其权而使之然乎？就中惟富与贫，或可人与，余多宿因所感。而恶者，乃面貌丑恶，非暴恶也，训作刚过，将谓王者威制令其暴恶乎？孔子赞《易》，于“文言”则曰：积善之家必有余庆，积不善之家必有余殃。于“系辞传”则曰：原始要终，故知死生之说，精气为物，游魂为变。是故知鬼神之情状，非因果报应，生死轮回之说乎？至于《春秋》《左传》，及《二十二史》中，善恶报应，生死轮回

① 《挽回世道人心标本同治录序》，《印光法师文钞·续编》卷下，苏州灵岩山寺流通本，第 2 页。

② 《印光法师文钞续编卷下·序》“挽回世道人心标本同治录序”，苏州灵岩山寺流通本，第 3 页。

之事，则多不胜书。《二十二史感应录》二卷，乃存十一于百千耳。是知儒者不信因果报应，生死轮回之事理，不但有悖佛经，实为逆天命而侮圣人之言。否则，六经便非儒者之书，而尧、舜、禹、汤、文、武、周、孔，及历代作史者，皆为惑世诬民之罪人矣，有是理乎哉？①

从上则知，印光法师遍考《经》《史》之言，为的就是说明儒教亦明因果，亦以因果报应为格物致知之辅弼，充分说明了宋儒的无端破坏因果轮回之说无有根据。若真破除了因果，则人们内心毫无畏惧之感，便肆意横行，导致了“善无以劝，恶无以惩”的后果。上智之人自可以义自绳，中、下之人则难以教化。以至废经废伦，实行兽化等恶剧，皆由宋儒的破因果而来。所以印光法师极力申辩废除因果报应的不堪设想云：

若无三世因果，则天之畀于人者，便不公平，而作善者为徒劳，作恶者为得计矣。惟其宿世之功过不同，以致今生之享受各异，所谓永言配命，自求多福，祸福无门，惟人自召耳。故佛经云：欲知前世因，今生受者是，欲知来世果，今生作者是。了此，则苦乐吉凶，皆自己罪福所感，非从天降，亦非人与，是以君子聿修厥德，素位而行，上不怨天，下不尤人。是故经云：菩萨畏因，众生畏果。畏因，则以戒、定、慧制伏其心，俾贪、瞋、痴念无从而起，其居心动念，所言所行，无非六度万行，利人济物之道，及其积极功纯，则福慧两足，彻证自心，以圆成佛道。众生不知果由因招，念念起贪、瞋、痴，发而为事，则无非杀盗淫耳。然盗、淫二业，上智以义自绳，下愚为势所制，尚不至太甚。②

既无因果，无有后世，则尧、桀同归于尽，谁肯孜孜修持，以求身后之虚名乎？以实我已无，虚名何用？由兹善无以劝，恶

① 《因果为儒释根本说》，《增广·印光法师文钞》卷四，苏州灵岩山寺流通本，第 9 页。

② 《因果为儒释根本说》，《增广·印光法师文钞》卷四，苏州灵岩山寺流通本，第 9 页。

无以惩。又加以特唱高调，令人为善，须无所为，以有所为而为善即是恶，此种邪说，误陷国家社会不浅。无知之人，钦其高明，绝无一念欲为善矣；有智之人，痛裂心肝，以完全将圣人循循善诱之道废之，以圣人之资格期人。……人情如水，因果如堤。宋儒极力辟驳因果，以为是如来骗人奉教之据。而儒经中所说因果，何得又是实有乎？彼欲辟佛以卫儒，卒致废经废伦，实行兽化，此种恶剧，皆由彼所唱之高调演出，俾人道或几乎熄。①

既然废除因果有诸多弊端，难以落实格物致知之道，那么提倡因果又有什么益处呢？印光法师从儒、释二教皆明因果的浅深相较而论曰：

然世间圣人，只教人尽义尽分，佛则详示其尽与不尽之善、恶果报。尽义尽分，只能教于上智，不能普摄下愚。若知尽与不尽之善、恶果报，纵属下愚亦必歆善报而惧恶果，虽不欲尽义尽分，亦必勉力尽义尽分矣。此如来普被上、中、下三根之法……世固有不知佛而妄辟佛者，亦有颇知佛而阴服膺以阳为辟驳者，此种行为，皆由门庭知见太重，不能着实格物致知，以致意有所不诚，心有所不正也。其言皆足以瞎众生之智眼，断如来之慧命。古大人忧之，乘机破斥，使彼作此说者，与受其说之毒者，悉皆深知吾佛教人之所以然，不但与儒教不相悖戾，且大有发明儒教，辅弼儒教之至理极功焉。近来世道人心，陷溺已极，废弃先圣之法，几于无可救药，凡属忧世之士，莫不以提倡佛学为急务。以佛学注重明心，与因果报应。果能明自本心，决不至于错因果。果能不错因果，决可明自本心。既得明自本心，则儒先圣人之心，如来之心，亦可因之俱知矣，此儒释一贯之大旨也。②

而世间圣人只据现生，但令人尽义尽分；佛则具说过去、现在、未来三世，并详示其能尽之善报，不尽之恶报。上根之人，

---

① 《挽回世道人心标本同治录序》，《印光法师文钞·续编》卷下，苏州灵岩山寺流通本，第3—4页。

② 《儒释一贯序》，《增广·印光法师文钞》卷三，苏州灵岩山寺流通本，第71—72页。

> 但闻义、分应尔，自可通身担荷，中、下之人，阳奉阴违，则无法可治。若闻三世因果，知能尽则有善报，不尽则有恶报，人纵愚顽，决无幸灾乐祸，趋凶避吉之念。由知三世善恶报应，虽不欲尽义尽分，以冀善报而惧恶报，亦必勉力尽义尽分矣。此但指其最浅近者而论，即可化愚顽为良善，转浇俗为淳风，况其深远者之利益，彼世间凡夫，又何能悉知之而悉见之耶！①

由此可见，印光法师从佛教发明心地的立场出发，他认为欲人人悉皆从内心深处，脚踏实地地格物致知的话，必须先令其深明因果之丝毫不爽，善恶果报之如影随形的道理。否则，总是难以将格物致知落实到日用之起心动念处，亦难依心上工夫来提升自己的修养境界。儒、释二者在教化上的区别为：儒者只从尽义尽分上教化，这样只能教于上根利智之人，难以摄化中、下愚顽。而佛则详示三世因果报应之事理，深深抓住了行人的心理畏惧之要害，即便是极为愚顽之人只要是识得三世善恶报应之理，虽则在心理意识上不愿尽义尽分，但因其心理畏惧恶报故，在行为上自然会加以检点，亦不会过分放浪形骸，勉强尽义尽分以期善报而惧恶报也。这么说来，以因果报应为格物致知之辅佐，具有隐恶扬善的教化作用，特别是可化愚顽而为良善，能转浇俗而成淳风。所以，印光法师认为若不以因果为辅佐，则难以着实做到格物致知。宋儒的无端辟佛，破因果轮回，纯属门庭之见太重的缘故。佛教不但不与儒教相悖戾，而且还有发明儒家奥妙，辅弼儒教化导的至极功用。儒者若能依佛法先明心性，则自会深明因果。明白因果之道，则自会急急地落实格物致知。“因果报应，乃儒、佛二教入道之前导，亦儒、佛二教证道之纲宗。”总之，印光法师把佛教中的三世因果报应作为格物致知的辅佐者，就是为了使儒教的格物致知之道更为完善，以起到普化上、中、下三根的作用，于知因识果中敦伦尽分，闲邪存诚，诸恶莫作，众善奉行，以至达到明悟心性，开启智慧，成圣作佛而后已。亦说明修学儒教离不开佛法的先导作用，依佛法修学儒教更为把稳、妥帖。

---

① 《佛川敦本学校缘起序》，《增广·印光法师文钞》卷三，苏州灵岩山寺流通本，第80页。

四、佛法不离儒学而又包括儒学，宜合不宜离

六祖慧能说“佛法在世间，不离世间觉；离世觅菩提，恰如寻兔角”①。这说明佛法与世间法本来是“不二”的关系，一者不能离开另外一者而孤立存在。同样，印光法师认为佛法与儒学亦处于“不二”的状态，彼此相依而互补，宜合不宜分。他说：

> 尽性学佛，方能尽伦学孔。尽伦学孔，方能尽性学佛。试观古今之大忠大孝，与夫发挥儒教圣贤心法者，无不深研佛经，潜修密证也。儒、佛二教，合之则双美，离之则两伤。以世无一人不在伦常之内，亦无一人能出心性之外。具此伦常心性，而以佛之诸恶莫作，众善奉行，为克己复礼，闲邪存诚，父慈子孝，兄友弟恭之助。由是父子兄弟等，相率而尽伦尽性，以去其幻妄之烦惑，以复其本具之佛性，非但体一，即用亦非有二也。此实也，所云佛化之儒宗，不过表示其实而已，有何不可。然在家学佛，必须深信因果，恪尽己分，戒杀护生，至心念佛，为决定不易之修持。所言恪尽己分，即慈孝友恭等。②

印光法师认为“佛法乃十法界公共之法，无一人不应修，亦无一人不能修”。所以佛法包罗万象，其佛教之“诸恶莫作，众善奉行”，又为儒教落实儒教克己复礼等伦常之道的助行。所以，佛教能包括儒教，儒教不能包括佛教，二者属于包含与被包含的关系。正因佛教包含儒教，所以儒教为佛教之基址，离开儒教亦无佛教之可言。并且佛教还能发挥儒教所未发挥的奥妙，而儒教伦常之道亦是佛教基本行持事相。以故佛法不离儒学而又包括儒学，所以说：

> 不知佛法具世、出世，且以世间法论，凡儒教之孝弟、忠

---

① 《六祖大师法宝坛经》，《大正藏》第48册，第351页中。

② 《复安徽万安校长书》，《增广·印光法师文钞》卷二，苏州灵岩山寺流通本，第53页。

信、礼义、廉耻之道，格致、诚正、修齐、治平之法，如来于诸大小乘经中，莫不具说。①

以故泥迹之儒，多辟佛教，以不知佛法虽为出世间法，亦复具足世间一切善法。举凡伦常修齐之道，固已极力宏阐，毫善弗遗，遇父言慈，遇子言孝，兄友弟恭，夫倡妇随，随己职分，各尽其义，固与世间圣人所说无异。②

欲为真佛，须先从能为真儒始。若于正心诚意，克己复礼，主敬存诚，孝友弟恭等，不能操持敦笃。则根基不固，何以学佛？选忠臣于孝子之门，岂有行悖儒宗，而能担荷如来家业，上续慧命，下化众生乎？佛法大无不包，细无不举。世、出世间，无一法不在范围之中。③

在印光法师认为，举凡儒家五伦、八德等修持事相，无一法不在佛法范围之内。儒、释二者并不悖戾，彼此之间相辅相成，互有裨益之处。儒教伦常之道实为佛教修证工夫的落实，佛教明心之理亦为儒教之前导。佛教是理论兼行，儒教纯是实践，惟有理论联系实践，方有成圣作佛的希望。以故印光法师强调儒、释二者的宜合不宜分，所以说“不学佛而不能知儒，不宏儒而无由宏佛。五伦三纲，皆菩萨六度万行中事”④。这便是印光法师对“儒、释无二道，生佛无两心”的进一步发挥与宣扬。其理由有二：

其一，佛教“五戒”与儒教“五常”，其内容基本相同，意义相近。“言戒善者，五戒。不杀即仁；不盗即义；不邪淫即礼；不妄语即信；不饮酒，则心常清而志凝，神不昏而理现，即智。五戒全持，不堕三途，恒生人道。此与儒之五常大同。第儒唯令尽义，佛则兼明果报耳。但儒唯约现世与子孙言，佛则兼过去、现在、未来三世无尽而论。”⑤ 佛教的兼明善恶

① 《佛川敦本学校缘起序》，《增广・印光法师文钞》卷三，苏州灵岩山寺流通本，第80页。
② 《儒释一贯序》，《增广・印光法师文钞》卷三，苏州灵岩山寺流通本，第71—72页。
③ 《复汪梦松居士书》，《增广・印光法师文钞》卷一，苏州灵岩山寺流通本，第73页。
④ 《复谢慧霖居士书十二》，《印光法师文钞・三编》卷二，苏州灵岩山寺流通本，第294页。
⑤ 《如来随机利生浅近论》，《增广・印光法师文钞》卷二，苏州灵岩山寺流通本，第14页。

果报，的确是令儒者尽义尽分的心理保障。所以印光法师主张儒、释二道的相合，亦是为了二者之间的珠联璧合。

其二，印光法师力主儒、释二道的相合，主要是为了随顺机宜，上弘佛法，下化众生的方便。“良以如来设教，虽则正为出世，而随顺机宜，循循善诱。故于经世之道，亦复发挥净尽，毫善弗遗。遇父言慈，遇子言孝，兄友弟恭，夫倡妇随。凡一切伦常日用之道，与儒教所说，了无异致。其所异者，一一各示三世因果，善恶报应。”①

综而论之，印光法师进一步表明，儒学只不过是佛学中的一部分而已。他说：“佛法虽属出世间之法，所有世间经世之道，悉皆包括无遗。举凡父慈、子孝、兄友、弟恭……咸与世间圣人所说无异。”② 佛法森罗万象，世、出世间一切法“悉皆包括无遗”，儒学亦在佛学之其中，“儒释原同”。当然，印光法师所论的目的是以儒学为方便，而以佛法为究竟。大师出于“弘法利生”的需要，有时虽讲及儒教的“八德”、“五常”，谆谆启迪人们，使人产生憬悟，其实是在宣说佛法妙义，只不过是借人们容易接受的儒教名相用之而已。

五、念佛一法实为“儒释一贯”之道的日常生活化体验

印光法师提倡儒释一贯之道，就是为令行人注重躬行一法。希冀一切人悉成尧舜，皆能作佛。他作《文字发隐》云：“人之德能，大端有四：人者，仁也；仁慈恻隐，自利利他，故名为人。人者，忍也；忍劳忍苦，担当拄地撑天之事，故名为人。人者，任也；力任孝、弟、忠、信、礼、义、廉、耻之八德，俾无所欠缺，故名为人。人者，尽也；尽儒教伦常之道以敦伦，尽佛教心性之道以证心，故名为人。”③ 从中可知，印光法师期望一切同伦能希贤希圣，依儒教敦伦尽分，依佛教明悟心性。继往开来，干一番撑天拄地的伟业，发挥即心自性本具的参赞化育德能。欲达到此种

① 《吉林哈尔滨创建极乐寺疏》，《增广·印光法师文钞》卷二，苏州灵岩山寺流通本，第5页。

② 《佛学浅说序》，《印光法师文钞·续编》卷下，苏州灵岩山寺流通本，第55—56页。

③ 《印光法师文钞续编卷下·杂著》，《人字发隐》，苏州灵岩山寺流通本，第212页。

目的，须依“儒、释一贯”之道而格物致知，诚意正心方可。但格物致知是心上工夫，如何落实到日用生活中去呢？印光法师则主张以念佛一法落实格物致知的修证工夫，他说：

> 养气寡欲二歌，词理圆妙，实有益于身心性命之作。然近世儒者，不于躬行上用功，专以空谈为高尚，则成说食数宝之流。纵说得滴水不漏，亦只成戏论而已。不敢谓阁下与此辈同，然亦未必决不与此辈同也。所幸者，既有信心，当勤念佛。烦恼现前，立使消灭。能如是养气，则气不至馁；如是寡过，则过可渐无。舍念佛以言养气寡过，终非究竟之道，而且费力。故知念佛一法，实为儒释一贯之道。若不以此法自修，而欲求得儒、佛心法，难之难矣。以其只有自力，无佛加力故也。①

这里，印光法师明确提出了“念佛一法，实为儒释一贯之道”的主张，当然指的是修证功夫的落实。若无修证，则一切纯属无稽之谈。毕竟印老是净土宗的行人，他将世、出世间一切行门全都还归到净土法门中了。以一句佛号总治一切习气烦恼，况且净土法门普被三根、利钝全收，无一人不堪修，而又简便易行。念佛一法，内则消除烦恼，清净自心；外则规范行为，抑恶扬善。印光法师提倡“儒释一贯”之道的宗旨，亦不外乎是为令一切行人由格物致知而达到自性的清净，从而发自内心深处地敦伦尽分，闲邪存诚，诸恶莫作，众善奉行，存好心，说好话，行好事，做好人也。印光法师把对“儒释一贯”之道的躬行务实宗旨，归根结底于念佛一法，则显得更为简易方便，更具有修行化与生活化的气息。他对念佛一法有段著名的开示曰：

> 无论在家在庵，必须敬上和下。忍人所不能忍，行人所不能行。代人之劳，成人之美。静坐常思己过，闲谈不论人非。行住

① 《复赵莲洲居士书》，《印光法师文钞·三编》卷三，苏州灵岩山寺流通本，第434—435页。

坐卧，穿衣吃饭，从朝至暮，从暮至朝，一句佛号，不令间断。或小声念，或默念，除念佛外，不起别念。若或妄念一起，当下就要教他消灭。常生惭愧心，及生忏悔心。纵有修持，总觉我工夫很浅，不自矜夸。只管自家，不管人家。只看好样子，不看坏样子。看一切人皆是菩萨，唯我一人实是凡夫。汝果能依我所说而行，决定可生西方极乐世界。①

从这段文字里可以看出：印光法师从儒教敦伦尽分的立场出发，以敬上和下为做人的根本原则，以超人之忍、行为辅，以“代人之劳，成人之美”为内省修德的落堂工夫。从佛教发明心地的立场出发，以一句佛号降伏妄想执着，以惭愧心、忏悔心为念佛的后劲，于谦虚自牧中提升修养的境界与念佛的工夫。本“内、外一统，表、里一如”的原则，他便楷订念佛一法为“儒释一贯”之道为日常生活中的体验与修证。原始要终，依心性论修养的工夫与境界而已。

作者单位：深圳弘法寺佛学院

① 《复叶福备居士书》，《印光法师文钞·三编》卷二，苏州灵岩山寺流通本，第526—527页。

佛教伦理道德对建设和谐社会的积极作用

释普超

一、绪论

两千多年前，佛陀在人间建立佛教，契合当时的社会、心理状况教化民众。佛教传到中国以来，亦以其不同的“佛教时代”① 文化形式渗透到社会的各个领域。历史学家汤因比（1889—1975）说：“佛教在传入一个国家后，一般都能与原有的宗教友好相处，我们希望这种佛教传统能够流行于世。”② 神学家汉斯·昆（1928—　）高度评价说：“人们在新的世界形势之下，需要更多的同情、平和、温润、喜乐、宽容以及和谐，而这一切，正是佛陀精神的实质。”③ 总体来看，有着悠久历史的中国佛教在构建和谐社会的新时期作出了应有的贡献。“构建和谐社会”是要提高人文素质，建立和维护良好的社会环境秩序，其主旨与人间佛教的思想理念是一致的，实践“人间佛教”正是21世纪中国佛教的使命。和谐社会的构建，恰好为实践人间佛教建立了良好的机缘。在构建和谐社会的过程中，如何使佛教契理契机地完成其使命，不能不引起我们的思考。

所谓“宗教”，古今中外的哲学家以及学者多从信仰、思想、超越、终极关怀等方面解释。如：黑格尔的解释：“一般说来，宗教乃是人类最

① 康拉德·希诺考尔：《中国文明史》，群言出版社2008年版，第65页。

② 汤因比：《历史研究》，上海世纪出版集团2005年版，第265页。

③ 汉斯·昆：《世界宗教寻踪》，生活·读书·新知三联书店2007年版，第227页。

终、最高的境地。”[①] 马克思说：“哲学不过是变成思想的并且通过思维加以阐明的宗教。”[②] 科学家爱因斯坦（1879—1955）说：“人类作为一个种族的未来取决于这种平衡的结果。”[③] 实际上，人本思想应该是宗教最基本的元素，只不过不同的宗教对人本思想的着重点不同。佛教则特别强调“净化世间以此趋入出世间还灭之理”，也就是说，在信仰的基础上达到个人的“道德”[④] 修养以及思想上的超越。拉特克里希南高度评价说：“对于道德的笃信是佛教力量的秘密。”[⑤] 而道德修养又与伦理密不可分。所谓“伦理”[⑥]，即是人们处理各种社会关系中“应该”的原则。例如：交通规则，每个人应该必须遵守的，而体现这种“应该”的就是“道德”，所以说，伦理就是关系应当的体系，如：人和人的关系应当如何？人与社会的关系应当如何？人与自然关系应当如何？道德，就是伦理应当的具体化——人们的行为规范。如“和谐”的具体规范就应该表现为博爱、尊重、利他等。关于这些伦理道德的规范在佛陀的教法中有着完整的理论体系和具体的行持方法。

佛教伦理内容极为丰富，但主要可分两大关系：一是人与诸佛、菩萨之间的关系；二是人与人、人与众生之间的关系。前者体现佛菩萨慈悲奉献的精神和信徒恭敬尊重的精神美德。后者体现教徒的道德标准及道德规范，例如，在戒法中对僧人之间、僧俗之间“欲令如是”和“不令如是”等都有明确的规定。前者既然是对菩萨精神的敬重，那么实践和体现这种精神的还是人，因而佛教特别重视人间菩萨。但上述两种伦理关系又是不能截然分开的。就单约后者来说，其实质即是社会伦理蕴含着伦理道德的社会功能和社会意义。佛法中关于世俗伦理和道德的相关内容和传统文化

---

① 黑格尔：《宗教哲学讲座·导论》，山东大学出版社 1988 年版。

② 《马克思恩格斯文集》第 1 卷，人民出版社 2009 年版，第 200 页。

③ 斯塔夫里阿诺斯：《全球通史：从史前史到 21 世纪》（上册），北京大学出版社 2006 年版，第 7 页。

④ 阿尔贝特·施韦泽：《文化哲学》，上海人民出版社 2008 年版，第 120 页。

⑤ 拉特克里希南：《印度哲学》，英国克米论公司 1951 年版，第 608 页。

⑥ 从学术的考证上来说，“伦理”或“伦理学”这个概念来源于西方文化语境，特别是在 1991 年由瑞士学者汉斯·昆提议并宣导成立了“世界伦理基金会”；1993 年世界宗教会议通过《走向全球伦理宣言》以后，“全球伦理”、“伦理行为”等概念逐渐成为人们关注的话题。

特别是儒学有很多的相同之处。因此，佛教伦理对中国当今社会“和谐”的建设，无论从思想文化上还是具体建构上都有着积极的促进作用。

二、以僧人为核心的伦理道德对建设和谐社会的作用

就僧人与僧人的关系来看，所谓“僧”即是和合众的意思。就“理合”来说是同证无为理，同证圣位。就“事和”来说有六种，即六种敬具。故《佛说仁王般若波罗蜜经》卷二说：“住在佛家，修六和敬，所谓三业同戒、同见、同学。”[①]《祖庭事苑》卷五解释：“六和：一、身和共住。二、口和无诤。三、意和同事。四、戒和同修。五、见和同解。六、利和同均。”[②]“六和”是佛陀教导出家弟子共住修习的“六种公德”，也是建设“和合僧团”的准则。具足这种公德的前提，必须是僧团成员以清净心共同遵守戒律的规范。因此，僧团可谓是和谐的典范，作为社会道德的楷模，僧人在严守戒律等自身的建设方面就显得尤为重要。

佛教的“感召力”和“吸引力”以及对社会建设的“增上”作用，不仅取决于好的教义，还必须有高素质的信徒和强大教团来弘扬教义。由于佛教僧侣“身份”的“应然性”和“实然性”的差异，促使社会的不同群体对佛教有了不同的“理解与期望”，对僧人的“身份”与“角色”有了广泛的争议，以“僧人身份”出现的这一个社会角色，其社会价值也就显得特别重要。因此，“内强建设，外树形象”对实现人间佛教、构建和谐社会就具有深远的社会意义。

角色是社会分工的结果，具有结构性，而身份不仅有结构性还具有建构性，二者不能混淆。在传统观念上僧人身份主要有三方面的限定：一是在道德上，必须是道的载体、德的体现；二是在知识上，必须有渊博的学识；三是在情感上必须有崇高的宗教情操。诚然，这种身份所具有的超然完美的“人格”必须在具体的社会环境之中来完成和体现。在构建和谐社会的新形势下，僧人作为“道”的载体，首先，必须加强持戒、行道等自

---

① 《佛说仁王般若波罗蜜经》第2卷，《大正藏》第8册，第831页。

② 《祖庭事苑》第5卷，《续藏》第64册，第379页。

身建设，借以增进僧团整体的和谐，例如：信仰、道分、教制、人才和组织建设，同时秉持佛陀重视人间、利益人间的根本精神，行自利利他的事业。基于这样的理念，各寺院大力加强内部学修，外部弘法利生等事业，许多寺院佛教团体，举行演讲与论坛，进行学术研究与交流，开展各种学习活动，学习内容不仅有经律论，还有科学知识、宗教政策和法律法规等，及时了解社会，与时俱进。特别是佛学院的兴办为佛教界培养了大量人才，他们既能阐明佛法与世间的理论关系，又能在行持上圆融实践，成为佛教界的青年骨干。我们欣喜地看到，“佛教徒处在理性思维的高级阶段”，不断地焕发着新的活力。然而，僧人的身份既是“建构性”的，就必然需要一个过程，个人修养也就会有高低的不同。

总之，僧人的整体素质在不断地提高，僧人的自身建设意识也在不断地加强。这些都表明了在和谐社会的建构中僧人所起的楷模作用和佛教伦理道德理论的适应性。

近年来，许多寺院不失机宜地回馈社会，发挥佛教伦理的社会功能，开展了建桥铺路、绿化环境、创办慈善机构等活动，又在传统观念的基础上进行了创新，例如，除了拜忏受戒、佛七等活动，还举办夏令营和短期出家等宗教活动，这样就帮助已学或欲学佛的在家者有了体验僧团生活的机会，使他们感受到佛教伦理秩序和道德规范的优势。同时，这些行动还使社会各界对僧人在现今社会关系中的“身份”有了新的认识，并给以充分的肯定，令僧人的“社会角色”有了充分展现的空间。这些“超越性”和“僧格化”的理念与实践，都体现了佛教为建构和谐社会所作出的积极贡献。

约社会伦理而言，“僧人身份”是通过与他人的客观性差异而体现出来的，“身份”的文化建构性使“僧人身份”出现时就开始建构了关于“从业标准、行为规范、道德修养”的期望，形成了“本分观”与“天职观”，于是便出现了人们价值期望的“正当性”与实际活动中所表现出的“非正当性”的矛盾。令人深思的是：佛教徒修行中“人格本位”的超越理念（“不求名闻利养”[①]）如何能与“传闻多媒体”开放的社会现实相融通？如何能让佛教的人本思想在新社会伦理秩序的建构中充分发挥积极作用？这些直

① 《解深密经疏》第9卷，《续藏》第21册，第385页。

接关系到佛教伦理道德的社会效益。所以，如何把菩萨精神与世间伦理辩证的统一起来，无论在观念上还是在实际运作中都是一项挑战性的课题。

三、对佛教伦理的正确认识有利于和谐社会的建设

中国人重视家庭教育，强调子女对父母的敬重和奉养，把这种伦理道德概括为“孝道”。孔子的学生有子说：“孝弟也者，其为人之本欤?”（《论语·学而》）孟子也说：“孝子之至，莫大乎尊亲。”（《孟子·万章上》）这种“孝为人本”和“尊亲意义”上的基本家庭伦理道德观，已成为中华民族思想文化的重要组戒成分。

然而，佛教的载体“僧团”从形式上是由离亲入寺、落发出家组成的，这使佛教自初传到中国时起，就被认为违背了传统的家庭伦理，例如：僧人剃发与父母断绝关系、独身无后是大不孝，不拜父母是违反尊亲的道德行为，由此引发了思想界的大争论。《牟子理惑论》当中，就记载了很多反佛人士以及对于佛教违反孝道的指责。[①] 这些观念一直以来阻碍着佛教伦理道德的宣传和普及。可以说，佛教从开始传入中国就遇到了尖锐的文化冲突，而这种矛盾的直观体现就是在伦理道德观念上的不协调性。就家庭伦理的孝道观念来说，不仅是中国良好的传统观念也是中华民族的优良美德，无论是从思想文化界还是从民众的意识界中始终是崇尚的。在这方面佛教的“孝”与传统文化上的“孝”其实是一致的（后文将专题论述）。唐代宗密说：“始于混沌，塞乎天地，通人神，贯贵贱，儒释皆宗之，其唯孝道矣！”[②] 可见，佛教的孝道不仅与儒家的孝道是一致的，甚至超越了儒家的孝道，它认为孝道是不受时空、等级、派别限制的宇宙真理和道德规范。古人已经为我们作了论述，于今我们更不应该误解。

在观念上，应该给佛教以正确的定位，真正要明了佛教主要是上层建筑的一部分，因此应该充分发挥其建设精神文明的积极作用。精神文明建设包含的内容很多，核心是文化建设，其根本是道德建设。道德作为能创

① 牟子反对佛教的僧人落发剃度，独身无后，这样就违犯了“身体发肤，受之父母，不敢毁伤，孝之始也。立身行道，扬名于后世，以显父母，孝之终也”儒、道的大孝。

② 《佛说盂兰盆经疏》第1卷，《大正藏》第39册，第505页。

造财富的资本，以无形、渗透、导向、制约等特性作用于物质与文化，并且可以促进两者的发展。因此，一个社会有优良的伦理道德，才能促使这个社会真切的体现出“民主法治、公平正义、诚信友爱、充满活力、安定有序、人与自然和谐相处”的良好状态；会更好的促进经济建设，使信仰部分的上层建筑更加适应于经济基础的需要。所以对佛教伦理的正确认识有利于和谐社会的建设。

在运作上，道德建设可谓是构建和谐社会的基石，于人格本位性上说，道德是伦理的具体表现，而道德又始终贯穿于佛教徒的修学内容。因此，佛教道德又具有广泛的适应性，适合于不同层面的人群，可谓是“普遍伦理”。语言学家阿尔布雷希特·韦伯（1825—1901）说：“佛教从一开始就在伸张人的普世权利”，“超出了种族的局限，成为一种最古老的普世宗教。”① 历史学者菲利普·费尔南德兹·阿迈斯托感叹道：“佛教在许多不同的国家与文化中进行传播，而实际上大多数的宗教都倾向于保留其发源地的文化特性。我们还无法完全领悟佛教在这一方面的成功秘诀。”② 人间佛教“以人为本”，构建和谐社会也离不开“人本”的思想。人们的基本生活组织是家庭，而家庭又是组成社会的最小单位，家庭和顺是社会和谐稳定的基础，佛教也是特别重视“得古圣制法、夫妇之宜，士夫望益，而善法不衰”③ 的家庭伦理道德，提倡佛化家庭。

然而，现今社会有些家庭只有一个或没有佛教徒，对佛教还不能够正确的认知和接受，这就为构建和谐社会、实践人间佛教提出了艰巨的任务，这也正是宣传佛教“伦理道德”的必要性之一，因为要建设和谐社会就要从不和谐处入手。

四、佛教的家庭伦理对构建和谐社会的作用

佛教的《玉耶女经》可谓是“家庭伦理”的典型例子。此经的缘起是

① 转引自李四龙：《欧美佛教学术史》，北京大学出版社 2009 年版，第 114 页。

② 菲利普·费尔南德兹·阿迈斯托：《世界：一部历史》，北京大学出版社 2010 年版，第 218 页。

③ 《善生子经》第 1 卷，《大正藏》第 1 册，第 254 页。

佛在世时，给孤独长者的儿媳妇名叫玉耶，自恃出身好，长相端正美丽，而不尊重公婆及丈夫，于是，给孤独长者便请佛陀来家教化。如经说："是时，国中给孤独家为子娶妇，得长者女名曰玉耶，端正殊特，不以妇礼，轻慢公姑及以夫婿。给孤独长者夫妇议言：是妇不顺，当云何教？若加杖捶，非善法也；设不教诃，其罪日增。长者议曰：'惟佛能化。'"①

佛陀慈悲，应邀到给孤独长者家为玉耶开示"妇事夫婿公姑大长"的道理，并且讲述妇人"五善三恶"的八种品行。如经云："佛语玉耶：妇事夫婿公姑大长，有五善三恶。何等五善？一者后卧早起美食先进，二者挝骂不得怀恚，三者一心向夫不得邪淫，四者愿夫长寿以身奉使，五者夫婿远行整理家中无有二心，是为五善。何等三恶？一者轻慢夫婿不顺大长，美食自噉，未冥早卧日出不起，夫婿教诃瞋目怒应。二者见夫不欢心常败坏，念他男子好。三者愿夫早死更嫁，是为三恶。玉耶默然无言可答。"②

综观以上引文，似乎妇女在家庭之中没有一点地位，不符合当今妇女解放的新秩序。实则不然，佛陀是有针对性的，为了启发玉耶女对照反思而说的。教导玉耶女在家庭伦理关系中必须摆正自己所扮演的角色，发挥自己的作用，并非是重男轻女，反而是重视妇女的体现，肯定了妇女在家庭中的作用。佛陀主张慈悲、平等、随缘讲法的精神，在《善生经》卷一中就记载了佛陀明确丈夫应尽的责任和对妻子的态度。如经云："是以夫当以五事正敬、正养、正安其妇。何谓五？正心敬之，不恨其意，不有他情，时与衣食，时与宝饰。"③

因此，佛陀特别强调做妻子的时刻深念着丈夫的优点，怀念恩心，侍奉家中的长幼。否则，就会有三恶的行为出现，夫妇不和，父母则不安，不但不能尽孝，反而会造成家庭的不幸。

如果家庭不和，就会给社会造成诸多的不稳定因素。所以佛陀就是在解决一个家庭的矛盾，实际上就是在维护和谐社会伦理道德的基本元素。可见，佛陀对妇德的论述是从社会的现实之中归类出来的，所扬弃的五善三恶是社会道德的标准和规范的体现，佛陀的教导揭示了佛教的家庭伦理

① 《玉耶女经》第 1 卷，《大正藏》第 2 册，第 864 页。

② 《玉耶女经》第 1 卷，《大正藏》第 2 册，第 865 页。

③ 《善生子经》第 1 卷，《大正藏》第 1 册，第 254 页。

观，既有夫妇互相敬重和互相关爱的主张，又有孝亲的理念，因为夫妇和顺，父母也就舒心欢喜。这种孝亲观，无论古今，都是符合社会俗情的。

因此，佛教的家庭孝道观是更为客观、科学、人性化的，是应该能够被社会普遍接受的。英国著名的汉学家崔瑞德（Denis Twitchett）说："中国的佛教是当时最活跃、最有影响和最先进的思想体系，它一直是从北印度和中亚诸国吸取新的推动力。"① 可见，佛教的家庭伦理具有"全球伦理"的属性，对于当今要求个性解放的新社会秩序有一定的实用价值。

五、超越孝道的伦理道德对建设和谐社会的作用

约家庭基本伦理的"孝"来说，"郯子鹿乳奉亲"和"目连救母"可谓是典范。前者是出自《佛说孝子经》等经，主要是讲郯子父母目盲、隐居上林，郯子尽心奉养的故事。② 后是出自《盂兰盆经》，主要是讲目连母亲因悭贪堕落饿鬼道，目连一人不能得救其母，佛陀教导于农历七月十五日（佛欢喜日）用盂兰盆盛满百味饮食供养安居僧，众僧持咒共度其母的故事。

前者在宋代被收入中国民间的"二十四孝"，后者被演绎成民间戏剧的《目连救母》。七月十五后来演变成了"中元节"，被误认为是鬼节，不吉祥的日子。流行于民间的佛教故事不胜枚举，可是其出处、乃至其在佛典原文当中的真确含义，就不一定广为人知了。若能还其本来面目，势必能更好地传播佛教的和谐理念。

佛教的孝道具有两种含义：一是顺敬父母、供给父母衣食等，属于世间的孝；二是以佛法开导父母行善，属于出世间的孝，两者兼具才是大孝。因此，佛教的孝亲观与传统文化的孝亲观既有着一致性，又有着超越性。例如，《佛说孝子经》卷一说："子之养亲，甘露百味以恣其口，天乐众音以娱其耳，名衣上服光耀其身，两肩荷负周流四海，讫子年命以赛养恩，可谓孝乎？诸沙门曰：惟孝之大莫尚乎兹。世尊告曰：未为孝矣！"③

---

① 崔瑞德：《剑桥中国史・隋唐史》，中国社会科学出版社 1990 年版，第 35 页。

② 参见《佛说孝子经》第 1 卷，《大正藏》第 3 册，第 441 页。

③ 《佛说孝子经》第 1 卷，《大正藏》第 16 册，第 780 页。

佛陀告诫弟子："若亲迁志奉佛五戒，仁恻不杀，清让不盗，贞洁不淫，守信不欺，孝顺不醉者，宗门之内，即亲慈子孝。夫正妇贞，九族和睦仆使顺从，润泽远被含血受恩，十方诸佛天龙鬼神，有道之君，忠平之臣，黎庶万姓无不敬爱，佑而安之……于是二亲处世常安，寿终魂灵往生天上，诸佛共会得闻法言，获道度世长与苦别。"①

从以上经文可知，即使供养给父母甘食美服、令其心悦都还不是真正的大孝。有物质供给，引导父母敬顺三宝，改恶行善，两者兼具才是真正的大孝。

父母子女都能受持五戒，仁恻清让，不杀不盗，贞洁守信，不淫不欺，这种孝亲伦理观所营造的和谐已经涉及了九族、仆使、君臣、黎民百姓，超越了宗法制度的局限。《佛说孝子经》卷一说："是以沙门独而不双，清洁其志，以道是务，奉斯明戒，为君即保四海，为臣即忠，以仁养民，即父法明子孝慈，夫信妇贞，优婆塞优婆夷执行如是，世世逢佛，见法得道。"②

至此，佛陀剖析了守戒的种种利益，阐述了戒与孝的社会意义，体现了家庭伦理与社会伦理内在的关系，明确规定了信徒必须遵守五戒，号召人们自觉地从身、口、意三业行善，建立良好的人际关系。五戒有利于社会成员道德素质的普遍提高，有利于社会建构和社会秩序的稳定、和谐，有利于人类社会的生存与发展，是具有普遍意义的道德规范。

由此五戒开演的十善戒乃至菩萨戒，更为细致的规定了佛弟子的道德规范。就拿不杀戒来说，《梵网经》卷二就有明确的规定："以慈心故，行放生业，一切男子是我父，一切女人是我母，我生生无不从之受生，故六道众生皆是我父母。而杀而食者，即杀我父母亦杀我故身……若见世人杀畜生时，应方便救护解其苦难，常教化讲说菩萨戒救度众生。"③可见，佛教"慈悲利他"的社会伦理体系已经超越了中国传统文化中"仁爱"的范畴。不仅是人文社会的和谐，而且建立了人们与一切众生的和谐。

菩萨戒的作用无非是为了四摄、六度、四无量心，这既是菩萨慈悲精

---

① 《佛说孝子经》第1卷，《大正藏》第16册，第780页。

② 《佛说孝子经》第1卷，《大正藏》第16册，第781页。

③ 《梵网经》第2卷，《大正藏》第24册，第1006页。

神的高度概括，也是社会公德的总纲；既是菩萨摄受众生学习佛法的行为准则，也是信徒待人接物、和谐相处的基本原则，这种“无缘大慈、同体大悲”的精神就是人间菩萨高尚的人品趋向于完善的社会标准。这对于协调人际关系，缓和人群之间的矛盾，化解社会动乱、危机都有积极的意义。这种取恶从善、平等慈悲和自利利他的三大伦理准则以及空、无相、无缘的健康心理所宣导的真诚和信赖对建设和谐社会有多方面的促进作用。

六、结论

现今的社会物质日增，道德日衰，社会伦理正处于重新架构的新时代，道德的准则也在发生变化，构建和谐社会需要健康的道德文化。当此之际，佛教有大量的精神资源可以挖掘。社会和谐稳定的理念是不同社会的相同要求，并且反映在意识领域中。就家庭伦理的亲情与社会伦理的和谐来看，佛教的内涵更丰富、更广泛，不仅体现了伦理观念，而且体现了普遍联系的缘起思想和因果思想。在传统观念和新兴主张的消长中，弘扬佛教的伦理理念，对净化心灵，提高人文素质，建立安全稳定、团结友爱、诚信公平的和谐社会必定大有裨益。总之，佛教的伦理道德对于国家的经济建设、政治建设、法制建设和精神文明建设都有深远的积极作用。

作者单位：深圳弘法寺佛学院

佛教的临终关怀理论初探及其当代实践

海　波

死亡禁忌几乎存在于所有社会，近年来，在全球癌症发病率的持续升高、世界人口呈老龄化发展、各种天灾人祸频繁发生以及战乱丛生，死亡问题被一而再、再而三地推到公众面前。以此为刺激，一种新型医疗模式——临终关怀应运而生。临终关怀自产生至今不到半个世纪，无论是理论研究，还是具体实践，在各方面都有待于完善和成熟。实际上，临终关怀的思想可以上溯到古老的传统文化，在佛教里面我们可以找到和现代临终关怀相媲美的思想和实践。本文尝试在传统文化的现代价值转换方面做一些初步的探索。

一、临终关怀的起源和含义

临终关怀是在当代人文关怀思潮影响下于西方率先兴起的新事物，自诞生便很快在发达国家推展开来，造福了无数家庭和个人。追溯其源头，“临终关怀”（HOSPICE）一词始于 12 世纪，来源于基督教。中世纪人们盛行朝圣，交通又不方便，途中许多人饥渴交迫或生病，于是用于朝圣中途休息、养病的驿站应运而生。到了 19 世纪，交通较为发达，这种朝圣休息站已无太大意义，人们就将 HOSPICE 用作专门照顾无法治疗的病人的相关医疗机构的代称。

1879 年，都柏林的一位修女玛莉 · 艾肯亥（Mary Aitkenhead）将其修道院主办的 HOSPICE 作为专门收容癌症末期病患之场所，以爱心照顾他们，减轻他们临终时段的身心煎熬。1905 年，伦敦市另一家修女办的圣约瑟临终关怀医院（St. Joseph’s Hospice）也改变方向为专门收容癌症末期病患；但彼时，二者皆秉承基督的博爱精神来照顾病患，并未融入专精的医疗科技改善病人的症状处理。完成这一转变的是一位名叫西西理·桑德丝（Cicely Saunders）的女士。她是20世纪50年代圣约瑟临终关怀医院的护士，她看到一位年轻的癌症病人戴维（David Tasma）疼痛至死无法缓解，心中刻骨铭心，戴维去世前留给她五百英镑当作基金，劝她将来设立一座更人性化的临终关怀医院，能减除病人的身体痛苦，也给予心理及灵性的照顾。桑德丝女士受此激励，之后攻读了社会工作及医学，身兼医师、护士及社工的背景，更了解给予病人“全人照顾”的重要性。

1967年，世界第一座现代化兼具医疗科技及爱心照顾的“圣克利斯朵夫临终关怀医院”（St. Christopher’s Hospice）正式于伦敦郊区建立。桑德丝医师亲自带领医疗团队着手进行一连串的癌症疼痛及症状控制的研究，住在桑德丝医师主办的临终关怀医院的病人，可以将所有的痛苦减至最低。从而病人们平安尊严地死亡，也成为能得以切实实现的目标。

“圣克利斯朵夫临终关怀医院”的一组医疗人员于1976年前往美国康州（Connecticut）协助美国人建立了第一座临终关怀医院（New Haven Hospice）。从此以后，“圣克利斯朵夫”模式的临终关怀如雨后春笋般在欧美各国建立，亚洲的日本、新加坡、香港在20世纪80年代，而台湾也在20世纪90年代开始发展了这项服务。作为一门新兴学科和新兴的社会福利事业，临终关怀具有强烈实践色彩，在各国的名称和内涵不尽相同。1990年经世界卫生组织总结临床经验和相关理论，对临终关怀作出比较全面的界定，可以大致归纳为五个方面：

第一，重视生命且视死亡为一自然过程，临终关怀既不加速亦不延后死亡。为什么有这个界定呢？这是因为，早期的死亡保持其自然过程，通常家族成员众多，住处相对集中，临终者能够在亲人的陪伴下于熟悉的环境中离世。当代因家庭变小，生活范围扩大，节奏加快，社会医疗体系发达，大部分人的死亡场所由家庭转移至医院，使得人们将“死亡”视为不应当发生的医疗失败或失误。人们无所不用其极地用高科技方式拖延死期，误以为医学应可以使人不死。

第二，提供痛苦和其他不适症状的缓解。这是因为在医院临终者只是机械救治的对象，现代医疗对临终者提供的仅是一种救治程序，以维持生命迹象为目的，对垂死者多半只提供生理方面的救助，很少顾及心理方面的妥善照顾。临终者在这种医疗模式下没有任何主动性，甚至没有选择善终的权利，往往是浑身插满各种管子面目全非地离开人世。那么临终关怀就是针对此种现状，反其道而行之，充分尊重患者的意见，维持临终者之作为人的尊严，以把身心痛苦减到最低为目标。

第三，整合病患心理及灵性层面的照顾。临终期是人生中最为特殊的时期，研究表明，临终期有其独特的心理表现和精神需求与信仰需求。这种需求离不开特定的社会背景和人文心理积淀。

第四，提供适当的支持系统协助病患在死亡前的时日仍能积极生活。这一点最能够体现临终关怀的特色，也是临终关怀的根本目的所在，之前的三点都是对这一目的的铺垫和说明。

第五，提供支持系统协助家属适应病患罹病过程并度过伤恸时期。通常我们都会想当然地以为临终关怀就只是针对保护临终者的权益，特别是在我国的社会生活中，丧亲者悲哀是理所当然的事，少有人意识到悲伤反应对丧亲者、对社会的负面作用。而在国外对丧亲者的悲伤辅导是临终关怀不可或缺的一个环节，帮助丧亲者尽可能快地度过悲伤期、恢复正常的生活和工作，并对死亡事件保持一种积极健康的态度是临终关怀实践的另外一个工作中心。

二、佛教与临终关怀的相通

“临终关怀”是在当代人文关怀思潮影响下诞生于西方的一个新名词，代表的是当代的一个新事物。它是一种以对西方现代医疗体系的反思为理论基础而建立起来的新型医疗模式，其实质是在现代化背景下对传统死亡观和实践方式的螺旋上升式的一种回归。佛教以人生为核心命题，以解脱生死为终极归宿，在临终生命关怀方面形成了一套丰富的理论体系和实践体系，不仅和临终关怀当前的理念完全吻合，而且更有超出的地方，自佛教扎根中国流传至今，一直在佛教群体中得到验证。

对临终者看护和照料，是佛教生命关怀行为体系中最为独特的一个领域，也是历史上其他文化体系相对薄弱的一环。自佛教产生至今，看护临终者并保证其安详而逝一直是佛教僧团生活一个不可或缺的基本准则。释迦牟尼在世时便将照顾生病比丘与供养佛的功德等同，有效地保证了对病患尤其是临终者的照顾。释迦佛曾强调："设有供养我及过去诸佛，施我之福德，瞻病而无异"。[①] 这样一种实践模式有其深厚的理论依据。

佛教将个体生命划分为四个阶段：生有、本有、死有、中有四阶段。生有，指投胎受生的最初一刹那之身心；本有，指从出生至神识离体刹那之间的全过程，亦即我们的生命时段，生有的末期为濒死期，属于死亡过程的一部分；死有，指命终时刹那间的身心状态；中有，指从死后到再生的中间过渡阶段。四有说对应人的出生、濒死、死后的情状，紧密关涉人生各个重要的生命转折点。死有时刻的一念在佛教，是提高生命质量甚至跳出生死苦海的关键点，有重要的实践意义。佛典中多处强调，临终一念亦称最后识，是能决定死后去向的关键因素。又，按照佛教说法，人临死时的意识处于从清醒向不清醒迅速过渡之间，难以自主，全由业力决定，所以最后识和重大的善恶业一起决定人的未来去处。《大宝积经·菩萨见实会》就有："最后识为主，彼业因缘故，以此二缘，生分之中识心初起，或生地狱，或生畜生。"换言之，死亡那一刻蕴含着生命转化的契机。因此，对临终期的照护在佛教看来具有非同一般的效用，可以协助临终者有效地抓住一生中提升生命质量的最后良机。

在我国古代社会，佛教的专业行者一直保持印度传来的传统，予以临终者特殊的身心照顾，如《智顗传》提及："人命将终，闻钟磬声增其正念。"[②] 或钟磬声、或说法、或称佛号等都是帮助人严正心境的方法。在唐代，普通寺院中一般都设有"瞻病僧"，"瞻病僧"的职责是要肩负起对患病僧众护理工作，一般民众甚至显贵，其中包括非佛教徒，也选择寝疾于地方或者两都的寺院中。这在唐代是常见的现象。

---

① 僧伽提婆译：《增一阿含经》，《大正藏》第 2 册，第 767 页中。

② 释道宣：《续高僧传》，《大正藏》第 50 册，第 567 页中。

三、佛教在临终领域的实践

尽管佛教经籍中有大量的对临终者照顾记述，涉及种种方法，但最为直接并在中国古代流传最广的当属唐代译出的《佛说无常经》。该经末尾的核心思想是帮助临终者建立或保持正念，透过适当的方法，对临终者的意念做清净的转化，帮助垂死者摆脱对死亡的恐惧，借临终之际尽可能帮助将亡人实现生命的提升或彻底跳出生死轮回。《临终方诀》本着“已生恶令断，未生恶令不生；已生善令增长，未生善令生”的原则帮助临终者。由于此经专门指导如何帮助临终者的具体操作，可谓是实施佛教特色临终关怀的操作手册。它的译出和流布令佛教的临终照顾从僧侣群体拓展到寻常百姓，成为佛教徒临终的必经程序。

经文所讲的具体操作程序大致可以分为三步骤。首先是妥善安顿病人，令临终者身安乐：

> 见有人将欲命终，身心苦痛，应起慈心，拔济饶益。教使香汤澡浴清净，著新净衣，安详而坐，正念思惟。若病之人，自无力者，馀人扶坐。又不能坐，但令病者，右胁著地，合掌至心，面向西方。①

强调发挥慈悲心给病患创造清新舒适的内外环境。

其次，帮助临终者建立正念，令临终者心安乐。建立正念，专对非佛教徒和修行一般的信徒而说，以增长临终者的善念、助其发菩提心、以佛菩提为归依三项作为目的：

> 令彼病人，心心相续，观其相好，了了分明，使发菩提心，复为广说三界难居，三涂苦难，非所生处，唯佛菩提是真归依。以归依故，必生十方诸佛刹土，与菩萨居，为微妙乐。②

① 释义静译：《佛说无常经·临终方诀》，《大正藏》第17册，第746页中。
② 释义静译：《佛说无常经·临终方诀》，《大正藏》第17册，第746页中。

称“佛菩提”是临终者的真归依，乃因为“佛菩提”是慈悲大愿，其实就是菩提心，为成就佛果所必要的发心。唤醒和发展菩提心，在佛教是让成佛的种子渐渐成熟，具体到临终情境，是发掘临终者内心本具的自我超越能力，是帮助临终者培养一种积极向上的心态。死亡之旅通向何方，是构成临终恐惧心理的主要缘由，在此，指出“诸佛刹土”之妙乐对无所依赖的临终者不啻为救命稻草，所以，诸佛国土又是临终者皈依的载体形式：

> 问病者言：“汝今乐生何佛土也？”病者答言：“我意乐生某佛世界。”时说法人当随病者心之所欲，而为宣说佛土因缘十六观等，犹如西方无量寿国，一一具说，令病者心乐生佛土。①

最后，行临终助念——称佛名号。经引导临终者既心乐生佛国净土，便开始进行此环节：

> 若临命终，看病余人，但为称佛，声声莫绝，然称佛名，随病者心称其名号，勿称余佛，恐病者心生疑惑。然彼病人命渐欲终，即见化佛及菩萨众，持妙香花，来迎行者。行者见时，便生欢喜，身不苦痛，心不散乱，正见心生，如入禅定，寻即命终，心不退堕地狱傍生饿鬼之苦。乘前教法，犹如壮士屈伸臂顷，即生佛前。②

他方佛国的存在对临终者来说是一种极大的安慰。就大多数的佛教信徒而言，“若临命终，自知时至，身无病苦，心不贪恋，意不颠倒，如入禅定，佛及圣众，手执金台，来迎接我，于一念顷，生极乐国，”③是人人期望的临终善境。助念的声声佛号使临终者能“心不散乱，正见心生”，

---

① 释义静译：《佛说无常经·临终方诀》，《大正藏》第17册，第746页中。

② 释义静译：《佛说无常经·临终方诀》，《大正藏》第17册，第746页下。

③ 释宗晓编：《乐邦文类》卷4，《大正藏》第47册，第210页中；释遵式编：《往生净土决疑行愿二门》，《大正藏》第47册，第147页中；王日休编：《龙舒增广净土文》卷12，《大正藏》第47册，第287页下等处。

并不退堕三恶道，可谓是对临终者成功的宗教心理辅导。在这种情况下，临终情境的真实与否便不是讨论和注意的重点了。

称佛号助念自在民间形成，佛教徒就广为采纳，信佛者多于亲友临终前，请僧诵经念佛，或临终时送入寺院，借寺院的人力和氛围完成往生净土，也有自发形成团社互相帮助的，至今仍多有延续，尤其是港台地区，临终助念几乎是所有佛教徒的常规死亡帮助，并且在很多时候扩展到非信众群体。

四、结语

佛教以其淳朴的特质赋予自身极大的发挥空间，在高度现代化的今天，仍然存有鲜活的生命力和影响。“佛法在世间，不离世间觉”，“人间佛教”是当代佛教发展的主流，其核心是关注现实社会、现实人生、创建人间净土，临终群体是一个庞大的群体，也是被社会忽略的弱势群体，正是发挥佛教慈悲护生理念的最佳领域。中国佛教的慈善事业，历史上不仅有效弥补政府社会保障之不足，而且是传播佛教、引导正信、树立佛教形象等最有效的方式，因而在历来受到了中国佛教先哲的高度重视和大力提倡。改革开放以来，佛教慈善作为一项事业正在当代中国发展起来，并在社会发展的重要领域发挥着独特的功能和作用。我们可以看到，佛教在安老、扶幼、复明、助行、助学、济困、赈灾救灾等方面卓有建树，如果能够在生命关怀领域进行长期长效地投入，不仅符合社会发展的潮流，而且势必令佛教的慈善事业更加全面，同时也是社会大众的一项福利。

期待佛教组织的在慈善领域的生命关怀能够尽快出现“忽如一夜春风来，千树万树梨花开”的局面。

作者单位：西北大学

道教论域

徘徊于边缘与中心之间

——当代道教角色扮演的现状与思考

刘仲宇

宗教的角色定位是一个很好的论题。但是，在当代中国，宗教的角色定位，与它实际扮演的角色，有相当大的差异。一方面，中国的历史上没有出现过某一宗教取得世俗政权，或实际上凌驾于世俗政权的情况，中国社会的基本制度从来没有受到过宗教的直接支配。虽然在中国的某些民族中曾有过类似的情形，但只是局部的现象，所以中国宗教的许多影响基本上在思想层面；另一方面，中国的宗教，至少从南北朝以后，就是多元整合的状态，没有一教独大的情况，也没有过因为争夺这种独大的地位而发生宗教战争的情况。因此，中国历史上的宗教，其地位便相当独特。这是就历史情况说。若从现实层面看，则中国大陆的宗教管理模式，与大多数西方国家不同，也与中国台湾地区，以及香港、澳门特别行政区大有不同。香港大多数以财团法人登记，少数宫观，例如啬色园即黄大仙祠，以慈善团体名义登记。政府在地区行政当局没有一个专职的宗教管理部门。而大陆则有一个国家宗教事务管理局，县以上政府也有相应的部门。这种不同，使得大陆的宗教虽有各地各级组织，但因为属地管理，自主权和各组织之间的联系，便显得松散。

一、从文化支柱到社会边缘

道教是中国的传统宗教。目前承认的五大教中，它是唯一在中国本土产生的，而且在很长的时间里，是土生又土长，直到近现代，才在海外产生的影响。传播到海外的道教，适应着那些地区或国家的社情、政情，便不能不发生某些变异。这且不论。在漫长的历史时期中，道教一直是中国的主要宗教之一。从文化上说，自南北朝以来，儒释道号称三教，为中国传统文化的三根支柱。从政治上说，道教与佛教一样，除了极少数时代或个别地区，都不在制度之中，尽管有时它们会受到统治者的垂青，或宠幸，代表人物居于极高的位置。但从制度设计与运转看，它们属于方外。儒家是直接参与制度设计(所谓制礼作乐) 以及实际担任政治职务的学派，不过，它并非宗教，至少不是我们现在所讨论的宗教。在社会组织上说，道教与佛教则是实实在在的社会实体，在整个中国的社会组织和运行中，起着重大作用。至于在文化上，三教之称已经表达出它们的地位。

然而，自从近代以来，道教的地位却在急剧下降之中。直到今天，其社会影响和直接拥有的社会资源，都小于其他宗教。

当然，道教的地位下降，与中国其他宗教一样，有着共同的命运。但在获得上升的契机后，恢复却慢得多。

据华东师范大学教育部重大课题“当代中国人精神生活调查研究”课题组于 2005 年的问卷调查，16 岁以上的中国人，信仰宗教的达 31.4%，不信仰的为 68.6%。根据这一调查，考虑到当年人口白皮书中公布的数字，中国人信仰宗教的人口达到 3 亿，加上台、港、澳地区，中国人信仰宗教的人口约 3.2 亿。这还排除了大陆 15 岁以下的人口。在高达 3 亿人的宗教信徒中，佛教占的比例最高，为 33.1%，基督教占 12%，天主教为 6.1%，道教则为 6.4%，稍多于天主教。伊斯兰因为是有十个民族全民信教，可以不论。其他的还有 11.5%的信民间俗俗神，15.1%信仰祖先保佑，属于现今所谓民间信仰的非制度化宗教。从这些数字看，道教与其历史上的三教之一的地位显然早已不侔，而且是几大制度化宗教中较为弱小的。有近两千年历史的道教，比起在中国传播了约五百年的天主教[①]略多一点，比起在中国只传播了两百年多一点的基督教，则根本不能同日而语。基督教在当代中国，为信仰者人数上升最快的宗教，是一个不争的事

① 这是从中国现有的天主教而言。天主教从唐代即已传入，以后在元代再次传入，但是后来都没有扎下根来，只有明万历年间利玛窦等的传教活动，才真正扎下根来，现在的中国天主教便从此起。

实，其间的原因不止一端。且可暂置不论，但是与同样是中国三教之一的佛教比，那么道教的弱小，便显得十分突出了。

20 世纪 50 年代，中国进入了一个新的历史时期。在历史的重大变迁中，宗教也会由之产生巨变，是不奇怪的。从总的方面说，近代以来，中国的传统宗教佛教和道教，以及遍布全国的民间神祠，受到的冲击都极为残酷。整个社会凋零衰败，是从晚清及于民国的基本状态。战争连年，灾荒不断，原来的宗教赖以生存的条件一再遭受摧残。太平天国运动中洪秀全等人以“阎罗妖”的名义，烧、掠的各类庙宇已经极多，而后民国时期颁布所谓“祠庙存废条例”，受到冲击最大的是佛道两教，尤其是道教。到 20 世纪 50 年代，社会、政治、经济都产生了剧变，相应的文化上也出现了所谓“新”文化扫荡“旧”文化的浪涛，思想改造成了运动，带来的后果是十分严重的。直到 1982 年，中共中央发了当年的 19 号文件，才将中国共产党对于社会主义时期宗教的基本认识和基本方针说明白，开始了“落实宗教政策”的进程。整个 20 世纪 80 年代，都是拨乱反正和思想解放的时期。纠正了极“左”的宗教政策，重新宣布并落实宗教信仰自由政策，是其中一个重要内容。从全国来看，各宗教的恢复，逐渐开始。在一段时期的复苏之后，各宗教的发展迅速拉开了距离。道教，应当说在复苏和后来的发展中，都相对滞后。从上面引用的调查数字看，进入改革开放之后的道教，仍然有相当大的社会影响，但是上升乏力，与其他主要宗教相差比较大。

我们讨论某一宗教的社会定位，其信众的数量、场所的影响、宗教领袖的社会威望，都是不能不考虑的因素。从信众的数量看，道教已大大落后于佛教。这里既有历史的原因，也更多地来自现实中的动力不足。至于场所，两教相比，不仅数量悬殊，而且每一寺院拥有的社会资源和经济实力，也大大高于宫观。像普陀山、峨眉山、九华山和五台山的号召力，南普陀寺、少林寺等等的经济实力，恐怕目前的道教，除了武当山差可比肩，其余的都难望其项背。以上海为例，全部宫观的收入，还及不上一个大的寺院，而这样的寺院上海至少有三个。至于讲到宗教领袖，在三十多年之中，像赵朴初、丁光训、傅铁山那样在国内外具有重要影响的，道教中未曾见过。

改革开放以来，道教界在维护自己权益、恢复传统宗教生活、引领相关民间风俗、支持慈善事业以及从事宗教文化建设等方面，作了很大努力，其成果也是显著的。宗教政策纠正了“左”的错误之后，也有了一些新的更加宽松的认识和表述。例如党的十七大报告中提出“要发挥宗教界人士和信教群众在经济社会发展中的积极作用”，十八大又重申了这一点，新闻媒体对于道教的有关活动有时也作正面报道。所有这些，都大大改善了道教在一般人心目中的观感。在社会的中心舞台上，偶尔也会有一点道教的闪光。不过从总的方面看，道教的实际影响，仍然很小，社会人士对道教还是很陌生。有些人到了城隍庙商区，却不知真有一个供城隍的道观，便是一个例子。道教，当然还有其他宗教也一样，没有自己的电台、电视台或频道。除了一本《中国道教》以外，也没有其他公开的刊物。可以说，边缘的境地，仍未摆脱。有时向着社会中心舞台迈几步，但很快便回到原点，徘徊不定。

二、社会角色定位与实际扮演之间的巨大落差

道教作为当前五大教之一，虽有合法地位，力量并不大。从宗教的社会角色来看，它与当前中国其他宗教一样，都有合法地位，都有各自信众群，也都有自己的社会功能。但中国宗教界、宗教团体、宗教信徒应有的社会定位与实际扮演的社会角色之间，还是有相当大的发展空间。道教的情况更加突出。如果从当今的实际情形看，道教在这样一些方面，仍然扮演着重要的社会角色。

1. 满足千万民众宗教需要的平台

道教在清代中期后即趋于衰微，鸦片战争以来，更因为时局动荡，民生凋敝，社会衰残，更是每况愈下。不过改革开放以来，尽管其发展稍为滞后，但仍在恢复与增长之中，却是不争的事实。

这一事实的发生，一个基本的前提是，民众中有较强的宗教需要。

宗教需要这一范畴，在国内的宗教学论著中讨论得很少。其实，它是我们认识宗教问题的重要理论关节点。恩格斯早就说过：“宗教是由那些本身感到宗教的需要，并且懂得群众对宗教的需要的人创立的，而那些

组成学派的哲学家通常不是这样。”① 依照恩格斯的说法，创立宗教的那些人，都感受到了宗教需要，也明白群众的宗教需要，所以才能创立之，信仰之，而那些组成学派的哲学家脱离群众，感受不到这一点，只是一味埋头于抽象的思辨。如果不了解宗教家和群众的宗教需要，也就根本无法理解他们何以那么虔诚地对待自己信仰的神圣，无法理解他们为了宗教而从事的一切活动，更无法理解一部分虔诚的信徒为了信仰而献身的精神。

宗教需要，是人的信仰需要的表现，或者说是实现的基本方式之一，以神圣性使它与其他信仰形式区别开来，而其内部也可以分出不同的层次。《人・社会・宗教》的作者将宗教满足人的不同层次的需要分为宗教的慰藉、摆脱死的恐惧和孤独、对不死的向往和追求、群体交往的需要、追求平静的需要、情感宣泄的需要、提供道德规范以及宗教艺术满足审美需要等八个方面。② 这种划分，还可以进一步讨论，但作为国内学术著作中第一次提出这样的分析，十分值得重视。无论如何，有一点是肯定的，即宗教需要是一个具有深刻内涵的范畴，里面包含着不同的层次。对其内涵的进一步挖掘，仍须下大力气研究。

宗教需要有一定的不可替代性，至少在目前还是这样。

从中国社会的实际情形看，20 世纪 70 年代末开始，有一个宗教复苏的阶段。“文化大革命”中，宗教遭遇到前所未有的摧残，宗教场所被迫停止了一切活动，教职人员被赶出寺院宫观和教堂。信众虽然心底里保留着对神灵的敬畏，信仰的火种尚未熄灭，但没有人敢于公开表达。在大陆改革开放的过程中，人们的信仰选择也有更大的自由，而且越来越变得多元。在这种情形之下，宗教的复苏成了不可遏止的趋势。自 20 世纪 70 年代末起，恢复的宗教场所一年多于一年，而且那些地方的信众人数也是一年多于一年，一些著名的寺院宫观和教堂，常常人满为患，足见人们的宗教需要有所增长，而且其表达的愿望也日益强烈。到了 20 世纪之末，中国宗教的复苏转到正常的发展。当时便有人断言：宗教的发展是一个不争的事实。到这时起，可以说，人们的宗教需要开始正常地表述。

① 《马克思恩格斯文集》第 3 卷，人民出版社 2009 年版，第 593 页。

② 参见罗作风主编：《人・社会・宗教》，上海社会科学院出版社 1995 年版，第 132—153 页。

满足民众的宗教需要，不单是道教才有这样的功能，但是道教却有着自己的独特性。它以其特殊的教义和神灵体系满足了相当一部分民众的信仰需求，成为信众们的精神依托。

首先，道教是一个贵生的宗教，与许多宗教侧重于解决灵魂得救的路向不同，道教特别重视现实人生尤其是个体生命的巨大意义，而且将之作为关怀的重点。这点在世界文化中较为独特。其次，在神仙体系上，道教是在信仰主神三清的前提下信仰多神，而多神信仰的基础，又是认为一切诸神都是要以大道一炁为根源，如果有人得了正确指点，信道、学道、悟出道，成了正果，那么人也可以成为神仙。这种神仙的信仰，一方面，给了许多信众以人生的理想目标，吸引了大量的人们为之追求。同时，道教中既有人成神的许诺，也有诸多的为现实生活服务的职司神，也形成了诸路神仙特有的亲和力。由于神灵众多，而且有许多神是从身边的人变成的，如秦裕伯，就是殁后成神做了上海的城隍；有许多神仙的职司，在民众生活中专门的对应领域，如财神管财、太岁神管年运、送子娘娘管子嗣，月下老人管婚姻，等等；还有许多神是从百姓的生活中诞生以后又走进宫观的，如施相公、刘猛将等，就是原来民间信仰的神，现在都在宫观中供奉着，接受信众的朝拜。这样，道教的神仙既神圣超凡，又与民众的生活息息相关，很容易产生亲和力。民众常将对生活的理想，尤其是对生活中某一方面的追求，与对神仙的敬重结合在一起，形成特定的宗教需要，到道教中去寻求满足的途径。从这个意义上说，道教信众的增多，香客来得频繁，正是一部分民众在当前的社会生活中，形成了对于宗教需要的表现，也是他们希望在现代化过程中重新找到精神家园的表现。

中国社会发展到今天，有非常大的成就，但是近三十年来，中国社会道德的滑坡，是极为严重的现象，特别是诚信的缺失，已成了危机。这种情况的产生，有各种原因，但从精神上分析，都与信仰的缺失密不可分。宗教信仰是信仰的一大门类，道教与其他中国宗教一起，在满足民众宗教需要的同时，也便为社会增添了信仰这一稀缺资源。

2. 消解不良社会心理的净池

道教与其他宗教一样，具有心理调节的功能。一部分民众的心理问题，通过向神明的倾诉，得到宣泄，求得神明的“承诺”（如通过对灵验的信从，或对某些术数探测到的神意的坚信）而化解了焦躁、恐惧等情绪，通过对于报应的认同，平息自己对于他人或社会的忌恨，获得某种道德的教诲，等等。事实上，人们在现实生活中总会形成这样那样的心理问题，需要进行协调、调节，否则就会形成各种心理障碍甚至于心理疾病。而道教在调节民众的心理方面，一向扮演着重要角色。

当前社会心理，具有某种紧张，并非秘密。许多个人，尤其是从事高风险工作的，以及工作极为紧张的如许多大公司的白领等，常流露出太累、太烦的感受，便是表现。这种紧张，有时是与突发事件相关的。不过，仅仅突发事件不能解释全部。大约是与市场经济条件下，一般社会生活节奏加快和安全感下降有关。

就突发事件而言，当前仍然还是人们跑到宗教场所要求解脱、消除、缓解的重要缘由。人们在生活中难免会碰到突发事件的冲击，有时是自己完全无法规避的无妄之灾。受到惊吓的人们常常形成难以抑制的恐惧、焦躁、抑郁，对生活丧失信心，有时甚至于会发生一时的精神疾病。这时的人们，常会到各种宗教中寻找安慰。道教的宫观，就是信众寻求心理安慰的重要场所，道教的大量法术、仪式，也是针对人们生活中的许多挫折乃至于飞来横祸所设置的。在许多时候，它们客观上起着替信众消除恐惧、重新恢复信心的作用。人生征途总要经历艰难险阻，发生种种意外的事件，往往使人们感到命运的神秘莫测。希望对命运有所掌握，建立起生活的确定感，是人们需要信仰的心理原因之一，美国著名社会学家托马斯·奥戴在谈到人为什么需要超验的东西即宗教信仰时提出了三个方面的原因：其一，人生活在变化莫测的环境中，无法预知那些对人的安全和幸福是至关重要的事件。换言之，人类生存具有偶然性的特点。其二，人控制和驾驭环境的能力虽然与日俱增，但始终有其内在的局限性。从某种意义上说，在人的需求与环境的冲突中，人具有软弱性。其三，人必须生活在社会之中，而社会则按某种秩序配置功能、资源和酬劳。而社会存在于一种缺失性的状态中。由于社会和人与自然的关系中都有大量的人们难以控制的因素，面对着这一切，人们的心理中难免经常地遇到冲激，心绪的波动，内心的失衡，情感的震荡，都是无可避免的。也就是说，人的心理经常地处于需要调整的状态中，宗教，就是人们寻求心理平和的重要途径。道教能够持久地发挥作用，除了安定人们的心神，给人们增加安定感以外，还有一个重要的原因，那就是它能够在精神上满足人们的某种安慰的需要，也是信教群众释放情感的重要方式，它使广大信教者在心理上保持一种平衡、满足和期望。人们求神消灾禳祸，保佑平安，不管祈祷的目的能否真正实现，但总是通过祈祷这种活动，得到一种精神上的满足和心理上的平衡，从而使人们的情感得到宣泄和升华。

实际上，更多的心理问题是在日常生活中发生的。当代中国，正在开展现代化建设，传统社会正在向现代社会转型，社会结构、社会的利益格局，以及相应的人们的观念都发生着深刻的变化。在这种转型中，人们的心理也经常地受到冲撞，容易产生各种各样的心理问题。现代市场经济给整个社会带来了活力，但是市场充满了机遇，也每日每时带来挑战，带来许多不确定因素。竞争的压力，生活节奏的快疾，对于行为后果的难以预期，等等，都是我们越来越常见的现象。由此，现代社会里焦虑症、抑郁症成为了常见的心理疾病。据一项研究表明，上海有各种心理问题的人达到 25%，其中一部分已达到病态。在现代社会里，心理疾病在致命性病因中的地位急速上升，有人预计不久的将来，心理疾病有可能代替心血管病，成为人类的第二大杀手。这类心理症结，或者轻一点，心理问题，总要有一个宣泄的途径。如果社会不能提供顺畅的宣泄管道，那后果是非常严重的。对当事者个人，可能是身心交瘁，陷于痛苦不能自拔，对于社会，则可能引发一系列问题，严重时会引发一些极端行为，造成恶性事件。那么现实社会能为这种心理问题提供什么样的渠道呢？这点难以一句话回答，但有一点是肯定的，即相当一部分民众，会到道教中寻求帮助。

市场经济反映在宗教生活中，需要宗教发挥消释在经济活动中造成的种种不良心理的净池的作用，而进入道教宫观正是这种净池的特定形式。

宗教的宣泄功能，素来为论者重视。人们在生活中遇到各种困惑、焦躁、恐惧，等等，汇成不可言喻、无法自拔又没有现实的解决之途的烦恼，能扔过一边倒也罢了，偏偏有人是扔它不开的，便不得另觅解脱之方，其中一条途径就是宗教。

对于宗教的宣泄功能，人们可能会有不同的评价，对其原因也会有不同分析。不过，这种宣泄功能之所以不可由其他方式替代，有一个原因却是值得注意的。那就是，由于信仰上的原因，信众面对神灵或者相信能与神灵沟通的道士等神职人员能够毫无保留地倾诉。甚至于某些隐私也会拿出来追寻答案。这样，使得他们在倾诉之后，心中包袱一时放下；如果道士等人众能够再加以引导，他们的心理疙瘩更易于解开。而从他们倾诉的内容，也可以看到当前中国社会心理中某些特殊的问题。

总的来看，道教在民众的心理调节方面，曾经起过、现在还在起着重要的作用。它是信众洗涤不良心理的净池，是信众心理宣泄的渠道，也是治疗心理创伤的良药。由此，也使得道教与民众的精神世界不可分割地联系在了一起。也因为此，宗教，包括道教的心理宣泄功能，或称消解功能，也有效地防止了某些不良的恶性心理直接对社会造成冲击，从而维护了社会的稳定。

3. 激励信众获得进取动力的内驱力

原来的宗教心理调节功能，主要在于消解各类焦躁、不安、恐惧等，前面已经提到过。不过在现代生活中，人们似乎已经不满足于简单的消解，而且还希望在神明身上获得激励。这在中国传统宗教中，素来是缺乏的。以前求佛求道，虽也有求财求旺发的举动，但在主流社会里并得不到好评。入佛、入道，更多地被看成是遁入空门，跳出红尘。然而在今天，信众入庙，常常超出简单地保平安的动机。这在近年兴盛的接财神和拜太岁的过程中，可以得到某些启示。

近年来，大陆各地的接财神活动，日见其兴旺。接财神的活动，近年的逐渐升温，显然与现代化进程尤其是市场经济的发展是同步的。当代的市场经济条件下，人们的追求有了很大变化，反映在民间风俗领域也非常明显。其中一个较为重要的变化是，以前表现在民俗中，消灾去祸的要求非常突出，这是人们对安全感的追求，也是长期以来生活处于贫困的表现。但是现在，人们在初步进入小康的时候，尽管原来的问题还不可能全部退出生活，但是毕竟，生活中许多原来的矛盾已得到了解决，或者缓解，这时候人们更大的追求是要从道教中获得激励，帮助自己有更大的动力，更强的信心。[①] 这一点，近年来又有新的发展，不仅道教宫观，连佛教寺院，也开始以之吸引信众。上海的玉佛禅寺，连年举办接财神，据说信众虽比不上道教，也在逐年增多。西安的名刹大慈恩寺，竟然还新造了一个财神殿，处于大雁塔后侧与地藏殿亲密相对，似乎超出红尘的佛教又开始关注红尘中的事了。

另一个典型的例子是拜太岁的热火。中国传统社会本有对太岁的崇拜。不过原来讲的太岁系指木星，只有一个。中国按天干地支配合纪年，十天干与十二地支相配，共有六十个，如甲子、癸巳之类，六十年一个循环，称六十甲子。每年设想有一位神灵当值，称为值年太岁。太岁管一年的平安祸福，所以信之者都不敢怠慢，每年正月便恭恭敬敬在自己的本命星君前礼拜。逢到自己的本命年，或六冲年[②]，便认为有凶险，礼本命星君以消灾。近年来，拜太岁的活动已经成了民间风俗，像上海地区的宫观中，每年正月（大部分从初八起）都是旺期。上海城隍庙，原来从初八做到十五，现在做到二十还不能满足信众需求——这是指集体性的仪式，每次参与者从十年前的数百人，到过千人，甚至几千人，直线上升。一个正月做下来，达到近两万人。至于个人要求专场的，还不计其内。如果计专场，那么整个正月全部排满仍供不应求。人们的参与甚至于热衷，实际上也更多地表达了寻求激励的心绪。

此类激励功能，在一部分道教名山的香客中，表现非常显著。江西的葛仙山，是灵宝派的名山。上山拜求的常有抽签的习惯。求解签者，多有求财运、问财运的，有的企业界人士，往往在投资之前，上来求与问，而且也发愿，若是成功，必定来还愿，有的还连准备还多少钱的愿都许下。寻求激励是他们上山的主要动机。

4. 传统文化走进现代社会的载体

道教除了全部宗教都有的社会功能之外，还有一个重要的使命，就是

---

① 关于接财神，笔者曾专门写过一部书《接财神与市场经济》（上海辞书出版社 2006 年版），这里用的是书中一部分文字。

② 按本命年的说法，本来是指自己出生时逢北斗某星君主照，但民间又将出生年的干支称为本命年，还有简单一点，将生肖年称为本命年。六冲，是按地支计，将十二地支围成一圆，过圆心与自己生年地支成直线的便是六冲，如子午对冲，丑未对冲。

中国传统文化的承载者，在中国文化的现代化进程中，保留某些我们民族固有的文化基因。这一重大的使命，并非是谁硬派给道教，而是历史所决定的。

中国的文化从清末以来便出现了某种转型的需要。维新派、革命党，都是从政治上表达了中国文化的转型。五四以来的新文化运动，更是强劲的冲击波。经过百年震荡，中国文化的面貌与内涵，几乎是彻头彻尾地变了。随着社会的现代化进程，文化上相应的转型是必要的。但是从中国的情况看，用急风暴雨式的方法扫荡所谓“旧文化”，难免玉石俱焚。传统文化的过度破坏，今天已经成为有识之士焦虑的大问题。特别是在信仰、道德等领域，问题更加突出。当全球化的浪潮迅猛袭来，使人们更加担忧文化上的平面化使中国文化不再能够独立传承。中国人经过几十年的奋斗，生产力的上升，生活水平的提高，综合国力的上升，给国人重新注入了民族自信。在所有这些因素的作用下，中国人开始向传统回归。21 世纪开局的几年，特别明显。所谓国学热，便是这一背景下出现的。有人吸引从十几岁的小学生到二十几岁的大学生，躲进深山读国学经典；有些人则提倡汉服或唐装。这些形式上或内容上的复古、仿古，虽难免粗鄙，但多少看到中国人对自己文化的重视，拿已故费孝通老先生的话，便是“文化自觉”，只是自觉的境界有高有低吧。当中国人重新怀念自己传统的时候，却发现原来传统文化的载体，大多不存。从学理层面说，当年的三教九流，现今还剩多少？儒释道三教曾经是传统文化的三大支柱，系主流文化，也可以说明较多地包含着精英，一般来说，它们处于中国文化与社会的中心舞台；而九流则是多流行于社会底层。三教失去了原来的精英文化引导的传统文化已经溃不成军。现今的国学热，虽然也在宣讲儒学，但是从整体上看，儒学的载体，除了纸上的文字外，基本不存。佛、道两教，在当年的地位远非儒学可比，却在社会变迁的过程中，留下了一部分组织、人脉、场所，多少还有些现实的载体。从这个意义上，它们是中国文化复兴的重要据点。或者说，是传统文化进入现代社会的可以依据的生长点。比较起来，道教承载中国文化基因的使命还要更突出一些。因为在所有中国的合法宗教中，只有道教才真正是本土出生的。20 世纪 80 年代，李泽厚先生倡“儒道互补”说，认为中国文化传统中主要是儒道两家的精神。他说的道，当然从先秦道家立说。但是从东汉，尤其是南北朝以后，道家的主要继承者，是道教。第一部为道家立传的“正史”，便称“道家之原，起于老子”(《魏书·释老志》)，两者是合一而观之了。这不是简单的史实梳理，而是文化认同。

进入改革开放的新时期后，社会上众多的学者，以及道教界内部的人士，都注意到了道教作为传统文化载体的功能，也寻思着要发挥这种功能。对此已经有大批的学人和教内人士进行了探讨。2007 年 11 月，首届“国际《道德经》论坛”举办。此次论坛，从古都西安开幕，在中国最早开始现代化进程的地区香港闭幕，应当是有意的安排，昭示《道德经》的历史价值和走进现代世界的现实可能性。这次论坛由于凤凰卫视的直播，也因为国内的领导人与国际知名人士的支持，产生了极大的影响，或者可以说是道教从未有过的影响。当时联合国秘书长潘基文和国际环保组织的领导人菲利浦亲王都发了贺信。而菲利浦亲王之所以发来贺信，则是由于中国道教协会是国内最早参加国际环保活动的宗教团体。这次论坛，事先作了有奖征文，吸引了诸多的学人参与。征文于 2007 年 4 月结集出版，上下卷并续集，共收文章 173 篇，其中颇多外国学者之作。① 在香港期间，同时举办了《道德经版本展》，展出的道德经版本，达三百多种，其中许多是外文版本。据说，《老子》是除《圣经》以外被翻译成非母语版本最多的书。这种情形，说明了道教经籍中蕴藏着极大的文化价值。时隔三年,2010 年 10 月，首届“道教国际论坛”于湖南南岳召开。这是《道德经》论坛的续篇，改为“道教国际论坛”，据说是为了与“佛教国际论坛”相对应。不过公开的说辞是“鉴于《道德经》只是道教的根本经典，为扩展论坛涵盖面，深化会议内涵，突出道教作为道家文化现存有形传承主体的地位，推动道教自身的全面发展”，因而改为道教论坛。② 此次论坛，也进行了全程实况转播。从国际“《道德经》论坛”和“首届道教国际论坛”的召开，说明道教中蕴藏着丰富的文化资源，包括哲学智慧、生存理念、

① 参见《和谐世界，以道相通——国际道德经论坛论文集》，宗教文化出版社 2007 年版。此书版权页上载字数为“114 千字”，实误。书为 16 开本，每行 30 字，每页 29 行，1366 页，当有一百数十万字。

② 参见《中国宗教·国际道教论坛专刊》2011 年第 12 期。

道德、艺术等，尤其是养生学的丰富，素来为人所推崇。这些论坛，比不上佛教的三次论坛人数之众，但因为是中国唯一的土生土长宗教道教的重大活动，在世界上还是引起了极大的反响。

这几次论坛，表明了道教作为中国传统文化载体的重大使命，也表明了在其中确实有着丰富的文化资源。而且，还有另一个值得注意的情况是，中国的道教至少从近代开始，已经“跑”向世界。一百数十个国家有了道教的庙宇，一部分欧洲国家，还出现了正式皈依的洋道士，有的还成立了道教会。至于像东南亚的某些国度里，华人、马来人和印度人，共处于同一空间，但是各自的社区却建有不同的宗教建筑，成为不同信仰人群区分的重要标志。华人一般是建汉传佛教的寺院和道教的庙宇，也建立起各自的协会。因此在这些地区的条件下，道教又成为中国民族认同的象征。在这方面，在华人的族群认同和文化认同上，它所承载的角色很值得研究。

上面谈到了道教能够扮演的社会角色，也谈到了部分在实际扮演着的角色。但因为某些客观的原因，也由于道教本身的原因，使得它实际扮演的角色，与其承担的重任之间，还是有很大的落差。在社会的中心舞台上，基本上听不到道教的声音。偶尔有一点，比如在环境保护、生态保护和养生的领域中，也参与了部分国际活动，但总的来看，社会一般人士对道教认知度还是极低。

三、关键是道教界主体性的增强

道教的上升乏力。有各种因素。但是在同等条件下，其落后的原因却取决于自身的努力动力不足。而其根本原因，是道教界的文化自觉，以及由之相应的主体性不强。

自从清乾隆年间道教的领袖张天师遭到贬抑之后，道教在整体上一直走着下坡路，渐渐变得萎靡不振。辛亥革命之后，六十二代天师张元旭曾力图复振，但除了借着张勋复辟的机会，要回了名义上的特权，并无真正的建树。1912 年，北京的一部全真道徒起首，发起成立中华民国道教会，但也无真正的全国性的号召力。而且因为此会只有全真人士，在代表性上大打折扣。其后张元旭和其继任者六十三代天师张恩溥，都曾图谋在南方发起成立道教会。这次是综合了南方正一与全真的力量。但其活动也未正常开展。民国时期，有陈撄宁等先生，在上海创办刊物，研究“仙学”，但这种努力，与提振整个道教基本上不相干。相反，陈先生认为仙学非儒非释非道，力图与原有的宗教划清界限。尽管他是全真龙门派的十九代弟子，后来在1957年还做过中国道教协会的副会长，“反右”之后，原来的会长岳宗岱被划为右派，不得不辞去会长职务。在第二次中国道教全国代表大会上，陈撄宁当选为会长。陈先生是中国道教百年一遇的人物，担任全国道协的领导后也做了许多有益的工作，但是道教的颓势并没有大的改善。这种情形，与佛教近代以来的振兴，有很大不同。造成道教的如此境地，当然有社会的乃至政治上的缘由，比如中国政府对于道教为宗教界一员的认定，便比其他教要晚。如前面所说的那样，即使在改革开放以后，道教也是上升乏力。虽有改善，比起佛教和基督教来还是滞后许多。其中的原因，如果说到道教界自身的话，其主体性不强显然是主要的。

这里讲的主体性，是指其本身的文化自觉、信仰坚定，以及作为一个主体，应对社会各种问题的能力，努力图强的信念与行动，当然也表现为在社会中发出不可替代的声音。这些，无疑当代的道教是比较薄弱的。

其文化自觉的不足，并非从今天始。前面说过，辛亥革命之后，道教界也有过成立自己组织，振兴图强的努力，但基本上处于尝试，而没有重大的建树。其中一个表现，就是从清末到民国，道教界一直比较消沉，在理论探讨上，适应时代的主流文化上，极少努力。比起佛教界自清末以来的人才辈出、刊物众多、理论探讨的积极，未免逊色太多。当年太虚法师的改革未必都得到支持，毕竟有支持者有反对者，热闹了一阵。而且实际上，他提出的“人生佛教”的口号（后来印顺改为“人间佛教”），不失为在新的科学昌明、社会走向现代的过程中的积极探索。此一成果在后来的佛教界，一直到现今的佛教界，都极为受用。当今佛教的兴盛，与前辈们在现代佛学思想的探索是分不开的。反观道教，则直到现今也没有一个较有冲击力、号召力的核心教义思想出现。至于基督教，本来适应现代较早，同时到了20世纪八九十年代，丁光训主教倡导“神学建设”，开了在新社会条件下反思其生存条件和理论（神学）探索的风气。道教界，直到20世纪最后的几年，才有人出而应对。张继禹道长“生活道教”的口号，便是一个尝试。但是这一观点，在道教界内并未引起认真的讨论，无论是赞成还是反对。在庐山草草讨论过之后，学界或有人加以发挥，张道长自己也连发了几篇文章，但最后归于沉寂。笔者一直关注道教教义的探讨，窃以为这关乎道教在新时期的面貌和前景，所以一直鼓吹其事。不过，这是要由道教界自己加以反思和判断的事，教外的人无法越俎代庖。2002年，终于有了一点起色。该年在上海召开了一次学术研讨会，原来的主题是“道教教义及其现代建构”，但当时便有些不同的声音。所以最后定名为“道教思想与社会发展进步”。此会实际上是讨论教义的现代化，会上也取得了相当的成功，特别是临近尾声时，当时的会长闵智亭道长，肯定了学术界和道教界两股力量共同探讨教义问题是可行的，给了一个鼓舞。

此次会议的论文结集出版，题为《道教教义的现代阐释——道教与中国社会发展进步研讨会论文集》（宗教文化出版社2003年版）在为此书代笔的后记中，本人表达了这样一种想法：“一种宗教，不能在教义上应时发展，恐怕很难站在社会舞台的中心，久而久之，难免被边缘化。”“对道教教义的研究、探讨与阐释，起步显得晚了一点，从而紧迫性更为突出。”其后不久，又写了《重返社会舞台的努力——道教教义探讨升温的宗教社会学评析》（载《道家文化研究》第21辑），对教义探讨的曲折历程作了评析和肯定。但是与本人的主观估计不甚相符，这种探讨并没有继续深入。当时与会者一致认为这样的会要继续下去。次年，在泉州召开了第二次会议，2004年，在湖南南岳，召开了第三次会议。在会上，一些地方的道教协会，提出要主办下一次研讨，但是回去之后便寂无遗响。一直搁了四年后，才在南昌开了第四次这样的会，那是2008年。其后，道教界也开展了种种学术活动，包括学术研讨，但常是围绕当地的历史文化资源，或者上级的一时号召。教义探讨的缺位，实际上表现了文化自觉的不足，从边缘走向社会中心，从自身的努力来看，便显得底气不足。须知，任何一种宗教，倘若其理论、思想不能应时发展，其对现实的解释力降低，与社会中心舞台的对话能力必然降低。那样的话，只能靠老祖宗吃饭，勉强度日。在这方面，还期待着道教界有新的努力。

作者单位：华东师范大学

“出世”与“入世”：道教的社会角色略论

郭　武

作为一种中华本土的信仰，道教曾以宣扬神圣性的“彼岸”吸引着众多的人们，在很大程度上支撑着中国古人的精神世界。同时，作为一种“杂而多端”的文化，道教也与“此岸”的现实社会有着千丝万缕的联系，并曾在中国历史上扮演过重要的“社会角色”。这种对“彼岸”的向往与对“此岸”的留恋，促成了道教在“出世”与“入世”两种倾向上的纠结。而这种纠结所反映的，实际上是人之“精神追求”与“现实需要”的矛盾，或者是道教之“社会角色”的冲突，其中蕴含的意义颇值我们探究。不仅如此，由于“出世”与“入世”问题更多地与中国社会这一道教文化的语境有着联系，所以相关的讨论或将有助于我们更加准确地认识道教本身，并有补于对中国社会、历史和文化的深入解读。然而，以往关于道教的研究却并未见有对这一重要问题的专门讨论，这不能不说是一个缺憾。笔者尝试对“出世”与“入世”二者在道教中的具体表现、实质意义及其相互关系、理论基础等进行阐述，借以讨论道教的社会角色，以图补学界之罅漏并就教于方家。

一、成仙信仰与道教的“出世”追求

与中国主流文化的代表——积极进取的儒家相比较，主张“无为”的道教多被人们视为具有“出世”的倾向。所谓“出世”，通常是指在某种程度上脱离现实的世俗社会，或对世俗社会流行的价值观念、行为方式等持否定态度。事实上，无论是道教还是作为其“前身”的先秦道家和神仙家，皆具有这种“出世”特征，如早期道家曾认为儒家提倡的世俗价值观念是需要摒弃的，所谓“大道废，有仁义；慧智出，有大伪；六亲不和，有孝慈；国家昏乱，有忠臣”，故须“绝圣弃智”、“绝仁弃义”、“绝巧弃利”、“见素抱朴、少私寡欲”（《老子》第18章、第19章）[①]。而战国神仙家向往的蓬莱、方丈、瀛洲等“神山”，“未至，望之如云，及到，三神山反居水下”[②]，实属深处海中的远离尘俗之地。汉代以后的道教，更以其独具特色的“长生成仙”信仰，以及相关的思想学说、行为方式等，表现出了强烈的“出世”倾向。

“长生成仙”信仰是道教徒的终极追求，主要内容为追求生命的永恒与能力的广大，进而由“人”转变为“神”，亦即所谓“失人之本”[③]而“变质同神”[④]。究其实质，则不过是人们试图挣脱束缚而获得自由、超越“有限”而达到“无限”这种心理的反映。[⑤]这种由“人”转变为“神”的追求，虽然在各种宗教中显得颇为特殊，但在实质上，它与所有宗教贬低“凡俗”而推崇“神圣”[⑥]的态度是一致的。由长生成仙信仰之追求从“人”转变为“神”，或贬低“凡俗”而推崇“神圣”、超越“有限”而达到“无限”，我们可以看出它对客观现实社会的排斥和否定，进而可以感受它的“出世”倾向。这里所谓“出世”之“世”，不仅是指现实的世俗社会，还可指与“神圣”相对的“凡俗”现象，或与“超自然”相对的自然世界，以及与“无限”相对的“有限”状态等。作为一种宗教，道教信仰的种种神灵仙真，与世界上其他宗教所崇奉的各种神灵一样，在本质上都是所谓“神圣”的现象或“超自然”的力量，属于现实社会、自然世界之外的领域，亦即在“出世”

① 近年湖北荆门郭店于出土之楚简《老子》（1993）中虽无摒弃儒家“仁”、“义”之文字，但湖南长沙马王堆汉墓出土之帛书《老子》（1973），却已显见上述否定世俗价值观的言论。

② 《史记》卷28《封禅书》，中华书局1959年版，第1370页。

③ 葛洪：《抱朴子内篇》卷3《对俗》，王明：《抱朴子内篇校释》，中华书局1985年版，第52页。

④ 司马承祯：《坐忘论·得道七》，《道藏》第22册，第897页上。

⑤ 参见郭武：《论道教的长生成仙信仰》，《世界宗教研究》1994年第1期。

⑥ 伊利亚德（Mircea Eliade）：《圣与俗——宗教的本质》（*The Sacred & The Profane: The Nature of Religion*），杨素娥译，桂冠图书股份有限公司2001年版，第59—69页。

之范围。换句话说，从宗教的根本属性上来讲，道教与现实世俗社会的关系是背离的。这种背离，虽然在形式上是试图脱离与世俗社会的关系，但在实质上却也属于道教之“社会角色”的一种，它所表现的是社会中人在精神上对于世俗社会的厌倦和对于“彼岸世界”的追求。现代社会学的理论认为，生活在社会中的个人（以及由不同个人组成的群体）实际上都在其所处的社会关系位置上扮演着某种“社会角色”，拥有与其身份、地位相一致的自我意识、行为模式以及权利、义务等。[①] 而追求“出世”的成仙信仰，则可谓是道教区别于其他社会群体的“角色意识”。

如果从各种文献关于神仙形象和属性的具体描述来进行考察，我们可以更加直接地感受到道教成仙信仰试图脱离与世俗社会关系的“出世”色彩。例如，“仙”字在古代又写作“仚”或“僊”，根据东汉许慎《说文解字》的解释，“仚”字本义为“人在山上，从人从山”，“僊”字本义则为“长生僊去，从人从䙴”。而无论是“从山”（入山）还是“从僊”（遷移），都表明“仙”是远离世俗社会的存在。这类“在山上”或“僊（遷）去”的人（仚或僊），可能与《庄子》中的藐姑射山神人一样，“肌肤若冰雪，绰约若处子，不食五谷，吸风饮露，乘云气、御飞龙而游乎四海之外”（《庄子·逍遥游》）。《庄子》的这段语言，可谓是有关神仙的经典描述，其中的“四海之外”，实指不同于人间之境界。如果说《庄子》有关神仙的描述属于先秦道家的说法，那么晋代道士葛洪编《神仙传》中所记录的各种事迹，则反映了汉魏时期道教关于“成仙”者的认识。《神仙传》收录了大约百位神仙的故事，多以“不知所在”、“不知所之”或“不复出也”等作为结语，如其中关于陈永伯、李意期的记载：

> 陈永伯者，南阳人也。得淮南王七里散方，试按合服之二十一日，忽然不知所在。永伯有兄子名增族，年十七，亦服之，其父系其足，闭于密户中，昼夜使人守视之。二十八日亦不复见，不知所之。[②]

① 参见赵泽洪、周绍宾主编：《现代社会学》，重庆大学出版社 2003 年版，第 86—107 页。

② 葛洪编：《神仙传》卷 8，《景印文渊阁四库全书》，“子部道家类”第 1058 册，台北商务印书馆 1986 年影印本，第 298 页。

> （李）意期少言语，人有所问，略不对答。蜀人有忧患，往问吉凶，自有常候，但占意期颜色，若懽悦则百事吉，惨戚则百事恶。邓艾未到蜀百余日，忽失意期所在。后入瑯琊山中，不复出也。①

这种忽然之间“不知所在”或入山之后“不复出也”的结局，表达的实是逃离世俗社会之意。这种“逃离”，与“竹林七贤”等魏晋名士们的行为在本质上是一样的。事实上，魏晋时期道教逃离世俗社会的方式并不仅仅是“入山”，如葛洪在《抱朴子内篇·论仙》中又说：

> 上士举形升虚，谓之天仙。中士游于名山，谓之地仙。下士先死后蜕，谓之尸解仙。②

上述成仙形式，无论是“举形升虚”，还是“游于名山”或“先死后蜕”，最终目的都是远离世俗社会而保全生命的存在。需要说明的是，魏晋及以前道教所谓“长生成仙”的主体乃是人的血肉之躯，如上述“举形升虚”和“游于名山”即属此类，至于“先死后蜕”的“尸解”，虽有道经将其解释为“讬形隐化，内身成仙”③或“本真之炼蜕”④，但葛洪《抱朴子内篇·论仙》却又记载：“近世壶公将费长房去，及道士李意期将两弟子去，皆讬卒死，家殡埋之。积数年，而长房来归。又相识人见李意期将两弟子皆在郫县。其家各发棺视之，三棺遂有竹杖一枚，以丹书符于杖，此皆尸解者也。”也就是说，“尸解”者最终还是要将自己的肉身带走。这种以肉身作为不死之“仙”的主体的说法，虽然在事实上和理论上都经不住推敲和追问，但如果从反映道教徒“出世”心理这个角度来理解，就不

---

① 葛洪编：《神仙传》卷10，《景印文渊阁四库全书》，“子部道家类”，第1058册，台北商务印书馆1986年影印本，第309—310页。

② 葛洪：《抱朴子内篇》卷2《论仙》，王明：《抱朴子内篇校释》，中华书局1985年版，第20页。

③ 严东等注：《元始无量度人上品妙经四注》卷4，《道藏》第2册，第250页中。

④ 《道典论》卷2引《太极真人飞仙宝剑上经》，《道藏》第24册，第844页下。

足为奇了。

唐末以后，随着内丹修炼活动的兴起，“举形升虚”、“游于名山”和“先死后蜕”等以肉身为主体的成仙形式逐渐退出了道教的学说，而在理论上更显合理的“灵魂成仙”形式则成为了道教信仰的主流。即便如此，道教之“仙”的“出世”色彩还是没有改变，如较早系统阐发内丹修炼方法、灵魂成仙学说的《钟吕传道集》曾讨论了鬼仙、地仙、人仙、神仙、天仙等不同形式的“仙”，其中有关“神仙”与“天仙”的说法如下：

> 神仙者，以地仙厌居尘世，用功不已，……功满忘形，胎仙自化，阴尽阳纯，身外有身，脱质升仙，超凡入圣，谢绝尘俗，以返三山，乃曰神仙。
>
> 神仙厌居三岛而传道人间，道上有功而人间有行，功行满足，受天书以返洞天，是曰天仙。既为天仙，若以厌居洞天，效职以为仙官，……官官升迁，历任三十六洞天而返八十一阳天，历任八十一阳天而返三清虚无自然之界。①

这里，无论是“谢绝尘俗以返三山”，还是“受天书以返洞天”或“返三清虚无自然之界”，本质上同样是脱离世俗社会而“出世”。也就是说，即便是更具象征性质而较少现实内容的“灵魂成仙”，道教之“仙”追求的也还是逃离尘俗的纷扰，不管成仙的形式怎样变化，其“出世”的本质是不变的。

追求成仙不仅是每个道教徒的终极信仰，而且是整个道教思想—行为系统的核心或枢纽②。围绕着成仙信仰，道教不仅展开了其一系列有关宇宙、社会、人生的思想学说，而且制定了一整套服务于成仙信仰的行为模式和组织制度。道教的很多与追求成仙有关的行为模式，同样具有明显的“出世”色彩，例如：魏晋道教中流行的辟谷、服食、宝精、行气、存思、守一、胎息、炼丹等求仙方法，以及唐末以后道教推崇的内丹修炼，如

---

① 钟离权述、吕洞宾集、施肩吾传：《钟吕传道集·论真仙》，佚名编：《修真十书》卷14，《道藏》第4册，第658页上。

② 参见郭武：《论道教的长生成仙信仰》，《世界宗教研究》1994年第1期。

《钟吕传道集》所谓可以成就“鬼仙”的“形如槁木，心若死灰，神识内守，一志不散”、可以成就“地仙”的“三田反复，烧成丹药，永镇下田”[①]等，皆属异于世俗社会普通人士的行为模式。这类不同于世俗社会中人的行为模式，在金元全真道创立以后，还曾得到了来自组织制度的保障。众所周知，全真道曾经借鉴佛教之组织制度，对于皈依教门的道士有出家、住观、云游、修炼诸项要求，如全真教祖王重阳撰《立教十五论》即包括“住庵”、“云游”、“学书”、“合药”、“盖造”、“合道伴”、“打坐”、“降心”、“炼性”、“匹配五气”、“混性命”、“圣道”、“超三界”、“养身之法”、“离凡世”等15个方面的内容，后来的全真道更制定出各种清规戒律，如《教主重阳帝君责罚榜》、《长春真人规榜》、《全真清规》及《初真戒》、《中极戒》、《天仙戒》等，用于约束信徒的思想和言行。这些清规戒律，虽不乏与儒家所倡世俗伦理有重合之处，如《初真十戒》中的“不得不忠不孝、不仁不信，当尽节君亲、推诚万行”，但同时更有很多不同于世俗行为的内容，如《全真清规》中的“凡饮酒茹荤食肉、搅乱常住者，杖责逐出”、“凡朝暮功课，转天尊不到者，跪香”以及“凡戊禁而开静烧香、上章、进表、关申天曹者，灭身”等等。关于这些宗教戒律与世俗伦理重合的原因，我们留待下面讨论，在此仅想指出一点：正是由于种种异于世俗的行为模式，以及保障这些行为的相关组织制度，使得道教信徒（尤其是全真道徒）具有了明显的身份特征并与世俗大众产生了显著的区别，从而更加彰显了道教的“出世”色彩。而这种特征或色彩，恰是道教最主要的“社会角色”之显著标志。

二、“入世”行为与道教的社会角色

应该看到的是，道教在渴望成仙、追求“出世”的同时，也有着种种“入世”的言论和行为。所谓“入世”，系与“出世”相对，指在某种程度上承认世俗社会流行的价值观念和行为方式等，甚至颇为积极地参与世俗

① 钟离权述、吕洞宾集、施肩吾传：《钟吕传道集·论真仙》，《道藏》第4册，第657下—658页上。

社会的某些活动。作为一种宗教实体，追求“出世”的道教在根本上并离不开来自生存环境的影响，亦即离不开现实社会的政治、经济、文化等因素之作用，且需要对来自现实生存环境的种种问题或挑战作出回应。如果将追求成仙视为道教徒之“精神追求”的话，则回应现实的问题或挑战可被称为是他们的“现实需要”。也正是由这种为了适应生存环境、谋求自我发展的“现实需要”，令道教的思想学说和行为方式出现了明显的“入世”倾向，进而形成了道教另外一种性质的“社会角色”。

考察历史，可知道教自创立以来的“入世”言论和行为并不少见，只不过可能是因为其入世言行与世俗大众没有显著区别，所以人们多未对此加以关注和讨论。一个典型的例子是，早期道教并不像其所推崇的《老子》、《庄子》一样排斥儒家的价值观念，而是曾将“忠”“孝”等世俗伦理规范纳入自己的行为模式中，如汉代《太平经》在宣扬“太平”社会时即主张：“人生之时，为子当孝，为臣当忠，为弟子当顺。”①天师道在初创时期也主张“皆行仁义”②，并声称：“臣忠、子孝、夫信、妇贞、兄敬、弟顺，内无二心，便可为善，得种民矣。”③东晋葛洪同样推崇“忠孝”、“和顺”、“仁信”等世俗道德行为，甚至将它们作为成仙的必要条件：

> 欲求仙者，要当以忠孝和顺仁信为本。若德行不修，而但务方术，皆不得长生也。……积善事未满，虽服仙药，亦无益也。若不服仙药，并行好事，虽未便得仙，亦可无卒死之祸矣。④

这种对于儒家伦理规范的吸收，实际上一直贯穿了道教发展的始终，如后来始创道教“出家”制度的全真道祖师王重阳同样要求信徒首先必须“忠君王，孝敬父母师资”⑤，宋元时期兴起的净明道也将忠、孝、廉、谨、

---

① 王明：《太平经合校》，中华书局1960年版，第408页。

② 饶宗颐：《老子想尔注校证》，上海古籍出版社1991年版，第22页。

③ 《正一法文天师教戒科经》，《道藏》第18册，第237页上、中。

④ 葛洪：《抱朴子内篇》卷3《对俗》，王明：《抱朴子内篇校释》，中华书局1985年版，第53—54页。

⑤ 王重阳：《重阳真人金关玉锁诀》，《道藏》第25册，第798页下。

宽、裕、容、忍八种规范作为其教的“飞仙度人之基”①，明清时期道教的类似做法更是多不胜举②。这种现象，或许确如某些学者所说是道教迫于生存环境中主流意识形态压力的一种“屈服”。③不过，笔者想指出的是：这并不表示道教参与世俗社会的活动完全是受外力压迫而作出的被动选择，事实上，道教本身也具有一种主动的“入世”倾向。这种主动的“入世”倾向，典型地表现于道教本来拥有一种“度人”的情怀（如《道藏》把宣扬普度众生的《灵宝无量度人上品妙经》列为诸经之首④），并自创立以来就拥有一套独特的“服务”现实社会的行为模式，亦即以符箓、斋醮为代表的法术和科仪。本来，这套独特的行为模式乃是道教所扮演“社会角色”的重要内容，它服务于世俗社会的意图也很明显，只不过因为其中掺杂了不少神秘的元素，故较少被视为“入世”行为。以下略费笔墨，对这点进行说明。

如果剥离斋醮符箓的种种烦琐外表，我们可以发现其实质不过是以“召请”或“役使”超现实的神灵作为施行之基础、以服务现实中人之各种需要为目的的一套行为模式，例如：南朝“祖述三张，弘衍二葛”⑤的陆修静曾为道教制定了“九斋十二法”，其中的“洞玄灵宝斋”共有九法，或“调和阴阳，救度国正”，或“自谢涉学犯戒之罪”，或“内以修身，外以救物，消灾祈福，适意所宜”，⑥实为通过不同的行为模式来解决不同问题之仪式系统。也正是由于具有服务现实需要的作用，所以举办斋醮在道教中多被看作是“功及幽明”的善事，且常以“功德”二字作为代称。⑦此外，明代《道法会元》中收录的用来调遣各种天兵神将的符箓，则有祈

① 许旌阳释：《太上灵宝净明飞仙度人经法》卷1，《道藏》第10册，第559页中。

② 参见唐大潮：《明清之际道教“三教合一”思想论》，宗教文化出版社2000年版，第23—94页。

③ 葛兆光：《屈服史及其他：六朝隋唐道教的思想史研究》，生活·读书·新知三联书店2003年版，第7—11页。

④ 《灵宝无量度人上品妙经》，《道藏》第1册，第1页上—417页上。

⑤ 萧衍（梁武帝）：《废李老道法诏》，僧佑编：《广弘明集》卷4，《大正新修大藏经》第52册，第112页下。

⑥ 陆修静集：《洞玄灵宝五感文》，《道藏》第32册，第620页上、中。

⑦ 杜光庭：《修青城山诸观功德记》，陈垣编纂：《道家金石略》，文物出版社1988年版，第193页。

晴、祷雨、起雷、起风、驱蝗、治祟、镇宅、安灶、催生、祈福、解疫疠厄、解疾病厄、解牢狱厄、解横死厄、解产生厄、解劫贼厄等数百种名目，内容几乎覆盖了世俗生活的各个方面，甚至还有“早出户符”、“午出户符”、“晚出户符”以及“早入户符”、“午入户符”、“晚入户符”这类涉及生活细琐环节的符箓。① 当然，斋醮符箓不仅可以服务现实生活的各种需要，也同样可以服务“成仙”或其他“出世”诸事，如陆修静在《洞玄灵宝斋说光烛戒罚灯祝愿仪》中曾将斋醮科仪说成是可以“通仙道”、“济一切”之法门：

> 夫感天地，致群神，通仙道，洞至真，解积世罪，灭凶咎，却怨家，修盛得，治疾病，济一切，莫过乎斋转经者也。夫斋直是求道之本，莫不由斯成矣！②

具体而言，斋醮科仪是由一系列可操作的环节组成，不同的仪式、不同的环节皆各有其功用，如陆修静以为其中的礼拜、诵经、思神诸环节实可检束身、口、意“三业”而到达“洗心净行”之目的：

> 身为杀盗淫动，故役之以礼拜；口有恶言绮妄两舌，故课之以诵经；心有贪欲嗔恚之念，故使之以思神。用此三法，洗心净行，心行精至，斋之义也。③

正是由于具有很广的适用面和很强的操作性，所以斋醮符箓成为了道教服务社会的主要行为模式。而通过这种行为模式来解决不同的问题，也成了世俗人们对道教所扮演的“社会角色”寄予的主要期望。这种“期望”不仅来自普通的下层民众，而且来自上层的社会精英，如唐代皇宫内

---

① 以上所列符箓名称及其图示，详见《道法会元》卷5—30，《道藏》第28册，第698、710、712、713、718、719、739、741、817、840、847页。

② 陆修静：《洞玄灵宝斋说光烛戒罚灯祝愿仪》，《道藏》第9册，第824页上。

③ 陆修静：《洞玄灵宝斋说光烛戒罚灯祝愿仪》，《道藏》第9册，第821页下。

曾设有专为王室祈福禳灾、炼丹合药的“内道场”[①]，宋徽宗曾“溺信虚无”而宠信神霄道士林灵素、王文卿[②]，金章宗元妃也曾召请全真道士丘处机、王处一为自己求嗣生子[③]。至于道士通过斋醮符箓来为普通百姓解决现实生活中各种问题的事迹，更是普遍见载于各种道经和各地方志之中，甚至与这些活动有关的行为还演变成了广大民众的风俗或节日，如据民国《马关县志》记载，地处中国西南边陲的云南马关有“清醮会”：

> 每三年一举办，于二三月择吉行之。盖为祈福消灾、祷雨祈年也。挨户捐资，无敢不出。倩道士设法坛，本地经生设经坛讽经。醮期七日，以第四日“行香”为最热闹。行香，抬瘟神像、灵官像出游，道士往各庙上香焚表以达建醮悃忱也。官绅士众，一体加入，衣冠整肃，各执信香，列队游行；仪仗鼓乐导于前，道士神像殿于后，并有高台高蹻、妆男扮女、百戏并陈。夜间，道士禹步踏罡斗、破地狱，放烟火架，放孔明灯，以故城乡哄动，万人空巷。[④]

由此可见，道教的行为模式浸入中国社会生活的程度，以及世俗百姓对于道教这一角色的接受。也许正是因为中国百姓的许多现实生活问题都“期望”道教的特殊行为模式来解决，所以近代名人鲁迅才发现了这么一个现象，即中国人“往往憎和尚，憎尼姑，憎回教徒，憎耶教徒，而不憎道士”[⑤]，以致他不得不感慨“中国根柢全在道教”，并以为“以此读史，有多种问题可以迎刃而解”[⑥]。当代西方学者施舟人（Kristofer M. Schipper）

① 参见王永平：《道教与唐代社会》，首都师范大学出版社 2002 年版，第 160—173 页。

② 《宋史》卷 22《徽宗本纪》，中华书局 1977 年版，第 418 页。

③ 参见郭武：《金章宗元妃与早期全真道》，《宗教学研究》2009 年第 4 期。

④ 民国《马关县志》卷 2《风俗志》，《中国地方志丛书》，台湾成文出版社 1967 年影印本，第 142 册，第 203—204 页。

⑤ 鲁迅：《小杂感》，来凤仪选编：《无花的蔷薇——鲁迅杂文》，浙江文艺出版社 2006 年版，第 160 页。

⑥ 鲁迅：《致许寿裳》(1918 年 8 月 20 日)，《鲁迅书信》第 1 册，人民文学出版社 2006 年版，第 37 页。

在其著作《道教总体》（*The Taoist Body*）中也认为：道教之“体”（body）的组成，有一个重要部分即其“社会之体”（social body），且主要通过为世俗百姓举行斋醮科仪等而实现。① 两人的看法，皆可谓真知灼见。

除了斋醮符箓这类独特的行为模式外，道教还有其他一些参与现实社会活动的行为方式，如治病救人和出仕入宦等，这些行为方式与世俗社会的普通人士并无太多区别，故我们将其称为“大众模式”。其中，治病救人虽然属于其他人士也可从事的活动，但道教徒的治病救人却在某种程度上与其长生成仙信仰及由此而来的医药养生行为有着一些联系，只是，因其在道教中属于较为常见的现象，相关例子也多不胜举，故这里不作赘述。至于出仕入宦这类参与政治的活动，则属于与“长生成仙”相去甚远的事情，且在形式上看起来与道教之“出世”追求颇有抵触，但是，道教中却又确有许多这方面的事例，著名者如“山中宰相”陶弘景②、“伏波将军”葛洪③、“临海府吏”张伯端④以及曾经“捐文场，应武举”的王重阳⑤等等。这类现象，虽然可能存在着“由儒入道”这样具有时间先后的因素，但更多的还是以道教徒身份直接参与世俗的政治，如唐代卷入“武（则天）韦（皇后）之乱”的叶静能、叶法善等即属此类⑥，而陈抟弟子种放也曾向宋真宗上奏，“其书曰十议，所谓议道、议德、议仁、议义、议兵、议刑、议政、议赋、议安、议危”⑦，俨然似一位参政议政的官僚。不过，道教对于政治的兴趣并不完全是出仕入宦或侍奉君王，而是也有与之相对抗的一面，亦即试图通过暴力手段来推翻帝王统治、改变现实

① Kristofer Schipper,The Taoist Body，trans. By Karen C. Duval, Berkeley/ Los Angeles/ London: University of California Press, 1993, pp. 1-19.

② 《南史》卷 76《陶弘景传》，中华书局 1975 年版，第 1899 页。

③ 葛洪：《抱朴子外篇 · 自叙》，《道藏》第 28 册，第 341 页上。

④ 《古今图书集成》第 51 册，博物汇编神异典第 252 卷神仙部引《临海县志》，中华书局、巴蜀书社 1985 年版，第 62335 页下。

⑤ 金元：《终南山神仙重阳真人全真教祖碑》，李道谦编：《甘水仙源录》卷 1，《道藏》第 19 册，第 723 页中。

⑥ 参见吴真：《为神性加注：唐宋叶法善崇拜的造成史》，中国社会科学出版社 2012 年版，第 13—16 页。

⑦ 文莹：《湘山野录》卷上，《历代史料笔记丛刊》，中华书局 1984 年版，第 3 页。

社会，如早期道教徒曾多次举行“农民起义”[①]。尽管这些大众模式的“入世”行为显得与道教的“出世”追求有点矛盾，且与道教的修斋设醮等特殊行为模式并不一致，但无论如何，它们都属于道教“社会角色”之组成部分，属于对来自现实的种种问题作出的回应。由此，我们可以看到同一主体能够扮演不同的“社会角色”，以及这些“社会角色”之间可能发生冲突。对于这种“社会角色”的冲突，或“精神追求”与“现实需要”的矛盾，道教自已也明显地意识到了，如晋代葛洪曾经斥责那些过于偏激的道教徒：

> 曩者有张角、柳根、王歆、李申之徒，或称千岁，假讬小术，坐在立亡，变形易貌，诳眩黎庶，纠合群愚，进不以延年益寿为务，退不以消灾治病为业，遂以招集奸党，称合逆乱，不纯自伏其辜……[②]

这里所谓“进不以延年益寿为务，退不以消灾治病为业”，实即抛弃“长生成仙”的终极信仰以及“斋醮符箓”等行为模式，由葛洪对不奉行它们的道教徒之痛斥，也可以看出这两者对于维持道教“主要角色”之重要。不仅如此，世俗人士也对道教的某些“社会角色”进行过批评，如元代儒士李鼎曾借王重阳创立全真道一事，抨击以往的道教违背了老子学说的本旨，亦即偏离了道教的“主要角色”：

> 昔自玄元（老子）、文始（尹喜）契遇于兹，抉先天之机，闢众妙之门，（《道》、《德》）二经授受而教行矣。世既下降，传之者或异，一变而为秦汉之方药，再变而为魏晋之虚玄，三变而为隋唐之禳禬，其余曲学小数，不可殚纪，使五千言之玄训束之高阁，为无用之具矣。金大定初，重阳祖师出焉，以道德性命之

---

① 详见卿希泰主编：《中国道教史》第一卷，四川人民出版社1996年版，第254—284页。

② 葛洪：《抱朴子内篇》卷9《道意》，王明：《抱朴子内篇校释》，中华书局1985年版，第173页。

学唱为全真，洗百家之流弊，绍千载之绝学。[①]

李鼎的这种说法，代表了当时社会人士对于道教的认识，如元代儒士王恽也同样认为道教的许多“入世”行为纯属“徇末以遗其本”[②]。虽然这种说法未必完全符合道教的真正精神，但这却是道教“角色冲突”在当时世人心目中留下的真实形象。

三、“出世”与“入世”的圆融

我们之所以说李鼎和王恽的看法未必完全符合道教的真正精神，是因为如果从更广的角度来看，道教的各种“入世”行为在本质上是相同的，其与“出世”的追求也并不矛盾。在道教看来，各种“入世”行为皆属追求成仙的不同方式，其根本目的仍在“出世”，如前引葛洪言：“欲求仙者，要当以忠孝和顺仁信为本。”[③]这里的忠孝、和顺、仁信实际上与“求仙”是相关的，并没有脱离“出世”之目的。不仅如此，道教各种“入世”行为的具体形式虽然不同，但其在本质上却是相同的，无论是修斋设醮、治病救人还是忠君孝亲、出仕入宦，甚至是“招集奸党，称合逆乱”，其目的都是为了服务芸芸众生的各种需要、追求现实社会的和谐安宁。道教之所以殷切地关注芸芸众生、企望和谐安宁，是因为其思想中本来有重视“生”与“和”的因素，如《道德经》曰：“深根固柢，长生久视之道。”又曰：“万物负阴而抱阳，冲气以为和。”（《道德经》第59章、第42章）也正是在这种因素的驱动下，道教始终积极地在中国社会上扮演着“入世”的社会角色，一直努力地服务广大众生、维护社会秩序，只不过不同道士所服务的特殊人群不尽相同、所赞同的社会秩序内容各异罢了。这种使用不同

---

① 李鼎：《大元重修古楼观宗圣宫记》，朱象先集：《古楼观紫云衍庆集》卷上，《道藏》第19册，第555页中。

② 王恽：《大元奉圣州新建永昌观碑铭》，《秋涧集》卷58，《景印文渊阁四库全书》，“集部别集类”第1200册，第764页上。

③ 葛洪：《抱朴子内篇》卷3《对俗》，王明：《抱朴子内篇校释》，中华书局1985年版，第53—54页。

方式来完成同一事情、通过不同途径来达到同一目标的做法，其思想基础，实际上是老庄关于大道"无所不在"（《庄子·知北游》）的哲学。

不过，老庄的哲学虽然可以给人们的不同行为提供思想基础，但却不能消除事物在形式上的差异，葛洪的解释虽然也可以让人们相信忠孝、和顺、仁信等是与"求仙"一事有关的，但其说却更多的是一种教人怎么去做的规则，而并没有解释清楚其中的原因。事实上，各种"入世"行为在形式上的差异，以及"出"与"入"两者在方向上的背离，确曾令道教在很长时间内面临尴尬。为了消除这种形式差异和方向背离带来的"角色冲突"，道教曾经努力地在理论上调和"出世"与"入世"的关系。不过，早期道教在这方面的努力似乎并没有取得太大的成功，以致其在唐代只有将实践不同行为模式的道士划分为高低不同的等级，如初唐道士史崇玄撰《妙门由起序》曾这样描述当时的道士阶层：

> 道士立名，凡有七等：一者天真，二者神仙，三者幽逸，四者山居，五者出家，六者在家，七者祭酒。其天真、神仙、幽逸、山居、出家等，云尘离俗，守道全真，踪寄寰中，不拘世务。其在家、祭酒等，愿辞声利，希入妙门，但在人间救疗为事。①

从上述等级划分中可以得知，"去尘离俗"或"不拘世务"等甚少涉足世俗社会的道士是颇受推崇的，而"但在人间救疗为事"等多染尘俗的在家、祭酒道士则被归入道教阶层的末等。由这种等级划分，我们不仅看出唐代道教对于不同行为模式的认可程度，而且可以看出各种行为模式之间似乎是不相互通融的。然而也正是在唐代，随着佛教学说的发展及其影响的扩大，道教也开始吸收佛教的思想内容及思维方式来重新构建自己的理论体系，并以"重玄学"的形式对各种现象进行了新的解释，从而在理论上使"出世"与"入世"的关系显得颇为圆融。"重玄"是一种思维方式或思想方法，该词系从《老子》首章"玄之又玄"句义而来，但其所谓"玄"已非《老子》之"幽深"原意，而是类似于佛教否定"着相"的"不滞"或遣除"滞著"，

① 史崇玄：《妙门由起序》、《道藏》第24册，第721页中、下。

“重玄”之义则为“遣之又遣”，如初唐道士成玄英疏《老子》云：

> 玄者深远之义，亦是不滞之名。……深远之玄，理归无滞，既不滞有，亦不滞无，二俱不滞，故谓之玄。有欲之人，唯滞于有，无欲之士，又滞于无，故说一玄，以遣双执，又恐行者滞行此玄，今说又玄，更祛后病，既而非但不滞于滞，亦乃不滞于不滞，此则遣之又遣，故曰玄之又玄。①

这种“遣之又遣”的学说，目的是为了破除偏执而致“二偏之病既除，一中之药还遣”②，其实质与佛教天台宗的“圆融无二”③思想颇为相似。若以这种破除偏执、通融无二的思想来审视“出世”与“入世”，则二者也是圆融无碍的。不仅如此，随着“重玄学”的发展，道教还逐渐接受了佛教“总该万有，即是一心”④以及“三界唯心，万法唯识”⑤这类唯心思想，认为万事万物的存在皆是由主观意识之“心”决定的，如中唐道士王玄览曾仿照佛教的口吻说：“空见与有见，并在一心中”，“心生诸法生，心灭诸法灭”。⑥这种主观意识决定客观存在的思想，对于道教之“出世”与“入世”走向进一步圆融是非常重要的，因为既然一切皆取决于主观意识之“心”，则行为的客观形态究竟如何就显得不重要了。在这种思想基础上，再加上佛教禅宗“若欲修行，在家亦得”，“世间若修道，一切尽不妨”⑦这类重视“心”之状态而非“行”之方式的说法影响下，道教之“出世”与“入世”在理论上的矛盾逐渐得到了化解，此后的道教甚至主张抛弃道教传统的“出世”形式，而直接以世俗的生活方式、道德实践作为通向神圣境界的宗教修炼，如宋代“金丹派南宗”创始人张伯端曾声称：“须

---

① 成玄英疏：《道德经义疏》上，蒙文通：《道书辑校十种》，巴蜀书社2001年版，第377页。
② 成玄英疏：《道德经义疏》上，蒙文通：《道书辑校十种》，巴蜀书社2001年版，第378页。
③ 慧思：《大乘止观法门》卷2，《大正新修大藏经》第46册，第648页上。
④ 宗密注：《注华严法界观门》，《大正新修大藏经》第45册，第684页中。
⑤ 延寿编：《宗镜录》卷11，《大正新修大藏经》第48册，第477页上。
⑥ 王玄览：《玄珠录》，《道藏》第23册，第623页上。
⑦ 慧能：《坛经》，郭朋：《坛经校释》，中华书局2012年版，第86页。

知大隐居尘市，何必深山守静孤?”① 而“南宗五祖”白玉蟾则在主张“法法从心生，心外无别法”② 的同时认为：

> 法法虚融，心心虚寂，何城市之可喧？何山泽之可静？山静而心常喧者，莫市之若也。市喧而心常静者，莫山之若也。……吾心无所守，则必徇乎事之所夺，任乎物之所营。然则山野之间亦如市廓，何也？闲花野草可以眩人目，幽禽丽雀可以聩人耳。③

如果说金丹派南宗尚属规模较小的教团，其祖师言论的影响面尚不够大的话，那么金元时期全真道在中国北方的兴起则将这种“大隐居 ”的思想推广成了大众的行为。全真道虽然是道教中始创“出家”制度的教团，表面上看起来似乎最为“出世”，但实际上它却是积极“入世”的，如王重阳在创教伊始就高唱“儒门释户道相通，三教从来一祖风”④，对儒家的道德规范进行大力吸收，甚至主张信徒可以从事与其《立教十五论》相反的行为，如言：“色财丛里寻超越，酒肉林中觅举升，在俗本来无一罪，盖缘学道万重增。”⑤ 王重阳的弟子们也多以“入世”行为著名，最典型者如不远万里西行面见成吉思汗的丘处机⑥，而谭处端也曾宣称：“为官清政同修道，忠孝仁慈胜出家。行尽这般功德路，定将归去步云霞。”⑦ 全真诸子之所以如此积极“入世”，甚至主张在“色财丛里”、“酒肉林中”寻求成仙，实也与上述“唯心”观念有关，如丘处机言：“不向此心觅，更于何处求?”⑧

除了北方的全真道外，道教“出世”与“入世”的圆融，也典型地表现在宋元时期兴起于南方的净明道中。净明道又称“净明忠孝道”，以推

---

① 张伯端：《悟真篇·七言四韵第五》，佚名编：《修真十书》卷26，《道藏》第4册，第716页上。
② 谢显道编：《海琼白真人语录》卷1，《道藏》第33册，第113页下。
③ 白玉蟾：《海琼问道集·海琼君隐山文》，《道藏》第33册，第144页中、下。
④ 王重阳：《重阳全真集》卷1《孙公问三教》，《道藏》第25册，第693页中。
⑤ 王重阳：《重阳全真集》卷1《永学道人》，《道藏》第25册，第696页上。
⑥ 参见郭武：《丘处机学案》，齐鲁书社2011年版，第22—56页。
⑦ 谭处端：《水云集》卷上《游怀川》，《道藏》第25册，第849页下。
⑧ 丘处机：《磻溪集》卷4《示众》，《道藏》第25册，第831页上。

崇忠孝著称，主张“入吾忠孝大道之门者，皆当祝国寿、报亲恩为第一事”[①]，同时声称其教之内容“大概只是学为人之道”[②]。所谓“为人之道”，实指世俗社会的各种道德规范，如元代净明道领袖刘玉说：“本净元明心学之妙，课忠责孝大教之典，不离日用常行之道。”[③] 而所谓“日用常行之道”，又并非道教传统的守一、行气、服食、内丹之类修炼方式，乃是“事先奉亲，公忠正直，作世间上品好人”[④] 之类世俗伦常，如刘玉又说：

> 入此教者，或仕宦，或隐遁，无往不可。所贵忠君孝亲、奉先淑后，至于夏葛冬裘、渴饮饥食，与世人略无少异；只就方寸中用些整治工夫，非比世俗所谓修行：殊形异服，废绝人事，没溺空无。[⑤]

如果仅有这些主张，则净明道的学说与其他道派并无差异。值得注意的是，宋元净明道推崇的忠孝等行为规范在另一方面又并非纯粹的世俗道德，而是还具有宗教性的“神圣”意义，如《太上灵宝净明洞神上品经》释“孝悌”云：

> 父母之身，天尊之身；能事父母，天尊降灵。欲拜星辰，友恭弟兄；兄弟之身，诸天真人。凡知此者，可以烧丹篆符，百鬼畏名。不能此者，未可入道以奉三清，夜叉食其肉，魔刹戮其神；虽有丹书万卷，未可以升真，符篆万箧，未可以役鬼神。[⑥]

也就是说，凡俗的父母兄弟之身可以被视作神圣的“天尊”与“诸天真人”，日常的孝悌伦常也因此成了可与天神沟通的具有宗教意义的行为仪

---

① 黄元吉编集：《净明忠孝全书》卷 4，《道藏》第 24 册，第 640 页中。
② 黄元吉编集：《净明忠孝全书》卷 3，《道藏》第 24 册，第 639 页中。
③ 黄元吉编集：《净明忠孝全书》卷 4，《道藏》第 24 册，第 640 页中。
④ 黄元吉编集：《净明忠孝全书》卷 3，《道藏》第 24 册，第 636 页上。
⑤ 黄元吉编集：《净明忠孝全书》卷 3，《道藏》第 24 册，第 639 页中、下。
⑥ 《太上灵宝净明洞神上品经》，《道藏》第 24 册，第 602 页上、中。

式。这种“凡俗”与“神圣”的转化，固然有前述主观意识作用的因素，但其直接将“人”视为“神”并将他们作为崇拜的对象，却还是与全真道乃至佛教有着区别的。不仅如此，与全真道尚需要进行其他形式的宗教修炼不同，净明道主张实践忠孝等日用伦常本身就是宗教性的修炼行为，且其结果可以直接成仙，所谓：“忠孝之道，非必长生而长生之性存，死而不昧，列于仙班。”[①] 这种“入世”行为与“出世”结果的直接契合，非但使道教的“入世”与“出世”显得更加圆融，而且令“入”与“出”之间的张力几乎消失。也正由于此，净明道无论是在“求仙”还是在“做人”的角色上，都赢得了世俗人士的高度赞赏，如元代光禄大夫、蔡国公、知经筵事张珪曾为《净明忠孝全书》作序言：“非忠非孝，人且不可为，况于仙乎！维孝维忠，仙犹可以为，况于人乎！古人云：欲修仙道，先修人道。舍是何以哉！”

总之，经过历代道教徒的不断努力，“出世”与“入世”两种倾向在道教理论中获得了高度的圆融，这不仅令道教的“角色冲突”得以淡化，也使“精神追求”与“现实需要”在道教中得到了统一。这种圆融和统一，或可为现代宗教的“世俗化”以及当今道教的发展提供启示。

通过上面的讨论，我们大致可以得出如下结论：第一，道教在中国历史上曾经扮演过不同的社会角色，这些角色既有“出世”的性质，也有“入世”的色彩，各种角色曾经发生过冲突，但最终却在理论上走向了圆融。第二，作为一种具有主观意识、精神活动的复杂生命个体，道教信徒有着其发挥思维想象、向往神圣彼岸的“精神追求”，但作为一种存在于现实社会中的客体，道教教团也有其适应社会环境、谋求自我发展的“现实需要”，二者虽然会在一定程度上产生矛盾，但却可通过神学的解释而在理论上得到统一。第三，作为一种在现实社会中传播的文化，道教曾受到来自世俗主流文化的压力并在一定程度上屈服之，但作为一种宗教信仰，道教却从未放弃自己的根本追求而完全屈从世俗文化。这些有关中国道教的具体认识，或可为宗教学、社会学的一般理论之构建提供材料。

作者单位：四川大学道教与宗教文化研究所

① 黄元吉编集：《净明忠孝全书》卷5，《道藏》第24册，第646页中。

信仰的确立与实践问题：张万福的认识

强　昱

在人类文明体系中，宗教无疑是精神生活的重要表现。虽然对于无神论者而言，由于信仰的对象不同，与有神论者存在着差异，但是不妨碍在信仰方面具有相当的一致性。哪怕是人们对信仰的理解或规定如何有别，都无法否认超越性的对象，或被视为超越性的因素才能具有被信仰的资格。因为在内心中判断其主宰着自己的人生活动，不论是在理智还是情感方面，努力与之趋同就成为了共同的倾向。这样有神论者与无神论，不同教徒之间，僧侣与俗人，能够在千差万别的认知中提炼其共同的东西，作为我们在当今多元化的世界探索其意义的严肃话题。实际上社会化宗教内部的理论家，始终受到这一问题的质疑与困扰，提出了他们极具特色的回答。唐代道教的著名礼仪大家张万福的《传授三洞经戒法箓略说》的论述，针对的固然是教内神职人员的信仰，然而其同一的精神实质不会发生改变。

一、神职人员的应有素质

作为一名合格的道教徒，显然必须具备相关的条件，使自己在行为方式上与俗人相区分。这既是内部管理的需要，又是自身追求的价值理想的反映。按照早期的传统，天师道的创教者张道陵与太平道的创教者张角，其弟子拜人门下者形成一种稳定的关系，符箓与盟誓，遵守必要的戒律以及缴纳一定的费用，应当是共同遵循的准则。然而其更加古老的渊源，秦汉之际兴起的方仙道与黄老道是否如此，特别是从西汉以来流传在全国各地的大大小小的修道团体，实行的程序究竟如何如今不得而知。但是至少从三国以来，根据各方面经典的记载，繁简精粗可以存在着不同，大体上不会超出经戒法箓的范围之外。这就是说依照弟子的水平与能力的大小深浅的差别，在六朝时期形成的洞神洞真洞玄的三洞经教系统完善以来，隋唐时期的道教形成了一套相当规范化的制度。

通过经典的传授学习，吸引或唤醒向道者的激情，在价值判断与生活方式上道门靠拢，最终形成牢固的向心力与凝聚力，回应教内外的挑战不独道教为然，一切社会化宗教都不例外。张万福的《传授三洞经戒法箓略说》提供的材料令人吃惊，其分量显示了专业学习的特殊价值。

> 道德经目
> 道德上下二卷河上公注上下二卷
> 想尔注上下二卷大存图一卷
> 传仪一卷朝仪一卷
> 斋仪一卷
> 老君西升一卷妙真上下二卷
> 内解二卷节解二卷
> 高上传一卷无上真人传一卷
> 紫虚箓一卷（此在仙公及金明所说，传授修行也）

师长登坛说法按照要求展开，“传仪”即传授仪式的简称，流传至今。“朝仪”则为礼拜的神灵，基本上是天师道即今天的正一派的前身的系统。“斋仪”为斋戒的具体规定，目的自然是强化信徒的荣誉感与神圣性。“紫虚箓”乃身份的证明，达不到这样的水平无缘享受经典的福泽。在某种程度上意味着对修行有成者的肯定，而非不许接触经典将其封闭起来。出现在这里的《大存图》又揭示了存思导引的修炼，在经典学习开始之前务必进行气息的调节，以期获得与神灵息息感通的效果而个人精神饱满的状态。理论与实践的统一共同发挥塑造完整身心的作用。诵其书而想见其人，则《高上传》与《无上真人传》的历史文献，昭示了悠久的流传谱系，绝非后人偶然良心发现的杜撰。各种因素的结合引导信徒进入神圣伟大的精神世界，从理智与情感两个方面向道教指明的光明人生，完全彻底地贴近，不允许有任何讨价还价的余地。

约束知情意的膨胀，使之始终保持在和谐有序的平衡状态下，有限的生命能量才能不至于无端流失。激发生命潜在的创造力量，始终一贯地向积极的领域转化，服务社会至最终实现自我人生。而现实世界时刻面临是非善恶的评价问题，遵循一定的尺度准则，避免手足无措情况的发生，道教为信众制定了烦琐复杂的律法。毫无疑问在内容上受到了佛教的深刻影响。

戒目
三归戒（此三戒者，初起心入道，受令归依三定也）
八戒
无上十戒
初真戒
七十二戒
百八十戒重律
天尊十戒十四持身品
太清阴阳戒
想尔二十七戒
洞神三洞要言五戒十三戒七百二十戒门
百二十九戒
闭塞六情戒
智慧上品大戒
三元百八十戒
智慧观身三百大戒

这份经过后人整理排列的纲目，典型地反映了道教对规范和保持自身纯洁性问题的思考。归依仅为初步的认知与信念，只有到“初真戒”始为身份的确立。相应地持守的戒律从道德的养成，发展为对十分具体的禁忌以及法律问题的服从。清除教内的异己分子与吸收社会精英进入教内，历来是保障宗教事业长盛不衰的关键。而道教的特色在于，哪怕是世代的奉教之家，在年龄上以7岁为限，始可传授相关的知识，至12岁则为受“初真戒”的最早阶段。因为考虑到少年儿童过早脱离父母的照顾，于其身心的发展成长不利，因此从制度上予以了明确的规定。通过理论学习与行为操守两个领域的相关情况的分析，可以判断逐步走向成熟的道教，继承了先知的态度。强调宗教信仰或宗教生活是个人的事情，以开放的胸怀面对异教徒甚至是敌视者的选择批判。自己的优势仅仅表现在为世人贡献了更多完整全面的教义体系，能够为任何一个进入教门的社会成员，提供实现个人价值的空间。而自觉遵循这一套理论与实践有机统一的思想学说奋力前进的修行者，必将在未来获得丰富的收获。

法与箓的问题我们可以在此省略了，这当然不是不重要，而是因为道教修炼之法众多，都需要相关的知识积累与长时间的实践。内丹与外丹修炼，更加需要专门的训练。只要我们理解其服务于实现人生的实质，由此对中国的科学发展曾经产生了极其深远的影响，就可以从整体上把握扎根于中国文化深厚土壤且充分体现了中华民族的气质个性的道教，力求贯通自然、社会与自我达到智慧明觉，获得自由解放的目标的特点。具备了这样的基础，将会为我们余下的讨论创造不可或缺的条件。

二、信徒的荣耀

神职人员仅是庞大信徒群体中的极少部分，对他们的要求当然同一般的信众存在着区别。如果不加区分不同社会成员职业、智能、生活习惯等，对人生实践问题形成的方式手段的客观需求，就会与广大基层群众隔绝。这不仅违背了先秦老庄道家的精神宗旨，而且会彻底走向孤芳自赏最终自行灭亡的道路。因此一种成熟的社会化宗教必然会为世界提出一套与日常生活水乳交融的实践方式，既能够从理论认识上揭示这样的价值追求的合理性必然性，又不会出现脱离当下生活，具有实践的可行性而洋溢着超越性与神圣性精神的东西引领时代的潮流。出色的道教神职人员较之常人具有知识的优势，这很容易被人接受。可是普通的信众，其骄傲与荣耀何在的问题就需要理论家作出系统的说明论证。张万福对此重大问题的阐释，值得我们认真探寻。

循序渐进的培养熏陶，对应于三洞经书的内容。上中下三乘之分，同时是精微程度的判断。虔诚的信仰转化为自觉的行动，需要经过哪些步骤逐步得到提升，其中蕴藏的真意究竟是什么，这在《明科信品格》一节文字中予以了讨论。不论这段论述是否出自张万福的手笔，出现在《传授三洞经戒法箓略说》之中的事实已经证明，张万福赞成认同其观点。

> 凡人初法门，先受诸戒，以防患止罪。次佩符箓，制断妖精，保中神气。次受五千文，诠明道德，生化源起。次受三皇，渐登下乘，缘粗入妙。次受灵宝，进升中乘，转神入慧。次受洞真，炼景归无，还源反一，证于常道。经云：知常容，容乃公，公乃王，王乃天，天乃道，道乃久。没身不殆。此谓天地虽没，而身常存不危殆也。
>
> 凡道由心得，心以道通。诚至感神，神明降接。是以古人求心，末世求财。古人非心不度，末世非财不仙。是故须财以对心，明心而财见。譬诸世人，欲求心佳偶，良宝珍物。心之所爱，岂计价直也。此暂时赏心悦目，尚竭所怀，况乎真道，得不贵耳。世人惜财，不受经，不肯尊师重道，乃将神仙为虚说，长寿为自然，不亦慨哉！六誓传道，良有以也。岂徒然哉！必使经道流通，人神合契，信行不忒，师弟无违矣。

戒律被置于首要的地位，是因为具有“防患止罪”的作用。个人的高尚情操的塑造彰显了道教徒的社会形象，自然成为了被他人仿效肯定的对象。古典时期的道教徒皆佩带符箓，随着科学的昌明早已变成了历史的陈迹，但是前人对其“制断妖精，保中神气”的功能深信不疑。接着则在《道德经》的教诲之下，深入领会自我存在与世界本质的问题。先期扎实的铺垫，为把自己从思想与行为两个方面转变成一名合格的教徒进行了准备。

宇宙万物的生起演变与人类文明的发展问题在《三皇经》中有着清晰完整的记载，把握了现实世界的差别性与统一性问题的真谛，每一个人就会以直面人生的勇气迎接各种艰难困苦的考验。人与神的联系以及人如何可以转化为神的问题，或如何获得神灵的福佑的问题，通过经典的学习即可一目了然。因此，《灵宝经》特别突出地概括总结了主体自我身心的结晶的各个环节，把思想认识的成果与具体仪式的操作的结合，产生巩固的主客天人的对应关系。由于实现自我是人生中唯一具有决定意义的事情，不能替代包办，在“洞真”部经典提供的修炼法门的指引下“证于常道”的宏伟蓝图，修道有成者在自己的内心世界洞察了宇宙人生的终极奥秘。这不是僵化的教条，而是任何渴望实现自由解放的个人完全可以诉诸生命的实践达成的理想。其要义就在“道由心得，心以道通”这一简单的事实之中，别的仅是手段。为之批判了现实生活中普遍存在的以“求财”或“佳偶”为动机，表面奉道的荒唐行为。由此我们可以充分理解“诚至感神，神明降接”的观念旨在强调，避免一切矛盾因素的生起，容摄各种积极力量于己身，提高修炼的效率。

生命实践是道教的中枢，围绕这一核心问题展开的理论建构，首先针对的是人生的究竟价值何在的探索。形形色色可以暂时满足情感欲望的“赏心悦目”的对象，刺激着人们的感官。迷恋于此造成了宝贵的生命能量的流逝，光彩照人的潜能被遮蔽。具有充沛活力的个人，能够享受更加丰富的生活的幸福，这是不言而喻的事情。也正因为个人的生命创造潜能可以在服务社会，投身人生的自由解放的过程中得到广泛而持久的拓展，其贡献自然为广大群众普遍肯定。因此探索自然，领会自我存在的内涵的立场，由于多方面实践性因素的参与其中贯通了人生涉及的各个领域。郑重讨论“尊师重道”的重要性，是痛心于“将神仙为虚说，长寿为自然”的心灵麻木。殊不知点滴的放纵与懈怠，就会造成可怕的人生的悲剧。而只能掌握了生命成长的主动权，才能以足够的资本优游自在地回应一切艰难困苦的挑战。知识的拥有以及自觉的实践的展开，又是生命未到终点的时候始终需要吸引消化的资源。“六誓传道”的规定因此在彰显知识与信仰的价值的同时，空前地突出了专业的神职人员的楷模作用。是这种示范效应如同水波纹一样辐射更多的人员，文明成果释放出的无与伦比的能量，造福的就不是有限的信众，最终必将覆盖全人类。则“必使经道流通，人神合契，信行不忒，师弟无违矣”的使命的落实，奉道者将使自己的全部身心获得彻底的满足，最终造就一个人神同乐的理想世界。

根据文字量有限的资料展开分析，已经获得了许多的信息。“经道流通”是一个思想文化传承的问题，前人的伟大事业绝对不允许葬送在世人手上。“人神合契”指真正从内心体会到神恩的喜悦，那些为神灵赞许的东西，完全体现在自己身上。信仰与实践的有机统一即是“信行不忒”，发生错位就是吃教真，不是真信徒。“师弟无违”的观点极具民族个性，严师固然是出高徒的条件，但是督责过严则伤害彼此的感情，保持适度的界限以形成良好的氛围，有助于人才的培养成长。在《三天正法除六天玉文》一节文字中，张万福这样总结指出，“夫人从虚无自然中来，受神抱识，湛然清净。及禀形之后，则众欲生而患累起。见世则三灾九　，十苦八难。痛痒疼酸，生老病死，烦恼形神。死则魂入幽牢，受诸苦恼。昼夜考掠，魂神痛楚。动经万劫，莫能自免”。意思是每一个人生而平等，但是个人有限的力量，不足以超越生死获得解脱，因此处于痛苦的煎熬之中无法自拔。“天尊大慈，观见众生，爱念在心。乃分灵布化，降迹接凡。”是大慈的天尊痛惜世人的苦难处境，“天上人间，游行教化。分身百万，散景亿千。随其机缘，广说经教。欲使众生离苦，永免轮回”。为世人开启了实现人生的光明道路，不论“今天昔天”的无穷宇宙发生了怎样的巨变，“法门常一也”，经教的精神实质与济度世人的博大情怀始终如一。

张万福的主张其实隐藏着一个中国人的重要信念，对中华民族开放包容的文化心态的塑造居功至伟。这种承认选择的权利为每一个人的神圣天赋，然而是否自觉接受既有的价值理想与生活方式，取决于心灵的明觉。客观上要求真理性的认识体系必须具有满足任何个人选择的多样性，通过不断的努力能够找到自己的归宿。两者的对应默契，就是每一社会成员需要以全部身心的付出寻求的目标。没有经过经典绽放的文明的洗礼，软弱的意志在功名利禄的诱惑之下，成为茫茫宇宙中微不足道的匆匆过客。张万福因此断言，“详夫三洞经教，万术千方，虽广略不同，皆制人之心也”。引导社会成员积极向善而实现人生的关键在于“制人之心”方面，这是一切经典的核心要诀。“而心有明暗，智有浅深。由形器有清浊，禀气有厚薄耳。然是非好恶，喜怒趋舍，莫不悉从于心。”偏离了“制人之心”的正确方向必然会事倍而功半，甚至出现背道而驰的结果。每一个人“心有明暗，智有浅深”的差别性仅是程度的不同，现实世界不存在天然的解脱者。无一例外必须遵循心灵净化的客观法则，借助于完整生命的塑造超凡入圣。进一步从逻辑抽象的高度，对“道由心得，心以道通”的命题进行了富有思想洞察力的论证。

认识自我与认识世界是不可分割的组成部分，左右着人类文明的进程。激发每一个人的能动创造性，爆发出的力量被适应社会发展的价值观整合，发挥其应有的作用。由于系统的价值观只有哲学与宗教能够为人类提供，沟通世俗与神圣的鸿沟才能消除因为对彼岸的贪婪产生的否定现实人生的错误。把道教的“万术千方”定位在“皆制人之心”的范围，可以有效地抑制“万术千方”滋生遮蔽理性主义精神的欠缺。这也再度突出了主体自我的精神信仰，在现实世界得到维护且不断发扬光大的重要地位。

三、信仰的坚定性问题

在人生遭遇重大挫折，或需要以生命的付出为代价，考验自己的信仰是否坚定一贯的时候，这是一个十分艰难的抉择。而在外力的压迫之下改变了自己曾经的信仰，成为了被以往鄙视的异教徒，对此在人类文明史上经常发生的现象如何予以同情的理解，实在是不易回答的问题。换一角度思考信仰的虔诚，与过一种富有深度的精神生活之间的关系，是否必然产生非此即彼的对立。

三教合一的潮流开启于六朝末期，但是这样的认识并未从整体上改变当时的佛教与道教以及儒学，明争暗斗的相互排斥倾向。虽然客观上形成的三教鼎立的事实，在主流上决定了承认异己者存在的合法性的一般趋势。只是卫道士或护教论者依然需要从理论上作出系统的解释，进而在制度上保障自己的现实利益没有遭到令人痛心的损失。这就意味着既对自身信仰的优越性高度自信，又能以欣赏的态度肯定异教的价值，在中国这样的王权始终高于教权的社会环境下不失为明智的手段。强化自己的力量以摆脱受人掣肘的困境，因此在道教的认识中围绕着盟誓的环节展开。张万福指出，“盟，明也。彼此未信，对神以相明也。神者无形，窈冥不测，莫睹其端。若违盟约，必致殃考，是其验耳。依盟崇约，福亦无忒。但以凡心易动，神理难明，故须立约以契之，必令通神合道也。盟即灵宝初中大等是也”。传道与受道在某种程度上可以认为是利益的结合，师徒之间对神明而盟的行为方式，体现了通过具有超越性的神明为凭证，彼此相互接纳并且共同获得成就的互利关系。神明作为见证者，将对违约的一方予以严惩。无神论者可能把现实世界的一切不幸归咎于运气不佳，好比赌徒输了钱不会认为自己技艺不精，而是怪罪手气不好一样。可是有神论者绝对不会抱有这样的心理，坚信“窈冥不测，莫睹其端”的神明主宰着尘世的生死祸福，造成殃及祖先与后人的不可挽回的灾难。“若违盟约，必致殃考，是其验耳”之说如果脱离了中国文化的具体背景，将变得不可理解。这里涉及了道教的气化论与神明观，包含着十分复杂的内容。简言之即是福善祸淫的主体不纯粹是自己的事情，同先祖的功过存在着密不可分的联系，必然会延续至未来的儿孙。因此“难明”的“神理”只有在“立约以契之”的条件下，具备了“通神合道”的前提。

与之相关的“誓”，在宗教学上则为咒语性质的庄严表白。“誓，制也。以言契心，告神盟也。而自制其情欲，不使放逸，期于会道耳。夫上士闻道，勤能行之，不须盟誓以自契也。中士已下，引之则进，排之则退。故须盟誓，制止其心，令不改也。”盟誓在宗教史上具有一致性与普遍性，世俗生活中亦非常广泛地存在。但是发誓针对的仅为心理上易于动摇者，对于勤能行道的上士不适用。增加对“中士已下”的约束力，目的是“制止其心，令不改也”。在内心中时刻唤醒他们的恐惧意识，自动地“自制其情欲，不使放逸”，如此“期于会道”而实现人生。回顾老君立言垂教启沃世人的久远历史，大有深意存焉。

盖圣人大慈之教，勘于合道。既授之以法，又使从科戒，必令不犯，克得道也。所以末代传道，皆须共立盟誓也。誓即六誓、十二誓等是也。夫神道无形，天理辽旷。幽昧不测，言议莫知。若能精至，便即通感。所以令其咒信，用质于心也。心信则轻财，财轻乃贵道。贱财则神明降接，咒命可延。命久年长，神仙可得。未有神仙，不能体变入化，与道长存也。世人不悟，遂妄生非毁。外不行功立德，内不洗垢清神。而贪秽满心，爱憎栖意。徒言入定，躁甚羁猿。唐说净心，臭逾溷豕。但见坐禅者毒

> 心弥盛，秽迹逾彰。虚语内修，竟无中实。至于饥寒痛痒，病恼烦怨，不异常人。矫云同俗，吁可悲也。愚人闻余此言，谓之诽谤。吾岂欲衔于言词，而自陷也。真欲使人释迷从悟耳。智者幸熟思之，勿役妄也。

自立的誓约，起到自觉而积极地履行律法的作用。敬畏神灵，尊重师长，和睦友邻等道德情操的养成，使个人的思想认识牢固地扎根在意识深处，在行为上转化为无意识的流露。叛教或诋毁属于绝对禁止之列，同时要求划清有名无实的“徒言入定”的界限。说明检验一个信徒是否虔诚的标准，表现在“入定”的修持功夫方面而非以言谈口说为能事。服务社会的“行功立德”的付出虽然值得肯定表彰，但是最终以“洗垢精神”的完整生命的塑造，实现人生的自由解放为目标。因此在修持过程中发生的“体变入化”是生命潜能得以释放的反映，而“与道长存”的永生征服了死亡的宿命，使自己与无限的世界彻底冥合无间。

道教对成道或证道问题的认识，早期较为关注肉体的永恒，而从六朝以来智慧明觉的规定占据了核心。因为始终认为肉体与灵魂的结合为生，分离为死，中国人不承认脱离肉体的纯粹的灵魂存在的观念，因此“与道长存”的问题受到了佛教与儒学的质疑。而张万福对“禅定”的批评，当然充满了嘲讽的意味。由于印度与中国的文化传统存在着重大差异，佛教的东西遭到排斥，很容易在普通的大众中引起共鸣。而异质文化进入中国，能够被本土文化接受都经历了相同的适应过程。道教在思想方面对外来的佛教的融会问题为历代学者所关注，引发了两个相互联系的重要问题：其一是推动佛教中国化的因素；其二是中国传统文化如何在坚持民族文化本位的立场下，吸收消化外来文化的合理成分，促进自己的更加深刻的发展。而佛教最终实现了中国化，且由中国人把佛教发展至登峰造极的地步，毫无疑问是本土文化的固有资源具备足以消化外来文化的实力。从另一方面则又清楚地反映出，佛教自觉适应中国文化的特定环境，没有教条刻板地全盘照搬印度方方面面的东西，总是有所选择有所调整，与中国人的心灵需求实现了契合。其结果就是推动了中国文化向更高的阶段迈进，隋唐时期的文明成就几乎影响了当时的整个世界。

张万福的创作，十分典型地代表了道教的立场观念。他为之强调指出，“道及师立观度人，写经造像，放赎生命，拯济饥寒，免贱为良，驰囚圄罪，广行慈救，大设悲田。发无上心，大弘胜业。为家为国，济物及身。遍为三途众生苦恼，各随心力，属在一时。任其所怀，亦无定格。”形式化的规定需要根据具体的条件进行适度的精简调整，食古不化终究将贻害无穷。但是不允许恣意所为，破坏已经被规范化的仪式的整体结构与要素。亲历了金仙、玉真二公主“以景云二年（711）岁次辛亥春正月十八日甲子，于大内归真观中，诣三洞大法师金紫光禄大夫鸿胪卿河内郡开国公上柱国太清观主史（崇）尊师受道”的详细过程，“又以先天元年（712）壬子岁冬十月二十八日甲子，复受五法，上清经法”的二位公主因为修道的进步，获得上清经法。“具依科格”的严肃仪式，足可效法。而《传授三洞经戒法箓略说》中又有“万福自唯凡鄙，戒行无取。谬奉恩旨，滥预临坛。大德证法，三师既睹兹法会，实怀悚怍。缘公主受道，并别有记。今粗书之，冀万代之后，知道法之尊重也”的文字。时值“大唐先天元年岁次壬子十二月丙申十二日丁未”，郑重留下了“太清观道士张万福谨记”的记录。

修道行道的精神实质表现在“为家为国，济物及身”的具体活动中，不是虚构的设想。由于每一个人既是认识的主体，又是实践的主体，因此离开了现实生命的存在，一切都将无从谈起。而个人不能游离于社会、自然之外孤立存在，这一客观事实决定了投身社会生活摆脱依附意识而不断实现自我突破的心灵解放追求，永远只能立足于当下今生，无法在彼岸天国成就的必然性。这就是保障生命潜能不至于无端流失的“万术千方”何以“法门常一”的理由，同样是“放赎生命，拯济饥寒，免贱为良，驰囚圄罪”的立教宗旨之一。如果丧失了对世人遭受的现实苦难的同情关心，不能诉诸有效的方法手段改善其悲惨处境，那么社会秩序必将崩溃瓦解。这固然不是宗教完全可以承担的使命，但是宗教在维护人类的生活秩序的稳定性方面发挥的特殊功能，却不能等闲视之。与信仰的坚定性问题互为表里的忠诚度问题，实际上为生活在一个多元化且高度开放的社会环境下的个人的信仰选择预留了伏笔，因此大大淡化了不同信徒之间与不同宗教由于信仰对象的差异，造成的仇视伤害问题的发生几率。即总是把自己信奉的神灵以及由此而来的修道实践与生活方式置于最为崇高显赫的地位，宣布自己是绝对真理，别的仅具有相对的价值，无法达到究竟解脱的至极状态。为了证明自己的卓越品格形成的竞争关系，其积极的方面是在理论说明或制度的规范化上的进一步成熟。消极方面是随着融合适应程度的提升，内在的创造热情的衰退。打破保守性与封闭性的壁垒，与世俗化消解神圣化的现象的周期上演，这样的事例在人类宗教史中数不胜数。避免这样无奈的结局的出路，历代先知忧心忡忡且指明的正确方向，张万福的论述正是一个典型的素材。

修道即是修心的观念早已在中国社会取得了普遍的共识，这一已上升为原理的准则可否得到有效的贯彻，取决于社会的开放程度与包括神职人员在内的信徒的素质。开放程度就包含着包容且尊重异教并存的合法性问题，政府的立法精神在其中扮演着十分重要的角色。只是由于不同宗教在不同的社会环境下的力量强弱有别，现实的或潜在的矛盾冲突始终无法消除。是这种事实彰显了信徒与神职人员的素质的重要性，因为排他性愈强则包容性愈低，引发的危机自然会愈加剧烈。反之宗教生活的有序性就可以得到保持，而一种宗教奉献与服务社会的能力水平愈高，对广大社会成员的吸引力以及辐射力相应地不断扩大，整个社会给予其肯定的评价又推动了宗教事业的发展。并存于中国的各大社会化宗教具有不同优势，彼此优势效应的释放，必将为社会的转型作出不可估量的贡献。

张万福谦称“谬奉恩旨”的创作涉及的各方面规定，在相当长的一段时间里是具有法律效力的东西。这为我们考察唐明皇继位后道教的制度建设，提供了最为直接的材料。鼎鼎大名的王弼的《老子道德注》不在经典学习的范围之列的现象十分令人疑惑，一种可能的解释是纯粹的逻辑抽象建构起来的理论体系不具备实践的可行性，是认识能力与理解水平更高的人士学习的对象。隋唐以来大量的注释《道德经》的作品无一不受王弼的影响，似乎可以为这样的判断提供较为充分的佐证。对此问题还需要我们作出进一步的研究讨论，深化对道教的精神关怀的理解把握。

作者单位：北京师范大学哲学与社会学院、价值与文化研究中心

道家智慧的现代诠释

戈国龙

一

任何一个人，如果要走上智慧的旅程，需要一些机缘，要有各种各样的机会，能够听到某些不一样的信息。也就是说，在我们的日常生活之外，那些伟大的传统，那些先知先觉者，那些探寻生命的奥秘已经得到某种成就的人，他们的信息要能够传到我们这里来，我们才会有机会去吸收这些灵性知识的营养。

生命是什么？生命仅仅是我这个有形的肉体吗？如果我只是这样的一个肉体的存在，那么百年之后，我将化为云烟，什么也留不下来。茫茫的浩瀚宇宙，无穷的时空，在这样的一个背景下，如果我们来看这样的一个短暂的肉体生命，就会生出一种无限悲凉、无限悲壮的感觉，人生有什么意义呢？我们所追求的一切，所有的功名利禄，无论你多么成功，在时空的长河当中，都会洗刷一切，最终，你会什么也留不下来。意识到这一点，就会对人生的存在发生一个最大的困惑，这种困惑不单是一种痛苦，而是一种说不清楚的迷茫和迷惑。生命到底是什么？人生在整个宇宙当中具有什么样的意义？

实际上，人生的问题，不仅仅是一个理论的问题，生命不是一个需要去解决的理论上的问题，而是需要去经验的一个奥秘。我们要融入老子所讲的某种“道”的意境，在这种体验当中，人的心灵一下子进入了一个新的世界：从我们表层的意识状态，进入了深层的意识状态；从喋喋不休的思考状态，进入了某种天人合一、与道合一的存在状态。这个状态最终来说，是无法用语言来描述的，因为一切语言描述都是部分的，都是分别的，而这种状态的本身是无言说的、统一的状态，当你融入了这个状态，语言、文字分别已经去掉。最终，你个人的这种执着也去掉了，你不再觉得你是一个简单的个人，你会体验到那种万物一体的状态、体道的境界，整个世界是一个整体。有了这种状态，我们才能够真正理解老子，这些先贤大德他们所讲的道到底是什么；同时，有了这种体悟以后，我们才能解除人生的困惑，因为我们困惑的中心是因为我们把自己作为一个有限的自我，是一个简单的肉体的存在，才会有这个有限和无限的对立和矛盾。当我们已经融入了无限以后，生命本身就不再是一个孤立的存在，它本身就是一个无限的存在，而肉体只是我们显现出的一个现象，但它背后的本质状态或者本体状态是融入存在的“一体”。

我们可以作一些比喻性的说明：比如说我的左手，它会说它是跟右手完全独立的状态，从表面上来看，左手和右手是完全分开的，这只左手如果认为它是完全独立于右手的状态，这是可以理解的。但是如果我们跳出这只左手的执着，深入左手的存在，它是跟我的身体联在一块的；而这个右手，如果它深入右手的存在，它也是我身体的一部分。其实，左手和右手都是我这个人的整体存在的一部分，它们就是相通的。扩展开来，每一棵树和每一棵树之间，它们看起来是独立的两棵树，但它们的树根同样是扎根于地下，在地下的广阔空间当中，这两棵树是相通的，是合在一起的，它们都是地球里面的生灵。再扩大一点，整个地球上的存在，其实都是相通的，这可以无穷地扩展下去，就好像这个宇宙的整体是一个相通的海洋。在表层上，我们可以找到不同的波浪和不同的独立的存在，但是深入下去，深入到存在的最终的奥秘，最终的核心，他们是相通的。所以佛教讲的空，道教讲的道，他们都是指明了这种宇宙的最终的统一与和谐，都是这种根源性的存在，而生命之所以会有种种的问题，都在于人的自我的执着，都是因为人没有深入他自己的存在，而把他自己误认为是一个有限的自我。这是一个错觉，而悟道就是要深入生命的存在，去悟到生命的那个根本的与道相通的本体性存在，在这种存在当中，人就超越了他的有限性，回归于他的无限。

大家知道，佛教的创始人释迦牟尼，他走上修道、悟道的旅程，就是因为看到了生、老、病、死的现象，这个生老病死是我们每一个人所要面临的最根本的人生课题。我们的肉体是一个短暂的存在，它终有一死，它会有生、老、病、死的现象，但是大多数人并没有认真地去思考他自己的人生，而是被眼前的欲望、眼前的物质追求所迷惑了，把人生的这个根本课题给扔下了。唯有我们认真地思考生、老、病、死的人生课题，我们才有追求道的真理的意愿；而我今天所讲的作为道家智慧的修道，就是悟道的途径、悟道的方法，也是悟道的境界。对我而言，道家智慧就是修道，离开了修道，道家也就只是一种知识系统。阐释道家智慧，就是阐释修道的意义。

二

修道这个概念，我们可能有不同的理解。在宗教的传统里面，我们可以找到很多相对应的词汇，比如说悟道、静坐、冥想、练功，诸如此类，我这里用修道这个词，来指代这些修炼的传统方法。我们讲修道，没有宗教的色彩，它不是以你信仰某一个宗教为前提，它是一种内在生命的探寻，内在潜能的开发，这不是某一个人或者某一部分人所要去从事的事情，而是每一个人都应该去追寻，都可以去发掘的一个潜能。每一个人都具有修道的种子，都具有体验道的真理的可能性，首先要肯定这一点；但是大多数人，虽然有这种可能性，他并没有把这种可能性发展出来，他没有机缘去走上这样一条探寻的道路。种子如果没有机会得到它适当的土壤、水分和养料，它就不可能变成大树；可能性如果要变成现实，就需要我们有极大的渴望，极大的愿力和做扎实的工夫。一个人必须为他所要追寻的那个终极的意义，所向往的那个道的境界，付出他的热情、奋斗和代价。虽然儒家说满街都是圣人，佛家讲每个人都有佛性，但是我们看到的更多的人完全没有表现出他的佛性，他的佛性没有得到开展，那么这种种子的状态，就永远是伴随着他的一生，所以我们需要唤醒一个人的种子，唤醒一个人潜在的可能性。

这种唤醒的工作，首先需要一个唤醒的人，一个已经有所醒悟的人，需要接触他的信息，需要跟这样的人相联结、相沟通。用传统的语言来说，就是你要有一个师父来指引你，师父就是你的可能性，他就是已经发展到一定阶段的人，他有他的经验可以传授给你，可以不断地启发你。就好像一个昏睡的人，她如果要醒来，首先需要一个已经醒来的人来敲醒他，如果大家都是已经睡着的，都是昏睡的，这样的人在一起，是不会产生什么成果的。所以，佛教里面特别强调善知识的重要性，道教也强调师徒传承的重要性，因为善知识、师父，他显示了我们的可能性，他指引我们，开发我们的可能性。

宗教里面有很多的真理，但是宗教本身又有不同的层面、不同的成分，在宗教传承的几千年的历史当中，它慢慢积攒了一些形式化的东西，一些迷信的东西，我们渐渐远离了宗教的原初的那个智慧，离开了源头的那种道的境界，而迷失在纷纷扰扰的仪式之中。对我来说，修道不需要迷信，不需要信仰，但是需要对内在真理的信心，要相信我们每一人都具有先天的可能性，都具有证悟真理的可能性。道离我们不远，甚至根本就没有距离，真理一直在找寻着我们；但是我们自己的执着、自己的欲望，让我们离开了大道，离开了真理。只要地球上有一个真正证悟了真理的人的存在，只要有一个真正获得了解脱、获得了自由的觉者，就已经证明了我们每一个人所具有的潜力，只是我们大多数人从来没有想到要去实现这种可能性。所以修道是一种生命的新的创造，我们一般所讲的创造，是创造各种各样的东西，是创造外在世界的财富，或者各种各样的产品，但是修道是从内在创造出你自己，是创造出生命自身的圆满、觉醒的状态，这是人生最大、最有意义的创造。

只有一个人开发了内在的世界，重新创造了他自己，他才会是一个真正的生命。通常，人们的时间大多是在应付各种事件，应付各种活动，他只是在打发时光、混日子，而没有充分利用生命的时光去追寻永恒生命的喜乐和圆满，而修道是发掘生命价值，实现生命幸福的必由之路。我们这个肉身的出生，是父母给了我们肉体的生命，但是唯有通过修道找到你真正的自己，你才有法身生命的诞生，你才会成为一个真正的人，才会成为一个真正的生命，这是我们对修道简单的说明。

法身生命是我们的内在生命，内在生命是什么？当我们说内在和外在，这种相对的语言，它只是一种方便。如果一个人真正证悟了他的生命，在那个觉悟的境界当中，是无所谓内在，也无所谓外在的。悟道的境界是一个完整的、整体的存在，它是内外完全统一的世界，但是相对于我们常人的生活状态来说，确实有一个内在生命。因为我们一般人所关注的一切，都跟我们真正的生命没有关系，我们可以扪心自问：回顾自己的生活，我们所关注的东西，真正地跟我们的生命的本体、内在的生命有关系吗？还是说我们身不由己、随波逐流，在各种各样纷乱的活动当中迷失了自己？所以，我们要认真地问自己，我们在追寻什么？我们在找寻什么？如果我们根本不知道自己在找寻什么，我们就没有办法真正地找到真理，我们要有一个正确的方向才可能抵达目标。如果一个人只是向外追寻，就永远不会找到生命的、心灵的家园，因为外在给予我们生命的东西，它不可能成为我们生命的真正的寄托，因为它不是你自己，那是你所拥有的衣服。

可以说我们人的一生所追寻的大部分的东西，都是我们的衣服，是不同层次的衣服，有的是靠外点的衣服，有的是靠内点的衣服。比如说我们一般人所摆脱不了的名利、身份、地位，这明显是我们外层的衣服，它跟你的生命没有关系。有没有关系，我们可以简单地用一个标准：当你死亡的时候，那个东西对你有没有意义，你能不能带着它走入你的灵魂，走入你的下一世的生命。当然，这里面有一个前提，就是我们要认为生命是一个永恒的流转，是一个相续的过程。如果你不承认这一点，你认为生命只有这一世，那么我们就要换一个角度来问你，你所追寻的一切，能不能给你带来心灵的真正的安宁、带来真正的幸福？我所拥有的房子再大，这个能带给我生命真正的享受和真正的安宁吗？我所拥有的地位再高，这个能给我的生命带来真正的安宁吗？我可以说，不管你的官职有多大，不管你的财富有多少，如果你不从事内在的探索，不从事修道的工夫，你的心灵是得不到真正的安宁的。

我们的心一天到晚是随着外物而流动的，面对不同的外缘，我们的心在关注不同的东西。这个心，是散乱的心，它根本就不知道它自己是什么。我们能够觉知和转化我们的烦恼吗？一般人是没有这个能力的，他是不能够做主的，我们在想什么、做什么，其实大部分都是由外在的因素在激发的，不是你自觉的去从事某一个活动。如果一个人，他不知道内在的自己，他没有去追寻内在生命的意义，实际上他就是不知道生命本身。一个人如果不追求内在的成长和内在的财富，他实际上就错过了生命本身，因为他一直在生活的外围打转，他活在生命的外围之中，他追求那些根本不是他自己的东西。

大多数人都在追求财富，但可惜的是，我们追求的都是外在的财富，就是我所拥有的东西，而内在财富是什么？内在财富是那个“我”本身的成长，那个真正的我的成长，也就是生命本身的成长，它跟我所拥有的东西无关，它是我自身的一个成长。当然，我也不是在反对外在的财富，因为一个真正觉悟的人，它不反对任何一个东西，他只是达成一种更高的和谐，一种更高的平衡。内外皆富，这是理想的状态，现在我们看到的是富有的人不快乐、不宁静、不安宁，而一般的修行的人，宁静而快乐的人，但是他并不富有，他也不关心社会，他只是追求他个人的心灵的宁静。这两种状态都不利于社会的健康发展，我们需要一个内外的沟通，内外的联结，内外皆富的状态，在我们从事外在的工作，赢得外在财富的同时，我们一定要抽出时间，抽出精力去开展内在工作，进行内在的探寻。而我所讲的修道，就是一种内在的工作，就是一种内在生命的探寻与发展。

三

修道不是很神秘的东西，它是跟我们每一个人息息相关的，因为它关系到你本身。如果我们只是关注到所有的问题，而没有关注我们自身，我们就错过了。修道的真理就在此时此地，就在这个时候，只要你宁静地回过头来反观自己，你心灵的本来状态，本来就在那里，但是我们已经习惯于忙忙碌碌地向外追寻，而错过了那个本来的状态。修道本来是很简单的事情，但是我们的头脑太复杂，已经有太多的惯性在起作用，以至于我们回不到那种简单平凡的状态，所以这需要一种智慧。智慧从哪里来？从修道中来。所以当你经历过宁静的心灵状态，当你把生命中那种宁静、和谐、完美的状态曾经呈现过，哪怕是一分钟，这个种子就已经种下了，我们就已经有一种可能性来实现生命的最终的圆满。修道本身不是一种迷信，也不同于一种信仰，所以我称它是一种“内在生命的科学”。

这个概念需要做一下澄清。为什么讲它是一种科学？当我们讲科学这个词的时候，科学可能会有不同的意义，比如我们讲自然科学、社会科学、人文科学，科学的研究对象可以是各种各样的。当我们讲修道的科学的时候，我们是取科学一词的某种意义，而不是取它的全部意义；在某种意义上，我们可以说修道是科学。比如说，科学是具有普适性的，它是不分派别、民族、宗派的。当我们讲宗教的时候，宗教信仰是有宗派的，有民族差异的，所以我们把宗教里面的宗教性的真理这种实相拿出来，它就具有某种科学的性质，它是超宗派的，不分民族的，是普适的。就是说修道对生命的体验，对生命的那些原则的发现，那些规律的发现，是具有科学意义的。当我说修道的科学，我也是在说，修道是解开生命奥秘的永恒的钥匙，它与特定的宗教、经典没有必然的联系，它是一种永恒的法则。某一具体的宗派、某一部经典或许会消失，但这种修道的真理、这种宗教性的实相，它是永恒的。所以我讲的修道的科学，它是指宗教性的实相和真理。事实上，每一个宗教它最初的源头，都是追求宇宙人生的一种最高的境界，一种最根本的奥秘，它们都是有某种觉悟的境界在里面。但是在社会生活中，某一种现实的宗教它就包含了各种层次，其核心真理往往会被形式、外衣所遮蔽，而我们今天不需要那么多的宗派、宗教的执着，但是我们需要宗教性的指向内在生命的真理，所以我把它叫作内在的科学、内在生命的科学。

但是这与一般所讲的科学还是有不同。修道的科学，它跟我们一般所讲的科学有内外之分。通常所说的科学总是研究一个外在的对象，它们可以得到一个普遍性的规律，然后制造一种产品，放之四海而皆准的产品，大家都能用；而修道是发展内在生命的意识，是意识成长的科学，是意识的开花，而这种意识的自觉性的成长，没有办法变成一种固定的普适性的产品。也就是说释迦牟尼领悟了，但是释迦牟尼不能说发明一种产品，然后让每个人大家都全部开悟，这是它跟一般科学之间很大的一个区别。所以宗教的真理，需要我们每一个人重新去探寻，别人再修得怎么好，悟得怎么高，那是他的觉悟，不是你的觉悟，你的觉悟必须从你开始，无法从别人得到替代，这是修道科学的一个特色。

我们可以看到社会上一些伪大师，或者伪宗教的大师，他们宣讲他们有什么最高的技术，或者某种产品，能够让你快速地达到某种状态，甚至说他能够赐予你圆满，赐予你解脱。从修道的科学的观点来说，这是靠不住的，这明显是一种欺骗，他们是带有某种目的来欺骗他的信徒。一个真正觉悟的大师，无论他自己的觉悟多么高，他不会说你只要信我，我就能够马上让你觉悟。他只能指引你，帮助你，开导你，路还是要你自己来走。

修道的科学，它在某些方面跟常规科学有相似的地方，它也有某种普遍性：只要你认真去做，它会有一些相似的体验，那些原则、那些法则是一定的。但是正如现代物理学，比如说量子力学，那需要专门的科学家才会得到深入的了解，我们老百姓是不了解的。宗教性的内在真理，它也有它的高度，比如说释迦牟尼所达到的那个高度，所领悟的那个世界，如果我们不去追寻、不去修行，我们是理解不了的。在修行的道路上，也有不同的阶梯，不同的层级，在这个方面，修道与常规科学也是相似的。但是一般科学与宗教最大的不同就在于，科学是关注一个外在的物质的世界，而宗教关注的是人的内在的意识的世界。

人类文明要健康发展，就需要科学与宗教的平衡和综合，科学提供了人类生活的动力和方便，而宗教提供了人类发展的方向和价值，所以我常常打一个比方，科学就好像是油门，加油的地方，它可以使我们人类这辆车子飞速地行驶，但是宗教是掌握了那个方向盘，是把握那个方向的，如果这两者失衡了，人类社会这辆车子迟早要驶入万丈深渊的。

本文所讲的宗教，是指宗教性的内在的实相和真理，而不是讲某一个宗教和某一个宗派。如果从修道的层面来看，科学与宗教的综合，就是身体与灵魂的结合，就是本体与工夫的结合，也就是性命双修的体系。道教在某种意义上，它就是综合了科学与宗教，所以道教是最像科学的一个宗教，因为它的练功、体验，就像是做生命科学的实验。不管是内丹、还是外丹，它都拥有大量的实验，有很多的实验数据，也有很多的成果；但它又是宗教，因为它不是追求生命外面的一个产品，它是把生命本身来做实验，在人体里面来做实验，以精、气、神为材料来练功、来炼丹，来进行化学变化，它最后也是追求生命的超越，所以它又是宗教。

从大的方面来说，我们希望宗教性的实相，宗教的真理能够提炼出来，变成一种为我们每个人所需要去掌握、所能够掌握的一种体系。这也是我今后工作的一个目标：我试图从传统的佛教、道教出发，结合现代多元的文化，来创造一种新的教学。这种教学摆脱了宗教的形式，而追求宗教性的实相，也就是追求一种内在生命的科学，但这种科学完全不是那种向外研究物质的那种科学，它的方向做了一个根本的扭转，就是反过来觉察我们自己的生命，觉察我们的意识。

人类只有在内外两个方向上，在物质和意识两个方面都进行深入的了解，人类的文明才有前途。从我们个人来说，只有我们把内在的工作和外在的工作结合起来，同时追求内在财富和外在的财富，我们的生命才会有真正的幸福和圆满。所以我所说的宗教，不是看重那个宗教的身份，那个宗教的形式，而是看重宗教的那个实质的内涵。我们不需要那么多的宗派主义，宗派主义实质上是人的自我、人的欲望在宗教里面的一个新的翻版，但是宗教的智慧是人类文明所必须吸收的，而我们尤其在我们国家对宗教一直有一定的误解，有一定的偏见，所以我们也希望对宗教作一些正本清源的新的诠释。

四

下面我们就要正式对于道家智慧作为“修道的科学”进行现代阐释。关于修道的原理与方法非常多，非常复杂，佛教、道教都有它们自身的系统，这里我们不可能去讲某一宗某一派的具体的佛学或者道学，我想把我所研究所体会的一些东西，用一个理论模型来加以概括性的说明，然后对这个理论模型进行具体的阐释。

那这个理论模型是什么呢？我们可以把它叫作生命的“四层结构”的模型，由这四层结构，我们来说明生命的不同层面的相互转化和相互作用。

我们对人生的困惑，很多是源于我们对生命本身不了解，我们只是把人作为一个肉体生命来看待，这是一个很大的失误。生命不仅仅是一个肉体，肉体只是生命的最外层的结构，生命本身是具有多层结构的。有关生命的多层结构，有不同的划分的方法，我们这里采用道教内丹学“炼精化气、炼气化神、炼神还虚”的理论模型把它精简成“精、气、神、虚”四层：最外面的一层用“精”来代表，我们称之为“物质结构”；再往里面一层用“气”来代表，我们称之为“能量结构”；再往里一层用“神”来代表，我们称之为“信息结构”，最核心的一层用“虚”来代表，我们称之为“本体结构”。

物质结构是我们最外层的身体，能量结构包含了我们的气脉、生命能和情绪，信息结构包含了我们的思想，而本体结构就是我们的灵性或者我们的灵魂。实际上任何一个事物都具有不同的结构，但是我们因为最容易接触的是它的外层结构，所以我们往往会被误导。当我们看一个人的时候，我们一开始只能看见他的外层的身体，但是我们看不见他里面的能量结构、信息结构；而我们自身也是这样，我们有时候也不理解生命，我们也太注重我们的身体，而忽略了我们更深层的结构。所以道教讲的炼精化气，炼气化神，炼神还虚，可以说是不同的生命层面之间的转化，但最终它是要领悟生命的本体结构。

这个生命结构学说是我们可以用来理解和看待各宗各派的修炼理论的很有用的理论模型，我们也可以把这个理论模型运用到不同的方面，成为一个具有普遍意义的观察工具，对道家智慧进行现代诠释。

当我们看一个人的时候，我们要意识到人是有四层结构的，那么这个时候，我们对人的理解，就会有一个比较全面的理解。比如说我们修道，修道是修什么？如果我们是仅仅局限在人的物质结构层面，就认为我们只是在锻炼我们的身体，那这个不是修道，那最多是体育锻炼。有的人认为修道就是修出我们的能量，有工夫、有神通，能够有很大的力量。这种人，他的修炼强调的是他的能量结构。如果我们注重的是人的心理、思想的净化，这就是相当于信息结构的一个调整，但是这三层结构，如果最后没有跟本体结构联结上的话，这种修炼都还不是灵性的，就不是真正的宗教性的修炼，因为他缺少了一个超越的维度。只有我们真正地通过前面三层的修炼而进入本体结构，去领悟我们生命的最根本的存在这一层面，也就是说，我们要去觉悟生命的真我，或者说生命的本来面目，也就是悟道的那个层次，这个时候我们才进入了宗教性的维度。

我们也可以用这个四层生命结构的模型来观察一下医学的领域。当我们治疗一个人的时候，其实也有这四个层面的问题。

且不论西医，中医很明显就关注到能量结构的问题，因为中医特别讲究“气”的问题。有的时候我们在身体物质结构完全正常的情况下，很有可能一个人的能量结构已经出现了问题，那些有经验的中医就能够通过你的能量结构、气脉的情况判断你有可能下一步会得什么病。所以中医讲治“未病”，就是你的病还没有发生时他就开始治疗。对西医来说，可能觉得你这是骗人的，但是这是非常科学的，这是符合生命本身的，因为生命本身确实是一个复杂的结构，不是简单的一块肉体。我们讲的经络也好，气脉也好，虽然看不见，摸不着，但是它是一种客观的存在。你不能说，我把一个尸体解剖，发现不了气脉，发现不了穴位，发现不了这些脉轮，就说没有，因为你解剖的本来就是那个肉体。当成为一个尸体的时候，他那个能量结构已经解散了，你要知道人体里面能量结构存不存在，你必须在活人里面去发现它。现在我们也看到一些最新的医学实验，能够通过一些物理学的方法，证明了人体经络的存在，穴位的存在。一个真正练功的人，只要我们真正练功了，体验了，那个无形的生命能量之流是绝对存在的，但是你看不见，它就在生命里面，它是我们生命一切活动的支撑点。没有了那个能量，我们就不能做功。

但是能量结构还不是最高的一层，能量结构跟我们的心理结构，跟我们的思想结构又息息相关，所以道家讲“心气无二”、“心气合一”。能量结构之所以有问题，很可能是我们心理结构有问题，也就说你的思想状况、信息结构有问题，但是我们现在的医学很少讲思想有问题，不把思想问题当作一种病，他除非说你神经病了，人格已经出现分裂了，这种严重的情形才叫精神有问题。在修道的科学看来，从灵性的思想体系来看，我们的烦恼、我们心理的问题，本身也是一种病，也就是说我们每个人实质上都是一种精神上有病的状态，只是有重、有轻、有大、有小而已，只要我们有烦恼，有牵挂，心里有疙瘩，这就是心理的病。一个心里的疙瘩，可能就对应着一个能量的阻塞，这两者是相应的。长期的心里问题就会导致他的能量结构出现问题，由此进一步导致他生理上出现问题，那么像这样子的一个病，如果你到医院里面去，仅仅是治疗他的肉体，那是解决不了问题的，因为他没有找到问题的根源，问题的症结都没有找到。

从生命的全体来说，一个真正健康的人，就是一个悟道的人，就是一个活在他的本体状态的人，只有一个得道的人，才能摆脱前面三层的挂碍、前面三层的问题，因为那个本体结构是一个完整的统一体，是完全的和谐。在这个状态之下，他的精神和谐，能量和谐，就会导致他的肉体也是和谐的，这样一种人，才是一个彻底健康的人。所以我们说，修道并不是神秘的、追求某种彼岸的世界，修道的科学追求的就是一个完全健康的生命、完全健康的生活方式，只不过我们把眼界打开，进入了一个真正完整的生命，不像我们通常人所理解的那样，仅仅看到了生命的表象。

这是我们讲的四层结构在医学上的一个应用。

我们还可以把这个四层结构用在美学上。当我们讨论一件事情美不美，一个人美不美的时候，我们也有四种眼光。比如我们看一个人，如果你觉得一个人很美，你是从哪个眼光来看呢？我们现在的“选美”，选的是什么美？“三围”是什么美？只是她物质结构的美。如果一个三围都符合标准的人，她的能量结构有问题，她这个人是有“型”而无“神”，没有状态，也没有气质，那这种人是真正的美人吗？肯定不是。如果我们说一个人气质很好，气的质量很高，很有能量，这也是一种美，但是如果这个人心灵上不干净，心灵境界不高，这种美仍然是不够的。所以我们看到《庄子》里面经常赞美那些残疾人，就是为了突出一种效果：那些身体结构很好的人，在那些残疾人面前反而非常崇拜他，那些残疾人非常有魅力。《庄子》里面讲的是“神全”的概念，神就是精气神的神，神全指这个人神是全的，“全”是充足而未散，与道合一而完整，也叫作“德全”，神全的人道德圆满，他的人格魅力、精神魅力折服了人。所以庄子就突出了这两种结构的对比，那些身体有残疾而神全的人，在物质结构上他是有问题的，但是他仍然是最美的人。当然，我们讲最美的人应该回到本体结构，所以最健康的人是那些真正悟道的人，最美的人也是那个悟道的人，因为悟道的人他放下了一切的执着，一切的挂碍，他的精气神是完全充足的，他不再依赖于任何外物，这种人自身就是一个完整的宇宙，他是“独立宇内而不为孤”，就是说他一个人在宇宙当中他不孤独，因为他跟那个宇宙是合一的。

这个四层结构，我们可以用它来看待任何一件事情，处理任何一个课题。这就提醒我们，我们的眼光要看深一点。比如我们看一个人有没有财富，有没有钱，那么第一层，物质结构这一层，看他银行的存款。那么银行的存款多这个人就真的富有吗？你还要看他能量上富不富有。如果一个人银行里存有大量的存款，而他的身体不好，那么存款相对他的身体来说，又是更外在的衣服，身体比存款更重要。我们每个人都是一个大富翁，比如说我给你一亿美金，你给我一只眼睛，你给不给？没有一个人会给，那么你有两只眼睛，你已经有两亿美金了。所以身体相对于你的外在财富来说是绝对重要的，这本来是一个常识，但是我们现在人为了那个外在的财富，把自己折腾得吃饭吃不香，睡觉睡不着，这个身体上也有毛病，那你这个富有是不值得的。我们把生命的四层结构模型用到“富有”这个主题上面来，一个人身心健康，精神完美，活在一种幸福喜悦的状态当中，一直到最后的得道、悟道，这才是最富有的人。关于富有我们可以简单来讲，就分成两层，一个是外在富有，一个是内在富有；详细来讲，就是分成四层来看，看你在每个层面上是否富有。从外在财富来看，那些在山洞里面修行的人，像米拉日巴，他一无所有，但是我觉得米拉日巴是最幸福的人。你从他的道歌里能看出他是随时随地都活在那种极大的喜悦当中，因为他超越了一切外物：他没什么吃的，但是他是以“禅悦”为食；他没有衣服，但是他是以“拙火”为衣，他不需要穿衣服。

五

最后我们要用这个四层结构来处理修道的问题，从这四层结构来看，修道的原理在什么地方？修道的核心原理在什么地方？大家只要记住了这个生命的四层结构模型，我们可以把所有的修道、所有的修道的原理概括在这个模型里面。

修道的完整的过程包括身体的净化、思想的净化和情绪的净化的过程，其终极目标是导向一种清明、觉醒的无限意识状态，也就是唤醒它的本体结构。前面三个层面是修道的外围和基础，我们对前面三层结构进行净化，这个净化是我们转化习气的过程，这是我们修道的外围和基础；修道的核心是觉醒他的灵性，觉悟他的真我，回到一种无限意识状态。所以身体是外围，是一个开始，纯净化的身体是我们修道的一个基础，身体也是灵性、神性的一个庙宇，是我们的灵性所寄托的地方。情绪的净化、思想头脑的净化也是修道的基础，由此三层面的净化工作，一直深入下去，最后导向修道的一种根本的核心的状态，就是真我意识的觉醒，这是一种纯粹意识之光。所以修道的成果是无限意识、无限喜悦的存在状态，而修道的基础部分，包括了净化身体、净化思想和净化情绪。对修道的核心状态来说，实际上没有身体，没有思想，没有情绪，这个“没有”不是说从有到无去掉它，而是说没有它的挂碍，没有它的执着，由此进入空性，觉悟真理，与道合一，这就是我们修道的核心。

作者单位：中国社会科学院世界宗教研究所

当代道教发展的机遇与挑战

赵卫东

20世纪五六十年代，美国学者列文森在《儒教中国及其现代命运》一书中提出一个比喻，用于说明当时儒学在中国的尴尬处境。他认为，孔子在当时的中国就像是博物馆里陈列的文物，已失去了应有的价值与现实的作用，成了死的东西。[①] 不管列文森这个比喻对当时的儒学来说是否恰当，但以此来比喻当代道教的境遇倒是有几分合理性。当代道教目前正处于生死抉择的历史关头，但这里所说的“生”，并不仅仅是指存在，而是指以“活”的方式存在，这里所说的“死”，也不仅仅是指消亡，而是指现实作用的缺失，即列文森所说的“只属于历史”[②]。对于当代道教来说，目前真可谓机遇与挑战同在：假若抓住历史的机遇，积极活转于当世，开发出与当前社会相适应的新的形态，它将成为当今乃至未来社会中不可或缺的重要文化因素；反之，假若固步自封、不思进取，终有一天会成为仅供人欣赏的博物馆里的文物。

一、历史机遇

对于我们认为道教目前正处于一个生死关头，可能有人会认为这是危言耸听，因为与“文化大革命”及其以前相比，道教的境遇已经大大改善，

① 参见列文森：《儒教中国及其现代命运》，郑大华、任菁译，中国社会科学出版社2000年版，第342页。

② 列文森：《儒教中国及其现代命运》，郑大华、任菁译，中国社会科学出版社2000年版，第342页。

其发展成就有目共睹，而且还正在日益进步与完善。对于以上看法，我们完全同意，我们在这里说道教正处于生死关头，并不意味着否定其发展成就，相反，我们不仅承认这一点，而且还认为当今社会为道教的发展与兴盛提供了诸多历史机遇，这些历史机遇正是我们所说的“生”的契机。具体讲来，其历史机遇主要有以下四个方面：

1. 宗教政策越来越宽松

自改革开放以来，我们国家落实了宗教信仰自由政策，宗教政策越来越宽松，这为全真道的发展提供了千载难逢的历史机遇。在这一大好形势下，道教得到迅速发展，据1997年公布的《中国宗教信仰自由状况》白皮书统计，当时中国有道教宫观1500多所，正式道士2.5万多人，而国家宗教事务局网站最近公布的《中国宗教概况》中提到，目前，道教宫观共9000余座，被列为道教全国重点宫观的有21处，乾道、坤道5万余人。对比以上两组数据不难看出，在15年的时间里，正式开放道教宫观的数量增长了两倍多，而道士人数也翻了一番，道教发展之所以如此迅速，与政府有宽松的宗教政策是分不开的。同时，以上数据也反映出了一个问题，即作为正式宗教开放场所的道观数量的增长比道士数量的增长要快得多，而这还只是统计了正式开放的道教场所，尚未开放或有待于开放的道教场所数量更多，大量道教场所的修复与开放，为道教带来了极大的发展空间，目前国内已明显呈现出庙多道士少的状况，假若道教能充分利用当前宽松的宗教政策，积极弘道，大力发展，未来前景可以预见。

2. 民众需求越来越急迫

近百年来，因受某些因素的影响，宗教一直被视为麻醉人民的鸦片，我们总认为宗教与科学是对立的，终有一天科学会战胜宗教，宗教必将退出历史舞台。这种对宗教的误解与偏见，导致了大部分中国人缺少宗教信仰，中国形成了一个巨大的宗教信仰真空。改革开放以来，随着宗教信仰自由政策的落实，随着教内外学者的不断努力，人们对宗教的看法有所改变，越来越多的人开始同情、理解或信仰宗教，而且对宗教信仰的需求极为迫切。随着国家的不断富强，人们的生活条件越来越好，温饱问题已基本解决，而物质生活需求解决后，精神生活的满足被提上了议事日程，这正是道教发展的巨大历史机遇。

3. 经济状况越来越改善

随着百姓生活水平不断提高，走出温饱的中国人开始寻求更高的追求，而旅游无疑是提高生活质量的较好方式，于是各种形式的旅游越来越火爆。知名的道教宫观大多建在旅游景点，随着旅游市场的不断繁荣，道观的经济收入也不断增加。许多在著名旅游景点上的道观，每年门票与香火收入都在上千万，甚至是几千万之多。道观有了一定的经济基础，便为道教的进一步发展提供了条件。有了充足的经济支撑，道教就可以修复废弃道观，可以做慈善事业，可以培养年轻道士，可以弘扬道教文化，甚至可以把道教推向世界。香港各道观的发展模式可以成为内地道观的借鉴，香港的青松观、蓬瀛仙馆、圆玄学院、黄大仙庙等著名道观，在有了一定的经济支撑后，把道观的发展重心放在了造福社会、弘扬道教上，对道教的发展与繁荣作出了重要贡献。内地道教宫观可以向香港道观学习，深入大众生活，承担社会责任，促使道教成为当今社会不可或缺的重要文化因素。

4. 国际环境越来越优越

随着我国国际经济与政治地位的不断提升，国际影响力越来越大，越来越多的西方人开始对中国文化感兴趣。针对西方人学习中国传统文化的迫切需求，中国在海外大量建立孔子学院，向海外传播中国文化，据国家汉办官方网站公布的《孔子学院发展规划（2012—2020）》称，"截至 2011 年年底，已在 105 个国家建立了 358 所孔子学院和 500 个中小学孔子课堂，注册学员达到 50 万人"，力争"到 2015 年，全球孔子学院达到 500 所，中小学孔子课堂达到 1000 个，学员达到 150 万人"。而且，目前中国文化走出去已被列入了国家文化发展战略，其后还将进一步采取各种有效的措施把中国文化推向世界。国外了解中国文化的迫切需求，国内政府对中国文化走出去的大力支持，都是道教走向世界的重要历史契机。实际上，道教界已经意识到了这个问题，据中国道教协会网站最近发布的消息，为了让道教走向世界，中国道教学院已经开设了留学生班，第一个留学生班已于 2012 年 11 月在北京白云观举行了结业典礼，来自法国、比利时、瑞士、葡萄牙、意大利、墨西哥、委内瑞拉 7 个国家的 19 位学员顺利拿到了结业证书。这是一个非常好的开端，是道教界向海外推广道教文化的重要举措，是道教文化走出去的第一步。然而，仅仅如此还是很不够的，道教界还应该紧紧抓住这一重要发展机遇，积极与政府合作，争取把道教文化班开设到国外，若条件与政策允许，还可以在国外设立老子学院，在世界各地建立更多的道教宫观，让道教文化真正扎根于西方世界，让世界人民都能从丰富的道教文化中得到滋养。

二、严峻挑战

道教目前已有了长足的发展，而且正面临着诸多千载难逢的历史机遇，但这并不意味着其将来就一定能抓住这些机遇，因为就在拥有以上机遇的同时，道教自身目前仍然存在着诸多问题。要抓住以上历史机遇，道教必须首先正视和努力解决其所面临的各种问题，否则，仍然难以摆脱进入博物馆的历史命运。所以，这些问题是道教未来发展的严峻挑战。总起来讲，其主要问题可以归结为以下四个方面：

1. 思想保守，视域狭隘

道教之所以能在中国传承两千年而不绝，原因就在于其具有开改性、包容性和较强的适应性，其不仅能根据时代的需要不断吸收中国传统文化中的相关内容，而且还能根据民众的信仰需求不断调整自身，发展出与时代相适应的新形态，宋金之际全真道的兴起就是最好的例证。唐宋以来，外丹术的弊端日益明显，宋徽宗崇道误国又使符箓派声名狼藉，面对这种严峻的形势，王重阳高举“三教合一”的大旗，充分吸取儒、释二教的思想内容，创立了“道教中之改革派”[①]——全真道，并在全真七子的积极努力下，于金元之际走向鼎盛。然而，这一优良传统并没有被今天的道教所继承，对于这一点可以从目前国内道教学院的课程设置上看出来。无论是中国道教学院，还是上海道教学院；无论是乾道班，还是坤都班，所学内容除了政治理论与部分文化艺术课程外，其他皆是与道教相关的内容，并没有把儒、释二教的内容纳入学习的范围。[②] 从某种意义上讲，这实际

① 陈垣：《南宋初河北新道教考》，中华书局 1962 年版，第 2 页。

② 青松观香港道教学院的情况略有不同，其课程设置中有儒家的《大学》、《中庸》、《论语》、《孟子》与佛教的《心经》等内容。

上是一种历史的倒退，当年王重阳在创立全真道之始，就以道教的《道德经》、《清静经》与儒家的《孝经》、佛教的《心经》来教授弟子，[①] 而我们今天反而要排斥儒、释二教，这难道不是一种倒退吗？

当今时代是一个信息化的时代，随着各种信息技术的不断发达，地球越来越小，正在逐步变成“地球村”。过去“老死不相往来”的时代一去不复返了，全球化的浪潮正在席卷全世界，任何一个国家、一种文化或一种宗教都必须面对全球化带来的挑战，学会与他者共生共存是自身能够生存的前提条件。美国学者塞缪尔·亨廷顿指出，冷战结束之后，未来社会的冲突将由政治与经济的冲突转化为文化或文明的冲突，“在这个新的世界里，最普遍的、重要的和危险的冲突不是社会阶级之间、富人和穷人之间，或其他以经济来划分的集团之间的冲突，而是属于不同文化实体的人民之间的冲突。”[②] 联合国教科文组织国际专家小组在报告中也称：“在我们这个时代，文化是一种决定性的力量。许多从表面上看来是政治性的冲突，实际上反映了文化上的深刻分歧。”[③] 文化的冲突与融合正在日益成为影响国际关系甚至是人类未来命运的重要因素，面对这样的局势，斯威德勒提出，“独白的时代”已经结束，“对话的时代”正在来临[④]，全球范围内的各种文化与宗教正在积极地从自身的角度对这一问题作出回应，正在走向世界的道教却几乎没有任何的反应，这不得不引起我们的深思。当今道教正处于一个转型时期，过去其主要是作为中国宗教而存在，然而全球化时代的到来，加速了其世界化的进程，它正在由中国走向亚洲，由亚洲走向世界，逐步成为一个世界性的宗教。与此相应，道教的视野与观念也应该相应地发生变化，不能再仅仅立足于道教本身来思考问题，也不能再仅仅立足于中国来思考问题，而是应该有一个更为广阔的视野，能够做到

---

① 金源璹撰《全真教祖碑》云：“先生劝人诵道德清静经，般若心经及孝经，云可以修证。”（陈垣编纂：《道家金石略》，文物出版社 1988 年版，第 452 页）

② 塞缪尔·亨廷顿：《文明的冲突与世界秩序的重建》，新华出版社 1999 年版，第 7 页。

③ 欧文·拉兹洛编辑：《多种文化的星球——联合国教科文组织国际专家小组的报告》，社会科学文献出版社 2001 年版，第 211 页。

④ 斯维德勒说：“人类现在正费力地离开我们从智人时代起一直所处于其中的独白的时代，并时亮时暗、摇摇摆摆地走进这个全球对话的时代。”（［美］L. 斯维德勒著，刘利华译：《全球对话的时代》之《序言》，中国社会科学出版社 2006 年版）

从全世界或整个人类的角度来思考问题。

2. 信仰不笃，持戒不严

道教作为一种宗教，信仰是其灵魂，戒律是其存在之基，若丧失了信仰，放弃了戒律，则道教将不成其为道教。然而，在市场经济的冲击下，道教正在日趋走向世俗化，出现了严重的信仰不笃、持戒不严的现象。比如，道观本应该是道士们修行的场所，然而现在却正在日益变质，变得更像一个公司，实行承包制度，承包者既是道观的住持，又是公司的董事长或总经理。修行不再是道观的首要任务，而代之以经济创收，为了获取经济利益，道士们可以说是无所不用其极，有的甚至为了争夺金钱、名誉、地位等拔刀相向。经济状况比较好的道观的住持就是大老板，出入乘坐豪华轿车，前呼后拥，一掷千金，生活奢靡，动不动就要论身份、讲地位、要名分，比世俗中人还要世俗。[①] 在这种状况下，金钱成了唯一追求，道教信仰早已被抛到了九霄云外。既然没有了道教信仰，道教戒律自然也就形同虚设，为了追求经济利益，道士们无所不用其极，坑蒙拐骗、违法乱纪、强卖强要等之类的事情时有发生。[②] 据一位道长讲，目前全真道士中有家室的人已经超过了60%，我们不知道这条消息是否准确，但我们不得不承认，全真道士有家室的现象已经相当普遍。众所周知，自从王重阳创立全真道以来，就严格要求全真道士出家，不准结婚娶妻生子，但这一条戒律现在已名不符实了。对于严重违背道教戒律的现象，道教内部形成了不同的意见，年长的道长坚持要遵守戒律，而有一些年轻的道长却要求改革，但目前道教界讳言改革，虽然大家都知道这一现象已非常普遍，但仍然睁一只眼、闭一只眼，不敢正视问题。

---

① 对于以上这种情况，李养正先生也曾在《关于道教前景问题的浮想——振兴道风是振兴道教的关键》一文中提到，其云："更有些人，在市场经济与法治规制尚未臻完善的情况下，利用宗教活动，惟利是图，抵制道教在信仰和道风上健康的革新性建设，阻碍道教的健康发展。"（参见郭武主编：《道教教义与现代社会国际学术研讨会论文集》，上海古籍出版社2003年版，第2页）

② 国家宗教局、统战部、发改委、公安部、建设部、文化部、工商局、旅游局、证监会、文物局十单位联合下发了《关于处理涉及佛教寺庙、道教宫观管理有关问题的意见》，将对以上提到的各种现象加以治理。而这个《意见》的下发，也说明以上现象已经极为普遍，严重影响了正常的宗教活动和社会秩序。

3. 文化不高，形象不佳

因受出家制度的影响，全真道士的文化水平一般不高，虽然目前存在的各种道教学院，对于提高他们的文化水平产生了一定的作用，但并没有从根本上的改变这一状况。正一道士的情况比全真道要好些，但与佛教相比，仍然相差很远。导致这一结果的原因很复杂，全真道出家制度的制约只是其中的一个方面，还有一个更为重要的方面就是对道士文化素质的培养重视不够。当年全真道之所以在很短的时间内迅速兴起，其中一个重要原因就是王重阳非常重视对道士文化素质的培养，不仅全真七子皆有较高的文化素养，而且金元之际大量知识分子加入全真道，大大提高了全真道的整体文化层次，其后的历代全真高道，无一不是饱学之士。然而，今天的道教对文化的重视明显不够。据说教内有这样一个说法，道观的住持一般不愿意让庙里的年轻道士去道教学院学习，他们认为，年轻道士们有了文化就不好管理了，所以不支持他们上道教学院，而且很多道观不愿意接收在道教学院学习过的道士。这种狭隘的思想观念严重限制了道士文化素质的提高，同样也限制了道教自身的发展。

通过明清时期的文学作品可以看出，从那个时候开始道士的形象就不是很好，往往成为批评或调侃的对象，这种状况直到今天并没有太大的改变。因为目前道教界存在信仰不笃、持戒不严的现象，又加之道教对自身的宣传不够，人们对道教了解甚少，所以对道士的印象并不是很好，而这一切都由道教自身所造成。因为现在庙多道士少，很多道观修复以后，往往要聘请道长来担任住持，但道长们一来到道观就跟政府谈条件，要政府每月给他们开多少钱的工资，要保证给他们什么样的地位和待遇，他们的这种行为给当地政府和百姓留下了极为不好的印象。当年王重阳创立的全真道之所以能够迅速传遍全国，其中有一个重要原因就是全真道士苦己利人、舍己从人的品格征服了很多人，受到当时社会各阶层人士的尊重，而这种优良的品格现在基本上丧失殆尽了，而代之以追名逐利、好逸恶劳，再加之道众违法乱纪的事情时有发生，也极大地影响了道教的形象。

4. 责任不强，弘道不力

道士虽然是出家人，但仍然是社会公民，作为社会的一分子也应该承担相应的社会责任。金元之际全真道之所以能受到社会各阶层的信重，就是因为当时的全真道士具有苦己利人、舍己从人、济贫拔苦、劝善止杀等悲天悯人的情怀，有功于社会，造福于百姓，所以深受官民的爱戴与崇敬。然而，今天的大部分道教出家人并没有做到以上这些，他们首先关心的是自己个人的私利，然后是所在道观的利益，很少会想到自己应该承担什么样的社会责任。若每一个教内人士都这样想，道教的未来确实令人担忧。

因为多年来一直从事与道教相关的教学与研究，所以经常有人会问我这样一个问题，即为什么佛教总是比道教繁荣？问得多了，使我不得不认真思考这个问题。其实，这种情况不仅仅现在如此，在历史上，除了个别的时期以外，佛教一直比道教影响大，其中的原因当然非常复杂，但我想有一个重要原因在这里不得不提及，即佛教的自觉弘教意识比道教要强。任何一种宗教，其信徒弘教意识的强弱与其兴盛的程度必然成正比，或许有人会认为，这是由于佛、道二教教义的差别所导致，道教因深受老子思想的影响，提倡顺其自然，反对刻意而为，所以不主动出来弘教。然而，这种说法对于全真道来说是不适用的。金元时期的全真道具有极强的自觉弘教意识，王重阳创教之初就提出了“使四海教风为一家”① 的理想目标，其后的全真七子谨遵师训，一直向着这个目标奋进，最终使全真道由山东走向全国，并在金元之际达到鼎盛，当时其影响力超过了佛教。这说明全真道是有弘教传统的，而且丘处机等还把对教门贡献的大小与成仙结合起来，将其视为全真道士成仙的必备前提，而这种自觉的弘教意识在现在的全真道士那里已经丧失了，他们最关心的不是道教的前途，而是自己道观香火钱的多少。但以上所说并不是绝对的，今天道教内部仍然有很多具有弘教意识的信徒，他们为道教的弘扬作出了重要贡献，这是我们必须要承认的。我这里要说的是，很多的道士缺乏这种意识，即使有这种意识的道士，其自觉弘教意识也不够强烈，我想这种现象与信仰不笃有关，背后没有了信仰的支撑很难会有积极的弘道行动。

① 《金莲正宗仙源像传》，《道藏》第3册，第372页。

三、几点建议

通过以上介绍可以看出，道教目前真可谓机遇与挑战并在。只要其能适时调整自身，积极应对各种挑战，必将活转于当世，成为世界文化不可或缺的重要因素，这就是道教之“生”；反之，假若其仍然不思进取，讳言改革，必将错失良机，丧失当前走向世界、再度辉煌的发展机遇，成为博物馆里的文物，这就是道教之“死”。面对这样的生死抉择，道教将何去何从，引人深思。我们相信，道教不可能甘于成为死的文物，其必然会抓住这次千载难逢的历史机遇，努力促进自身的发展与兴盛。然而，要做到这一点，就必须正视自身的问题，敢于直面严峻的挑战，并且首先要做到以下几个方面：

1. 解放思想，开拓视域

面对新世纪的机遇与挑战，道教应该继续保持与发扬过去的优良传统，以开放包容的心态来对待异己文化，根据时代与自身发展的需要，积极主动地吸收人类一切优秀的精神成果，这是其能够免于成为历史文物、永葆生命活力的前提和保证。与以往不同，今天道教所面对的不再仅仅是儒、释二教，而是人类文化的整体，其中包括基督教、天主教、伊斯兰教、印度教、犹太教等世界各大宗教，这需要道教不仅仅是要提倡“三教合一”，而是要积极面对文化的全球化与地域化的矛盾，在保持自身特质的同时，加强与其他文化或宗教的对话，争取实现全球不同文化形态间的共生共存、和平共处。过去道教总是立足于自身来思考问题，今天必须积极开拓自身的视域，走出狭隘的护教意识与惰性心态，能立足于社会、立足于世界甚至于立足全人类来思考问题，对于一些与人类生存息息相关的重要问题，要及时作出自己的回应，让世界人民了解道教的声音。

2. 正视问题，勇于改革

前面已经提到，道教目前面临诸多严峻的挑战，对于这些挑战，道教要改变过去一味逃避的态度，要敢于正视问题，勇于解决问题。比如，全真道的出家制度，目前已经成为了限制道教发展的严重障碍，我们先不说这一制度是否符合人道主义的原则，就道教自身来说，这一制度就限制了大量优秀人才进入道教。随着中国人口结构的变化，青年人在社会人口中所占的比例越来越少，老龄化的中国社会正在来临，而多年来一直实行的计划生育制度，使中国大部分家庭成为独生子女家庭，除非本人受到道教的深刻影响或遇到人生的重大打击，父母一般不会允许子女出家修道，这对于道教的未来发展已形成极大地限制。这一问题的严重性已经显现出来，就目前全真道士的年龄结构来看，中老年道长的人数占到了大多数，年轻道长人数越来越少。问题还在于，既使目前已经出家的中青年全真道士，已经有相当一部分人有了家室，不管道教界是否承认，这已是教内外有目共睹的事实。对于这个问题，道教界很多道长都有自己的想法，但因自己身处其中，不便谈论，因此这个问题成为了道教界最忌讳的一个话题，无人敢公开提及。我们认为，为了道教的未来发展，为了吸收更多的优秀人才加入道教，全真道的出家制度必须改革，港台已经给我们提供了参考的范例。对于青年全真道士，我们可以采取自愿的原则，愿意清修的可以清修，愿意结婚的可以结婚，这样就可以解决这个问题。实际上，道教信仰最重要的并不在于外在形式，而在于内在的实质，即在于道士们有没有道教信仰、信仰是否虔诚。现在的问题是，我们既使讳言改革，道教的世俗化进程依然在进行，全真道士中结婚的人数依然在增加，这已经成为了一个不可逆转的潮流。我们与其逃避，反倒不如解放思想，正视现实，勇于改革，解决问题，把道教的工作重心放在狠抓信仰上，这样可能更加现实，更加有利于道教将来的发展。

3. 重视文化，提高素质

道教近几年对道士文化素质的培养比以前有所重视，中国道教协会已经主持举办了多次玄门讲经活动，中国道教学院也在湖北、湖南、四川、江西等地设立了分院，以便让更多的年轻道士有机会进入道教学院学习，道观与高等院校、科研机构之间的合作办学也已经开始。① 但因道教人才的匮乏极为严重，有待于提高文化素质的道士人数众多，而有些道观的住持对该问题的认识仍有待提高，所以道教界对道士文化素质的培养仍然需要加大力度。中国道教学院尤其是各分院因师资力量的问题，教学水

① 据《中国道教》2011 年第 3 期报道，2009 年 4 月，青岛崂山太清宫与中国人民大学哲学系联合开办了宗教学研究生班，学制两年，第一批 30 位学员已于 2011 年 5 月顺利结业，获得中国人民大学宗教学研究生班结业证书。

平与管理水平亟待提高，同时，借于以上提到的道教界思想开放程度不够的问题，也有碍于对道士整体文化素养的培养，道教学院课程设置有待于进一步改革，跟高校以及科研院所之间的合作模式还需要进一步探索。我们认为，道教界要想根本解决道士文化素养低的问题，就必须向佛教界学习，让道士进入高校或科研院所接受正规的高等教育，争取在十年或更长的时间内培养出一大批具有哲学、历史、宗教、文学、艺术等专业硕士与博士学位的道士。同时，为了让道教走向世界，也为了加强道教与其他宗教之间的对话，还要注意对道士外语能力的培养。我们相信，只要道教界尤其是全真道敢于改革出家制度，社会上也会有大量的具有高学历和高文化素养的人员加入到道士的行列，这从另一方面也会提升道士的整体文化水平。

4. 积极弘道，敢于担当

道士作为社会公民的一员，应该积极强化自身的责任意识，培养出一批具有国际视野和强烈责任意识的高道。道士的责任意识可以分为以下三个方面：其一，对道教的责任意识。作为一名道教徒，道士要有传承与弘扬道教文化的担当意识，把自身的修炼、成长与整个道教的发展统一起来，真正做到以教为家，以道教事业的发展与繁荣作为自己终生的志业。其二，对社会的责任意识。道士们虽然是出家人，但并没有脱离社会，仍然是当今社会中的一员，需要尽一定的社会义务与社会责任。比如，当前我们正在大力提倡建设和谐社会，道教界也在积极地响应，开展了和谐道观的建设活动，但仅仅如此是不够的，道教界还要敢于为国家、政府和社会分忧，力所能及地为和谐社会的建设做一些工作。道教作为一种宗教，它在某些时候可以与政府的职能相互补充，起到政府无法起到的作用。举一个简单的例子，道教可以利用信徒的捐施，集聚社会剩余资金，并将其用于教育、医疗、养老、救灾、济贫、拯难、临终关怀等各种慈善活动，从而达到调和社会矛盾、缩小贫富差距、促进社会和谐的目的。其三，对全人类的责任意识。在当前全球化的背景下，道教界要有全球意识，要密切关注和积极回应当前人类所面临的环境恶化、生态失衡、地球变暖、核武威胁、发展不均等严重问题，利用其非政府部门的特殊身份，加强文化或宗教对话，积极展开与民间团体或非政府组织之间的相互合作，为增加人类福祉与维护世界和平尽一份责任。

我们坚信，只要道教做到以上四个方面，其肯定能够克服自身的不足，解决目前存在的各种问题，轻松地应对来自各方面的严峻挑战。只有经受得住严峻的挑战，才能抓住历史的机遇，使自身积极活转于当世，发展出不仅能适应中国社会，而且还能应对整个人类生存困境的新形态，从而避免成为“只属于历史”的博物馆里的死的文物，走出“生”与“死”的纠结，走向世界这个更大的舞台。

作者单位：山东师范大学齐鲁文化研究中心

道教与社会文化发展：台湾普度研究

叶春荣

一、前言

人文社会学科的宗教研究，历来都强调社会与宗教的关系，其中以涂尔干的说法最为著名。涂尔干认为宗教源自社会，因为人认为这世界上有高于自己的力量存在，而这种高于自己的力量，追根究底并不是神而是社会，因为神或者宗教是社会创造的。因此人在不知不觉当中崇敬的是其实是自己的社会。

涂尔干举法国大革命的例子，来说明宗教由社会产生。他认为人是以社会为蓝本，以自己的社会为模型来想象超自然世界，澳洲图腾就是个最明显的例子。因而宗教是社会所创造的。

涂尔干的说法，在后来引起许多讨论，此处不赘。笔者认为，我们无法否认宗教深受到社会的影响，但本文要指出的是，宗教并非单方向的受到社会的影响，也不仅仅受到社会的影响，同时也受到文化的影响。也就是说，宗教的发展也影响了社会文化的发展，社会文化与宗教是相互作用的。

涂尔干已经说明宗教与社会的关系，本文要强调文化的力量。笔者认为宗教、道教、仪式都是社会、文化的产物。世界上任何宗教传播到其他地方，一定会受到当地文化的影响。道教也不例外，因为地方文化的差异，道教在中国各地都显示出完全不同的面貌。本文以台湾南北部的普度仪式为例，说明同样是正一派道教，但地方性的差异使得仪式相当不同。社会、文化的发展造成普度的仪式化，而普度仪式化的结果也影响了大家对超自然世界的认知，而这种对超自然世界的认知造成文化的改变，从而也影响了一个人在社会上的行为，因此宗教也影响社会的发展。

二、宗教与道教

西方传统的宗教研究，几乎都受到传统神学的影响，因此教会、圣书经典、专业神职人员等等条件，成为宗教与非宗教的判准。西方神学家、哲学家的观点，引起人类学家的批评，譬如萨林斯（Sahlins）指出西方社会科学的许多概念，深受到犹太教、基督宗教的影响，因此西方人文社会学者使用这些词汇与概念时，蒙蔽了他们对非西方社会的理解。换句话说，萨林斯认为西方犹太教、基督宗教的宇宙观形成、支配了西方人文社会科学的知识论。

19 世纪末叶人类学兴起后，人类学家因为对异文化的了解，比较能够跳脱西方神学的窠臼。以“宗教”一词来说，英国人类学之父泰勒（Tylor）提出万物有灵论（animism）的说法，把相信神灵（spiritual beings）的存在看成是宗教的最基本定义。然而一些世界性的大宗教，譬如佛教并没有神、灵（spirits）的说法，使得涂尔干把宗教定义为相信神圣事物（sacred things）的存在，而不是相信灵的存在。涂尔干说宗教是“一个与圣物相关的信仰（beliefs）及行为（practice）的统一的体系……把大家集合在一个称为‘教会’（church）的道德小区里……”，因此他不再把“灵”当成定义宗教的标准。美国人类学家格尔茨（Geertz）对宗教的定义则又代表完全不同的传统，说宗教是个文化系统，与灵、神圣无关，因此更彻底摆脱宗教与灵的关系。

然而什么是宗教，在人类学界一直争论不休，英国人类学家布洛克（Maurice Bloch）更认为，我们不可能有一个跨文化的定义说什么是宗教。笔者赞同这样的看法，但此处笔者要强调的是，世界上无论任何宗教，都出自地方社会文化的发展，而且任何宗教流传到其他地方，也都会受到当地社会文化的影响而有或多或少的改变。以佛教来说，当佛教东传，在东南亚成为上部座佛教（小乘佛教，或称南传佛教），在西藏成为藏传佛教，在中国成为大乘佛教，这是因为当地人难免用当地的文化概念来了解、接受外地传来的宗教，因而使得同样的佛教，在各地有不同的面貌。

在接触外来宗教的过程里，本土的文化观念也受到挑战。譬如说，笔者认为 religion（宗教）一词纯粹是西方的概念，这世界上大部分的社会（尤其是传统的部落社会）里，并没有与 religion 一词相对应的词汇或概念，传统中文里也没有宗教一词，“宗教”两字是从英文 religion 一词翻译过来的，而且是借用日文翻译。在台湾，一般口头的闽南话里也不会用到“宗教”一词，当我们问一个人：“你信什么教？”他 / 她通常会说：“我们是拜拜的。”或说：“我们举香的。”一个宗教（民间宗教，笔者称为神明教）没有名字，一般人也不使用“宗教”一词，显示台湾人没有西方人所说的“宗教”的概念。台湾人虽然没有西方“宗教”的概念，但不表示没有宗教行为。台湾人认为宗教是生活的一部分，不是一个独立的机制。

这种被西方观念影响的后遗症，“信仰”也是另一个例子。在西方社会，信仰或相信（to believe in）在基督教、天主教、耶稣基督是非常核心的观念，“信耶稣得永生”就是教堂外经常可见的标语。然而信仰在其他宗教就不见得是核心概念，这问题在人类学里已经有许多反省。在中文里，说“我信道教”、“我信仰神明教”、“我信妈祖 / 关公 / 三清”、“我信仰土地公”，都是很奇怪的说法，我们通常不会这样说。沃特森（Watson）在香港问当地人：“Do you believe in Tianhou?”（你信不信天后？）沃特森这样的问法完全是西方人的观念，应该说：“你拜不拜天后”。我们通常不用信 / 信仰来形容人与宗教（道教、神明教）的关系，或形容人与神、人与超自然物之间的关系。人跟神之间就是拜拜、问神、求神帮忙的关系，这种拜拜 / 问神 / 求神帮忙的关系，并不等于西方人的信 / 信仰。西方人信耶稣而不是拜耶稣，我们是拜妈祖而不是信妈祖。在台湾，一个人到村里的小庙去拜妈祖，这人可能常常去，也可能很久才去一次，纯粹是表达对妈祖的尊敬、推崇、或祈求 / 感谢她的帮忙，我们不能把这种关系说是信或信仰。同样的，再以祭拜祖先来说，我们祭拜祖先就跟祭拜神明一样，是出于敬重、怀念，与信不信无关，更不能说“我信 / 相信祖先”。笔者认为西方人所说的信或信仰的观念，并不适用于汉人社会的道教与民间宗教。信或信仰是西方宗教的核心观念，在道教或民间宗教里，信或信仰并不是大家的概念。

上述对“宗教”概念的讨论，也同样可以用在“道教”。中国人或许不会问“什么是道教”这样的问题，或许不认为“什么是道教”这样的问题有什么意义，大多数中国人或许认为道教就是道教，哪有什么可以质疑或讨论的。然而外国的学者显然并不这么认为，譬如仅仅“道”字就难以解释、翻译清楚，说道是路、天、自然……似乎都可以讲得通，也似乎都解释了一些面向，然而似乎又不那么具体清楚。法国汉学家顾立雅（Herrlee Glessner Creel）就曾写过一篇“什么是道教”的长文，他把道教分为哲学道教（philosophical Taoism）及宗教道教（religious Taoism，即 Hsien Taoism 仙道教）。他认为两种道教完全不同，前者旨在探索老庄哲学，后者追求长生不老。然而后来的许多学者并不同意这样的二分法，更多的学者各按不同的标准(或是历史分期，或是派别等等）提了许多不同的道教，譬如刘屹就提出经教道教、道术道教的分法。

日本学者酒井忠夫及福井文雅也写过“什么是道教”的文章，他们把日本学者的道教研究综合成 13 点，笔者把这 13 点归纳为以下两点：

第一，道教是混合佛教、儒教、民间信仰的宗教。从神仙道服食炼养，从道家哲学吸收治心养性，从民间信仰吸收多神，从巫祝吸收章醮之法，将这些综合统一起来。

第二，道教是从中国古老的民间信仰发展起来的，其内容和形式又分为二。一是拥有道观和道士的教团组织的成立道教（亦被称为教会道教或教团道教），另一个是总称民间一切道教信仰的民众道教。道教内容包括：一、道教哲学；二、谶纬、巫祝、阴阳、神仙、卜筮等术数性部门；三、辟谷、服饵、调息、导引、房中术等医术性部门；四、民众伦理性部门。道教是以这些为基本内容，仿效佛教归纳而成的自然宗教。

现在的学者也认为道教从创始开始到今天，一直都是个不容易有清楚定义的宗教。从以上国外学者的讨论就可以看出道教是个充满各式面貌的宗教，以至于国外的学者要问道教到底是什么。

道教具有历史悠久的传统，从汉朝以来至今绵延不断。然而历史上的道教跟今天的道教有极大的差异。历史上的道教一再反对民间宗教之鬼神祭祀、血食，攻击民间宗教为淫祀，甚至拆庙宇。《陆先生道门科略》说：“五辛之菜，六畜之肉，道之至忌”（《正统道藏》太平部），表示道士不可食荤腥，今天台湾则全是火居道士。事实上今天的道教，在大陆、中国台湾、中国香港各地都展现相当不同的面貌。

台湾的道士几乎都是正一道士，他们主要以受雇于人演出仪式为生。笔者也认识少数正一道士，在演出科仪外也兼修炼、养生，但这纯粹是个人的兴趣，而不是台湾道士学习过程的一部分或必要的功课。因为台湾的正一道士就是科仪道士，因此我们很难从他们身上归结说什么是道教。

以前台湾的道士从小学毕业就开始学当道士，到道长家住 / 学三年四个月才算出师。三年四个月是台湾许多行业的学徒出师的年限，可见在台湾，道士是职业的一种，也就是一种工作。现在的道士都是中学毕业或成年后才学，主要学的就是科仪的演出，完全不牵涉养生炼形、内丹、外丹、金丹黄白、吐纳、服气、行气、胎息、辟谷、导引、服食等等问题。台湾的道士学成出师之后，道士就成为一种职业或工作。在同一地区，哪个道坛有什么人学当道士，彼此都会认识，一个道士学成之后，别的道坛要是缺乏人手，也可能找他去帮忙；要是没有道坛找他，他可能做别的行业，开出租车、当店员或任何其他工作。许多道士努力学习钻研科仪、经忏、道义，这或者是个人兴趣或者为迈向道长做准备；然而也有更多的道士纯粹把道士当作工作，每天工作之余，生活完全跟一般人一样。

大陆北方的全真道士大部分是住宫观的出家道士。全真道士除了在道观里工作、维持宫观的运作、演出科仪外，是否也学习符箓、养生炼形、金丹、黄白、吐纳、行气、辟谷、符咒等等，笔者没有田野资料不敢任意揣测。然而我们也知道，有些道士认为住在宫观里，就不得不去应付游客以及各种俗务，自己也就无法专心修行，无法修炼的结果根本无法成就什么事，因此有些道士不要外人打扰，宁可独自隐居到深山（譬如终南山）去修行，修成长生不老，进而成仙。

台湾的正一及大陆北方的全真之外，中国的道士还有各种样貌。香港的道士号称是全真道士，但他们并不出家也不住宫观，可以结婚生子。中国北方有许多民间道士（Folk Daoists），他们在各地被称为火居道、散居道、假和尚、阴阳等等，我们无法用全真或正一的框架来理解他们。他们若说是全真派，却又可以结婚生子；若说是正一派，他们既不授箓也无谱名。这又是道士的另一种面貌。

笔者认为要回答何为道教，除了上述的派别的差异，更大的问题是道教是个只有道士而没有信徒的宗教。在台湾或内地，除了道士之外，我们很难说一个人要怎样才算是道教徒。你要是问一个人信什么教，他可能回答是佛教或道教，然而你要是问他何以说是道教，或者问他根据怎样的道理说是道教，恐怕没有几个人能讲得出来。再者，道士并不能等同于西方的神职人员。西方神职人员的工作之一是传教，而汉人的道士并不传教。因此，一个只有专业的道士而没有信徒的道教，算是怎样的宗教？

就以专业的道士来说，无论是历史上所说的积善派、经典派、丹鼎派、符箓派、占验派之间的差异；或说现在从台湾的科仪道士到终南山的隐居修炼道士，两个极端之间都显示出完全不同的形象。那么我们如何说什么是道教？我们只能说他们都是道教。不论教义，不论三戒、五戒、八戒、十戒、老君百八十戒，不论道教清规，存在就是道教。

因此我们很难说道教有什么实质或本质可言。笔者认为道教跟宗教、神明教一样，是个包含不止一种而是包含多种不同却又相关的宗教。或者我们也可以用后现代的名词说道教是个论述（discourse），是由道教学者、道士所建构出来的论述，而他们的论述又直接受到他们知识论的影响，因此所有的论述都有其立场。实际上佛教也一样，仅在缅甸一地，就有佛教学者认为佛教是包括不同体系的宗教。① 换句话说，因为地方文化的影响，宗教、道教、佛教、神明教在各地各自发展出不同的样貌，并没有一个客观、真实的本质，不可能有一个定义。② 世界上各种宗教都是受到各地不同的文化的影响而发展出来的。笔者仅以台湾的普度仪式为例，说明宗教仪式也因地方文化的影响而发展出不同的面貌。

---

① 譬如涅槃佛教、业力佛教、消灾佛教、秘术佛教。

② 后现代学者借用福柯的概念，把论述（discourse）看成永远与权力、利害、立场、目的、意识形态、成见相关在一起。笔者此处纯粹把论述看成个人的见解，而不强调论述背后的知识、权力关系。福柯研究精神病院、医院、监狱等，来说明机构、制度、国家力量如何以科学、知识的语言与权威，来控制、惩罚各种他们认为应该医治、矫正的人。以精神病患来说，什么是精神病患？在神权时代，可能由牧师来决定；在后来的时代，医生或精神病学家有权决定。根据福柯的看法，可见论述、真实其实是一个由权力、特殊阶级、知识，甚至财富来决定的。

三、传统的普度

清时的台湾方志中时常提到七月放焰口的习俗，譬如刘良璧纂辑的《重修福建台湾府志》（1741）记载：

> 七月十五日曰中元，为盂兰会。数日前，好事者醵金为首，延僧众做道场，以一老僧主之。竖高棚，陈设饭食、牲醴、蕉果、糕饼等盘，堆高至七、八尺或丈余；黄昏后，登坛说法，撒物食羹饭，名曰“放焰口”，亦曰“变食”；以一粒饭可化作百千粒饭，供祀无祀之鬼，谓之“普度”。①

清时的方志记载台湾人在不同的节日会延道士设醮、讽经、祭献，但每提到普度就说是延僧众做道场，可见那时可能只有僧侣才主持普度。②

半个世纪以前，当台湾经济还未起飞，大家都普遍贫穷的时代，都市里较大的庙宇，固然能请得起道士或比丘 / 比丘尼等仪式专家来诵经主持普度仪式，然而乡下的小庙普遍请不起仪式专家。小庙的信徒基本上都是附近的人家，庙方就决定一个普度时间（既然是普度，那就一定是下午），到时家家户户各带几碗菜放在篮子里，用扁担挑到庙前去拜，既无主持人也无任何仪式。等香烧过一半，由一人作为代表卜杯，得到圣杯的话表示好兄弟满意，大家就可以各自把菜碗挑回家。

庙方的普度之外，家家户户也要普度。村民各自在自家门口走廊上或院子里摆一桌饭菜，朝外拜。房屋背对马路的人家在普度时，要拿着香枝，从大路通往家里的小路上沿路插香，每隔几步插一枝，一枝一枝的插在地上，意思是邀请路过的好兄弟（鬼）沿着香路到家里来饱餐一顿。笔

---

① 刘良璧：《重修福建台湾府志》，台湾银行 1961 年印行，第 97 页。

② 澎湖人在替亡者做旬以及农历中元节时时，会请道士来普度。《澎湖纪略》卷之七（风俗纪 / 丧葬）记载：“末七之日，是夜延道士到家，做开路醮并拜忏，尽一夜而止。富室即延道士五员做普度功果，彻三昼夜；以为死者则阴间必开路，然后能行云云。”又说：“七月十五日为中元节，亦为盂兰会；澎人最喜祀鬼祭孤。澳中必推一、二人为头家，敛钱做会，延道五人做道场功果，或三昼夜、或一昼夜不等。每道场至夜必放焰口祭幽，又有破地狱、打鬼门之名，总谓之普度。”

者曾见过有个房屋背对马路的人家，在家里普度之前，主人先拿着一把香，从家里走到马路边，面对着马路祭拜，邀请好兄弟进来家里做客。

那时的乡下人，在农历七月初一之前，都在住家旁的马路边钉一个“普度公灯”，一直放到七月底为止。光绪年间的《嘉义管内采访册》记载：

> 自七月朔日起，有用莿竹一枝，约有二丈余高，竖立于大门外，竹上高悬一灯，夜间点火，高照四处，俗曰“灯高”。亦有仅以一灯悬于门外，灯上书“阴光普照”，曰“路灯”。至晦日，备办牲醴、菜料五味盌，致祭孤魂于门外，烧金纸，将此灯以送。每年七月皆然。①

普度公灯可以架在大约一公尺高的竹柱上，也可以悬挂在树下或屋檐下。普度公灯是木板钉成的四方体盒子，上下及三面为木板，正面或装玻璃或不装，里头是一盏油灯（现在已改为电灯小灯泡）。每天傍晚天黑时，马路两边家家户户都点起普度公灯，意思是给路过的好兄弟照路。也有人在普度公灯木盒里放胭脂、水粉等女性化妆品，给女性游魂化妆用。现在全台湾到处都是路灯，普度公灯已经越来越少见了。

四、普度专家

普度当然受到不同时代背景的人、不同的仪式专家对鬼的不同概念的影响。随着社会的发展，往昔那种素朴的家户、村庙型的普度已经少见了。现在台湾农历七月，庙宇 / 私人神坛、市场、小区都会办普度，而这类的集合普度通常都请道士、比丘 / 比丘尼、诵经团来主持。以前贫穷的村庙聚集信徒一起拜，现在看大家都请道士等专家来主持，也不得不效法一番，结果就是普度越来越仪式化。

因为普度变成一年一度的盛事，清朝时由僧侣主持普度情形已经完全改变，现在主持普度仪式者以道士为最多，其他比丘 / 比丘尼、诵经团、

① 《嘉义管内采访册》，台湾银行 1959 年印行，第 39 页。

释教也都在争取普度的工作，甚至也有法师主持普度，[①] 毕竟这是生存之道。下面分别简略介绍各教派的普度仪式。

1. 道士

台湾的道士主要为正一派火居道士，近十几年来才有少数人到大陆学习全真派科仪。台湾的正一派道士可分为南、北两派，北部道士自称为正一派，他们称南部的道士为灵宝派。正一跟灵宝主要的差别在于正一道士只从事吉事（或称红事），而南部道士在红事之外，也从事黑事（即丧事）。北部的道士虽然号称只做红事，然而普度则是道士必学的本事，因为能主持大型普度的道士才有可能被认可为道长；然而在南台湾，道士要爬过刀梯才会被认可为道长。

正一与灵宝道士的普度并没有统一的科仪本，主持普度的道长所用的通常是家传或老师的传抄本，因此不轻易示人。普度通常分大普、中普、小普三种，因时间长短及价钱而定，各有不同的科仪本。小普大约 40 分钟之内可以完成，中普大约超过 1 小时，大普约 2 小时左右。

2. 禅和派

禅和是正一道士中比较特殊的一个派别。一般认为禅和派传自福州，是 1945 年之后跟着国民党到台湾的福州人所创，专门为福州人服务。然而现在的禅和派道士，除了极少数老一辈的福州人，几乎都是台湾本地人，经忏、科仪也都全用台语。

禅和派跟正一、灵宝最大的差别是禅和派的成员大多数是女性。正一、灵宝派虽然没有规定不能有女道士，但现在清一色是男性。禅和派比较类似诵经团或者香港的经生。此外，禅和派跟全真派一样，使用国乐伴奏。这一点跟正一、灵宝使用唢呐、锣鼓，在背景音乐上有很大的差别。

禅和派的普度科仪使用《正一玉阳铁罐座科》，全台湾都一样。整本《正一玉阳铁罐座科》并未提到铁罐，因此为何叫铁罐、玉阳铁罐，什么是铁罐，铁罐做何用途，笔者一直问不到答案。《正一玉阳铁罐座科》一开始的“香赞”说：“炉香乍热，法界蒙熏，铁罐会上悉遥闻……”这是科仪本里唯一提到铁罐的地方，然而有几种抄本都把“铁罐会上悉遥闻”

---

① 此处所说的法师指的是闾山派、普庵派、徐甲派之类的小法。

写成“铁观会”，显然因为这样的关系，所以有许多抄本都把封面写成《正一玉阳铁观座科》。因此在台湾许多禅和道士的了解是“铁观”而不是铁罐，然而什么是铁观，也没有人说得出来。

3. 全真道士

台湾的全真道坛很少，笔者见过的一个全真道坛为南投草屯黄道长所领导的道团。黄道长是广东省道教协会副会长张信光道长的徒弟，是龙门正宗第二十六代传人。黄道长在普度场合都演出铁罐，笔者也曾数次看过大陆各地道长所做的《青玄济炼铁罐施食全集》，然而什么是铁罐，铁罐做何用途，并没有一致的说法，而且实际上似乎也没有人看过铁罐。

笔者曾在香港青松观、飞雁洞、蓬瀛仙馆等地见过“铁罐”，他们都说这是普度时用来煮饭给饿鬼的饭锅，青松观也不称为铁罐。

4. 佛教

佛教的大型普度，通用《瑜伽焰口施食要集》。在农历七月，比丘／比丘尼除了在自己的佛寺演出焰口施食，也受雇到一般民间宫庙放焰口，譬如台北市著名的保安宫，每年都请著名的大诠法师来放焰口。大诠法师是台湾的江浙系统焰口的著名法师，每台焰口都要 4 个小时以上，可见其用心。虽然台湾的宫庙雇用道士来普度的情形，还是比聘请比丘／比丘尼放焰口的例子要多，但民间宫庙聘请比丘／比丘尼放焰口，也反映出台湾的宫庙其实并不在意佛／道的区别。

5. 释教

释教为台湾的一种比较特殊的仪式专家，他们是佛教徒，但不出家，可以结婚、蓄发、荤食，比较特别的是他们平常以从事丧葬仪式为生（类似香港的“喃无佬”），主要分布在台湾北部，中南部也有少部分。

释教是佛教徒，又称香花和尚。根据《安平县杂记》（约成书于 1895 年）的记载，相对于清末叶时来台的出家僧侣比起来，香花和尚是较早到台湾的僧侣，他们在台可以结婚生子。该书说：

> 台之僧侣，多来自内地，持斋守戒律者甚少。其人有在出家者(?)……出家之人不娶妻、不茹荤，台僧多娶妻、茹荤者。……大约台之僧侣，有持斋、不持斋之分。佛事亦有禅和、香花之别。

> 作禅和者，不能作香花；作香花者，不能作禅和，腔调不同故也。禅和派惟课诵经忏、报钟鼓而已。香花派则鼓吹喧阗，民间丧葬多用之。若入殓，若头七（头七俗名“开魂路”）、若过旬（七日一旬，富裕之家必延僧道或菜公诵经设祭一次）、若卒哭（俗名“撤灵”）、若安葬，必请其披袈裟（袈裟，僧衣也），礼诵弥陀经、金刚经、梁皇忏及血盆等经，以超度亡者。多至十余僧，少亦一僧。卒哭诵经，有至三五天者（俗名“做功德”）；丧主按其勤劳，出资酬谢焉（乡下僧少，均用道士，间有请禅和者）。[①]

《安平县杂记》是记载清末叶时香花和尚较为详细的一本书。根据该书的说法，香花和尚是不出家、专门从事丧葬仪式的僧侣。他们在农历七月也专门主持普度。《安平县杂记》又说：“七月盂兰会，各里庙亦有请僧侣建醮、演放瑜伽焰口，以拯幽魂。此台之俗例也”。现在他们小普时使用《甘露施食要集》或《大蒙山施食仪规》，大普时使用《瑜伽焰口施食坛仪》。《瑜伽焰口施食坛仪》内容跟佛教使用的《瑜伽焰口施食要集》极为接近，但不完全相同。譬如在结破地狱印之后，佛教只奉请地藏王菩萨及引魂王菩萨；而释教在奉请地藏王菩萨之后，还请铁围山间鬼王公、城隍、土地公、当地或过往诸神、十殿阎王等，之后的召请，佛教召请十五类孤魂，而释教召请十三类孤魂。在结召请饿鬼印之后，释教加入阎罗文（寂寞荒郊一梦长，古今人世懒思量……），而佛教没有阎罗文。这些差异都表示释教更接近神明教[②]的传统，已非纯粹的佛教。

6. 诵经团

台湾的诵经团可分为两类，一类是业余诵经团，通常是宫庙自己训练的诵经班，成员以妇女为主，每天早晚或节庆时在自己宫庙里诵经。她们原则上只在自己的宫庙里诵经，但成员间若有需要（譬如丧事），大家会互助式的前往诵经。这类诵经团通常不对外营业，然而现在也有一些私人宫庙的诵经团为了维持生计，也接受外聘。另外一类是职业诵经团，由私

---

① 《安平县杂记》，台湾银行 1959 年印行，第 20—21 页。

② 笔者称民间宗教为神明教。

人自己组成，以诵经为业。本来诵经团的工作只是诵经，但职业诵经团既然以诵经为业，就得加入一些科仪，以应付各种客人的要求。既然要演出科仪，诵经团也就需要一位高功（通常为男性，但也有女性），以便带领科仪的进行。

诵经团的普度仪式，通常由三、五、七、九人组成，由费用决定，因此有时人数会更多。诵经团的普度仪式通常演出《大蒙山施食仪规》、《大甘露门施食要集》或《甘露施食要集》，也是因费用而定。

五、普度的现在发展：普度兼超度

过去二十多年来，台湾各宫庙神坛开始在普度之外，也办超度仪式。超度的对象包括祖先、婴灵、冤亲债主、宠物等。本来庙方每年办普度是一笔支出，可是兼办超度时，参加超度的信众得要付超度的费用，因此超度便成为庙方生财的手段之一。或许有人认为庙方唯利是图，事实上这种超度法会也反映社会的需要，因为每年都有很多人参加。一般宫庙，每年通常有数百人参加超度法会，台北松山慈惠堂则每年都有数千人甚至超过一万人参加，盛况可想而知。

超度法会通常是一天，但也有两天或三天的法会。笔者在此处要描述的两场超度法会，一处是台南市东区关帝殿每年农历七月举办的“无上黄/玉箓拔度三朝大斋功德水陆法会”，[①] 一处是台北石碇一处私人庙宇举办的“太上净明慈悲荐度飞升报恩暨庆赞中元普度法会”。笔者选这两处为代表，原因之一是笔者认为这两处法会可以代表台湾南、北部道士不同的传统；原因之二是这两处都是三天的大型法会，而且笔者都有连续参加两三年的经验，比较熟悉。

1. 台南关帝殿“无上黄/玉箓拔度三朝大斋功德水陆法会”

前面提到，台湾南部的灵宝道士，兼做红/黑法事，实际上对大部分灵宝道士来说，平时从事的工作黑事远比红事多，因此像超度这样的法事，可说是南部道士的专长。可是台南市城内有农历七月不做超度的传

① 根据锺道长的解释，玉箓指血湖拔度。

统，此处所描述的关帝殿或许可说是例外，然而关帝殿位于台南市的郊区，不在城内。[①]2012年的超度法会，有392人超度祖先，288人超度婴灵，21人超度宠物。前两年的人数也差不多。

关帝殿的超度法事由锺旭武道长主持。锺道长出生于道士世家，是台南市新一代道长中的佼佼者，锺道长主持超度法会，可说驾轻就熟。南台湾的道士，也因长期从事黑事而发展出一套相当制度化、统一的流程。换句话说，哪类的丧事该做怎样的仪式，在南台湾相当统一，虽然各地的唱腔、动作可能稍有不同。

南台湾的丧事，道士所把丧礼分成几种仪式类型，丧家依照经济能力或其他条件选择不同的类型：

名称	灵前缴[②]	午夜	一朝、空壳一朝	正一朝、在腹一朝	一朝宿启	二朝	二朝宿启	三朝	五朝以上
时间	不满半日（下午2—5时）	中午到半夜[③]	不满一日（早9点至晚上）	超过一日（前一晚入坛）	一日半	二日	二日半	三日	五日以上

每种法事（譬如灵前缴、午夜等）应该诵什么经忏、进行什么科仪，台湾南部的道士都有相当一致的做法，因此关帝殿的超度法会，除了一些公共仪式之外，几乎可以说比照三朝丧礼的内容进行。笔者从2010年开始，连续三年参加锺道长主持的超度法会，下面的科仪内容为笔者整理之记录。

	上午	下午	晚上
前一天		放水灯	闹厅、发表、启圣、见灵召魂
第一天	竖幡、开通冥路、血湖救苦赦罪妙经、血湖宝忏、午供	度人经、太上慈悲灭罪宝忏、走赦马、血藏[④]（无上血湖飞轮转藏科仪）、水藏、抽楹换索、车关、打城	分灯卷帘

---

① 台南市城内唯一的例外是有一家私人神坛的确在每年农历七月办超度法会，但参加者仅为此神坛之信徒。

② 灵前缴库之意。

③ 本来“午夜”指的是中午过后到半夜，然而现在社会的改变，要是法事进行得太晚，可能就有邻居指控妨害安宁。因此，现在的“午夜”，大约从早上9点开始，傍晚6点结束。

④ 血藏、水藏之“藏”，在台湾通常带有车字边。此字为台语发音，因计算机无此字，此处以“藏”代替。

	上午	下午	晚上
第二天	无上九幽拔度道场科仪、无上九幽请经科仪、太上冥王忏（十卷）、午供	太上慈悲九幽拔罪宝忏、无上放赦科仪（龙凤赦）	无上十回拔度宿启科仪
第三天	无上十回功德祝圣科仪、登台拜表、午供	无上九幽合符童子科仪、太上洞玄救苦宝卷、沐浴、无上给牒解结科仪、普度、谢灯篙、谢坛	

上面说过，多半的仪式都是一般南台湾的丧事里常会见到的，在台湾南部可说是标准程序。但因为这是由庙方主办的法会，因此得要有放水灯、竖幡等科仪。

第一天上午开始的“开通冥路”科仪，原意为道士燃灯照亮冥途，使亡者得以睹见光明，但民间一般称“开通冥路”为“开魂路”，也就是带领亡魂走向阴间之意。①

开通冥路之后诵血湖经与血湖忏，因为锺道长认为，超度的亡魂当中有婴灵与因生育而过世的妇女，他们在血湖中受苦，因此要诵血湖经与血湖忏，下午还要牵血藏，救她们离开血湖。

下午诵《度人经》、《太上慈悲灭罪宝忏》（三卷），都是南台湾所有的超度法会最基本要诵的经忏。现在台湾南部道士在超拔场合所用的《度人经》，内容跟《正统道藏》的《灵宝无量度人上品妙经》完全一样（在《正统道藏》洞真部本文类），是《正统道藏》第一卷第一本经。《度人经》以“仙道贵生，无量度人”为宗旨，告诉世人要齐心修斋，六时行香，诵念道经，以求降福消灾，并能登仙。在度人经与灭罪宝忏之后进行一连串的科仪，从走赦马开始，都是南台湾的丧事超度场合中常见的。本来在丧事的场合，只针对亡者死亡的原因（譬如死于难产、溺水、上吊、车祸等）进行一种仪式，但这是公共的超度场合，因此各种仪式都做。牵血藏是为了救出在血湖中的产妇、婴灵，牵水藏则是为了救出溺水而死的亡魂，抽楹换索是替上吊自杀的亡者解下绳索，车关则是为解救死于车祸的亡者。打城是打枉死城之意，也是南台湾丧事中常见的仪式，意思是将上述各类

① 会造成这种“误解”，其实是因为台南市的法师及牵亡歌阵也做超度仪式，法师及牵亡歌都有“开魂路”，意为带亡者走路关到阴间。

枉死者从枉死城中释放出来。

牵藏、抽槛换索、车关、打城可以由道长或神明进行，关帝殿的这些仪式每年都由关帝爷亲自进行，可见关帝爷的用心。也就是说当仪式进行到适当时机时，庙里的关帝爷就会自动降驾，由乩童及信众扛着关帝爷的神轿并拿着关刀到场，进行牵藏、抽槛换索、车关、打城时，关帝爷就亲自下场执行仪式。

第一天晚上“分灯卷帘”原是除旧火迎新火之意，但因为这是超度法事，新火具有照破幽冥世界的意思。道士在坛外引火，带入坛内，然后道士分三次卷起竹帘，竹帘后是一个大大的“阙”字，表示玉阙之意，道士恭谨的对玉阙行礼，道长面陈此次法会内容。

第二天上午演《无上九幽请经科仪》，那是因为下午要诵《太上慈悲九幽拔罪宝忏》。而南台湾的传统是三朝以上的超度法会才能诵《太上慈悲九幽拔罪宝忏》，而《九幽拔罪宝忏》得由道长先到宫里请来，所以上午得先到宫里请经，以示隆重。请经之后诵《太上冥王忏》十卷。

第二天下午开始诵《太上慈悲九幽拔罪宝忏》十卷。因为这是从庙里请来的宝忏，而且三朝以上的法会才会演，因此较为隆重，得要在庙埕上另搭一个救苦坛，坛里供奉太乙救苦天尊，并由引班先上台舞剑，意思是召四灵来护坛，用于肃清坛界。当道场里的道士每诵一卷《太上慈悲九幽拔罪宝忏》，就要由另一名道士在救苦坛上宣读一道符命，说明关帝殿举办超度法会，请准参加之亡魂、婴灵、宠物魂等出离幽冥，之后并将符命烧化送给各殿阎王。然后道士再至灵坛前念白色牒文，告诉亡者已经赦罪得以脱离苦海。牒文等于亡者之通行证，意谓亡者可以在各地(包括庙宇)自由出入。

之后演无上放赦科仪（龙凤赦）。这是一场武戏，因为在庙前空地演出，通常吸引较多的观众围观。龙凤赦比一般的放赦更为隆重，因为龙凤赦为九龙放赦，其九阳之气可以照破地狱，因此龙凤赦之威力可以到达更深层的地狱。演龙凤赦前，先在庙前的一处空地摆设一张科仪桌，以长板凳垫高，桌上有纸糊的赦官、赦马。五名道士各站在科仪桌旁的长板凳上，恭请十方救苦天尊等降临，颁下赦书。在仪式的下半段，除道长外，其他四名道士各换上黑色海清，手持赦官、赦马，先请赦官喝酒，喂赦马吃草之后，众道士在空地上来回穿梭奔跑，并表演翻筋斗、前后翻滚等动作，象征在传递赦书的路上奔波赶路。最后由道长站在长板凳上宣读龙凤赦书。

第三天上午的重要的科仪为登台拜表，这是南台湾特有的科仪，也就是道士登上一个架高的舞台，去朝见玉皇上帝（这是一般醮典的情形，通常以一幅写着巨大“阙”字的挂轴代表玉皇大帝）。然而这是超度法会，因此道士是登上救苦台朝见太乙救苦天尊。道士上台后，先由引班舞剑安镇四方，然后再将剑交给道长，由道长召四灵来护坛，也就是召东方青龙、西方白虎、南方朱雀、北方玄武各带领数千真 ，来守护坛界。

第三天下午先演合符童子。合符童子的意思是请十二名童子将十二道符命送至地狱，用以赦免亡者。十二童子之纸像先放在科仪桌上，符命分成两半，有一半在发表时（第一天仪式开始之前一天晚上）已经火化送到地狱；另一半则在合符童子科仪后请十二童子送到地狱，狱官核对上下两半之符命，才得以赦免亡者。

之后的科仪，沐浴、解结、普度等，都是南台湾丧事超度场合都会见到的仪式。沐浴的意思是让亡者沐浴，之后让他们换衣服、打扮成为新的人样。沐浴之后的解结科仪则是解开亡者生前的怨结，让亡者以往的冤屈可以烟消冰释，重新做人。普度是超度法会的一部分，也就是宴请孤魂野鬼之意。

2. 台北石碇荐度飞升中元普度法会

台北石碇一家庙宇的超度法会值得我们描述，主要是因为这法会由台湾中部一家正一道坛演出，而正一道士并不参与黑事以如前述，然而这家道坛又吸收了中国北方全真道士的仪式，因此成为一个结合正一与全真、结合吉事与黑事的例子。

石碇这私人庙宇，每年农历七月固定请台中的何姓道长来进行为时三天的普度法会，称为“太上净明慈悲荐度飞升报恩暨庆赞中元普度法会”。这么长的名称里，“净明”指西山净明，因为这庙宇有个附属组织称为净明忠孝道教会。据庙方工作人员说，这是因为庙方顾问廖道长的关系。廖道长大约在三十年前从日本到大陆去，在大陆许多地方学习全真科仪，也跟江西的西山净明宗建立关系，因而庙方成立净明忠孝道教会。

至于说台北的庙宇为何请台中的道士来进行仪式，这也是廖道长的关系。廖道长是台湾中部人，出生于道士家庭，熟悉正一科仪，也跟中部的道坛熟识。大约十年前廖道长回台湾后，曾教导台中何道长的道士团全真科仪。这道士团（姑且称为正德坛）因廖道长的介绍，有几名道士曾到陕西等地的道观学习全真科仪，因此他们的演出，虽然以正一科仪为主，但也融入很多全真的动作、仪式，譬如笔者曾见过他们与来自北京的孔道长一起演出祝灯延寿（顺星科），无论前后场都配合得非常整齐。正德坛道士并非出家人，但在仪式场合他们都作全真道士打扮，这点跟台湾的道士完全不同。

正德坛跟台北的正一道坛一样，专门红事，并不处理黑事，虽说如此，他们在农历七月还是会主持普度（理论上普度为黑事）。现在的许多庙宇，在普度之外也替信徒做超度法事，超度祖先、婴灵、冤亲债主、动物灵等。既然是超度，更表示这是黑事而不是红事，然而台北有少数道士坛并不排斥这类的法事。

石碇的超度法事，每年都有数百人参加，灵坛上竖立每个参加者的祖先、婴灵、冤亲债主牌位，是典型的超度法会。超度旧亡就跟超度新亡的功德法事一样，超度仪式及内容可大可小，由庙方决定。假如是半天（在南台湾称为灵前缴）或一天之类的超度法事，台北的道士坛或许还可以应付，假如是二朝甚至三朝的超度法事，能胜任的道士坛就比较少了，因为他们平常不做黑事，也没有处理黑事的科仪本。正德坛每年在台北固定演出三朝超度仪式，算是颇有特色。

如前所述，台湾南部的道士红黑兼做，处理功德法事已经发展出一套大同小异的流程，拔度仪礼的规模、内容，已经有一套约定成俗的习惯。无论是灵前缴、午夜、一朝（又可分为空壳一朝、正一朝、一朝宿启）、二朝、二朝宿起、三朝、五朝，等等，在台湾南部不但名称相同，要诵怎样的经忏、要演怎样的科仪，全台湾南部也几乎统一。经忏当中，以度人经、太上慈悲灭罪宝忏（三元宝忏）最为寻常，其他如十王妙经、十王宝忏（太上灵宝冥王拔罪宝忏）、太上洞玄救苦宝忏、水忏，等等，则会随着时间的增长而增加，譬如三朝以上的斋事，才能诵九幽灭罪宝忏。

假如我们看看正德坛三天超度法事的安排，就可发现他们安排的科仪内容跟南部的灵宝道士完全不同。笔者连续两年（2011、2012）记录这三天的仪式，仪式过程如下表：

	上午	下午
第一天	起鼓、请迎龙水、净坛、启圣（诸圣开光、安灶神、安建寒林）	玉皇经、破狱、超荐
第二天	三元朝科、观音普门品、午供	九幽法忏、荐拔飞升
第三天	城隍真经、福德真经、午供	犒赏五营、普度、封鬼门、谢坛

这是普度结合超度法会，因此在三天的法会里，有两天半是为了超度，第三天下午才是普度。看科仪表，内容明显跟台湾南部的灵宝派完全不同。以经忏来说，南台湾超度仪式所诵的经忏，譬如度人经、太上慈悲灭罪宝忏、救苦宝卷等等，在正德坛完全没有；而正德坛所诵的经忏，譬如玉皇经、三元朝科、观音普门品、城隍真经、福德真经，在台湾南部的普度科仪或丧事也完全不使用。① 这是因为台湾中北部的正一道士本来就没有黑事的传统，因应需要而不得不的发明。

再以法事来说，无论新亡旧亡，南部道士都强调开通冥路、放赦、水藏、打城、药王、沐浴、解结、填库、过桥、烧纸厝，等等，正德坛全部阙如。正德坛的请水、安灶、破狱都是南部道士不会在丧事里进行的科仪。其中破狱一项是学自大陆的全真科仪，应该等同于南部的打城，虽然概念可能不同。

除了这种地方性或派别的差异之外，这超度法会最特别的重点在于破狱、荐拔飞升，其中以“荐拔飞升”最为特别，因为这仪式不见于台湾的道场。

破狱

破狱要破的是酆都地狱，以救出参加超度的那些亡魂。地狱由泥沙在地面上围成一圈，代表城隍，泥沙上放一座纸糊的城（圆形或四方形），纸城上的四个方向都有城门，并各写东门、西门、南门、北门。

沙堆外放了十五片红瓦，围着沙堆成为一圈。红瓦代表城墙的砖瓦，

① 有位南部的道长说，他从未听过城隍真经，他认为观音普门品应该是佛教所用。

仪式进行时道士会敲破红瓦，表示破狱。[①] 十五片红瓦代表十殿地狱、四个城门及鬼门关。十殿地狱各以一个写着各殿阎王名讳的纸牌位为代表，如“三殿宋帝大王洞明善广真君香座”，代表第三殿地狱。五片瓦代表鬼门关及东西南北城门。十殿地狱及各城门门口，都点一支蜡烛，那是因为地狱异常阴暗，因此点蜡烛代表照亮幽冥地狱。地狱城的最外面，在地上放一盘小三牲，包括生肉一片、豆干三片以及一个卤蛋。指导仪式的廖道长说生小三牲是破狱之后，供奉阎罗天子之用。[②]

廖道长解释这是个简化版的地狱，他认为真有一个地狱，其形状就如《酆都山真形图》所画的一样，[③] 但我们实际上做不出立体的地狱的图像，因此，廖道长就另外准备一份《酆都山真形图》放在每个要参加飞升仪式的魂身身上，让他们带着。[④]

纸做的地狱城里先放一个纸糊的“各家香火奉祀九玄七祖众家亲祖先香位”的牌位。破狱仪式开始前，廖道长先到各城门前祭拜，然后由三位道士打扮成徐甲真人及两位金童上场，意思是徐甲真人奉太乙真人之命，[⑤] 带了两个金童要破狱救出今年参加飞升的 23 人的魂。徐甲真人手拿长戟，一个金童手拿招魂幡，一个金童手拿锡角，并不时吹响锡角。一行三人来到地狱前面，徐甲真人先以长戟敲破第一殿前面的瓦片，接着一一打破十殿。在打破第五殿之后，工作人员把代表男女的两尊魂身放入城里。破十殿之后，徐甲真人一行来到鬼门关，敲破瓦片，然后继续再以长戟划破东南西北四个城门。破城门时，徐甲真人先敲破瓦片，再以长戟划破城门，再把环绕城门的沙，在城门前的位置划出一道沟，让城内的人可以夺门而出。

---

① 用红砖或其他建材也可以，但红砖难以敲破。

② 在台湾，生三牲一般为供奉兽类（如虎爷）之用。现在祭解时也用生三牲来祭拜天狗、白虎，笔者认为那是把天狗、白虎等煞星当作兽类。

③ 《酆都山真形图》最早出现在北宋中叶，是模仿五岳真形图所画的酆都想象图。当时的道家认为在墓中放《酆都山真形图》可以拔苦超生镇鬼。

④ 这样的做法似乎有些矛盾，参加飞升的亡者已经要脱离地狱了，他们应该随身携带的或许是天堂或仙境的地图而不是地狱的图像。

⑤ 在闾山派小法里，徐甲真人是替老子牵牛的长工，跟太乙真人并无关联（关于徐甲不同版本的故事，参见 Schipper,“Vernacular and Classical Ritual in Daoism”, The Journal of Asian studies, 1985:37-46）。

荐拔飞升

破狱之后，隔天下午还要演一场“飞升”，这也是正德坛超度法会最为不同的特色，是廖道长学自大陆的全真派科仪，意思是自己的祖先参加飞升仪式之后，可以飞升到天堂成仙。

一般参加超度者，庙方只会为亡者准备一个纸糊的牌位(无论是祖先、冤亲债主、婴灵等)，家属到不到现场祭拜都无所谓。但是荐拔飞升是一出特殊的科仪，除了牌位之外，庙方还为亡者准备一个纸糊的偶像（一般称为魂身），魂身戴着类似神明戴的王爷帽，坐在纸糊的太师椅上。魂身前有一个纸做的牌位，写着魂身的新头衔，譬如“九宫真人 ××× 役行司修订部侍郎香位”、“九宫真人 ××× 监议院元和解职大夫香位”、“九宫真人六天寰素院嬑嫫太玄真女 ××× 香位”、“上元怡黄院太真淑人 ××× 香位”、“玉函院含素宫筱姮夫人 ××× 香位”、“九宫真人 ××× 保泰司养政殿评议大夫香位”，都是我们不熟悉的头衔。

每个魂身背后还有一叠文件，都是送往各不同单位的文书，包括元始符命黄箓白简救苦真符及元始符命金箓白简长生灵符（送清微天宫）、太上勅赦生天宝箓（送北阴酆都宫）、无上净明盟真玉匮生天宝箓法词（送灵宝五师宫）、南昌受炼司酆都山真形图（送南昌受炼宫）、太上灵宝净明升天合同大券诰文（送 ×× 风北院）、太上灵宝净明九真妙戒牒文（送演正天宫）、金书玉篆宝箓（送演正天宫）、无上灵宝净明盟真生天宝篆（送宝箓司）、无上隐证勅赦生天大宝箓（送三界总圣宫）、太上勅文灵篆超出九幽灵符（送度人往生宫）、灵宝净明升天合同右券告下（送云霞大法院）等。在荐拔飞升的前一天傍晚，廖道长并以红色毛笔在每件文书上批注。2012 年共有 23 个人参加荐拔飞升。

仪式由廖道长主持。每个参加飞升的亡魂都要有一个家属来参加，参加者先将自己先人的魂身及牌位抱起，跟随廖道长走过奈何桥，然后将魂身及牌位放入魂车，由家属跪在地上爬行拖着魂车到四五公尺外的升仙桥。仪式开始由家属捧着魂身及牌位，道长拿着一支绣着“敕召万神”的三角旗，另一位道士拿着招魂幡，带捧着魂身的家属经过奈何桥（一座木桥）。过了奈何桥之后，家属把魂身及牌位放在一个阁楼状的魂车里，道长走在前面，家属跪在地上拖着魂车，拖到升仙桥，道士帮忙把魂身及牌位放在升仙桥旁的桌子上。这过程一再重复，等到所有参加荐拔飞升的魂身都放在升仙桥旁的桌子上，道士把魂车抬上升仙桥。升仙桥后面用木板接着升仙亭。升仙亭通往开光门，两端同样以木板相接，以便魂车在木板上行走。

道士把魂身及牌位装入魂车里，在开光门的那端有人拉着魂车，魂车于是缓缓来到开光门，将一个个魂身及牌位由升仙亭拉往三清坛。开光门里有三位道长坐在那里，道长的背后就是道坛。道士把魂身及牌位从魂车里拿出来，道长把魂身所携带的文件拿出来盖印，然后道士把魂身放在道坛里。魂身得以放在道坛里标示着很不一样的意义。因为道坛里供奉的是神，而魂身作为亡魂，理论上不能进入神坛里，然而经过飞升仪式后，每个魂身都有个飞升后的头衔（九宫真人等等），因此这些魂身可以在道坛里跟众神平起平坐，显示这些亡魂已经飞升仙界。因为参加荐拔飞升的费用是超度的一百倍，所以超度只是把亡魂从地狱中释放出来，而荐拔飞升则更进一步把亡魂超升到仙界。

根据笔者的了解，"荐拔飞升"的设计与《全真青玄济炼铁罐施食全集》（二仙庵方丈阎笙喈校刊）书后附图完全相同，然而《全真青玄济炼铁罐施食全集》并未提到如何进行从升仙桥到升仙亭到开光门的仪式，或者说，亡魂过了开光亭到底是有怎样具体的意义。是升仙了吗？大陆现在仍有类似的仪式，但是升仙桥与升仙亭之间，升仙亭与开光门之间都用布帛或白纸连接。有个大陆的道士跟笔者说应该用布帛比较合理，因为是亡魂走在上头。然而台湾将布帛改用木板，因为是魂车载着魂身走在上头。

关鬼门

台北这场超度法会的第三天下午是普度，然而我们要注意台北与台南的差别。在台南市，无论是新亡或旧亡的超度功德法会，都要普度，只是普度的仪式可大可小，小者或称为拜门口。以前面描述的台南市关帝殿超度法会来说，第三天下午也是普度，但这普度是超度法会不可或缺的一部分，隔天下午庙方又得再办一次普度，因为那才是庙方的七月普度。可是台北石碇的这例子，在超度仪式时办的普度，就当作庙方的七月普度了。因为超度法会的普度也兼庙方的普度，因此在整个超度与普度仪式之后，何道长还演出关鬼门的仪式。

台南的普度当天上午要登台拜表，也就是道士登上救苦台朝见太乙救苦天尊。然而台北没有登台拜表这样的仪式。有的道长会在普度当天上午先拜天公，下午犒赏五营兵将，然后普度。但台南在普度之前并不犒赏五营兵将。

六、结论

本文旨在以台湾的普度为例，讨论道教与社会文化的关系。笔者同意涂尔干所说的宗教是社会的产物，然而笔者要进一步指出，宗教仪式化的结果也反过来影响了社会的发展。

本文第一部分先解释笔者对宗教、道教的看法。笔者认为“宗教”、“信仰”这些词汇都是西方宗教的观念。笔者不认为有个普同的宗教的定义，不可能有一个跨文化的定义说宗教是什么。以道教而言，无论就历史的发展或地域的分布来看，道教都是个非常分歧的名称，我们只能承认表面上看来毫不相同的内容（譬如台湾的科仪道士或终南山的修炼道士）都是道教的一部分，因此笔者认为道教就跟宗教一词一样，是学者、道士的论述。

所有的宗教（包括道教）的产生，都受到当地文化的影响。当一个宗教传到外地，也一定受到各地文化的影响而有不同的面貌，因此我们只能从当地的文化脉络去了解宗教。譬如西方宗教很强调信仰的重要，笔者认为在汉人社会里，宗教是社会生活的一部分，不牵涉信/信仰的问题。

本文第二部分讲台湾普度的两个例子，笔者认为宗教仪式跟宗教一样，受到社会文化的影响，充满地方性。中国历史上早期的道教曾极力排斥民间宗教，反对民间宗教的神明，说民间宗教是淫祀、血食，甚至拆庙宇。《玄都律文》说：“不得因鬼称神，托名官号，诽师谤道，淫祀百鬼。”（《正统道藏》洞真部戒律类）可是我们看看现在的普度兼超度，道士可说是完全依靠民间宗教为生，道士已不再反对民间宗教，不再反对民间鬼神，而且在台北的超度的飞升仪式里，还封祖先为神，祖先在飞升之后，可以坐在三清坛里。

普度是晚进以来不同地方的道教共有的传统，然而因为地方文化不同，也使得普度的做法越来越分歧。台湾传统的普度，家家户户在自家门口拜，村庙也集合信徒来拜，大家用篮子挑着食物到庙里去拜，并不雇用道士或比丘。因着社会的发展，现在家户自己拜的已逐渐减少，村庙也开始请道士来普度，普度越来越成为一种仪式，也就是越来越仪式化。

过去二三十年来，因为社会经济的发展，台湾各宫庙开始流行普度兼超度。庙方更是利用普度的机会同时举办超度法会，让有经济能力的信徒参加，因此我们看到台湾农历七月的普度，已经逐渐变成普度加超度法会。因为参加超度的信徒要另外付钱，所以庙方特别突出超度仪式，使得超度变成喧宾夺主，普度的意义变得萎缩。而且强调超度的结果，也影响了文化（大家的认知），譬如说相信地狱、来生、轮回的概念，也使得社会上的许多人，相信冤亲债主、婴灵、动物灵、地基主的存在，而且需要安抚，否则可能会不利于自己，也因此把生活中的顺与不顺都归诸于是否参加超度。我们在香港也可以看到这样的发展，笔者认为这样的风气将来也会在大陆蔓延开来。

主持普度兼超度的道士，因为不同的背景与传承，对于如何超度有相当不同的做法。南台湾的灵宝道士一向习惯处理丧事，因此对于庙方主办的集体超度，可谓驾轻就熟；中北部的道士平常并不处理丧事，遇到超度的工作，只能用手边已有的经忏科仪加以运用，并加上一些人为的采借及创新，也就是法国人类学家利瓦伊史陀所说的 bricolage。反正仪式能使庙方及参加者满意，就无所谓对错问题。

因此，社会经济的发展造成超度的兴起，超度反映了社会的需要，一方面也强化了大家对超自然世界的认知，从而改变了文化。而这种对超自然世界的认知，也影响人类在社会上的行为。因此笔者认为，社会文化决定了宗教的性质，反过来说，宗教也影响了社会文化的发展，因此宗教与社会文化是相互作用的。

作者单位：台湾“中央研究院”民族学研究所

修真是身体的一次伦理叙事

——从当代宗教哲学视角看道教的“性命双修”何以可能

魏小巍

“性命”是中国哲学和宗教中特有的一个范畴，既不同于单纯生理意义上的血肉之躯，也不同于脱离了肉身孤立存在的意识、精神、灵魂。分开来说，“性”指与肉身状态结合在一起的禀赋、心性，“命”则不仅涵盖了肉身生活历程背后与个人的气质禀赋联系在一起的决定性力量，也预设了人得以在天地之间安身立命的依据。合而言之，性与命之间是彼此渗透、相互依赖的，即经典中所谓的“性无命不立，命无性不存”，而且性、命的概念中先天地包含了浓厚的伦理意趣，暗示了人之所以为人而异于禽兽的本质，以及人可以超越自身、进达更高境界的可能性基础。①

在儒家经典中，性和命何以能够彼此促进、相互转化，这种促进、转化的过程又是如何发生的，个人是否可以主动介入这一过程之中并加以调控，对这些问题的回答通常会落实到“修身工夫”上面。儒家的成圣主要立足于道德修养，而对修身工夫往往点到为止，从孟子的养“夜气”、养“浩然之气”，到宋儒所推崇的“圣人气象”，都是如鱼饮水，冷暖自知，似有所感，又无迹可寻，在现代学术中常被简单贴上“神秘主义”的标签而置于一旁。但在道教典籍里，尤其是宋明以后的内丹领域，却赫然

---

① 相关研究，有杨玉辉的《论道教的性命双修》（载《社会科学研究》2001 年第 2 期），戈国龙的《论内丹学“性命双修”的思想》（载《宗教学研究》2001 年第 1 期）等，这些文章对性命问题的讨论仍基本沿用道教传统话语，本文将延续前人的讨论，继续探讨这一传统命题在当代宗教哲学视域下的合法性问题。

将"性命双修"标立为道教修行的基本原则和宗旨，内丹南宗祖师宋代高道张伯端甚至将佛老之教径称为"性命学"(《悟真篇·自序》)。内丹术里"性"、"命"及"性命双修"均被赋予了与汉儒、宋儒的性命观念相当不同的意涵，在修身的具体方法、修习次第上亦与儒家的含混温吞相去甚远。丹道领域对性与命这两个共同构成了人之全部而又性质迥异的成分的关系的探索，很像是个体与命运之间展开的一场伦理对话，这一对话的主题关涉对生命本质的探讨，也关系到"命运能否改变"的古老话题。

一、丹道中的"性"与"命"

尽管完备的内丹理论体系出现较晚，但内丹术实际上是一种由来已久的修身手段，同先秦道家的抱朴守一、采气餐霞，六朝上清道的存思存神，从理论基础到具体方法均一脉相承，[①] 而"性命双修"正是唐末内丹话语兴起以后对丹道内在精神的一种新的概括和表达。到南宋金元时期，在内丹南宗和北宗双峰并峙局面形成以后，更成为各派丹家共同接受的一条修养准则。

道教经典中述及的"性"和"命"与儒家系出同源，"性"从商周的"生"发展而来，"命"则源自商周的"令"，但在厥后的流变中有所分化。据傅斯年先生的考察，商周时期的"生"/"性"与"令"/"命"皆有强烈的宗教意味，万物之生皆由天，所生之本、所赋之质皆在天；"令"则是天令、天命的省称，亦即后世所传的"死生有命，富贵在天"之义。[②] 以后儒家系统中"性"、"命"及"性命"的变化颇为曲折，简单说来，先秦以降，"性"、"命"逐渐被赋予了较多的伦理属性，天道、鬼神的气息慢慢减弱，所谓天之所命、人之所禀也逐步沦为设教的托辞。

道教本不讳言鬼神，比如道经中对"命"的定义是"从道受生谓之命"(《太上老君内观经》)，这里的"道"固然可以视作宇宙万物的混沌本源，但更倾向于一位位格化的神明。南宋以后道教为时势所迫亦改弦更

① 参见魏小巍：《内丹话语和内丹修炼术》，《中国道教》2010 年第 5 期。

② 参见傅斯年：《性命古训辨证》，载《傅斯年全集》第二卷，湖南教育出版社 2003 年版。

张，逐渐向不语怪乱的方向倾斜，“性命双修”命题的提出即未尝不是在饱受争议之后所激发的一种“学说创新”。① 在世人印象中，道教向来只重视肉身不老，在心性上面并不如何看重。事实上，在唐末内丹术兴起以前，“性命双修”中“性”一方面隐含在对修仙天赋的要求之中，即道经中经常提及的生有“仙骨”或禀赋“神仙之气”；另一方面则蕴藏在汉代以来道教的各种“律”、“戒”和“功过格”里面，要想修仙，在日常行住坐卧中便不能生发丝毫恶念，更要“立千二百善”方才具备入选天仙的资格。可以说，内丹经典中对“性”的强调，从理论上是针对儒学和佛教挑战的回应和申辩，但也是道教内在精神的表达，不能简单斥为见风使舵的自我标榜。

在道教这个新瓶装旧酒的“性命双修”学说里面，“性”包含了较儒家学说更古朴也更丰富的含义。“性”首先暗示了修仙的根器。与中土佛教普遍认可的“众生皆有佛性”、“一阐提亦可成佛”不同，道教尽管也贬恶扬善，并时常宣称“神仙可学”，但却始终对修道禀赋有着相当苛刻的要求。勤学、精进只是修仙必不可少的条件之一，而“生有仙骨”这一条件更加不可或缺。早在《庄子·大宗师》里面，女偊就对前来相询“道可得学邪”的南伯子葵直率地回答“恶可”，理由无他，只因“子非其人也”。在道教视野下，可以修仙是凡人梦寐以求的上上根器，世俗功名、人间富贵都是不得已退而求其次的选择。《宋史·钱若水传》中说钱若水自幼聪颖异常，陈抟遂告诉他“子神清，可以学道；不然，当富贵，但忌太速尔”。这一故事在《邵氏闻见前录·卷七》中记载更详：“钱若水为举子时，见陈希夷於华山……希夷初谓若水有仙风道骨，意未决，命老僧者观之。僧云‘做不得’，故不复留。然急流中勇退，去神仙不远矣。”这位老僧不是别人，正是在后世赫赫有名的“麻衣道者”。明人诗中说“希夷不识钱若水，麻衣道士应当知”（何景明《胡生行》），即借用了这个典故。这是“性”从“本之于天”的原意延伸出来的一个特殊义项。

其次，修仙的根器、禀赋不仅意味着学有所成的可能性，同时也包含

① 道教“性命双修”的正式提出，一般认为是吕洞宾所撰的《敲爻歌》。且不论吕洞宾其人其事及其作的真伪，“性命双修”说广泛影响的确立当在南宋金元以后。

有对人之本性是否良善的判断。根器不正的人也可能一时小有成就，但传道给这样的人却是一件有百害而无一利的凶险之事。南宗祖师紫阳真人张伯端在未成道之前就曾“三传非人，三遭祸患”。因而清代高道黄元吉反复告诫门人丹道的诀窍不可妄传：“良以造恶之徒自家身命犹有冥司鉴察，刑罚难逃，且又历劫冤仇不肯饶他，倘若轻与，成得小小人仙，略知收敛神魂藏于无极，异日仇者莫能寻得，地府无由追魂，致使三界善恶不明，冤声四起，谁之咎欤?”（《乐育堂语录·卷五》）

最后，丹道所说的“性”包括从日常语言中的“心性好坏”，到作为伦理依据的“心”、“良知”，到人之所以为人的终极“本性”等多个层次的含义，而修行者对它的最初认知并非借助于概念界定，而是在相对稳固的文化传统里面，由个人的阅历、直觉、洞察共同参与作用形成。这里的“性”又是一种可以在个体修行者身上实现发展、变化的东西，正因其可以通过个人努力变好、变强，才有所谓的“修性”，才能与“命”有所互动。

“性命双修”中的“命”同样包含多个层次，既指一般意义上的与肉身联系在一起的生命活动，又指主持、决定、维系这些生命活动的精细物质“精”、“气”，同时也蕴含了对天所赋予的有限存在的反抗和突破，即“我命在我，不属天地”（《西昇经》）。“精”、“气”是修道的物理和生理基础，打破“天命”和“命中注定”的愿望更是修道的目标和动力所在。

先秦的性、命二字并不连用，汉代以后融合成一个统一的范畴。到内丹经典中，重将性、命二分，容易让人联想到西方近代哲学中的“身心问题”。但“性命问题”实际上与“身心问题”相去甚远。不仅命与身体，性与心、精神、灵魂、意识之类西方术语的对应上有参差，更关键的区别在于，道教中的性、命几乎没有彼此对立、互不相容（二元论），或性必附属于命、“性自命出”（唯物论），或性先命后、万法唯识（唯心论）的意思，相反，“性命双修”中分言性、命，更类似一种为说明修道依据而设的权宜和方便。总体上，丹道中的“性”与“命”固然不脱中国文化的藩篱，但又有其独特的视角和定位，其用心主要不在义理，而在于实修中“修性”和“修命”的具体工夫和次第上面。

二、“修性”和“修命”

对于性、命相互依存的关系，丹经中多有论述，其中尤以清代高道闵一得的说解最为透彻：“性命两字不可分”，“有时偏乎性而命在其中，偏乎命而性在其中，有如形影然”。(《古书隐楼藏书·二懒心话》）既然如此，为什么还要分言性、命？丹经中经常援引纯阳祖师吕嵒吕洞宾的一句话：“修命不修性，此是修行第一病；只修祖性不修丹，万劫阴灵难入圣。”这就意味着，尽管性和命不可截然分开，在现实中还是可能偏修一边，造成弊病。前一种“修命不修性”，大约是批评那些只追逐养形全生的世俗修行者；后一种“修性不修命”，则很可能是针对修禅的佛教信徒和推崇“内圣外王”的儒者。丹道认为这两种方式都不是修行正途，所以才要“性命双修”，而且只有内丹术才是兼修性命的不二法门。

内丹术的各个次第中间，均同时包含了修性和修命的成分。《玄肤论》中说“性则神也，命则精与气也”，而修道的全过程始终是神与精、气的协同合作，初下手时是心息相依、神气相依，以意领气；以后须以元神默运元气、元精的升降离合；再之后的坎离交媾、周天运转，均同此理。丹经并以元精、元气、元精的三者合一为佛教所说的“正定”，从此可以进入真空大定的境界。

若要勉强对修性的“性功”和修命的“命功”加以区分，修道中可以明确感受、明显触碰的方法、进境多属命功范围，如“采药归鼎”、“周天火候”、“长养圣胎”、“泥丸养慧”，而且修习中所见的各种“效验”也大多关注于肉身体质所发生的变化。如早期内丹经典《钟吕传道集》中所举的证验依次包括“心经上涌，口有甘液；……次阴阳击搏，时时腹中闻风雷之声；……次六腑四肢或生微疾小病，不疗自愈；……次丹田夜则自暖，形容昼则清秀；……次金关玉锁封固，以绝梦泄遗漏；……次鸣雷一声，关节通连而惊汗四溢；次神采精爽，更无昼夜；……次四体不畏寒暑；……次生死不能相干”，等等。这些生理上的证验有些只能修习者自我感知，像“腹中闻风雷之声”、“丹田自暖”；也有些是他人可以见证的“特异功能”，像“更无昼夜”（日夜不眠)、“四体不畏寒暑”、“皱脸重舒而绀发再生，已少者永驻童颜”、“可以疗人疾病”之类；而心性上的变化既难以取得明确的判别标准，也不易诉诸语言。

相对而言，修性要比修命更难捕捉，也更加不好理解。可以说，修命的工夫不同阶段各有重点，历历分明，而修性工夫只有一味，却贯彻始终。修命有明确方法，只能在僻静处，专心做功；修性方法若有若无，却无时无刻都可进行。所以丹经里往往又称“动处炼性，静处炼命”。针对不同进境的修习者，修性的具体指向也可以有所分别。在初学者，性功主要指澄心静气的过程，即集中心志，别无旁骛。也就是丹经所说的，“第凡修道，先一我志，性功之始基是也；惜身如玉，命功之始基也”；(《古书隐楼藏书·二懒心话》)“人能死心，元神即活”，这里的“死心”不是枯槁，而是“专一不分”。从初学阶段的“筑基”再进一步，“止念除妄，性功也；调息往息，运行升降，命功也。体而参之，念不止、息不调、妄不除，功不进也，凡夫调住运行升降，及夫混合交结等功，总得于无思无虑之际，而畅于万籁皆空一尘不染之候也”（《古书隐楼藏书·二懒心话》)。至于较高的境地，若性功不够澄澈，还是随时可能受到种种诱惑的干扰，导致功亏一篑。所以才有“修得一分性，保得一分命”（《古书隐楼藏书·二懒心话》）之说，所以性功才被称为“保命之鄞墉”(《古书隐楼藏书·琐言读》)。可见，纯粹方法意义上的性功也就是在修道进程中保持灵台澄明，不为外骛迁移萦绕的“定力”。一言蔽之，即《庄子》中的“若一志”，亦可以理解为《道德经》中的“守一”、“抱朴”。唯有这样才有可能登堂入室，一步步进达更高的层次。

那么，所谓“性命双修”追求的究竟是什么？可以说，它提供了一种中国传统文化中几近完美的人格典范——既能够成就（而不仅仅是包容）世俗伦理所要求的最高道德理想，同时又相当实在地满足了人对无限、对永恒、对绝对自由的隐秘渴望。在丹道自身的话语体系里，这些概念、命题之间不存在任何矛盾，既实际又超脱，既清虚又切近，可为什么一旦置于当代的文化和学术背景下，就显得虚妄、荒诞，甚至格格不入？如果将性命双修的义理、方法转换为当代话语，究竟是哪里与当代的思想观念相悖？

当今时代仍旧是一个科学至上的时期。尽管长生不老、白日飞升之事究属可疑，但身体素质在某种程度上获得改善，乃至习得某种“神通”，并不特别违反常识。或者即便质疑中医、气功的合理性，延年养生、开发潜能也未必一定要依附于宗教信仰，很大程度上是医学、生物学或借助可重复实验和仪器检测可以回答的问题。① 再进一步，心思纯净、用心专一有利于全形祛病，因而也有利于命功修炼的顺利进行，即性功是命功之保证，如果说这一点也还不难理解的话，那么通过身体调节可以改变心性，促进心性境界的提升，即命功对性功同样具有决定性作用，亦即作为生命本质的“天地之性”本身竟是可变的，而且变化过程可以控制、调节，明确指向一个确定的、更加“高远”的方向，就超出了常识的范围，也几乎不可能诉诸实验检测。这里蕴含的问题是多重的：

首先是“心性本体”的存在依据问题。相对于宋代哲学中对“天地之性”和“气质之性”的区分，丹道中用来修炼、磨砺的只是“天地之性”，而后天形成的“气质之性”与世俗欲望相连，只有负面意义。丹道中的这一“天地之性”超越了世俗层面的善恶之辨，不仅是人之为人的根本，也是人得以与天地精神相往来的基础。这就意味着初生的人绝非白纸一张，甚至有人带有交通天地的“神性”，即所谓的修道根器、禀赋。这一点显然带有强烈的本体论预设。但在现代哲学中，后天习染的“气质之性”尚可分析、诠释，先天地由天地所赋予的“天地之性”却殊不可解。

与这一“天地之性”（又称真性、元性）联系在一起的觉知即是“元神”，有别于通过后天的感觉、思考、推理来认识和理解世界的“识神”。修道者在进入修行状态以后，均是元神主事。元神所闻见、控制、处理的对象均与日常生活中所惯常接触的不同，因此元神认知和处理认知对象的方式也颇难用日常语言描述，在丹经中往往借用种种譬喻的方式来表达。在丹道中，只有元神的知才是“真知”，而这种真知又不是通过寻常的认知渠道获得。② 既然涉及认知，元神、真性就与现代哲学和自然科学中的“意识”概念有所交叉。而当代比较流行的观点是：“意识是一种自然的生物

① 道教研究专家王沐先生生前曾借用仪器就内丹术打通经脉的问题进行过实验检测。参见王沐：《道教丹功宗派漫谈》，《中国道教》1987 年第 2 期；后该文收入氏著《内丹养生功法指要》，东方出版社 1990 年版。

② 元神的认知勉强可以与直觉相比照，与波兰尼的默会知识亦有相通之处，但直觉和默会知识并不为认识的“真”提供保证，而丹道中元神的知就意味着“真”。

现象”，是“由大脑中低层次的微观过程引起的”、“大脑在更高的宏观层次上的一种特征”。[①] 显然，不能将元神的“真知”还原为“大脑不同层次的自然生物现象”。丹道认为元神的知来源于与天地的沟通、天人合一，元神和其知的依据均在于天，如果仅仅是发生在大脑中的生物现象，它的真就完全失去了保障。

此外，传统唯物论坚持物质第一性，并将物质对意识的决定作用绝对化，但也只是肯定意识的存在依赖于物质，而不是说物质的变化能够决定意识的变化，连变化的方向、路径都相当确定，甚至一些生理手段正与基本确定的心理变化相对应。就我们目前的理解来说，物质对意识的“决定作用”决计达不到这样的水平。那么，需要进一步探讨的是，这种不能达到是否出于技术的局限？而一旦技术足够成熟，通过生物手段，实现对意识的全面控制完全可能？也就是说，“天地之性”的境界高下，元神、真性的认知边界，是否最终仍旧依赖于生理因素，从根本上是物理层面所决定？

上述三个问题，可以依次概括为作为“天地之性”的“心性本体”的先验存在问题，“元神”对绝对真理的认知能力问题，以及性与命的互动问题。正是这些问题，构建了丹道性命之学的义理基础，即丹道独特的“性命”形上学。

三、“性命”的形上学

在对道教内丹传统中的性命观念稍加分殊之后，我们首先要面对的问题是——何以在当下的情境下，“性命双修”这个并不复杂的命题是需要格外作出解释的？换句话说，为什么丹道及其性命学说在今人看来难以接受，显得过时、愚昧甚至荒谬？除了时空落差所造成的话语系统的隔膜之外，性命之学与后现代的学术背景和整体观念之间存在着巨大的鸿沟。于是，对“性命双修”义理在传统语境下的有效性的说明与这一义理在后现代语境下的失效就成为同一问题的两个面向。“性命双修”的义理依据可

① 约翰·塞尔：《意识的奥秘》，刘叶涛译，南京大学出版社2009年版，“前言”第3页。

以被叙述为对这样几个问题的回答：

1. 为什么修真是值得的：超越虚妄，对真实、解脱、逍遥的永恒追求

在丹经中，修道常常被说成是一件千辛万苦的事业，而对修道者资质的要求则是“福德胜三辈天子，智慧胜七辈状元”（张三丰《玄机直讲》）。[①] 既然如此艰难，为什么还要苦苦求索？宗教修行的意义，可以理解成对“什么样的人生值得一过”的回答，因而修行的意义实际上就要归根于对人生意义的判断。

对生命价值的判断，西方主要有两种传统——基督教传统和近代以来的科学传统。在基督教所传播的观念里，人是上帝的造物，因而人并非自己生命的主人，因而人生的意义也只能由自身之外的造物主掌握。[②] 当代科学视野下的生命则无非是生物现象，尽管认识到意识的神奇和复杂已不能再继续沿用传统的心智和物理范畴敷衍了事，但仍是隶属于大脑的一种生物特征而已。在这种情况下，人生的意义实际上已无所附丽。

与上述两种将人生的意义托付给身外的上帝或彻底消解的情形不同，两宋以来，丹道基本接受了舶自印度的佛教传统，尤其是吸收了佛教极具解释力的业报轮回观念。在这种融合了先秦道家一脉的逍遥人生观与佛教的苦难人生观的信念里，世俗人生的确是一场虚妄，可既然生存已是既成事实，死亡也并不意味着结束，那么，在漫无边际的无聊之中，也只有修炼是唯一一条可能通往解脱、自在的希望之路。即便不能即世解脱，平日修炼得好，“千万世俱有受用”，转世投生时，“我心如此其明，性如此其灵，又谁肯堕入牛马之群”。[③] 道教同时又对作为中土佛教主流的禅宗颇有微词，“只修祖性不修丹，万劫阴灵难入圣”显然即针对佛家的死坐枯

---

① 佛教中也出现了类似的说法，说现世开悟须有“三朝天子福，七世状元才”（明末高僧莲池大师语）。判断孰先孰后并无意义，但此说与道教注重根基、仙骨的教义更为一致。

② 对上帝的属性基督教哲学中亦有不同说法。有一种学说认为上帝是遍在的精神，就存在于每个个体的精神之中，这样便不能说上帝是在“自身之外”。但无论哪种学说，上帝终究与个别的“我”不同，人只能成为上帝的选民，遍在的上帝的一部分，却永远不能成为上帝本身。

③ 黄元吉、蒋门马校注：《道德经讲义·乐育堂语录》，宗教文化出版社 1998 年版，第 330 页。

禅而言。这就意味着，道教始终不愿接受任何一种空口无凭的许诺，不寄望于来世，一定要在此世看到切实的功果。可是，丹道的憧憬固然无比美好，它所倡导的修行何以有效？它真的能通往它所承诺的自在逍遥吗？

2. 修真如何可能：人的神圣来源

如果说修道的意义建立在对人生过程的消极认识之上，那么修道之所以可能成就，则缘于对生命本质的乐观态度之上。

丹道对人的生命的认识与西方传统的差异是根本性的。丹道的追求在于超越自身，成仙、成圣、成神，一步步走向无限，而且这一过程自始至终均由自我做主，因而从丹道的视角来看，设定一个全知全能全善的上帝就意味着为原本可能获得的自由凭空增添了障碍，并设立了边界，这与道教追求无限的逍遥自在的基本精神相悖。基督教中，人与神的界线是绝对的；而佛教和道教中的神与人没有根本差异，神佛仙圣也可以由人成就；丹道更追求此生此世就将人神差异彻底消除。

如果说丹道中的神不是基督教式的理智设定，那这种神的属性是什么？人又为什么能够消除人神差异，变成神本身？道经中所设定的世界发生，沿袭的是《道德经》的“混沌”传统，即一种量子真空式的虚无，却不是真的一无所有：“惚兮恍兮，其中有象；恍兮惚兮，其中有物；窈兮冥兮，其中有精。”在这样的混沌中，最初出现的“物”，既有形有象，也有意识，对这样的存在，道教就将其命名为“神”，或者“道”，或者“一”，或者“自然”。不管怎样称呼，它都是带有人格特征的、有意识的存在。可见，道教的世界并非由神所创，在世界发生之时，神即世界本身。这就意味着，神圣性原本就是世界与生俱来的属性，并不需要在世界之外的另外设定一个神来创造它，赋予它自由意志等属性。同样，人也是禀天地发生时的一点先天具备神圣性的“天地之性”所生，人时刻保持着沟通天地的资质，沟通的方式就是修行。所以，人和神共享同样的神圣来源，从人到神之间，并不存在不可跨越的鸿沟。

就此，丹道的义理试图表明，正因为人是这样一种先天带有神圣性的特殊存在，所以肉身成圣是可能的。那么，具体到“性命双修”的方法，它的有效性由什么来保证？这一问题要归结到对世界的本质及其运作方式，即对“天道”的认识之上。

3. 修行原则的确立：作为世界运行规则的“天道”

“世界的意义在世界之外”，维特根斯坦的这一判断几已成为一条公理。即便意义本身尚未彻底遭到消解，世界的意义也是哲学领域存而不论的问题之一。基督教的上帝在世界之外，世界为上帝所创造，因而不论世界的存在有意义与否，都只能由上帝做主。在丹道领域，世界在混沌中自然发生，最大最老的神明亦在世界之中，或即世界本身，因而并不能被预设为有意义的。但一个世界一旦发生，即形成了它所固有的运行规则，这个规则就是“天道”。

作为天地的造物，人只能顺应天道，不能逆天而行。可是，人又如何能够认识天道？这就要诉诸修行，即通过性功的澄澈和精气的健旺，领悟、感知到人的先天禀赋，重新建立起与天地的沟通。建立在天地之性和与天地沟通基础上的认识，即元神的认知，它所领悟的是作为这一个世界本质的天道，因而被认为是真知。

我们还要面临一个问题，就是能否根据当代认知科学的进展，将丹道对所谓逍遥、无限、神圣、天道的感受、认知和追求，均理解为大脑皮层在微观或宏观层次的某种活动？目前看来，神经生物科学尚不能为修真体验提供充分说明，而且，更关键的问题在于，它所提供的证据均是解释性的，既不具备预见性，也不能通过纯粹的生物手段达到与修炼同样的功效。丹道所遵循的性命双修原则，要求身体与心性之间的互动，这里的心性包括意识，但也包括更多的迄今尚不能还原为大脑活动的内容。假若对修行境界的体验是外界赋予大脑的虚假信息（如著名的“桶中之脑”思想实验所力图展示的那样），[①] 那么对这些信息的设计仍需要借助于其他什么人的切身体验，比如像胸襟的博大、思虑的玄远、心性的澄澈，都不是单纯的符号信息所能涵盖，也不能用概念推理按图索骥；又假若修行的体悟并非来自外界而完全是来自自身一厢情愿的想入非非，则不能解释丹道提

---

① 将“桶中之脑”的思想实验诉诸影像的，先有日本动漫改编的影片《攻壳别动队》（Ghost in the Shell, 1995），后有大名鼎鼎的《黑客帝国》（The Matrix, 1999）三部曲。但在影片《黑客帝国》里，由机器控制、当电池使用的人，仍会产生追求真理、追求自由的愿望，而这种萨特意义上的“自由”仍是“人”之定义中的应有之意，实际上已超出了“桶中之脑”的范围。

出的作为修行境界检验标准的“证验”，即在不同层次上身体均要发生相应的器质性变化，这也超出了大脑生物现象的范围。

通过对丹道“性命双修”命题的义理分析，我们所得到的似乎仍是一些老生常谈的结论，只不过“性命双修”背后的整个体系更为清晰：丹道所依据的不过“道本体论”，只是这里的“道”明确了属性：道即世界本身；道既有形有象，又有意识，这就是道教中的“神圣性”；道即世界发生时的初始状态，因而确定了这一世界的正当性标准，也正是修真所遵循的规则。而修真的根本方法也无非是耳熟能详的“天人合一”，只是丹道的“天人合一”建立在对世界的缘起、世界的神圣本性、人在宇宙中的位置以及人与神共享的神圣特征的基础之上。

就此，我们也对丹道中需要澄清的几个理论问题作了初步回答：第一，为什么说有一种作为“天地之性”的“心性本体”存在？丹道的回答是：既然天地存在，世界能够发生，“天地之性”就是同样真实的存在。第二，为什么说所谓的元神能认识到绝对真理，甚至洞察世界的本质？因为元神即人所禀赋的“天地之性”，可以一直溯源到天地的发生之处，它的知源于对天道运行的认识，所以必然是真知。第三，性与命的互动如何可能？就丹经所见，性命双修的义理主旨不在为生命提供解释，而在为实修服务，因而性命双修主要是一个需要通过特定的身体实践来逐步检验、印证的问题。这就意味着，修真的合法性、正当性要追溯到这一次世界的开始，而它的有效性则只能由切身实践作出最终的判定和检验。

作为一种宗教形式，修真并不提供规范伦理。修行，不过是人通过身体来完成的一次特殊的伦理叙事，它所关注的只有一个问题，即对人类必死命运的终极追问。那么，丹道最终允诺的美好前景究竟能不能实现？没人能保证，如果你正好是那个根器合适的人，也只有亲身尝试了才知道。

作者单位：华东师范大学哲学系

当代散居正一道士及其管理问题研究

——以粤西地区为例

夏志前

中国道教的两大基本派别就是正一和全真。道教发展到元代，诸派逐渐归于正一、全真两大系统，其中正一派为符箓各家的总汇，全真派则被视为丹鼎炼养各门派的代表。以全真和正一代表中国道教的两大传统，应该是始于明朝初年，朱元璋在其御制《玄教斋醮仪序文》中说："朕观释道之教，各有二徒。僧有禅、有教，道有正一、有全真。禅与全真，务以修身养性独为自己而已。教与正一，专以超脱，特为孝子慈亲之设，益人伦，厚风俗，其功大矣哉！"[①] 很显然，与全真派相比，正一派的社会功能是比较突出的，正一道士的社会形象也由此建立起来。也正是这样的制度安排，形成了全真和正一共同构成中国道教传统。

但是，随着中国社会在近现代的变迁，道教也随之发生了衍变。全真与正一作为不同的道派，其力量的消长也随着社会条件的变化而变化。正一道教在民间的影响非常广泛，也一直是社会上秘密道门依附和利用的对象。1949年之后，"与土地改革和镇压反革命相结合，人民政府对这些反动会道门、秘密宗教以及形形色色的具有蛊惑性质的封建迷信活动予以取缔。这对道教来说则是一次借助正义力量进行的大清整……改变了道教的面貌，提升了道教的形象，对于道教活动的正常化有着深远的影响。同时，正一道人员锐减，组织更为涣散，原本以正一道为主体的道教，逐渐

① 潘雨廷：《道教史论丛》，复旦大学出版社2012年版，第352页。潘氏认为，"囿道教于正一、全真，实为道教式微的主要原因之一。"

呈现以全真为主体的局面”。[①] 其实，这里所呈现的以全真为主体的局面，只是从“宫观道教”或“教会道教”的意义上来界定的道教发展形态。也许，恰恰是由于正一道的“民间性”，使其在教团组织遭到破坏后，依然能够藏于民间而得以保全，“散居”的正一道士并没有销声敛迹，而是依然活跃在民间社会。

“道教正一派为龙虎山、茅山、阁皂山三山符策派系的总称，散居正一派道士是指不常住宫观而散居于城、镇或乡村的道教教职人员。”[②] 如果按照生存空间划分，中国的道士可以分为宫观道士和散居道士，但从目前的宗教政策和管理方法来看，宫观道士的管理似乎比较规范，而散居道士的管理依然面临着诸多问题。

一、粤西地区的道教

本文所论粤西地区，即广东西部，[③] 是指现在的茂名和湛江两市所辖区域，包括古代的高州府、雷州府、海康县、电白县、吴川县等所指涉的区域。同属粤西，湛江和茂名两地的人文景观与传统差异很大。就道教而言，茂名道教可以溯源于晋代的潘仙。《潘仙本传》记载：

> 潘茂名，桂林高兴人，世居浮山下。少耽游嬉，不治家业，常以濒居越海为嫌，欲瞻中国之盛。永嘉中，束装起行，路由东北直上，经新都石室，见二道士对弈……道士授以服食之法，使之习静后山二十年……复兴云游之志，乃拜道士郭翁，负笈入吴，……至建康，闻茅山张道士，善谈虚无，广怀道法，乃造谒，问其本末。……茂名回乡，爱东山峰峦起伏，隐以炼丹自养。后屡大旱，教土人往祷果验，民感之，因名东山曰潘山。有司奏

① 国家宗教事务局政策法规司编写：《公务员宗教知识读本》，中国人事出版社2010年版，第190页。

② 见1998年8月24日第六届代表会议修改通过的《中国道教协会关于道教散居正一派道士管理暂行办法》，第二条。

③ 古代粤西，包括今广西部分地区。

闻，累征不起，赐改高兴地曰茂名，以彰功德。[①]

从潘茂名的传记来看，早在晋永嘉年间（307—312），茂名地区的道教开始由潘茂名引入。[②] 史志记载，潘仙信仰在茂名地区影响广泛。《茂名县志》载：

> 吕祖殿，在玉井亭上，高廉雷道苏州毛世荣《观山吕祖殿记》：上古卜筮以前民用……荣以仕宦游踪，流连俯仰，嘉胜景之无穷，欣斯愿之可成，乃命工人于玉泉之后辟土筑吕仙殿。遂请潘仙并祀于中。
>
> 潘仙殿，向附吕祖殿，嘉庆十三年巡道介休马书欣即毛公所建翠微深处前址构室三楹，移奉潘仙。[③]

吕祖是全真道教的祖师，也是民间道坛崇拜的仙师。从茂名地区的神仙系统来看，除了潘仙、吕祖之外，还有各路神仙成为崇拜对象。其中既有道教诸神，也有地方信仰的神灵，如高州的冼夫人、信宜的仲大仁等。

湛江地区的道教，历史记载较少，但从史志资料的记载可以推测，佛、道二教在湛江历史上都有传播，只是二者的民间化程度较深，与民间信仰的关系至为密切：

> 譬二氏于吾道，其犹爝火之于日月乎。苟可自照，奚必中天。乃延而为巫，则几于燐矣。燐若汩若没，若存若亡，与腐草何异？而交相怖曰，是有神焉，非仅钻燧之微也。又二氏所

---

① 《潘仙全书》，清谭应祥刻本，富文楼光绪癸未（1883）。

② 按照历史记载推算，潘茂名传道教入粤西，与岭南道教大家葛洪（284—343\364）在广东（广州、罗浮山等地）炼丹、著述、宣扬神仙道教思想几乎是同一时期。

③ 光绪十四年刊《茂名县志》卷二“建置寺观”，台北成文出版社印行，1967 年，第 98 页。

不齿矣。①

论曰：老佛之徒，乱吾道者，辟之恐不严，况引而进之，至于恠尤，时圣人所不语。第柱下、西方，其来已久；玄修丹鼎，学长生者逊心焉。菩提上乘，时之好异者未有不咀英猎华，若阳弃而阴窃，在标门阐教者，犹有所不免也。何者？其说新奇隐僻，譬之幽林密箐，入者必迷，惟上智则不迷焉。彼二氏大旨，终不离吾圣人心性中耳。宇内黄冠缁衣，离父母，事簪剃，雷独一二寺僧剃发耳，余皆抱妻育子，茹荤饮醇，满目是道，在家皆禅。爱河欲海，牵缠胶葛。而云脱离生死，不净不垢，是何说也？他处僧道之伪，伪于行，尤袭于迹。雷则并其形色像貌而并悖之。二氏门中，一恠征已。每逢祈祭，僧道两者杂沓无辨，可骇可哂，稽其来历，无非借此躲避民役。僧纲道纪，贪者且得以行其科索。今不若择性行敦洁者，簪剃入山，朝夕焚修，给以度牒。其不愿离家簪剃者，尽趋还民差。若有坐家称僧称道者，处以重典。庶二氏异教，无致浸淫。而雷地邪风巫俗，不必效西门之投而自当变异矣。②

由此可见，雷州地区的佛道教，早已偏离了立教宗旨，在家而称僧称道，致使二教浸淫于社会生活之中，成为邪风巫俗，也使得道教的社会形象——“形色像貌”——为儒者所不齿，成为儒家“正统”批驳的对象。

道教在粤西地区的衍变，是道教传统“地方化”的结果。粤西虽属岭南，偏于一隅，但中原文化对它的影响还是比较显著的，其风俗也与中原地区趋同：“九疑苍梧以南至儋耳者，与江南大同俗。……高凉山水钟灵，名贤世出，骎骎乎海滨邹鲁之风。海滨遐陬，冠、婚、丧、祭悉遵典礼，

① 万历《雷州府志》卷二十二“外志”，《日本藏中国罕见地方志丛刊》，书目文献出版社1990年版，第458页。

② 万历《雷州府志》卷二十二“外志”，《日本藏中国罕见地方志丛刊》，书目文献出版社1990年版，第461页。

蔼然无异于中州。"[①] 更为重要的是，道教深入民间的同时，渐与地方风俗及民间信仰相互融合，形成了较为独特的信仰形象和宗教样态。我们从各地的风俗习尚即可看到其端倪：

> 高州春时，民间建太平醮，多设蔗酒于门，巫者拥神疾趋，以次祷祀、掷珓，悬朱符而去。神号康王，不知所出。
>
> 二月祭社……于是月乡人傩沿门逐鬼，唱土歌，谓之年例。
>
> 四月八日浮屠浴佛节。
>
> 七月七日……乞巧……十四日浮屠盂兰盆会，剪纸为衣，以祀其先。（案：州旧俗，惠民多居南雄，因元兵将至，预十四日荐祖，十五日避兵。今犹循十四日为中元节。）
>
> 十月朔日，举火星醮，至于岁暮。
>
> 疾病延巫师，鸣锣击鼓祈祷，谓之跳鬼，夜达晨而毕。标青于门，是日外人不得入，谓之禁屋。诘日献茶于祖，然后去青，谓之开禁。
>
> 丧礼……俗祭用七至四十九日而止，……俗尚佛事，虽有识者间不为之，而俗不以为是。[②]
>
> 惟是编户之民，产于茂名者，守其业而重为邪；电白劲悍而力耕作；信宜质野而罔嬉游；化州去华务本崇祀信巫；吴川喜讼而谄神；……[③]

很显然，粤西地区的道教在当地巫风覡雨的浸淫下，在吸纳民间信仰的同时，自身也不知不觉地消融在民间信仰的土壤之中。在这种情况下，主持或者掌握着这些宗教仪式的专家，往往是有着道教传承的正一道士。当今的人类学者通过田野调查发现，在地方习俗的仪式中，主持者主要是正一派的道士：

---

① 光绪十四年刊《茂名县志》卷一舆地"风俗"，台北成文出版社印行，1967年。

② 光绪十四年刊《茂名县志》卷一舆地"风俗"，台北成文出版社印行，1967年。

③ 万历《高州府志》卷七"风俗"，《日本藏中国罕见地方志丛刊》，书目文献出版社1990年版，第106页。

> （雷州）旧城的劏牛风俗，是地方习俗，而非朝廷礼仪。……更值得注意的是，苏轼记录的巫，已经不存。代之而起的是附会到正一传统的道士，主持劏牛。……年例的主要活动是驱邪，洁净社区。……主持年例的道士与劏牛会相同……仪式不是一成不变的，而在大众的认同下改变。当年的巫者已经为今天自称正一派的道士取代……清代，筊卜颁符者为巫，今天整个仪式都主要由道士主持，这些道士都笃信自己为正一派的传人。①

尽管有学者认为仪式的主持者是“附会到正一传统”的道士，但就这些道士而言，他们是认同了正一道士的身份的。而且，这些道士恰恰多是我们这里所要讨论的散居正一道士。要证明粤西地区的散居道士派属正一传统，除了道士自己的身份认同之外，我们还可以通过他们的科仪加以判断。

正一派的科仪是指以符箓斋醮、祈福禳灾、降邪驱鬼、超度亡灵为主要内容的法务活动，俗称“做道场”。道教的道场是由一个一个科仪组成的，做道场的目的就是通过科仪中道士的诵经礼忏、唱赞吟偈、步虚旋绕、布罡踏斗、召请神灵，达到赐福延龄、升仙度亡的目的。茂名正一派的科仪是“灵宝、正一、闾茅合为一体的”，一般科仪：祈福、除邪、安太岁、转运、拜斗、忏星等。主要科仪：请水、涤秽、关发文书、启坛、启师、启庙主、启境主、扬幡、并魔、安镇、早朝、午朝、晚朝、迎驾、回师、留驾、献斋、朝天忏、天简、地简、水简、拜表、灵宝济炼、闾茅驱邪、谢三官、安龙、谢土等。湛江正一派主要科仪：念经、拜忏、礼三师、发符、进表、灯仪、告斗、炼度、施食、开光、安龙奠土、拜斗安太岁、还受生、解冤释结、散花等。湛江吴川道教圣贤宫神诞节庆仪式活动的年度安排表，从一个侧面反映了当代粤西道教在正统性上的诉求，虽然其中也夹杂着儒教和佛教的信仰，但在总体上还是体现出了道教信仰传统。

---

① 贺喜：《亦神亦祖：粤西南信仰构建的社会史》，三联书店2011年版，第201、203、205页。

吴川市道教蓝溪圣贤宫神诞表（根据2005年所见圣贤宫神诞表制作）

<table>
<tr><th colspan="2">五月</th><th colspan="4">四月</th><th colspan="6">三月</th><th colspan="6">二月</th><th colspan="4">正月</th></tr>
<tr><td>十五</td><td>十三</td><td>十八</td><td>十八</td><td>十五</td><td>十四</td><td>廿八</td><td>廿三</td><td>十九</td><td>十五</td><td>十五</td><td>初三</td><td>廿五</td><td>十九</td><td>十五</td><td>十五</td><td>初三</td><td>初二</td><td>十九</td><td>十五</td><td>初九</td><td>初四</td></tr>
<tr><td>龙华大会</td><td>开平太子</td><td>紫微帝君</td><td>李大仙诞</td><td>钟离大仙</td><td>吕祖师诞</td><td>东岳大帝</td><td>天后圣母</td><td>太阳星君</td><td>金轮元帅</td><td>龙华大会</td><td>玄天上帝</td><td>玄天上帝</td><td>观音佛母</td><td>武穆大帅</td><td>道德天尊</td><td>文昌帝君</td><td>土地神诞</td><td>长春祖师</td><td>天官赐福</td><td>玉皇宝诞</td><td>财神宝诞</td></tr>
<tr><th colspan="7">八月</th><th colspan="8">七月</th><th colspan="4">六月</th><th colspan="3">五月</th></tr>
<tr><td colspan="2">廿七</td><td>廿五</td><td>十六</td><td>十五</td><td>十五</td><td>初三</td><td>廿九</td><td>廿四</td><td>廿二</td><td>十八</td><td>十五</td><td>初九</td><td>初七</td><td>初一</td><td>廿四</td><td>廿四</td><td>十九</td><td>初一</td><td>夏至</td><td>十八</td><td>十六</td></tr>
<tr><td colspan="2">孔子先师</td><td>太阳星君</td><td>齐天大圣</td><td>太阴夫人</td><td>宫皇宝诞</td><td>灶君宝诞</td><td>地藏王诞</td><td>城隍帝君</td><td>财帛星君</td><td>瑶池金母</td><td>中元地官</td><td>长春飞升</td><td>康皇宝诞</td><td>道德天尊</td><td>王灵官诞</td><td>关圣帝君</td><td>观音佛母</td><td>韦陀宝诞</td><td>灵宝天尊</td><td>王母仙娘</td><td>如来佛神</td></tr>
<tr><th colspan="6">十二月</th><th colspan="5">十一月</th><th colspan="4">十月</th><th colspan="7">九月</th></tr>
<tr><td>廿五</td><td>廿三</td><td>十六</td><td>十六</td><td>十五</td><td>初八</td><td>冬至</td><td>十九</td><td>十七</td><td>初六</td><td>初四</td><td>廿七</td><td>十八</td><td>初十</td><td>初一</td><td>廿八</td><td>十九</td><td>十五</td><td>初九</td><td>初九</td><td>初九</td><td>初五</td></tr>
<tr><td>巡查大神</td><td>灶君宝诞</td><td>太上道祖</td><td>南岳大帝</td><td>温太保诞</td><td>如来佛祖</td><td>元始天尊</td><td>日宫天子</td><td>阿弥陀佛</td><td>玉皇天尊</td><td>孔子先师</td><td>紫微帝君</td><td>地母元君</td><td>天后圣母</td><td>东岳大帝</td><td>华光祖师</td><td>观音佛母</td><td>龙华大会</td><td>玄天上帝</td><td>关圣飞升</td><td>南北斗君</td><td>吕祖飞升</td></tr>
</table>

吴川圣贤宫是湛江较早开放的道教宫观，主持这个道观的是正一派道士。从圣贤宫的神诞表来看，其中虽然夹杂了佛教和儒家的佛、圣以及民间神祇，但其道教身份是十分明确的。

二、粤西地区的散居正一道士

据2010年的统计，广东省共有道教教职人员700多人。截至2012年6月，全省教职人员认定完成的道士共553人，其中全真派道士434人，玄武派道士11人（韶关太傅庙）。正一道士共108人，其中广州2人，汕尾2人，清远6人，湛江4人，茂名94人。①

① 据调查，当代传入茂名的全真教属玉阳派（全真七子之一），西北道士梁玄海（2005年在茂名羽化）及其徒方冲天、张国华等在茂名收徒传派，但多是当地之一道士皈依全真道派之后，同时具有正一和全真法名和道号。

按照2011年官方统计，茂名市有道士164人，其中乾道152人，坤道12人。湛江市有道士18人，其中乾道12人，坤道6人。但是，根据两市道教协会的初步统计，茂名市有散居正一道士约1800人，其中通过教职人员认定的91人。湛江市正一派道士约3000人（湛江市共有85个乡镇，约1301个村子，每个村子都有2个或多个小庙，每个庙都有一个庙主和一个传说，每个乡镇都有正一派道士，道士多的乡镇可以同时组成几个班子），经初步审核登记在册的常有宗教活动的有311人。①

茂名正一道教及散居正一道士的状况，从杨罗平道长②的演讲中可以看到：

> 对我自身来说本身是一个低文化，少知识的道教徒，今天与大家有缘，对茂名正一法派难以梳理的情况下，为你们成为正门正派，法派无误的道士。我为你们开了方便之门，作为你们的方便之师。你们已经领到了由中国道教协会颁发的道士证，中国宗教局和中国道教协会已记入历史档案，现在你们正式是中国龙虎山天师门下授籙道士杨罗平的弟子。以后你们下传弟子的法派按照三山滴血50字派："守道明仁德，全真复太和。至诚宣玉典，中正演金科。冲汉通元蕴，高宏鼎大罗。三山愈兴振，福海涌洪波。穹窿扬妙法，环宇证仙都。"
>
> 以上是师承关系的重要性，下面我说下传度授籙的规则：在龙虎山授籙期间，参加了专家学者高道的讨论组。专家学者及高道依照道教历史的规则认为：有条件来参加天师府授籙的籙生叫"得道"，为什么这样说呢？因为对道士的素质、级别、认许是有程序的。学道之士，一要皈依，二要投师，三要熟读早晚功课，四要品行端正，五要尊师，六不失礼仪，七要守规诫，八要有一定文化，九才推荐，十去参加传度。传度后给予各类经书，修习悟道后，师认为有上品道行，推荐到天师府授籙，给予职籙与各

① 茂名和湛江散居正一道士的相关数据，据2012年9月的调查问卷统计。

② 杨道长是茂名市道教协会副会长。

种法器，行持道教要旨，普度众生，济人利物正式成为道士。这是相当严格的一段考察过程。但结合我们当地情况相比，距离太远了。一不讲究，二不知经，三不知理义，四不理文化，五有钱即可，六无对传道弟子训诲与教规的要求，实质就是不讲道旨条件，不负师徒传度责任，取钱过袋一了百了。纯属无道德传道，不知半点道教理义，名道实伪的事实。我希望大家不要犯此类的罪过。必须要经教理教义，悟理入道，校正身心，祛遣妄神。①

可见，粤西地区的道士，主要是正一道士，其中大多是散居正一道士。虽然正一道士多为父子、师徒相传，但他们都以江西龙虎山天师府为祖庭，认同的是正一天师的传统。与此同时，当地的道教领袖也认识到，散居正一道士对于道教教理教规、历史文化乃至职业伦理，多不“讲究”，使得散居道士乃至道教缺少比较正面的社会形象。那些“未获得道教协会正式认可的道士，他们生活在俗世，为老百姓做法事。传统上他们得到当地道长的授权，并且从属于当地的道观。许多道士是在家族内代代相传的，在这些不规范的道教中既有正规的道教仪式，也有神棍式的骗子活动。这类道教活动广受欢迎，反映着农村悠久的民间宗教传统。它们始终存在，遍布各地，与官方的政策和道教体制无关。不过，这一古老的宗教也面临新的挑战，它们更多的是来自中国社会的现代化和其他宗教的迅速发展，而非政府的政策”。②

三、散居、共住与想象的共同体：散居正一道士的管理问题

1998 年 12 月，为了解决茂名高州市道教活动存在的问题，省道教协会与省宗教局宗教工作二处组成调查小组，前往高州调研，“了解到高州

---

① http://www.fcw96.com/html/khal/MaoMingDaoJiaoXieHui/DaoJiaoXinWen/MaoMingDaoJiaoXinWen/239.html. 杨罗平道长主讲的“道缘讲座”2011 年 10 月 23 日下午在茂名道教协会会议厅举行。

② 陈剑光：《21 世纪中国宗教发展的若干设想》，熊景明、关信基编：《中外名学者论 21 世纪初的中国》，中文大学出版社 2009 年版，第 517 页。

市一些开放道观，由于开放时间不长，存在教职人员素质偏差，管理不完善，规章制度不健全等问题，给社会带来一些不良影响”。[①]

2005年9月，广东省道教协会成立调研组，对全省道教宫观的管理情况进行了调研。茂名的情况：全市有开放宫观28所，道职人员（指宫观的，含庙祝）约60人，正一派居多，全真派道士多集中在潘仙道观和八仙观，其中有14人参加过省道协举办的道职人员培训班，30人参加过茂名市道协举办的培训班。散居正一派道士约1000人。茂名市开放宫观普遍规模较小，道职人员平均每个宫观不到3人，有的只有一个庙祝公看守宫观，宫观的经济条件普遍较为艰苦。问题是，相当一部分宫观还是由庙祝公管理的模式，真正的道职人员没有相应的管理权力。

湛江处在广东省的最南端，开放宫观只有两个，分别是吴川的圣贤宫和三圣道观。全市有道士19人（在宫观的），散居正一道士数千人。民间信仰的小庙极多，有一部分小庙正争取条件加入道教组织。有些政府部门对道教存有偏见，在落实宗教政策时会遇到较大阻力。

当时调研组提出的问题，其中之一就是存在大量的散居正一道士，这些散居道士没有宫观，管理起来困难重重。散居正一道士俗称“喃呒佬”、“道公佬”，主要聚集在湛江、茂名、清远等地，人数达数千之众。[②] 他们大部分散在乡村，用斋醮科仪、符箓咒语等为当地群众服务。由于没有固定的宗教活动场所，缺乏教内的有效约束，管理较为混乱。

2012年9月，广东省道教协会对湛江、茂名两市的散居正一道士的管理问题进行了问卷调查，发现主要存在以下问题：

1. 有些道士入教动机不纯，对道教的信仰、教规教义没有正确的认识，造成了农村正一道士队伍鱼龙混杂，整体素质低下。

2. 部分正一道士守戒意志不坚定，平时在家务农，各种生活方式与村民无异，三皈五戒对他们没有什么约束力。

3. 宗教活动不规范，假杂科仪较多，不经批准的斋醮法会每年每个乡

① 《广东省道教协会一九九八年工作总结》，内部资料。

② 早在民国时期，广州存在着大量的喃呒道馆，但遭到了取缔。1949年之后对于“封建迷信”以及反动会道门的打击，也在很大程度上改变了道家传统的生态结构，即全真道占据了道教的主流地位。

镇都有。

4. 收费标准不统一，有些道士漫天要价乱收费，甚至存在不择手段的现象。

5. 宗教团体缺乏号召力，凝聚力，县里虽然设有道教协会，但因没有专职工作人员，没有专项工作经费，也没有专用办公场所，各项工作都停留在纸上，难以真正落到实处。

6. 基层宗教部门存在不愿管、不敢管的形象，不能积极配合市道教协会的管理工作。

按照中国道教协会制定的《关于道教散居正一派道士管理暂行办法》，这样的情况显然不符合规范管理的要求。该《办法》第四条规定："散居正一派道士由当地县以上(含县）道教组织严格按第三条规定考核、审查、认可，报县以上人民政府宗教事务部门同意，由当地道教组织予以发证。道士证统一由中国道教协会制作。"

第五条规定："散居正一派道士应在经政府依法登记开放的道教活动场所（包括全真派道教宫观和活动点）参加宗教活动。未经批准，不得私自建立宗教活动场所或活动地点。散居正一派道士应在本地区道教组织领导下，经县以上（含县）人民政府宗教事务部门批准，分片确定活动点，建立健全各项规章制度，加强管理。"

第六条规定："散居正一派道士按正一科仪规范，在宗教活动场所内进行的诵经、早晚功课、讲经说法、举行香供、斋醮道场等仪式，属正常宗教活动，受国家法律保护。扶乩、跳神、算命、看相、赶鬼、看风水等危害社会和人民群众身心健康的封建迷信活动，必须禁止。按照道教传统习惯，信教群众邀请道士到家里进行追思、度亡宗教活动的，必须经当地道教组织批准。活动的规模、时间和次数，以不影响社会秩序、生产秩序和生活秩序为原则。"

从管理的角度来看，散居正一道士的问题表现在两个方面，一是散：无宫观，自发活动，临时建坛；无组织，有事即聚，无事即散；二是乱：信仰杂糅，似儒似佛，非儒非佛；不能依法开展宗教活动，也没有按照道教仪范做道场。就此而言，粤西地区的散居正一道士的活动很难达到中国道教协会所制定的管理要求。

“散居”是与“共住”相对应的宗教组织形态，甚至可以说，“散居”是一种“无组织”的组织形态。在这个意义上可以说，“散居道士”这个连组织都没有的群体，只能算是“群众”，在某种程度上只是一个想象的共同体。[①] 虽然散居道士也是统一于“正一”道教的名下，有着对道教的身份认同，但其个体性特征使其成为现代宗教管理的盲点。

一方面，散居正一道士不隶属于道教教团组织。就当前的道教协会而言，采用团体会员制而非个人会员制，加入道教协会的只是道教活动场所（宫观）及其名下的教职人员。没有活动场所的散居正一道士，自然被排除在道教协会组织之外；另一方面，政府对宗教的管理，虽然也涉及对教职人员个人的管理，但其合法性前提是“某某教”或“某某庙”的“某某人”，而非“某某村”或“某某家”的“某某人”。散居正一道士只是政府或道教协会对这个群体的称谓，他们尚未获得“合法的”宗教身份，显然也是游离于宗教管理部门的管辖范围之外。

《散居正一道士管理办法》虽然早已出台，但它并没有能够考虑到散居正一道士管理问题的特殊性与复杂性，只能对这个“想象的共同体”“想象出”一个“办法”来，无法协调“散居”与“共住”的关系，更难以对散居正一道士进行有效的管理。政府宗教管理部门已然关注到这一问题，但“场所宗教”的制度环境与管理体制，使政府在对散居正一道士的管理上显得束手无策。同时，政府宗教工作部门的工作对象虽然包括“教职人员”，但一直以来基本上局限于宗教上层人士，不仅“顾不上”大量的“下层”，更无暇顾及教会组织和宗教活动场所之外的“散居”宗教教职人员了。

四、走出管理困境：当代香港道堂管理模式的借鉴意义

香港道教的源头在广东，特别是广州。目前香港道教的几大道场，如蓬瀛仙馆、圆玄学院、青松观、黄大仙、云泉仙馆等，都与广州地区的道

① “想象的共同体”是美国学者本尼克·安德森讨论民族主义时提出的概念，见氏著《想象的共同体：民族主义的起源与散布》，吴叡人译，上海人民出版社 2003 年版。

教有着深厚的渊源。可以说，香港道教是华南道教的一个部分，也在很大程度上保存了近代以来华南道教的传统形态。

除了引领着香港道教发展的几大道场外，香港地区还分布着一百多间道堂，其大部分供奉道教的神仙如吕洞宾、广成子、黄大仙等。这种道堂的形式也继承了近代广州地区的道坛模式，多以全真派自居，以独特的方式承载着华南道教的地方传统。①

香港的道士虽然多以全真龙门派自居，但已经不是严格意义上的出家住观修行的道士了，甚至连职业道士也很少。大部分“道士”都是“兼职”，即一方面有着自己的职业或者企业，另一方面加入道教社团，参加道教活动。

从管理的角度来看，香港道教场所多以社团名义在民政部门登记，以公司的运营方式进行管理，并没有一个专门的宗教管理部门对其进行管理，香港道教联合会也只是一个类似于行会的协会组织。

虽然香港的“道士”开展宗教活动并不是为了生计，但其“散居”的方式有似于粤西地区的散居正一道士。有没有以场所（宫观或道堂）为依托，是二者的差异所在，但“有事则聚，无事则散”的组织形式是二者的相似之处。或许，当代香港道教的场所（道堂）管理的模式，能够给大陆散居正一道士的管理提供一些借鉴。

1. 火居全真与散居正一

从表面上看，广东道教以全真派为主体。但是，近代以来，广东的全真道教已经发生了衍变。简单说来，就是广东全真道教在宗教活动形式与修持方式上，逐渐与正一道融合，形成了现代形态的“新全真道”。② 有人称这样的全真道教为“火居全真”，即以全真“龙门正宗”自居而“火居”

---

① 民国三十年（1941）《广东年鉴》记载：“广东道教团体之形式，除道观外，其较大组织者尚有所谓善社，此种善社采取宗教形式为结合，而揭橥行善救世诸目的。多崇拜太上老君、吕祖（吕纯阳）、关羽、孙悟空诸神……”（民国广东省政府编：《广东年鉴》1942 年版，第 167 页）相关研究参见拙文《云泉仙馆与岭南吕祖信仰研究》，载夏志前、陈晓毅等：《多维视界中的宗教》，广东人民出版社 2010 年版，第 240—259 页。

② 关于“新全真道”的考察与讨论，参见拙文《岭南“新全真道”的历史衍变与当代境遇》，《宗教学研究》2012 年第 2 期。

于俗世之中。[①] 也就是说，当代广东的大部分全真道士，其宗教生活与正一道士基本上没有什么实质上的差别了。但是，从宗教管理的角度看，全真道士都有可以依托的宫观而顺应了以“场所管理”为核心的宗教管理模式（无论是政府的管理，还是宗教的自我管理），而散居正一道士仍然过着“居无定所”的宗教生活，给管理工作带来了诸多问题。

2. 道堂与民间庙宇

近二十年来，广东道教宫观开放的速度很快，现在已经有两百余间。如果仔细考察可以发现，在这两百余间道教场所中，真正算得上道观的只有几十间，而其他大部分都是由民间庙宇转变而来。[②] 在开放宗教场所的大潮中，大量的民间庙宇“归附”了佛教和道教，纷纷纳入佛、道旗下。与此相似，香港地区的道堂既与传统意义上的道教密切相关，又凸显出浓厚的民间庙宇特性。统一于“道教”的旗下，使得这些道堂有了归属感和身份意识，同时建构起自身的道教属性。

3. 宗教的政府管理与社会管理

政府管理宗教的部门是宗教事务局，但从目前的机构建置来看，这个部门的工作重点在基层，而基层的宗教局只到县级，存在着大量的宗教活动场所的乡镇并没有专门的宗教管理机构，也没有专职的宗教工作干部。即便是县级的宗教局，其编制一般只有两三个人，甚至是设在统战部里，兼任着其他工作。如果将散居正一道士与民间庙宇都纳入宗教工作的范畴，其管理资源缺乏与管理工作任务繁重的矛盾就凸显出来，其行政成本给政府带来的行政负担也是可以想见的。在这个意义上看，如果政府想包揽宗教管理工作，无论是在理论上，还是在操作性上，都会显得捉襟见肘，困难重重。

有鉴于香港对道教的管理模式，或许可以设计走出管理困境的方案。

---

① 樊光春：《陕西佳县白云观全真道传承制度研究》、吴亚魁：《论清末民初的江南全真道坛——以上海觉云为中心》，都讨论的是全真道教的近代衍变问题。参见吴亚魁：《何谓全真：全真道与近现代中国社会和文化国际学术研讨会侧记》，《道教文化研究中心通讯》2007 年第 8 期。

② 参见拙文《社会变迁中的岭南民间道教：以岭南地区道教与民间信仰的互动为中心》，载夏志前、陈晓毅等：《多维视界中的宗教》，广东人民出版社 2010 年版，第 227—239 页。

一方面，对于属于“寺观教堂”的道教宫观可以按照现行的管理模式进行管理；另一方面，对于散居正一道士，可以将其与属地的民间庙宇相结合，按照“属地管理”的原则，将正一道士的教职人员身份，系属于指定的属地庙宇。这些庙宇，可以作为宗教活动场所登记，在宗教管理部门备案；也可以在民政部门登记为慈善或文化社团。而其日常活动，则由乡镇或村民进行自主管理。这样，就可以在当前的管理体制和制度环境之下，既解决了“散居”教职人员（包括佛教香花）的管理问题，也部分解决了民间庙宇的管理问题。

五、结语

尽管散居正一道士属于官方认可的“五大”宗教之一的道教教职人员，但由于历史的原因和现实的因缘，这个宗教群体成为当今中国宗教生态的独特景观，也成为宗教“市场”的重要内容，对民间社会生活乃至当今的社会建设仍然有着重要的影响。然而，在中国宗教的现代生态结构当中，散居正一道士在名义上是合法的宗教教职人员，但无论对于政府宗教工作部门，还是对于道教的教团组织，在当代的社会和制度环境之下，这个教职人员群体带来的却是管理上的难题。散居正一道士的管理，不仅仅是粤西地区的问题，在全国的很多地区都存在类似的问题。上海、湖南等地曾经做过调研，也尝试着采取了一定的措施，但从效果上看，均不尽如人意，至于统一的管理方法，各地的相关部门都处在探索之中。

当代香港道教的构成与广东地区散居正一道教有相似之处，其道堂的社会化管理模式使得道教的发展出现了多元统一的格局。如果跳出管理问题的思考局限，放眼香港的宗教生态，我们可以发现在香港的各大宗教中，道教的社会影响力并不显得弱势。香港社会也并没有因为长期处于英国的殖民统治之下而在信仰上归信于基督新教。①

再进一步从国家治理与社会建设的视角来考量散居正一道士的管理问

① 英国的宗教以基督教新教为主体，在其殖民香港期间，基督教并没有因此而大兴于香港。恰如法国所殖民的越南，也并没有由此而成为天主教国家一样，本土民族宗教的坚守和繁盛应该是最为重要的因素。

题，如果将民众对正一道教的信仰及其崇拜活动作为他们的日常生活方式来看待，[①]那么，对于正一道士则可以采用道家“清静无为”、“无为而无不为”的智慧来制定管理策略。或者说，散居正一道士与民间社会打成一片，已经形成了一个自足的宗教生活系统，这个系统恰如一个市场，其供求关系以及生产、流通、消费、分配的各个环节都根据不同的“行情”进行着自我调整，保持着这个市场的稳定、和谐与繁荣。作为政府宗教管理部门，在多大程度上介入这个“市场”，不仅关系到宗教本身的健康发展，还会影响到地方的社会建设和人民群众生活世界的和谐。

党的十八大报告对社会管理提出了新的要求，加快推进社会管理体制改革，其中包括“加快形成政社分开、权责明确、依法自治的线型社会组织体制”。如果开拓宗教社会化管理的途径，报告则表明了态度，并在政策上提供了一个契机。或许在这样的一个政治背景之下，创新散居正一道士乃至中国宗教管理的新模式，则有了更为广阔的探索空间。一直以“管理者”的身份出现的政府宗教事务管理部门，如果在管理理念上能够有一个“华丽转身”而以“服务者”的姿态出现，会跳出“维稳思维”和“对手意识”支配下的管理模式，将宗教放归社会，或许很多宗教管理问题会迎刃而解，“我无为而民自化”的和谐社会图景也会随之形成。

作者单位：广东省民族宗教研究院

① 相关讨论，参见拙文《作为生活方式的宗教：以瑶族宗教研究问题为中心的讨论》，《广东技术师范学院学报》2005 年第 5 期。

全真道宫观经济与十方丛林制度的相容性

——以陕西留坝张良庙为个案的研究

王芳妮

陕西留坝紫柏山地区的张良辟谷传说由来已久，山上七十二洞中有许多都与张良辟谷传说有关，基于此而于山脚建张良庙。清同治十年《紫柏山志·序》言其“庙之起，由来已久，盛于唐，大著于宋，元明而降，兴废不一”，但此说法未有其他文献和实物的根据。中华民国三十四年（1945）姚化晴撰有《柴关岭留侯祠名胜考》一文认为留侯祠的最初建筑应在明隆庆五年辛未（1571），礼部尚书文渊阁大学士赵文肃支持修建，后或毁于明末战乱。至清时，汉中知府滕天绶所撰的《留侯庙记》一文，详细记录了他本人创建留侯祠的经过。畸道人《紫柏山志序》对于康熙年间始建留侯祠也予以肯定。由此可知，现存之张良庙始建于康熙二十二年（1683）。

一、张良庙宫观经济

张良庙最初以祠庙的形式建造，因此，没有对庙宇经济的相关记载，自道人潘一良看守香火开始，其徒子法孙世代相袭，张良庙才逐渐转变为全真道庙宇。对张良庙宫观经济的最早记载，当是《留坝厅志》中严如熤于嘉庆二十五年（1820）所撰《留侯庙记》中之所记。嘉庆年间，张良庙与当地“棚民”之间发生了一次庙产纠纷：

> 紫柏山之麓庙台子旧有留侯张文成公祠屋，不知创自何年。

> 康熙、乾隆间，太守滕君天绶、观察使丰公绅相继修理。岁月既深，栋宇倾圮，垣墉颓塌，瞻拜者伤之。祠中香火地为侨寓棚民占种，道士饘粥不给。嘉庆己巳，道人陈松石诉于官。余为按赵文肃公捐免祠地杂徭旧碑清理界址，勒各棚民认佃于祠。①

元末明初，荆襄一带流民，为土地兼并、租税徭役与灾荒所迫而往陕、豫、鄂边境地带。《清实录》记载："自陕西之略阳、凤县，东经宝鸡等县，至湖北之郧西，中间高山深谷，统谓之南山老林。由陕西之宁羌，褒城，东经四川之南江等县，至湖北之竹山县，中间高山深谷，统谓之巴山老林。老林之中，客民给地主钱数串，即可租种数沟数岭，江、广、黔、楚、川、陕侨寓其中，数以百万计。依亲傍友，垦荒种地，架以数椽栖身，岁薄不收则徙走，斯谓之棚民。"② 从严如熤《庙记》可知，在流民的迁徙浪潮中，留侯庙的田产受到侵占，道士们生计艰难。至嘉庆十四年（1809），住持道士陈松石诉于留坝厅并转汉中府。知府严如熤下令清查了张良庙地界，并勒令使张良庙和占地棚民之间成租佃关系。对于此事的记载，张良庙现存有碑可与严如熤《留侯庙记》相印证，碑名《留侯庙常住地界碑》，立于道光三年（1823），内容如下：

> 留侯庙常住地之有始自汉代，原招佃取租以供香火者也，乃年远多芜。至大明万历间，主持苦于催征他逃。蒙赵文肃公奏肯，独免祠粮、杂徭，道众始得复集。奈地又被老民占种，仅得杂租四十石有零。钵饭尚难言饱，何暇及于补修□。嘉庆己巳年，主持陈松石以情诉于宪，案移本道，会同地方官（任、吕），即按赵文肃公古碑查勘界址。东由栈道下，齐大垮李姓，阳坡地畔直上大梁分水，阴齐南沟以沟直上大梁分水，南至东河大梁分水，西至大坝沟光华山，抵凤地山尽水止，北抵柴关岭山尽水止为界、其内耕者三百六十余户，断令任庙承佃，按地纳租，毋许

① 严如熤修：《汉南续修郡志》第21卷，《风俗・附志山内风土》，嘉庆十九年刻本，第1233页。

② 《清宣宗实录》第10卷，中华书局1986年版，第206—207页。

拖延，倘敢任蹈覆辙，许住持指名具控地方宪，按例究办，勿宽，毋违须牌。[①]

从《留侯庙记》及《留侯庙常住地界碑》的相关记载可知，经过此次纷争清理地界后，与张良庙建立租佃关系的农民达到了360余户，推算人口大约超过2000人，可见此次地界勘定，使张良庙庙产大为增加，无疑也形成了最初的张良庙宫观经济。

道光年间（1821—1850），张良庙住持陈永宁、易元棉复为本地佃客所欺。佃客自称会长，抗租不纳，将庙内古碑尽行损毁，以灭其迹，致令庙内债食两逼。易元棉到西安八仙庵，愿将庙交付，以作八仙庵下院。知客任永真心动，毅然自任，愿接管庙事，开为十方丛林。自任永真建立张良庙十方丛林之后，影响日益扩大，住庙道士人数增加，张良庙的经济状况已经较为拮据。经过了几次传戒之后，张良庙影响进一步扩大，成为陕南及陇南地区最大的道观。除庙内常住道士，前来挂单道士日渐增多，张良庙财政状况陷入困境。在这种情况下，时任监院傅至湝创办了铁厂、锅厂等经济实体，以求增加张良庙经济收入。其实，张良庙为了解决生计问题，任永真任监院时期就创办了经济实体。据《留坝县志》（2002）大事记："同治八年（1869），汉张留侯祠方丈任圆真买庙台子街坊百余间及大片山林、土地。自此佃户数百，庙产遍及厅境；实行政、教合一，兴办学馆、铁厂、拐杖厂等，农、工、商并举，庙产、山林均属官产。"[②] 但其他资料均未见记载，张良庙方丈墓群中现存《任永真墓碑记》中也未见对此事之记载，若任永真时期已经创办了经济实体，不知为何后来张良庙财政状况以致陷入困境。

张良庙的铁锅厂分为三个区域：矿山、铁厂、锅厂。三个区域容纳当地农民和陕甘川流民300余人，从事烧炭、运输、炼铁、铸锅等工种，仅用于运输燃料和矿石的骡子多达27头，据统计每年用工达76000个劳动日，成为当时留坝县内容纳劳动力最多的企业，地方工业的先驱。锅厂月

① 陈显远：《汉中碑石》，三秦出版社1996年版，第53页。

② 《留坝县志》，陕西人民出版社2002年版，第22页。

产量为2000—3000口锅，销往西北、西南各省，称为“留侯庙铁锅”。锅厂最盛时，连同道观内的道士，工人总数由初创时的80人超过300人。《留坝县志》亦记载：

> 民国15年（1926），留侯庙住持马含真创办高河铁厂。民国18年（1929），张良庙投资扩建留侯庙锅厂，由方丈马含真主持，以开采当地铁矿石，土法冶炼成铁，铸造民间锅、铧等，后更名为留侯铁厂，为其主要经营业务。因产品上乘，故运销本地及川、新、宁、甘、青等西北地区，并由新疆边区转口俄罗斯。民国25年（1936）12月25日，留侯铁厂改为西北兵工厂，一方面冶炼生铁铸锅，一方面筑炉炼钢，为山西兵工厂、广元兵工厂及本厂生产军火供应原料。数年后，该厂拥有数十万元资产。民国32年（1943），该厂仅铸造铁锅，年产量达8万件，产值达52万元。（第十一编工业）①

张良庙建成铁厂、锅厂后，其产品销往西北、西南各省，在川陕公路建成之前，外销的铁锅均由骡马、骆驼运输，外运铁锅返程时，则运回青盐、布匹和日用百货，再由张良庙将这些货物或批发或零售给当地商贩和住户。张良庙还将其房产大量出租给商户经营，并将其闲置场地无偿提供于投资者建商铺和旅馆，除此外，对于其中经营有困难的商户，道观还给予了补助和扶持，包括允许他们伐用张良庙林地中的杂木用于修建。《留坝县志》亦有记：中华民国初年，住持马法舜（道号含真）在原祠庙基础上，继续整修，并扩建锅厂，兴办中小学、商行、食堂、钱庄、当铺；民国30年（1941）庙办国际旅行社。由此，形成了以张良庙铁厂、锅厂为中心的商业网点，并形成了留坝县运输、商业连锁贸易。张良庙所在之庙台子小镇因此而成为留坝县境最大的集镇。

可见，张良庙自建立经济实体后，其宫观经济的主要来源为经济实体所得之收入，较之于其创建之初的宫观经济形态，可以说，这一时期张良

① 《留坝县志》，陕西人民出版社2002年版，“第十一编工业”。

庙宫观经济的主要来源形式为工业经济。

二、道教十方丛林制度的设立

中国道教创立之初并无严格而统一的出家制度。修道者可以离家入山，可以筑馆立舍，也可以在家修行。《太上洞玄灵宝出家因缘经》言道士有六等，一曰天真道士、二曰神仙道士、三曰山居道士、四曰出家道士、五曰在家道士，六曰祭酒道士。道教创立指出，主张不离俗、不弃家室，根本无出家的规定。[①]《太平经》云："愿请问太上中古以来，诸相教为道者，反多有去家弃亲，神人答曰：夫上天初出真道之时不如此也。悉作孝养亲，续嗣有妻子……下古多见霸道，乞亡弃其亲，捐妻子，食粪饮小便，是道之衰，霸道起也。修道者皆秋之于闲室，无远父母而去妻子。"[②] 可见，道教早期经典《太平经》中明确主张奉道者应当在家养父母、娶妻生子，反对远离父母妻子。葛洪也主张修道者"可以畜妻子，居官秩，任意所欲，无所禁也。[③]"陆修静《道门科略》记："奉道之家，靖室是至诚之所，其外别绝，不连他屋，其中清虚，不杂余物。"[④]《要修科仪戒律钞》卷十规定："道民入化，家家各立靖室"。[⑤] 可见，早期道教认为道民之修行无需离家，其与非道民之区别仅在于在家中设立靖室，按时入靖室礼神修道，并不要求离家修道。早期道教不离俗，在家修行的观念有利于道教信仰的传播，增加入道者。但是道民与非道民的分散杂居，既不利于道民清修，更不利于道教组织的形成与管理。因此，五斗米道推行"祭酒为治"，天师道实行领户化民制度，但这种管理制度只有在"政教合一"的制度下有其实施的空间，否则，则与国家的行政管理相冲突。在此背景下，产生了道馆。道馆中的道徒集中居住，便于清修易于管理，既解决了道民与非道民杂居所带来的弊端，又避免了政教分离制度下宗教管理与国

① 参见《太上洞玄灵宝出家因缘经》，《道藏》第 6 册，第 139 页。

② 王明：《太平经合校》，中华书局 1960 年版，第 664—666 页。

③ 王明：《抱朴子内篇校释》，中华书局 1980 年版，第 74 页。

④ 《陆先生道门科略》，《道藏》第 24 册，第 780 页。

⑤ 《要修科仪戒律钞》，《道藏》第 6 册，第 967 页。

家制度的矛盾。隋唐时期，逐渐形成了成熟的道观。但是，在实行出家制度之前，道观中的道士可以保留俗籍，即具有道士与国家法定户籍两种身份，在实行国家按户籍丁口授田征赋制度之时，保留俗籍的道士可得到授田，但在征收赋税之时，则可享有道士免除赋税的特权，道观中的土地同样被免除赋税。这在一定程度上，促使了道观数量的迅速增加，道士人数的不断增长，由此形成了雄厚的道观经济，与国家经济发展之间产生了尖锐矛盾，因而对道教的发展产生了影响。为了解决这种矛盾，历代以来采取了相应的措施，如僧道度牒制度，既是国家对僧道身份的确认，也是国家对僧道人数的有效控制。

可见，这一时期道教道士职业身份的确立，主要是依靠外在力量，如皇权的干涉，宗教内部尚未形成严格的职业道士身份确立制度。直至全真道出家制度的确立，才从道教内部对此有所规定。全真教创立之时，就明确提出了出家制度，这种制度是与全真道出世主义的神仙信仰和内丹修炼的需要相适应的。王重阳在《重阳立教十五论》中明确规定“凡出家者先须投庵”，“以丛林为立身之本”，“茅庵草舍，须要遮形，等或雕梁峻宇，亦非上士之作为，大殿高堂，岂是道人之活计”。可见，早期全真道并没有创立宫观之说，道士们以旧庵观或者结草为庐，以简朴为主要特点。

全真道宫观一般被称为“十方丛林”。丛林之意，则与全真道所倡导的清净修为之旨意相关，而十方则寓意道众聚集荟萃。随着全真道的壮大，全真宫观迅速发展，迫切需要成体系的宫观管理制度，如丘处机的《律坛执事行为榜》云：“窃闻云水大众，原系四海同居。既人坛下，必须通知模范。功行悉备，不异先贤。自今云水相逢，烟霞集会，倘得道遇师，师边得旨，恒心觉悟，了却出世家风；竭志修持，堪作升仙活计。如若不谨，后悔何及，凡诸执事各宜勉之。”《律坛执事行为榜》对全真道宫观管理做了全面的规定，对宫观执事及其职责做了详尽的规定，宫观的执事有：方丈、监院（俗称当家）、都管、都讲、都厨、堂主、殿主、经主、静主、化主、总理、知客、巡照、巡寮、海巡、公务、库头、账房、高功、经师、提科、表白、典造、号房、书记、监修、买办、贴库、坐圜堂、茶头、洒扫、磨头、碾头、园头、水头、火头、夜巡、钟头、鼓头、巡山、行堂、堂头、杂务、贴案、门头、钟版。[①] 可见，其对全真丛林的管理制度做了详细的规定，涉及宫观的宗教活动和日常生活的方方面面，职责分明。全真道立教之初，就对道徒的行为做了一定的规范，但仍然是遵照道教传统的戒律，侧重于强调断酒色财气、行慈悲忍辱，并未形成本派特有的戒律规范。直至全真道宫观逐渐发展壮大，道士集中住观后，才陆续编订了相关规定。其中，以陆道和《全真清规》为最早。《全真清规》是全真道对违反戒律的道士执行处罚的条例，旨在约束道士、维持道观的宗教活动和生活秩序。《律坛执事行为榜》和《全真清规》的制定，使全真道十方丛林有别于其他道教派别，其中出家制度的相关规定极具本派特色。

全真道创教之初，对世俗的财富就持否定态度，王重阳言“荣华富贵，莫也非坚固”[②]，马钰更是直言“妻妾儿孙一假。金玉珍珠二假。三假是荣华，幻化色身思假。知假。知假。说破浮名五假。”[③]，丘处机诗云“外物于身患，狂心不自监。病深方省欲，祸及始知贪”[④]。可见，全真道从其宗教信仰出发，劝诫修道者清心寡欲，甚至将追求财富视为万恶之源，要修道者轻财、弃财，但同时，全真道之发展又要求道观应具有一定的物质条件，这就使全真道士不得不参与世俗生活，以促进宫观经济的发展。全真十方丛林制度确立的同时，已形成了完整的宫观经济管理体制。而十方丛林制度下宫观经济的最大特点就是道产共有。闵智亭《道教仪范》言：十方丛林有传戒特权而不得私收徒弟。这种宫观性质是属于全国道教徒共有的，地不分东西南北、派不分正一全真。[⑤] 相应的，《律坛执事行为榜》为保护道产稳定，防止不肖之徒的私吞道产，避免道产纷争，形成了严格的规定与处罚制度。如张良庙现存之《三乘集要》中所录《律坛执事行为榜》中关于账房的一条中称：账房，管理各簿籍账项，为财会总司。收缴费用，账目清白。每月初四日，课堂设座，对众清算上月账项。须清洁之士当之。倘有账目不清，徇私舞弊，一经查出，轻则罚斋，

---

① 参见《清规玄妙》，《藏外道书》第10册，第598页。

② 白如祥辑校：《王重阳集》，齐鲁书社2005年版，第57页。

③ 赵卫东辑校：《马钰集》，齐鲁书社2005年版，第187页。

④ 赵卫东辑校：《丘处机集》，齐鲁书社2005年版，第57页。

⑤ 参见闵智亭：《道教仪范》，宗教文化出版社2004年版，第10页。

重则抽单。[①]

佛教禅林经济的特点即“农禅并重”，全真道十方丛林宫观经济同样形成了躬耕自养、济世利人的作风。所谓躬耕自养，是指道教宫观将土地和农业收入作为最主要的经济来源，绝大多数土地都由道士自己经营，多数道士尽可能从事劳动。[②]这是全真道宫观得以存在的前提，只有如此，才能减少宫观经济同国家经济、世俗社会经济之间的矛盾，并使全真道宫观经济的获得具有稳定性。全真道躬耕自养的作风，颇得好评。元好问谓全真道徒“耕田凿井，从身以自养，推有余以及之人”[③]。即全真宫观的自耕生产除满足教团所需之外，还能以富余的部分赈济他人，此举在对社会作出贡献的同时，也表现出了全真道济世利人的思想。王恽《秋涧集》卷六十一《寂然子霍君道行铭》称全真道士霍志真“辟农田，创水硙，广资生理，培植教本，致远迩尊礼，学者日众。至于斋庐深静，井灶修洁，游人过客如归而仰给焉”。[④]可见，躬耕自养的全真宫观颇得时人称赞，增加了全真道的影响力，道徒亦日益增多。

全真道十方丛林一般均有一定的庙产和土地。土地的占有，使道观与周边农民形成了一定的租佃关系，这种租佃关系，是传统道观经济的主要来源，也是全真道十方丛林除了道士躬耕自养之外的主要经济来源，除此之外，布施、房租等也是全真道十方丛林宫观经济的来源。全真道虽未对其宫观经济来源的方式做以明确规定，但从《律坛执事行为榜》的相关条目，可窥得一见，其中规定：“一公务，主理佃定，田地房租催讨四境租稞，一切欠贷，银钱货物，讨理阴地，经理地界，山树一切等件，若有私蔽轻则罚斋，重则抽单，凡交执事不当，必将外欠新陈多寡，还期远近开一清单，同客寮交与接手之人，领到欠户之处，交代清楚，方可脱身，不误常住之事也。一高功，乃随坛作仪，主持法食，大小坛场，步罡上表，迎驾一切朝事，经典法律，科犯威仪，虔洁规模等类，不得轻浮狂燥，违者罚。一

① 任永真著，姚永贵等校印：《三乘集要》上卷，民国丙子（1936）石印本，第 28 页。

② 王士伟：《楼观道源流考》，陕西人民出版社 1993 年版，第 293 页。

③ 《遗山先生文集》卷 35《紫微观记》，四部丛刊初编集部，商务印书馆，第 285 册，第 366 页。

④ 陈垣：《南宋初河北新道教考》，科学出版社 1958 年版，第 41 页。

点造，乃精修神前供献，调理客便饮食，非勤洁之士不可当也，凡中一切食用，皆十方膏脂，必须用度合宜，不可枉费供养，必须洁净，谨记入厨先洗手，对案莫开言，如苦味水供先尝，私造偏食，查出催单。”①《三乘集要·常住费用规定》中有：“一各殿香钱，或散钱自得，上串余数，或自化布施至四串为止，三七叩分，常住得七，一外余钱，尽入常住，如香银零钱至两，至四两为止，每两除殿主茶钱三百文，其余尽入常住。”② 从上述的相关规定可见，全真道十方丛林管理体制对其宫观经济来源的规定主要有：租佃所得、法事所得和香火布施所得，可见，其与传统道教宫观经济的获得方式基本一致，仍然是建立在封建土地经济的基础上，道观依靠封建土地制度获得田产，独立经营增加其宫观经济收入。而从其中对各执事职责的相关规定，也可看出，其对十方丛林制宫观经济的管理也同样分工明确，形成了体系。《律坛执事行为榜》是在道产共有的全真丛林宫观经济特点前提下建立的，其中不仅确定了全真道宫观经济的基本形式，更是对违反全真丛林宫观经济制度的行为做了相关的戒律规定，对于违反全真道宫观经济制度的相关行为，其处罚方式依严厉程度依次为罚斋、抽换和抽单。

从道教的发展史可见，道教教团与宫观经济的兴衰，外在与统治者的扶持、国家宗教管理政策等相关，但就其自身而言，与教团的内部管理制度以及基于宗教信仰产生的戒律规定之约束程度有关。可见，戒律的规定和执行与道教教团的发展密切相关。全真道的宫观是其生存和发展的依托，也是全真道传戒及宣讲教义的场所，是全真道徒宗教信仰活动进行之地，而宫观经济是保证道教宫观正常运营及传戒等宗教活动正常进行的保证，因此，全真道宫观经济对全真道的发展极为重要，在规定宫观经济管理体系的同时制定相关的戒律就十分必要。

三、张良庙宫观经济与十方丛林制度的相容性

清代民国年间的全真道十方丛林陕西留坝张良庙，创办经济实体，并

---

① 任永真著，姚永贵等校印：《三乘集要》上卷，民国丙子（1936）石印本，第 29、26 页。

② 任永真著，姚永贵等校印：《三乘集要》上卷，民国丙子（1936）石印本，第 23 页。

将其作为宫观经济收入的主要来源，而传统的田产地租模式仅为其宫观经济来源的一小部分。张良庙创办的经济实体，具有现代化公司制的管理机构，除历任监院任主管之外，下设八大执事，分工细致，由寮房道人专管具体工作，可见，在张良庙，全真道十方丛林管理体制与现代化的公司管理制度相结合。《律坛执事行为榜》中对十方丛林各执事的相关规定，是建立在全真道十方丛林依靠土地“躬耕自养”的农业经济基础上，在张良庙，其则用于工业经济。可以从社会环境和全真道自身发展趋向来分析十方丛林制与道观创办经济实体是否适应。

道教经历了在隋唐的迅速发展后，南宋金元时期形成了诸多宗派。而至明代，由于失去了统治者的支持，发展缓慢。明中叶之前，在统治者的扶持下，道教正一派发展迅速，而全真道在明代则始终未获得皇权的支持。不仅如此，明代的土地政策，对全真道宫观经济的发展更是产生了影响，明洪武十五年（1382），朱元璋明令禁止僧侣、道士买卖土地；二十七年（1394）更是设钻基道人，以主差税。同时，明代对寺观的土地数量有所限制，并且未对寺观土地实行免除徭役赋税之政策，亦未见统治者的土地赏赐，因此，明代寺观的土地占有较之以前大为减少，建立在农耕经济基础上的全真道宫观经济亦未得到发展。至清代，随着道光元年（1821）清王朝敕令第五十九代天师张钰“停其朝覲，着不准来京”，道教彻底失去了其所依附的上层社会，道观经济逐渐走向衰落。清末的庙产兴学、太平天国运动等都对道教的发展造成了大的影响，其对道教宫观的占有和毁坏使道教宫观经济遭受严重打击。辛亥革命后，传统道教宫观经济发展所依附的皇权和封建土地制度均消亡。五四运动提出的“提倡科学、反对迷信”，对道教的神仙信仰给予了猛烈抨击，道教的发展可谓举步维艰，道教宫观经济更谈不上有所发展。1928 年，民国政府颁布神祠存废条例，民间的道教神祠祭祀受到了严格的限制与规定，道教宫观也被学校、军队等所占据。可见，社会环境的转变，使道教的发展受到了客观限制，道教应寻找新的发展方向以适应社会发展。从宫观经济的角度来看，随着中国资本主义的萌芽，中国的社会经济结构发生了一定的变化，尤其是君主专制制度的灭亡，使中国的政治结构亦发生了重大的变化，迫切需要建立一种新的生产关系与之相适应，产生和依附于封建地主经济的传统道教宫观经济，则明显与之不相适应，因此，道教宫观经济的发展迫切需要寻找一种新的方式。张良庙创办的经济实体，正是社会动荡及转型期的产物，在传统宫观经济收入不能满足道观生存所需的情况下，利用地方社会的有利条件，转变传统的农林经济，发展出道教宫观经济的新型模式——工业经济。

从全真道自身来看，适应社会转型的新的宫观经济发展模式与其教义教制是否相适应，是其存在与发展之关键。《律坛执事行为榜》中十方丛林制和宫观经济之所以适应，主要是传统的宫观经济模式是一种“农林经济”，其与全真道躬耕自养的教义相适应。而工业经济显然背离了全真道躬耕自养的作风，此种情况下，全真道唯有寻找一种行之有效的方法，使两者之间得以适应，使工业经济亦成为全真道宫观经济的一种模式。《律坛执事行为榜》中对监院之规定为：乃常住之首领，道众之宗主。可见，全真道十方丛林制下，监院是道观之首领，统领道观事务。《律坛执事行为榜》中对十方丛林各大执事做了详细规定，各大执事在监院领导之下，分管十方丛林之具体事务。张良庙创建的经济实体，也有一套管理体系，由历任监院总管，在其领导之下，又下设八大执事。对比可知，张良庙经济实体的管理体制，与十方丛林制度基本一致，可以断定，其经济实体的管理模式正是在十方丛林制度的约束下所建立，目的就是使新的宫观经济发展模式不与全真道的管理体制相违背，是宫观经济的发展主动适应全真道十方丛林制度的表现。

张良庙所创办的经济实体中，主要的管理者均为道士，其亦参加一些劳动。对在经济实体劳作的地方民众和流民，制定了相关的管理规定，对道士在经济实体的相关工作也有规定，但与其他劳动力的不同之处在于，其他劳动力的处罚规定主要是经济收入上的处罚，而对参与经济实体管理的道士之违规行为，则仍然是按照《律坛执事行为榜》的相关规定，依其违规行为，处罚方式严厉程度依次为罚斋、抽换和抽单。可见，无论是从对经济实体的管理还是对道士行为的约束，张良庙的相关规定都是按照全真道十方丛林《律坛执事行为榜》的相关规定来施行的，从管理形式和内容上，都主动符合全真道十方丛林制度的相关规定，在张良庙，十方丛林制度与宫观经济新的发展模式达到了一种协调和兼容。

四、小结

本文所论之张良庙，其宫观经济的发展主动符合十方丛林制度，因此不仅宫观经济得到了大力发展，也成为新中国成立前著名的十方丛林，不失为全真道宫观经济发展的典范。可见，全真道十方丛林制度与发展宫观经济之间的兼容性十分必要。全真道十方丛林制度中的相关规定对其发展宫观经济有所规定，允许一定程度上宫观经济的存在，而宫观经济在其发展过程中，主动适应全真道十方丛林制度的相关规定，两者之间达到一种融合，从而使全真道宫观经济的发展不至于脱离其宗教意义，成为一种世俗经济。

作者单位：陕西省社会科学院宗教研究所

基督教与其他宗教论域

宗教对话、理解与宽容如何成为可能

——从利玛窦的联儒抗佛说起

贺璋瑢

明末清初，随着耶稣会传教士的来华，基督宗教开始在中国历史上留下比较明显的“印记”。当时天主教在京畿地区、江南地区与福建地区都有所发展，而且在中国上层社会、士大夫阶层中也得到明显的响应，甚至清初的皇帝如康熙对天主教也还抱着友善的态度。耶稣会传教士之所以有如此建树，与其所运用的“利玛窦策略”即以天主教来附会儒理，“合儒”、“补儒”进而“超儒”密切相关，利玛窦本人自觉地把“儒学化”作为天主教适应中国社会的前提条件，且努力寻找天主教与儒学的可沟通之处。在其《天主实义》中，他提到最多的是中国思想家，如周公、孔子、孟子等，引用最多的是“四书五经”（主要是《尚书》、《诗经》、《礼记》和《易经》等）。[①] 事实证明：以利玛窦为代表的耶稣会传教士所采取的“本土化”的传教策略相当成功，世人也常对利玛窦的传教策略大加赞扬。

笔者在这篇文章中并不想加入对利玛窦的传教策略大加赞扬的“合唱”中（尽管这种“合唱”笔者认为也是必需的，因为利玛窦的“成功”给了我们许多启示）。笔者以为，利玛窦的传教策略和传教实践其实还是有值得再审视或者批评的地方，尤其是利玛窦联儒抗佛的既定方针为天主教在华的发展客观上也带来了不利与负面影响。2012 年恰逢是天主教的梵二会议五十周年，这次会议被公认为天主教开启了与现代世界和不同宗教之间对话、从而走向开放与包容的划时代的事件。作为一名研究宗教的学

① 参见马爱德（Edward Malatesta）所编《天主实义》附录所作的统计。

者，笔者觉得以诚实的态度对利玛窦的传教策略重新加以审视、反省与思考很有必要，因为这种审视、反省与思考或许也能带给我们一些启发，即在这个全球化、强调多元文化的后现代，宗教之间的对话、理解与宽容如何成为可能。

一

可以说，最早进入中国内地的耶稣会士罗明坚、利玛窦等，从一开始就对中国的以儒、道、释为代表的文化传统有一个基本判断，在其看来，这三者中他们最需要联合的是儒家，最不需要放在眼里的是道教，在其看来，道教更接近于巫术而不是宗教，而佛教作为有明确教义教理、有一整套仪礼仪轨和规章制度的宗教则是他们在中国传教的最大对手或障碍。他们对佛教的先入为主的这种判断使其采取了“联儒排佛”、拉一打一的传教策略。

不过，我们得想想，明末来华的天主教的传教士们究竟对佛教有多少了解？这里或许有必要简要回顾一下佛教在欧洲的流传与影响。西方对佛教的了解，可能始于公元前 4 世纪后半叶。著名的怀疑主义者皮浪（？—前 275）曾随希腊马其顿王亚历山大东征随军进入印度，他或有可能把佛教思想带入希腊世界。佛教的造像直接导源于希腊艺术，即犍陀罗艺术①，这已是公认的事实。在早期汉译佛典中也可以发现希腊哲学的影子。20 世纪 90 年代，杜继文先生在他的一篇论文中曾提及，“从巴门尼德的‘存在’论，到柏拉图的‘理念’论，都能看到与有部思想的相通之处。这不单是理论的比较，也有史实作根据。有部的活动中心是犍陀罗和迦湿弥罗，这是希腊化的重点地区之一。公元前 2 世纪初，希腊人曾在这里建立大夏。它的著名统治者弥兰陀王曾用兵恒河流域，是佛教的积极扶植者。现存两个汉译本的《那先比丘经》，就是记述弥兰皈依佛教一事的。

① 犍陀罗地区原为印度次大陆古代十六列国之一，1 世纪时成为贵霜帝国中心地区，文化艺术很兴盛，犍陀罗艺术主要指贵霜时期的佛教艺术而言。因其地处於印度与中亚西亚交通的枢纽，又受希腊、大夏等长期统治，希腊文化影响较大，它的佛教艺术兼有印度和希腊风格，故又有“希腊式佛教艺术”之称。

此经的结构颇特殊，既非用‘佛说’的形式（经），也非署名的论议（论），而是采取问答的方式阐发哲理；它不崇尚戒律和禅定，而突出智慧的作用和智者的地位，这都反映了希腊的风格。此经有巴利文本，而以汉译本部分最为古老，据考证，原文可能是希腊文。在思想上，《那先比丘经》即属于说一切有部。”①

在古希腊之后，西方与佛教的接触与了解似乎鲜有人论及，直到13世纪，西方才有了关于佛教的论述，这就是13世纪时来过中国的威尼斯商人马可·波罗的游记。马可·波罗在游记中记载了他所见到的藏传佛教、汉传佛教以及南传佛教，作为初通文墨的商人，他的记载极其简略和肤浅，他的商人出身令他把几乎全部的注意力都集中在物质财富（欧洲人喜欢波罗的故事。忽必烈汗拥有广大的领土和众多的妻子，那里宫殿金碧辉煌，财富数不胜数，因为说什么都以百万计，马可·波罗先生因而有了个“百万先生”的戏称）而不是在宗教上。但在地理大发现之前，他的游记在欧洲却影响很大。如利玛窦在研究中国与“契丹”的关系时，就多次提到马可波罗及其游记。②

15—16世纪时，随着“大航海时代”的到来，西方的商人、外交官和传教士等随同商船和兵舰大批来到东方，他们把自己的所见所闻以日记、游记、书信或报告等形式传达给西方，要说明的是，这类出版物的作者们在中国的活动区域主要是广东、福建一带，因此其对中国的介绍主要是对中国南方的介绍，又由于这些作者或资料提供者或不懂中文、或在中国时间短，或道听途说的居多，因此这些出版物中的信息许多是片面和错误的，而这类含有许多片面和错误信息的出版物就成为当时欧洲人了解中国或包括佛教在内的中国文化的主要来源。如西班牙籍学者、天主教奥斯丁修会的修士门多萨的《大中华帝国史》的第1卷第2册，内容就涉及中国人的宗教信仰和偶像崇拜、中国人的迷信行为，中国人的生死轮回报应论等。由于信息的不准确，加之天主教的传教士们囿于其护教的立场，对基督宗教以外的宗教一概视之为“异教”，利玛窦等对佛教采取轻蔑和排

---

① 杜继文:《中国佛教的多民族性与诸宗派的个性》，《中国社会科学》1990年第11期。

② 刘俊徐、王长川合译:《利玛窦全集（2） 利玛窦中国传教史》（下），台北光启出版社1986年版，第481页。

斥的态度就不足为怪了。

或许正因为以上原因，罗明坚和利玛窦从一开始就对佛教没有好感，但因传教之需要，他们又不得不要借助于佛教所提供的方便。刚入广东肇庆时，罗明坚和利玛窦削发剃须，穿上了和尚们的袈裟，这明显是受到范礼安（Alessandro Valignano,1538—1606）在日本传教经验的影响。范礼安曾指示传教士穿上僧服，因为他在日本如此行曾受到高度尊重。

1583 年，当罗明坚和利玛窦一行来到广东肇庆时，耶稣会士的“无家室”之累很容易使中国的官员和百姓们将其等同于佛教的和尚，为了打开在中国内地传教的局面，罗明坚和利玛窦也乐得配合当地官员和百姓对其的误解，佛教最初也给他们带来了实际的便利，肇庆当地的知府王泮把他们安排在与佛教寺院天宁寺相通的一座住所里居住。当他们在肇庆建造了教堂和住处后，王泮特送来两块牌匾，一块刻有“仙花寺”，另一块刻“西来净土”。据利玛窦的书信，当神父们在肇庆的临时住所对公众开放时，前来访问的人除了官员、学者和普通百姓之外，还有“崇拜偶像的人”。[①] 无疑，这“崇拜偶像的人”中就有不少佛教信徒，于是来访者当中有人在神父的住所里上香，免灾祈福，也就不是什么奇怪的事了。由此可见，肇庆的官员和百姓都把这些西来和尚们的宗教与佛教混为一谈了。

后来利玛窦渐渐发现，他们外表上的和尚装束，实际上对其传教工作并没有什么实际的好处，因为这种装束不便于同中国官方和文人学者交往。经过肇庆几年的观察，利玛窦认为佛教的僧众在中国人尤其是官吏心目中地位低下，当利玛窦对中国的儒家传统有一定的了解之后，他就决定不管是在内心还是在外表上都要极力向儒家靠拢，而与佛家划清界限了，何时放弃这身“和尚装束”只是时机问题了。

1589 年，利玛窦一行被迫从肇庆来到韶州（即今天的韶关），韶州方面的官员将其落脚点安排在著名的佛教圣地南华寺（南华寺是中国佛教名寺之一，是禅宗六祖慧能弘扬“南宗禅法”的发源地，当时就已有建寺千多年的历史了）。南华寺最初对其表现出友好的姿态。令人遗憾的是，南

---

① 刘俊徐、王长川合译：《利玛窦全集（1） 利玛窦中国传教史》（上），台北光启出版社 1986 年版，第 136 页。

华寺僧人的友好接待却遭到了利玛窦的冷遇。如利玛窦记述道，南华寺的僧人们“全身披上整齐的法衣，佯装着很高兴他到来，前去迎接他，把这些地方指给他们看。他们彬彬有礼地把整个寺院交给他，向他保证寺里的一切都归他处置……抵达的当天，他就被飨以盛宴，然后又被引导游览寺里的名胜……寺里的僧官还把六祖的尸身指给他们看……对于寺里的居住者来说，最怪的事似乎莫过于神父们并不礼敬他们的偶像”①。从这些字里行间不难看出南华寺的僧人们对利玛窦到来的示好。

利玛窦对南华寺僧人的示好并不领情，他坚持另觅地方建造教堂，他对韶州有关官员解释说，“寺院似乎根本不适合他们居住。它离城太远，也离知识阶层和官员们太远，而他们习惯于生活在这些人当中，犹如在他们同侪之中一样。他解释说，这些寺里的和尚声名狼藉，跟他们住在一起很不安全，他的教规和有关教规的书籍也和他们的全然不同。然后他补充说：‘我们不信奉偶像，我们只信奉天和地的唯一真神。’”②

利玛窦后来在韶州光孝寺旁边买地建屋，光孝寺的和尚们在其购地交涉期间也给予了热情的照应，但利玛窦似乎对此也表现出了冷淡与漫不经心。最初，当地的僧人们对利玛窦一行的无礼并没有心怀芥蒂，1591 年当神父麦安东在韶州逝世时，前来参加葬礼的人还有不少当地的佛教僧侣，他们都为死者服丧致哀。渐渐利玛窦对当地僧人的无礼、不友好与心怀戒心引起了僧人们的不满，1592 年 6 月，有赌徒突袭了神父们的住所，利玛窦后来在致罗马总会长的信函中明确提及，住在临近的光孝寺的和尚们至少知道这个阴谋，他们曾叫邻人不要施救。③后来罪犯的家属们趁巡按御史到访之际，掀起了一场集体告状活动，意图把神父们从韶州赶出去。而他们密谋和聚集的地方竟是一座寺庙的神像前。④

---

① 利玛窦、金尼阁:《利玛窦中国札记》，何高济、王遵仲、李申译，何兆武校，中华书局 2005 年版，第 238 页。

② 利玛窦、金尼阁:《利玛窦中国札记》，何高济、王遵仲、李申译，何兆武校，中华书局 2005 年版，第 239 页。

③ 参阅罗渔译:《利玛窦全集（3） 利玛窦书信集》（上），台北光启出版社 1986 年版，第 127 页。

④ 参阅罗渔译:《利玛窦全集（3） 利玛窦书信集》（上），台北光启出版社 1986 年版，第 134 页。

聪明的利玛窦虽没有采取过激的反应，但他心里一定对此有自己的看法和判断。

1595 年，在其中国友人瞿太素的建议下，利玛窦决定重新蓄发留须，身着儒装，真正以“西儒”而不是以“西僧”面目来示人了。他说：“我们决定彻底放弃迄今为止我们在这个国度中一直使用的僧侣的名字。在他们看来，僧侣就像是修士；但是，地位低下。……僧侣信奉的异教……是没有念过书的穷人中最卑微的。”他还说：“任何有身份的人都不会同僧侣们十分亲近的。”① 利玛窦以“西儒”面目示人的决定标志着以耶稣会士为代表的天主教传教士与佛教僧侣的正式决裂，这种决裂使得天主教与佛教的关系实质上进入了相互对抗之阶段。

也就在这一年，利玛窦又去到了南昌，后来又先后去到南京与北京等地，在其所到之处，他与佛教的僧人们之间都有过或多或少、断断续续的交道，而这种“交道”对其双方来说都是一种不愉快不友好的经历。如他在南京曾与佛教人士有过两场公开辩论，第一场辩论在他和年过七旬的佛教居士李汝祯（李是京城御史之一，以道德和学问兼优闻名）之间展开，利玛窦本想争取李汝祯皈依天主教，“在他们的第一次辩论中，利玛窦神父逼得他不得不承认，偶像崇拜就像是一个半好半烂的苹果一样，人们可以接受其中好的部分而抛弃其余部分”。② 这场辩论的结果是不欢而散。

在李汝祯的安排下，利玛窦和当时著名的佛教禅师雪浪大师黄洪恩（即三淮）之间展开了第二场公开辩论，利玛窦认为三淮“同那些由于懒散无知而声名狼藉的一般寺僧大不相同。他是一位热情的学者、哲学家、演说家和诗人，十分熟悉他所不同意的其他教派的理论”。③ 利玛窦留下了一份十分详尽的关于这场辩论的记述资料，他说当时他和三淮“就宗教问题进行了一场争论……利玛窦和三淮就创造的含义以及人类头脑在这创

---

① 利玛窦：《利玛窦中国书札》，芸娸译，宗教文化出版社 2006 年版，第 15 页。

② 利玛窦、金尼阁：《利玛窦中国札记》，何高济、王遵仲、李申译，何兆武校，中华书局 2005 年版，第 363 页。

③ 利玛窦、金尼阁：《利玛窦中国札记》，何高济、王遵仲、李申译，何兆武校，中华书局 2005 年版，第 365 页。

造过程中所发挥的作用进行论辩，争论愈来愈激烈，大部分时间两个人都是相互大声叫骂，面红耳赤”。① 据利玛窦的记述，当三淮在辩论中处于下风时，“那位名僧力图掩盖自己的无知，便鼓动另一场大嚷大叫，把他的论点的价值付之于随之而来的喧嚣。最后，东道主担心有人出言不逊会伤害这一方或那一方，就结束了这场辩论……宴会结束以后，只有那位僧人不肯承认失败，尽管所有的人都一致认为他失败了”。② 当然，利玛窦自认为上述这两场辩论都是自己取得了胜利。

显然，单从利玛窦的记录来看，双方都是从护教的心态出发，竭力贬低对方的教义或理论以此来证明自己信仰的优越，而没有尽量尝试理解对方信仰的思想体系。显然，双方讨论的是什么内容已经不重要，重要的是利玛窦参与这场辩论的动机不是为了了解和学习佛教，而是为了护教。这就使得双方都是自说自话。

1601 年，利玛窦终于如愿来到了北京，他在北京的主要任务除了结交官员和士大夫之外，就是著书立说，用文字来宣传天主教和攻击佛教。也就在同一年，其《天主实义》在北京重刻出版。著名的晚明四大高僧之一紫柏真可（即达观）先他一年即 1600 年也来到北京，1602 年，京师掀起一场攻击狂禅的运动，思想性格颇受佛学浸染，晚年遁入佛门的李贽因“敢唱乱道，惑世诬民”而锒铛入狱，并在狱中以自杀殉志。李贽对天主教传教士持相当友好的态度，曾三次面唔利玛窦，并题《赠利西泰》诗一首，对之盛赞有加。作为李贽的朋友的利玛窦对此并没有流露出半点哀伤，反而幸灾乐祸之情溢于言表。③

第二年，即 1603 年，紫柏因遭诬陷涉嫌宫廷罪案入狱并也罹难狱中。利玛窦与紫柏同在京师的时间仅两年左右，这二人虽都彼此知道对方的大名，但从未谋面。根据利玛窦的说法，二人之间还有过一段“不愉快”的

① 史景迁：《利玛窦的记忆之宫——当西方遇到东方》，陈恒、梅义征译，上海远东出版社 2005 年版，第 343 页。

② 利玛窦、金尼阁：《利玛窦中国札记》，何高济、王遵仲、李申译，何兆武校，中华书局 2005 年版，第 367 页。

③ 参见刘俊徐、王长川合泽：《利玛窦全集（2） 利玛窦中国传教史》（下），台北光启出版社 1986 年版，第 374 页。

经历。据利玛窦说，紫柏曾以十分傲慢的态度对待他，他曾派人送信给利玛窦，说“他想会见利玛窦神父，如果神父也能像某些官员那样，先去拜访他并屈膝参见他的话”。① 而利玛窦也以牙还牙，当即告诉送信的人，说“他不想跟他学任何东西，但是如果他达观想学点什么，那么欢迎他来学。利玛窦的意思是，最好避免和这个人的卑贱阶层有任何接触。这个大骗子的傲慢简直无法容忍。他在撒旦的学校里还能学到别的什么呢？诚实的人是受不了这些的”。② 在紫柏在狱中圆寂后，利玛窦用带有几分嘲讽与刻薄的语气写道：“他死后，他的名字成了那些枉自吹嘘不怕肉体受苦的人的代号；但是他忘记了自己的吹嘘，当他挨打时他也像其他凡人一样地呼叫。官员有令，他的尸体不得收葬。他们怀疑他只是装死，他可能施展这样那样的诡计逃脱。他们简直不能相信他一挨鞭子就死掉了。”③ 从利玛窦对紫柏的上述只言片语中，不难看出他对当时佛教领袖人物的鄙视态度。

二

人们不难发现利玛窦著述中对佛教的指斥和批判的文字，这些文字主要集中在他的两部重要著作，亦即《利玛窦中国札记》和《天主实义》中，《札记》一书共分五卷，在第一卷第十章“中国人的各种宗教派别”中对佛教有专门介绍；《天主实义》则是利玛窦用功最勤、最为处心积虑之作。此书从初稿到刊刻长达十余年之久，在此期间，他都在不断修改完善这部书稿。由于篇幅所限，笔者在此并不打算就利玛窦这两部著作中对佛教的指斥和批判作全面介绍，仅撷取与本文的“宗教对话、理解与宽容”之关联的几点而阐述之。

---

① 利玛窦、金尼阁：《利玛窦中国札记》，何高济、王遵仲、李申译，何兆武校，中华书局 2005 年版，第 438 页。

② 利玛窦、金尼阁：《利玛窦中国札记》，何高济、王遵仲、李申译，何兆武校，中华书局 2005 年版，第 438 页。

③ 利玛窦、金尼阁：《利玛窦中国札记》，何高济、王遵仲、李申译，何兆武校，中华书局 2005 年版，第 439 页。

其一，利玛窦缺乏对佛教的平视与尊重。他认为，天主教比佛教的历史更悠久，也更为优越。佛教中的诸如“天堂”、“地狱”等概念显然是从天主教那里剽窃而来的，进而武断地否认佛教作为一种宗教的独立性。他在《天主实义》第三篇中写道：“天主教，古教也。释氏西民，必窃闻其说矣。凡欲传私道者，不以三四正语杂入，其谁信之？释氏借天主天堂地狱之义，以传己私意邪道，吾传正道，岂反置弗讲乎？释氏未生，天主教人已有其说。”①

在《札记》一书中，利氏确切地指出佛教是耶稣纪元65年（即东汉明帝永平八年）由天竺传入中国的，而这一时期“正和使徒们传播基督的教义是同一个时期。巴多罗买（Bartholomew）在上印度（Upper India）——即在印度斯坦及其邻近国家——传道，同时多默（Thomas）正在下印度把福音传向南方”。据此，利玛窦断定“中国人听说过基督福音书中所包含的真理，受到感动而发生兴趣，想要接触它并向西方学习它；这并不是超出可能范围以外的事。然而，或是由于他们使臣方面的错误，或是因为他们所到国家的人民对福音的敌意，结果中国人接受了错误的输入品，而不是他们所追求的真理”。② 这个“错误的输入品”指的是佛教，而此处的“真理”当然是指基督宗教了。这一贬一褒就充分说明了利玛窦的护教和贬斥佛教的立场。

利玛窦还认为在佛教的教义“有些概念是从我们西方哲学家那里得来的”。他举例说，印度人承认四元素说；而轮回说，则“听起来很像毕达哥拉斯（Pythagoras）的学说，只是他们加进了很多解说，产生了一些更糊涂、更费解的东西。这种哲学似乎不仅是从西方借来的，而且实际上还从基督教福音书中得到了一线启发”。③

当然，他也注意到了天主教与佛教的相似性。他竟然认为，“在被人们称为佛教与道教的不同教义的基本主题中，都含有对基督教三位一体的

① 朱维铮主编：《利玛窦中文著译集》，复旦大学出版社2007年版，第26页。

② 利玛窦、金尼阁：《利玛窦中国札记》，何高济、王遵仲、李申译，何兆武校，中华书局2005年版，第106页。

③ 利玛窦、金尼阁：《利玛窦中国札记》，何高济、王遵仲、李申译，何兆武校，中华书局2005年版，第106页。

拙劣模仿，亦即把把三个分离的神混为一体”。① 佛教强调善恶报应，以及僧人们的独身、朝圣和乞求布施。他还提及佛教的“一些非宗教的礼节在某些方面，和我们教会的仪式很相似，例如说他们唱经和我们格里高利的唱经没有什么差别。他们的庙宇里也有塑像，他们献祭时所穿的袍服也和我们的差不多”。②

利玛窦对佛教僧人的评价却是很低的，他认为在“这种寺院特殊作奴仆的阶层被认为是，而且也的确是，全国最低贱和最被轻视的阶层……他们由作奴仆而成为弟子，以后再接替师父的位置和津贴。人们采用这种继承的办法以便保持职位。但他们里面绝没有一个人是心甘情愿为了过圣洁生活而选择了参加这一修士的卑贱阶层的。他们也和师父一样既无知识又无经验，而且又不愿学习知识和良好的风范……所以他们天生向恶的倾向就随着时间的推移而每况愈下……虽然这个阶级不结婚，但是他们放纵情欲，以致只有最严厉的惩罚才能防止他们的淫乱生活……虽然他们的卑鄙无耻是出了名的，但这并不妨碍有很多人请他们帮忙帮丧事”。③

其二，利玛窦对佛教的有关教义与观念嗤之以鼻，作出了居高临下的独断式的判定与论断，并将佛教斥责为邪教。如“不管他们的教义中可以有怎样的真理之光，但不幸却都被有害的谎言所混淆了。他们对天和地的观念以及说天地是惩恶奖善的地方等等，都是十分混乱的；他们无论在天上或地上，都从不寻求死者灵魂的永生，这些灵魂被认为过一些年之后就重新诞生在他们所假定的许多世界中的某一个世界里。在那里，如果他们想要弥补罪过的话，就可以为自己过去的罪恶赎罪。这只不过是他们所用以影响这个不幸国家的许多荒谬的学说之一”。④

利玛窦在《天主实义》第二篇里，着力批判了佛教的空的理论以及从

① 史景迁著，陈恒、梅义征译：《利玛窦的记忆之宫——当西方遇到东方》，上海远东出版社 2005 年版，第 159 页。

② 利玛窦、金尼阁：《利玛窦中国札记》，何高济、王遵仲、李申译，何兆武校，中华书局 2005 年版，第 106 页。

③ 利玛窦、金尼阁：《利玛窦中国札记》，何高济、王遵仲、李申译，何兆武校，中华书局 2005 年版，第 108—109 页。

④ 利玛窦、金尼阁：《利玛窦中国札记》，何高济、王遵仲、李申译，何兆武校，中华书局 2005 年版，第 107 页。

空无当中产生万物万事的说法，“佛氏谓色由空出，以空为务”；利玛窦不解佛教关于万物之间普遍联系、平等起源的缘起思想，因而对佛教的缘起性空之理论作出了独断式评价，即“曰无曰空，与天主理大相刺谬，其不可崇尚，明矣”。①

利玛窦对佛教的灵魂与业报轮回的观念进行了最为详尽的批判。他的《天主实义》第五篇的标题是“辩排轮回六道、戒杀生之谬说，而揭斋素正志”。他列举了六条理由，与佛教的业报轮回观念针锋相对。即一，如果灵魂可以轮回，迁转来世他身，“或为别人，或为禽兽，必不失其本性之灵，当能纪念前身所为，然吾绝无能记焉，并无闻人有能记之者焉，则无前世，明甚”；二，如果前世罪人转为今世禽兽，使今世禽兽具有人魂，那么，今日禽兽之魂与前世禽兽之魂不同。“然吾未闻有异也，则今之魂与古者等也。”三，魂有三品，人与禽兽、草木各有不同之魂，唯有人类之魂“视其独能论万物之理，明其独有灵魂休矣。而佛氏云禽兽魂与人魂同灵，伤理甚矣”。四，人与禽兽体态不同，“则其魂亦异……既知人之体态不同禽兽，又安能与禽兽相同哉！故知释氏所云人之灵魂，或讬於别人之身，或入於禽兽之体，而回生于世间，诚诳词矣”。五，“夫云人魂变兽，初无他据，惟疑其前世淫行曾效某兽；天主当从而罚之，俾后世为此兽耳。然此非刑也，顺其欲，孰为之刑乎……”，若将前世罪人变为今世禽兽，并不能起到惩恶之效，反而顺肆其欲，更生恶端，如“暴虐者常习残杀，岂不欲身着利爪锯牙，为虎为狼，昼夜以血污口乎……故轮回之谎言荡词，於阻恶劝善无益，而凡有损也”。六，轮回之说废农事畜用，乱人伦。“谓人魂能化禽兽，信其说则畜用废。谓人魂能化他人身，信其说将使夫婚姻之礼，与夫使令之役，皆有窒礙难行者焉?”如果我们所杀或所役使之牛马是父母的前身，那我们怎能忍心为之？忍心为之则乱人伦，不忍心为之则废日用农事。又诚依轮回之说，若我们所娶嫁之人或役使之人竟是我们的前世父母，“此又非大乱人伦者乎”？②从上述文字中不难看出，他过于简单地理解佛教的轮回观，也无法去思考此种观念背后的道德

① 朱维铮主编：《利玛窦中文著译集》，复旦大学出版社 2007 年版，第 15 页。
② 朱维铮主编：《利玛窦中文著译集》，复旦大学出版社 2007 年版，第 49—52 页。

寓意，因此，他的论断就显得有些武断。

针对佛教的戒杀，利玛窦也提出了异议。“他完全反对佛教徒用灵魂转生论散布动物与人类一样，是同属一体的地球上的生物，从而应当忌食动物产品的教义。利玛窦力图说明，只能把斋戒看作一种修行补赎的方式，它使人们铭记自己之罪，能在头脑中一直对自己躯体与意志的脆弱保持警戒。”① 在1605年发表的《畸人十篇》中，利玛窦坚持认为为赎罪而斋戒是正当的，他重申了对佛教徒提倡斋戒的前提进行了驳斥。

其三，利玛窦对佛教的修行方法也进行了批评。利玛窦认为，佛教的“顿悟成佛”、诵念成佛等修行方式太过简便易行，难免会导致善有恶报、恶有善报的不合理结局，使人们对今世积善、来世得福缺乏真诚信念，助长人类天性中为恶的倾向。他说：“呼诵南无阿弥陀佛，不知几声，则免前罪，而死后平吉，了无凶祸。如此其易，即可自地狱而登天堂乎？岂不亦无益于德，而反导世俗以为恶乎？小人闻而信之，孰不遂私欲，污本身，侮上帝，乱五伦，以为临终念佛者若干次，可变为仙佛也。天主刑赏，必无如是之失公失正者。”② 在其看来，若真如此，则宗教扬善去恶、救世济人的意义则会顿失。

利玛窦对佛教的上述攻击引起了佛教僧人与信众的不满，一位名叫虞淳熙的佛教居士学者“在经过一定时间的准备之后，通过书信对利玛窦的观点作了回击，他质问利玛窦，为什么不花点心血对佛教经典著作做仔细研究，而就对佛教进行诽谤？为什么他自视有权对接受了佛教影响的几代受人尊敬的儒家学者们进行谴责？他指出，无论如何，从利玛窦在中国发表的著作来看，佛教与基督教在道德的其他领域在相当大的程度上是重合的。虞淳熙还给利玛窦寄去一份中国佛教基础著作的阅读目录表。他认为，这会使利玛窦对事情的本质有一个更加清楚的认识”。③

实事求是地说，虞淳熙的“质问”和他的两个“为什么”是合情合理的，

---

① 史景迁：《利玛窦的记忆之宫——当西方遇到东方》，陈恒、梅义征译，上海远东出版社2005年版，第341—342页。

② 朱维铮主编：《利玛窦中文著译集》，复旦大学出版社2007年版，第53—54页。

③ 史景迁：《利玛窦的记忆之宫——当西方遇到东方》，陈恒、梅义征译，上海远东出版社2005年版，第341—342页。

而他主动提供中国佛教基础著作的阅读目录的做法也是善意的，说明他至少希望利玛窦在对中国佛教有基本的了解后再作评判。利玛窦并没有接受虞淳熙的建议，他给虞淳熙复了一封相当长的信，阐释天主教与佛教之间根本宗旨上的对立，并深信佛教违背了“十诫”的第一诫即拜偶像。虞淳熙则把自己的两封原信和利玛窦的复信一同交给了他的师傅、明末江南著名的佛教禅师云栖袾宏，而云栖袾宏此前或已阅读过《天主实义》与《畸人十篇》等书，他告知虞淳熙，利玛窦的论证过于浅薄，不值得答复反驳。他说：“然格之以理，是浅陋可笑。而文亦太长可厌。”[①] 至于利玛窦的书信文笔，却远远比他发表过的著作高雅得多，这很可能是一位中国学者替他写的。云栖袾宏显然有小觑利玛窦之意，他也低估了利玛窦的宏愿、勇气与才华。

三

由上可见，利玛窦对佛教并没有进行深入的研究，他对佛教的理解与认识是贫乏肤浅的，可谓是一知半解，且多有误解，甚至可以说他对佛教的理解仅限于一般民间佛教信仰，其批评也多非理性。而他对佛教的批判则是一种直观的、不深入的、简单地以天主教的立场为基点的居高临下的批判，在这种批判中没有聆听，没有对话，更没有贴近的理解和宽容。我们今天站在21世纪的高度来看待问题的话，或许我们能从利玛窦的“联儒抗佛”中反思到以下几点：

第一，从利玛窦“联儒抗佛”的策略来看，未必是最佳的传教策略，“联儒抗佛”从表面上看有合理性，因佛教作为一种宗教和天主教的分歧是明显的，既然是不同的宗教，肯定就有竞争，利玛窦对佛教的责难和批判，当然是出于护教的立场。这就是为什么利玛窦适应中国传统的策略曾遭到天主教其他修会的激烈反对，但在对佛教的认识及其对此所持的态度却是一致的。利玛窦对中国佛教的“建构”和理解构成了其他传教士心目中的佛教观的理论基础和基本判断。

---

① 云栖袾宏：《云栖法录》。

以利玛窦为代表的天主教传教士显然没有注意这样一个事实：当他们远涉万里来中国传教时，佛教在中国已有千多余年的历史，并且已经成为了一个地地道道的中国宗教了。佛教在这段历史长河中已成为中国文化传统中不可分割的组成部分，它在中国大地上的被接受和“中国化”，使得它成为中国儒释道三教中的其中一个“道统”，丰富的佛教哲学与伦理思想已经渗透到包括了儒学和道教在内的中国文化的骨髓和命脉中，佛教的文化基因已经广泛存在于中国的上至士大夫、下至平民百姓的血液和生命中，利玛窦的联儒抗佛之策略，大有拆散中国三教和合正统的态势，其对佛教的不尊重、不理解与对抗，更容易促使具有反天主教情绪的文人士大夫与佛教居士、僧人结为同盟，从而对天主教在中国的传教事业造成负面和不利的影响，这种负面和不利的影响在利玛窦时期由于其为人处世的圆通和周详还不太明显，当利玛窦去世后，这种负面和不利的影响就越来越明显了。继任耶稣会在华传教的负责人龙华民认为应该扫除一切阻碍天主教真理的因素，为此他采取了直接深入到民间，且采取简单和不加掩饰地与包括佛教在内的中国文化传统相对立的传教方法，加之天主教的其他修会也是如此，最后导致了礼仪之争与天主教的退出中国，也从而导致了晚明以来的基督教与中国宗教对话的全面失败。

其实，宗教对话产生的前提首先是承认对方宗教的价值及独立性，任何一种宗教都不是真理的高大全本身，也不能完全垄断真理。如果把自己的宗教凌驾于对方宗教之上，相信只有自己所信仰的宗教才拥有真理和绝对的权威，那么这样只能招致对话的失败。

第二，佛教作为一种宗教与天主教的相同之处其实比天主教和儒家的相同之处要多得多，如同前面提到过的晚明佛教居士学者虞淳熙所言，“佛教与基督教在道德的其他领域在相当大的程度上是重合的”。况且佛教中的禅宗，是佛教中国化的产物，禅宗和儒家之间的关系和内在联系也是不言自明的，只是外来的传教士们对此看得不明白而已。传教士们若是能以对待儒家的态度，即先虚心学习，对佛教作一番深入的了解，然后找到切合点，或许能更好地适应中国文化与宗教生态环境。

第三，以利玛窦为代表的天主教传教士在晚明中国的“抗佛”说明其思维方式及方法论仍局限在西欧中世纪的传统神学框架之内，自然也不可能超出他们固有的时代来进行各宗教间的比较研究。他们认定只有天主教才掌握了全部的真理，乃是唯一的普世宗教，并以此为尺度来责难其他宗教，他们有他们的时代局限性。当然，宽容精神是一种现代精神，也是现代文明的核心原则之一。我们不能苛求五百年前的人。只是五百年后的时代已经是全球化、后现代的时代了，如今强调的是各民族、各种文化的多样性，强调的是宽容和理解。不同的文化、不同的宗教之间依然有竞争，但这种竞争不一定是你死我活的竞争，也可以是相互了解后的理解、宽容基础上的竞争。而且就宗教而言，各个宗教之间可能最需要的是对话和沟通，理解和宽容。

对话和沟通，理解和宽容应该成为当代人的生活方式和常识，人与人之间是如此，国与国之间是如此，在对话和沟通的基础上达成的是相互之间的理解，在理解的基础上才能和平共处。1962 年 10 月 11 日，在教宗若望二十三世主持下，梵蒂冈第二届大公会议在罗马圣彼得大教堂正式揭幕，这次会议历时三年，举行了四期集会，即为梵二大公会议。这次会议的召开乃天主教因应“时代的征兆”，在新的历史时期对自身的一次重新认识，就在这次会议上，天主教决定向现代世界开放，提出了“与时代共进”（Aggiornamento）的口号。会议邀请了东正教和新教的代表列席旁听，这是此次会议的亮点之一。要知道：自从东西教会大分裂，天主教就与东正教少有来往。同时自从宗教改革、新教分裂出去之后，一直被天主教看作异端邪说。东正教和新教的代表列席旁听不能不说是一个重大的进步，显示出教廷开放的胸襟和改革的决心。这次会议努力回答的问题之一就是：天主教信仰与世界上的其他宗教信仰的关系，如天主教与其他基督宗教的关系、与非基督宗教的关系、与犹太教的关系，与无信仰者的关系等等。梵二大会会议不再把天主教会等同于世界上唯一的真教会，也修改了过去一味强调的“教会之外无救恩”（即天主教把握着全部和绝对的真理，不加入天主教会，就不可能获得灵魂的拯救。天主教一直把“教会之外无救恩”当作对待非基督徒、东正教徒和新教徒的定则甚至信条）的教条，并开始承认其他的宗教并不在拯救历史之外，而在拯救历史之内，别的宗教也反映了“真理之光”。“天主公教绝不摈弃这些宗教里真的圣的因素，并且怀着诚恳的敬意，考虑他们做事的生活方式，以及他们的规戒条与教理。这一切虽然在许多方面与天主公教所坚持、所教导的有所不同，但往往反映着普照人类的真理之光。”[①] 这就等于宣告了“教会之外亦有救恩”。在梵二大会会议通过的三项宣言中，其中一项就是《信仰自由宣言》。

梵二大会会议之后，天主教对其他宗教和基督宗教内部的宗派更加包容，开始注重宗教的对话，梵二大会会议标志着天主教会从传统的自我中心的独断式思维中走出来，向世界开放，不再以居高临下、而是以平等和对话的姿态来处理与其他宗教的关系，这表明了天主教的与时俱进，以及教会在现代性语境中对自我的重塑，更表明天主教的最上层已经承认这个星球的宗教生态的多样性，复杂性，并愿意与不同的宗教对话，求同存异，和而不同，寻求相互的包容与理解而不是冲突。五十而知天命，在梵二大会会议五十年后的今天，我们梳理它的精神和思想原则，对于在我们这片土地上构建和谐的宗教文化生态环境应该有不言而喻的作用和意义。

中国的天主教会是否也需要反省历史，反省自己在中国这片大地上与其他的宗教之间的关系，从而创造性地开拓与包括佛教在内的中国文化的融合呢？当年利玛窦提出“联儒抗佛”时是从传教策略上来考虑的，但实践证明效果并不好。如何更好地与中国其他宗教相处，今天仍是基督宗教要解决的重要课题。当然，也不止基督宗教，佛教是否也需要同样的反省呢？如此，宗教对话、理解与宽容才成为可能……

作者单位：广州华南师范大学历史文化学院

① 《天主教梵蒂冈第二届公会议文献》，上海光启社 2005 年版，第 470 页。

Religions and Society: A Whiteheadian Invitation to Multi-traditional Inquiry

Jeremy Hustwit

One of the chief mistakes of Western religions in the past 300 years has been to isolate themselves from criticism; warding against from what are perceived to be hostile elements in the sciences, politics, and culture in general. American philosopher Alfred North Whitehead saw this isolation as both wasteful and damaging. Religions, Whitehead argues, must challenge and be challenged by other areas of discourse, especially the sciences and other religions. For religions, along with the sciences, arts, and other forms of experience, each hold a unique insight into the world we all share.

Whitehead's own works give many definitions of religion. It is "a system of general truths," ① "what the individual does with his own solitariness," ② or "individuality in community," ③ and "a conscious longing that the immediate facts of existence be justified in the nature of existence." ④ If we look at both the philosophical approach underpinning all these definitions, it turns out that religions, according to Whitehad's thinking, will always have four traits. Religions are always 1) mediated, 2) incomplete, 3) metaphysical, and 4) public.

---

① Alfred North Whitehead, *Religion in the Making* (Cambridge: Cambridge University Press, 2011), p.15.

② Ibid., p.16.

③ Ibid., p.88.

④ Ibid., p.85.

Each of these four traits will help us properly locate religion amongst its complex web of relations within a society.

Mediated: An Invitation to Humility

One of Whitehead's most basic metaphysical categories is that of subjective experience. Human rituals, doctrine, and institutions all unfold from an origin of personal religious experiences. The prime explanation for religions must be in terms of experience, e.g. dimly apprehended intuitions of sacredness. The metaphysical vocabulary employed by Whitehead to explain the structure of experience is complex and notoriously difficult. What follows is a simplification of Whitehead's (in) famously complex metaphysics. Whitehead speculates that contrary to the dominant intellectual model in the West since Aristotle, the world is not made up material substances, which are extended in space and endure through time. Instead, reality is composed of many causally related, serially ordered, atomic moments of experience.① Each occasion of experience is composed of a number of feelings, or prehensions. Some prehensions are consciously felt, but most occur prior to the emergence of consciousness in a given actual occasion.② So, for example, the object we refer to as a "pebble" is, according to Whitehead, an aggregate of experiential events called "actual occasions," each of which persists for an incredibly brief duration (in fact indivisibly brief), and then perishes as a subsequent event arises, "feels" the past, and adds its own experience to it—a process Whitehead calls "concrescence." The same description more or less applies to the events that make up squirrels, human beings, planets, and everything else.

Every actual occasion begins by feeling the entirety of the past universe—every characteristic of dogs, cats, quasars, gods and demons. This vast collec-

---

① Alfred North Whitehead, *Process and Reality*, Revised and corrected edition, eds. David Ray Griffin and Donald Sherburne (New York: The Free Press, 1978), pp.35-36, 89-96.

② Ibid., pp.215-243.

tion of data is neither exclusively physical nor mental. They are generically experiential. Similarly, when the various data of the universe are initially felt, they are inextricable from each other, felt as a whole. This primordial unity of feeling is significant because it points out that for humans, religious sentiment and scientific observation are born together—there is no difference of kind between them. Whitehead rejects the dualism that science observes physical realities while religion deals with the vagaries of mind or spirit. Likewise, he rejects a dualism based on perceptual priority. Both religious and scientific experience stem from what Whitehead calls the "physical prehension" of the universe.① If there is conflict between science and religion, it is a sibling rivalry, for those experiences are born together as brother and sister.

The complicated bit is that after the initial prehension, those brother and sister data are interpreted in various ways: distorted, valued up or down, and abstracted from each other. Every individual actual occasion, whether an individual molecule or human person, selectively emphasizes the initial data differently. So we have an interesting tension when it comes to experience. On one hand, all data that inform our experience are of the same kind, and are only subsequently divided by consciousness into categories of "religion," "science," "art," and so on. There is a pre-conscious unity to our experience. On the other hand, consciousness, which only appears in the latest stages of concrescence, only knows the already divided and evaluated universe; the whole has already been chopped into pieces before consciousness emerges to understand it. Whitehead thus warns against the "fallacy of misplaced concreteness," which occurs when one gives too much credence to these artificial distinctions.② This mistrust of arbitrary distinctions is shared by many Daoist thinkers as well:

> It can be compared to a dam ten thousand miles in

---

① Alfred North Whitehead, Process and Reality, Revised and corrected edition, eds. David Ray Griffin and Donald Sherburne (New York: The Free Press, 1978), pp238-239.

② Ibid., pp.7-8.

> height. It has gushing, gurgling streams beneath. Looking down they all seem turbid and confused; looking closer there are countless sand grains on the bottom. obscure in the extreme, utterly undifferentiated, we don't know where they come from... ①

The selecting and distinction-making action of concrescence means that the world, as it appears to our consciousness, is not necessarily the world *as it is in itself*. This has profound consequences for Whitehead's understanding of religions, both for the individual, and institutions that manifest in history as well. For neither can be certain of their own naïve perceptions.

So, data from the universe are doubly distorted, first by the metaphysical process of concrescence itself, and subsequently by communicating experiences in the medium of language, which, as symbolic, is always ambiguous. The result is that it is metaphysically impossible for any single religious individual or institution to have a monopoly on the truth. The universe as a whole is refracted through countless subjectivities, each one simultaneously serves as a vector for partial truths, but also a source of distortion. The important and sometimes difficult implication of this is that multiple religions may have equivalent participation in a larger truth, despite obvious disagreements.

Incomplete: An Invitation to Tolerance

If actual occasions refract rather than reflect the structure of reality, then it follows that no religion, distorted as it is through countless individual direct intuitions of the sacred and historically conditioned documents, offers a complete metaphysical, ethical, or soteriological description.

---

① *Xishengjing* selections: *Taoist Mystical Philosophy: The Scripture of Western Ascension*, tr. Livia Kohn (Albany: State University of New York Press, 1991), pp.235, 240.

In the opening pages of his epic *Process and Reality*, Whitehead observes that the religious intuitions contain only a selection of the initial data, abstracted from the "complete fact" of the universe. The same is true of scientific models; they are incomplete selections. The task of philosophy is to recover the complete fact, which is obscured by an individual's subjective valuations of these complex intuitions.① I hope to show that one important role of religion in society is to aid in the recovery of the complete fact.

But how are we to enrich the religions, and push them to go beyond their own selected emphases, and embrace insights from other perspectives? Certainly some traditions are more open to this than others. The Buddhist doctrine of expedient means (*upaya*) allows for a fair amount of flexibility concerning which practices are adopted in order to make spiritual progress. In many cases, one could pick up wisdom from other traditions without tension. More conservative monotheisms, however, may condemn other religions as idolatrous, and prohibit foreign practices. Despite these restrictions, Whitehead's metaphysical model demands we recognize the finitude of religious traditions, and pursue the complete fact, which can only emerge from some sort of synthesis of multiple perspectives. There are two tasks, closely related, that can accomplish this synthesis: systematic metaphysics and inter-religious inquiry.

Metaphysical: An Invitation to Creativity

Metaphysics, according to Whitehead, is the science that seeks to discover the general ideas that are relevant to the analysis of everything that happens.② As such, metaphysical ideas are tested by logical coherence, adequacy, and exemplification.③ By now, astute readers may have detected a circularity in this

---

① *Xishengjing selections*: *Taoist Mystical Philosophy: The Scripture of Western Ascension*, tr. Livia Kohn (Albany: State University of New York Press, 1991), pp.8-9.

② Whitehead, *Religion*, p.84.

③ Ibid., p.89.

paper. I have begun with Whitehead's metaphysics as a key to explaining the world's religions, and this explanation, in turn, insists that religions be grounded in metaphysics.

"But wait!" you may caution, "Why should we even subject religion to a metaphysical analysis? Surely metaphysics is impossible, foolhardy, or at least unfashionable." As it turns out, metaphysics is indispensible for most forms of everyday thinking. To move beyond the immediacy of the present moment, you need a theory of accounting for a representation of a "whole community of existents," i.e. metaphysics.① It is impossible, Whitehead claims, to do any reasoning about causes and effects, relations or beings, without smuggling in some metaphysical apparatus.

During his own life, Whitehead witnessed the rise of virulent anti-metaphysical dispositions in the Anglo-American philosophical community. This trend is particularly unfortunate, because if one claims to describe religions, but rejects metaphysics, then they are simply ignoring their metaphysical assumptions, leaving them unexamined. It is much better to drag those metaphysical commitments into the light of day, expose them, and revise them if necessary.

Scientific theories, cultural analysis, and even everyday prosaic reasoning concerning everyday matters of fact require a presupposed metaphysics. If my car won't start, and I suppose that is because it ran out of petrol, this conclusion relies on a backgrounded constellation of assumptions about cause, effect, combustion, and how substances endure over time. Interestingly, Whitehead observes that this metaphysical backing is forgotten (and eventually obscured) in the natural sciences, because of the pragmatic value of the technology that emerges from science. Thus, its metaphysical assumptions—e.g. the privileging of the five senses, notion of substance, and causal determinism—becomes

---

① *Xishengjing selections*: *Taoist Mystical Philosophy: The Scripture of Western Ascension*, tr. Livia Kohn (Albany: State University of New York Press, 1991), p.84.

a "naïve faith" when left implicit for too long.① Religions, by contrast, do not produce technological goods, and as such, according to Whitehead, may be suspected of existing solely to produce pleasing emotions. The result is a double standard. Religions must constantly strive for penetration and clarity by means of their metaphysics. A religion "requires a metaphysical backing; for its authority is endangered by the intensity of the emotions which it generates." ② Historically, we see metaphysics typically invoked as a justification for religions, while the sciences, legitimated by their pragmatic value, are permitted to leave their metaphysics implicit.

Both religion and science, by virtue of their metaphysical presuppositions, are only equipped to deal with a narrow selection of evidence. The sciences specialize in in particular sensory observations in service of constructing natural laws. Religion attends to a broader base of experiences but with a more diffuse application. This is unavoidable. It is better, however, that one realize they possess a fragment of the whole, rather than think the fragment to be the whole.

Nevertheless, serious concerns have been raised about whether we should engage in metaphysical speculation at all. To address these doubts, we should first consider the most common worries. Objections to metaphysical analysis of religions frequently fall into one of three categories: soteriological, epistemic, and postmodern.

Soteriological Objections

Soteriological objections place second order metaphysical analysis in tension with first order religious practice. That is, the goal of producing truth claims about the ultimate structure of reality is seen to be in conflict with the practices necessary to achieve salvation. This is perhaps most clear in the early

① Ibid., 85. See also Alfred North Whitehead, *Science and the Modern World* (New York: The Free Press, 1997), passim.

② Whitehead, *Religion*, p.83.

Buddhist tradition's distrust of "opinionated views" as objects of attachment (*trsna*). In the 5th century BCE, gurus in northern India were popularizing metaphysical systems (*darsanas*) like Samkhya and Vedanta. The banks of the Ganges river were, in short, a cacophonous din of competing metaphysical options. The Buddha, by contrast, frequently refused to answer metaphysical questions. When he did present positive teachings, the customary view is that he was not giving scientifically accurate descriptions of the cosmos. Instead, the teachings of the Buddha could be construed as tentative claims, whose chief value is to be found not in the literal accuracy of the claims, but rather in the disposition engendered by holding those beliefs.① They may just be useful fictions.

The objection, at its heart, is that a metaphysical picture of the universe is seductive. It stabilizes one's worldview by ordering the universe into a static image. This stability is reassuring in the short term, but causes suffering in the long term—what if it eventually fails to explain life's events? Furthermore, verification of metaphysical claims is elusive, making the pursuit of metaphysics a waste of time. The Buddha told a parable of a man shot by a poison arrow. His friends rushed to help him, but before he would submit to their treatments, he demanded to know a long list of details about his assailant (who had long since fled). His friends urged him to relent and submit to treatment, but the man insisted he must know these unknowable things. He never gained that knowledge and lost his life as well.② The lesson here is that metaphysical views not only

---

① This is most famously explained in the Buddha's parable of the raft. The Buddha tells the story of a monk who needs to cross a dangerous river. He lashes together the reeds around him on the bank and constructs a raft, which he uses to cross to the other side. The Buddha asks his disciples if it would then be prudent for the monk to continue to carry the raft around on his back after crossing the river. (*Alagaddupama Sutta, Majjhima Nikaya* 1.134-136) The raft is an analogy for the teachings of the Buddha. They are meant to serve a practical purpose—safely ferry beings through the trials of existence—but one should not put too much stock in them once they have served their purpose.

② *Cula-Malunkyovada Sutta, Majjhima Nikaya* 1.428-1.430.

foster unhealthy attachments, but they distract from the more pressing task of reducing one's suffering.

Whitehead's philosophical method however, largely escapes these criticisms. The logic of early Buddhist dharma is that opinionated views are regarded as final or permanent. Whitehead's metaphysics, however, is both speculative and tentative, meaning that he insists it not be final, but always open to revision as it is tested again and again against new data. The result is not a static metaphysical doctrine, but an open-ended and hypothetical system that evolves. The metaphysical claims are themselves impermanent. So, if the metaphysics are critically revised, as they should be, one could not remain attached to them. We may even venture to say that in addition to Whitehead's method of fallibility, because he reaches many conclusions that are very similar to Buddhist teachings, this sort of metaphysical speculation may promote "right views," the first of the eight-fold path. After all, Whitehead's scheme of actual occasions perpetually perishing in a vast field of interrelation suggests a world that likely includes dependent co-origination (*pratitya samutpada*), impermanence (*anittya*), and no-self (*anatman*).[①] These metaphysical views, as long as they are held provisionally, would lead to the wish to attain Buddhahood (*bodhicitta*). In short, metaphysics need not be a distraction from religious practices, but could be a preliminary step on the spiritual journey.

Epistemic critiques

A second critique of metaphysics comes from modern epistemologies, originating in Immanuel Kant, who claimed that metaphysical speculation is folly. Human reason, according to Kant, is only able to reliably produce knowledge that is derived from sense experience. Claims about gods, what happens

① There is much scholarship comparing Whitehead and Buddhism. See the excellent research bibliography published by the Center for Process Studies at *http://www.ctr4process.org/publications/Biblio/Thematic/Buddhism.html*.

after death, or the hidden structure of reality are produced by pushing reason past its natural limits—the results are defective and unreliable. Reason is only equipped to coordinate sense data into conclusions.

The scholarship on the relationship between Whitehead and Kant is extensive, and there is not space here to give it due attention. But to briefly address this worry, let us remember that for Whitehead, sense experience is only one form of experience, and enjoys no special privilege in the constitution of awareness. Thus, the peculiar insistence that reason can only coordinate sense data is incoherent in the Whiteheadian view. Reason, in fact, coordinates all manner of feelings, sensory and otherwise. But speculation only leads to fantasy if it is allowed to progress unchecked by other experiences that may corroborate its claims, e.g. fresh discoveries in the natural sciences.

Postmodern critiques

In addition to concerns about whether metaphysics is spiritually damaging, or epistemically unsound, in the past 50 years, many have questioned whether the practice of metaphysics is a hidden source of violence and oppression. Jean-François Lyotard, the first thinker to coin the term, defines "postmodernism" as incredulity toward those meta-narratives that seek to legitimate the exercise of political power implicit in the dissemination and production of knowledge.[①] These meta-narratives, of which metaphysical systems are exemplary, are dangerous not only because of the unsavory power structures they may legitimate, but more importantly because the narratives themselves are "instruments of terror" insofar as they require an array of diverse elements to submit to a homogenizing system. Whoever defines truth and the criteria for genuine knowledge is in a position to manage concrete political and economic realities. In short,

① Jean-François Lyotard, *The Postmodern Condition: A Report on Knowledge*, trans. Geoff Bennington and Brian Massumi (Minneapolis, MN: University of Minnesota Press, 1984), xxiii-xxiv.

metaphysics alienates and oppresses those whose experience does not conform to the dominant metaphysical model.

Because there is no neutral court of appeal, Lyotard argues that one is always left with a *differend*, "where the plaintiff is divested of the means to argue and becomes for that reason a victim." ① Given the diversity of traditions (both religious and scientific) each with particular criteria of legitimation, there can be no just and equitable resolution of disputes. One party will always be advantaged; the other will be disenfranchised, unable to appeal to the dominant power structures.

Thinkers like Lyotard respond to the objectionable elements of Modernity (e.g. positing a substantial self, deterministic materialism, the domination of technological control, foundationalism, universal rationality, metaphysical dogmatism, etc.) by dismantling these structures, there has been an effort by some, like Whitehead, to establish a constructive postmodernism, which seeks to rehabilitate rather than dismantle. Whitehead recommends provisional designations of meaning, temporarily thrown together in the service of speculative metaphysics.② If no model of reality can accommodate all forms of experience, then we must work in the midst of uncertainty, proposing hypothetical models, which are continually improved by trial and error. Whiteheadian commitment to self-critique ensures that if a metaphysical system fails in its fidelity to the religious realities themselves, i.e leaves a *differend*, then the system as a whole can be reworked and revised to be more adequate to the particulars it seeks to explain, and thus inches closer towards truth. By acknowledging its own lack of foundation, and committing to self-critique and the novelty of otherness, Whitehead's "open" metaphysics demonstrates that Lyotard's attack on metaphysics itself is misplaced.

---

① Jean-François Lyotard, *The Differend: Phrases in Dispute*, tr. Georges Van Den Abbeele, theory and History of Literature, vol. 46 (Minneapolis, MN: University of Minnesota Press, 1988), 9, 13.

② Whitehead, *Process*, 13.

Public : An Invitation to Collaboration

To sum up Whitehead's model of religions so far, he argues first that they are mediated. They do not, at the level of individual nor at the level of a tradition, reflect the universe at it is in itself. Second, they are incomplete. No single religion holds all the truth there is to be known because the nature of concresence always excludes some data from realization. These first two traits suggest that a creative synthesis of multiple perspectives would be enriching. Third, Whitehead argues that religions are inescapably metaphysical, not just because they deal with "big questions," but because all explanations necessarily invoke a metaphysical scheme. When metaphysical questions are answered in terms of an open system, like Whitehead's own, multiple perspectives can meet in productive tension and contribute to a more adequate synthesis. The fourth trait of religion emerges from this need for synthesis, and this is that religions must be public.

By public, I mean that religions must be open to criticism, revision, and adopting new insights. There are many spaces in which this can happen, but two of the most productive encounters thus far have been inter-religious dialogue, and the conversations between religion and the natural sciences.

Certainly science-religion dialogue and inter-religion dialogues require different methods. But there are some fascinating commonalities as well. I would make the controversial claim that for the purposes of this discussion, we might treat scientific traditions and religious traditions as roughly equivalent, insofar as both carry with them metaphysical assumptions (whether implicit or explicit) and both are in the business of (among other things) mining human experience in order to discover truths about the world. But how can science and religion, or two conflicting religions come together productively?

E. C. Dewick, an Anglo-Christian missionary to the Indian sub-continent, lays out a four-fold typology of typical relations between Christians and Hindus. Though Dewick is addressing the particularity of his intercultural encounter, I argue that his scheme can be generalized to describe the ways that any two traditions may meet. Dewick notes that predominant Christian attitudes toward interaction with the non-Christian become clear through the models of (1) warfare, (2) discontinuity, (3) fulfillment, and (4) cooperation.①

The warfare approach takes as its basic assumptions that the relationship between Christianity and other traditions is one of direct competition, and that the aim of the Christian tradition is to destroy all that is non-Christian by means of a "policy of Radical Displacement." ② Furthermore, those who endorse this model assume that their tradition purveys Truth, while other traditions purvey nothing but falsehoods. Whether this judgment is made a *priori* or after some inquiry, the warfare model fails to take seriously the traits of mediation and incompleteness described above. Asserting that entire traditions—religious or scientific—are mistaken fails to extend basic epistemic charity to others. Either way, without evidence that the cognitive faculties of Christians are superior to Jain, Hindus, and Buddhists, the warfare model is, at best, guilty of serious inconsistency.

Whereas the warfare model sees one's own tradition as a direct competitor to other traditions, the "discontinuity" approach denies that the Christian Gospel has the same epistemic status as other religious traditions. The Christian revelation, according to this model, is entirely incomparable to any religion found on Earth, thus making dialogue impossible. Non-Christian traditions share no common ground with Christian revelation, which "falls from above, like a stone into water," unsullied by interaction with worldly elements.③

Here historical traditions are starkly opposed to pure revelation—the former being idolatrous in light of their attempts to achieve knowledge by raising

---

① E. C. Dewick, *The Christian Attitude Toward Other Religions*, Hulsean Lectures, 1949 (Cambridge: Cambridge University Press, 1953), pp.39-56.

② Dewick, 40.

③ H. Frick, *The Gospel, Christianity, and Other Faiths* (Oxford: Oxford, 1938), 46, quoted in Dewick, 45.

human thought to the being of God. This opposition of human traditions—again, religious or scientific—and revelation entails that the historical particularities and concrete content of religious traditions are worthless. The discontinuity model results in a superficial tolerance of other aspects of society because genuine revelation is not a competitor, so there is no need for explicit hostility. However, the inclination towards dialogue and synthesis is non-existent in a discontinuity model. One finds, at best, a cool indifference toward other traditions. Why talk to other mortals when the truth comes straight from Heaven?

Philosophically, we should take issue with the epistemological assumptions that set divine revelation upon a firm foundation, while historical religions flounder because of their subjective taint. Even if a written text or spoken revelation were given directly from a divine being, fixing a message in language will necessarily be ambiguous. If pure revelations do exist, human beings would never have access to them without using language. There is no way to verify that one's deciphering of a code yields the correct message without begging the question.

In addition to attitudes of hostility or aloofness, one may approach inter-religious dialogue according to a model of fulfillment. In this view, interaction between Christian and non-Christians is encouraged, but not to the benefit of both parties. The view here is that while one community may possess partial or incomplete truths, they are only completed and fulfilled by the absolute truth of the other community. For the purposes of our topic today, we might say that one's own religion corrects and supplements the deficiencies in the other religions and perhaps sciences, and so interaction is encouraged, not for mutual enrichment, but so that I might instruct and enlighten you, who are more mistaken than I am. Though this model may seem like a compromise from the harsh rejection of the warfare and discontinuity models, like the previous approaches, it inconsistently places one's own metaphysical scheme on much firmer epistemic ground than those of other traditions—a move that is inconsistent with Whitehead's metaphysics of relativity.

Fidelity to Whitehead's metaphysics requires cooperation, which begins with an acknowledgement that religious persons are all in the same epistemic boat: we have been thrown into a world we did not create. With no Archimedean point from which to see the reality of things, we always begin the task of understanding in the midst of previously acquired knowledge and the conditioning of a tradition. Thus all new knowledge is initially construed and interpreted in terms of what has come before. This is not to categorically deny the possibility of novelty or individuality, but rather to acknowledge every person's—and thus every tradition's—finitude and reliance upon the contingencies of history. The publicness of religion, because of mediation and incompleteness, must begin an encounter with other traditions as between equals.[①] This comparative inquiry can then mutually enrich both traditions, and perhaps push human knowledge slightly closer to approximating the world as it is in itself.

Of course this process will not always be successful. Due to different concepts, epistemic values, and even existential grammars, two traditions might find themselves persistently misunderstanding each other. Whitehead's metaphysics does guarantee any grand unification of knowledge a la Hegel. Any two occasions feel the same universe, but the data are weighted differently for each, and there are no guarantees that common ground will be useful to the fully concresced societies in dialogue.

Nevertheless, Aristotle noted that humans have a tremendous capacity for *phronesis*, or practical wisdom—the ability to adjust means and ends. This trait allows two individuals from radically different backgrounds to cobble together concepts and imaginatively project themselves outside of the horizon of their

① The term "equals" here does not imply a relativistic attitude of "one religion is just as good as another," but rather an *a priori* ethical and practical parity of a person's worthiness to contribute to a conversation. This judgment of parity is always grounded in the co-constitution thesis, which claims that any person's experience is grounded in the structures of reality as well as her own subjectivity. However, this parity is also tentative and subject to revision. Some speakers will ultimately have more to contribute than others.

past traditions.

Thus, by building bridges with other religions and scientific communities, religions find their most productive place in society: as one contributor to a multi-traditional investigation into the nature of reality. By finding common ground, resolving disputes, and identifying future challenges, two traditions, be they religious, scientific, or from some other facet of human experience, can work together to piece together the complete fact of the universe which has been, and will continue to be obscured for every actual occasion.

Methodist University, Fayetteville, North Carolina, USA

苏非派对“完人”理想的追求

法扎德·马湖田（Farzad Mahootian）
赵东明译

卓越的伊斯兰教学者奈斯尔（Seyyed Hossein Nasr）对“完人”（perfect man or universal man）的观念作了这样的概括：

> 完人是对人生所有境界的综合，是神圣临在的完整反映，同时也是神创的最高原型。它是人的最原初的形态，是人潜在保有的真实；只要具备了如下条件，即人类的渴求、笃行以及神的助佑，这种真实就能得到实现。然而，实现自己所有的潜能，充分意识自身，在各种外在的处境中觅得真正的幸福和安宁的宝藏，这一切对人来说却总是可望而不可即的。（Nasr 2007a,66）

伊斯兰教的形而上学认定，人性是具有神圣性的。Schimmel 强调指出，依据《古兰经》，“人是真主亲手所造”。（Sura 38:75）伊斯兰传统告诉我们：真主在四十天中用泥土造了阿丹，然后将自己的精神吹进阿丹体内。（Sura 15:29，38:75）这里，被分有的精神表明人性是如何紧密地与神性交织在一起。人于是成了“自然获得恩典的通道”。（Nasr 2007a）伊斯兰教关于人的特殊地位的认识包含了这样一种观念，即人作为管理者而发挥必要作用：“自然被交托于我们，因为我们是真主在地上的代理”。（Ozdemir 2003, 27）

尽管在《古兰经》中能够找到关于人性的上述理解，我们仍然要面对这样的问题，即人如何完成他对自然应该发挥的功能。在“隐秘宝藏圣训”

中，真主对先知达乌德关于创造之目的的疑问作了这样的回答：“我是未被知晓的宝藏，故我愿被知晓。我造了生灵，我让我自己为他们所知，于是他们便知晓了我。”（Chittick: 1995,1）正如圣训显示的，一种双向的指示内在于对真主的认知之中。也就是说，关于真主的知识同时是人类认知的主体和对象，并且，反过来，人性又是真主的知和自知的对象和媒介。“当我最敬爱者显现自身，我是以谁的眼睛看到他？我是以他的眼睛而非我的眼睛看到他，因为除他自己以外，没人能看到他”，13 世纪著名的安达卢西亚苏非派学者伊本·阿尔–阿拉比（ibn al-Arabi）如是说。（引自 Schimmel: 1975, 266）

一、苏非派的光照学说与知识问题

苏赫拉瓦迪（Shahabuddin Yahya Suhrawardi）是一位波斯的苏非派哲人，一位殉道者，同时，他还是光照哲学的创始人。一些人把他首先看成一位将古代波斯智慧、古希腊哲学和伊斯兰启示熔于一炉的神智学家。（Nasr:1964; Corbin:1971,1979）而在另一些人眼中，他的光照学说是一个哲学分析体系，这一体系改进了亚里士多德的逻辑并与一种洞见性经验，或曰直觉知识，相调和。（Ziai: 1990; Walbridge: 2001）

苏赫拉瓦迪的哲学体系明确地提供了一个框架，它使宗教经验与逻辑的理智要求结合在一起。可以这样来看待这一思想，它把超乎寻常的、神秘的宗教经验当作逻辑论证的第一前提的来源，并使之与其他科学论证的经验前提的来源处于同等地位。不管主题是物理学的（天文学的）还是涉及与先知或天使的相遇（洞见性经验），在苏赫拉瓦迪看来，关于这些观察的分析和讨论都必须遵循同一套一致性的标准。（Ziai: 1996,450）以这种方式，苏赫拉瓦迪哲学试图为法术（theurgy）建立认识论和本体论基础，这就是，人性通过神秘修炼和洞见性经验有意识地向神性的自我转化，也就是 Corbin 所说的“积极活跃的想象”。

自我认识是苏赫拉瓦迪思想的核心。在光照主义认识论中，自我认知的行为是所有其他认识行为的可能性的基础。根据这种看法，认知作为一种行为，既需要真主的照耀，同时也需要对真主的理解以及被真主所理解。于是，通过神秘体验而获得的知识无须时间的延续：真主的自我显现与人的直觉是同时发生的。真主存在于万物的所有活动之中，存在于人的所有认识和自我认识的行为中，这意味着神学必然成为法术。通过自我意识而达到自我完善是人在宇宙中的作用。

这是苏赫拉瓦迪的时代诸多新柏拉图主义者的共同旨趣，也是这一时期大量苏非派诗歌的共同主题。（Schimmel: 1975, 287ff）苏赫拉瓦迪关于诗歌和象征性表达的哲学具有重要的认识论意义，它基于这样的事实，即在歌中推论性思维的限制被打破，人神分离得到克服。（Ziai: 1996,451）失去与复得、欲望与分离之间崇高的往复游戏在鲁米（1207—1273）“芦苇之歌”的如下一节中得到很好的展示：

请谛听芦苇的诉说：
我哀鸣，
因被割断，
与滋养我的泥土分离。
倘若你与挚爱分开，
定能听懂我的倾诉。
倘若你远离源头，
定会期待回归。
听爱火在芦苇之歌中燃烧，
如困惑疑虑化入酒中。
完美，相爱……（Barks:1995,17）

苏赫拉瓦迪的创新是两方面的。一方面是形式性的规划，包括细致的批判、对亚里士多德逻辑范畴的改进、描述理论、认识论以及恢复对新柏拉图主义流溢说宇宙论的毕达哥拉斯式表达。（Wakbridge: 2001,8）另一方面，它求助于东方哲学、神秘主义以及古代伊朗宗教的法术。这里的关键是由神秘经验与逻辑一致性造成的动态张力。我们稍后将会看到，这种在二者之间建立平衡的努力在超人类主义那里是不存在的。苏赫拉瓦迪解释了两种知识形态的相互制约。在其论著《光照哲学》的导言部分，苏赫拉瓦迪提醒那些对观测天文学感兴趣的读者探究逍遥派哲学家们的优秀著作，这些著作在当时非常易于得到。对于试图理解针对精神对象的内在观想的人来说，光照哲学大有用武之地："启示的光不仅与阳光、月光、星光一样真实，而且还可以照亮精神对象，尽管不是物理对象。"(Ziai: 1990,176)

通过勤勉的修行，人的自我认知能够达到接受光照的程度，而当这发生时，

> 知识就作为对启示之光的洞见被给予……体验到启示之光的灵魂被称作"抽离的灵魂"，因为它从肉体中被抽离出来。他们保有安拉之光的影像（mithal min nur Allah），这一影像是由想象力刻印在共通感之板上的。通过这一影像，它们可以控制创造之光，而创造之光最终归于他们的认知能力。(Ziai: 1990,157)

创造之光，正如这一名称所显示的，赋予人们诗性创造的主动性能力。所有这一切都发生在一个想象性世界（alam al-mithal）之中。以字面语言描述其事件的努力难以实现，然而，有了创造之光的灵感激发，诗歌使语言摆脱日常用法的束缚而获得自由，引导自觉的灵魂进入更深的层次和更大的光明之中。对每一特定知识层次限度的发现，都为接受高一级的光照做好了准备，这将引发对现有阶段限制的超越，也从而进一步巩固了通往个体存在之真理的内在途径。

对语言之局限的自我认识必然导致对诗歌的求助，因为在诗歌中语言，至少在某种程度上，可以克服其有限性。自知的光照活动在卷帙浩繁的苏非派诗歌中所发挥的作用极为明显。

根据苏赫拉瓦迪等人的思路，知识被了解为客体与主体的合一，它瞬间使理性的心灵感到震撼和惊愕。在那休止的一刻，心灵意识到其概念的库存十分有限，在此时的彻悟中无知与知融为一体，心灵真正认识了自身——但这里发挥作用的却不仅是心灵自身。这意味着，在概念性悖论的语境中还有一个存在的悖论，这个悖论刺激人类心灵去认识自身，并且在发现自身限度的过程中获得更大的能力。自我限制的能力包含了对自我的

主宰，同时也为其爱的行为作了见证。后者涉及苏非派对内在见证的培育，这种内在见证也就是内在导引，它是类似苏格拉底的精灵的东西。内在伴侣是一种天赋，它是通过对限度的显现和理解而获得的自知，这是一个类似柏拉图辩证法的不断上升的过程，在这一过程中伴随着最高知识的同情得到突出的位置。

二、超人类主义追求完满的歧途

了解了伊斯兰教在神性中努力追求完满的思路，我们来考察超人类主义的规划，特别是它对所谓人性的增强及无限进步的迷恋。苏非派和超人类主义对完满的追求有着重要差别。对苏非派来说，一切知识都不过是有助于回答一个关键的问题，即“成为一个人意味着什么”。对伊斯兰教来说，只有真主知道这个问题的答案，而人的追求不过是揣度这个答案。

超人类主义者也追求完满，但他们拒绝接受神学的答案和一切目的论设定。不过，这种拒绝有意无意地指向一种静态的完满概念。超人类主义者明确拒斥一种静态的本质主义的人性观念，这种拒斥又为一种无限完善、无限提升的目标进行了辩护。一个关键的未受质疑的假设是，涉及提升的一系列问题都能由科学技术在实践层面和意义层面加以回答。值得关注的是，这样的假设并没有受到人们关于人类生存本质的立场的影响，也无关乎人应该追求的理想的设定——尽管这些立场往往十分关键。然而，把科学当作人类完善的通途是有问题的。尽管 Nick Bostrom 这样一位超人类主义的代表人物对人类无限自我强化这一目标表达了疑虑，但他并未质疑科学在朝向这一目标的努力中所发挥的作用。Bostrom 讨论了一系列所谓“生存风险”，认为这些危险有可能使无限完善的努力毁于一旦。(Bostrom: 2002, 5-6) Bostrom 文章的要旨在于，只要我们足够精明，具有足够的创造性、审慎和同情，理性思考将能使我们无限完善。Bostrom 虽然承认理性的限度，却认定理性具有自我纠错的能力，他没有考虑其他可能。在他看来，科学理性是无可匹敌的，我们在如何获得关于事物的真知方面没有其他选择。

一些论证支持了超人类主义关于以技术手段实现无限完善的信念。其中最强的论证，至少从认识论的角度上来讲，是科学探索的自我纠错的本性。自我纠错逻辑是由美国逻辑哲学家皮尔士在20世纪建立的。最近，皮尔士关于探索逻辑的思想被人工智能研究者所采纳。结合Ray Kurzweil所预测的人工智能的作用来思考这一问题是非常有趣的。Ray Kurzweil是一位超人类主义的代言人，他关于未来人类自我强化的预测有很大影响。他的预测包括，通过与人工智能的结合人类将最终超越自身现有的智能水平。一些宗教学者（Geraci 2008）已经注意到Kurzweil、Hans Moravec和Marvin Minsky的著作中强烈的启示录倾向，并恰当地将他们的见解称作“启示录式的人工智能”。Geraci写道：

> 启示录信奉者希望上帝，作为绝对正义的仲裁者和腐败世界的纠正者，将彻底重建这世界。尽管批判现世，但他们的看法并不悲观。他们热切地关怀和执着于善的可能。由于这个世界如此罪孽深重，启示录的信奉者们便希冀上帝创造无限美好的世界这一时刻的到来。（Geraci: 2008, 143）

启示录式人工智能主义者将理性当作人性的本质，而理性在他们看来就是自我纠错的计算。尽管接受了诸如此类的一系列预设，Kurzweil仍然争辩说，无限的观念、自动以及自律的自身完善的观念是可信的，甚至是不可避免的。（Kurzweil: 2003,197）然而，这些主张明显的神秘性及其启示录的姿态，却难逃人们的眼睛。

理性思维的限度在哲学和科学的历史上很早就得到论述。柏拉图关于这种限度的论述影响深远。他出色地将对立的思想倾向悬置起来而不使其中任何一方得到最终消解，从而使得二者之间的张力得以保持。这种充满创造性的张力，是处于两极之间的张力，一方面是逻辑的、推论性思维，即逻各斯（logos），另一方面是富于灵感的神秘思维（mythos）。它们在柏拉图的大部分对话录中或隐或显地存在。苏赫拉瓦迪利用当时伊斯兰教文化中逻辑和神秘的倾向推进了柏拉图的洞见。像柏拉图一样，苏赫拉瓦迪明白，对于某些问题来说，保持张力比强行解决矛盾、急于宣布一方战胜另一方要来得更好。

尽管将完满的观念斥为过时的中世纪概念，超人类主义仍然转向无限的人类自我强化的思路，把它当作通达人类幸福的最佳途径。因此，超人类主义根据当下状况的改进来衡量进步，并着眼于去除或修正人类的缺陷，却从来不对什么是理想或完善的人这问题作出基本判断。Kurzweil 的如下论断透露出超人类主义的根本信念，他说：“有死性并不是人类生命的本质。”具有讽刺意味的是，超人类主义所努力追求的“后人类”状态是在否定意义上被界定的：拒不接受死亡成了超人类主义清除一系列人类自然缺陷和“设计错误”这一使命的标志。如果以肯定的方式来陈述，那么超人类主义的目标则往往依靠扩大人类存在的品质这一目前被认为是有价值的东西来衡量。尽管超人类主义不是宗教，但宗教性理想仍继续塑造着其诸多理想的准神秘主义本性。

三、超人类主义的宗教期望

我曾强调指出，超人类主义虽然拥有与许多世界传统宗教类似的理想（如超越生物限度、克服死亡、成就超人品质、获得恩典），但它对这些理想的理解和追求这些理想的途径存在重要缺陷。首先，超人类主义倾向于从字面上理解宗教表达的理想，从而将象征意义转化为可感的物质性结果，于是，至少暂时地满足了我们简单的愿望，即“我们可以比现在更好。”其次，超人类主义将昔日的宗教理想简化为技术上有可能实现的产品和过程。相比之下，苏非派为我们提出了非字面的、非技术的人类完满的理想，从这一高度我们可以批判超人类主义的核心构想。

我认为超人类主义思想是对历史久远的宗教主题的世俗化处理。超人类主义先知 Julian Huxely、J.B.S.Haldane 和 J.D.Bernal 作为科学家和公共知识分子，极为严肃和明确地恪守他们的原则。虽然“超人类主义”这一概念迟至 1957 年才由 Huxely 提出，但早在 20 世纪 20 年代，上述三位科学家就已经清楚地阐明了它的内涵。Haldan 的《科学与未来》（1924）、Huxely 的《没有启示的宗教》（1927）、Bernal 的《世界：肉身与魔鬼——对理性灵魂的三个敌人的未来的追问》（1929），是三部有代表性的著作，其中作者探讨了这样一种可能性，即全面系统地将科学应用于人类自我强化的事业。尽管这三部著作都面对一般读者，但我相信它们仍然具有特殊的意义，因为每个作者都在其标题中选择了一个明确的宗教和神话主题。三位作者中唯有 Huxely 真正深刻地意识到超人类主义的宗教维度。他把超人类主义看作是对宗教的取代甚至提升。至于当代的超人类主义者，他们似乎少有这种自我意识，或者说缺乏对动机和基本问题的关怀，好像进步和未来的观念胜过任何文明遗产。

当代超人类主义者也讨论宗教问题，然而，争论的结果总是一边倒。伦理与新技术学院的执行院长，《赛博居民：民主社会为何必须回应未来重新设计的人类》一书的作者，James Huges，撰文讨论宗教和超人类观点的相容性。（Huges：2007）文中他提供了对世界超人类联合会成员有关宗教情感的调查结果：其中 62%人声称自己是无神论者或不可知论者，24%的人承认接受某种宗教信仰。贯穿全文，Huges 都在证明宗教与超人类主义并不冲突。

Huges 将其论点建立在 Patrick Hopkins 关于超人类主义与宗教之异同的分析之上。Hopkins 指明了二者的差异，但同时指出，它们的相容性是基于二者共同具有的一种愿望，即超越关于人性的惯常理解，这种理解把人首先看成动物。Huges 用一系列例子来说明 Hopkins 的主张，这些例子包括受造的共同创造者神学，以及用技术和化学手段实现的道德完善和宗教体验。在 Huges 所提供的所有说明中一个基本前提清晰可见，这就是 Hopkins 所声称的："技术使我们看到宗教理想可以真正地实现。"（Hopkins: 2005, 26）

四、苏非派影像性存在的世界与超人类主义的想象

如果我们考察想象在苏非派和超人类主义这两个传统中的不同使用，二者的对比显得格外分明。苏赫拉瓦迪哲学的一个突出特点是他的"影像世界或想象"的观念（alam al-mithal）。著名的伊斯兰教学者 Corbin，将其转译作 mundus imaginalis 或影像世界。Corbin 解释道：

……在［感官和理智］之间有一个中介的世界……"alam al-

> mithal，”这是一个影像的世界，即 mundus imaginalis：这是一个在本体论上同感官世界和理智世界一样真实的世界，这个世界要求一种属于它的知觉能力，一种发挥认知功能的能力，一种意识活动的价值，它与感知能力和理智直观一样真实。这种能力就是想象力，我们在这里必须避免将它与现代人所理解的想象相混淆。后者被看作等同于虚妄的幻想。

我坚持认为影像世界的本体论地位与科学想象的某些成果的地位是相一致的，这些科学想象通过融合经验发现与理论模型而被建构出来——科学所产生的知识的绝大部分都属于这一范畴。作为理论思维的成果，科学与工程技术所形成的抽象实体使我们能够非常有效地与感官世界互动。我们应该注意，抽象实体不是严格意义上的物质性的东西；它们在本体论上并不与经验对象处于一个层面，尽管如此，它们对于控制经验对象的世界大有帮助。然而，这种抽象的实体也不是柏拉图所说的理念，如数或其他形式概念。

至少在我看来，抽象实体属于影像世界，但它们又并非这一领域中的唯一的居民。苏非派将许多城市、人群、各种地貌的土地和无法描绘的奇妙景观安置在这个领域。所有这一切都是为了帮助宗教修行者寻求完善的自我。在苏非派的末世论图景和一些超人类主义者的图景之间存在着某些相似性。超人类主义描绘的未来图景与 Kurzweil 关于未来后奇点世界的看法有诸多相似之处。在这两种情况里我们都能找到为人熟知的由不同宗教传统允诺的奖赏。

影像世界（无论是 Kurzweil 的还是苏赫拉瓦迪的）能与纯粹的幻想世界相区别吗？苏赫拉瓦迪将逻辑标准不加分别地用于所有三个世界，即经验世界、影像世界和理智世界。如果我们把内在的融贯性和一致性作为衡量是否属于影像世界的首要标准，我们就不得不承认，所有类型的科学想象的成果，包括生物化学的公式、基因代码（正如后者作为隐喻性名称所明确显示的）都是融合了经验观察和理论概念的建构物。这类东西还有很多，其中包括了超人类主义的真实和想象的产物，它们据信能够延长生命、提高智力和成熟度。我相信，所有这一切都属于影像世界。然而，一些评论苏赫拉瓦迪和伊本·阿尔-阿拉比的学者却将我上面所提到的那些事项排除在外，因为，在他们看来，影像世界有道德和精神色彩，这使得它不能与西方科学以及许多超人类主义规划所共同分享的进路相一致，因为后者专注于掌握和控制。在这一点上我同意他们的看法；但以纯然的本体论的理由，我看不出为何要把上述这些东西以及其他一些科学想象的混合产物排除在影像世界（alam al-mihal）之外。

或许这里最关键的差别存在于如下两极的对比之中，一方面是苏非派的非功利的、对人类渴望的古典的启示性理解；另一方面是科学技术发展的、在很大程度上属于功利性的考虑。前者使人献身于永无止境的，严格来说，是不可能实现的求索活动，这种活动希冀以人的生命这一有限的容器来反映神圣的无限之美。而后者则使人献身于同样是永无止境的，严格来说，完全可能的，甚至从技术上来说是必然的求索活动，这一活动旨在提升和超越前一代的设备——从最低级的微不足道的小装置到最为复杂的医疗设备。

对于具有精神性心灵气质的苏非派哲学家来说，影像世界不是一个发明无数新装置的作坊……或许也说不定？总的来说，苏非派信徒不是隐士，而他们的学说也并不与科学知识相对立。在伊斯兰文明的鼎盛时期，在基于凯拉姆（kalam）的神权统治达到巅峰并渗透到理智生活的所有方面之前，许多伟大的发明和科学技术的发现、创新都是由苏非派学者完成的。我不大相信他们中有人会拒绝更好的实验设备。然而，尽管科学技术在原则上并不与苏非主义相左，但进入影像世界的主要动机却从来不是为了获得实际效用。影像世界毋宁被看作是人类灵魂的所在，它处“于两声号角”之间。第一声号角在身体死亡的一刻将灵魂与肉体分开；第二声号角唤醒灵魂去接受复活的身体和来世的审判。两声号角之间的时段在影像的内在世界中度过。这是一个精神创造的空间，在那里创造的对象是神秘的、巡游灵魂的精神体。影像世界是灵魂在梦中和死后的居所，而同时也是神秘的修炼者活着的时候在清醒的状态下所选中的住所。苏赫拉瓦迪和伊本·阿尔·阿拉比将它称作先知的世界，旨在强调，对先知见证或实施的启示和奇迹的讲述发生在影像世界中，而不是在基于感官经验的日常世界中。（Corbin:1977）只有在这里人类灵魂才找到超越的意义。根据这种看法，对奇迹的经验指称的寻求将是无意义的和错误的行为。以这种领悟来看，Kurzweil 的末世论的图景在很大程度上是无意义的，即使可以部分实现，也是虚幻的。

想象的作用对苏非主义和超人类主义的永生理想来说都是至关重要的。尼古拉·费德洛维奇·费德罗夫（Nikolai Fedorovich Fedorov）甚至明确提出这样的理论，即科技能够使身体复活并最终战胜死亡。身体复活也是苏非主义所关注的课题。然而，对苏非派来说这是启示录式的事件，它只发生在影像世界里。苏非派学者 shaikh Ahmad Ahsai 及其追随者关心的不是肉身，而是微妙的身体，即居住在影像世界中的光影身体。这种微妙身体不仅直接与灵魂的终末相关，而且还和灵魂的不断精致和完善相关。（Corbin:1977, 180—183）正是在中间的影像世界中每个灵魂建立起身体复活的样式。这是末日当第二声号角吹响时复活发生于其上的样板。

五、以基督教的名义对死亡的原初和终极的拒绝

超人类主义技术手段末世论规划的最早、同时也是最令人吃惊的版本是由费德罗夫（1829—1903）提出的。和当代超人类主义一样，费德罗夫的敌人是死亡。他把死亡称为最大的恶。而他的解决办法是铲除死亡，但这种铲除不是指向未来。他劝导所有的同时代人联合起来完成一项伟大的任务——使所有死去的祖先复活。费德罗夫终极的科学复活计划源于他对基督教神学核心问题的回应。而他的新奇之处在于要通过科学技术手段使人复苏来使死人实际地复活。他将“复活日”解释为世界历史的筹划，它同时也是一个宗教命令，这一命令将所有人类统一在共同任务之下。在超人类主义的理想这一语境下，我们发现费德罗夫预示并激发了一批未来主义者，后者发起了俄国的航天项目，同时也催生了其他有影响的超人类主义者和超人类主义哲学。

20 世纪伟大的俄国哲学家别尔加耶夫将费德罗夫描绘成集宗教保守主义、革命进步论于一身的怪兽，企图用实证理性主义方法达到神秘主义目的，简言之，就是乌托邦主义、实在论和唯物主义的极端俄国式的混合体。

在费德罗夫那里，奇异的乌托邦式的幻想与实在论和唯物主义紧密地结合在一起。这一大胆的计划直接针对我们这个物质的、经验世界，它旨在转化和管控这个世界。费德罗夫厌恶对彼岸世界的观想，他要的是此世的行动。在费德罗夫的字典里，“神秘”总是带有负面意义，它与不真实、唯心、虚幻同义。然而，在费德罗夫自己思想的最深处我们能看到的却只有神秘主义。

六、结语

对人的完满这一问题的每一种回应都混合了多个传统的资源。区分哪些是字面的、实在的意义，哪些是神话的、神秘的意义，这当然是有价值的工作，但更为艰巨的工作是使这两方面处于平衡之中，保持其张力，从而使之更具生产性。然而，司空见惯的是，超人类主义作者总是轻易认定理性的科学、技术话语能够为我们提供解决问题的最终途径，只要适当考虑道德和人道主义理想，科学技术就能成为我们的不二选择。事实上，只要在关于自我强化的争论的两种倾向之间保持平衡，我们就能从中获益。然而，我们看到的是对科学、技术论证的过度强调，而对非科学的东西的思考则很不充分。

如果我们重视非字面的、非逻辑推论性思维，设想我们前现代的祖先并非头脑出了问题，那情况会是怎么样？我们能否尝试理解他们，认识到他们对诗歌和故事的尊崇并非由于无所事事，认识到他们关于人生意义的宗教性沉思为我们提供了有价值的东西？我们能发现什么？我们关于人类自我强化的讨论对他们来说会意味着什么？又会引出什么？

我相信如果苏赫拉瓦迪和伊本·阿尔·阿拉比奇迹般地回到现在，或不远的将来，他们会手拈念珠，微笑着说：

> 你们出色的想象力结出了这么多诱人的果实。这些果实具有神奇的魔力，你们有望靠着这些果实提升自己身体、心灵和精神的能力，有望活得更加长久，妙极了！告诉我，有没有这样一种果实，它可以把你们变得更有智慧，使你们作出正确的选择，决

定该吃哪些果实，怎么吃，吃多少，如何将提升了的各种能力结合起来并好好使用。还有，谁为你们创作音乐和诗歌？你们能知晓在这方面是否有所提高吗？或许你们已经得到某种果实，使得你们有了随任何音乐律动的能力，而不管这种音乐的内在品质如何？

作者单位：纽约大学

基督教的身体关怀理念及其实践维度①

王晓华

自 19 世纪下半叶起，从身体的角度研究基督教渐成风气。不过，研究者的立场却常常相互抵牾。譬如，德国大哲费尔巴哈和尼采批评基督教忽略了肉身的意义，包括莫尔特曼在内的学者则认为基督教中内蕴着肯定身体的话语谱系。根据笔者近来的考察，这两种观点可能都失之片面事实上，基督教的确强调追求身体的福祉，但它对身体的态度具有明晰的悖论品格。由于后者在汉语学界还未被充分展开，本文将专门探讨基督教身体关怀理念的复杂性，重构其实践维度对全球文化的重要影响。

一、对身体的悖论式肯定：《圣经》中的原初身体观

在很长一段时间里，包括笔者在内的部分汉语学者反思地认为：基督教的主流伦理学重视心灵而贬抑身体，并不追求人的完整升华。从表面上看，支持这种论点的证据似乎数不胜数：《约翰福音》中曾说“叫人活着的乃是灵，肉体是无益的”（《约翰福音》6：63）；《罗马书》也讲过“体贴肉体的，就是死”（《罗马书》8：6）；《哥林多后书》岂不更是号召信徒们“离开身体与主同住”（《哥林多后书》5：8）吗？可是，执着于个别词语非但难以重构基督教身体观的全貌，而且会引发根本性的误解。

根据当代基督教思想家莫尔特曼的研究，“灵魂和肉体之间的基本的

① 本文系国家社科基金后期资助项目《西方美学中的主体观和身体意象》（12FZW052）阶段性成果。

人类学划分对于《旧约》传统是陌生的"：在《旧约》所勾画出的神召、解放、立约、应许的历史中，人类总是作为一个整体出现；上帝创造人时把他的生气吹进一团泥土，于是便有了灵肉合一的人；人用他的肉体进行思维，心肠乃是良心的居所，肝胆被叫做深切悲痛的器官，因此，《旧约》中的情感、观念、意向都同有关的肉身相联结。[①] 恰如莫尔特曼所说，《圣经》中的人是灵（spirit）、魂（soul）、身（body）的统一体。三者虽然地位不同，但将共同获救："I pray that God, who gives peace, will make you completely holy. And may your spirit, soul, and body be kept healthy and faultless until our Lord Jesus Christ returns. (Thessalonians 5:23)"[②]（愿赐平安的神亲自使你们全然成圣。又愿你们的灵与魂与身体保持康健，无可指责，知道我主耶稣基督再次降临。）显然，"make you completely holy" 意味着使人的灵、魂、身皆具神圣品格。在《新约》所展示的信仰戏剧中，复活后的耶稣向信徒强调自己绝非无身体的灵魂："魂无骨无肉，你们看，我是有的。"（《路加福音》4:37—43）通过这种被多人见证的公共事件，他宣传了一种肯定身体的立场：与灵魂一样，身体也可以获救，亦值得信赖。因此之故，人要保持身心的完整，以迎接全面获救的终极福祉。当然，肯定身体绝不意味着不对它提出任何要求："全然成圣"的前提是保持灵、魂、身的健康和无错误状态，故而人不应该被肉体的欲望牵着鼻子走。从这个意义上说，基督教要求信徒克服情欲绝非呼唤他们舍弃身体。相反，人可以像圣保罗（Saint Paul）所号召的那样"在身子上荣耀上帝"（honor God with your body/Glorify God in your body），以灵、魂、身的完整形态进入理想世界。

既然基督教具有肯定身体的原初立场，那么，它就不可能同时完全否定人的感性存在。譬如"叫人活着的乃是灵，肉体是无益的"这样的句子很可能是误译。在我手头的英文版《圣经》中，相应段落是："The Spirit is the one who gives life! Human strength can do nothing." [③] 此句的意思显然是："给人生命的是圣灵！人的力量不能单独成事。"两相比较，英译无疑

① 参见莫尔特曼：《创造中的上帝》，魏仁莲等译，上海三联书店2002年版，第348—350页。

② *The Holy Bible*, New York: American Bible Society, 1995, p.1019.

③ *The Holy Bible*, New York: American Bible Society, 1995, p.911.

更接近基督教的原始身体观。再如，“体贴肉体的，就是死”所对应的英译是：“If our minds are ruled by desires, we will die.”显而易见，它强调的是人不能被欲望掌控而非完全抛弃身体。又如，相对于英译，“离开身体与主同住”固然不错，但恐怕也未反映《圣经》中的身体观：根据英文版，在“we would rather leave these bodies and be at home with the Lord”这句话前，还有一个不可忽略的表述——“But we don't do this because we want to leave these bodies that will die. It is because we want to change them for bodies that will never die.”（2Corinthians 5:5）人离开有死的身体不意味着告别身体，而是完成身体的终极转换：以不死之身替代有死之躯。也就是说，基督教始终认为：人是“身心综体”，身体是人不可或缺的部分。

不过，基督教的身体观在一开始就显现出背反品格：它肯定身体，认为身体也可以成为神圣之物，但它又强调灵、魂、身并非平等的三元，要求人最终舍弃血肉之躯。根据《新约》教义，血肉（flesh）不过是建造人、鸟、兽的材料，给予生命的是灵（spirit），因此，人实际上可以拥有两种性质不同的身体——血肉之躯（physical body）和属灵之体（spiritual body）：

> The first man was named Adam, and the Scripture tell us that he was a living person. But Jesus, who may be called the last Adam, is a life-giving spirit. We see that the one with spiritual body did not come first. He came after the one who had physical body. The first man was made from the dust of the earth, but the second man came from heaven. Everyone on earth has a body like the body of the one who was made from the dust of the earth. And everyone in heaven has a body like the body of the one who came from heaven. J（1 Corinthians 15:45-49）[①]（第一个人被命名为亚当，经书告诉我们他是个活人。但是耶稣，或许可以被称为最后的亚当，是给予生命的令。我们看到拥有灵性身体的那个并非率先抵达。他后于那具有物质

① *The Holy Bible*, New York: American Bible Society, 1995, p.988.

身体者。第一个人呢是用泥土造成的，而第二个人来自天堂。每个地上的人都有泥土造成的肉身，每个天上的人都有属灵之体。）

正如现世的人拥有血肉之躯，复活时的他则会穿上属灵之体。这是一种奇妙的转变，血气的、丑陋的、软弱的身体将变成灵性的、美丽的、强壮的身体，被推举到永生之境：

> My friends, I want you to know that our bodies of flesh and blood will decay. This means that they cannot share in God's kingdom, which last forever. I will explain a mystery to you. Not every one of us will die, but we will all be changed. It will happen suddenly, quicker than the blink of an eye. At the sound of last trumpet the dead will be raised. We will be changed, so that we will never die again. Our dead and decaying bodies will be changed into bodies that won't die or decay. The bodies we now have are weak and can die. But they will be changed into bodies that are eternal.（1 Corinthians 15:50-54）[①]（我的朋友，我要你知道，我们的血肉之躯将毁坏。这意味着它们将不能享有上帝永远存在的国。我将告诉你们一个神奇之事。并非我们中的每个人都将死去，相反，我们将被转换。它将突然发生，比眨眼还快。当最后的号角吹响时，死者将被复活。我们将被转换为不死的存在。我们死去和毁坏的身体将被转变为不死不坏的身体。我们现在的身体软弱而有死，但它们将被转化为永恒的身体。）

这段话颇具辩证意味——它对血肉之躯的否定包含了肯定：后者虽然必毁坏和死去，但却由此获得新生的机缘；在终极胜利的号角吹响之时，毁坏和死去的身体将被推举到新的境界，变成不坏不死的身体，升华为永恒之物。

---

① *The Holy Bible*, New York: American Bible Society, 1995, p.988.

尽管基督教设立了血肉之躯和属灵之体的二分法，但它毕竟建构出了肯定身体的神学体系。我们只要将基督教的身体观与古希腊思想进行对照，就可以发见其身体观的革命性野。在古希腊美学中，身体总是被定义为必死的附属性存在，完全低于不朽的灵魂。譬如，柏拉图在谈论身心关系时说："灵魂在肉体的时候是生命之源，提供了呼吸和再生的力量，如果这种力量失败了，那么肉体就会衰亡，如果我没弄错的话，他们把这种力量称作灵魂。"① 亚里士多德亦言："当心脏区域一经冷却，全身随即坏死。"② 与他们形成鲜明对照的是，基督教教义强调身体的永恒品格，建构出的是肯定性的身体神学。这种重视身体的立场对此后的基督教文化产生了决定性的影响。

二、关怀身体：基督教身体观在中世纪和现当代的延续

在中世纪前后，基督教关怀身体的立场获得了延续，发展出更加清晰的话语体系。

作为教父哲学的奠基者，奥古斯丁（Aurelius Augustinus）强调身体乃人不可或缺的部分："人是既有身体，也有灵魂的，确实如此。灵魂并不是整个人，而是人的较好部分；身体也不是整个人，而是人的较低部分。只有两者结合起来，才有人之名。"③ 在亚当诞生之际，"神的道直接取了人形"，上帝创造"肉身"就是创造人。④"当经文单独说到肉体时，其意思就是指人"，他分析道，"正如当经文单独说到灵魂时，其意思就是指人一样"。⑤ 依照这样的逻辑，奥古斯丁反对"灵属天，身属地"的二分法，力图重塑完整的人类意象，认为身体也存在属天和属地两种形态：如果说复活前的身体属于地的话，那么，复活后的身体则与灵一样属于天。出于肯定身体的立场，他甚至认为"情欲也是一种善"。在解释保罗

① 《柏拉图全集》第二卷，王晓朝译，人民出版社 2003 年版，第 80 页。

② 亚里士多德：《灵魂论与其他》，吴寿彭译，商务印书馆 1999 年版，第 302 页。

③ 奥古斯丁：《上帝之城：驳异教徒》，吴飞译，上海三联书店 2008 年版，第 179 页。

④ 奥古斯丁：《道德论集》，石敏敏译，三联书店 2009 年版，第 13 页。

⑤ 奥古斯丁：《道德论集》，石敏敏译，三联书店 2009 年版，第 14 页。

“情欲和圣灵相争”这句话时，他强调情欲并非罪的源泉：“我们简直无法相信，疯狂的摩尼教徒竟然认为这里表明两种相反的本性或原理在彼此相争，一种是善的本性，另一种是恶的本性。总的来说，这两种都是善的，圣灵是一种善，情欲也是一种善，而人就是由两者构成的，一者肯定，另一者服从，所以肯定也是一种善。”① 灵肉皆善，二者争战的原因在于我们“照着世人的样子活”，采取了一种遗忘上帝和天堂的生存方式。为了治愈疾病，获得新生，人才在自己的内部作战。这不是善与恶的较量，而是一种内部调节。上帝号召我们反对“身体的恶行”，就是要将它从“照着世人行”的有罪状态拯救出来，显现获救的内在可能性。当它的毛病治好了，它还是可爱的，因为“人都关心身体本身”。② 既然身体不可或缺、其性本善、拥有未来，那么，人的永生就是身体的永生：“基督教认为，初人被造时，如果他们不犯罪，他们的身体就不会在死亡中消解，而是因为服从上而得到上帝赐予的不朽，会永远活着，将来圣徒复活时会重新拥有他们曾在其中劳作的身体，不会再有痛苦和不幸来损害他们的幸福。”③ 身体也能复活，同样拥有源于其本性的希望。从这个角度看，“治死身体的恶行”绝不意味着“治死身体”。它固然有欠缺，但并不妨碍人的自我超越；妨碍人自我超越的是灵魂的错误选择而非肉身的本性。在“给肉体生命，使肉体生活”的过程中，灵魂会犯下多种罪错，自然要承受相应的痛苦和惩罚。以前，人们诅咒身体，认为肉身是道德上各种各样的罪恶的原因，实际上是弄错了犯罪主体——倘若灵魂不犯罪，本应不死的身体就不会变得腐败，当然不会压迫灵魂，所以，“我们不能把生活中的一切罪恶都归结给肉身。”④ 魔鬼没有肉身却恶贯满盈，这也说明肉身不是罪与罚的根源，片面地诅咒身体是迷途者的行为。经过这一番细致的梳理，奥古斯丁清洗掉了人们强加给身体的污名，敞开了身体的纯洁天性和源于上帝的美善。他肯定身体的立场在中世纪神学中获得延续。13 世纪的意大利神学家波纳文图拉(Giovannidi Fidanza）就称身体“是你的知己又是你的敌人”，

① 奥古斯丁:《道德论集》，石敏敏译，三联书店 2009 年版，第 20 页。
② 奥古斯丁:《道德论集》，石敏敏译，三联书店 2009 年版，第 22 页。
③ 奥古斯丁:《上帝之城: 驳异教徒》，吴飞译，上海三联书店 2008 年版，第 171 页。
④ 奥古斯丁:《上帝之城: 驳异教徒》，吴飞译，上海三联书店 2008 年版，第 189 页。

“是你的至亲又是你的仇寇”。[①] 与奥古斯丁一样，他也肯定身体荣升天国的可能性和积极意义。那么，身体的积极意义到底是什么呢？另一位神学大师安瑟伦认为，身体的意义在于提供知觉：“只有躯体才会有知觉，因为知觉是属于躯体的，并位于躯体之上。”[②] 居住在大地上的人是卑微者，不通过身体就不能感知。与其他动物一样，人不能像上帝那样过无肉身的生活：“主，你虽无躯体，却有极高的认识能力，以你的方式了解一切，而不是像动物那样以其感官去认识。”上帝没有躯体，自然也就没有知觉。没有知觉却要认识万物，就必须借助某种神圣的能力。人不是神，没有超越身体的知觉，其灵魂不能不与身体联合。这种肯定身体的态度也体现在托马斯·阿奎那（Saint Thomas Aquinas）的文本中。阿奎那强调存在三种重要生物：

1. 纯粹精神性生物——天使；
2. 肉身和精神的结合物——人；
3. 纯粹的肉身性生物。

人之为人，在于他是肉身与灵魂的联合物。作为亚里士多德的信徒，他断定身体和灵魂分别是感觉和思想的承担者：“理解不可能是身体的行动，也不是任何肉体性力量，因为身体总是被局限于此时此刻。”[③] 身体虽然不能理解，但可以提供感觉，因而有资格与灵魂合作：“以这种方式，灵魂与身体联合着，因为他不完善，在理智实体所在的种种仅仅是可能的存在，并不在本性中就拥有完善的知识，而要通过身体感觉才从可感物那里获得之，此乃我们以后将要详加阐释的观点。”[④] 没有身体的感觉，人就不能获得完善的知识，因此，单独的灵魂并不能构成人，人类个体必须

---

① 圣·波纳文图拉：《中世纪的心灵之旅》，溥林译，华夏出版社 2003 年版，第 66 页。

② 《安瑟伦著作选》，涂世华译，宗教文化出版社 2006 年版，第 271 页。

③ *Basic Writings of Saint Thomas Aquinas*, Volume One-II, China Social Science Publishing House, p.481.

④ *Basic Writings of Saint Thomas Aquinas*, Volume One-II, China Social Science Publishing House, p.492.

同时拥有身体和灵魂。身体绝非可有可无，而是联合中不可或缺的一方："由于感知是人的活动（尽管不是人的本质活动），因此人就不能只是灵魂，而是肉与灵的复合物。"① 联合只能发生在两个主动者之间，故而身体不可能属于完全被动的存在。它固然被灵魂所推动，但也有一定的积极性和主动性："身体由潜能和行为所构成，故而它同时是主动的和被动的。"② 就它是为形式所决定的潜能而言，它无疑具有被动的品格，可是行动中的它则是主动的。作为被动的主动者，身体是第二级位（次于灵魂的）的主体，是灵魂的好帮手："人的灵魂与身体的结合不是对灵魂的诅咒和伤害，而的确是上帝的礼物，它帮助理性灵魂实现后者的理性能力"。③ 为了让身体能实现其第二级位的主体性，"上帝造人的身体时，赋予它最合适的安排。"④ 譬如，其触觉就比其他动物更敏锐，再如，他直立行走，视野广阔，能超越直接求生存阶段，追索知识和可见事物之美，又如，人的身体具有"所有动物中比例最大的脑"，可以"在需要理智动作的行动方面获得最大的自由"。既然身体具有主体性和"最合适的安排"，那么，它自身就可能是美的，对身体的审美就属于正当的行动。如此这般积极的身体观，即使放到文艺复兴时期，也不会显得落伍。

到了文艺复兴以后，弘扬感性生活的现代思潮迅速兴起，基督教肯定身体的神学体系也获得了来自社会学层面的支撑。虽然不是所有神学家都认可奥古斯丁、安瑟伦、托马斯·阿奎那的身体观，但源于《新约》的基本立场却获得了强化。在现代性扩展其领地的数百年间，西方出现了许多肯定身体的基督徒。出生于 15 世纪的伊拉斯谟（Erasmus）就是其中的著名代表。作为怀有人文主义立场的神学家，他以更加大胆的态度敞开了基督教肯定身体的思想维度，曾以咄咄逼人的口气追问："首先，世上还

---

① 凯利·科拉克、吴天岳、徐向东主编：《托马斯·阿奎那读本》，北京大学出版社 2011 年版，第 73 页脚注。

② *Basic Writings of Saint Thomas Aquinas*, Volume One-II, China Social Science Publishing House, p.1058.

③ 凯利·科拉克、吴天岳、徐向东主编：《托马斯·阿奎那读本》，北京大学出版社 2011 年版，第 65 页。

④ *Basic Writings of Saint Thomas Aquinas*, Volume One-II, China Social Science Publishing House, p.875.

有什么比生命本身更加甜蜜更加宝贵的吗?”① 在他看来，人宝贵的生命首先来自肉身的繁衍:“我问你，神或者所有人是从哪里生下来的？从头部、脸上、胸膛、手或者耳朵？从所有这些被认为是体面的身体部位？不，不是这样。繁殖人类的器官真不像话，一说出口看引人发笑。这里有一道真正的圣泉，万物的起源皆由此出，而不是来自毕达哥拉斯的四元数。”来自肉身者不应该反对肉身，人必须重视肉身。在这方面，他眼里的普通人比所谓“虔诚的人”更加明智:“一般老百姓所羡慕的也只是与肉体相关的事物，并相信只有这类东西才存在着；反之，虔诚的人轻视一切与肉体相关的事物，并整个心神为之振奋地沉思着肉眼看不见的事物。”② 重视肉身的人必然重视感性生活（包括情感的力量），不让理智妨碍真正的幸福，而这正是大自然的旨意:“特别是你们会注意到，大自然这个人类的母亲多么聪明，她保证到处都不乏点愚蠢的气味。按照斯多葛派的定义，聪明以为只遵循理智，而愚蠢则刚好相反，听从情感摆布。因此丘比特不愿见到人类的生活完全陷入忧郁低沉、冷酷无情，于是把远多于理智的情感赋予人类——你可以算出二者的比例是二十四比一。再者，他把理智限制在头脑的狭小角落里，而让感情囊括身体的其余部分。”③ 这里所说的愚蠢实为真正的明智，因为它是肯定生命的智慧。与这些大智若愚的人相比，“虔诚的人”意欲“冲破躯体的舒服”，“图谋越狱”，已经陷入疯狂之中，实为病入膏肓的迷途者。对于这些病人，伊拉斯谟以戏谑的语言进行了调侃，其《愚人颂》也变成了《身体颂》。受这种肯定身体的思潮影响，近代基督教神学家大都不再完全排斥感性生活。在推动宗教改革时，德国神学家马丁·路德（Martin Luther）就强调：适当满足身体欲望，乃上帝赋予人的基本权利。他于讲道词《论自由——婚姻与神像》和《论自由——拜神像与吃祭牲》中提出了这样的观点：基督徒的生活中存在必须做的工作，也有可以“自由取舍的事”，而涉及身体愿望的部分选择则属于后者：

(1) 现在我们将讨论一些非必需的，由上帝随我们取舍的

---

① 伊拉斯谟:《愚人颂》，许崇信译，译林出版社 2010 年版，第 13 页。
② 伊拉斯谟:《愚人颂》，许崇信译，译林出版社 2010 年版，第 105 页。
③ 伊拉斯谟:《愚人颂》，许崇信译，译林出版社 2010 年版，第 21 页。

> 事，即如，一个人是否应该结婚，男女修道是否应该离开修道院。这些事都任人自由取舍，任何人不得禁止，否则就是错误的，因为那是违反上帝意旨的。在自由取舍，如结婚或不结婚一类事上，你应该这样办：假如你那个自制，而不因此累住你的良心，你尽管这样做，但不可以此为通律，人人都必须完全自由。
>
> （2）如果你不吃肉有害健康，或者如果你在生病，那么你就可以吃你所喜欢吃的，如果有人不高兴，就让他不高兴好了。尽管全世界都不高兴，你也不算是犯罪，因为从上帝施恩所给了你的这种自由而观，又从你的健康有非吃肉不可的需要而观，上帝能够赦免你。①

人有适当实现身体欲望的自由，这是上帝的意旨。它虽然不是人的最好部分，但也是个体不可或缺的部分，因此，关怀身体就是关怀人自己。进而言之，适度实现欲望并不妨碍身体与灵魂一起成圣。只要分清“必须之事”和“自由取舍的事”，身体不仅可以在地上“做义的奴仆”，而且会在“审判之日”和灵魂“一同庆祝永生的复活节”。② 说到这里，马丁·路德实际上已经建构出了一种明确肯定感性生活的身体神学。

到了20世纪，基督教神学更加明晰地敞开肯定身体的立场，建构出更为积极的身体神学。在《创造中的上帝》一书中，德国神学家莫尔特曼明确反对灵魂与肉体的等级制，试图重建精神与肉体的融贯模式：“如果我们把人同自身关系中的人类学分化定义为‘灵魂和肉体’，那么，肉体就会强烈地渗透它的灵魂，就像灵魂强烈地渗透肉体一样。肉体不断向灵魂谈话，正像无意识的东西不断影响有意识的东西，不自愿的行为总是出现在所有自愿的行为中一样。如果我们接受灵魂统治肉体这种片面的关系，我们就压制了肉体回应的语言，就使肉体缄默。肉体的反映就会僵

① 马丁·路德：《马丁·路德文选》，马丁·路德翻译小组译，中国社会科学出版社2003年版，第111页。

② 马丁·路德：《马丁·路德文选》，马丁·路德翻译小组译，中国社会科学出版社2003年版，第214—457页。

化和死亡，与生态危机中‘自然的默默死亡’相平行。”① 将肉体定义为谈话的一方，无疑已经肯定了其主体性。身体不是低级的卑劣之物，不是应被克服的东西，而是灵肉格式塔中不可或缺的主体。这种看似激进的立场再次敞开了基督教神学的基本维度——关怀身体。在关怀身体的过程中，基督教神学家卡尔·安德森（Carl Anderson）和何塞·格拉纳多斯（Jose Granados）甚至得出了“我是我的身体”这样大胆的结论：

> 从我们可以像谈论物质客体般谈论身体这个事实中，还原主义推导出若干似是而非的结论。例如，我可以说，我的身体“属于”我，而且我可以用谈论“我的车”和“我的狗”的方式谈论“我的身体”。这种谈论身体的方式完全错误。虽然，我可以将我的身体当作工具来使用，比如，我能够依靠螺丝刀拧紧螺丝，但我们会试图用手做同样的工作。不过，我与我的拥有物之间总有一段距离，但在我们和我们的身体之间却没有。我们可以处理掉自己的拥有物而继续快乐地活着，却无法在弃置身体后如是潇洒。因此，身体不是我们拥有的物中的一物，而是我们拥有能力的首要基础。同样，它并非我们工具袋中的一件工具，因为它建立起我们使用工具的基本可能性：我有手，才能挥动锤子；有眼，才能瞄着望远镜。②

身体不是无数客体中的一个客体，不是人的拥有物，不是工具，相反，它是人的构成。当人想解释自己的身份时，他无法绕开身体。与计算机、电话、图画这些无感觉的东西不同，活的身体具有感觉能力。挂在墙上的画感觉不到墙，但坐在椅子上的身体却可以感觉到椅子。多亏了这种感觉能力，人才能使用工具，拥有世界并向世界呈现自身。身体将人投入世界之中，使人向世界开放，响应世界的呼唤。正因为如此，它不是人的自由的障碍，而是享有自由的基础。遗忘身体就是遗忘人自身，就是遗忘我们生

① 莫尔特曼：《创造中的上帝》，魏仁莲等译，上海三联书店 2002 年版，第 353 页。

② Carl Anderson & Jose Granados, *Called to love: Approaching John Paul IIs' Theology of the Body*, New York: Random House, 2009, p.29.

存的根基，自然会造成严重的生态危机。[①] 既然身体是人重要的本体论构成，那么，贬抑身体就是贬抑人自身。我们应该颂扬和关怀身体——它是神的杰作，在某些方面近乎完美，值得我们珍惜。

三、介入日常生活实践：基督教身体关怀意识对文明的积极影响

作为一个知行合一的信仰体系，基督教自诞生之日起就落实为相应的生活方式。随着影响的扩大，它的身体关怀意识也生发出丰富的实践维度，改变了人类文明的进程。

1. 反对任何形式的身体迫害：基督教身体关怀实践的第一个维度

基督教发源于巴勒斯坦地区，但兴起于罗马帝国境内。在它对西方世界产生重大影响之际，庞大的罗马帝国流行各种迫害身体的习俗：残酷的角斗游戏、抛弃身体状况异常的婴儿和女婴、嘲笑体力劳动者，等等。从关怀身体的立场出发，它向上述习俗提出挑战，推广善待生命的伦理准则。

第一，废除伤害身体的习俗。

在基督教诞生之初，古罗马帝国流行各种迫害身体的习俗。角斗士表演就是其中较为残酷者：人与同类乃至野兽进行血腥的身体博弈，轻者伤残，重者丧失生命，观众席上的元老、官员、贞女和其他社会名流则以此为乐。为了废除这种迫害身体的习俗，基督教不断对之进行谴责、批判、抵制，最终于公元4—5世纪取缔了可以直接致人伤残和死亡的角斗士比赛。[②] 此后，它继续推广关怀身体的伦理，将其影响域扩展到非西方世界。1912年，在基督教传教士的影响下，中国正式开始废除延续了上千年的女性裹小脚习俗。[③] 基督教徒之所以参与此项事业，是因为他们不能容忍

① Cf. Carl Anderson & Jose Granados, Called to love: *Approaching John Paul IIs' Theology of the Body*, New York: Random House, 2009, pp.30-35.

② 施密特：《基督教对世界文明的影响》，汪晓丹、赵巍译，北京大学出版社2004年版，第48页。

③ 施密特：《基督教对世界文明的影响》，汪晓丹、赵巍译，北京大学出版社2004年版，第101页。

迫害身体的行为："裹足期间，肉常常腐烂，脚底大面积坏死，有时脚趾会一个个掉下。"在他们看来，这样迫害身体等于残害生命，自然不能容忍。出于同样的逻辑，基督教徒还帮助部分受其影响的地区废除了阴道封闭术。①

第二，禁止抛弃和杀死身体异常的婴儿。

在远古文化语境中，身体状况异常者往往命运多舛，常常被抛弃或直接杀死。古希腊就曾流行这种风气。古希腊就曾流行抛弃婴儿的陋习。"那些生下来就残疾或体质虚弱的，尤其要除掉，通常是被溺死。"② 这种情况也延续到罗马时代："在罗马，生育是一种冒险。如果孩子为畸形或女性，风俗允许其父母抛弃婴儿至死。"③ 大思想家西塞罗和塞内加也支持杀婴习俗，认为"应当杀死残疾婴孩"，坦承"我们将生下来虚弱畸形的孩子溺死"。④ 这类陋习实际上建立在一个不成立的假设上：身体异常者没有希望，无法拥有光明的未来。基督教自诞生之日起就反对这个假设，以耶稣"治好生来残疾者"的各类故事来宣示关怀众生的身体观：残疾并命运非对人的终极判决，畸形儿和其他病人一样也拥有希望，可以走向光明的前景。根据这样的信念，《十二使徒遗训》叮嘱人们"你们不可……杀害婴孩"。⑤ 在基督教的影响下，罗马帝国于公元前 374 年正式出台禁止杀婴的《狄奥多西法典》。⑥

2. 医治和照料身体：基督教身体关怀实践的第二个维度

除了反对迫害身体，基督教还主动开启了主动关怀身体的实践。其中一个重要活动就是医治身体。在古希腊文中，耶稣写作 Soter，同时具有

① 施密特：《基督教对世界文明的影响》，汪晓丹、赵巍译，北京大学出版社 2004 年版，第 104 页。

② 施密特：《基督教对世界文明的影响》，汪晓丹、赵巍译，北京大学出版社 2004 年版，第 34 页。

③ 威尔·杜兰《恺撒与基督》，东方出版社 2003 年版，第 700 页。

④ 施密特：《基督教对世界文明的影响》，汪晓丹、赵巍译，北京大学出版社 2004 年版，第 74 页。

⑤ 施密特：《基督教对世界文明的影响》，汪晓丹、赵巍译，北京大学出版社 2004 年版，第 35 页。

⑥ 施密特：《基督教对世界文明的影响》，汪晓丹、赵巍译，北京大学出版社 2004 年版，第 36 页。

救主和医治两个意思。[①] 与罗马人抛弃身体异常者的做法相反，耶稣努力医治和改善身体异常者的生存状态。在他展示的奇迹中，治愈哑巴、盲人、瘫子、麻风病患者的行为占有很大比例。依赖这些转换身体状况的实践，他演绎了这样的可能性——与灵魂一样，身体也是待雕刻的圣物，同样可以改善，因此，关怀身体——照料和治疗——应该成为基督徒的事业。正是在这种精神引导下，西方出现了普惠众生的医护所（救济院）。

在基督教倡导身体关怀之前，罗马帝国也有医院，分别为 iatreia（诊病和开药方的地方）、aescalapia（医神的庙宇）、valetudina（不对普通公众开放的治疗之所），但它们普遍“没有病床，也没有护理人员”。[②] 建立具有护理功能的医院，乃是基督教的一个创新。由于有了医护所，照顾身体才由偶然的实践升华为制度化的善行。为了更全面地关怀身体，早期基督教医院还设有作坊和技工学校，供康复期间的病人学习一门无须特别技术的手艺。[③] 随着基督教世界的扩张，关怀身体的医护实践也从欧洲传到世界上其他地方。在这个过程中，某些曾受到普遍排斥的传染病患者获得了关爱：“麻风病总是笼罩着一层黑巫术的气氛，大多数医生不愿意接近麻风病人，而那些少数肯这样做的人不是理想主义者，就是神父和宣教士。”[④] 如今，医院、护士学校、红十字会遍布世界各地，身体关怀实践已经制度化和普遍化。

需要提及的是，正是在医护身体的过程中，基督教徒帮助中国废除了裹小脚习俗。早期来华的传教士大部分是医生，他们的医护和治理实践证明：裹足伤害女性身体，不但使女性站立不稳，还会引起多种疾病。[⑤] 为了帮助国人废除此类陋习，他们于 1895 年在上海成立天足会，宣传关怀

---

① 施密特：《基督教对世界文明的影响》，汪晓丹、赵巍译，北京大学出版社 2004 年版，第 104 页。

② 施密特：《基督教对世界文明的影响》，汪晓丹、赵巍译，北京大学出版社 2004 年版，第 136 页。

③ 施密特：《基督教对世界文明的影响》，汪晓丹、赵巍译，北京大学出版社 2004 年版，第 137 页。

④ 保罗·班德、杨腓力《神的杰作——身体奥秘的发现之旅》，吴文秋译，新世界出版社 2009 年版，第 192 页。

⑤ 杨兴梅：《身体之争：近代中国反缠足的历程》，中国社会科学出版社 2012 年版，第 10 页。

身体的理念。由于传教士来自现代化的西方，因此，此类话语又打上了现代性的标记，对追求国富民强的中国人产生了极大的影响，最终推动后者废除了这个延续千年的习俗。

四、结语　研究基督教身体关怀理念的必要性

在不少文本中，人们看到的主要是基督教管制身体的论述，其身体关怀理念还远未受到中国学界的重视。这当然与基督教身体理念的特点有关，但更根本的缘由是解读者缺乏相应的视野。正因为如此，系统总结基督教文化的身体观便显得十分必要。相对于这个目标，本文仅仅见证了汉语学者的初步努力。

作者单位：深圳大学文学院

迦南神话视域中的圣经海怪研究

——兼论圣经海怪与中国龙的区别

林　艳

一、引言

西方学术界普遍接受圣经神话研究是在20世纪90年代以后。① 古代近东（Ancient Near East）文明的重见天日，令学者在古代近东神话背景下研究圣经神话的做法更具科学性。古代近东包括美索不达米亚平原、叙利亚—巴勒斯坦以及埃及，其中迦南曾是以色列民族繁衍生息的重要地区。迦南文明对以色列民族及其圣典的影响不可估量，而本文涉足的圣经神话更无法绕开迦南神话的影响。

圣经神话经常出现上帝与海怪（sea monsters）争斗的主题。海怪是创造与秩序的对立面，是邪恶的象征。上帝征服海怪就是除掉威胁宇宙的恶势力，并恢复创造时的秩序。学界普遍认为上帝与海怪的争斗神话拥有深厚的迦南神话背景，圣经作者借用迦南神话的争斗主题，表达着完全不同的神学旨趣。② 由于中文圣经常将海怪译作“龙”，导致中国基督徒对

---

① Cf. Bernard F. Batto, *Slaying the Dragon: Mythmaking in the Biblical Tradition, Louisville*: Westminster/John Know Press, 1992, p. 1.

② 也有学者认为圣经中上帝与海怪的争斗神话受巴比伦神话的影响。参见 Hermann Gunkel, “The Influence of Babylonian Mythology Upon the Biblical Creation Story”, in *Creation in the Old Testament*, edited by Bernhard W. Anderson, Philadelphia: Fortress Press; London: SPCK, 1984, pp. 25-52; W. G. Lambert, “A New Look at the Babylonian Background of Genesis” , in *I Studied Inscriptions from before the Flood: Ancient Near Eastern, Literary, and Linguistic Approaches to Genesis 1-11*, edited by Richard S. Hess and David Toshio Tsumura, Winona Lake, Ind.: Eisenbrauns, 1994, pp. 96-113。

自身文明里的龙文化抱有深刻的敌意与抵触情绪。圣经海怪的原意为何？早期的圣经翻译为何将海怪译为“龙”？中国的龙文化究竟有什么含义？为了解答这些问题，本文将具体分析圣经里的海怪，并探究圣经作者要表达的神学思想；接着对圣经海怪的迦南神话背景进行探源，了解之间的影响与差异；然后，对圣经海怪与中国“龙”进行区分，帮助中国基督徒与普通读者认识二者的差异，从而消除中国读者对龙文化的迷惑，建立自身文化的认同感。

二、圣经主题与海怪

圣经神学主题包括创造、犯罪、堕落、救赎以及末世等，圣经海怪几乎出现在所有这些主题内。以下将围绕圣经海怪在创造主题与救赎主题内的具体呈现，逐一分析圣经作者借此表达的神学思想。

1. 创造主题与海怪

圣经创造主题的一个特点就是上帝通过征服海怪进行创造。例如：

> 神自古以来为我的王，在地上施行拯救。你曾用能力将海（sea, יָם）分开，将水中大鱼（dragons, תַּנִּינִים）的头打破。你曾砸碎鳄鱼（Leviathan, לִוְיָתָן）的头，把它给旷野的禽兽为食物。你曾分裂磐石，水便成了溪河。你使长流的江河干了。白昼属你，黑夜也属你；亮光和日头是你所预备的。地的一切疆界是你所立的；夏天和冬天是你所定的。（《诗篇》74: 12—14）①

这段经文出现的第一个海怪是“海”（sea, יָם）。而在迦南神话里，海神就是亚姆（Yam）。上帝“将海分开”令我们想起《创世记》上帝创造的大能，上帝通过分开诸水创造了穹苍（《创世记》1: 6—7），通过让天下的水聚在一处而使海水与陆地分开（《创世记》1: 9—10），上帝首先要征服海水才

① 本文引用的中英文圣经如无特别说明，分别是新标点和合本与新修订标准本（New Revised Standard Version）。

进行创造。

“鳄鱼”（Leviathan, לִוְיָתָן）是另一个海怪，鳄鱼的“头”（רָאשֵׁי）使用了复数。迦南神话中的利维坦（Leviathan）就拥有七颗头颅。这个传统也延续到圣经，《启示录》中的大红龙 / 兽有七头十角（《启示录》12: 3, 13: 1, 17: 3）。需要指出的是，“鳄鱼”(Leviathan, לִוְיָתָן）并不等同于自然界的鳄鱼，因前者有舌头，而自然界的鳄鱼是没有舌头的；而且前者的嘴里可以喷火冒烟，这显然与自然界的鳄鱼不是一种生物。“鳄鱼”（Leviathan, לִוְיָתָן）是神话里的与创造有关的动物，和鳄鱼或者其他已知的生物不同。①

大鱼（dragons, תַּנִּינִים）也是圣经里的海怪，被认为是鳄鱼的助手。②上帝打碎这些海洋怪物的头，实际上就是杀死、征服海怪，从而令白昼、黑夜、亮光、日头、夏天、冬天这些创造秩序得以巩固（《创世记》9:22）。

《诗篇》还有其他通过征服海怪进行创造的经文，又如：

> 耶和华啊，你所造的何其多，都是你用智慧造成的，遍地满了你的丰富。那里有海，又大又广，其中有无数的动物，大小活物都有。那里有船行走，有你所造的鳄鱼（Leviathan, לִוְיָתָן）游泳在其中。（《诗篇》104: 24—26）

《诗篇》104 是智慧文学的篇章之一。耶和华用智慧创造万物，这样的创造在《箴言》里出现过：“在耶和华造化的起头，在太初创造万物之先，就有了我（智慧）……那时，我在他那里为工师，日日为他所喜爱，常常在他面前踊跃。”（《箴言》8:22—30）创造主题与智慧文学在这里实现了交汇。这里强调威胁宇宙秩序的鳄鱼——那么凶猛的海怪——都是耶和华创造的，它与上帝的其他造物和平共处。③这段经文也再现了《创世记》上帝创造第六天时的情景：“造出大鱼（great sea monsters, הַתַּנִּינִם）和水中滋生各样有生命的动物，各从其类”（《创世记》1: 21）。通过这种方式，

---

① Cf. John Day, *God's Conflict with the Dragon and the Sea: Echoes of a Canaanite Myth in the Old Testament*, Cambridge: Cambridge University Press, 1985, pp.65-72.

② Cf. John Day, *God's Conflict with the Dragon and the Sea*, p.24.

③ Ibid., 73.

上帝实现了对海怪的征服，实现了对创造秩序的确立。

《约伯记》也出现了圣经中的其他海怪：

> 他以能力搅动大海（sea, יָם），他借知识打伤拉哈伯（Rahab, רָהַב）。借他的灵使天有装饰；他的手刺杀快行的蛇（twisting serpent, נָחָשׁ בָּרִיחַ）。看哪，这不过是神工作的些微，我们所听于他的是何等细微的声音，他大能的雷声谁能明透呢？（《约伯记》26: 12—14）

这段经文描述了耶和华战胜海怪，并在结尾欢呼他创造的权能。其中出现了海怪“拉哈伯”（Rahab, רָהַב），早先的学者赫尔特林（E. Hertlein）主张拉哈伯指代埃及，上帝打伤拉哈伯就是摧毁埃及。① 赫德尔（A. Heidel）认为拉哈伯是真实存在过的远古海洋生物，后来消失了。② 这些意见现在都不再提起。戴（John Day）的看法似乎较为可信，他认为拉哈伯与后面提到的另一种海怪“快行的蛇”（twisting serpent, נָחָשׁ בָּרִיחַ）等同。由于“快行的蛇”是鳄鱼（Leviathan, לִוְיָתָן）的另一种称呼（《以赛亚书》27: 1），所以拉哈伯可能是鳄鱼的代名词。③

《约伯记》还出现了一种海怪“河马”。“你且观看河马（Behemoth, בְהֵמוֹת）。我造你也造它，它吃草与牛一样。”（《约伯记》40: 15）近代学者一般认为“Behemoth（בְהֵמוֹת）”就是“河马（hippopotamus）”，是现实世界里真实存在的动物。④ 现在的学者一般认为它也是上帝在创造时征服的神话海洋生物，是骄傲、邪恶的象征。“Behemoth（בְהֵמוֹת）”源自迦南神话中“艾勒之牛阿提克”（El’s calf Atik），与鳄鱼（Leviathan, לִוְיָתָן）是一类神话动物。⑤ 如果说《诗篇》里出现海怪，是为了颂扬上帝创造时斩杀

---

① Cf. E. Hertlein, “Rahab”, *ZAW*, No.38, (1919-1920), p.135.

② Cf. A. Heidel, *The Babylonian Genesis: The Story of Creation*, Chicago: the University of Chicago Press, 1951, p.107.

③ Cf. John Day, *God’s Conflict with the Dragon and the Sea*, p.39.

④ Ibid., p.62.

⑤ Ibid., pp.81-82.

海怪的神功武力，那么《约伯记》里反复出现海怪，则是为了说明约伯连上帝所造的海怪都无法理解，约伯又如何能够明白上帝创造的奇妙和他目下的景况。因此，约伯应该谦卑顺从上帝那奇妙不可测度的旨意。[①]

本文目前已经列举了圣经中出现的海（sea, יָם）、大鱼（dragons, תַּנִּינִים）、鳄鱼（Leviathan, לִוְיָתָן）、拉哈伯（Rahab, רָהַב）、快行的蛇（twisting serpent, נָחָשׁ בָּרִחַ），河马（Behemoth, בְּהֵמוֹת）等海怪，它们都是上帝在创造时征服的动物，是威胁创造的邪恶力量。它们是自然界中并不存在的动物，大多来自迦南神话。上帝通过斩杀这些海怪从而能建立或重新确立世界秩序，人应当敬畏上帝创造的奇妙和大能。而敬畏耶和华是智慧的开端，创造主题与智慧文学在此有了神学上的连接。

2. 救赎主题与海怪

上帝与海怪的战争最初发生在创造之时，但是随着人类历史的展开，这种神怪冲突不但没有消失，反而以各种形式参与历史发展的进程。上帝多数时候站在以色列一方，而海怪幻化成以色列一个又一个敌国。以色列与敌国的冲突就是创世之初上帝与海怪争斗的历史再现。因此，上帝与海怪争战的创造主题历史化为上帝帮助以色列打败敌国的救赎主题。以色列历史上影响深远的敌人是埃及，因以色列在埃及长期寄居为奴。以色列王国时期，虽然埃及不再是当时世界的主宰，但是埃及压迫以色列的历史深植于人们的意识当中。无论从当下还是历史情境考量，埃及都不可能成为以色列的朋友：

> 埃及的帮助是徒然无益的，所以我称他为坐而不动的拉哈伯（Rahab, רָהַב）。（《以赛亚书》30: 6—7）

这段经文的成书时间约在公元前705至前701年之间，其中表达的意思在《以赛亚书》中也屡次出现，即谴责犹大与埃及的结盟是缺乏智慧的愚蠢行为，因埃及的帮助是徒劳无益的。这句经文直接告诉人们埃及就是邪恶的海怪化身，但有的经文表达不那么明显：

① Cf. Edgar. Jones, *The Triumph of Job*, London: SCM, 1966, p.108.

> 我要提起拉哈伯（Rahab, רָהַב）和巴比伦人，是在认识我之中的。看哪，非利士和推罗并古实人，个个生在那里。（《诗篇》87: 4）

拉哈伯在这里是与巴比伦人、非利士人、推罗人以及古实人这些锡安居民一并提及的，所以这些民族也多少带有海怪的邪恶形象。同时，连没多少影响力的古实人都在这个列表里，却没有提及当时能够平衡北方强国巴比伦的埃及。因此，学者认为此处的拉哈伯就是埃及。①

埃及作为海怪的意象也出现在《以西结书》中：

> 埃及王法老啊，我与你这卧在自己河中的大鱼（the dragons, הַתַּנִּים）为敌。你曾说：这河是我的，是我为自己造的。我耶和华必用钩子钩住你的腮颊，又使江河中的鱼贴住你的鳞甲……（《以西结书》29: 3—5）

先知以西结也将埃及比作"大鱼"（the dragons, הַתַּנִּים），使用这个意象是因为出埃及拯救主要发生在红海（《出埃及记》14）。不过这里作了去神话的处理（demythologization），上帝并不直接与海怪争斗，而是分开红海、让海水淹没埃及军兵。② 以西结是被掳到巴比伦的先知，他用上帝过去对以色列的拯救事件作为复兴掳民的依据。

埃及这头海怪是以色列的敌人，巴比伦也是上帝要击打的对象：

> 耶和华的臂膀啊，兴起！兴起！以能力为衣穿上，像古时的年日、上古的世代兴起一样。从前砍碎拉哈伯（Rahab, רָהַב）、刺透大鱼（dragon, תַּנִּין）的，不是你吗？使海（sea, יָם）与深渊（the great deep, תְּהוֹם）的水干涸、使海的深处变为赎民经过之路的，不是你吗？（《以赛亚书》51: 9—11）

---

① Cf. John Day, *God's Conflict with the Dragon and the Sea*, p.90.

② Cf. Ibid., p.96.

这首哀歌出自第二以赛亚（《以赛亚书》40—55 章），成书于以色列被掳巴比伦时期。[①] 经文里出现的大鱼、海、深渊、拉哈伯这些海怪都是以色列的仇敌，是邪恶的化身。“像古时的年日、上古的世代兴起一样”指上帝在创世之初与海怪争战，最终确立创造的美好秩序。“使海与深渊的水干涸、使海的深处变为赎民经过之路”特指出埃及过红海的拯救事件。被掳的先知即以上帝过往的拯救行为作为信心的基础，盼望他的臂膀再度兴起。上帝不仅在创世之初与出埃及拯救事件中击败海怪，也必将在拯救巴比伦掳民的过程中战胜海怪，而被掳归回就是新的创世与新的出埃及(《以赛亚书》56—66 章)。

需要指出的是，“深渊”（the great deep, תְּהוֹם）也是海怪的一种，最早出现在《创世记》开篇“起初，神创造天地。地是空虚混沌，渊面黑暗”(《创世记》1: 1—2)。早期研究古代近东神话的学者衮克尔（Hermann Gunkel）认为“深渊”原是巴比伦创世神话里的女神提阿玛特（Tiamat）。[②] 但是不同的意见认为以色列的“深渊”源自迦南神话。因为《创世记》1 章与深受迦南神话影响的《诗篇》104 章极其相似，而前者的成书时间晚于后者，[③] 所以《创世记》1 章也深受迦南神话的影响。[④] 不过，巴比伦文明并不是一个封闭孤立的体系，而是海纳百川、高度发展的文明。我们很难说它里面所有的元素都来自古代美索不达米亚，严格说它是泛巴比伦主义（pan-Babylonism)。它可能和以色列人的《创世记》有部分内容对应，也可能和迦南、古代埃及、哈兰、赫梯，以及早期希腊文明发生关联。[⑤] 因此，两种看法都有其合理性。

---

① 公元前 587 年，犹大国首都耶路撒冷被巴比伦王尼布甲尼撒摧毁，他们捣毁第一圣殿，以色列王国时代从此结束。包括国王、贵族、祭司和工匠在内的上万名犹大人被掳掠到巴比伦，史称“巳比伦之囚（Babylonian Exile)”。《以赛亚书》40—55 章的成书时间就在此一时期。

② Cf. Hermann Gunkel, “The Influence of Babylonian Mythology Upon the Biblical Creation Story”, pp.25-52.

③ Cf. B. W. Anderson, *Creation versus Chaos: The Reinterpretation of Mythical Symbolism in the Bible*, Philadelphia: Fortress Press, 1987, pp. 91-92.

④ Cf. John Day, *God's Conflict with the Dragon and the Sea*, p.51.

⑤ Cf. W. G. Lambert, “A New Look at the Babylonian Background of Genesis,” *JTS*, No.16, (1965), p.289.

海怪在圣经当中还指代亚述（叙利亚）：

> 主必使大河（river, נָהָר）翻腾的水猛然冲来，就是亚述王和他所有的威势，必漫过一切的水道，涨过两岸；必冲入犹大，涨溢泛滥，直到颈项。以马内利啊，他展开翅膀，遍满你的地。（《以赛亚书》8: 7-8）

海怪“大河”(river, נָהָר) 指代亚述王和他的威力，亚述并没有被上帝击败，上帝反而令他暂时获得胜利。这段经文反映了公元前 734 年至前 731 年北国—叙利亚危机时，北国和叙利亚联手攻击犹大国。以赛亚将拯救的消息“神与我们同在”（以马内利）带到锡安，以此坚立南国犹大人的信心。①

上帝与海怪冲突的历史化就是上帝不断干预人类生活并拯救以色列人的过程。以色列历史上与周边民族交往频繁，圣经记载了众多邻国对以色列的欺压与侵犯。圣经作者将这些事件用上帝与海怪争战的神话形式加以表达，以此说明上帝创造了美好的世界并不意味着他就此隐退，他依然出现并干预人类历史，具体表现为对以色列民族的拯救。

三、迦南神话视域考

古代迦南（Canaan）地处现今叙利亚—巴勒斯坦一带，是古代近东的一部分。以色列民族至被掳时期已在迦南生活了上千年，迦南的文化和文明深深影响了以色列民族的方方面面，包括她的神话。迦南神话最初被刻在泥板上，后埋没于历史的烟尘。直到 1928 年，一阿拉伯农夫犁地时发现一些泥板残片，后在考古学家谢福（C. F. A. Schaeffer）的带领下让这批泥板重建天日，迦南神话也因此出现在众人眼前。发现泥板的地方是古代迦南乌加里特（Ugarit）城市，现今被称作拉斯沙姆拉（Ras Shamra）。②这些刻有楔形文字的泥板形成于公元前 13 世纪，乌加里特城在大约公元

---

① Cf. John Day, *God's Conflict with the Dragon and the Sea*, p. 103.

② Cf. G. R. Driver, *Canaanite Myths and Legends*, Edinburgh: T. &T. Clark, 1978, p. 1.

前1200年被海上民族（Sea Peoples）入侵毁灭。泥板的记载令公元前13世纪的迦南宗教生活得以复活与再现。①

迦南神话的主干是围绕巴力（Baal）登基做王而展开。最早的主神是艾勒（El），河神亚姆（Yam）是他的儿子。河神受到科塔—哈西斯（Kothar-and-Hasis）的威胁，于是他派使节到父神艾勒那里，要艾勒在立山（Mount LI）召集众神迫使巴力投降，这样亚姆就可以拥有他的黄金。使节到达时，众神正在欢宴，巴力坐在艾勒旁边。亚姆的使节令众神畏惧，但巴力毫无惧色并谴责使节。女神阿纳特（Anat）和阿斯塔特（Astarte）阻止巴力的怒气。行文至此出现残缺，后面就出现巴力和亚姆的冲突。亚姆明显处于优势，这时科塔—哈西斯介入并鼓励巴力。②

科塔—哈西斯成立了两个帮派（club），命名为“驱逐者”，并念咒以助威。第一个帮派与亚姆作战时失败，第二个成功了。③ 然后，女神阿斯塔特指导巴力收拾亚姆的残骸，最后宣布：“亚姆已死，巴力为王!”行文至此，泥板又出现残缺，后文就是建造巴力的宫殿。巴力及他的配偶阿纳特也与迦南神话其他海怪利维坦（Leviathan）、亚姆（Yam）、阿尔斯（“艾勒之牛”阿提克）等有过争斗。④

圣经中神怪冲突的主题深受迦南神话的影响。不过迦南神话里的创造主是艾勒，巴力才是与海怪争斗的神祇。到了圣经神话这里，创造主就是那位与海怪争斗的上帝。圣经作者借用迦南神话的争斗主题，剔除其中多神信仰的痕迹，努力表达以色列上帝的一神崇拜与信仰。

四、圣经海怪与中国龙

圣经中的“dragon”是威胁创造的海怪，是魔鬼、邪怪和暴力的象征，

① Cf. Walter Beyerlin, ed., *Near Eastern Religious Texts Relating to the Old Testament* (Philadelphia: Westminster, 1978), p.186.

② Cf. Frank Moore Cross, *Canaanite Myth and Hebrew Epic: Essays in the History of the Religion of Israel*, Cambridge: Harvard University Press, 1973, p.114.

③ Cf. Ibid., p.115.

④ Cf. Ibid., p.119.

上帝通过斩杀“dragon”完成创造或施行拯救。而“龙”是中国古人对“蛇、鳄、鱼、鲵、猪、鹿、熊、牛、马等动物，和雷电、云、虹、龙卷风等天象经过多元融合而创造的，具备长身，大口，大多有角、有足、有鳞、有尾等形象特征，和喜水、好飞、通天、善变、显灵、征瑞、示威等品性的神物；其实质是中华先民对自然力的神化。经过漫长时间的创造、演进和升华，龙已成为中华民族的广义图腾、精神象征、文化标志和情感纽带。”① 但是，中国的圣经翻译长期以来将西方“dragon”的形象与中国“龙”的概念匹配，这种误译的影响是巨大的，直到今日依然没有改观。“我国一部分基层教会的信徒，根据圣经盲目地认为‘龙’就是魔鬼，因而产生不利于基督徒与非基督徒和好的事例。”② 严重影响中国基督徒对自我身份的认识。③ 错误的翻译对世俗社会也有影响。2008 年北京奥运会上，官方意识形态对所有关于“龙”的宣传全都消失了，是为了不让西方世界对中国产生任何负面印象。④

中国的祥瑞图腾“龙”如何成为圣经海怪“dragon”？首位来华的新教传教士罗伯特·马礼逊（Robert Morrison，1782—1834）将钦定本旧约和新约 34 处“dragon”中的 33 处译为中国的“龙”，另外一处译为“妖兽”（《以赛亚书》27:1）。犹太裔学者施约瑟（Samuel Isaac Joseph Schereschewskv, 1831—1906）比之前译者使用了更多的“龙”字。“传教士利用这种翻译引申出一种压迫性的基督教观念：圣经中的上帝长期与中国文化争战，制裁着中国文化和宗教的罪恶。他们设想能够获得上帝的授权，摧毁存在于中国文化结构中的撒旦。”⑤

“龙”似乎成为这场论争的焦点。因此，厘清圣经“龙”的翻译，可以帮助我们看懂两种异质文化下的表征符号。现以《以赛亚书》27:1 出现的海怪为例：

---

① 庞进：《中国祥瑞：龙》，陕西人民出版社 2012 年版，第 2 页。

② 赵诘恩：《圣经观与“龙”的问题》，《金陵神学志》2006 年第 3 期。

③ 在一些保守基层教会，甚至出现不愿意过农历新年的现象，乃至对中华五千年文明加以否定的极端态度，将“中国历史上的不幸归咎于中国文化中对龙的崇拜”。

④ 参见李炽昌：《多神与一神之张力：圣经翻译处境化的商榷》，《深圳大学学报》2013 年第 1 期。

⑤ 李炽昌：《多神与一神之张力：圣经翻译处境化的商榷》，《深圳大学学报》2013 年第 1 期。

> 到那日，耶和华必用他刚硬有力的大刀刑罚鳄鱼（לִוְיָתָן），就是那快行的蛇（נָחָשׁ）；刑罚鳄鱼（לִוְיָתָן），就是那曲行的蛇（נָחָשׁ），并杀海中的大鱼（תַּנִּין）。

希腊文七十士译本（LXX）的海怪分别是“Leviathan”、“serpent”、“dragon”。“Leviathan” 音译为“לִוְיָתָן”；“serpent”采用的希伯来语是“נָחָשׁ”一词；“dragon” 的希伯来语用了 “תַּנִּין” 一词。后来的各类英文版本的圣经，诸如钦定本、修订标准本（Revised Standard Version）以及新英语圣经（New English Bible）都对第一类海怪采用了音译。对第二类海怪的翻译，钦定本采用了“piercing serpent”，修订标准本是“fleeing serpent”。第三类海怪，修订标准本使用了 “dragon” 的译法，但是同样在这个译本的其他经文里，这个词有时被译成 “serpent”，[①] 钦定本译成 “dragon”，[②] 有时钦定本也采用 “whale” 这一译法。[③]

总之，“תַּנִּין” 这个词在现代译本里使用的频率要比老版本少：钦定本比七十士译本少，而修订标准本又比钦定本少。新英语圣经通常译为“sea monster”，例如《诗篇》74:13；有时也译为 “monster”，例如《以赛亚书》27:1 和《以西结书》29:3。新英语圣经采用的这个译法就取代了修订标准本 “dragon” 的译法。当然也有例外的情况，在新英语圣经《以赛亚书》51:9 和《耶利米书》51:34 那里，“dragon” 的译法依然保留着，而修订标准本《耶利米书》51:34 的译名采用了 “monster” 一词。

大多数中文圣经已经抹除了“龙”的译名。和合本就将“לִוְיָתָן”译作“鳄鱼”，将“תַּנִּין”译作“大鱼”。天主教思高本圣经仍然将“תַּנִּין”译作“龙”，例如《耶利米书》51:34；有时还将这个词译成“毒龙”，例如《诗篇》74:13,91:13；或者还有“飞龙”的译名，例如《约伯记》26:13；更有“蛟龙”的译法，例如《以赛亚书》27:1 和《阿摩斯书》9:3。只有吕振中译本和现代中文译本恰当考虑了古代迦南的文化背景，将“תַּנִּין”译为“海怪”。不过，现代中文译本有时也保留了“龙”的译名，例如《以赛亚书》

① 例如，《出埃及记》7:9,10,12；《申命记》32:33；《诗篇》91:13 等。

② 例如《诗篇》148:7 和 74:13。

③ 例如《约伯记》7:12。

27:1 “לִוְיָתָן” 被翻译成 “戾龙”；《耶利米书》51:34 “תַּנִּין” 被译作 “巨龙”。但是所有这些现代译本，无论是英文还是中文圣经，仍然将《启示录》里的海怪译作 “dragon”（龙）。现代中文译本更试图将 “龙” 译成 “戾龙”（the perverse dragon）。[①]

为了方便读者阅读和比较，现用图表示如下：

圣经版本	海怪一	海怪二	海怪三
七十士译本（LXX）	Leviathan 《以赛亚书》27:1	Serpent 《阿摩斯书》9:3； 《创世纪》3:1	Dragon 《约伯记》26:13
马索拉译本（MT）	לִוְיָתָן	נָחָשׁ	תַּנִּין
詹姆士王钦定本（KJV）	Leviathan	Serpent 《约伯记》7:12	Dragon 《诗篇》74:13；148:7/ Whale 《约伯记》7:12
修订标准译本（RSV）	Leviathan	serpent	dragon
新英文圣经（NEB）	Leviathan	sea serpent	monster 《以西结书》29:3
和合本	鳄鱼	蛇	大鱼
天主教思高本	里外雅堂	飞龙 / 蜿蛇	蛟龙 《耶利米书》51:34
吕振中译本	鳄鱼	蛇	蛟龙
现代中文译本	戾龙	古蛇	海怪 / 巨龙 《耶利米书》51:34

因此，圣经世界的 “dragon” 与中国 “龙” 完全不相干。对于中国读者而言，圣经海怪 “dragon” 除了可以翻译为 “蛟龙”（邪恶的龙），也可以根据它的发音译作 “劫根”。对于西方读者而言，中国 “龙” 可以英译为 “Loong”。[②] 这样就避免很多文化上的误读和因此造成的隔阂。

五、结论

圣经中象征邪恶的海怪经常被翻译成中国文化里的 “龙”，这样的误

---

① 例如，《启示录》12:3,7,9；13:2,4,11；16:13,20:2。

② 参见庞进：《中国祥瑞：龙》，陕西人民出版社 2012 年版，第 3 页。

译造成中国基督徒对自身传统文化的抵触和身份的焦虑，也不利于西方基督教国家对中华文化的真正接纳与欣赏。本文正是出于这样的认识研究圣经中的海怪。圣经海怪是创造的对立面，是邪恶的象征。上帝通过征服海怪完成创造的奇功，又在历史中与海怪不断争战施行拯救。圣经海怪有深厚的迦南神话背景，这样的研究有助于读者认识到圣经在本质上体现了“多元宗教经典”的特质。希伯来圣经作者竭力在文本中做去神话处理，并使之适应以色列社群的一神信仰。中国读者在研读圣经时，如果能够考虑这种异教神话背景，无论对于加深圣经的认识还是接纳文化传统身份都有借鉴意义。

作者单位：深圳大学文学院

宗教是如何可能的：涂尔干和西美尔的比较研究

邵铁峰

与涂尔干不同，西美尔（Georg Simmel，1858—1918）从未有过系统性的学术传人，其学术思想亦未曾获得过涂尔干那样广泛的传播与讨论，不过，二人同为古典社会学的奠基人，生活时间亦大致相同。在1885—1886年间，涂尔干曾到过德国。在德国时，他访问过几所大学，冯特（Wilheim Wundt）的实验心理学给他留下了深刻的印象。他也注意到瓦格纳与施默勒等学院社会主义者的观点。涂尔干访德期间，西美尔正在柏林大学担任编外讲师，但是，二人似乎并未谋面。① 不过，西美尔的作品很早就被引介入法国，涂尔干亦早自西美尔的《论社会分化》（1890）问世之后，就开始对西美尔感兴趣了。他曾翻译过西美尔的《社会集体的自我保存》（*Die Selbsterhaltung der socialen Gruppe*），——即《社会学》的第八章，并刊于他于1898年所创立的《社会学年鉴》的第一卷上。② 针对西美尔的一些主要观点，涂尔干也撰写了一些批评性的文章。

尽管二人都支持将社会学建立为一门独立的科学，并为此作出了不懈的努力，但是，在对社会学的研究对象、研究方法等一系列问题上，二人的看法显然是大不一样的。例如，在《货币哲学》问世之后，涂尔干就撰

---

① Cf. Yoshio Atoji, *Sociology at the Turn of the Century: On G. Simmel in Comparison with F. Tonnies, M. Weber and E. Durkheim*, p.102.

② Cf. Ibid., pp.99-100, p.102.

写了关于此书的评论。[①] 总体而论，涂尔干对西美尔的社会学研究是持一种质疑和批评态度的：两人不仅处于不同的学术传统中，对社会学的理解亦截然不同。

但是，涂尔干对西美尔的一系列批评并不意味着二人在宗教问题上也只有尖锐的对立，相反，西美尔对宗教与社会的形式相似性以及对宗教的社会整合功能的强调，很容易让人与涂尔干的宗教社会学联系起来。事实上，二人的宗教社会学在处理“宗教是如何可能的”这一问题上，的确呈现出不少相通之处。本文即试图从该问题出发，分析他们对宗教定义的不同见解，以及对于宗教与社会之间的关系的探讨。

一、宗教是如何可能的？

涂尔干与西美尔的一个重要共同之处即为，二人皆对现代社会中的传统宗教的处境作了悲观的诊断，但同时又都宣称，现代社会仍然需要宗教，这种需要并非是要将宗教化约为实用主义式的功能，而是与宗教自身的本质、价值相关。可以说，二人都对宗教作出了正面评价，这种论断本身即蕴涵着寻求新的宗教形式的意图。宗教身处其中的现实世界发生了巨大变化，这也使得宗教本身的变化成为一个可能的合理选项，但是，宗教可能发生变化，它的真实性却是不变的。与启蒙理性将宗教揭示为幻觉或虚假的意识反映不同，二人的宗教社会学并未质疑，而是积极肯定了宗教的真实性，这可谓是二人宗教社会学的一个重要前提。

涂尔干强调：“我们的整个研究都基于这样的假设：在任何时代，信仰者的一致情感都不可能出于一种纯粹幻觉。”[②] 他认为，我们在着手研究原始宗教的时候，便已经确认了它们与实在有关，并且表达了实在。任何宗教都不是虚假的。就其自身存在的方式而言，任何宗教都是真实的，都是

---

① Cf. Emile Durkheim, “Durkheim’s Review of Georg Simmel’s *Philosophie des Geldes*”, trans. Peter Baehr, in *Georg Simmel: Critical Assessments*, Vol.1, ed. David Frisby, London: Routledge, 1994, pp.158-159.

② 涂尔干：《宗教生活的基本形式》，渠东、汲喆译，上海人民出版社1999年版，第551页。

对既存的人类生存条件作出的反应，尽管形式有所不同。① 这里暗含着一种逻辑关系，即信仰者的情感之所以是真的，是因为宗教就是真的；宗教是真的，则是因为宗教是对真实的人类生存条件的反映。既然所有的宗教都是真的，那么，“虚假的宗教”的说法本身就是一种自相矛盾，也因此是不可能的存在。

与涂尔干相比，西美尔对宗教的真实性的强调稍显复杂。根据西美尔对“宗教性的分化”的解释，这种真实性可以区分为两个层次。西美尔在《宗教社会学》中即已声称，不论用如何世俗、如何经验的方式来解释超自然与超经验的理念，这些理念的主观情感价值及其客观真理价值都不会受到影响。② 这是第一个层次。西美尔在这一个层次为宗教的真实性辩护，针对的是信仰的情感价值与信仰对象的真理价值，同时很明显也是对以社会学来研究宗教这一路向的辩护，这种辩护与涂尔干的辩护是一致的。即使在经历了“宗教性的分化”之后，为了满足或接受诸如恐惧与苦难、爱与依赖等这些情感，宗教必须盯住信仰对象。宗教的真假问题至此方能提出，但是，如果人们将宗教理解为人的基本品质，那么，真假问题也就毫无意义了。因为存在没有真假之分，只有对超越信徒实在性的信仰才有真假之分。③ 这可谓是宗教真实性问题的第二个层次。

在第二个层次，西美尔已经直接将宗教性视为人的基本存在了。不过，这两个层次又可以统一于西美尔的如下看法，即宗教信仰与理智标准是不相干的。在西美尔看来，宗教世界的材料，我们在现实层面上亦可经历到，但是，这些材料在宗教中乃是以新的张力、尺度和综合方式得到整理的。宗教最普遍、几乎难以避免的困难是，它来自于与经验事实和理性

① 参见涂尔干：《宗教生活的基本形式》，渠东、汲喆译，上海人民出版社 1999 年版，第 2—3 页。

② Cf. *Zur Soziologie der Religion, Gesamtausgabe*, Bd. 16, Hrsg. von Ottheim Rammstedt, Frankfurt am Main: Suhrkamp, 1992, 266-267. 由于全集各卷数出版的年份不一，下文只注明全集的简称（GSG）、卷数（Bd. x）出版年份和页码。译文参照了英译文（Georg Simmel, *Essays on Religion*, ed. & trans. by Horst Jürgen Helle and Ludwig Nieder, New Haven: Yale University Press, 1997）与中译文（《现代人与宗教》，曹卫东等译，中国人民大学出版社 2003 年版）。

③ Cf. *Das Prolem der religiösen Lage*, GSG14, 1996, 372; *Essays on Religion*, p.11.

标准无关的灵魂需要与冲动，但是，它关于此岸与彼岸世界的主张不可避免地会与知性标准相冲突，而后者恰恰有着全然不同的来源。[①] 在此意义上，用真假来辨析宗教，即是用另一种世界的逻辑来衡量宗教，这本身就是一种曲解，这种错误正如用宗教世界的规范或逻辑来审判科学标准。在《论宗教》中，西美尔又回应了他在《货币哲学》中已经涉及的论题：纯粹宗教意义上的信徒并不在意其信仰在理论上是否可能，而是感到他们的追求在信仰中已经得到了疏导与满足。所有的教义（超验观念）在实践经验或科学命题的意义上是否为“真”只是一种次要的旨趣。[②]

涂尔干和西美尔对于宗教真实性的坚持，与他们对“宗教的起源”这一问题的解释是分不开的。简单而言，两人对宗教起源的发生学说明与他们各自社会学的核心概念联系在一起的：一为“社会”，一为“互动”。不过，首先需要注意的是，涂尔干、西美尔在追溯宗教的起源时，采用了相似的研究方法，即从不发达的宗教或宗教性开始探讨宗教的本质。在《宗教生活的基本形式》中，涂尔干的研究以他所能发现的最原始的人类学材料为依据，这种研究是建立在客观事实之上的。[③] 他确立了追溯宗教的最原始、最简单的阶段的两个原则：一、它应该处于组织形式最简单的社会背景中；二、不必参照过去的任何宗教体系就能对它进行解释。将成熟宗教的本质与最简单、最原始宗教的本质之间画上等号，涂尔干所寻找的普遍有效的宗教概念是一种本质性定义。

之所以要赋予原始宗教以特殊地位，仅仅是出于方法论上的考虑。因为按照涂尔干的观点，在所有信仰体系和膜拜体系的基础上，必然存在着某些基本的表现、概念或仪式态度，尽管形式多样，却总是有着同样的客观指涉以及同样的功能。正是这些恒久的因素，构成了宗教中恒久的部分。如果这些因素都简化到了必不可少的地步，简化到了若没有了它们就

---

① Cf. *Die Religion*, GSG10, 1995, 45-46; *Essays on Religion*, p.142. 西美尔在多处指明，宗教与理性标准无关。

② Cf. *Die Religion*, 46; *Essays on Religion*, pp.142-143.

③ 涂尔干并未到过澳洲，他的研究主要是以一些民族志资料为基础。田野调查的欠缺是许多学者对他的结论有诸多诟病的原因之一。参见 Robert Nisbet, *The Sociology of Emile Durkheim*, London: Heinemann Educational, 1975, p.166。

没有宗教的地步，那么，它们就是最为本质的要素。① 要探求宗教生活的基本形式，最好从最简单的社会开始。根据涂尔干所掌握的材料，没有比氏族更为初级的社会组织了，因此，在这种社会系统中的宗教，就可以被视为我们所能知道的最简单的宗教。② 也就是说，宗教的基本形式是与社会的基本形式密切相关的，因此，涂尔干提出的是一种结构主义思路。

与涂尔干相同，西美尔同样认为，欲理解宗教最为高级、独立的阶段，即须在不发达阶段下一番功夫。欲探求宗教的根源，只需运用一种已被普遍认可的方法，即所有高级、纯粹的生命形态（如语言、艺术、宗教等）首先是在试验、萌芽性的状态中出现的，与其他的形式和内容交织在一起，因此，必须在这些未开化的阶段寻找才能把握这些生命形式的高级与独立阶段。③

从一种初级的、简单的阶段出发来揭示自己真正研究对象的内核，在这一点上，两人是一致的。通过这种特殊的减法来还原宗教的本质，涂尔干和西美尔都认为自己找到了宗教之所以发生的源头：一为社会，一为宗教性。伍尔夫曾经指出，西美尔的《宗教社会学》的研究路向中蕴含的社会学元素与涂尔干的宗教研究方法极为相似。④ 不过，具体何处相似，伍尔夫并未细谈。特里维诺则指明，涂尔干与西美尔都主张从宗教的不发达形式来开始自己的分析，但是，涂尔干的分析是以社会形式（social form）——即氏族——开始的，西美尔则是以心理形式（psychological form）——即有着神圣性、忠诚性、献身性等特点的人与人的关系——开

① 参见涂尔干：《宗教生活的基本形式》，渠东、汲喆译，上海人民出版社 1999 年版，第 5、7 页。

② 参见涂尔干：《宗教生活的基本形式》，渠东、汲喆译，上海人民出版社 1999 年版，第 226 页。这里需要强调的是，涂尔干并不是始终如一地坚持必须借助最简单的来解释发达阶段。他也承认，要了解某种制度，往往要切入到其演化的发达阶段，因为正是在发达阶段中，该制度的真实蕴涵方能清晰地显现出来，因此，尽管美洲印第安人比澳洲土著发达得多，涂尔干也“毫不避讳地利用北美印第安社会中获得的各种事实”，虽然“仅仅在补充的意义上”。另参见该书第 123 页。

③ Cf. *Zur Soziologie der Religion*, 267; *Essays on Religion*, p. 102.

④ Cf. Kurt H. Wolff, “Review of Sociology of Religion”, in *Journal for the Scientific Study of Religion*, Vol.2, No.2（Spring, 1963）, p.258.

始的。[1]

表面看来，二人确是通过返回宗教的初级阶段来把握宗教本质的，但是，二人的方向却截然相反。在最简单的社会中寻找最简单的宗教，涂尔干是将宗教作为一种“社会事实”来看待的，并且“最初级的”实际上就意味着“最本质的”。如果按照涂尔干的逻辑，那么，最纯粹的宗教性也应该是在它最初级的阶段出现的。但是，西美尔却恰恰相反。他认为，首先在萌芽性的初级阶段出现的“宗教性”总是不可避免地与其他的形式、内容混杂在一起，只有当它摆脱了与这些形式和内容的纠缠，发展至自身纯粹的状态，才是宗教性这一形式的高级阶段。亦即，当涂尔干将最纯粹的宗教追溯至最简单的社会中的最简单的宗教时，西美尔则将最纯粹的宗教性与宗教——即宗教性的最纯粹的对象世界——联系了起来；涂尔干要做的是将其他形式、内容剥离出去，透析真正的宗教本质，西美尔则是将宗教性视为社会形态与宗教形态共有的形式范畴，它总是不可避免地与其他形式、内容糅杂在一起。

不过，特里维诺对于涂、西二人的一个区别——即社会形式（氏族）与心理形式（宗教性）的区别——的总结是十分中肯的，这种区别实质性地涉及他们对宗教起源的不同的社会学解释。关于宗教的来源，涂尔干认为，人类和自然都不具备神圣性，较之于自然崇拜和泛灵论，图腾制度是一种更基本、更原始的崇拜，前两种崇拜不过是图腾制度的派生形式或特殊方面。而图腾制度崇拜的实质上就是氏族本身，因此，宗教的起源即是“社会”。宗教不仅仅是社会本质的表达，而且其根源也正是社会本身。作为涂尔干最有雄心的一部作品，《宗教生活的基本形式》通过对原始宗教的讨论，意在展示所有思想范畴（认识、评价、情感表达等）的“社会”根源。[2]

西美尔的宗教社会学的整体思路的基本线索是：并非宗教创造了宗教性，而是宗教性创造了宗教。“宗教性”（Religiosität）[3] 作为一种特殊

---

① Cf. A. Javier Trevino, “On Durkheim' Religion and Simmel's ‘Religiosity’”, in *Journal for Scientific Study of Religion*, Vol. 37, No. 1（Mar., 1998）, p.195.

② Cf. Ken Thompson, *Emile Durkheim: Revised Edition*, New York: Routledge, 2002, p.122.

③ 西美尔的“宗教性”概念可区分为“先验的”与“经验的”两个层面，由于本文更侧重“社会学”研究，因此，将主要集中于经验层面的宗教性。

的情感内容（Gefühlsinhalt），源自于个体间相互作用的形式（Form inter-individueller Wechselwirkung），这种情感将自身转化为与一种超验理念之间的关系（Verhaltniß），就形成了一种新的范畴（即宗教），使得源于人与人之间关系的形式与内容得以充分发挥。[①] 一切宗教性都包含着无私的奉献与热诚的愿望，顺服与反抗、感官的直接性与精神的抽象性的独特混合，从而形成了某种程度的情感张力、内在联系的真诚性与坚定性，主体在更高秩序内的态度，这种秩序同时被当作内在的、与主体自身相关的。[②] 在这一层面（人与人之间的关系）上，西美尔为这一准康德式的问题——宗教是如何可能的？——提供了以人类经验为基础的答案。

在西美尔处，由于社会本身就是互动的集合，因此，就其最终根源而言，宗教亦源于"社会"，这也是宗教行为与社会行为之间存在着形式相似性的基础所在。西美尔指出，宗教信仰也在人与人之间的关系中体现出来，对上帝的信仰只是摆脱了经验对象与相对尺度。[③] 对自我（Ich）、他者及上帝的信仰的结果相似，是因为它们只是相同的心理张力状态（Spannungszustand）之不同表现的社会学对象。[④] 宗教性的确不仅仅局限于宗教，但是，宗教中的宗教性却是它的纯粹状态，而社会关系中所蕴含的宗教性则是一种不纯粹状态。

但是，当涂尔干将宗教的来源排他性地归诸于"社会"时，西美尔却倾向于对这一问题作出一种因果多元论的解释。他强调，宗教的起源不是唯一的。如果人们将恐惧或爱，祖先崇拜或自我神化，道德冲动或依赖感视为宗教的内在根源，乃是全然的错误。相反，若是将各个元素视为宗教的**一种**（着重号为原文所有）起源，就可信得多。[⑤] 易言之，西美尔反对将某种单个动机或元素夸大为宗教本质的普遍法则。在此意义上，西美尔显然也不会同意马克思将经济元素视为宗教根源的观点，实际上，西美尔的确在《宗教社会学》中对马克思的唯物主义历史观作出了批判。

---

① Cf. *Zur Soziologie der Religion*, 274; *Essays on Religion*, p.108.

② Cf. *Zur Soziologie der Religion*, 269; *Essays on Religion*, p.104.

③ Cf. *Die Religion*, 70-71; *Essays on Religion*, p.167.

④ Cf. *Die Religion*, 73; *Essays on Religion*, p.169.

⑤ Cf. *Zur Soziologie der Religion*, 266; *Essays on Religion*, p.101.

对宗教真实性的坚持暗示着如下的合理推论：宗教是不可替代的。正因为宗教是真实的，有其独立的价值与追求，它不能被化约为其他事物，因此，不论是将宗教还原为道德，还是将宗教还原为美学，均只是在某些方面找到了宗教的功能等价物，而忽视了宗教自身的本质。

二、圣俗之分

在《宗教生活的基本形式》中，涂尔干明确否定了以“超自然”或“神性”概念来定义宗教的尝试；同样，西美尔对“宗教是如何可能的”这一问题的处理，亦暗含着与涂尔干相同的推论。

众所周知，涂尔干的宗教定义始终坚持圣俗之分。在他看来，宗教现象的真实特征是“将已知和可知的整个宇宙一分为二，分为无所不包、相互排斥的两大类别。神圣事物不仅受到了禁忌的保护，同时也被禁忌隔离开来；凡俗事物则是实施这些禁忌的对象，它们必须对神圣事物敬而远之”。[①] 对涂尔干而言，所谓的圣俗之分无外乎“社会”与“个体”之分。只有理解这一点，方可理解涂尔干何以又明确地指出，纯粹世俗的事物亦可被公共舆论转变为神圣事物，如法国大革命中的祖国、自由、理性。[②] 因为世俗之所以能够具有神圣性，恰恰只是出自社会的创造。

但是，将宗教等同于社会的观点有着自然的扩张倾向，由于宗教的神圣性来自于社会，这也就默许了，即使制度宗教在现代社会的衰落会削弱人们之间的共同纽带，但由于社会作为道德存在总是存在的，它必然会通过或制造出必要的周期性仪式来维系和强化社会之于个人的道德权威。

对此，涂尔干这样写道：“集体生活之所以唤起了宗教思想并使它达到了某种程度，是因为它所带来的狂热状态改变了人们心理活动的条件……任何社会都会感到，它有必要按时定期的强化和确认集体情感和集体意识，只有这种情感和意识才能使社会获得其统一性和人格性，这种精神的中心铸造只有通过聚合、聚集和聚会等手段才能实现，在这些场合

① 涂尔干：《宗教生活的基本形式》，渠东、汲喆译，上海人民出版社 1999 年版，第 50 页。

② 参见涂尔干：《宗教生活的基本形式》，渠东、汲喆译，上海人民出版社 1999 年版，第 295 页。

个体被紧密地联系起来，进而一道加深他们的共同情感；于是就产生了仪典。无论是在目的、还是在结果或者是在为取得这些结果而采取的步骤方面，这些仪典与常规的宗教仪典都没有不同之处。当基督教徒集会纪念基督降生的日子的时候，当犹太人集会纪念出埃及或颁布摩西十诫的时候，当公民们集会纪念颁布新的道德或法律体系的时候，或者当人们集会纪念国民生活中的重大事件的时候，它们之间又有什么本质的区别呢?"[①] 如此一来，仪式不必局限于宗教仪式，宗教也不必局限于制度宗教了。在此意义上，可以说，涂尔干克服了整合问题的一个重要的"认识论障碍"[②]，即：他虽然不赞成宗教的私人化这样的提法，但至少已经不再将宗教排他地理解为体制化的教会，这也是他提出人性宗教的认识论前提。

那么，在西美尔的宗教社会学中，是否也存在着如此鲜明的圣俗之分呢？本文以为，并非如此。对西美尔而言，没有宗教性的信仰，社会就不会存在，因为这种信仰是维系社会的最稳靠的纽带。按照西美尔的解释，无休无止的内在生命（Raetlosigkeit des inneren Lebens）不停地变换思想对象，最终在上帝观念中发现了绝对对象。上帝作为绝对的寻求对象，对他的信仰则是这种信仰形式、信仰关系的绝对化、超验化。[③] 不论是宗教性，还是信仰，或者是灵魂的拯救，西美尔对它们的解读呈现出一种相同的逻辑形式：从一般的宗教性衍化为纯粹的宗教性，从一般的信仰过渡到纯粹的宗教信仰，从混合着杂质的灵魂升华为纯粹灵魂的本真存在。其中，均涉及一种净化与凝缩的过程；反之，则神圣形式与世俗形式中都可能弥漫着相同基质，因此，宗教性在生产、孕育出成熟的宗教对象之前，有可能成为一种弥散型宗教。

在这一点上，我们可以通过西美尔与涂尔干宗教社会学的一个差异来理解。在涂尔干处，对宗教力的社会本原的揭示，必然要引出这种力如何持续有效地施加在个体身上的问题。力总是针对特定对象的，若脱离了对个体受力方式的考察，对集体力的分析就不是完整的。这个问题即为"人性如何可能"？以西美尔的话来表达就是"社会是如何可能的"？这一问题。

---

① 涂尔干：《宗教生活的基本形式》，渠东、汲喆译，上海人民出版社 1999 年版，第 562 页。

② 李猛：《论抽象社会》，《社会学研究》1999 年第 1 期。

③ Cf. *Die Religion*, 75-76; *Essays on Religion*, pp.171-172.

涂尔干所指出的日常生活与集体聚会之间的对立就是圣俗对立在社会形态学上的反映，亦即，社会的自我持存陷入了两难境地，因为集体欢腾之外的日常生活，社会在个体身上是不充分在场的。① 易言之，正如宗教性不必局限于宗教领域中一样，社会亦非外在于个体的存在。西美尔对“社会”的理解能够避免涂尔干那样的圣俗对立，因此，在世俗生活与灵性生活之间并不存在根本的断裂。

在《社会学》的“‘社会是如何可能的？’这一问题的附录”（*Exkurs über das Problem: wie ist Gesellschaft möglich?*）中，西美尔借鉴了康德的知识论专门处理了这一问题。但是，正如弗雷斯比指出的那样，这一问题并不是以严格的康德式的术语来提出的，如“关于社会的知识是如何可能的”，而是定位于更为经验的层面上，即“社会是如何可能的”。康德问题中的先验主体被互动中的经验性人类主体所取代。② 在西美尔看来，自然的统合与社会的统合的决定性区别在于：前者在观察性主体中才得以存在，它是经由主体对感觉材料（Sinneselementen）的整理而产生的；而社会各种因素的统合则是直接实现的，无须观察者，因为这些元素（即个体）自身就是有意识的、能够进行自我综合。因此，社会实质上就是个体心理的综合与互动。这种统一（Vereinheitlichung）不需要外在于其构成因素的东西。③ 因此，“社会是如何可能的”这一问题与“自然是如何可能的”相比，有着全然不同的方法论意义，对于后一个问题，主体通过认识形式，将给定的因素综合为自然；但是，第一个问题则由存在于元素自身中的先验条件来回答，通过这些条件，元素（个体）将自身与作为综合的“社会”联结起来。④

根据西美尔的说明，如果在最宽泛的意义上来理解“社会”概念，它就是个体之间心理的互动。但是，这种互动并不是暂时的、转瞬即逝的，而是频繁、集中与持久的，只有这样，才能称之为“社会化”。这些相互

---

① 参见汲喆：《礼物交换作为宗教生活的基本形式》，《社会学研究》2009 年第 3 期。

② Cf. David Frisby, *Georg Simmel: Riviesd Edition*, London: Routledge, 2002, p.121.

③ Cf. Simmel, *Soziologie: Untersuchungen über die Formen der Vergesellschaftung*, München: Duncker & Humblot, 1923, p.22.

④ Cf. Ibid., p.23.

作用一旦得到了客观化，就形成了国家、家庭、教会、阶级与利益集团等。[①]我们经常将所有这些宏大的体系及超个体的组织与“社会”概念联系起来，它们实际上并非他物，而就是直接、无时无刻、来自于个体之间又返回至个体之间的互动的巩固。由此，它们获得了独立的存在与法则，并进而与相互规定的活力相对立或对抗。对于西美尔来说，“社会”仅仅是彼此处于互动关系中的个体集合的名称。因此，社会不是实体，亦非有形存在，而是一种过程，是个体命运与性质彼此影响的功能。[②]

虽然同样反对方法论上的个人主义，西美尔对“社会”的理解显然与涂尔干不同。如果说，涂尔干倾向于将社会分析为一种各种力量达成平衡的结构—功能系统（structural-fuctional system），是一种“物”的话，西美尔则将社会作为一种动态的互动，社会化的集合。[③]已经有学者指出，与涂尔干相反，在西美尔处，成为上帝的不是自成一类的社会，而是人与人之间的互动过程，后者获得了神化。[④]在西美尔的社会学里，诸如社会结构、社会系统，甚至社会制度之类的概念只扮演很次要的角色。从早期作品开始，西美尔就极力避免“社会”的物化或者实体化。早在1890年，西美尔就坚持，社会不是完全自我封闭的实体，也不是一个绝对的实体。较之于部分之间的互动，社会只是第二位的，只是其结果。西美尔的出发点是：任何事物都与其他的事物相互作用，都有永久变动的关系存在。社会现实处于永不止息的变动中，最适合表达这一状态的必然是关系性概念。[⑤]

在人与人的互动中，每个人都参与到其他人的生活当中，宗教性即来自于这种互动，因此，这种宗教性本身即无时无刻地镶嵌在社会之中，神

---

① Cf. *Grundfragen der Sosiologie*, p.68.

② Cf. Ibid., pp.69-70.

③ 涂尔干与西美尔对社会学的不同理解，可与德国学界对英法自然主义传统的不满联系起来，参见 Donald N. Levine, *Visions of Sociological Tradition*, Chicago: University of Chicago Press, 1995, p.211.

④ 参见 Chris Schilling、Philip Mellor：《社会学何为？》，李康译，北京大学出版社2009年版，第90页。

⑤ 参见戴维·弗里斯比：《现代性的碎片：齐美尔、克拉考尔和本雅明作品中的现代性理论》，卢晖临、周怡、李林艳译，商务印书馆2003年版，第71—72页。

圣与世俗之间的张力并不如涂尔干理解得那样强烈。宗教范畴渗透并形构社会关系，后者则使得宗教成为可能，其深层基础就在于个体对待上帝的行为与个体对待社会共同体之间存在着值得注意的相似性（Analogie）。在此，最为突出的即是依附感（Gefühl der Abhängigkeit）。[①] 同时，人与上帝之间的关系涵括了历时（Nacheinanders）与共时（Zugleich）之中的所有可能关系（Beziehungsmöglichkeiten），由此，它重现了个体与其社会群体之间存在的行为方式。[②] 如此一来，日常生活与集体欢腾之间的断裂已经不复存在了。

因此，当社会关系尚未升华为客观宗教时，它与世俗机制之间的结合就可能成为一种弥散型宗教。西美尔以“宗族”为例指出，在伊斯兰教诞生之前，阿拉伯人的宗教性敬畏的对象乃是宗族。故而，的确存在着这样的社会关系，也就是人与人之间的关系，它们就其形式而言，可被视为半成品的宗教。正是这种意义上的社会关系，一旦脱离其社会旨趣内容，提升至超验维度，即形成了独立意义的宗教。[③] 在此意义上，宗族之于伊斯兰教诞生之前的阿拉伯人而言，即类似于弥散型宗教。西美尔肯定了社会关系中的宗教维度，这使得宗教（神圣）与社会（世俗）之间的鸿沟趋于消弭。

质言之，在人与人相互的冲突与统合中，自发形成了某种具备宗教性的社会精神基调，后者影响着人对待他人或集体的方式，使得特定的社会关系表现出神圣性、忠诚性等情感特征。宗教——在西美尔那儿，大多数时候指的就是客观宗教——只是宗教性的一种派生物，这就意味着，宗教性不必依托于专门的宗教组织与神职人员，亦可能指向一种世俗机制。西美尔多次强调，爱国者与其祖国、忠诚的军人与其军队之间的关系蕴含着不可否认的宗教性。宗教性散落四方，而不必局限于宗教，这恰恰为我们在它与弥散型宗教之间建立起联系提供了契机。宗教性与弥散型宗教对世俗生活、世俗机制的广泛渗透和紧密镶嵌，在某种程度上回应并解决了涂尔干式的困境。

---

① Cf. *Die Religion*, 59-60; *Essays on Religion*, p.156.

② Cf. *Die Religion*, 60; *Essays on Religion*, p.157.

③ Cf. *Die Religion*, 61; *Essays on Religion*, p.158.

但是，这并不是说宗教性就等同于弥散型宗教。我们所做的仅限于：将宗教性尚未上升为宗教的状态，也就是它可能的与世俗机制之间的聚合状态，作为向着弥散型宗教发展的方向之一。这种联系强调的只是二者与非宗教制度之间的亲和性，而非将二者实质等同。这种亲和性则可以部分地揭示宗教性与公民宗教之间的关联。

三、社会何为

本文第一部分已经指出，涂尔干将最纯粹的宗教追溯至最简单的社会中的最简单的宗教，西美尔则认为，首先在萌芽阶段出现的宗教性必然与其他形式和内容纠缠在一起，唯有它发展至自身的纯粹状态（即各种形态的具体宗教）时，才是宗教性这一形式的高级阶段。在第二部分，我们发现，圣俗之分在涂尔干那里实质上是社会与个体的区分，[①] 二者之间的张力是不可消弭的；而对于西美尔来说，圣俗之分并无截然分明的界线，因为宗教性本身即镶嵌于社会现象和社会关系之中，而他所理解的社会显然并无涂尔干所赋予的那种强烈的道德色彩。这一部分将进一步论述二人在宗教与社会的关系这一问题上的不同思路。

涂尔干并非没有意识到，较之于世俗生活的发展，宗教领域已经明显衰弱了，但是，他的看法是，这种退步现象并不是在某个特定的历史时期产生的，而是贯穿于这个社会进化过程的始终。因此，它是与社会发展的基本条件有关的，它可以证明那些既带有集体性又带有宗教性的强烈的集体感情和信仰逐步淡化的趋势。这意味着，共同意识本身的平均强度也逐渐弱化了。[②] 共同意识的衰弱并不是现代社会的特有现象，也不是现代性的特殊后果。毋宁说，它是社会发展的必然现象。伴随着共同意识的

① “神圣事物是社会本身表现出来的事物；它包括所有集体状态、共同的传统和情感、与人们普遍感兴趣的对象有关的感情等；所有这些要素都可以依据恰当的社会心态规律结合起来。相反，世俗事物则是我们每个人根据自己的感觉材料和经验构想出来的事物。”参见涂尔干：《乱伦禁忌及其起源》，汲喆等译，上海人民出版社 2003 年版，第 85 页。

② 参见涂尔干：《社会分工论》，渠东译，三联书店 2000 年版，第 130 页。

衰落，则是个人人格的兴起，这又反过来为一种新的宗教的兴起提供了条件。

涂尔干认为，任何合作都有其固有的道德，只是在现代社会中，这种道德还未发展到我们需要的程度。但是，这种道德和前现代社会中的道德不同，它只有在个人人格逐渐完善起来的时候才会发达起来，而传统社会的道德只是在个人衰微的时候才变得强盛。① 他否定契约团结的目的在于指明，在现代社会中，任何个人都不可能是自足的，他所需要的一切都来自于社会，亦必须为社会劳动。这种情况下，单纯以个人利益为基础的契约团结不足以解释，亦无法维系社会之于个人的道德权威。价值共识与个人人格之间并非就是相互排斥的关系，这不仅表现在社会本身即内在于个人，而且一种新的宗教有可能为二者在新的历史条件下的相互协调开创契机。

从雅各宾派摧毁了天主教并试图创造一种综合的“理性宗教”去填补随之而来的精神空虚，到圣西门的新基督教和孔德的人性宗教，法国非宗教思想家一直试图寻求能够替代传统宗教、保持公共道德和个人道德的替代物。涂尔干亦受到这一问题的影响，他研究宗教作用的动机之一即为探索能够维系受到威胁的社会秩序的途径：传统宗教的完结是否意味着所有精神团体的全面崩溃？② 显然，涂尔干的答案是否定的。对后期涂尔干而言，宗教作为社会中最深层的道德情感与理想的象征，构成了现代社会中的一种统一性力量。与其说，现代化消解了宗教，不如说，它促成了宗教的转化。那么什么样的宗教适合欧洲后传统的工业化社会呢？涂尔干在“个体膜拜”（cult of individual）或“人性宗教”（religion of humanity）现象中找到了答案。③

然而，这种所谓的人性宗教仍系之于社会。即使在《宗教生活的基本形式》中，涂尔干亦毫不避讳地谈及了个体膜拜，但是，在他看来，“个体膜拜与教会膜拜并不是两类各有殊异、背道而驰的宗教；相反，两者是

① 参见涂尔干：《社会分工论》，渠东译，三联书店 2000 年版，第 185 页。

② 参见科塞：《社会思想名家》，石人译，上海人民出版社 2007 年版，第 122 页。

③ Cf. Lise Ann Tole, “Durkheim on Religion and Moral Community in Modernity”, in *Emile Durkheim: Critical Assessments*, vol. Ⅵ, ed. by Peter Hamilton, London: Routledge, 1995.

由同一观念、同一原则构成的，教会膜拜适用于与整个群体有关的环境，私人则适用于个体的生活”。[①] 个体膜拜的存在与他的宗教社会学解释并不矛盾，因为个体膜拜所针对的宗教力仅仅是集体力的个体化形式，它的生命之源仍然内在于社会之中。[②] 不论是宗教的神圣性，还是个人的神圣性，均来自于社会。

关于个人道德，涂尔干更清楚地指明，它最终是社会的。个人道德要求我们力求实现的，仍然是社会所构想的理想人，这种理想类型乃是整个社会体系的基石，它能够为社会赋予统一性。[③] 因此，集体情感所附着的道德事实才能够产生特殊的神圣性。这种神圣性并不是人的内在特征。相反，“正是社会将人神圣化的。……这样，人们通常所说的个人与社会的对立就不复存在了，道德个人主义，乃至对个人的膜拜，其实都是社会本身的产物。社会构建了这种膜拜，把人塑造成为这种膜拜所服侍的上帝”。[④]

在涂尔干处，“社会”乃是一种道德存在，个体之于社会的关系必然是一种道德关系。宗教之于社会的整合作用即是因为，宗教明显是社会性的。宗教表现是表达集体实在的集体表现；传统的神已经退场，可以履行社会整合功能、促进集体意识的新神即为社会。我们能够确定的是，“社会”是上帝的另一张面孔，或者说，神化的“社会”已经取代了上帝的位置。[⑤]

反观西美尔，宗教与社会的关系这一问题主要体现在他对“上帝”理念[⑥] 的社会学阐发。在“上帝”理念这一环节上，西美尔的观点与涂尔干的相似之处主要体现在，他也明确地将上帝与作为整体的社会联系了起来。他认为，如果上帝理念的本质在于，一切多元、对立、不同的存在和意愿均在上帝中找到了起源与整合，那么，人们就可以社会总体性

---

① 涂尔干：《宗教生活的基本形式》，渠东、汲喆译，上海人民出版社 1999 年版，第 53 页。

② 参见涂尔干：《宗教生活的基本形式》，渠东、汲喆译，上海人民出版社 1999 年版，第 59 页。

③ 参见涂尔干：《社会学与哲学》，渠东译，上海人民出版社 2002 年版，第 61 页。

④ 涂尔干：《社会学与哲学》，渠东译，上海人民出版社 2002 年版，第 63 页。

⑤ 涂尔干认为，在上帝与社会之间确实存在着选择，“我不想检验哪种解决方式更为合适的原因，两者都是协调的。我只能补充说，我本人并不关心这样的选择，因为我看到上帝不过是社会的变形的和象征性的表达”。参见涂尔干：《社会学与哲学》，第 56 页。

⑥ 关于“上帝”这一概念，西美尔在《一个宗教哲学问题》及《上帝的位格》中亦有专门论述。

（sociale Gesammtheit）来替换他的位置。我们彼此适应的冲动，存在于其中的多元联系，用于区分及统合世界各个方面的感官的形成，其源头都是社会总体性。① 上帝与社会总体性在地位上的相互置换，并非如同涂尔干那样将上帝的权柄赋予了社会，而是填补了二者之间的鸿沟。

在《论宗教》中，他指出，上帝即为社会整合的绝对名号。上帝既存在于社会整合中，亦是该整合的表达。诸如上帝这样的元素，其独特而又复杂的社会地位在于，他们一方面属于集体的成员，另一方面又是集体的至高者；一方面，他们将所有其他的成员联合为一个整体，另一方面，又在某种意义上作为一种独立与平衡的力量与该整体相对立。②

在此，有两点需要注意：第一，在提及“上帝”时，西美尔使用的“复数”，这就排除了以“某一种”宗教中的上帝或者仅仅以“宗教”中的上帝来垄断宗教性的可能；第二，对整合的再三强调是为了说明：超自然存在尚不就是上帝。在此，上帝与共同体之间的牵连得到了彰显。例如，原始民族的想象易于趋向创造一种巫魅现实，其中，神首先只是一种“自为存在”（Existenz für sich）。只有当它能够将自己的崇拜者组成一个集体，方才成为上帝；反之，若无崇拜者团体，则上帝不成其为上帝而是魔鬼。只有将自身与一种共同体发展出某种规整性关系——这种形式原型（Formtypus）是由人的共同体中提取出来的，该魔性存在才成为活生生、有效的上帝。在此意义上，上帝有着这样的特质：它们只存在于特定的社会形式中。西美尔以犹太教为例说道，若以血缘关系为基础，则上帝为父，信徒则是子女。若超越血缘而由不同的部族组成一个政治统一体，则上帝须具备君主的特质，因为它现在更为遥远，一方面，作为内在于整体的更为抽象的形态而存在；另一方面，又能将自身的内部成员身份塑造或转变为超越者（Über）。③

西美尔对上帝既内在（于集体）又超越（于集体）的特质的强调与涂尔干对社会既内在（于个体）又超越（于个体）的强调呈现出一种相似的逻辑关系。但是，如果说，涂尔干是将宗教与社会等同起来的话，西

① Cf. *Zur Soziologie der Religion*, 282; *Essays on Religion*, p.116.

② Cf. *Die Religion*, 84; *Essays on Religion*, p.180.

③ Cf. *Die Religion*, 84; *Essays on Religion*, pp.180-181.

美尔则只是认为，社会总体性可以取代上帝的位置，他并未将二者视为等同的："社会"与"上帝"之间只是一种类比的关系，而非等同的关系。他对上帝之于集体的双重性的强调再次表明宗教信仰中的一个双向过程："内在于集体"意味着距离的克服，"超越于集体"则意味着距离化结果。西美尔澄清，自己说的并不是"人在上帝中表现自身"这样的老生常谈。他强调的是，上帝不单是个体的特征、力量、道德或道德品质、偏好与需求的理想化，而是个体之间的社会生活形式给予了宗教表现以内容。宗教冲动亦弥散于经验现实，它从后者那儿获得形式，并孕育至超验领域。超验领域是宗教冲动的场所，正如经验空间是我们外在感官的场所一般。因此，也可以说，社会整合过程引发了宗教反应。①

可以看出，西美尔对上帝之于社会整合的意义的说明是与共同体联系在一起的。他举例说，集体的整合在古代宗教中表现为：上帝的旨趣普遍并最终地仅仅指向共同体（Gemeinschaft）事务。②他对上帝特质的限定彰显的并不是他与个体，而是与共同体之间的牵绊，这种理解亦可与涂尔干对巫术与宗教所作的区分相发明。

综上所述，涂尔干将"宗教"的整合功能转化为"社会"的整合功能，西美尔亦将宗教视为社会整合的绝对形式，但是，涂尔干将宗教等同于社会，西美尔则只是在社会与宗教之间作一类比，二人对"社会"概念的理解也是不同的，因此，虽然两人均承认"社会"与"宗教"的同质性，但是，对于宗教—社会的具体关系的看法却存在着差异。涂尔干的社会是一种实体（物），且有着道德担当；西美尔的社会则是关系（互动），仅仅只是集合的名称，并无道德承担。在此基础上，二人对宗教的社会整合功能的理解亦有所差异：虽然二人都看到社会分化为个体人格的发展提供了空间，但也同时认为，系统整合必须有社会整合作为必不可少的协调、补充，甚至指引。然而，涂尔干对宗教的社会整合功能的坚持总是与整个社会范围

---

① Cf. *Die Religion*, 85; *Essays on Religion*, pp. 181-182.

② Cf. *Die Religion*, 78-79; *Essays on Religion*, pp. 174-175. 在西美尔看来，基督教的整合动机亦得力于另一个完全不同的方面：新上帝的位格。最高概念的整合乃是教会整合意识的坚强支撑，因为它的人格化形式与无尽的生命力比新柏拉图主义的太一更为生动与有效。参见 *Die Religion*, 80; *Essays on Religion*, p.176。

内的共识联系在一起的，而西美尔对整合的解释则侧重于人与人之间彼此的适应、和谐，且只局限于宗教领域内部。

四、结语

通常将涂尔干的社会学称为社会唯实论或社会学主义（sociologism），而将西美尔称为社会唯名论(social nominalism）的提法[①]加深了这种印象，即：涂尔干总是强调集体意识和共同信仰，这一思路直接为公民宗教理论提供了资源；西美尔则总是强调个体，这一思路为私人宗教提供了资源。但是，本文尝试通过对“宗教是如何可能的?”这一问题的比较分析，指出二人的宗教社会学均蕴含着某种程度的张力，这种张力在“宗教与社会的关系”这一问题上得到了最为集中的彰显。

具体而言，涂尔干并没有忽视个人主义道德和所谓的个人膜拜，相反，他承认，现代分化社会所需要的道德和共同意识恰恰只有在个人人格逐渐完善起来才会发达起来；而西美尔亦未将宗教性完全与个体联系起来，相反，他反复强调，宗教性首先是人与人之间相互作用的形式，它直接衍生了社会层面上的整合以及宗教世界中以“上帝”观念为核心的整合，这种整合也是以共同体为指向的。

不过，虽然涂尔干与西美尔都将宗教还原为“社会”，并确认了宗教的真实性，但彼此的方向立意完全相反：在涂尔干那儿，宗教是“社会的”，因此才是神圣的，因为社会本身就是具有道德权威的独立实体，这也是他所设想的人性宗教的基础所在；在西美尔那儿，社会是“宗教性的”，因此圣俗之分并无截然分明的界线，因为宗教性本身即可同时适用于社会领域和宗教领域，这也是我们可以将宗教性与弥散型宗教联系起来的原因所在。可以说，如果不考虑二人在方法论上的差异，对于“社会”这一概念的不同的社会学理解，造成了他们在诸多问题上的不同之处。

作者单位：深圳大学文学院哲学系

① 参见苏国勋：《社会理论与当代现实》，北京大学出版社 2005 年版，第 7—8 页。

科学与宗教论域

科学理论与宗教信念的合理性[①]

张志林

一、引言：合理性危机与规范性问题

1962 年，托马斯·库恩（Thomas Kuhn）在《科学革命的结构》（*The Structure of Scientific Revolution*）一书中提出了著名的**不可通约性论题**（the thesis of incommensurability）。尽管该论题是直接针对科学的合理性（scientific rationality）所提出的挑战，但很快就蔓延至整个知识论传统，进而造成了关于知识观念及其实践模式的**合理性危机**，并相应地引出了一系列引人注目的**规范性问题**。[②] 正如理查德·罗蒂（Richard Rorty）所说："库恩的著作所提出（尽管尚未得到解决）的首要问题是：若不抛弃**合理的**（rational）与**不合理的**（irrational）人类实践之间的区分，是否能够否决被绝大多数后经验主义分析哲学家仍视为理所当然的**表象**（representation）与**知识**（knowledge）之间的联系呢？"[③]

为了看清楚库恩是如何对科学合理性提出挑战的，在此不妨和盘托出他对不可通约性论题所提出的五大论证之根据：（1）观察的理论负荷（theory-ladenness of observation）；（2）理论词项的意义变化（meaning variance of theoretical terms）；（3）问题重要性之评判（problem weighting）；（4）变

① 基金项目：复旦大学"985"工程三期整体推进人文学科研究项目（2011RWXKYB041）。

② Cf. Alexander Bird, *Thomas Kuhn* Princeton: Princeton University Press, 2000, "Preface" and Chapter 7.

③ Richard Rorty, "Kuhn", in W. H. Newton-Smith, *A Companion to the Philosophy of Science*, Malden and Oxford: Blackwell Publishers Ltd, 2000, p.205. 引文中的**重点号**为引用者所加。

换评价标准（shifting standards）和模糊的共享标准观念（the ambiguity of shared standards）；(5) 各标准彼此冲突（the collective inconsistency of rules）。①

简而言之，论证（1）说的是：确证或否证科学理论所需要的观察证据不是独立于理论的，而是要受各种理论因素的影响。因此，科学家只能观察到他们已接受的理论所认可的观察陈述。当不同的科学家接受了彼此冲突的理论时，他们将不能观察到同样的证据。比如说，对于早上日出这样一个普通的经验现象，一个信奉托勒密地心说的人会表述成“**太阳围绕地球运行**至一个特定的位置时所呈现出来的现象”，而一个接受哥白尼日心说的人则会表述成“**地球围绕太阳运行**至一个特定的位置时所呈现出来的现象”。据此，库恩认为所谓观察证据不足以成为评判相互竞争的科学理论何者正确或更优的**合理性**标准。

正如上述例子所显示的那样，当两个人分别接受彼此冲突的托勒密理论和哥白尼理论时，他们所说的“太阳”和“地球”具有不同的意义。概而言之，库恩强调，科学中每个术语的意义必将随着科学理论的变化而发生变化。因此，在不同范式（paradigm）支配下工作的科学家，对于即使使用同样术语来表达的相互竞争的理论，也难以**合理地**评判何者正确或更优，这就是论证（2）的核心观念。

既然观察证据不能充当评判科学理论的**合理性**标准，那么应根据什么标准来评价呢？或许解决疑难问题（puzzles）的能力之强弱堪当此任？确实，库恩本人认为，衡量科学成就，不应看科学理论是否与观察证据相一致，而应看科学理论是否有助于解决一系列疑难问题。然而，他强调，科学革命的一个显著特征是：一个新范式（如哥白尼学说）未必能够解决与之对立的旧范式（如托勒密学说）所提出的一切问题，甚至也无须解决一切问题，因为有些问题已被宣布为并不重要，甚或毫无意义。在库恩看来，解疑标准仅仅适用于一个范式之内的理论之评价，而不能用于评价不同范式中的理论何者正确或更优。换言之，理论选择依赖于对特定问题重

① 参见 Martin Curd and J. A. Cover, *Philosophy of Science: The Central Issues*, Newton and London: W. W. Norton & Company, Inc., pp. 219-226。本文已将原有的论证（4）和（5）合并为一。

要性的评判，而这种评判标准又因支配其理论的范式之不同而不同。因此，对于不同的范式或理论，解疑标准也难以担负起**合理性**评价的重任，此即为论证（3）之要义。

论证（4）强调，即使全体科学家共同认可一组认知价值（epistemic values），例如预测的新颖性、解释的广泛性、逻辑的一致性、表述的精确性、结构的简单性等，它们也不足以用来对相互竞争的范式或理论之优劣作出**合理**的评判。一个重要的理由是：对于这些评价标准，不同的科学家可能会作出不同的解释和选择。举例来说，一些科学家认为，一个科学理论只有当其作出了新颖的预测时，接受它才是合理的；但也有一些科学家主张，一个合理的科学理论必须能对广泛的经验现象给出统一的解释，即使它没有作出什么新颖的预测也无关紧要。实际上，19 世纪关于接受达尔文进化论是否合理的争论即源于此。

进一步说，在 18 世纪，许多人认为牛顿力学既作出了一系列新颖的预测，又对经验现象给出了广泛的解释。然而，也有一些批评者（特别是笛卡尔和莱布尼茨）则认为牛顿力学给出的所谓“解释”（explanation）根本就算不上合格的解释。例如，用超距作用来解释引力，就根本无法揭示出经验现象得以产生的因果机制和过程。换言之，即使人们都承认好的科学理论应该解释经验现象，但很可能他们对何谓解释却有完全不同的理解。因此，库恩认为，所谓共享认知评价标准也不能为解决范式争论提供**合理性**的基础。

最后，论证（5）强调，在评价科学理论时，当综合地考虑上述各认知评价标准时，难有理论完全满足那些指标的要求。例如，假设有两个彼此竞争的理论 *T1* 和 *T2*，它们同等程度地满足结构简单性要求，但 *T1* 比 *T2* 作出了更精确的预测，而就解释经验现象的广泛性而言，*T2* 则胜过 *T1*。于是，根据预测精确性的规则，我们当然应该选择 *T1*；但根据解释广泛性的规则，则应选择 *T2*。可见，整套方法论规则却提出了彼此冲突的要求。正是基于这种分析，库恩坚信，为了消除此类冲突，科学家无可避免地要求助于那些个人的、主观的、心理的因素。

综上所述，库恩得出结论说，针对剧烈变化和相互竞争的科学理论，我们没有一套**合理性**的标准，以供人们依此来作出合理的评价和选择，这就是所谓**不可通约性论题**。推而广之，可以追问：我们通常持有的信念和采取的行动是否具有合理性的根据？以本文关注的问题为限，我们提出两个**规范性问题**：

Q1：接受一个科学理论并据此规范科学实践，是否具有**合理性**的标准？

Q2：接受一个宗教学说并据此规范信仰行动，是否具有**合理性**的标准？

由上可见，库恩实际上已提出 Q1。而资料显示：以基督教为限，Q2 正是阿尔文·普兰丁格（Alvin Plantinga）在《有保证的基督教信念》（*Warranted Christian Belief*）一书中所关注的核心问题。①

二、合理性的三个基本维度

一般而言，合理性观念可分为三种基本类型：**合理性**$_1$是推理、判断、决策的辩护基础（rationality as the ground of justification in inference, judgment and decision）；**合理性**$_2$是领会行动的基本框架（rationality as the scheme of comprehending action）；**合理性**$_3$是理解存在的基本官能（rationality as the faculty of understanding existence）。②

合理性$_1$的关键是在基于理由的辩护（reason-based justification）和基于原因的发现（cause-based discovery）之间作出明确区分。所谓**辩护**包括三类典型的说理方式：其一是**演绎推理**（deductive inference），关键在于确保遵循相关规则而从前提到结论的真值传递之有效性（validity）；其二是**确证判断**（the judgment of confirmation），它由归纳操作（the operation of induction）和假说确立（the establishment of hypotheses）两个基本步骤构成，关键是根据相关性原则（the principle of relevance）和恰当性原则

---

① 参见 Alvin Plantinga, *Warranted Christian Belief* (New York: Oxford University Press, 2000), "Preface"。此书汉译本是：阿尔文·普兰丁格：《基督教信念的知识地位》，邢滔滔等译，北京大学出版社 2004 年版。

② 参见 Martin Tamny and K. D. Irani (eds.), *Rationality in Thought and Action* (New York: Greenwood Press, 1986), "Introduction: Modes of Rationality" (written by Irani)。

(the criterion of appropriateness) 以求提高证据对假说的支持程度；其三是**作决策** (decision making)，通常可分为五个步骤：确定恰当的目标、选择合适的工具、评估方案的价值、测算成功的概率、平衡价值与概率，每一步都必须遵循相关性原则和评估原则 (the principle of evaluation)。

合理性$_2$的基本原则是：只有揭示出一个行动的理由 (reason)，才算**领会**了那个行动。假如某人实施了一个行动，则只有当我们知道他**为什么**采取那个行动时，才能说我们领会了那个行动。在此，理解一个行动的理由具体体现为彼此相关的需求和信念。当然，所谓需求和信念也必须满足相关性和恰当性标准。这里的基本框架包括三个核心部分：(1) 产生特定需求的知觉—情感部分，(2) 将需求转化为信念的决策部分，(3) 以实际行动将这信念具体化的执行部分。据此，如果我们首先识别出一个行动的执行阶段，然后确定引领这一行动的决策阶段，最后找出启动这一决策的知觉—情感阶段，那么就可以说我们为那个行动提供了一种合理性。

合理性$_3$的显著特点在于它明确地关乎**心灵** (mind) 与**实在** (reality) 之间的关系。可以说，我们凭借感觉所遭遇的世界，加上自我，便是我们通常看成是**存在** (existence) 的东西。初看起来，在**合理性**与**存在**之间似乎并无任何特殊关系，好像显然是**经验**而不是**理由**让我们得知世界之存在。然而，我们据此所知者只是**什么**东西存在，而非**为什么**确实如此。一旦提出为什么事物存在的**理解问题** (the question of understanding)，我们就超越了仅仅由感觉经验所提供的信息。即使一个人坚持认为凭借一事件与另一事件的各种**关系**而理解了那个事件，而这些事件的存在只靠经验便可得知，但这些**关系**的特征却不是由经验便可知晓的。**理由**所揭示的正是这种关系集合，把握它便构成了我们对世界的**理解**。或者说，这些关系构成了所有经验背后的**秩序** (order) 或**模式** (pattern)，它们使存在成为一个**有序的整体** (cosmos)，同时使之对于一个具有合理性的心灵，亦即能把握这些关系的**官能**来说，是可理解的。

概而言之，理解关乎两个概念，即结构 (structure) 和功能 (function)。当我们试图理解一个事物时，我们想要知道它是什么，或者说它是由什么构成的，也就是说想要知道它的结构。而当我们试图理解一个事物为什么会发生时，我们想要知道变化是如何导致一个事件出现的，也就是说此时我们想要知道的是其功能。一方面，正是合理性引出了理解的要求；另一方面，合理性也使我们能够领会那些我们借以理解事物的模式。从总体上看，这些理解模式是由合理性、规范性和实在性的诸多要素编织而成的。至此，可按合理性标准将前面提出的规范性问题重述如下：

Q1—1：接受一个科学理论并据此规范科学实践是否具有思想辩护式的合理性？

Q1—2：接受一个科学理论并据此规范科学实践是否具有行动理由式的合理性？

Q1—3：接受一个科学理论并据此规范科学实践是否具有认知官能式的合理性？

Q2—1：接受一个宗教学说并据此规范信仰行动是否具有思想辩护式的合理性？

Q2—2：接受一个宗教学说并据此规范信仰行动是否具有行动理由式的合理性？

Q2—3：接受一个宗教学说并据此规范信仰行动是否具有认知官能式的合理性？

限于本文的主题，我们只关注由科学理论所表述的“科学知识”和由基督教传统所表述的“宗教信念”的合理性问题。于是，我们将展开讨论的规范性问题是：

Qs：**接受一个科学理论是否具有合理性？如果有，其合理性根据何在？**

Qc：**接受一套基督教信念是否具有合理性？如果有，其合理性根据何在？**

三、从普兰丁格论合理性看规范性问题

所有合理性观念均奠基于**理性**概念之上。众所周知，亚里士多德有句名言：“人是理性的动物。”这表明人是能动的认知者，理性能力为人所独有，特别是人具有信念和概念，以及进行思考和推理的能力。不过，鉴于亚里士多德所谓“理性”含义过于宽泛，普兰丁格认为它不适于用来表述

规范性问题，因为即使**事实**上有理性的存在者接受了一些科学知识或宗教信念，并分别据此规范自己的科学实践或信仰行动，然而这“事实上”却不能给出一种**合理的辩护**。因此，看来有必要在亚里士多德的理性概念基础上作出一些限制。普兰丁格的如下论述正是沿着这一思路展开的：

> 如果我们同意理性造物确实接受并因此能够接受基督教信念，那么我们或许会问，是否只是功能失调的理性造物（其理性官能能以某种方式发生功能失调的造物）才这样做。如果一个人经受病理紊乱，或者浮想联翩，或者处于狂躁与忧郁交替的两极阶段，或者经受错觉（例如认为火星人要来抓他），那么这个人可以说是非理性的。这里，这个问题是功能紊乱，即理性官能的功能失调。偏执狂者并不以一个恰当地发挥功能的正常人形成信念的方式来形成信念。……因此，合理性的这个含义联系着恰当功能，亦即功能紊乱或病理的缺乏：如果你不受制于这样的病理，那么你是合理的。相关的，不合理性在这个意义上就是（一些）理性官能（我们借以成为理性的动物）的功能失调。这样，在亚里士多德的合理性和被解释为恰当地发挥功能的合理性之间，存在着一个类比的关系。①

确实，把信仰宗教看成是因理性官能失调所引起者大有人在，例如尼采、马克思、弗洛伊德、罗蒂（Richard rorty）、丹尼特（Daniel Dennette）、道金斯（Richard Dawkins）等。根据这一限制条件，现在可以认为**合理性乃是理性官能之恰当功能可得以发挥之体现**。

作为理性官能恰当地发挥其功能的合理性可分为两类：**内在合理性和外在合理性**。对于前者，普兰丁格说，“内在合理性有两个层面：一方面，它需要‘经验顺流’的认知系统的恰当作用；另一方面，它更广泛地需要你在信念形成过程里，尽你最大的努力。你已经仔细思考过这信念怎样能

① 阿尔文·普兰丁格：《基督教信念的知识地位》，邢滔滔等译，北京大学出版社 2004 年版，第 125 页。

与你的其他信念吻合，又寻找过有关的否决因子，思想过你遇到的每一个反对，比较过一些恰当的人的评语，等等”。[①] 至于**外在合理性**，普兰丁格指出："一旦我们已经把握了内在合理性，外在合理性便易于得到说明。外在合理性首先要求在知觉信念所立足的感觉经验的形成上恰当地发挥功能。其次，它在于形成正确类型的信念经验——这就是说，由恰当功能所要求的那种信念经验。”[②] 现在，可以看看普兰丁格对规范性问题 Qc 的分析了：

> 我假设，一个会得到广泛承认的看法是：那些理性官能并不处于功能失调的状态，或者无论如何不是以一种涉及临床病理的方式发生功能失调的人，也可能持有基督教信念。事实上，许多基督教徒能够拥有工作岗位，有一些甚至是作为学术界的人物而持有其职位的。（当然，你或许认为后者并不保证认知功能的恰当运转。）所以，大概这个规范性问题不是：那些其认知官能或者理性官能恰当地发挥功能（至少在临床意义上）的人们是否能够持有基督教信念？[③]

为了进一步对亚里士多德的理性概念作出限制，再看所谓**衍推式的合理性**概念：如果一个命题是从理性衍推出来的，那么它就是合理的；而如果它的否定是从理性衍推出来的，那么它就是不合理的。据此，只要一个命题是**自明的**，或者是自明的命题之**衍推**，我们就可以说这个命题**理性衍推**的意义上是合理的。当然，相对于亚里士多德的广义理性概念，这里所说的理性概念是狭义的。正如普兰丁格所说，“这个思想是：理性，在这个比较狭窄的意义上来理解，是我们借以把自明的命题看作是真的官能或能力。当然，也正是通过理性，我们看到一个命题衍推或者蕴涵另一个命

① 阿尔文·普兰丁格：《基督教信念的知识地位》，邢滔滔等译，北京大学出版社 2004 年版，第 284 页。

② 阿尔文·普兰丁格：《基督教信念的知识地位》，邢滔滔等译，北京大学出版社 2004 年版，第 128 页。

③ 阿尔文·普兰丁格：《基督教信念的知识地位》，邢滔滔等译，北京大学出版社 2004 年版，第 128 页。

题：如果我从酒吧服务员那里了解到宴会上的每一个人都醉了，从你这儿了解到保罗在这个宴会上，那么我能够推出保罗也醉了”。①

然而，是否可以按这种合理性标准来看规范性问题 Qc 呢？普兰丁格给出的回答是否定的，因为他指出：“基督教的核心真理一定不是自明的。而且，就像每个人都能够看到的那样，它们也不是从自明的东西中推导出来的。当然，因为对（比如说）历史学家、物理学家和进化生物学家教导我们的东西，我们可以说同样的话。所以这个规范性问题不可能是基督教信念是否在这个意义上是（合）理性的问题。”②

还有一种广为人知的合理性概念，即手段—目的合理性。借用普兰丁格的话来说，“当一个人旨在取得某个目标，选择最有效地获得那个目标的手段时，这种合理性便在那个人的行动中体现出来”。因此，“手段 - 目的的合理性是行动的一个性质”。“也许，我们应该更精确地说，这种合理性刻画了一个旨在取得某个目标的一个理性产物的行为，这里，‘理性的’是在亚里士多德的恰当功能的意义上来理解的；这样，我们又看到了这个概念与这个基本的亚里士多德的合理性概念的联系。”③ 我们能否按照这种合理性概念来表达规范性问题 Qc 呢？对此，普兰丁格的分析和回答如下：

> 一般来说，你之所以形成一个信念，并不是因为持有那个信念是达到某个目的的手段。不过，假设我们的确把信念看作是一种行动（也许在一个限制的意义上），那么，基督教信念是合理的，当且仅当一个理性的人（一个其认知官能正在恰当地运转的人）将选择或者能够选择达到相信真理这个目的的手段。但是在这个提议中有一些非常古怪的东西。你理性地选择来作为达到一个目的的手段的东西依赖于你相信的东西，比如说，依赖于你对

① 阿尔文·普兰丁格：《基督教信念的知识地位》，邢滔滔等译，北京大学出版社 2004 年版，第 129 页。

② 阿尔文·普兰丁格：《基督教信念的知识地位》，邢滔滔等译，北京大学出版社 2004 年版，第 130—131 页。

③ 阿尔文·普兰丁格：《基督教信念的知识地位》，邢滔滔等译，北京大学出版社 2004 年版，第 132 页。

> 如下这个可能性的信念：一个给定的行动历程将产生你目的在于获得的那个结果。但是如果你的目的是要相信真理那又怎么样呢？这样（暂时假设你相信的东西以某种合适的方式处于你的能力之内），如果你相信一个命题是真的，那么你当然会相信这个命题：因为如果它是真的，那么很自然地相信它就是相信真理的一个好的方式。所以，采纳相信基督教信条这个行动对你来说就是合理的，假如你的确相信它的话。（这种古怪性表明信念怎么实际上不是行动，或者，它怎么不像其他类型的行动。）①
>
> 这样，真正的问题将是：是否一个理性的人能够相信基督教的主张？是否他能够接受基督教信念？这意味着基督教信念是否是目的—手段的合理性的问题事实上归结为如下问题：是否它在某个其他的意义上（在亚里士多德的意义上，或者更可能地在恰当地发挥功能的意义上）是（合）理性的。因此，在这里我们并不具有一个独立的合理性含义；而且，因为我们已经处理了那个含义，我们实际上看到的是，这个规范性问题也不可能是手段—目的的合理性问题。②

最后，依据普兰丁格的简述，威廉·阿尔斯顿（William Alston）的**实践合理性**概念关乎着一个有趣的问题："如果继续从事一个特定的实践和抑制从事这个实践都是在我的能力之内③，那么继续从事那个实践是否将是合理的？"④阿尔斯顿的论证立足于两个前提：（1）从事一个社会上确立起来的信念实践是初步**合理的（实践上合理的）**；（2）如果这样一个实

---

① 阿尔文·普兰丁格：《基督教信念的知识地位》，邢滔滔等译，北京大学出版社 2004 年版，第 132 页。

② 阿尔文·普兰丁格：《基督教信念的知识地位》，邢滔滔等译，北京大学出版社 2004 年版，第 133 页。

③ 阿尔文·普兰丁格参照罗尔斯（John Rawls）所谓"原始状态"（original state），称之为"原始地位"（original position），参见《基督教信念的知识地位》邢滔滔等译，第 140 页。

④ 阿尔文·普兰丁格：《基督教信念的知识地位》，邢滔滔等译，北京大学出版社 2004 年版，第 140 页。

践没有碰到严厉的内部或者外部的不一致性，那么从事它便是**无限制地合理的**（在所有东西都加以考虑之后是合理的）。普兰丁格的批评可浓缩为两点：第一，所谓实践合理性容易被解释为目的—手段合理性，因而将丧失其独立性；第二，为什么社会确立是相关的或重要的？请看普兰丁格自己的陈述：

> 合理的历程有赖于我的目标；它取决于我相信的东西——这就是说，在我作出这个决定时我相信的东西。如果我的目的是让我自己感到好，那么选择我相信会导致了解到我的罪过和苦难的信念形成机制将是不合理的。为了作出理性选择，我必须发现哪个立场最有可能导致我的目标的获得，然后通过采纳那个历程，按照那个信念行动。这导致了与上面提到的主要前提相关的一个问题。请回忆一下，那个主要前提是：从事一个社会上确立起来的信念实践是初步合理的（实践上合理的）。但是为什么强调社会上确立起来的信念实践呢？确实，如果在原始地位中我认为社会上确立起来的信念实践特别有可能产生真的信念，那么在原始地位中对我来说合理地要做的事情就是要选择社会上确立起来的信念实践。
>
> 但是如果我不这样认为那又怎么样呢？［例如］我不明智地读尼采，开始确信大家都信奉的这剂良药统统错了；对于大家都形成信念的这种方式，我发展了一种尼采式的傲慢和诅咒。那么大概合理的事情将是选择不是社会上确立起来的信念实践。而是，我应该选择只是少数幸运者拥有的实践——那些幸运者的普罗米修斯式的努力已经使他们超越了最软弱无力的人。为什么社会确立是相关的或重要的呢？就实践合理性而论，算数的东西是我认为将取得我的目标的东西；在原始地位中，我认为社会上确立起来的实践特别有可能获得我自己确立起来的相信真理这个目标，但是这可能是真的，也可能不是真的。①

① 阿尔文·普兰丁格：《基督教信念的知识地位》，邢滔滔等译，北京大学出版社 2004 年版，第 141—142 页。方括号里的字为引用者所加。

论说至此，便可考虑回答这样一个问题了：**关于持有基督教信念的规范性问题不是什么？**普兰丁格的回答是："迄今我们已经看到的是，这个规范性问题和批评**不是**什么：它不是这个抱怨：相信者在像她那样进行相信时不是处于她的思想的权力之内；它不是这个抱怨：从对她来说是自明的、关于她自己的精神状态，或者对她的感官是明显的命题中，她引不出好的结论；它不是这个抱怨：她并不具有某种类型的好的论据；它不是这个抱怨：她的基督教信念缺乏阿尔斯顿式的辩护，或者缺乏手段—目的的合理性；它不是这个抱怨：决定继续按照经验来形成信念不是实践上合理的。在这些批判中，没有一个批评因为具有充分的力量而站得住脚。"① 一言以蔽之，普兰丁格认为，局限于上述各种**合理性**概念，就不可能恰当地表述关于基督教信念的**规范性问题**，更遑论给出回答了。

既然如此，应该进一步追问：**基督教信念的规范性问题 Qc 究竟是什么？**普兰丁格给出了三种表述：②

> 表述 1：是否基督教信念能够得到**保证**（warrant），即使**保证**不是通过论据或者命题证据达到的？
>
> 表述 2：是否对上帝的信念，以及更一般地说基督教信念，能够是严格基本的——就**保证**而论是严格基本的？
>
> 表述 3：基督教信念是否能够得到**担保**——不是通过论据得到**保证**，而是通过（广泛地加以解释的）宗教经验得到**保证**？

可见，关键在于"**保证**"。需要说明：从普兰丁格的行文看，他似乎对**保证**与**合理性**两个概念之间的关系缺乏清楚的辨析。一方面，如上所示，也许是他对传统的合理性概念持有严厉的批判立场，所以有时他倾向于将保证概念与其区分开来。③ 或许《基督教信念的知识地位》第一章第

① 阿尔文·普兰丁格：《基督教信念的知识地位》，邢滔滔等译，北京大学出版社 2004 年版，第 156 页。

② 参见阿尔文·普兰丁格：《基督教信念的知识地位》，邢滔滔等译，北京大学出版社 2004 年版，第 156—157 页。

③ 参见《基督教信念的知识地位》书末索引中对词条的安排。

一句话中那个含混的“或”字，便可支持这样的解读：“在这本书里，我们感兴趣的是一个规范性疑问：接受基督教信念——就是在‘前言’中概述过的基督教信念——是不是合理的，有理性的，能够辩护的，**或**有保证的？”① 但另一方面，普兰丁格的有些关键性表达又暗示他似乎倾向于将**保证**看成是真正的**合理性**。例如，《基督教信念的知识地位》一书前言部分开宗明义地宣称：“本书要探讨的问题是，基督教信念在理智上或**合理性**方面是不是可以接受的。”② 按此理解，**保证**当然就是真正体现“在理智上或合理性方面可接受”的关键所在。又如，本书第二章第一句话说：“我们讨论的主题是有关基督教信念的规范性问题，即接受这样的信念是否合理、有理性、有正当的理据，或理智上可为之辩护？”③

鉴于上述理由，我倾向于将普兰丁格的**保证**概念看作是对**合理性**概念的改进，而他的改进之路其实是沿着前述“理解存在的基本官能”这个合理性的基本维度展开的。

四、“保证”：一种新的知识论概念

我们之所以可把接受一组信念的**合理性**奠定在**保证**概念之上，乃是因为正是保证概念所要求的条件能使那些信念获得知识的地位。按普兰丁格的有关论述，保证概念包含四个基本要素：④

（1）恰当运作的认知官能。也就是说，只有当一个人的认知官能在产生一个信念时确实是在恰当地运作，没有经受功能失调，那个信念对于他才是有保证的。不过，普兰丁格认为，对于回答问题 Qc，仅有这个条件是不够的。

---

① 阿尔文·普兰丁格：《基督教信念的知识地位》，邢滔滔等译，北京大学出版社 2004 年版，第 3 页。“或”字为引用者所强调。

② 阿尔文·普兰丁格：《基督教信念的知识地位》，邢滔滔等译，北京大学出版社 2004 年版，第 1 页。

③ 阿尔文·普兰丁格：《基督教信念的知识地位》，邢滔滔等译，北京大学出版社 2004 年版，第 33 页。

④ 参见阿尔文·普兰丁格：《基督教信念的知识地位》，邢滔滔等译，北京大学出版社 2004 年版，第 179 页。

（2）合适的环境因素。比如说，“你的躯体的许多系统显然是被设计出来**在某种环境中**进行工作的。你无法在水下呼吸；你的肌肉在重力为零的情况下就会萎缩；在珠穆朗玛峰的顶上你无法得到足够的氧气。显然，同样的东西对认知官能也有效；只是在一个与它们为此被（上帝或者进化）设计出来的环境相似的环境中，它们才会获得它们的目的。因此，在某种难以察觉的辐射妨碍了记忆功能的环境中，它们不会工作得好”。①

然而，即使满足前两个条件，对于回答问题 Qc 也还是不够的，因为仍有这种可能性：一个信念是由**恰当地运转的认知官能**在一个它们为此**被设计出来的环境**中产生的，但却缺乏**保证**，因为这两个条件并没有明确规定应该趋向的目标是什么，因而还须加上下述条件限制。

（3）求真趋向。“我们认为，我们的信念官能的目的或功能是要向我们提供真的（或者近似为真的）信念。……显然可能的是，**某些**信念产生官能或机制乃是旨在产生具有其他优点的信念——也许使我们能够在这个冷酷无情的世界中过得下去的优点，或者也许使我们能够从一个危险的状况或对生命进行威胁的某个疾病中幸存下来的优点。所以我们必须补充说，这个信念是由认知官能这样产生的，以致那些官能的目的是要产生真的信念。更精确的，我们必须补充说，制约着这个信念产生的设计计划的那个部分是旨在产生真的信念（而不是幸存，或者心理的安慰，或者忠诚的可能性，或者某个其他的东西）。”②

但是，普兰丁格认为，即使满足上述三个条件，仍然不能对问题 Qc 给出充分回答。他建议我们通过反思休谟曾经描述的一个幻想来思考这个问题。休谟描述的幻想是：

> 我们知道，按照一个卓越的标准，这个世界充满缺陷和不完美；它只是某个年幼无知的神的一篇拙劣之作，因为对他的拙劣行径感到羞耻，这个神随后就放弃了这个世界；这个世界只是某

① 阿尔文·普兰丁格：《基督教信念的知识地位》，邢滔滔等译，北京大学出版社 2004 年版，第 179 页。

② 阿尔文·普兰丁格：《基督教信念的知识地位》，邢滔滔等译，北京大学出版社 2004 年版，第 179 页。

> 个需要依赖的低劣无能的神的作品，是他的上司们嘲弄的对象；它是古老昏聩的年代在某个因落后于时代而被废除的神的产物；自他去世以来，这个世界已在它从他那里得到的第一冲动和活力中陷入危险之中。①

对此，普兰丁格评论说："所以，请想象一下一个幼稚无能、缺乏教诲、正在见习的神试图要构造一种认知存在，一种能够具有知识和信念的存在。幼稚和无能占了上风；在他的设计中存在着严重故障。事实上，在这个设计的一些领域中，当官能就像它们被设计出来的那样工作时，结果便产生了荒唐可笑的假信念：因此，当这些存在的认知官能按照它们的设计计划进行工作时，他们不断地把马（horse）和灵车（hearses）混淆起来，从而形成这个古怪的信念——在古老的西部世界中，牛仔骑在尸体上，而尸体通常是装在马中被运送的。这样，这些信念确实是由在正确的环境中、按照一个目的在于真理的设计计划来恰当地运作的认知官能产生的。"②

那么，还缺什么条件呢？——**求真成功的可能性很大**。正如普兰丁格所说，"足够清楚的是，我们必须添加的东西是，这个设计计划必须是一个好的计划，一个**成功地**指向真理的计划；它必须是这样，以至于它将以高的概率产生真的（或者近似为真的）信念"。③

在笔者看来，参照本文第二节所述**合理性**的三个基本维度，显然可将普兰丁格的保证概念看作是**对理解存在的基本官能意义上的合理性**概念的深化。深化之处主要体现在三个方面：首先，从人的认知官能运作的恰当性来深化"心灵"所具有的认知能力（要点（1））；其次，引入"设计计划"

① David Hume, *Dialogue Concerning Natural Religion* (Indianapolis and New York: Bobbs-Merrill, 1970), p.53.

② 阿尔文·普兰丁格：《基督教信念的知识地位》，邢滔滔等译，北京大学出版社 2004 年版，第 180 页。

③ 阿尔文·普兰丁格：《基督教信念的知识地位》，邢滔滔等译，北京大学出版社 2004 年版，第 180 页。

来揭示合适的认知环境[①]，从而加深我们对“实在”面向的理解(要点(2))；最后，强调认知官能的求真趋向（要点（3)），并提出认知官能以高概率成功地指向真理的要求（要点（4)），凸显出对心灵与实在之间关系的新理解。

显然，要点（1）在基本点上与上述**作为恰当认知官能的合理性**概念是一致的，只是普兰丁格反对仅仅从这个层面来理解合理性概念，而必须纳入由上述四个要求所构成的关系网络中去加以理解。于是，在这个关于**保证**概念的关系网络中，可望进一步推进对前面所说的**内在合理性和外在合理性**的探索。

虽然普兰丁格本人似乎不太看好**手段—目的合理性和实践合理性**概念，但容易看出，只要立足于他所刻画的求真趋向及其成功可能性的要求，以此来严格界定何谓**目的**，并借助认知官能在合适的认知环境中恰当地运作意义上的信念实践来严格界定何谓**手段**，那么，手段—目的合理性和实践合理性概念中隐藏着的一些积极因素应该是可以被采纳的。

从传统的知识定义（**知识就是能够得到辩护的真信念**）和主流的知识论研究情况来看，可以说普兰丁格的**保证**概念似乎给出了一个新的知识定义：**知识就是能够得到保证的真信念**。按照普兰丁格本人给出的更精确的解释，“**知识**所需要的，是一个信念被恰当地起作用的认知官能或过程产生的，按照一个导向获取真信念的设计蓝图，（宏观的和微观的）知识环境要适切，并且设计是**有效地**导向获取真理的”。[②]换言之，**满足保证概念所需四个条件的信念就是知识**。据此，我们还可以进一步说，普兰丁格的**保证**概念开辟出了一条知识论研究的新途径。

既然能够得到保证的真信念就是知识，那么考虑到《基督教信念的知识地位》一书原名 *Warranted Christian Belief*（直译：得到保证的基督教信念），便可确知此书的宗旨在于确立基督教信念的知识论地位。事实上，普兰丁格对加尔文关于**基督教信仰是一种特别的知识**这一论断所给出的阐

---

① 普兰丁格还进一步区分了宏观认知环境和微观认知环境，参见《基督教信念的知识地位》第五章。

② 阿尔文·普兰丁格：《基督教信念的知识地位》，邢滔滔等译，北京大学出版社2004年版，第285页。

释和发挥，就是着力表明基督教信念是能够得到保证的。换言之，在普兰丁格看来，正是由于一个信仰者持有的基督教信念可满足保证概念所需要的分而必要、合而充分的四个条件，基督教信念才具有知识地位。[①]

五、科学知识与宗教信仰之异同

按以上提示所启发的思路，便可说合理的科学知识与宗教信仰当然均须满足关于保证概念的四个充分必要条件。如上所说，按照普兰丁格提示的知识论进路，我们可以用“知识就是能够得到**保证**的信念”来取代“知识就是能够得到辩护的信念”，甚至也可以理解成用“**保证**”（warrant）来诠释“**辩护**”（justification）。于是，一条源自古希腊的**合理性**探究之路便豁然呈现出来：为一些**信念**加上合理的限制条件，使之不仅仅是信念，而是使其成为**知识**；或者说，为一些**意见**加上合理的限制条件，使之不仅仅是意见，而是使其成为**真理**。无论是对于科学而言，还是对于宗教而言，只要这一探究策略的目的得以达成，我们就可以说相应的科学知识和宗教知识均具有合理性。

据此，我们可以这样回答规范性问题 Qs：接受一个科学理论确实具有合理性，其合理性的根据在于由这些科学理论所表达的知识乃是能够得到保证的知识。同样，我们也可以这样回答规范性问题 Qc：接受一组基督教信念确实具有合理性，其合理性的根据在于这些信念乃是能够得到保证的知识。

一般认为，科学理论由一系列相互关联的命题所构成，其显著特征是具有经验上的可**检验性**（testability）。当然，与科学知识相比，任何一种宗教性的知识必有其特别之处。以基督教学说为例，为什么说它是一种**特别的知识呢？**普兰丁格回答说：“信仰不是跟知识**对立**的，信仰（至少典范式的信仰）是知识，某种特别的知识。它之所以特别，有两方面的原因。一、关于它的对象，那所谓被知道的事情，（若是真的话）其重要性

① 参见阿尔文·普兰丁格：《基督教信念的知识地位》，邢滔滔等译，北京大学出版社2004年版，第285—287页。

无以复加，肯定是一个人可以知道的事中最重要的一件。二、我们知道那些内容的方式是很特别的，这是由一个不寻常的认知过程或信念产生过程引致的。基督教信念‘向我们的心思显明’，是圣灵引导我们相信圣经的核心信息的结果。这个信念产生过程是双重的，既牵涉神圣默示而成的圣经（或是直接的，或是见证链的源头），又有圣灵的内在诱导。两种均是上帝的特别活动。”①

也许可以这样说：虽然科学研究的对象既涉及物理实体，也涉及抽象实体，但基督教所涉及的抽象实体皆导源于上帝这一终极性的抽象存在。正因如此，如果说借助严格的受控实验来获取经验证据，并借助严密的逻辑推理将抽象的理论命题与经验证据联系起来，从而表明科学理论对于经验现象具有精确的预测力和广泛的解释力，乃是我们产生科学信念的基本途径，那么就可以说这种信念产生过程是间接的。这里的关键是理论命题之为真必须得到逻辑论证和经验证据的支持，而不是“自显为真实的”。但是，按普兰丁格所推崇的加尔文所说，“圣经是自显为真实的”！简言之，如果说科学信念的形成遵循的是“论证模型”，那么就可以说基督教信念的形成遵循的则是“见证模型”。何谓“自显为真”和“见证模型”？看来可借助于普兰丁格的如下论述来略加体会：

> 典型的基督教信念不是论证的结论（这并不是说论证对于人接受它们是不重要的），也不是建基于其他信念证据之上，亦不是因为基督教信念可以成为某种现象的良好解释。无疑，基督教独特的信念可以是一些现象的绝佳解释（突然想起的例子是基督教对罪的教义），但是它们并不是因为能够提供这些解释才被人们相信和接纳。它们被接纳，也不是因为它们是从宗教经验推论出来的结论，信徒相信这些命题，并不是因为察觉到自己的某些经验，然后推出基督教信念是真的。②

---

① 阿尔文·普兰丁格：《基督教信念的知识地位》，邢滔滔等译，北京大学出版社 2004 年版，第 285 页。

② 阿尔文·普兰丁格：《基督教信念的知识地位》，邢滔滔等译，北京大学出版社 2004 年版，第 287—288 页。

……对福音书里的伟大真理的信念是拥有辩护的、合乎理性的、有保证的，我们不需要历史证据或论证来支持其中的教导，或支持圣经（或其中某部分）的确是上帝的话语，或支持圣经是真实的和可靠的，这就是为什么圣经是自显为真实的。①

为了加深上述对规范性问题 Qs 和 Qc 回答的理解，让我们尝试据此进一步回答规范性问题 Q1-i 和 Q2-i：

接受一个科学理论并据此规范科学实践是合理的，因为：（S1）科学共同体的规范性训练能够确保科学信念之形成能够满足保证概念所必需的四个条件，因而使得对相应科学信念的认知过程具有认知官能式的合理性（对问题 Q1-3 的回答）。（S2）任何科学实践活动都是在特定范式支配下进行的，而每个科学范式都在模型、符号概括、认知价值和范例方面为合适的科学研究规定了基本框架②，因而能使科学实践具有行动理由式的合理性（对问题 Q1-2 的回答）。（S3）由前面的论述容易看出，经验证据和逻辑论证所支撑的严格的可检验性、精确的预测力、广泛的解释力、结构的简单性等等，将使科学理论能够具有思想辩护式的合理性（对问题 Q1-1 的回答）。这样，规范性问题 Q1 便得到了回答。

以基督教为例，接受一套宗教信念并据此规范信仰实践是合理的，因为：（C1）如上所述，基督教信念之形成能够满足保证概念所必需的四个条件，因而使得对相应基督教信念的认知过程具有认知官能式的合理性（对问题 Q2-3 的回答）。（C2）任何基督教信仰实践都是在基督教基本信念支配下进行的，而那些基本信念为合适的信仰行动规定了基本框架，因而能使信仰实践具有行动理由式的合理性（对问题 Q2-2 的回答）。（C3）尽管如普兰丁格所说，确立基督教信仰本身无需逻辑论证和证据支持，而是遵循见证模型，具有自显为真的特点，但“这并不是说论证对于人接受它们是不重要的”，而且“基督教独特的信念可以是一些现象的绝佳解释”

---

① 阿尔文·普兰丁格：《基督教信念的知识地位》，邢滔滔等译，北京大学出版社 2004 年版，第 291—292 页。

② Cf. Thomas S. Kuhn, *The Structure of Scientific Revolutions* (2nd edition) (Chicago: University of Chicago Press, 1970), “Postscript—1969”.

（见前面的引文），何况内在合理性“更广泛地需要你在信念形成过程里，尽你最大的努力。你已经仔细思考过这信念怎样能与你的其他信念吻合，又寻找过有关的否决因子，思想过你遇到的每一个反对，比较过一些恰当的人的评语，等等”（见前面的引文）。因此，基督教信念实际上是能够具有思想辩护式的合理性的（对问题 Q2-1 的回答）。于是，规范性问题 Q2 便得到了回答。

进一步追问：建基于保证概念之上的合理性标准是否能够避免库恩不可通约性论题的质疑？为了回答这个问题，不妨再看看保证概念的关键之点：“一个信念对一个人 S 有保证，只有当那个信念在 S 这里是由恰当地运转的认知官能，在一个相对于 S 类型的认知官能来说是合适的环境中，按照一个目的在于产生真理的设计计划产生出来的。进一步，我们必须补充说，当一个信念满足这些条件，因此的确具有保证时，它所具有的保证的程度取决于那个信念的强度，亦即 S 拥有它的这种坚定性”①。据此，如果我们同意前面所说基督教信念遵循见证模型，而且具有自显为真的特点，那么似乎不可通约性论题就难以对表述基督教信念的学说构成实质性的挑战，因为这里并不存在支撑整个不可通约性论题的经验证据与理论学说之间的论证关系。

对于科学理论，虽然不可通约性论题确实是一种实质性的挑战，但该论题并未考虑到保证概念所提供的科学信念之产生机制。如果我们考虑这些机制，那么本文第一节所述库恩论证（1）（2）（3）提出的挑战就有可能得到回应，因为认知官能在合适环境中恰当地运作，可以使我们清楚地区分出哪些理论因素对观察证据和理论词项意义的变化将造成什么样的影响，而以高概率求真为目的②将有助于我们客观地对问题的重要性作出评判。至于库恩论证（4）和（5）提出的挑战，则可考虑借助于认知价值（epistemic values）和语境价值（contextual values）之间的区分来予以

① 阿尔文·普兰丁格：《基督教信念的知识地位》，邢滔滔等译，北京大学出版社 2004 年版，第 180 页。

② 当代知识论和科学哲学中有关逼真性和贝叶斯方法的研究为此提供了可资借鉴的资源。例如，可参见 C. Wade Savage, ed., *Scientific Theories*, Minneapolis: University of Minnesota Press, 1990。

回应，而由保证概念引出的关于合适环境的精细分析则可望提供启发性的思路。①

综上所述，以普兰丁格的保证概念来重新诠释、改进传统的辩护概念，便可确立起一种新的知识论样式和一种新的合理性观念，而且可以证明科学理论和基督教信念能够完好地满足这一知识论的合理性要求。因此，尽管科学理论和基督信念说在探究对象和方法路径诸方面存在着显著的区别，但它们同样具有合理性。进一步说，有理由断定，除基督教以外，其他宗教学说也将既在对象和方法上各具特色，也必共享基本的合理性标准。

进而言之，借助于普兰丁格所提示的新的知识论样式和合理性观念，我们可望回应本文初所引罗蒂版本的库恩挑战。我们的回应是：无须抛弃"合理的"与"不合理的"人类实践的区分，我们仍然可以很好地刻画"表象"与"知识"之间的联系。简要地说，只要有办法让所谓"表象"不仅仅止步于纯粹的意见或信念，而是使其在满足一组规范性条件的基础上转化为"知识"，一种合理的知识论上的联系便可得以确立。不用说，这也是消除所谓合理性危机的一条可供借鉴的思路。

作者单位：复旦大学哲学学院

① 限于篇幅，本文不予详述。关于认知环境的详细分析，可参见阿尔文·普兰丁格《基督教信念的知识地位》第五章。关于认知价值与语境价值的区分，可参见：Helen Lingino, *Science as Social Knowledge: Values and Objectivity in Scientific Inquiry*, Princeton, N. J.: Princeton University Press, 1990。

环绕现代社会关于“宗教教养”的一些思考

——环绕中西宗教形态学下的对比展开

林安梧

一、“宗教”是“神人的再连结”、是“敬畏神明”

我们说什么是宗教？什么是宗教教养？显然，我们不是依照所谓宗教教义来解释，而是我们要怎么样去传达宗教所涉及的种种问题，以及如何去传达宗教的精神？尤其是在教育过程里面该要如何的传达？

首先我们要了解什么是宗教，“宗教”一词，拉丁文作 Religare，其意为连结及再结，指得正是“人与神的再结”的意思；一说作拉丁语的 Religio，其意为“敬神”。依《说文解字》而言，“宗”指的是“尊祖庙”，“教”指的是“上所施，下所效”，“宗教”连称以译西文之 Religion 允恰切，就字面上看来，西文之 Religion 隐含着“断裂”（discontinuity）之意，而汉文之“宗教”则隐含着“连续”（Continuity）之意；“连续”与“断裂”正是中西最大分野。①

当我们说神、人之再连结时，其实就已经隐含到神、人由分裂走向连结，而神跟人之分裂是什么意思呢？也就是这样的一个关系：神圣跟尘俗，无限跟有限。神圣与尘俗、无限与有限之间的分裂，我们要求其再连结，这意思就是说：作为一个人是属于尘俗中的一个存在，但却有个神圣

① 参见罗竹风《宗教》一文，载罗竹风等编：《中华大百科全书》（宗教卷），中华大百科全书出版社 1988 年版，第 1 页。

的渴求，且虽以有限的躯体存在，却能有着无限的渴求；而这一渴求可经由宗教的教团、教义与教仪（科仪、仪式）使得人们能够重新融合神圣与尘俗、无限与有限之间的分裂连结在一块。

二、在基督宗教里人由有罪之身被救赎出来进到一个神圣的国度

在西方文化传统里，最重要的宗教可说算是基督宗教。在基督宗教里是强调人与神之间的再连结，而他们所强调的那个连结点是耶稣基督。在耶稣基督过世之后，代表耶稣基督的精神是教会（在他的宗教意含里面有所谓耶稣的复活），人们经由耶稣基督的、精神的、象征的集合体——教会，使得能和上帝（God 所谓的神）有一个连结，而这个连结，它的重点在哪里呢?

在西方基督宗教里，重点在于人是由有罪之身被救赎出来的，原来是在罪恶沉沦中，经由这样的一个过程，让自己能够被救赎出来，进到一个神圣的、无限的、圆满的境遇之中，而那个境遇就是所谓的“天国”，于是就有所谓天国与人间的对比，这存在在它的教义里。

基督教基本上在宗教教养里面是强调人并不只是重视人所活着的国度，另外仍还有一个更高超永恒的国度，也就是所谓的神的国度，所以说人过世的时候就叫作“蒙主恩召”，也就是祝福它已经离开了人间的、沉沦的、犯罪的国度，而回到一个所谓主的国度。当然这里牵涉到一些非常复杂及麻烦的教义，但总体来讲，它是要说，你可以透过这样一个宗教的过程，使你的生命不再沉沦，因此能得永生。

三、中西宗教的对比：“原罪／救赎”与“本性／成圣”

这样的一个思想（人可以通过宗教而使生命不再沉沦，因此而得到永生），其实具有某种共通性，即使在东方的儒家、道教、佛教这样的想法亦是存在的，也就是说儒、释、道三家跟基督宗教的文化传统基本上都是强调要人如何由有限迈向无限，从尘俗迈向神圣。

但所不同的是，西方基督宗教文化里强调的是从犯罪或原罪（人天生就有的原罪，从亚当、夏娃起就有所谓的原罪）中获得一种救赎；而在东方的传统里，特别在中国文化传统中，并没有原罪的意思，它强调人最原先有的一种本性，而这个本性的发展与完成（人本性的一个如实发展与完成），在儒家的传统里叫它作“成圣、成贤”。所以，基本上并不是一个原罪和救赎的传统，而是由本性而成圣的传统，这跟由原罪与救赎的传统，显然有着非常大的不同。由本性而得成圣的传统，基本上是肯定人的本性是善的，这跟原罪的思考是不同的。

此外，在中国的宗教团体里所强调的神、人连结的方式是不同于西方基督宗教的（强调神、人由分隔或说分异的关系再连结的）。我们所强调的原本就是个在“天人连续、天人不二或天人合一”，这样的格局之下所说的连结，是个连续体之下的连结。有关于人跟天或广义的人跟神的连结，基本上亦是一个生命生成的、具有延续的，甚至由这个延续性来进行内在及本源上所谓的统一性，再由这统一性来进行本源的开发，进而达到本源的连结，这就是华夏文化传统里特殊的地方。

四、儒家“信、美、大、圣、神”所显示“人”与“宇宙”通而为一

在中国古圣先贤的教养里是要个人如何地去陶养其本性，由这本性好好的发展出来，所以孟子曾说：“有诸已之谓信，充实之谓美，充实而有光辉之谓大，大而化之之谓圣，圣而不可知之之谓神”。(《孟子·尽心下》)它一层一层地往上升，从人自己内在的充实说起，而自己内在的充实是从自己本身的确认说起。

“信”是自己内在的一种理解跟确信，所以是有诸已（有之于己就是于己有之，我是在我自己的意思），若我们常常是在意别人，而不是一个真正的“在己而为己”的存在，而成为一种“他在”，就是成为一个被异化的他，而回不到自己。

孟子书是从这里开始的：“有诸已谓之信”，确认自己以后，再加以充实就叫作美，美者自我之完善也，因此孟子有言：“充实之谓美”，这生命

是充实的就是美；“充实而有光辉之谓大”，“大而化之之谓圣”，就是以生命显示出那份庄严的同时还要能懂得化，如此方能成圣；“圣而不可知之之谓神”，当圣充极而尽到达了一个高超、圆满的境地时是你所不能去认知的，这就是“神”。

所以我们可以把这个过程当成是种人跟神的再连结，这样的一个神，已经不是一个意象中的，或是个拟人化的神，而是就整个宇宙间的一种“运化之妙”。整个宇宙充满着一种动能，而这动能是跟这宇宙的根源玄同而为一，这也就是如《易传》所说：“神也者，妙万物而为言者也”。

所以孟子在这段话里面是说，人是从他自己内在的确认、充实而产生光辉，到大而化之而称之为圣，圣而不可知之谓之神，正在说明这连结方式。那我们可以发现到，这样的连结是跟西方基督教文化的连结方式非常不同，他不是一个神人分裂关系下的连结，而是因为人本身就具有一个内在的动能可以逐渐的开发出来，而跟宇宙之本源周流之太虚而通而为一。这样的一个神，我们可以发现到尘俗跟神圣、无限跟有限，不是有所分隔的，它是个延续体。

五、从“巫祝式的传统信仰”到“宇宙总体本源的体认”

几千年以来，我们并没有彻底地从原初的那个巫祝的传统中脱离开来，若离开那巫祝式的传统便离开了那萨满教式（shamanism）的传统。大体说来，华人文化传统，它是用各种接近于原始的宗教方式，透过整个文化的变迁，转成各种神明的象征，或者是将人间里一些有德有功于人类文明发展的人物以及一些其他人们心灵所感应到的都把他们象征化、拟人化，做成一个对象来崇拜，而这样的一个对象是多元的，不是单一的。

我们传统宗教讲究的是一个总体的本源，那是整个宇宙创造之本源，也就是“道”。而在整个广大的民间宗教信仰里，到处供奉着神明，这神明是多元的，是具体的，并不是唯一或至高无上的。它仍然是属于我们生活周遭，且具有跟我们心灵相感应的一个象征性，只不过我们将这象征性的东西实体化、拟人化后，将他供奉着。

作了这一项厘清以后，重视所谓的宗教教养，是与生活世界连接在一块且息息相关的。因此当学生去参加进香（例如：随妈祖出巡）的时候，你要能懂得其中的道理，并能够加以说明及解释这活动的宗教教养意义何在，千万不要只用两个字——迷信就把它带过去。

六、人虽“有限而尘俗”却可以通到“神圣与无限”

在我们这样的一个传统里，它强调的是人类本源与宇宙内在本源通而为一，人虽然是以有限的躯体落定在尘俗中生活，但基本上在骨子里却是可以通到那神圣与无限，这是肯定的，只是人既然落在有限、尘俗之中，他就会被尘俗与有限所遮蔽、所限制，所以他们最重要的宗教陶养工夫里，就是如何屏除尘俗与有限的遮蔽。

即使谈性恶论的荀子，他最后仍是强调人的心是可以“知道”，可以体会那个善，人的心本身就具有这个能力，能够“以心治性，化性起伪”。人是经由这个方式让生命逐渐的成长，这些思想基本上都是跟这个大脉络连在一块，儒家如此，道家的传统也是如此。

道家的传统强调的是，作为一个人原本就是自然的存在，这自然的存在即是可以通到宇宙本源的。但人因活在世间，进入所谓文明，其实“文明”，另外一面就是“文蔽”，这也就是说经由语言、文字、符号的系统彰显了人类的智能，使得人们能够在这人世间安居行走。但同时也造成人的遮蔽，使人没有办法回到生命中的自己，而造成人严重的异化。或可说文明一方面是人文的化成，但同时这文明亦隐含着“文蔽”，也就是含有人类的异化。

七、“致虚守静”、“为道日损”：道家对于“人文异化”的治疗

文化、人文的化成，又是人文的异化，那要如何的免除这异化呢？就是强调人要回到那生命的本源，将生命中那些杂七杂八，或是与教养里一些不相干的东西去除掉，然后回归到自然；当能回归自然才会有自由，因此才得自在，而在这个过程里才会有一个真正自发性的东西在那生长，这是道家传统里非常强调的一种“致虚守静”的功夫，而这功夫能“为道日损”，这是华夏文化里非常重要的一种教养方式。

依道家看来，人要能看得开，若看开，很多事情就不会挂在身上，让人感到不舒服。如此一来，人就能回到自然，进而得到自由，在这种状况之下，人就有着自发性生长的可能。这一个思考，基本上是一种根源于人本性所发展完全的成圣思想，这成圣的“圣”在道家的观点来说其实是一个自然真人。所以真人、圣人、神人与至人，这些语辞其实都是在传达要如何能成为一个智慧通达之人，且能跟这世俗中的那一大套语言、文字、符号的系统有个恰当的关连，而不会限制、拖累，这就是道家所强调的。

八、道教式的修养基础：元神本清、心性本静

道教最简约的一部小经典就是《太上老君说常清静经》简称《清静经》。它强调人的“元神”，人最根本的神，是“清”的，但因受心灵意识活动的影响而被扰乱了;而这心灵意识原本应是“静”的，但却受到了欲望的牵扯。因此要能遣除欲望，要息心止虑，要能息止这心灵意识的活动而归返于宁静；当心灵归返于宁静不牵扯元神，便能得到元神的清、心性的静，于是心神得以清静。

基本上这一个修炼的活动里，应强调人不要被心灵意识的活动拖累而往下掉，所以要从“识神”回到“元神”；“识”代表一种“分别”，而“元”代表的一种“无分别”的状态。

九、正视“玛雅—中国文化连续体”的传统

在华夏文化传统里，有一个非常重要的思想，就是在宗教的传统里，是从一个“分别”的境遇里回到一个“无分别”的境遇，而这个大传统不只是影响着华夏，还包括了华夏周遭的少数民族，甚至是到西域与印度，基本上就是存在这同一个大脉络里；这样的一个思考，可由张光直先生在他的《考古学专题六讲》里面所提到“玛雅—中国连续体”的文化大传统里头来了解。①

① 参见张光直：《考古学专题六讲》，台北稻乡出版社 1988 年版。

"玛雅—中国文化连续体"所展现出来的占人类总人口绝对超过五分之三，甚至更多，但目前人类文明发展的主流并不是"玛雅—中国文化连续体"，而是西方文化；基本上，"西方文化"与"玛雅—中国文化连续体"最大的不同是在于它的神、人关系是分裂的，而"玛雅—中国文化连续体"的"神、人"关系却是连续的。"神、人关系"的分裂相对应的来讲是"物我关系、人己关系"的分裂，而在玛雅—中国文化连续体里头，物我的关系、人己的关系均是合一，这牵涉到文化形态学中非常复杂的问题。[①]

十、佛教强调人如何从"无明烦恼"转进"法性菩提"的境界

佛教传入中国之所以很容易跟华夏原来儒、道两教的文化连结在一块，可见它们骨子里是有些相近的地方。佛教本来是反对原来印度教文化的（佛教是一个很独特的反印度传统，是反印度传统的印度传统，它在后来并没有形成印度主要的传统，印度主要的传统仍是归在印度教），后来它传到了中国、日本、韩国甚至到东南亚，形成了一个非常庞大的佛教文化圈，这庞大的佛教文化圈基本上和中国的儒、道两家连在了一块后，也融合进这个大脉络来。

以佛教的观点，它是强调从有分别到无分别（证严法师的"静思录"，或是一些佛教高僧大德的所说的话，几乎都是环绕着这个来说的）；佛教的传统跟儒家、道家的传统基本上还是有所不同。就教义来讲，表现在儒家是要从本性来成圣；若表现在道家就是要从一个尘俗、世俗的存在中，如何的"反璞归真"，若在佛教的文化传统里，它强调的是人要如何从无明烦恼中进入一个法性菩提中的境界，或说是由无名烦恼这苦业中超拔出来，进入到涅槃寂静之中。这苦业的此岸是个杂染、污染的世间，而那涅槃的彼岸是个清净的世间，要能从此岸渡到那彼岸，便要在心性上下一番工夫，把自身从原本那分别计较的脉络中，进入到一个无分别、没有计较

① 参见林安梧：《中国宗教与意义治疗》，台北明文书局印行 1996 年版。

的“同体大悲”里，使生命在那里有了彼此的相遇与关怀，这便是佛教所重视的。

总的来讲，它仍然建立在作为人与冥冥不可知的内心里头，指引我们从尘俗、有限迈向到神圣、无限的连续中，这就是我们所说的中、西方宗教基本上的异同，其背后所隐含的教养，你要怎么样去体会、理解它呢？我们的教育便是由此展开。

十一、“宗教”原指的是经由礼拜祖宗神明的仪式，让生命回溯本源而起一个崇敬之感

不同的文化传统会诞生不同的宗教;不同的宗教也会诞生不同的文化传统。宗教与文化传统含有一种解释学上的循环关系，也就是宗教既是历史文化之能产，也是历史文化之所产，所产是“果”；能产是“因”，宗教是整个人类历史文明发展的一个动因、动源，同时也是整个人类历史文明发展的结果。

现在再从我们自对华夏文化传统里所说的“宗教”这两个字的本义来说；“宗”它是一个屋子里面有一个神主牌位，“宗”原来是“尊祖庙”之意；“教”养子使作孝，养那个孩子、引导他，让他能够孝顺父母。我们用“宗教”二字来翻译“religion”是不错的。“孝”的意义是“对于生命根源的崇敬”，“父母”是我们的生命根源。“孝”最重要的一个本质是“敬”，《论语》中说“今之孝者是谓能养，不敬，何以别乎？”。（《论语・为政篇第二》）孝指的是对于生命根源的崇敬，“宗教”这两个字连在一块，就是“经由礼拜祖宗神明的仪式，让我们的生命回溯本源，对我们的生命本源起一个崇敬之感”。

用“宗教”这个词来翻译 religion 很有意思，religion 是强调神、人的再连结，是从分裂而连结，但是当我们用“宗教”这个词去翻译它的时候，我们可以发现非常巧妙的是，当我们谈尊祖庙、养子使做孝的时候，人跟祖先的生命，人跟万有一切宇宙之本源的生命，似乎不断裂开的，而是连续的，所以用“宗教”这两个字来翻译 religion 是非常好的。

十二、“宗教”乃是人们的终极关怀

现在回到“尊祖庙”、“养子使作孝”来谈。很显然的，“宗教”这个概念是让我们知道如何去开发内在的生命根源，让它完美、完善。我们虽然是华夏族群，或是广义的在刚刚指的区别底下，我们是属于玛雅—中国文化连续体的大脉络底下。相对而言，另一个形态是西方文化的形态。在宗教教养的方式，我们必须一方面理解这两个大类型，另一方面我们必须了解宗教之为宗教，其特质何在。

对于“宗教”如何进一步去找寻它的共性，这里我采取的是美国的哲学家保罗·田立克（Paul Tillich）所说的：“宗教是人们的终极关怀。”① 所谓的“终极关怀”是有别于现实的关怀，什么是现实的关怀呢？现实的关怀也就是有利害、有计较的一种关怀，终极关怀是跳脱出利害、计较之上的，一种关连到我们生命来自生命深处一种不可自已的关怀。古诗上说“生年不满百，常怀千岁忧”，你会常怀千岁忧，这个背后隐藏着“终极的关怀”这有别于动物生存这个层次，它进到生活的层次，而更高的生命理想层次。

我觉得这样的理解方式最为宽广，我们可以将终极关怀作为人类各个不同的宗教的共性，即使它有不同的向度、不同的关怀点，但总的来说，人类的宗教都是人们内在深层一个终极关怀的一个表现所构成的系统。

十三、“宗教教养”目的是要唤醒我们内在的终极关怀

进一步，落到宗教教养上来说，我们要如何唤醒内在深层的终极关怀？这是很重要的，宗教教养的目的在于唤起我们内在深层的终极关怀。深层的终极关怀是每个人内在所具有的，不可自已的，它有别于现实利

① “终极关怀”（the Ultimate Concern）一语乃保罗·狄利希（Paul Tillich）在 Love, Power and Justice 一书中所提出者，参见王秀谷译：《爱情、力量与正义》，台北三民书局 1973 年版，第 111—126 页。笔者此处所使用虽有所取于此，但只是以此作为更进一步分疏的可能。又陈郁夫以为儒家并不是一种宗教，与笔者之主张有别，请参见陈郁夫：《人类的终极关怀》，台北幼狮文化事业公司 1994 年版，第 7—8 页。

害，那种难以言状的但却令你能感受到的关怀。如孟子所说得怵惕恻隐这种终极关怀；如耶稣基督在世间里传道，传递天国的福音，要拯救这群失丧的人，它到底所为何来？因为那里隐含着终极关怀。

这终极的关怀是想用它有限之躯的牺牲来提升、洗净人们的罪恶，在基督宗教的传教里面常常是这么说的：“神爱世人，派遣他的独生子耶稣基督到人世间来，用他的宝血来洗净人们的罪恶，使得人们因此得到救赎。”大体来说是这样，这个话语即使你不是一个基督教徒，你也应该听过。它尽管与儒道佛有很大的不同，但骨子里其实就是“敬畏生命”四个字而已。

十四、权力斗争使我们丧失终极关怀，也失去了安全感

其实，当前我们教育最严重的问题就是少了这个东西。当前教育很严重的问题是教育的权力化、消费化。这问题关键在知识的传达有其特点，因为知识的传达是一种“我与它”（I—it relation）的活动。这容易由这样的活动转为我对“它者”的掠夺。当我对它者据有越多时，我获得越大的权力，获有越大的权力，我便有越大的安全感。相对而言，当别人获有这么大权力时，我就没有安全感，因而导致一群人的竞争，这竞争进而转为权力的争夺。

教育原来为的是“生长”，但当前我们的教育，却习惯从年纪很小时，就驱策我们进到权力竞争中;看民间最常用在幼儿教育上的一句话：“不要让你的孩子输在起跑点上”，这话充满权力竞争意味，我觉得应该治疗治疗这句话，改成“不要让你的孩子这么快地进入起跑点”，不小心的话，你孩子就跌在起跑点上。现今的教育消费化非常严重，这消费化的后果，使得人跟人、人与其他东西之间都变成一种交易。回到最后，人的存在只为了“利害”，根本没有“终极关怀”可言。

这个时代教育最严重的问题是丧失终极关怀，我们真该想想如何唤起大众以及学子的终极关怀？我们必须告诉他，你与宇宙间的关系是什么？芸芸众生、浪生浪死，活着反正总是要死的，反正就是这个样子，也许他根本没想过这个问题，他们只想到被一种势力躯策，也就是要活下去。而

且在消费化的流行过程里，人家告诉我们流行就是健康，我们要赶得上流行而已。

十五、“终极关怀”已被渗透到灵魂深处的权力所掠夺

目前整个台湾极为吊诡的是:政治人物的语言，你不要认为它很卑下、很俚俗，它充满着戏剧的意味，每天看新闻简直就像在看连续剧一样，每天都在期待着新闻播报来临，所以我们新闻的收视率很高，每天有新闻。

权力的恶斗本是司空见惯的事，可怕的是，权力已经完全渗透到灵魂深处，它随时会假借任何神圣的、任何道德的话语出现。严重的是，我们这个时代没有真正的宗教教养，没有终极关怀，终极关怀已经被渗透到我们灵魂深处的权力所掠夺。这是全台湾的状况，我们须要好好沉思。

偶像崇拜进而转为消费偶像，到这种地步，生命愈来愈肤浅、生命愈来愈无助。肤浅无助的必须要依恃权力。当他握有一点权力的时候，就误认为这样的权力跟终极关怀连结在一块。于是借一神圣美化出现，而权力其实是现实的。我们教养中没有真正深层的、恰当的宗教教养，因而像妈祖绕境那么盛大的庆典，一样是在权力化、消费化的过程里。它成了只是用功利的心态，在习俗的趋势底下，所作的惯性活动，当然这个惯性活动还露出一点点原先潜存于内在深处的终极关怀的熹微之光。

为什么还愿意做妈祖绕境这种事呢？因为有灵验、有功利，但是我们也不能完全排除那背后有一点终极关怀的熹微之光。宗教教养就是我们如何将那一点微末的终极关怀的熹微之光，继续点燃照亮。

十六、作为“宗教知识”传达与作为“潜在课程”背景的两重宗教教养

宗教教养要做的许多事，这有两层可去传达，第一层有关于宗教的总体理解，必要讲明的是神人之间的关系，一个尘俗与神圣之间的关系，有限与无限的关系。除此之外有一个非常重要的，把宗教教义作为一个背景、作为一个潜在的课程。在我们整个课程，它作为一个背景，渗透到人

的整个教育活动中，跟人在学习知识、技能及其他种种，完全连结在一块，我们愿意说这个背景就是我们刚刚说的，所谓的“终极关怀”。

将“终极关怀”转为这个背景，参与到人的生命，这样的一个渗入活动，可用一个字来说即是“敬”，可用两个字来说即“敬畏”。这也就是说在我们的学习过程里，我们拿宗教的教养作为一个背景，作为一个潜在课程，它所要传达的是我们对知识、对世界、对宇宙万有一切的敬畏之情。

任何一个宗教有它非常重要的是仪式、典礼，经由一个神圣典礼、仪式，它会让你体会到什么是“敬”，什么是“畏”。敬畏代表的是人对于宇宙本源的一个终极关怀之情的具体表现。回到自己生命深处，其实就是它伴随而生的另一面，也就是一个宁静的状态。那么你如果参加过宗教的神圣仪式，你就可以体会到宁静安详以及你内在充满敬畏之心。尽管台湾的民间宗教很杂乱，但只要是真实的宗教仪式，他就能让你深深体会到心绪上的宁静及心灵上的敬畏之心，这就是宗教教养。

目前来讲，我们的社会缺乏的是宗教教养。请问你什么时候生命能够既宁静又有敬畏之情？不要说每一天，每一个星期什么时候？不要说每一个星期，每一个月什么时候？还是从来没有过？基督徒可以告诉我们他在做礼拜的时候；天主教徒可以告诉我们他在望弥撒的时候；一贯道徒他可以告诉我是当他在佛堂礼敬的时候；佛教徒他可以说他在佛寺做礼拜的时候；道教徒可以说当他在道教的宫庙里面礼拜神明的时候；而这样的活动在学校里面几乎没有，这值得注意。如何让它有？特别在现代化的教育里，我们如何让它有？这非常的困难，因为一不小心就会有人指责你传教。其实，如果你不是有意的只为单一的某宗教传教，我觉得那无所谓；或者你传某一教但却不排斥其他宗教，而这个教是能够让人们的心境宁静，心理充满着敬畏之情，那这样也可以。

十七、正视宗教教养与科学教育是不相悖的

为何近现代以来，我们的教育体制这重要的成分不见了，有个非常重要的原因，因为我们深中科学主义之毒。需要注意，科学主义不是科学，科学主义本身是不科学的，科学主义的意思基本上是相信这世界只能够用

一种方式来理解，这种方式是唯一的、一定对的、不会错的，背后就是这个世界通通可以经由人们的理性之光来理解操控，来达到他所要操作的结果。这个非常窄化的科学观对世界的控制，大家不要以为现在好一些了。虽是好一些了，不过它仍然深层渗透到我们生命深处，它夹杂着整个现代化理性化的正当性，把权力、利害、性好及其他种种业力，通通收到里面去。现在我们如何破解科学主义的迷思？对宗教教养有恰当理解？如何唤醒我们内在深层的终极关怀？经由一个恰当的教养方式，让我们每天能体会到心境之宁静，体会到心灵充满着敬畏之情，这可以说是目前教育上非常重要的问题。

须知，我们要的是科学，而不是科学主义，扫除科学主义，让科学好好发展，也让宗教教养有其生根的可能。正视宗教教养与科学教育是不相悖的。

作者单位：慈济大学宗教与人文研究所

论宗教命题的形而上学基础①

——康德与冯友兰的宗教形而上学之比较

陈晓平

宗教和哲学之间的关系是什么？这是一个重大的宗教哲学问题，对之给以不同的回答可以作为不同的哲学派别的一个特征。康德（1724—1804）哲学是近代西方哲学的代表之一，冯友兰（1895—1990）哲学是当代中国哲学的代表之一，二者之间具有显著的可比性，因为二者的整体框架是一致的，尽管在具体观点上不同之处颇多。首先，对于宗教和科学之间的关系，在康德哲学和冯友兰哲学的框架中都被放在两个不同的层面，即宗教处于形而上学层面，而科学处于形而下学层面，二者是相辅相成，并行不悖的。其次，二者都为宗教命题提供了形而上学基础，从而使宗教命题具有一定的合理性。不过，二者对形而上学的理解进而对宗教命题的理性说明是有很大区别的。正因为此，在康德和冯友兰的宗教形而上学之间进行比较，对于澄清宗教命题的合理性问题是颇有裨益的。

一、康德作为范导原则的宗教命题

在康德的哲学体系中，诸如"上帝存在"、"灵魂不灭"这类宗教命题属于形而上学。康德在批判传统形而上学的基础上建立了一种新的形而上学体系，在他看来，"形而上学只管先天综合命题，而且只有先天综合

① 本文系国家社科基金项目（10BZX020）、广东省社会科学规划项目（09C—01）、广东省高校人文社科基地重大项目（10JDXM72001）的阶段性成果。

命题才是形而上学的目的。”[①] 因此，康德把其哲学体系称为“先验哲学”，并对先验范畴和先验理念作了严格的区分，前者属于知性层次的形而上学，后者属于理性层次的形而上学。康德所谓的先验理念包括四个，即：自在之物、自由意志、灵魂和上帝。其中“自在之物”是理论理性的理念，其余三个是实践理性的理念，每一个理念对应一条范导原则。

康德指出，基于理念的范导原则（Regulative Principle）不同于基于先验范畴的建构原则（Constitutional Principle），前者是起引导作用的假设，后者是建构经验知识的依据；尽管二者不同，但却是相辅相成的。他说：“理念的使用和范畴的使用完全不同。……虽然如此，属于理性的性质的东西一定要和属于理智的性质的东西一致起来，前者必须有助于使后者完满起来，而不能反而干扰后者。”[②] 康德所说的“使后者完满”，是指理性的理念作为范导原则对知性的范畴发挥引导作用；所说的“干扰后者”是指用理念代替范畴去直接建构超越经验的知识，康德把这种错误称为“超验”。

康德在区分这两个原则时说：“理性的这条原理（范导原则——引者注）只是一条规则，它规定在所予的现象的条件系列中的一种回溯，绝不容许把它所达到的任何东西作为绝对无条件的东西来对待而结束这个回溯。因此这条原理并不是经验的可能性和关于感官对象的经验性知识的原理，因而就不是知性的原理（建构原则——引者注）；因为任何经验要符合所予的直观，都是包含在界限之内的。”[③]

在这里，康德指出，范导原则只是引导人们进行一种无止境的回溯，而不是对那个回溯目标的建构。“自在之物”所对应的范导原则是：虽然人们永远不能认识自在之物，但是可以向它不断地逼近，因此，人们的经验知识是永无止境的。切记，这条原则是用于引导经验知识不断扩展的，而不是用于直接建构经验知识的。

“自由意志”所对应的范导原则是：你要按照你同时期望每一个人都

---

① 康德：《未来形而上学导论》，庞景仁译，商务印书馆 1978 年版，第 26 页。由于翻译不同，这里的“先天综合命题”就是本文的“先验综合命题”。

② 康德：《未来形而上学导论》，庞景仁译，商务印书馆 1979 年版，第 109—110 页。

③ 康德：《纯粹理性批判》，韦卓民译，华中师范大学出版社 2000 年版，第 478 页。

遵守的准则去行动。这条原则也叫作“普遍律原则”，其作用在于引导人们趋向道德自律和实现意志自由。“上帝”所对应的范导原则是：上帝存在，其作用在于引导人们趋向至善的目标。所谓“至善”就是德福相配，即有德者有福，无德者无福，但在现实世界中事情常常是相反的，故需引入上帝来保证。“灵魂”所对应的范导原则是：灵魂不灭，其作用在于引导人们矢志不渝地追求至善，以致在无限的努力中与上帝的意志完全契合。

康德把这三条范导原则称为“公设”，① 他说道：“这些公设是不朽的公设（灵魂不灭——引者），从积极层面来检视的自由的公设（作为自由意志的普遍律原则——引者），和上帝的此在。” ② 康德指出，尽管这些公设是人为的因而是综合的，但却具有必然性，因为它们是人们理性追求所不可避免的。所以，这些公设都属于“先验综合命题”。他说：“通过意志自由产生至善，这是先天地（在道德上）必然的；因此至善可能性的条件也必定单单依赖于先天的认识根据。” ③ 康德所说的“至善可能性的条件”就是指以上三个公设或范导原则。

康德把“至善”定义为德福相配，是把德性和幸福这两个因素结合起来的完整的善。在他看来，德性和幸福是两个彼此独立的概念，不能从其中一个推出另一个，因此，至善概念不能通过逻辑分析或演绎推理而得到，“而是两个概念的综合。但是因为这种联结为人认识到是先天的，从而是实践上必然的，而不是从经验里面推出来的” ④ 所以，至善这个概念具有先验综合的性质，进而使得三个公设成为先验综合命题。

自由意志之公设（即普遍律原则）的先验必然性在于“对于感性世界的独立性、以及依照理智世界的法则决定存在者意志的能力”。⑤ 这就是说，一个人要想具有自由意志，那就必须让自己的意志只服从理智的命令即普遍律，而不能让自己的意志服从行为的自然后果，否则，我们的意志

① 康德对“公设”的理解是：“所谓公设，我理解的是一种理论的、但在其本身不可证明的命题，它不可分离地附属于无条件有效的先天实践法则。”（康德：《实践理性批判》，第 134 页）康德所说的“先天实践法则”就是“普遍律原则”。

② 康德：《实践理性批判》，韩水法译，商务印书馆 1999 年版，第 144 页。

③ 康德：《实践理性批判》，韩水法译，商务印书馆 1999 年版，第 124 页。

④ 康德：《实践理性批判》，韩水法译，商务印书馆 1999 年版，第 124 页。

⑤ 康德：《实践理性批判》，韩水法译，商务印书馆 1999 年版，第 145 页。

就被自然的因果律所支配，从而失去自由意志。

灵魂不灭之公设的先验必然性在于它是“与道德法则的完整实现相切合的持续性这个实践的必然条件。”① 这里所说的“道德法则的完整实现”就是“至善”即德福相配。德福相配是一种理想状态，很难指望在一个人的有限生命中得以实现，因此人们指望在那遥远的未来可以实现至善，这就必须假设灵魂不灭。

对于“上帝存在”的公设，康德说：“因为至善只有在上帝的此在的条件下才发生，所以这就将上帝的此在这个先决条件与职责不可分割地联结在一起，亦即认定上帝的此在，在道德上是必然的。”② 既然至善的实现只能寄希望于遥远的未来以及灵魂不灭，那么这个任务的完成也只能借助于超人的上帝。因此，上帝存在是实现至善的必要条件，它同至善一样具有先验必然性。

这样，康德便把宗教和形而上学结合起来，为宗教奠定了道德形而上学的基础。他说道：“在这种方式之下，通过作为纯粹实践理性客体的最终目的的至善概念，道德法则导致宗教。”③“只有在宗教参与之后，我们确实才有希望有一天以我们为配当幸福所作努力的程度分享幸福。”④

不过，这里有一个问题：“上帝存在”和“灵魂不灭”等在康德的形而上学中是被作为公设，而在宗教教义中，它们是被作为不容怀疑的信条即信仰，那么，从理论公设到宗教信仰之间的过渡环节是什么？对此，康德给出如下回答：

“就理论理性而言，我们的理性将这种作为解释根据的认定（即对“上帝存在”等命题的认定——引者注）视作假设，但是，在事关一个确实由道德法则给予我们的客体（至善）的可理解性时，从而在事关具有实践意图的需求时，这个认定能够称作信仰，因为惟有纯粹理性（既依照其理论的应用亦依照其实践的应用）才是这种信仰所从出的源泉。”⑤

---

① 康德：《实践理性批判》，韩水法译，商务印书馆 1999 年版，第 144—145 页。
② 康德：《实践理性批判》，韩水法译，商务印书馆 1999 年版，第 137 页。
③ 康德：《实践理性批判》，韩水法译，商务印书馆 1999 年版，第 141 页。
④ 康德：《实践理性批判》，韩水法译，商务印书馆 1999 年版，第 142 页。
⑤ 康德：《实践理性批判》，韩水法译，商务印书馆 1999 年版，第 138 页。

请注意，康德把从假设到信仰的过渡环节看作“由道德法则给予我们的客体”即至善，而至善是“具有实践意图的需求”。由此，我们可以看到康德的实践理性的实用主义色彩，尽管他本人从未公开承认这一点。正如一些学者已经指出的，如果说，在康德只把“普遍律原则”作为公设的时候，他还有资格称其理论为“纯粹实践理性”，但是，当他把对幸福的追求通过“至善”引进的时候，其道德理论已经没有资格叫这个名称了。因为幸福正如快乐一定是经验性质的，而康德所宣称的实践理性的纯粹性就在于对一切经验因素的排除。既然“上帝存在”和“灵魂不灭”等公设是作为理解“至善”概念的必要条件被引进的，它们也就失去了康德所说的纯粹理性的先验必然性。这样，康德给出的从公设到信仰的桥梁也就坍塌了。①

需指出，康德所谓的道德法则的先验必然性是很强的，以致使“至善”成为一个“客体”。然而，笔者已经指出，包含幸福成分在内的“至善”并不具有这种绝对意义的先验必然性。尽管如此，在笔者看来，“上帝存在”和“灵魂不灭”等作为先验综合命题仍可保留，只是需要将其绝对性改为相对性。具体地说，这些命题的先验必然性是相对于人的某些与生俱来的先天欲求而言的，这些欲求包括永恒和德福相配。这也就是说，“上帝存在”和“灵魂不灭”具有先验必然性，只是这种先验必然性是基于人的普遍目的的，因而是相对的而不是绝对的；或者说，这种先验必然性是实用的而不是逻辑的。

总之，公设本质上是一种理论假设，而信仰是不容怀疑的教条，二者之间有着本质的差别。因此，哲学和宗教之间的空隙不可能完全消除，只可以缩小。康德的形而上学公设的作用就在于缩小哲学和宗教之间的距离，在这个意义上，其形而上学公设可以看作“上帝存在”“灵魂不灭”

---

① 康德对于道德法则即德性与至善之间的区别作了这样的说明：“至善意指整体，意指完整的善，在这里德行作为条件始终是无上的善，因为后者在自身之上不再有条件。幸福总是这样一种东西，虽然对于拥有它的人是愉悦的，但就它自身而言并不是绝对地和在所有方面善的，而是在任何时候都以道德上合乎法则的举止为先决条件。”（康德：《实践理性批判》，第 122 页）笔者认为，既然至善作为完整的善把愉悦性的幸福包含在内，它就不可避免地具有了经验的成分。

等宗教命题的理性基础。

二、冯友兰作为超越精神的宗教观念

关于宗教与哲学的关系，冯友兰谈道："我所说的哲学，就是对于人生的有系统的反思。"① "宗教也和人生有关系。每种大宗教的核心都有一种哲学。事实上，每种大宗教就是一种哲学加上一定的上层建筑，包括迷信、教条、仪式和组织。这就是我所说的宗教。"② 这也就是说，如果去掉宗教的一些外部形式即组织、仪式和教条等，宗教就成为一种哲学，即一种对人生的有系统的反思。在这个意义上，一种宗教包含着一个哲学派别。

对此，一种反对意见是：尽管哲学和宗教都关心人生的意义，但是，哲学只关注人的道德价值如爱人，而宗教关注的是人的超道德价值如爱上帝。冯友兰对这种意见给予反驳："这种价值（超道德价值——引者注）并不限于宗教，除非此处宗教的含义与前面所说的不同。例如，爱上帝，在基督教里是宗教价值，但在斯宾诺莎哲学里就不是宗教价值，因为斯宾诺莎所说的上帝实际上是宇宙。严格地讲，基督教的爱上帝，实际上不是超道德的。这是因为基督教的上帝有人格，从而人爱上帝可以与子爱父相比，后者是道德价值。所以，说基督教的爱上帝是超道德价值是很成问题的。它是准超道德价值，而斯宾诺莎哲学里的爱上帝才是真超道德价值。"③

道德价值是对现实世界的人际关系而言的，因而是入世的；超道德价值是超越现实世界的人际关系的，因而是出世的。基于上述的宗教和哲学的关系，冯友兰进而回答了中国人为什么比其他种族的宗教观念要淡漠一些："对超乎现世的追求是人类先天的欲望之一，中国人并不是这条规律的例外。他们不大关心宗教，是因为他们极其关心哲学。他们不是宗教的，因为他们都是哲学的。他们在哲学里满足了他们对超乎现世的追求。他们也在哲学里表达了、欣赏了超道德价值，而按照哲学去生活，也就体

---

① 冯友兰：《中国哲学简史》，涂又光译，北京大学出版社 1985 年版，第 4 页。

② 冯友兰：《中国哲学简史》，涂又光译，北京大学出版社 1985 年版，第 5 页。

③ 冯友兰：《中国哲学简史》，涂又光译，北京大学出版社 1985 年版，第 7 页。

验了这些超道德价值。”① 这就是说，中国人的宗教观念比较淡漠，不是因为中国人缺少出世精神，而是因为中国人的出世精神是通过哲学来体现的，而不是通过宗教来体现的。

需要指出，冯友兰用于同宗教相比较的哲学主要是指形而上学，因为在哲学中形而上学是最为超乎现实世界的。在冯友兰看来，正因为形而上学超乎现实世界，所以它不应该增加实际的知识，也不应该提供实际的信息，“哲学的功用，尤其是形上学的功用，不是增加积极的知识”。② 与此不同，“宗教倒是给予实际的信息”。③ 正因为此，形上学不会与提供积极知识的科学发生冲突，但是，宗教却可能并常常同科学发生冲突。“所以在西方，宗教与科学向来有冲突。科学前进一步，宗教就后退一步；在科学进展的面前，宗教的权威降低了。”④ 导致这一区别的关键原因在于方法，即宗教的方法与哲学特别是形而上学的方法是不同的。为说明这一点，冯友兰首先区分了好的形而上学和坏的形而上学。

冯友兰指出，好的形而上学是纯形式的和不着实际的，因而具有“空灵”的特点。与之不同，坏的形而上学则对现实世界有所断定，是包含实际内容的，因而是“拖泥带水”的。以“天”或“宇宙”这个重要的形而上学概念为例，坏的形而上学谈论宇宙是如何发生的，它的基本成分是什么，等等，这就难免与科学发生冲突。与之不同，好的形而上学只是把“天”或“宇宙”作为一个逻辑概念“大全”，即“总一切的有谓之大全，大全就是一切的有”。⑤ 这样的“大全”或“天”或“宇宙”只需通过语义分析便可了解，不必诉诸经验研究。通过语义分析可得一个结论：天既在我的思之内又在我的思之外，既比我的思大又比我的思小，因此，在逻辑上天等同于我的思。这便使我对“天人合一”的形而上学命题有所觉解。这样的“天”或“宇宙”的概念不会同科学发生冲突，因为它们属于不同

① 冯友兰：《中国哲学简史》，涂又光译，北京大学出版社 1985 年版，第 8 页。
② 冯友兰：《中国哲学简史》，涂又光译，北京大学出版社 1985 年版，第 8 页。
③ 冯友兰：《中国哲学简史》，涂又光译，北京大学出版社 1985 年版，第 9 页。
④ 冯友兰：《中国哲学简史》，涂又光译，北京大学出版社 1985 年版，第 9 页。
⑤ 冯友兰：《新理学在哲学中之地位及其方法》，《三松堂全集》第 11 卷，河南人民出版社 2001 年版，第 512 页。

的层次；相应的，“天人合一”也不会同科学发生冲突，因为它是指一种精神上的变化，而不是指物理或生理上的变化。

冯友兰对于“大全”的逻辑分析是这样的：“如以大全为对象而思之，则此思所思之大全，不包括此思。不包括此思，则此思所思之大全为有外，有外即不是大全，所以大全是不可思议的。大全既不可思议，也不可言说。”[①] 然而，我们必须在思议或言说大全之后才知其不可思议或不可言说。逻辑地思议或言说大全是“正方法”，说大全不可思议或不可言说是“负方法”，形而上学的方法就是正方法与负方法的结合：始于正方法而终于负方法。在使用正方法的时候，大全在思之内，在使用负方法的时候，大全在思之外；因此，正方法和负方法的结合使得大全既在思之内又在思之外，即大全等同于思。

冯友兰的结论是：“形上学本不以求积极的知识为目的，本不能与人以积极的知识。人学形上学，亦本非欲求增进其积极的知识。人学形上学，只是欲由形上学得到一种高的境界，如我们于《新原人》中所说者。”[②] 冯友兰在其《新原人》中所说的最高境界是“天地境界”，即天人合一的境界。对于这一境界的接近是通过对“天”或“大全”这一概念的逻辑分析达到的。这种逻辑分析的知识不是积极知识即关于实际世界的知识，尤其不是科学知识，而是消极知识即关于精神境界的知识，亦即形而上学的知识。

我们知道，“上帝存在”、“灵魂不灭”和“意志自由”是传统形而上学的三个重要命题，而这三个命题都对实际有所肯定，因而传统形而上学大多是坏的形而上学。好的形而上学不讨论这些命题，只讨论与实际无关的命题或概念如“大全”或“天人合一”。不过，我们也可从这些真正的形而上学命题间接地得到传统形而上学的结论。对此，冯友兰谈道：

> 天地境界是精神的创造，不是自然的礼物。自同于大全，得到不灭与自由是人的精神所应努力以求者。真正的形上学能使此等

① 冯友兰：《新理学在哲学中之地位及其方法》，《三松堂全集》第 11 卷，河南人民出版社 2001 年版，第 514 页。

② 冯友兰：《新理学在哲学中之地位及其方法》，《三松堂全集》第 11 卷，河南人民出版社 2001 年版，第 501—502 页。

> 努力可能，但不证明，事实上本有普通宗教所谓上帝，灵魂本来不灭，意志本来自由。自同于大全，得到不灭与自由是属于‘应该’，不是属于事实。上帝存在，灵魂不灭，意志自由，传统的形上学所拟证明者，则自以为是属于事实，不属于应该。所拟证明者，如系属于事实，则必于经验中证明之。但上帝存在，灵魂不灭，意志自由，是不可于经验中证明的。传统的形上学于此等方面遭受批评，可以说是‘咎有应得’。但真正的形上学并不任其咎。真正的形上学并不讨论上帝存在、灵魂不灭、意志自由，但可使人有一种境界，在其中他可以自同于大全，得到不灭，得到自由。①

换言之，既然我们通过逻辑分析得到“自同于大全”的结论，而大全是自主的和永恒的，在这个意义上相当于自己拥有自由意志和不灭灵魂，因而相当于自己就是上帝。这是“大全”的应有之义，但不是说事实如此，因而不需要通过经验加以证明。这样，我们便通过哲学满足出世的欲望，这是一种广义的宗教精神，它与科学属于的不同的层次，因而永远不会与科学发生冲突。

需要指出，冯友兰所说的坏的形而上学，即断言实际上上帝存在、灵魂不灭和意志自由因而与科学难免冲突的形而上学，并不包括康德哲学，因为，虽然康德的形而上学也认可上帝存在、灵魂不灭和意志自由，但从未断言实际中也是如此，而仅仅把这些命题当作形而上学的公设。那么，冯友兰是如何评价康德的形而上学的呢？二者之间有何同异、孰对孰非？为回答这些问题，我们需要在这两个哲学体系之间进行比较，并且不可避免地涉及当代美国哲学家蒯因的本体论。

三、康德和冯友兰的形而上学之比较

康德最早区分了分析命题和综合命题，并指出，形而上学命题并不属

① 冯友兰：《新理学在哲学中之地位及其方法》，《三松堂全集》第 11 卷，河南人民出版社 2001 年版，第 541—542 页。

于二者之中的任何一个，而是属于所谓的“先验综合命题”。维也纳学派即逻辑实证主义接受了康德关于分析命题和综合命题的区分，却否认先验综合命题的存在。对此，冯友兰站在维也纳学派一边。他说：“康德以为尚有第三种命题，他以为算学中的命题是综合的，但又是必然的。这种命题他称为先验综合命题。他先以为有这种命题，然后问：这种命题如何能有？他的《纯理论衡》（即《纯粹理性批判》——引者注）即从此问出发。但算学中的命题是分析命题，不是综合命题，这是近来逻辑学家、算学家所已弄清楚的。所以，维也纳学派以为只有两种命题。康德所有的问题，实在不成问题。”①

关于先验综合命题是否存在是一个十分困难的问题，康德对它的论述也有前后不一的地方。比如，康德认为 2 + 2 = 4 这样的数学命题和“上帝存在”都是先验综合命题，但是，即使在康德的论述中，二者的逻辑性质是明显不同的，前者与实践目的无关而后者有关。因此，即使我们仿照逻辑实证主义把数学命题从先验综合命题的行列中剔除，而仅仅把它们看作分析命题，这并不意味着“上帝存在”也必须从先验综合命题中剔除。事实上，康德首先是把“上帝存在”作为一个形而上学公设，并未断定实际世界就是如此；同时康德也不把“上帝存在”作为一个分析命题，他否认关于上帝存在的一切证明，包括分析性证明。显然，康德意义的“上帝存在”既不是单纯的综合命题也不是分析命题。据此，康德说“上帝存在”是先验综合命题，维也纳学派却说它根本不是命题，因为它根本没有意义。对此，冯友兰也是倾向于维也纳学派的。

冯友兰谈道：“康德亦可说是破传统的形上学中的各宗，他亦并不用乙宗的说法以破甲宗，又用甲宗的说法以破乙宗。不过他所用的方法，不能说是中立的方法。他所用的方法是分析知识的方法。这种方法近于是观念论的。所以康德的批评哲学到结尾又成立了观念论的形上学。就康德的哲学的本身说是如此。就康德以后德国哲学的发展说，尤是如此。”② 在冯

① 冯友兰：《新理学在哲学中之地位及其方法》，《三松堂全集》第 11 卷，河南人民出版社 2001 年版，第 493 页。

② 冯友兰：《新理学在哲学中之地位及其方法》，《三松堂全集》第 11 卷，河南人民出版社 2001 年版，第 516 页。

友兰看来，康德的批判哲学尽管大量使用分析的方法，但它并不是中立的，而是观念论的（即唯心论的——引者注）；观念论正如作为其对立面的物质论(唯物论）都属于坏的形而上学，二者都是传统形而上学的分支。

笔者认为，冯友兰跟随维也纳学派几乎完全否定康德形而上学的积极意义是有些草率的，尽管冯友兰并未跟随维也纳学派否认全部形而上学。事实上，冯友兰从另一个方向上发展了形而上学，冯友兰称之为“逻辑分析的”，笔者更愿意称之为“形而上学的语言学转向”。与之不同，康德是从另一方向发展了形而上学，即所谓“先验综合的”，而笔者更愿意称之为“形而上学的实用主义转向”。笔者还认为，形而上学的语言学转向和实用主义转向是密切相关的，从根本上说，是同一种转向的两个不同的侧面。对这后一论点的一个有力证据是，当代美国分析哲学家蒯因集这两种转向于一身，尽管他的形而上学理论在深度上均在康德与冯友兰哲学之下。

本体论属于形而上学。蒯因（W. V. O. Quine, 1908—2000）关于本体论的论著发表于 20 世纪 50 年代以后，晚于冯友兰建立形而上学体系近十年，加之语言的隔离，可以设想，他们二人的语言学转向是彼此独立的。蒯因像冯友兰一样是以逻辑分析方法进入形而上学或本体论研究的，二人的共同取向是接受维也纳学派摈弃传统形而上学的遗产，进而建立新的形而上学。

蒯因把本体论问题归结为“何物存在”的问题，在其《论何物存在》的文章中他提出一个著名命题：“存在是约束变项的值”。我们知道，约束变项是现代符号逻辑的一个概念，而现代符号逻辑不过是一种人工语言系统。显然，蒯因的这一命题是把本体论问题归结为语言问题。对于何物存在的问题，蒯因给出的回答是：约束变项的值域即一个语言系统的论域中的成员都是存在的，这就是所谓的一个语言系统的“本体论承诺”。蒯因谈道：“在本体论方面，我们注意约束变项不是为了知道什么东西存在，而是为了知道我们的或别人的某个陈述或学说说什么东西存在；这几乎完全是同语言有关的问题。而关于什么东西存在的问题则是另一个问题。”①这也就是说，何物存在的本体论问题不是关于外部世界的，而是关于语言

① 蒯因：《论何物存在》，江天骥等译，上海译文出版社 1987 年版，第 15 页。

系统的；问何物存在就是问一个语言系统的论域是什么，亦即问一个语言系统的本体论承诺是什么；相应的，离开语言系统而谈论外部世界何物存在则不属于本体论问题，甚至是无意义的。这就是蒯因的本体论或形而上学的语言学转向。

我们知道，对于同一些对象往往有多个语言系统可以选择，那么，人们选择语言系统的标准是什么？对此，蒯因的回答是：哪个更为实用就选哪个。他谈道："我们之接受一个本体论在原则上同接受一个科学理论，比如一个物理学系统，是相似的。至少就我们有相当的道理来说，我们所采取的是能够把毫无秩序的零星片段的原始经验加以组合和安排的最简单的概念结构。"① 因此，"简单性的规则的确是把感觉材料分配给对象的指导原则"。② 在蒯因看来，一个本体论正如一个科学理论是用以整理经验材料的概念结构，本质上是工具性的、自然的，选择标准是实用原则，特别是简单性原则。

由于简单性原则具有较大的主观性和相对性，这使人们对于语言系统及其本体论承诺的选择也具有较大的主观性和相对性。以现象主义和物理主义这两个不同的语言系统为例："哪一个应当占优势呢？每一个都有它的优点；每一个都有它自己特殊的简单性。我认为每一个都应当加以发展。的确，每一个都可以说是更基本的，虽然是在不同的意义上：一个在认识论上是基本的，另一个在物理学上是基本的。"③ 这就是说，相对于不同的目的而言，一个语言系统的简单性和有用性往往是不同的，人们在两个语言系统中所作的选择也往往是不同的，相应的，本体论承诺也可以是不同的。这就是蒯因本体论的实用主义转向。

蒯因首先把本体论归结为语言系统的本体论承诺，然后把对语言系统及其本体论承诺的选择归结为实用问题。这样，本体论或形而上学的语言学转向和实用主义转向便成为密切相关而不可分割的。不过，蒯因的本体论转向到此为止，远未涉及形而上学最重要的问题即灵魂不灭、意志自由和上帝存在等问题。笔者以为，如果把冯友兰的形而上学系统嫁接在蒯因

---

① 蒯因：《论何物存在》，江天骥等译，上海译文出版社 1987 年版，第 16 页。

② 蒯因：《论何物存在》，江天骥等译，上海译文出版社 1987 年版，第 16 页。

③ 蒯因：《论何物存在》，江天骥等译，上海译文出版社 1987 年版，第 17 页。

的本体论之上，便可把语言学转向和实用主义转向的结合推向纵深。

其实，冯友兰所说的“大全”可以看作以宇宙中所有事物为论域的语言系统及其本体论承诺。然而，我们通过逻辑分析发现这一本体论承诺具有一种既可言说又不可言说的性质，从而达到“自同于大全”即天人合一的境界亦即天地境界。然后基于实用主义原则，我们可以把这一本体论承诺与形而上学最深刻的三个问题联系起来。事实上冯友兰已经这样做了，他这样谈论：

“如所谓上帝就是指大全而言，则我们可以说上帝是存在的。不但上帝是存在的，在天地境界中的人还可以自同于上帝。”“在天地境界中的人，可以自同于大全。大全永远存在。自同于大全者，自觉他自己亦是永远存在。”“在天地境界中的人其意志不受以求利为目的的欲望的决定，其成就不受才与命的限制。所以无论就不受决定或不受限制说，他都是自由的。所以人若得了天地境界，同时也得了自由。”①

至此，冯友兰通过自同于大全的天地境界，得出“上帝存在”、“灵魂不灭”和“意志自由”的命题。不过，需要指出，冯友兰的这一推导过程含有逻辑的跳跃，并非像他以为的那样自然而然，因而需要依据实用主义原则对之加以补充。

首先，我们要指出，让大全等同于上帝只是一种选择，我们还可以让大全等同于佛或它本身。如果作出后两种选择，那就得出“佛存在”或“宇宙存在”的命题。究竟把大全等同于什么，这是一个实用性的选择，相对于不同目的的人，其选择可以是不同的。其次，大全是永远存在或者只是我思考它时才存在，这也是一个实用性的选择。从“自同于大全”得不出大全永远存在的结论。只是由于人们出于向往永恒的欲求，赋予大全永恒的性质，从而通过自同于大全而使自己获得永恒。最后，大全是否具有自由意志也是一个实用性的选择。大全也可以是自然地存在着，并无自由意志，以致自同于大全的我也没有自由意志。然而，人们希望具有自由意志，所以赋予大全自由意志，并通过自同于大全而使自己获得自由意志。

① 冯友兰：《新理学在哲学中之地位及其方法》，《三松堂全集》第 11 卷，河南人民出版社 2001 年版，第 541 页。

当我们对冯友兰的论证作了以上补充之后，康德对这三个命题的论证思路自然而然地浮现出来。康德之所以把“上帝存在”、“灵魂不灭”和“意志自由”作为形而上学的公设，其理由正是它们可以满足人们关于“德福相配”的至善欲求。简言之，上帝是因人而设的，由于德福相配是人们的一种终极关怀，所以上帝也具有终极关怀的性质。

由此我们进一步看到，康德关于这三个命题的论证是直接依据实用主义原则得出的，尽管他本人没有明确地这样说，而是把它们归结为先验综合命题。我们在第一节已经指出，即使这些宗教命题的先验必然性可以保留，那也是实用性的而不是逻辑性的。此外，由于康德对这些宗教命题的论证没有借助于语言分析，这使他的论证显得跳跃性较大，因而缺乏说服力。与之相比，冯友兰的论证虽然借助于语言分析，但是由于没有借助于实用原则，这使他的论证不够完整。当我们把他们二人的论证在蒯因本体论的基础上加以取长补短和兼收并蓄之后，其论证的逻辑力量则有所加强。具体地说，通达对“大全”概念的语言分析得出“自同于大全”的结论，再从人们对永恒、自由和自主的普遍欲求出发，通过实用主义原则由“自同于大全”得出“灵魂不灭”、“意志自由”和“上帝存在”（或“佛存在”或“宇宙存在”）的结论。

综上所述，我们的结论是：宗教教义与形而上学可以拥有一些相同的命题，但其性质是不同的。宗教教义中的命题被作为绝对真理，而（好的）形而上学的宗教性命题只是被作为得到一定理性辩护的假设；后者为前者提供一定的合理性基础，而前者则属于宗教的上层建筑。只有上层建筑的宗教概念是狭义的，包括形而上学基础的宗教概念是广义的。形而上学的宗教命题不属于狭义的宗教，但却属于广义的宗教。广义的宗教把绝对的宗教信条和相对的形而上学假设融为一体，成为一种更为健全的宗教观念。

作者单位：华东师范大公共管理学院

上帝—概念与本体论证明

邢滔滔

本文讨论关于宗教语言的一个规范性论题。这个论题，按其原初的形式，是这样表述的：

因为上帝（假设其存在）是无限的，超越的，所以我们不能用我们的语言思考、把握他，就是说，我们不能用任何概念描述他（也不能用任何名字指称他）。①

我们称其为 Kaufman-Hick 论题（以下简称“K—H 论题”）。这里的“无限”、“超越”等词，被假设为有特定的内涵，就是说，我们对它们有特定的理解。② 但是，这样一来，上面论题的表述，不是已经预设了我们能用“无限”、“超越”等概念描述上帝，因而自相矛盾了吗？——它好像在说，我们用某些概念描述了的东西是不能用任何概念描述的。

K—H 论题，究其本义，其实想说的是：第一，我们的语言里有一些上帝—概念（或上帝—谓词），即我们意图描述上帝的特性的概念，如全

---

① 比如，Gordon Kaufman 说：“神学话语的核心问题是‘上帝’一词的意义，任何其他的‘语言游戏’都没有这个问题。‘上帝’引出了特殊的意义问题，因为这个名词根据其定义指称一种超越于经验，因而在经验中无法找到的实在。……然而，如果我们经验中绝对没有什么东西，能够直接等同于‘上帝’一词的真正所指，那么这个词具有或能有什么意义呢？”（*God the Problem*, Cambridge: Harvard University Press, 1972，p.7）John Hick 也表达了类似的观点：“我们的语言不能通达设定的本体实在，因为它的形成，没有丝毫人类概念的参与。它居于我们的认知能力之外。”（*An Interpretation of Religion*, New Haven: Yale University Press, 1989, p.350）但 Hick 承认，单纯的形式概念和否定概念——但也只有它们——适用于本体实在，比如“是自我同一的”、“不是马或三轮车”等。

② 比如，“无限”意味着：在知识、良善和能力等重要的性质上超出任何限制；“超越”则是超出任何经验、独立于我们的认识能力，等等。

知、全能、至善、超越等；第二，我们至少理解某些这样的概念（或许由于这些谓词的意义正是我们赋予它们的）；第三，正是因为我们理解它们的意义，所以知道它们是空的描述，即没有描述任何东西；第四，推广而言，我们的所有概念，都不适用于上帝（而且，我们的所有名字，都不指称他）——用Gordon Kaufman的话来说："'上帝'的真正所指遥不可及……它永远是一个未知的X。"①

所以，如果把"我们理解谓词A"表述为"A有内涵"（权且容忍"内涵"一词的模糊性）的话，那么，K—H论题的核心观点就是：

任何上帝—谓词即使有内涵，其外延也是空的。

以下的讨论，针对这个核心观点。

一、K—H论题与本体论证明

K—H论题，就其理论根据来说，与康德的一些论点相关，比如知性概念不能把握物自身或超越者，等等。但是，我们不打算回溯这个知识论根据，而只从一个偏于逻辑的角度，探讨论题本身。②基督教哲学传统中与此明显相关的，是所谓的本体论证明。这种证明始于安瑟伦（St. Anselm），从古至今，版本虽多，但按通常的理解，都是由如下几部分构成的：

上帝的定义；

若干先天前提；

结论：上帝存在。

因此，这是一种试图独立于我们的经验而确定上帝存在的先天证明。历史上对它的批评颇多，即使一些问题至今未能解决，许多人也不愿意相信我们能以这么小的代价（几个先天前提加上逻辑），得到如此重大的结论。

但是，对于本体论证明，我们可以有一种弱的解读，即把它看作由如下部分构成：

---

① *God the Problem*, Cambridge: Harvard University Press, 1972, p.85.

② 关于K—H论题与康德哲学的纠葛，参看Alvin Plantinga, *Warranted Christian Belief*, New York: Oxford University Press, 2000, 第一部分。

上帝的定义——这提供了一个上帝—概念或上帝—谓词 G；

前提一：G 有内涵（或 G 可理解）；

可能有的其他先天前提；

结论：上帝存在——G 的外延非空。①

其中的必带前提“G 有内涵”，不必是先天的。因此，整个证明结构，不是先天地确立上帝存在，它所能够先天地确立的只是下面这个较弱的蕴涵结论：

如果 G 有内涵，则 G 的外延非空。

但这个结论与 K—H 论题直接相关：只要在本体论证明的诸版本中找到使上句成立的 G，我们就得到了 K—H 论题的一个反例。

实际上，几乎所有版本的本体论证明，都具有或可以分析出“G 有内涵”这个前提。而这个前提，最适宜的处置，是改作上述那样的蕴涵结论的前件。这里仅举安瑟伦一例。他在论证之前给出上帝的定义，然后说：“……愚人，当他听到我所谈论的，就是说，无出其右者可想的，他当然理解他所听到的，而他所理解的，就在他的理解之中，即使他并不理解它实际上存在。”② 就是说，这个“愚人”承认上帝—谓词有内涵——他理解它(A)，但同时认为其外延为空(B)。安瑟伦的证明，正是针对这样的“愚人”的。上帝—谓词有内涵（或“在理解中存在”）于是成为安瑟伦的一个前提。但这个前提并不自明，安瑟伦对之也没有进一步的先天论证。当高尼罗（Gaunilo）责难这一点时，安瑟伦的回答只是诉诸对方的“信仰和良心”。所以，安瑟伦虽然力主这个前提为真，但实际上，如莱布尼茨所说，他未能确立这一点。因此他最多只能得到一个较弱的蕴涵结论“若 A 则非 B”。虽然如此，这个弱结论已经足以反驳那个主张“A 且 B”的“愚

---

① 这种理解，假设了本体论证明中的“上帝”是概念，而不是名字或摹状词。这在晚近的版本中是显然的，但对于早期的版本则有解释上的争议。我们认为，即使在安瑟伦的版本中，“上帝”的最合理的解释，仍然是概念，或如 Peter Millican 所说，指某种 nature。见 P. Millican, “The one fatal flaw in Anselm's argument”, *Mind*, 113（2004）, pp.437-476. 关于名字或摹状词解释的逻辑上的困难，参见邢滔滔：《安瑟伦第一论证的逻辑》，《哲学评论》第 10 辑（2012 年），第 99—133 页。

② *Proslogion* 第二章，参见 Charlesworth, M. J., St. *Anselm's Proslogion*, University of Notre Dame Press edition, 1979。

人”了。

下面我们在这个解读框架之下，梳理本体论证明的几个典型版本及其承继关系，消泯对于它们的主要批评，最后试图表明，普兰丁格（Alvin Plantinga）的证明在某种意义下成功地构成了K—H论题的一个反例。需要说明，我们的分析是概念的，不是历史的。

二、安瑟伦第一证明

在《宣讲》（*Proslogion*）第二章中，安瑟伦构造了他的第一个本体论证明。其中的上帝—谓词G如下定义：

G = 不能思想比其更大者（that than which no greater can be thought）。

其中“可思想”者，我们理解为概念或内涵。因此，“比其大”是内涵之间的比较，其意义部分隐含在下面的前提二中。

如上所说，安瑟伦首先引入的前提是：G“在理解中存在”（existit in intellectu）。按他的解释，“被理解的，即在理解中存在”。在我们的解释框架中，这个前提表述为：

（前提一）G有内涵。

其内涵即是那个“愚人”（或任何人）听到G时所理解的东西。相应的，安瑟伦的结论——G“在现实中存在”（in re）——可以读为：G有实例，即其外延非空。

证明如下展开：

（1）假设G不在现实中存在（G的外延是空的）。

（2）构造谓词G+，定义其为：G &“在现实中存在”。

（3）由前提一，G+可思想（G+有内涵）。

（4）（前提二）如果G不在现实中存在，则G+大于G。

（5）由（1）、（4），G+大于G。

（6）由（3）、（5），存在可想者（即G+）大于G。

（7）这与G的定义矛盾。

（8）由反证法得结论：G在现实中存在（G的外延非空）。

历史上，人们对这个或这类论证有许多批评。但是，我们对安瑟伦的解读，已经“天然地”排除了其中许多。这里的要点是，G、G+ 等标示概念，或属性，或如 Peter Millican 所说的“本性”（natures）。[①] 因此，安瑟伦的论域中存在这样的“内涵实体”。他谈论的，除个体之外，主要是这些高阶的东西。所谓 in intellectu 与 in re 的区分，也需这样理解。比如，对于概念 X，“X 在现实中存在”意味“X 有实例”，或者，∃xX（x）（其中的 x 代表个体）。

我们简要回应下面这几个典型的批评：

批评一（内涵谬误）：“X 被我理解”并不蕴涵“X 在我的理解中（存在）”。比如，虽然我理解“独角兽”（的内涵），但并不存在这样一个东西供我理解。因此，（6）不成立。[②]

回答：安瑟伦的论域里有高阶的内涵实体。只要 X 被理解、可思想或有内涵，就确立了这个内涵实体的存在，虽然这不蕴涵“X 有实例”。（6）确定 G+ 的存在，依赖于（3），这是内涵的存在，不是个体的存在。

批评二（存在混淆）：但是，G 定义中的“不存在”说的是不存在某种个体，而（6）中的“存在”用于内涵（二阶存在概括）。二者并不矛盾。因此，（7）不成立。

回答：G 定义中的“不存在”也是说的不存在某种内涵。按 Millican 的说法，这里的“不能思想比其大者”即是“不存在比其大的本性或概念”，这与（6）中的“存在”一致。所以，G 定义与（6）矛盾，（7）成立。

批评三（康德、伽桑迪等）：这个结论（“G 在现实中存在”）具有“S 是 P”的主—谓词形式。但是，这样的结论即使（必然）为真，也不蕴涵主词 S 的外延非空。

回答：这个结论不具有“S 是 P”的形式。按我们的解释，“G 在现实中存在”就是∃xG（x）——G 的外延非空。

批评四（康德—弗雷格）：但是，存在并不是真正的谓词，而是量词。

---

① 参见 P. Millican, “The one fatal flaw in Anselm’s argument”, *Mind*, 113（2004）, pp.437–476。但是，此文中对安瑟伦论证的表述有问题。

② 参见 A. N. Prior, “On Some Proofs of the Existence of God”, in Prior, *Papers in Logic and Ethics*, London: Duckworth, 1976, pp.60–63; Terence Parsons, *Nonexistent Object*, New Haven CT: Yale University Press, 1980, p.215。

对任何 x，“x 存在”——即$\exists y$（$y = x$）——乃是逻辑真的，因此，肯定这一点，并不给 x“增加”什么。同样，肯定“G（在现实中）存在”并不给 G“增加”什么，因为，“G 存在”——读为$\exists X$（$X = G$）——也是逻辑真的。由此可知，G+ 等价于 G。（5）不成立。

回答：上面已说明，这里的“G（在现实中）存在”并不读如$\exists X$（$X = G$），而须理解为“G 有实例”，即$\exists xG$（x）。这不是逻辑真的。G+ 的确对 G“增加”了东西。

批评五（高尼罗等）：前提一不是自明的，但无法找到一个先天证明，确定其为真。

回答：据上节解释，整个证明可以看作一个条件证明，结论是：如果 G 有内涵，那么 G 的外延非空。得到这个结论后，“前提一”不再是前提。

三、模态分析

但是，安瑟伦第一证明中还存留着一个明显的问题。

在上面的（2）中，概念 G+ 被定义为：G &“在现实中存在”。按我们对“在现实中存在”的解读，（2）说的即是：

G+ = G & $\exists xG$（x）。

可是，（1）已经假设了$\exists xG$（x）的否定。所以，这样定义的 G+ 在假设（1）之下是个矛盾概念。这意味着，对于无神论者，G+ 不可思想，没有内涵——其中没有任何东西可被理解。所以，（3）不成立。这就比如，我们定义“独角兽 +”为“现实中存在的独角兽”，但这个“独角兽 +”显然是空概念。在这个意义上，上述安瑟伦证明未能避免（另一种）高尼罗式批评：对于概念 X（如“完美的岛”），安瑟伦式定义的 X+ 在其论证框架里不总是可思想、可理解的。

这个问题，牵涉到如何理解“概念 X 有内涵”，我们一直把它视为与“X 被理解（可思想）”或安瑟伦的“X 在理解中存在”同义，但迄今为止这几个表达仍然意义不清。

莱布尼茨在评论他之前的本体论证明时说，人们不能随便声称拥有一个“观念”（大体相当于我们的“概念”）。我们有意识地思想到的东西，许多是单纯的想象，不都对应于某个“真观念”(true idea)，比如，我们表面上理解“最大的数”，但对于这样不可能的东西，我们实际上没有观念。

这里区分了我们对一个谓词 X 的表面理解和真正理解。对于后者，莱布尼茨表达为“X 对应于一个观念”，我们这里表达为“X 有内涵”。按莱布尼茨，有内涵的不能有矛盾，或者，有矛盾的不对应于“真观念”。对于“真观念”，莱布尼茨有一个定义：

一个观念是真的，当且仅当它是可能的，也就是说，它可以有实例。所以，X 对应于一个“真观念”(或 X 有内涵)，当且仅当 X 不蕴涵矛盾，或可能有实例。

我们采取莱布尼茨的模态分析，及其对于模态词的可能世界解释，用 L、M 分别表示“必然”、“可能”。这时，“X 有内涵”说的就是“M∃xX（x）为真”，而这又相当于“∃xX（x）在某个可能世界中为真”，即 X 在某个可能世界中外延非空。

回到安瑟伦第一证明，我们或许会考虑如下挽救它。“G 在现实中存在”，仍然表为∃xG（x）；但 G+ 的定义改为：

G+ = G & M∃xG（x）。

其中的 M∃xG（x），即“G 有内涵”，正是前提一，所以，G+ 可思想（有内涵），由前提一可得。如此构造的 G+，与假设“G 不在现实中存在”并不矛盾。

但是，我们所需要的“G+ 有内涵”此时就是 M∃xG+（x），而这在莱布尼茨的模态理论里，等值于 M∃xG（x），即“G 有内涵”（前提一）。更简单地说，在前提一之下，G+ 与 G 等价。总之，我们没有获得一个大于 G 的内涵实体，来导出反证法所需要的矛盾。

这种挽救不成功，是因为这样构造的 G+ 太弱。那么，我们把这里的“可能”（M）加强为“必然”（L）如何?

四、安瑟伦第二证明

《宣讲》第三章，尝试了这种“必然性”证明，我们称其为安瑟伦第二证明，这可以看作第一证明的模态版本。[①]

上帝—谓词 G 定义如前，证明仍然用反证法。但是，简单地把 G+ 加强为 G &“G 必然存在”（L∃xG（x）），还会如上那样，导致一个与假设矛盾的概念，因为“必然存在”蕴涵“在现实中存在”。安瑟伦于此引入了“必然者”（a necessary being）概念，独立于 G 来充当 G+ 的角色：

x 是必然者，当且仅当“x 不存在”不可思想。

所以，必然者是必然存在者，即在一切可能世界中存在。与此对应，“X 在现实中存在”意味着 X 在现实世界里有实例。下面用谓词 N 表达“必然者”。

证明如下：

（1）假设 G 不在现实中存在（G 在现实世界里外延是空的）。

（2）令 G+ = N。

（3）（前提二），N 可思想（N 有内涵）。

（4）（前提三）如果 G 不在现实中存在，则 N 大于 G。

（5）由上，有可想者 G+ 大于 G。

所以，我们得到所需要的 G+ 与 G 的定义形成矛盾，从而否定假设(1)。

注意，第一证明的“前提一”（G 有内涵）仍然隐含在这里。因为，其否定(G 是矛盾的）直接与结论冲突，而且，前提三中内涵之间的比较，预设了 G 有内涵。所以，这个证明仍然符合我们的解释框架。

上面讨论的对第一证明的批评，同样不适于第二证明。但是，“康德—弗雷格批评”的一个变种，却揭示了第二证明的一个严重问题。按安瑟伦对“必然者”的定义，

N（x）即是¬ M ¬∃y（y = x），也就是 L∃y（y = x）。

安瑟伦的语义，应该支持这样的推理：

对任何 x，∃y（y = x）是逻辑真的，因此 L∃y（y = x）也是逻辑真的。

这意味着，N 是个“大全概念”，就如 x = x，论域里所有的个体都落

① 虽然安瑟伦在《宣讲》中明言，他构造的是一个单一的证明，但后世学者纷纷宣称在其中发现了多个证明。我们采取 Charles Hartshorne、Norman Malcolm、Karl Barth 等人的看法，认为其中至少有两个证明。

入其下。N 能够蕴涵的，都是如它一样的大全概念，它与任何概念的合取都不对那个概念“增加”什么。这样一个谓词（康德会说它不是“真正的谓词”）既然适合于一切个体，当然没资格作一个上帝—谓词，它的内涵在什么意义上大呢？如果 N 之大在于 N 之为“大全概念”，那么 N 就大于一切非大全概念，而且，不能思想比其更大者。这样，按 G 的定义，N 就是 G，因此 G 是大全概念。这导致一切个体都是上帝的荒谬结论。

总之，前提三难以有一个合理的根据，更难说是先天的。

五、普兰丁格的模态证明

上面证明中的困难，主要源于以比较内涵大小的方式定义 G，这一方面引入了模糊的、却又关键的“大于”概念，使得我们（在反证法假设下）难于找到一个“更大的”G+；另一方面，这种高阶的定义方式没有给出一个具体的 G 概念，因而证明中无法充分利用“G 有内涵”这个前提。

笛卡尔的证明里提供了一个具体的 G 概念：上帝是至高完善者，或者，G 是一切完善性（perfection）的（无穷）合取。然后，他试图从“G 有内涵（G 被‘清楚明白地’设想）”推出 G 存在。但是，这又把困难转移到模糊的“完善性”概念。他把存在视为一种完善性，因而陷入康德和弗雷格（第 2 节的批评三、四）指出的困境。他本应证明“G 非空”（∃xG（x）），但似乎走向了证明上帝（这个个体）具有存在这个“性质”。因而弗雷格说他“错失了目标”。①

普兰丁格的当代证明，② 可以看作以上各证明版本的综合，既保存了其关键前提与结论，又避免了上述各种困难。首先，他的 G 定义是具体的，其中不含“大于”之类的高阶概念，因此证明中也不需要关于这类东西的前提。实际上，他的论域里不需假设“内涵实体”的存在，因此可以避免由此引出的进一步的本体论纠纷。其次，这个 G 定义只用几个通常

① Michael Beaney (ed.), *The Frege Reader*, Blackwell Publishers, p. 103.

② 参见 Alvin Plantinga, *The Nature of Necessity*, Oxford: Oxford University Press, 1974, Ch. X。亦见其 *God, Freedom and Evil*, New York: Haper & Row, 1974。

的上帝—概念构成，而不需包含所有的“完善性”，也因此避免了这个模糊概念。再次，他取消了（安瑟伦第二证明中）用于比较的“必然者”概念，但把必然性植入G定义，以加强其力量。

具体而言，他选择了“全知”、“全能”和“至善”这三个谓词（我们分别记为A、B、C），如下他定义的上帝—谓词：

G（x）= L（A（x）& B（x）& C（x））。

他只需要一个前提：

M∃xG（x）（G可能有实例）。

按前面莱布尼茨的模态分析，这即是说：G有内涵。

我们只从可能世界语义的角度描述一下证明的思路：

（1）根据前提，在某可能世界w中，存在对象a，使得G（a）为真。

（2）根据G的定义，在w中，L（A（a）& B（a）& C（a））为真。

（3）所以，在w通达的每个可能世界里，A(a) & B(a) & C(a) 为真。

（4）就是说，在每个可能世界里，A（a）& B（a）& C（a）为真。[①]

（5）因此，L（A（a）& B（a）& C（a））在现实世界里为真。

（6）由此得出结论：∃xL（A（x）& B（x）& C（x）），即∃xG（x）——G在现实世界里的外延非空。

显然，前面几节提到的对于本体论证明的批评，都不适于这个证明。至于当代的其他批评，则集中于质疑这个证明的前提的真实性或合理性。批评者的策略大体分为三个类型：第一，论证这个前提与结论在知识论上等价，指出这个证明是循环的；[②] 第二，论证这个前提是后天的，其合理性依赖于结论的真实性；[③] 第三，寻找各种高尼罗式反例，如定义一些“类上帝”或“反上帝”概念，论证相应的前提同等合理，因此得到反有神论

---

① 这里假设了莱布尼茨的可能世界理论，其中每个可能世界都通达任何可能世界。或者说，我们使用了S5语义。论证还牵涉到关于可能世界的其他问题，比如，A（a）在某个可能世界里为真是否蕴涵a在这个可能世界中存在？普兰丁格肯定这一点，参见其 *The Nature of Necessity*, Oxford: Oxford University Press, 1974, Ch. VIII。

② 比如 William L. Rowe, “Alvin Plantinga on the ontological argument”, *International Journal of Philosophy of Religion*, 2009（65）, pp.87-92。

③ 如 William Forgie, “The modal ontological argument and the necessary a posteriori”, *Philosophy of Religion*, 29, 1991, pp.129–141.

或一神论的结论。[①]

但是，按照我们的解释框架，普兰丁格证明可以看作一个条件证明，其中唯一的前提被消去，而结论相应地成为一个蕴涵句。就是说，我们有这个证明的如下弱版本：

前提：无。

结论：如果 M∃xG（x）（G 有内涵），那么∃xG（x）（G 的外延非空）。

这个弱版本证明可以抵御迄今为止对于本体论证明的所有批评。比如，它无前提，因此不存在前提是否真实或合理或先天的问题，也不存在论证是否循环的问题。另外，即使批评者可以定义一些"类上帝"或"反上帝"概念，类似地论证"如果它们有内涵，则它们外延非空"，有神论或一神论者也完全可以接受这个结论（他们乐于认为这个结论的前后件都为假）。当然，批评者可以进一步质疑普兰丁格证明中所用到的模态原理的合理性或先天性，但是，在像样的论证提出之前，我们可以忽略这个问题。[②] 至于其他类型的批评，目前仍未见到，也不容易想象。

所以，如果接受相关的模态逻辑原理，那么我们可以安全地由普兰丁格证明的弱版本得到一个先天结论：如果 G 有内涵，则 G 的外延非空。其中"X 有内涵"是按以上莱布尼茨的方式定义的，它符合本文开始提到的 K—H 论题中所涉及的"X 可理解"概念。

最后总结一下，普兰丁格证明的弱版本，

第一，定义了一个普通的上帝—谓词 G；

第二，仅由某种模态逻辑得到结论：如果 G 有内涵，则 G 的外延非空。而这个结论，直接反驳了如下的 K—H 论题：

任何一个上帝—谓词即使有内涵，它的外延也是空的。

作者单位：北京大学哲学系、外国哲学研究所

---

① 如 Michael Tooley, "Plantinga's defence of the ontological argument", *Mind*, New Series, Vol. 90, No. 359（Jul., 1981）, pp.422–427.

② 有些批评者虽然表面上质疑了一些模态原理，如 S5 或 B 的公理，但实质上还是在批评那个前提。如 R. Kane, "The modal ontological argument", *Mind*, New Series, Vol. 93, No. 371（Jul., 1984）, pp.336–350。

从宽容原则看理性与信仰的关系

王　静

一、信仰、信念与持真态度

在一些宗教仪式上，主讲人往往一方面宣讲其信仰对象的独特内涵和启示；另一方面鼓励民众投入主的怀抱，把自己有限和局限的个体交给全能的主，以获得庇护。我们可以看到，面对热情邀请，许多人由于种种原因会说，我对这个教义还不甚了解，还不能表示信仰它。这时他得到的回答通常是，不了解并不重要，只要相信就行，相信是最重要的，只要你信了，进来了以后就会了解。

似乎，信仰是以相信为基础的，这合乎常识和常理。但宗教学对信仰概念的基本阐述是：信仰是以信念为基础的，它是由个人的世界观、人生观、价值观、伦理观等所构筑的信念体系。基于此，我们需要阐明几个基本问题：信念与相信的关系是怎样的？信念是如何确定的？信念与信念体系有什么样的联系？

首先，信念中必须具有相信，但是，单纯地相信是第一层次（the first order）上的信念，如狗对主人的相信。一阶的相信不可能形成信念，只有在第二阶（the second order）的层次上，即具有关于信念的信念（the belief of belief），或者具有信念的概念（the concept of belief），主体才可能具有信念。也就是说，我们必须要对自己的相信就有一定的反思，形成关于信念的信念，即具有关于信念的思想，才可能称得上具有信念，这样的信念才是具有真假内容的信念，才能够转换成相信者心中的信服，由此形成坚定不移的信念，真正进入信仰。

其次，在信念的确定中，需要把信念作为一种命题态度。信念不是一种前逻辑或者前语言的东西，信仰也如此，否则关于教义或者布道的内容无从谈起。信念与其他命题态度一样，具有真假判定问题、识别和个体化问题，以及内容的确定问题。信念的这些问题必须与语言的意义和对真语句的选择（即持真态度）联系在一起。也就是，必须在分析语境下厘清信念、意义和持真态度的关系。

有一种观点认为，宗教的概念图示或概念框架（conceptual scheme）既不是真的也不是假的，因为宗教的事实陈述（factual statements）依赖于它们的意义而不是它们的真。有人认为心灵主义的意义是独立于分析性思维的，由此也引出心灵主义的意义（mentalist meaning）与分析思维（analytic thinking）的关系。① 有人认为中国式思维主要是关联性思维，而西方式思维主要是分析性思维，而用西方的分析性思维来思考中国哲学或者宗教哲学的概念和问题是不恰当的，因为中国哲学或者宗教哲学中有太多的微言大义或言有尽而意无穷，或者非相互对立而是相互转化，或者天人合一（或无我）的境界，等等。

这里我丝毫没有否定上述陈述的那些特质，需要澄清的可能是：第一，分析性思维不是与关联性思维对立的。分析哲学的方法中包含着关联分析，比如整体论方法就是典型的例子，与关联方法相对的不是分析方法而是还原方法。第二，语言分析绝不是玩文字游戏，也不仅仅精于概念分析。许多人认为分析哲学只关乎句法、语义而不关照现实世界或者人生价值，这实在是一个大误解。语言从来不是中性的，语言框架本身就包含本体论的承诺和价值文化的取向。宗教语言也是如此，不管是佛教、道教或者基督教，如果它们没有各自独特的核心概念及其意义和内容，就无法形成独树一帜的大宗教。因而，心灵主义的意义与分析思维并不矛盾，对于心灵主义的意义的把握，不但要领会或体悟其自身独特的含义，其内在必须具有自身融贯的真。

强调信念把握中的语言因素，不仅仅是要揭示它与意义和持真态度的

---

① Cf. Bo Mouceds. *Davidson's Philosophy and Chinese Philosophy*, Brill, Leiden, Boston, 2006.

交织关系，更重要的还需指出，对于信念、意义和真必须在与他者的理解和交流中达成一致。按照分析哲学家戴维森（D.Davidson）的观点：

> 信念和意义是相互作用的。一个语句所意谓的东西部分地依赖于外在环境——导致他获得某种信服的程度（degree of conviction）的外在环境；并部分地依赖于那个语句的语法的或逻辑的关系——该语句与其他带有不同信服程度的持真语句的关系，因为这些关系本身被直接翻译成信念，因此，不难看出意义如何依赖于信念。然而，信念同样依赖于意义，因为，只有通过言说者和该言说者的诠释者用来表达和描述信念的那些语句，我们才能达到对信念的精细结构和个体特性的理解。①

简言之，如果我们想详细了解一个人的意向和信念的含义而又独立于理解他的话语的意义，“这不仅有实际上的障碍，而且有原则上的障碍”。②因为“只有对某个言说者的信念（以及意向和欲望）充分理解的人才能对该言说者的话语作出诠释；而不理解言说者的话语便不可能在言说者的信念之间作出细致的区别”。③

最后，关于信念与信念体系的关系。以整体论的观点看待信念，我们不能以符合论一一对照的观点去理解一个信念。任何一个信念都是处于一个信念系统中的，它必须与其他的信念融贯一致才能形成其自身没有矛盾的信念系统。宗教信仰更是在总体性和普遍性的观念和态度上对信念提出了要求，即一个融贯的信念体系。然而，我们可能会遭遇怀疑论者对我们的信念系统或者信念体系提出质疑：信念整体具有普遍为假的可能性，为什么我们所相信的东西与世界是一致的？在下文作者试图作出一种进路的

---

① Davidson, “A Cohereree Theory of Truth and knowledge”, In *Subjective, lntevsubjeotiue, Objective*. (SLO). Oxford: Clarendon Press., 2001, p.147.

② Davidson, “Belief and the Basis of Meaning”, In *lwquires into Truth and lnterpretation*, Oxford: Clarendon Press. 2001, p.143.

③ Davidson, “On the Very ldea of a Conceptual Scheme, In *lnqwries into Truth and twterpretation*. Oxtord: clarendon Press, 2001, p.195.”

分析。

二、宽容原则对信念合理性的要求

由前所述，只有具有信念概念才能具有信念，而信念概念的形成需要有信念内容的支撑，这是信念合理性之基础。

这个论证可以简示为：

A. 只有拥有信念内容，才可能拥有信念概念；

B. 只有具有信念概念，才可能具有信念；

因而，只有拥有由信念内容构成的信念概念，才可能拥有信念。

显然，信念内容的确定成为形成一个信念的基础，如果没有这个基础，信念的合理性就没有保证。那么如何确定信念的内容呢？

信念的内容绝不是自我的沉思冥想的结果，所谓内容就是我们所相信的东西与现实的关系。按照戴维森的观点，单个生物对信念内容是无法确定的，而必须在与他人和世界的三角模式中才能确定信念的原因和内容，没有与他人交流的个体不可能形成信念或者思想。同理，如果从来不与其他任何人交流，个体可能会对所相信东西产生摇摆，不可能形成一种坚定的信仰。

这里我们不考察与世界的关系问题，单就主体与第二人（即他人）的交流对信念内容的把握进行分析。按照第三人称进路（the third person approach），一个人（言说者）的信念只有被他人理解了，他才可能具有信念。而两个生物是不同的个体，如果能够达成信念或意义理解的一致呢？

凭常识思维我们可以简单地说，一个人的大多数信念是一致的，只要我们是理性的人，我们关于同一对象的看法也大体是一致的。这在日常生活中似乎是很平凡的事实，因为，如果设想我们关于同一对象的看法有根本的不一致，我们在社会生活中就根本无法进行交流。但怀疑论者对此是持质疑态度的，他们可能会说：当两个生物处于理解交流的诠释语境中，诠释者试图理解被诠释者（即言说者），就算诠释者能够根据被诠释者（即言说者）的意向性行为而辨认出他的信念和欲望，但是，如果被诠释者的理性原则与诠释者的理性原则极为不同，诠释者如何能理解被诠释者的行为呢？

这个挑战是有力，对此我们必须要有反击的桥头堡，那就是基于宽容原则（the principle of charity）的设定：诠释双方的理性原则大体是相似的，诠释双方主体间的信念可以达成一致。

宽容原则作为对诠释的一种限制，是由威尔逊（N.Wilson）命名的。奎因（W.V.Quine）将它应用在对言语行为的诠释中。对于奎因来说，在言语行为中可观察的最重要的东西，是由言说者周围的事件所引起的言说者赞同或反对的行为。而这些赞同或反对的态度是由多种因素决定的，要厘清这些因素是麻烦的。奎因的解决办法中关键的一步是发现一种方法：使一种因素在一定的情景中是稳定的，同时确定另一种因素。至于在语言诠释中最好确定什么因素为稳定的，奎因的主要观点是：如果诠释者和被诠释者在信念方面存有某种性质和程度的差异，诠释者要对被诠释者作出正确的诠释，那是不可能得到理解和承认的。有鉴于此，诠释者有理由在开始诠释之前对关于行动者的信念作出某种假设，即假设被诠释者的信念大体与诠释者的是一致的。①

戴维森对宽容原则的应用是受奎因启发的。奎因仅仅是在识别（纯粹）的语句连接词时才强调宽容原则，而戴维森则要求对宽容原则加以全面应用。② 请看戴维森的如下论述：

> 信念之间的关系起着决定性的建构作用。一个诠释者不可能接受与他自己的理性标准有着巨大或明显偏差的标准，而不破坏所有诠释所依赖的可理解性的基础。理解一个人言语或行为的可能性取决于一个基本的理性模式（a fundamentally rational pat-

① Cf. Davidson, "The *Structure* and Content of Truth", In *The Journal of Philosophy*, Vol. 2xxxvii, 1990, No.6. pp.318-319.

② Cf. Davidson, "The *Structure* and Content of Truth", In *The Journal of Philosophy*, Vol. 2xxxvii, 1990, No.6. p.319.

> tern）的存在，作为一般概括：这个模式必须为所有理性生物所分享。因此，我们除了把我们的逻辑映射到别人的语言和信念上之外，别无选择。这意谓着，对持真语句可能有的诠释的一种约束是：这些诠释（在理性内[within reason]）逻辑上是相互一致的。①

根据这段论述，我们可以抽取出理解宽容原则的几个要点：其一，宽容原则是一个理性原则，对它的使用不需要前提条件，凡是理性生物都可以、能够甚至必须接受这个原则。从这种意义上说，它是一条先验式的限制性原则。其二，对信念的理解必须接受宽容原则的指导，必须预设存在着一个基本的——为所有生物所分享的理性模式，信念的理解和诠释是在理性生物之间进行的。其三，诠释依赖于一个"可理解性（intelligibility）的基础"，那就是诠释者和被诠释者的理性标准是基本一致的，也就是说，要使诠释成为可能必须接受宽容原则，甚至，"宽容原则的要旨就在于使言说者成为可理解的（make the speaker intelligible）"。② 其四，应用宽容原则可以把言说者对语句持赞同的模式理解为逻辑常项，也就说把这个模式当作一个常量，在言语行为的理解中诠释者与被诠释者首先能在对语句的赞同（或反对）的态度上共享一个标准。这样，诠释者与被诠释者所面对的是他们共同分享的世界，即主体间世界（intersubjective world），他们关于这个共同的世界的理性标准是基本一致的，因此，根据宽容原则设为逻辑常项的真理标准是可以共享的。虽然诠释者在开始诠释时是以自己的某些真理标准去观察和理解被诠释者，但由于宽容原则设定了他们的真理标准是基本一致的，所以他能够相信他向言说者语句指派的成真条件正是言说者语句的成真条件，并且相信言说者自己所认为的语句的成真条件正是语句实际为真的条件，总之他相信被诠释者是以他所理解的方式而行动、而思想的；反过来，言说者也需接受宽容原则的指导，他也相信自己对语句的成真条件的认识与诠释者的标准是大体一致的，并且他相信语句为真的情况就是语句是真的情

① Cf. Davidson, "The *Structure* and Content of Truth", In *The Journal of Philosophy*, Vol. 2xxxvii, 1990, No.6. p.4329.

② Cf. Davidson, "The *Structure* and Content of Truth", In *The Journal of Philosophy*, Vol. 2xxxvii, 1990, No.6. p.148.

况，总之他也相信自己是以诠释者所理解的方式而行动而思想的。

如此，以宽容原则为指导，诠释者相信他对言说者的诠释和理解是正确的，被诠释者也相信他希望自己被这样诠释。根据信念的相互关联性质，他们可以发现他们对这个共同世界的大多数信念是正确的，彼此间能够达成一致。

最后，我们再梳理一下这个论证：

> I. 信念必须在诠释的语境中才是可理解的；
> II. 诠释双方理性原则一致是诠释得以可能的必要条件；
> III. 宽容原则是理性原则协调原则；
> IV. 宽容原则是诠释可能性的必要基础；
> V. 宽容原则是信念合理性的基础。

三、宽容原则强调信念本性上为真

前面我们论证了信念或者信仰并非仅仅是相信，它需要理性协调原则作为基础。但怀疑论者仍然可以追问信念为什么是真的，并对我们所相信的东西与世界的真实情况之间的联系提出质疑。戴维森反驳怀疑论者的一个要点是：信念在其本性上是真的：

> 一个行动者只需反思信念是什么就会懂得：他的大多数基本信念是真的；在他的信念中，那些他最有把握持有的信念，以及与他信念的主体相融贯的信念最倾向于是真的。因此，“我如何知道我的信念通常为真?”这个问题对自身作出了回答，这不过是因为信念本质上通常为真。换一种说法或扩展一点，这个问题变为：“我如何能辨别我的信念是否通常为真，而我的信念就其本性而言通常为真。”①

① Cf. Davidson, “The *Strucrure* and Content of Truth”, In *The Journal of Philosophy*, Vol. 2xxxvii, 1990, No.6. pp.152-153.

信念概念与实在概念联系在一起，即与客观实在一致的信念就是真的，反之则是假的。这就是说，信念的真是具有客观标准的，不是我们自己的主观臆断。而同时，戴维森所言的信念的客观性也不是符合论式的将信念与实在一对一的对照，更不是借助感觉经验等所谓的认知中介来形成的。在戴维森那里，决定一个信念的存在和信念的内容不是别的东西，“信念就像其他所谓的命题态度一样，是伴随着各种不同的（行为的、神经生理的、生物学上的和物理上的）事实而产生的。”① 这就是说，信念的存在和内容都是具有客观基础的，信念整体地是由客观世界的对象和事件引起的，信念的内容整体地是由客观世界决定的，因而信念整体与实在是一致的。只要我们承认有一个客观世界存在，承认与客观世界相对应的客观真理存在，就有理由相信一个人的大多数信念是真的。

不仅如此，信念通过它与意义的联系而内在地是真实的。既然信念的概念是可与实在一致也可与实在不一致的状态的概念，为了达到对实在的正确认识，人们必须使自己的大多数信念与实在保持一致，以达到一种保真（preserve truth）诠释。为什么称为“保真诠释”？在语义外部论中，我们承认语句的意义（部分地）是由外部世界的对象或事件决定的，信念是由语句表达的，通过分析表达信念的语句，我们可以发现其中包含的关于客观世界的客观真理，在这个意义上我们可以将信念的内容看作语句的意义。当然信念内容中包含的客观真理不是基于概念图式与内容相对照的模式得到的，而是通过戴维森的“应用于一个言说者（或一群言说者）的真理理论”得到的。因为这个真理理论具有特殊的地位和作用：

> 它引起了如何能够确证（confirm）某个理解言说者的人所知道的东西的真实性的问题——一个没有这种理论便无法明确表达的问题……对这个问题的回答会显示出意义、真理与信念这三个概念之间的本质关系……真理既不能作为完全与信念相分离

① Cf. Davidson, “The Structure and Content of Truth”, In *The Journal of Philosophy*, Vol. 2xxxvii, 1990, No.6. pp.146-147.

> 的东西而呈现（像符合论所认为的那样），也不能作为取决于人类的方法和发现能力的东西而呈现（像种种认知性真理理论所认为的那样）。把真理从所谓“彻底非认知性”（“radically non-epistemic”）（用帕特南的话来说）中拯救出来的并不在于真理是认知性的这一点，而在于：信念通过它与意义的联系而内在地是真实的。①

综上所述，我们可以看出，戴维森在一个人的信念为什么是真的论述上是独特的，它既不是完全的信念因果论——将信念只看作原因直接引起的结果；也不同于信念融贯论——将信念的真仅仅建立在与其他信念的联系上。根据戴维森的立场，我们可以说，信念的证成既需要原因（cause），又需要理由（reason）。之所以形成这样独特的信念根据，是整体论、宽容原则和语义外部论在戴维森思想中综合应用的结果。

至此，我们论证了一个人的大多数信念是真的，并且信念的真与外在世界的对象和事件紧密联系在一起，而彻底诠释则要求诠释者和被诠释者能共同拥有这样一个真信念——一个客观的真信念。

总之，宽容原则是一种先天的理性协调原则，它预设在语言的诠释和交流中诠释者和言说者都是理性生物，他们所分享的信念在大体上是相同的，并且诠释者相信言说者的大多数表达都是关于他真实意愿的表达。在宽容原则下，通常我们也相信他人所思所言何物。

四、宽容原则对理性与信仰的协调

将宽容原则视为语言和信念理解的桥头堡，其深意在于：由宽容原则所保证的诠释主体之间理性标准的大体一致并不是一种论证，而是一种先验式的前提条件。我们认为这种理解本身没错，不过有必要强调一下，戴维森对分析哲学的重要贡献之一是他打破了概念图式与经验内容的二元论

① Cf. Davidson, “The *Structure* and Content of Truth”, In *The Journal of Philosophy*, Vol. 2xxxvii, 1990, No.6. p.156.

区分。根据戴维森，在不存在根本不同的概念图式的情况下，我们不应该相信他人具有根本不同于我们的信念框架。这样，我们就有理由说被诠释者没有与我们根本不同的理性原则，因此也就回答了怀疑论者关于诠释双方的理性标准的相似性以及对主体间信念一致性的质疑。

但是，怀疑论者会满意这样的回答并将怀疑止步于此吗？非也。他们可以分析，对于诠释中以宽容原则为前提的一致和真，可能存在这样的情况：诠释者与被诠释者的信念是基于对主体间的世界的认识而达成一致的，他们的真理标准是彼此约定的，因而，这种一致只能在主体间奏效，这种真也只不过是一种人为的设定。如果是这样，那么完全有理由质疑：为什么我们的全部信念不可能既和谐一致而对于现实世界却全都是假的呢？诠释者和被诠释者为什么不可能是根据他们所共有的错误信念而彼此理解呢？戴维森在《论概念图式这一观念》（*On the Very Idea of a Conceptual Scheme*）（1974）中对宽容原则作了很强的辩护：

> 既然宽容不是一种选择，而是具有一种切实可行的理论的条件，因此，认为我们也许会由于赞同宽容而犯大量错误的看法是毫无意义的。直到我们成功建立起持真语句与持真语句的系统联系，都不存在什么错误可犯。宽容是强加于我们的，不管我们是否愿意，倘若我们想要理解他人，我们必须认为他们在大多数问题的看法上是正确的。如果我们能创造一种使宽容与一种理论的形式条件相协调的理论，那么我们就做到了确保交流所能做的一切。只有这种理论才是可能的，只有这种理论才是需要的。①

可以看出，戴维森对宽容原则所作的先验式的辩护，其要旨在于揭示宽容原则是语言和信念的理解或交流之所以可能的一个必要的理论前提。即使在实际的语言和信念的理解交流中会有分歧、误解甚至错误发生，但是，对于错误的包容也是宽容原则的一个应用。首先，我们关于世界的

---

① Cf. Davidson, "The *Structure* and Content of Truth", In *The Journal of Philosophy*, Vol. 2xxxvii, 1990, No.6. p.197.

看法不会普遍出错，我们大多数的基本信念是真的；其次，即使信念出了错，但这个错误的信念同样是由一个原因引起的，因而这个错误也是客观的，也是可解释的。换个角度说，正是有了这些错误的信念，我们才知道哪些信念是正确的，因而，概念应用的错误正是具有概念的检验。最后，既然在最简单的层次上出错都不可避免，并且谁也无法逐个解决每个语句的出错难题，因而正如戴维森所说：

> 我们最好能做的是以整体论的方法对付错误，那就是说，给出一个行动者的行动、话语以及他在世界中的位置，我们对他的诠释应尽可能地使他成为可理解的（as intelligible as possible）。我们会发现他犯错，这是作为我们发现他在别处正确的必要代价。特别强调在这些最简单的情况下，发现一个人是正确的，这大致意谓着：把他的信念的原因认同（identifying）为他的信念的对象，而且在对错误能够作出最好的解释的情况下容忍错误（countenancing error）。①

因而，宽容原则作为强制性的理性协调原则，一方面它强调了主体间信念的大体一致作为信念和思想形成的必要前提，同时它容许理性分析出错；另一方面，宽容原则强调了信仰的合理性问题，在信仰的理解和接受中，宽容原则作为先验强制性原则，它是我们信念形成的前提条件，无论我们接受什么样的信仰，都有一个宽容原则作为支撑：首先我们是一个理性生物，我们所接受的信念整体是融贯一致的，与其他人所分享的信念在大体上是相同的。宽容原则要求信念之间关系的整体一致和融贯，这就为宗教信仰是否真正具有各自的范式提供了检验标准。

作者单位：西南大学哲学系

① Davidson, “The *Structure* and Content of Truth”, In *The Journal of Philosophy*, Vol. 2xxxvii, 1990, No. 6. p.152.

人如何能够成为自我

——克尔凯郭尔《致死的疾病》中的自我概念

吴　琳

一直以来，学界普遍接受索伦·克尔凯郭尔（Søren Kierkegaard, 1813—1855）以安提-克里马库斯（Anti-Climacus）假名所著的《致死的疾病》（*Sickness Unto Death*）是关于绝望与信仰的一本宗教心理学著作。各种关于《致死的疾病》的解读，更多围绕绝望、罪或信仰，而较少注意到克尔凯郭尔关于自我的思想。然而，无论从何种角度分析克尔凯郭尔的绝望、罪或信仰，都会基于对自我概念的认识；如果不了解自我的概念，那么，克尔凯郭尔的思想对于我们而言，就像是一朵默默无闻的花朵。

克尔凯郭尔在《致死的疾病》中开宗明义地给出了"自我"的定义；然而，他关于"自我"的详细描述并不十分明确，只是依稀散见于全书各章，以支撑讨论绝望、罪或信仰。本文力图将克尔凯郭尔"自我"的概念从中抽拔、显明出来，揭示出在《致死的疾病》中一个至关重要的、不容忽视的问题是："人如何能够成为自我？"对这一问题的回答，将表明克尔凯郭尔关于自我的理解是建构性的；即，他是从精神、综合、关系和他者这四个层次来建构自我的。本文将这一核心问题分解成为四个小问题来进行论证、分析：第一，为什么自我是精神的？第二，克尔凯郭尔所谓的"综合"，比如，有限与无限的综合、自由与必然的综合、暂时与永恒的综合，究竟意味着什么？第三，"关系"在自我概念中处于何种地位？第四，"他者"的意义何在？这四个问题都被置于"成为自我"这个清晰的统一体之中。对这些分解问题的讨论将进一步表明：其一，克尔凯郭尔通过自我这个范畴，表达了对个体的重视，个体远远高于黑格尔（Georg

Wilhelm Friedrich Hegel，1770—1831）所谓的“整体”，显明他浓厚的人类学意识；其二，克尔凯郭尔在自我的神学本质上对人—上帝的关注，反叛黑格尔对基督教的体系化，显明他深切的宗教情怀。

一、自我的建构

克尔凯郭尔在《致死的疾病》正文的开篇中，是这样定义“自我”的：

> 人是精神。但什么是精神？精神是自我。但什么是自我？自我是一种自身与自身发生的关系，或者是在一个关系中，这关系自身与自身所发生的关联；自我不是这关系，而是这关系与它自身的关联。人是一个有限与无限的综合、暂时与永恒的综合，自由与必然的综合，简言之，是一个综合体。综合是一种二者之间的关系；以这种方式思考，人就还不是一个自我。
>
> 在这二者的关系中，这关系是一个第三者……但如果这关系与自身发生关联，这关系就是肯定性的第三者，这就是自我。
>
> 这样，一个与自身发生关联的关联，一个自我，必然或者建立他自身，或者由他者所建立。①

在这个定义中，产生了精神、综合、关系与他者这四个重要范畴。首先，克尔凯郭尔将人定义为“精神”。其次，“综合”指出了自我的辩证因素。自我是两个对立要素之间的综合，比如，有限与无限、暂时与永恒、自由与必然之间的对立统一。再次，自我不仅仅是两个对立要素之间的综合，还需要第三方“关系”，从而将自身与综合联系起来。也就是说，自我不能简单还原成为两个对立要素之间的综合；自我的形成是对立要素之间的综合，还要加上积极的第三方要素“关系”。最后，还有“他者”。如果没有他者，人无法成为自我。在这里，“他者”指的是上帝。正是在这

① Søren Kierkegaard, *Sickness Unto Death*, trans. Howard V. Hong and Edna H. Hong, Princeton University Press: Princeton, New Jersey, 1980, p.13.

样的几层意义上，克尔凯郭尔揭示了自我的建构原理。

那么，精神、综合、关系与他者，在这个自我的结构中如何能够成为可能，并置于自我的统一体中？为了理解自我的具体内涵，我们逐一进行考察。

第一，为什么自我是精神的？因为精神的发展构成了自我，同时，精神又被构造于自我之中，成为自我的一部分。精神代表着自我的一种能动的特质。首先，精神的能动性在于，它是意识的。精神使自我意识到自身处于当下的时间与空间之中，意识到自身是综合的统一体，即有限与无限的综合、暂时与永恒的综合、自由与必然的综合。精神渗透到综合中，以便使这些综合抵达意识的层次，从而理解综合中两个要素的意义。其次，精神的能动性在于，它是反思的。反思一方面保留与自身的事实性关系[①]，从而精神被构造于自我之中；另一方面，反思破坏了自我的天真状态，反思的傲慢渗透到自身想象的投射中，安放自己的理想。如此，自我被反思成为现实与理想的辩证统一体，精神的道路形成了自我。所以，克尔凯郭尔首先将自我等同于精神，正如他本人所说："为了尊重真理，我想问一下：我正在对谁讲话？谁关心这些高能力的心理学研究所达到的程度？由牧师画出的那些纽伦堡图画倒是比较容易理解，他们欺骗性的使一与多相似；然而，从精神上去理解它们，则只是空白一行"。[②]

第二，克尔凯郭尔所谓的"综合"，如，有限与无限的综合、自由与必然的综合、暂时与永恒的综合，[③]究竟意味着什么？不难看出，克尔凯郭尔仿照古典身心二元论问题，即"一个人如何是身体与心灵的？"将身体与心灵置换成为有限与无限、暂时与永恒、自由与必然，铺就了朝向自我的道路。于是，古典的身心问题就变成："一个人如何是有限与无限的？一个人如何是暂时与永恒的？一个人如何是必然与自由的？"克尔凯郭尔

---

① Søren Kierkegaard, *Either/Or*（An Anchor Book: 2 vols.; New York: Doubleday and Company, Inc.1959）, II, p.270.

② Søren Kierkegaard, *Sickness Unto Death*, trans. Howard V. Hong and Edna H. Hong, Princeton University Press: Princeton, New Jersey, 1980, pp.78-79.

③ 在《畏的概念》（*The Concept of Dread*）中，克尔凯郭尔还讨论了身体与心灵的综合；在《重复》（*Repetition*）中，克尔凯郭尔还讨论了主体与客体的综合。

用这三组范畴分别表明了自我存在的三个不同的方面；为了成为自我，个体必须在自己的本质中，使这些范畴的对立因素相互妥协。具体说来：

有限与无限的综合。有限是限制性的因素，无限是广延性的因素。① 自我是有限的，是指自我事实的存在着，"自我拥有自己的禀赋、性情、能力等"②，能够经验到自身；并且，"自我还处于各种自然的、社会的、文化的背景之中"③，处于不断地流溢与变化之中。自我是无限的，是指自我具有广延的能力；无限是想象力，新的希望、观念与愿望的创造者。这种广延的能力主要依靠"想象力"。"想象力是无限化过程的中介。"④ 想象力总是超越自我的现存条件，强化自我的各种可能性，将这些可能性超出现在，面向未来；想象力通过自我不断超越自身，来表明未来新的可能性。那么，有限与无限如何在自我中达到综合呢？一方面，自我永远不会放弃实际生活中的艰苦工作；另一方面自我不会让自己沉迷于想象力的无限化而生活在无限的可能性之中。自我的工作是要变成，既不是有限的，也不是无限的，而是变成有限与无限综合中的"具体"⑤。作为一个真实的人，必定是有限与无限的综合，他的现实被捆缚在两个要素之中。有限与无限的对立在自我中达到了统一。因而，自我被理解成为这两者之间调停的精神行动，在这个精神活动中，自我有限的真实性与想象的创造性在矛盾冲突与综合中相遭遇。

暂时与永恒的综合。暂时与永恒在克尔凯郭尔这里是作为一个整体，通过"现在"而联结起来，暂时与永恒都涉及"现在"。正如他在《焦虑的概念》（*The Concept of Anxiety*）中所写道的："暂时因为现在被确立下来；时间与永恒在现在相互触摸，彼此交互，永恒才能不断地渗透到时间

---

① Cf. Søren Kierkegaard, *Sickness Unto Death*, trans. Howard V. Hong and Edna H. Hong, Princeton University Press: Princeton, New Jersey, 1980, p.30.

② Søren Kierkegaard, *Either/Or*（An Anchor Book: 2 vols.; New York: Doubleday and Company, Inc.1959）, II, p.220.

③ Ibid, p.267.

④ Søren Kierkegaard, *Sickness Unto Death*, trans. Howard V. Hong and Edna H. Hong, Princeton University Press: Princeton, New Jersey, 1980, p.30.

⑤ Søren Kierkegaard, *Concluding Unscientific Postscript*, trans. Walter Lowrie, Princeton University Press, 1941, p.79.

之中。”[①] 克尔凯郭尔指出，如果像人们习以为常地理解，将时间定义为无限的持续性，那么，时间就表现为不断流逝的过去、不断涌现的未来；也就是说，在过去与未来的绵延中，时间无限地被分割成为过去与未来，如此，在时间中就压根找不到暂时的立足之点。而只有当暂时与现在联系起来，再把现在引入到时间中，才能确立过去、现在与未来的暂时性维度。所以，暂时是由于现在的缘故，才能被确立为暂时。暂时一方面确立了自我的现实性；另一方面将永恒的理想安置于未来之中，实现自我的可能性。克尔凯郭尔把暂时与永恒引入到自我生成的辩证中来。自我从其发端，到它不断成为被反思的对象，最后到自我获得自由，都只能在暂时与永恒的范畴中得到理解。自我总是在时间的浪潮中不断被席卷，它无法逃离时间的牢笼；然而自我作为精神，其任务就是获得永恒。为了获得永恒，自我不能迷失于时间的无限的绵延之中，它一定要能够将时间转变成为过去、现在与未来，并且将过去与未来统一到现在。把握现在即把握了永恒。

必然与自由的综合。必然具有逻辑与生存两种内涵。其一，必然是指理论思想的客观知识，从逻辑上而言思想的必然决定性；也就是说，必然被应用到客观知识领域，进行抽象的逻辑推理。其二，必然从生存的意义上，是指一个人的边界，即自我具体的、事实的边界。必然性就像“有限”那样也是一种“强制性的因素”[②]。克尔凯郭尔特别注意到，如果单方面遵循必然，很容易使自我堕落成为宿命论和庸俗主义，所以，还需要可能性，“如果在可能性中失去自我可以同儿童的元音发音相比较的话，那么缺乏可能性就像发不出音一样。必然性就像纯辅音，要说出它们就必须有可能性”。[③] 可能性作为一种拯救的力量，将自我从必然性这个令人窒息的抓握中拯救出来。精神在必然与可能之间行动，这个行动就是自由。在克尔凯郭尔看来，无法实现的自由，是人类堕入绝望、痛苦与罪恶的最初

---

① Søren Kierkegaard, *The Concept of Anxiety*, trans. Reidar Thomte, Princeton University Press: Princeton, New Jersey, 1980, p.89.

② Søren Kierkegaard, *Sickness Unto Death*, trans. Howard V. Hong and Edna H. Hong, Princeton University Press: Princeton, New Jersey, 1980, p.35.

③ *Ibid*, p.37.

起源。必然与自由完整的联结，是人类实际生存的重要内容之一。

第三，“关系”在自我概念中处于何种地位？以及第四，“他者”的意义何在？这两个问题要一起回答，因为“关系”与“他者”表明克尔凯郭尔自我范畴的建构涉及关系的二重性。一个是，自我必须是自身与自身的关系，首先要把自身当作个体，作为前提条件，才能够成为自我；另一个是，自我必须是自身与他者的关系，即自我还需仰赖于上帝，通过上帝才能达到自身。这二重性质是确立自我的根本。所以，“人正是这样一个从出的、被建立起来的关系，这关系使自身与自身发生关联，并在这种关联中使自身与他者发生关联”。① 自我范畴“关系”所具有的二重性，揭示出：(1) 每一个人作为个体成为他自身；(2) 每一个人通过上帝成为他自身。从自我的建构原理到自我的关系二重性，克尔凯郭尔展开了自我的完全内涵。

二、自我的人类学意识

承接上文，那么，克尔凯郭尔关注自我的根源何在？源于他对当时占统治地位的黑格尔哲学的反叛。克尔凯郭尔关注人类的实际生活，关注于个体，表达了自己深切的人类学意识。

首先，克尔凯郭尔不满意黑格尔的形而上学。在克尔凯郭尔看来，黑格尔的形而上学是抽象的，黑格尔的形而上学让一个人认不出他自己、迷失自我；但实际上，没有任何一个人是形而上学般的存在者，任何一个人都实际地生活在审美、伦理与宗教三个不同阶段，要遭受苦痛与磨难，伴随着永恒与自由，因而，每一个人都处在审美阶段的幸福、伦理阶段的责任与义务，以及宗教阶段的信仰之中，而不能单单通过一种空洞的形而上学来解释。形而上学过度强调存在问题而忽视人类的实际生活，它违背了人类实际生存的本质。而且，黑格尔还重新定义亚里士多德的同一律、矛盾律和排中律等原理，将辩证运动引入到逻辑，将形式逻辑改造成为形而上学原理，再依据这个形而上学原理揭示所有的存在。克尔凯郭尔反对黑

① Søren Kierkegaard, *Sickness Unto Death*, trans. Howard V. Hong and Edna H. Hong, Princeton University Press: Princeton, New Jersey, 1980, pp.13-14.

格尔将存在体系化，他认为，心灵的运动只能出现在实际的生活中，而不在抽象的思想王国中。[①] 此外，克尔凯郭尔还不满意黑格尔的思辨体系。黑格尔声称，思辨体系的完成并不需要实际完成。然而，在克尔凯郭尔看来，黑格尔的这个体系只不过是一个神话故事，它压根就不能告诉我们生活的这个世界，以及我们所倚靠的生活。由黑格尔推导出来的主体与客体之间达到妥协的综合，理性的彰显在现实生活中根本无法实现。作为一种历史事实，黑格尔所描述的过程在现实中并不存在。克尔凯郭尔在《致死的疾病》所要表达的是，重要的不在于通过形而上学的迷宫来启示人们，而在于引领人们走出绝望的精神疾病，抵达光明的、健康的、活生生的生活当中。所以，形而上学在克尔凯郭尔的思想中并不处于优先地位。"一个人必须能认出他自己，因为如果一个人认不出他自己，他也就看不到他自己，而只看见一个人类存在者。" [②]

那么，一个人如何在实际生活中发现他自己的存在？意识到个体，并将个体现实化。在克尔凯郭尔的著作中，我们可以一再发现，他突出存在的个体。克尔凯郭尔对个体非常重视。在《恐惧与战栗》(*Fear and Trembling*) 中，他表明，个体远远高于整体[③]；在《焦虑的概念》(*The Concept of Anxiety*) 中，他指出，每一个个体都从无辜纵身跃入罪的深渊[④]。在《致死的疾病》中，他无疑更加犀利地、透彻地阐述了个体。正是通过个体对存在进行考量，克尔凯郭尔进入存在，所以，他被视为存在主义的先驱。对克尔凯郭尔而言，为了成为自我，个体必须是有限的、暂时的和必然的，同时，个体又必须是无限的、永恒的和自由的。所以，对个体而言，他通过有限与无限的综合、暂时与永恒的综合、必然与自由的综合，在自我那里达到统一。值得一提的是，克尔凯郭尔将自我理解成为精神，并

① Cf. Søren Kierkegaard, *Philosophical Fragments*, trans. Howard N. Hong, Princeton University Press: Princeton, New Jersey, 1962, pp.90-93.

② Søren Kierkegaard, *Sickness Unto Death*, trans. Howard V. Hong and Edna H. Hong, Princeton University Press: Princeton, New Jersey, 1980, p.37.

③ Cf. Søren Kierkegaard, *Fear and Trembling*, trans. Alastair Hannay, Penguin Books: London, 1985, p. 83.

④ Cf. Søren Kierkegaard, *The Concept of Anxiety*, trans. Reidar Thomte, Princeton University Press: Princeton, New Jersey, 1980, p.47.

认为精神是某种意识；黑格尔将自我理解成为意识的某个阶段。从这个地方，我们可以看到克尔凯郭尔与黑格尔在一个共同点上实现了交汇：他们都将自我理解成为意识。黑格尔作为一个理性主义者，他在自我意识中，假设了一种理性的活动。他声称，宇宙中所有的事物都是表象，都是通过理性建构起来的；正是在理性的建构过程中，表象认识到自我。① 因而，黑格尔所构造的是，任何一个人都不是天生是自我的，而是成为自我的；当理性的活动朝向意识的时候，人才成为自我。在这一点上，克尔凯郭尔表达了与黑格尔相同的观点。

三、自我的神学本质

承上所述，克尔凯郭尔强调个体。不仅如此，他还强调自我与他者，即自我与上帝的关系。克尔凯郭尔依然从批判黑格尔哲学入手。黑格尔认为，如果从个体与他者的关系中来理解自我，那么，个体与他者就会成为个体同一性的基本要素。在克尔凯郭尔看来，黑格尔显然无视自我与他者的边界，忽略了独一无二的个体性。克尔凯郭尔力图重新建立自我与他者之间的差别，发展一种生存论辩证法；这种辩证法加深了自我与他者之间区别。通过个体与他者的区别，也就是说，通过上帝，人才成为自身、确立自身。就此而言，克尔凯郭尔对自我解读的核心是宗教式的。正如一位评论家所写到的："对于克尔凯郭尔而言……自我与宗教是内在的紧密相连的，对于其中一个的分析必然无逃于对另一个的分析之上。"② 也正是在这个地方，体现了克尔凯郭尔对黑格尔哲学的另一种反叛，反对黑格尔对基督教进行体系化的改造。雷德·索姆特（Reidar Thomte）曾批评黑格尔哲学，"基督教已经被还原成为一个教条与机械的客观体系，对于生活没有丝毫作用"。③ 正如第一部分所分析的，克尔凯郭尔采取了黑格尔辩证的主线，个体通过两个对立要素之间的辩证运动达到自我的综合，然而，

① Cf. Hegel, *Hegel Selections* ed. J. Lowenberg, Charles Press: San Francisco, 1929, p. 370.

② John Elrod, "Feuerbach and Kierkegaard on the Self", *Journal of Religion* 56 (1976), p. 356.

③ Reidar Thomte, *Kierkegaard's Philosophy of Religion*, Princeton University Press: Princeton, New Jersey, 1948, p.14.

正是在综合阶段，克尔凯郭尔与黑格尔分道扬镳。

当克尔凯郭尔问，一个人如何能够成为自我？他实际上是在问：有限与无限、暂时与永恒、自然与必然是如何能够“被综合的”？要回答这个问题，让我们再一次返回到有限与无限、暂时与永恒、必然与自由的辩证综合。在这每一对辩证综合的范畴里面，无不闪烁着神性的光辉。仔细推敲，有限与无限、暂时与永恒、必然与自由的辩证综合，必然涉及一种内在的逻辑矛盾。因为有限与无限、暂时与永恒、自由与必然这三组范畴明显包含有相互对立的两个因素，而且，这种对立是无法消解的。当凭着人的知性与理性去对认识这种对立时，我们只能够发现这样一种悖论：一个人如何能够保持自我的有限，从而又接近无限？一个人如何能够停留于暂时，从而又达到永恒？在保持自我的必然同时又超越自我获得自由？在这三组范畴中的两个对立要素之间，难道不是具有显而易见的、不可调和的矛盾吗？如果承认这些逻辑矛盾，那么，我们就无法宣称“去成为自我”或“存在自我”①。然而，克尔凯郭尔鼓励我们“要去成为自我”以避免陷入绝望的错误关系之中。那么，克尔凯郭尔是如何消解对立因素之间不可调和的逻辑矛盾呢？克尔凯郭尔是如何让相互排斥、相互对立的因素综合起来的？

上帝，唯有上帝，综合才能够完成；唯有上帝，自我才能成为可能。对克尔凯郭尔而言，不是通过个体，也不是通过任何整体的力量，自我只能依靠上帝的帮助才能获得。个体成为自我，并不是人类社会的一部分，而只与上帝相关。个体将自我放置于上帝的手中，放弃所有试图解决伦理的与审美的之间的冲突，放弃所有试图获得他作为主体与作为客体所要求的。克尔凯郭尔关于“自我”的范式，通过遵循上帝的命令，被用来解决有限与无限的冲突、暂时与永恒的冲突、必然与自由的冲突。在《重复》（*Repetition*）中，克尔凯郭尔曾以以撒的献祭为例来表达这种冲突。上帝命令以撒将自己的儿子杀死献祭给上帝。无论是根据人类审美的还是伦理的规则，无论是根据作为主体的还是客体的规范，父亲必须保护自己的儿子；但是，上帝的命令要求个体无视这一切。从人的立场来看，上帝的命

---

① Søren Kierkegaard, *Sickness Unto Death*, trans. Howard V. Hong and Edna H. Hong, Princeton University Press: Princeton, New Jersey, 1980, p.20.

令无疑是荒谬的。然而，克尔凯郭尔认为，这个荒谬的解决之道不在于理解它，因为我们无法从知性或理性上理解上帝的命令，而在于信仰，通过“在自身关联中并在要是自身的意愿中，这自我完全彻底的依止于那建立了他的力量”①来解决这个问题。上帝的命令与解决之道是神圣的，不是人类的；上帝通过这种不合乎人之常情的命令来考验人的信心。唯有上帝能够理解并完成矛盾的综合；而个体只需信仰，矛盾与冲突只能够通过上帝才能够达到综合、实现综合。具体说来，在有限与无限的综合中，有限的绝望就是缺少无限，导致人忘记他自身，“忘记了他在神圣意义上的名字”②。克尔凯郭尔写道：“从精神上而言，他们没有自我，没有自我的人将会对每一件事情冒险，在上帝面前没有自我。”③“在上帝面前”暗示着缺乏无限，在上帝面前缺乏自我，就好像“一只麻雀不知道自己存在于上帝之前”④。在暂时与永恒中，当人把目光朝向暂时，他看到的只不过是人们对现实生活永不疲倦的态度；而当一个人自我永恒性的意识进一步增强时，他会凭借着自身思想的无限优越性，表现出对生活直接性的极为轻蔑，他开始看重自我，以至于在自我实现中需要耶稣基督，“他爱上帝胜过一切，这上帝是他的隐秘苦痛中的唯一安慰”⑤。在必然与自由的综合中，“视一切为必然的人把自己在生活中搞得精疲力竭”⑥，那些发现自己处于绝望中的人都必然是可能性的缺乏。克尔凯郭尔写道：“决定性的是上帝，上帝使每一件事情成为可能。”⑦以上所要阐明的是，通过这些综合的不同层次，上帝解决了人悖论式的存在。个体通过上帝变成自我，将自己完全放入上帝的手中。“信仰就是：是自己和要是自己的自我完全彻底的依赖上帝”⑧，因此，在自我的无限化过程中，自我无限的远离自身的局

① Søren Kierkegaard, *Sickness Unto Death*, trans. Howard V. Hong and Edna H. Hong, Princeton University Press: Princeton, New Jersey, 1980, p.14.

② Ibid, pp.33-34.

③ Ibid, p.35.

④ Ibid, p.32.

⑤ Ibid, p.77.

⑥ Ibid, p.42.

⑦ Ibid, p.38.

⑧ Ibid, p.82.

限以回归上帝，在自我的有限化过程中自我又能够无限的回归到自身；在把握自我永恒性的过程中，自我远离自身的暂时性以回归上帝，在立足于自我暂时性的过程中又能够回归到自身；在实现自我自由的过程中，自我远离自身的必然性以回归上帝，在遵循必然性的过程中又能够回归到自身。这才是人与自身的正确关系，这才是人与上帝的完美关系。

克尔凯郭尔关于信仰的观点，与黑格尔大相径庭。黑格尔认为，上帝的概念超越主观世界的伦理决定，超越客观世界的历史决定，它是精神发展的必要阶段。当个体抵达这个必要阶段的时候，个体捕捉到理性的一瞥，必定朝向理性的实现。所以，黑格尔的上帝就是理性，理性能够解决有限与无限的矛盾、暂时与永恒的矛盾、必然与自由的矛盾。黑格尔的综合是通过理性完成的，并且，个体只有在理性的逻辑中才是可能的。然而，克尔凯郭尔选择放弃黑格尔关于理性的立场与逻辑过程，因为自我问题在逻辑上是不可能获得解决的——理解只涉及人与人的关系，信仰则是人与上帝的关系——信仰是不可理解与不可证明的，如果它被证明和理解了，那么它就成为普遍的知识而不是信仰了。信仰靠的是一种对永恒的激情，一种去成为精神的勇气。如果一个人缺乏主动的勇气去谦卑地匍匐于上帝的怀中，那么他就不可能去信仰。正是在这个意义上，克尔凯郭尔与黑格尔分道扬镳。

综上所述，“人如何能够成为自我?”克尔凯郭尔对这一问题的思考，所表达的不是宗教心理学上主观的呢喃，而是思想进程中那种过渡的必然。克尔凯郭尔关于自我的四个层次表明：即使个体变成某种具体的、被决定的有限、暂时与必然，但它依然保持想象自我、渴望自我、信仰自我的力量；为了达到自我，个体不应该转向生活的永无解脱的欲求，也不能转向人的知性或理性对自我的证明；我们只需要信仰上帝，人类自我本质的矛盾才能在最后的宗教阶段够得以解决。

作者单位：武汉理工大学马克思主义学院